SCHÄFFER
POESCHEL

Mathias Erlei / Martin Leschke / Dirk Sauerland

Neue
Institutionenökonomik

2., überarbeitete und erweiterte Auflage

2007
Schäffer-Poeschel Verlag Stuttgart

Prof. Dr. Mathias Erlei ist Inhaber des Lehrstuhls für Volkswirtschaftslehre
an der Technischen Universität Clausthal.
Prof. Dr. Martin Leschke ist Inhaber des Lehrstuhls für Volkswirtschaftslehre,
insbesondere Institutionenökonomik, an der Unversität Bayreuth.
Prof. Dr. Dirk Sauerland ist Inhaber des Lehrstuhls für Volkswirtschaftslehre/Gesundheits-
und Institutionenökonomik an der WHL Wissenschaftliche Hochschule Lahr.

Bibliografische Information der Deutschen Nationalbibliothek
Die Deutsche Nationalbibliothek verzeichnet diese Publikation
in der Deutschen Nationalbibliografie; detaillierte bibliografische Daten
sind im Internet über http://dnb.d-nb.de abrufbar.

Gedruckt auf säure- und chlorfreiem, alterungsbeständigem Papier.

ISBN: 978-3-7910-2296-3

© 2007 Schäffer-Poeschel Verlag für Wirtschaft · Steuern · Recht GmbH
www.schaeffer-poeschel.de
info@schaeffer-poeschel.de
Einbandgestaltung: Willy Löffelhardt (Bildmotiv MEV Verlag GmbH, Augsburg)
Druck und Bindung: Kösel, Krugzell
Printed in Germany
Mai 2007

Schäffer-Poeschel Verlag Stuttgart
Ein Tochterunternehmen der Verlagsgruppe Handelsblatt

Für unsere Kinder

Alexander, Sarah, Philipp, David und Thomas

Georg, Julius und Conrad

Hannah und Helen

Vorwort zur 2. Auflage

Die Neue Institutionenökonomik (NIÖ) dringt immer stärker in die verschiedenen Gebiete der Volkswirtschaftslehre und der Betriebswirtschaftslehre ein. Viele wirtschaftspolitische und -theoretische sowie betriebswirtschaftliche Veranstaltungen betrachten immer stärker die institutionellen Bedingungen des Handelns und rekurrieren damit auf das Instrumentarium der NIÖ. So gesehen ist die NIÖ gar nicht mehr neu, das Forschungsprogramm hat sich etabliert. Begriffe wie „Prinzipal-Agent-Problem", „Governancekosten", „Medianwähler" oder „Spielregeln" kennt nahezu jeder Absolvent eines Ökonomiestudiums.

Als wesentliche Änderungen haben wir in vielen Teilen des Buches neue Ergebnisse der experimentellen Wirtschaftsforschung eingearbeitet. Im dritten Kapitel wurde die formale Governancekostentheorie vollständig neu formuliert und ist damit hoffentlich noch besser für den Einsatz im Hörsaal geeignet. Auch der Inhalt von Kapitel 5 („Die Institution des Rechts") hat eine sorgfältige Überarbeitung erfahren, insbesondere Aspekte der ökonomischen Analyse des Rechts und der Eigentumsökonomik wurden ergänzt. Den Einstieg in das Thema „Neue Politische Ökonomik" (Kapitel 6) haben wir problemorientierter formuliert. In Kapitel 7 werden nun ergänzend zum bereits ausführlich behandelten Thema des Wettbewerbs in politischen Systemen auch die Möglichkeiten zur Zusammenarbeit stärker herausgestellt. Schließlich sind auch die Kapitel 8 und 9 gründlich überarbeitet worden: Dies gilt vor allem für die „Fallstudie Europa" und die Ergänzungen zur institutionellen Entwicklung. Über die Inhalte hinaus haben wir auch die Literatur zu allen Kapiteln aktualisiert.

Auch für diese Auflage dürfen wir uns bei einer Vielzahl von Mitwirkenden bedanken, ohne die das nun vorliegende Werk so nicht zu Stande gekommen wäre. Dies sind zunächst die Studenten aus Münster, Clausthal, Bayreuth, Lahr und Krems (Österreich), die in unseren Veranstaltungen mit diesem Buch gearbeitet haben und uns viele wertvolle Hinweise für die Überarbeitung haben zukommen lassen. Beim Korrekturlesen sowie bei der Aktualisierung der Literaturquellen haben uns Ansgar Wübker (Lahr) sowie Jens-Peter Springmann und Anne-Kathrin Dimmig (beide Clausthal) unterstützt. Für wertvolle Arbeiten im Rahmen der Textverarbeitung dankt Dirk Sauerland seiner Sekretärin Christa Rothmann-Pritzkat (Lahr). Ein besonderer Dank gilt auch dem Verlag Schäffer-Poeschel und unserem Lektor Frank Katzenmayer für die langjährige Unterstützung und bewährte Zusammenarbeit.

Wir hoffen, dass sich unser Interesse an der „Institutionenökonomik" auch auf unsere Leser überträgt. Wenn das geschieht, wäre ein wesentlicher Zweck dieses Buches erfüllt. Für kritische Hinweise sind wir immer dankbar.

Clausthal, Bayreuth und Lahr im November 2006

Mathias Erlei, Martin Leschke und Dirk Sauerland

Vorwort zur 1. Auflage

„Institutionen sind die Spielregeln einer Gesellschaft
oder, förmlicher ausgedrückt, die von Menschen er-
dachten Beschränkungen menschlicher Interaktion.
Dementsprechend gestalten sie die Anreize im zwi-
schenmenschlichen Tausch, sei dieser politischer,
gesellschaftlicher oder wirtschaftlicher Art."

Douglass C. North (1992), Institutionen, institutioneller
Wandel und Wirtschaftsleistung, Tübingen, S. 3

Das Forschungsprogramm „Neue Institutionenökonomik" hat in den letzten beiden
Jahrzehnten immer mehr an Bedeutung gewonnen. Inzwischen gehört es unter Ökonomen fast schon zum Common Sense, dass Institutionen für das Verständnis wirtschaftlicher Vorgänge ein wichtige Rolle spielen. So hat beispielsweise der Internationale
Währungsfond (IWF) erst jüngst eingestanden, dass er bis dato bei seinen Reformauf-
lagen für ökonomisch instabile Volkswirtschaften deren spezielles institutionelles Umfeld zu wenig beachtet und ihnen daher relativ undifferenzierte „Patentrezepte" verordnet hat. Dieses bisherige Vorgehen des IWF ist nicht untypisch: Die Bedeutung von
Institutionen war lange Zeit nicht in den Fokus ökonomischer Analysen gelangt. Vielmehr untersuchten Ökonomen den Einsatz von wirtschaftspolitischen Instrumenten
häufig in einem annähernd „luftleeren" Raum.

Obwohl die Bedeutung von Institutionen inzwischen weitestgehend anerkannt ist, gibt
es – noch – keine Übereinstimmung in Bezug auf den inhaltlichen Bereich der Neuen Institutionenökonomik. Neben relativ engen Abgrenzungen dieses Forschungsbereichs, die nur
die Transaktionskostenökonomik als Analyse der Institutionen im Markt umfassen, gibt es
auch weniger restriktive Definitionen. Wir haben uns im Rahmen dieses Buches bewusst
für eine sehr weite Abgrenzung entschieden: Wir definieren die Neue Institutionenöko-
mik als Forschungsgebiet, in dem die Wirkung von Institutionen jeglicher Art auf das Verhalten der mit diesen Institutionen konfrontierten Akteure analysiert wird. Aus diesem
Grund behandeln wir in diesem Buch nicht nur die marktlichen Institutionen. Vielmehr
wollen wir zeigen, dass mit dem institutionenökonomischen Ansatz wesentliche Verhaltensweisen der Akteure auf Märkten und im politischen Sektor erklärt werden können.

Aus diesem Verständnis der Neuen Institutionenökonomik resultiert auch die spezielle
„Positionierung" unseres Buches. Die Verfasser neuer Lehrbücher zu etablierten For-
schungsgebieten wie etwa der Mikro- oder Makroökonomik sehen sich an dieser Stelle
gelegentlich gezwungen zu erklären, warum es nötig ist, der schon großen Palette solcher
Bücher noch ein weiteres hinzuzufügen. Wir müssen dies nicht tun: Zwar existiert schon
eine Reihe von Lehrbüchern, die sich im Rahmen der Neuen Politischen Ökonomik mit

den Institutionen im politischen Sektor beschäftigen. Auch gibt es zumindest ein Lehrbuch, dass im Rahmen der Neuen Institutionenökonomik nahezu ausschließlich die Institutionen im Markt analysiert. Eine echte Verbindung beider Bereiche gibt es unseres Wissens jedoch noch nicht. Wir haben versucht, diese Marktlücke zu schließen, indem wir das institutionenökonomische Instrumentarium herausstellen und auch die Interdependenzen zwischen den verschiedenartigen Institutionen aufzeigen. Ob uns das gelungen ist, müssen unsere Leser entscheiden. Für kritische Anregungen sind wir jederzeit offen.

Das Vorhaben, ein Lehrbuch zur Neuen Institutionenökonomik zu schreiben, war – wie wir inzwischen wissen – weitaus schwieriger umzusetzen, als es uns zunächst schien. Mit den Vorarbeiten zu diesem Buch haben wir bereits 1997 begonnen. Die einzelnen Text-Fragmente, die im Laufe unserer Co-Produktion entstanden, haben wir in verschiedenen Lehrveranstaltungen mit Studierenden der Westfälischen Wilhelms-Universität Münster und der Johann Wolfgang Goethe-Universität Frankfurt am Main diskutiert. Ihnen haben wir zahlreiche wichtige Hinweise sowohl in Bezug auf den Inhalt als auch auf seine didaktische Aufbereitung zu verdanken. Vor dem Hintergrund dieser Erfahrungen hoffen wir, dass das Buch inzwischen eine gewisse Reife erreicht hat.

Dass unser Manuskript in ein druckfertiges Ergebnis umgesetzt wurde, wäre ohne die tatkräftige Unterstützung des Lehrstuhls für Volkswirtschaftslehre, insbesondere für Geld und Währung in Münster nicht möglich gewesen. Unser Dank gilt vor allem Prof. Dr. Manfred Borchert, der uns nicht nur die Infrastruktur des Lehrstuhls zur Verfügung gestellt hat, sondern auch stets ein positiver Antreiber war. Unsere studentischen Hilfskräfte Susanne Friemel, André Hütte, Maren Melzer und Frank Oskamp haben die einzelnen Kapitel Korrektur gelesen und Verbesserungsvorschläge gemacht. Ihnen sei dafür gedankt. Auch unseren Kollegen Eckehard Schulz, Annette Fröhling, Carsten Hellinger, Martin Kröger, Ingo Pies, Rainer H. Rauschenberg und John Philipp Siemer, die große Teile des Buches mit uns kritisch diskutiert haben, möchten wir danken. Ganz besonderer Dank gebührt Susanne Thiemann, die das Manuskript in wesentlichen Teilen erstellt hat, und Britta Bültel, die es in die vorliegende Form brachte – und sich sicherlich einen leichteren Einstand vorstellen konnte. Last but not least danken wir dem Verlag Schäffer-Poeschel für seine ausdauernde Unterstützung.

Am Ende dieses Vorworts bleiben nur noch zwei Dinge zu sagen. Erstens: Natürlich übernehmen wir als Verfasser trotz der genannten Unterstützung die volle Verantwortung für alle verbliebenen Fehler. Zweitens: Wir hoffen, dass unsere Leser nach der Lektüre dieses Buches mit uns – und dem IWF (!) – einer Meinung sind: Institutions matter!

Frankfurt und Münster, im Februar 1999

Mathias Erlei, Martin Leschke und Dirk Sauerland

INHALTSVERZEICHNIS

Kapitel 1

Grundlagen

Institutionenökonomik ist der Teil der Ökonomik, der sich mit der Analyse von Institutionen beschäftigt.

So trivial dieser Satz auch erscheinen mag, weist er doch auf die drei grundlegenden Fragen hin, die wir in diesem Kapitel klären wollen. Als Erstes ergibt sich die Frage, was eigentlich das spezifische Kennzeichen der *Ökonomik* ist. Oder anders formuliert: Wie lässt sich Ökonomik als Wissenschaft charakterisieren und von anderen Wissenschaften abgrenzen? Diese Frage steht im Mittelpunkt des folgenden ersten Abschnitts. Dort wird zunächst das ökonomische Modell individuellen Handelns – das Homo-oeconomicus-Modell – dargestellt. Anschließend soll das verhaltenstheoretische Konzept der „begrenzten Rationalität" (bounded rationality) dem Homo-oeconomicus-Modell gegenübergestellt werden. Zur Illustration der unterschiedlichen Ansätze werden Modellbildungen anhand des Konsumplans vorgestellt. Die zweite relevante Frage ist die nach dem Begriff der *Institutionen:* Was sind eigentlich Institutionen, welche Arten von Institutionen gibt es und welche sind Gegenstand ökonomischer Analysen? Die Beantwortung dieser Fragen erfolgt im zweiten Abschnitt dieses Einleitungskapitels. Danach wird in den Abschnitten 3 bis 5 noch eine letzte, grundlegende Frage beantwortet. Diese lautet: Worin unterscheidet sich die *Institutionenökonomik,* die ja den Gegenstand dieses Buches bildet, von anderen Bereichen der Ökonomik? Was sind die Charakteristika der Institutionenökonomik? Bevor diese Fragen im 5. Abschnitt mit Hilfe der Methodologie der Forschungsprogramme beantwortet werden, gehen wir in Abschnitt 3 auf die Vorläufer der modernen, Neuen Institutionenökonomik (NIÖ) ein und stellen im Abschnitt 4 diese Neue Institutionenökonomik der bekannten Denkschule der Neoklassik gegenüber. Zunächst aber zur ersten Frage: Was ist eigentlich Ökonomik?

Grundlegende Fragen

1. Ökonomik als Wissenschaft

Während unter „Ökonomie" das tatsächliche Wirtschaften real existierender Akteure verstanden wird, bedeutet der Begriff „Ökonomik" die wissenschaftliche bzw. theoretische Auseinandersetzung mit dem Wirtschaften der Menschen. Ökonomik lässt sich daher – nach herrschender Mei-

Ökonomie und Ökonomik

nung – als diejenige Sozialwissenschaft definieren, die menschliches Handeln vor dem Hintergrund auftretender Knappheitsprobleme analysiert. Die Knappheitsrestriktionen sind Dreh- und Angelpunkt der ökonomischen Analyse, wobei je nach Problemlage verschiedene Faktoren den Engpassfaktor darstellen können. Üblicherweise wird nur jeweils ein knapper Faktor als Restriktion betrachtet; die übrigen Faktoren werden – im Rahmen der Ceteris-paribus-Annahme – konstant gesetzt. So kann Einkommen knapp sein, das Wissen kann knapp sein, oder auch die Zeit kann der knappe Faktor sein. Bestehende Knappheiten konfrontieren einen Akteur zwangsläufig mit dem Problem der Verschwendung. Wird der knappe Faktor nicht optimal eingesetzt, so bleibt die Bedürfnisbefriedigung hinter einem Niveau, das erreichbar wäre, zurück. Die Ökonomik hat nun ein Schema entwickelt, um menschliche Knappheitsprobleme adäquat zu analysieren. Dieses Schema ist das „ökonomische Modell individuellen Handelns", auch kurz „Homo-oeconomicus-Modell" genannt. Die wesentlichen Elemente dieses Modells werden im Folgenden vorgestellt.

1.1. Das Homo-oeconomicus-Modell

Bausteine des Homo-oeconomicus-Modells

Das Homo-oeconomicus-Modell ist das innerhalb der Ökonomik gängige Modell zur Analyse menschlichen Verhaltens in Knappheitssituationen. Es besteht aus drei grundlegenden Bausteinen. Diese sind:

a) die Präferenzen des entscheidenden Individuums. Sie sind für die ökonomische Analyse als gegeben und konstant anzusehen;

b) der Handlungsraum des entscheidenden Individuums. Er enthält alle Handlungsalternativen, die dem Individuum zur Verfügung stehen. Begrenzt wird der Handlungsraum durch die Handlungsrestriktionen, denen sich das Individuum gegenüber sieht. Aufgrund der vorhandenen Restriktionen ergeben sich erst die zu analysierenden Knappheitssituationen, d.h. wenn es keine Restriktionen gibt, läuft eine ökonomische Analyse ins Leere;

c) die eigentliche Wahlhandlung des Individuums. Die Wahlhandlung ergibt sich aus dem Zusammenspiel von Präferenzen und Restriktionen und kennzeichnet damit die Art und Weise, wie das Individuum zwischen konkurrierenden Alternativen auswählt.

Diese drei Grundbausteine allein begründen allerdings noch nicht den Kern essentieller Grundannahmen der Ökonomik als Wissenschaft. Dieser lässt sich erst durch weitere leitende Ideen charakterisieren, die im Folgenden in Form von 6 grundlegenden Prinzipien dargestellt werden. Dazu zählen:

Grundlegende Prinzipien des Homo-oeconomicus-Modells

(1) das Individualprinzip,

(2) das Prinzip der Problemorientierung,

(3) das Prinzip der Trennung zwischen Präferenzen und Restriktionen,

(4) das Rationalitätsprinzip,

(5) das Prinzip der Nicht-Einzelfall-Betrachtung,

(6) das Prinzip des methodologischen Individualismus.

Die leitenden Prinzipien sollen kurz erläutert werden:[1]

Ad (1): Das Individualprinzip

Das Individualprinzip umfasst zwei wichtige Punkte. Zum einen kommt in diesem Prinzip zum Ausdruck, dass das Individuum sein Handeln an seinen eigenen Präferenzen orientiert. Das einzelne Individuum ist selbstinteressiert. Inwieweit das Wohlergehen anderer Menschen in den Präferenzen des Individuums enthalten ist, stellt eine empirische Frage dar. Die von Ökonomen oft unterstellte Annahme egoistischen Verhaltens mag für manche Fragestellungen eine zulässige Vereinfachung darstellen, für andere Problemstellungen wiederum nicht. Zum anderen kommt in dem Individualprinzip zum Ausdruck, dass der Mensch die einzige Quelle von Werten ist. Die Präferenzen der von einem Problem betroffenen Individuen stellen den Referenzpunkt der Beurteilung möglicher Problemlösungen dar. Der Versuch, andere externe Bewertungsmaßstäbe heranzuziehen, wird abgelehnt (vgl. hierzu auch Buchanan, 1987).

Individuum, Selbstinteresse, Egoismus

Ad (2): Das Prinzip der Problemorientierung

Menschen haben i.d.R. eine Fülle von Neigungen. Diese können sich z.B. auf die Freizeitgestaltung, die Auswahl der Kleidung oder auf kulinarische Genüsse beziehen. Daneben sieht sich der einzelne Mensch in verschiedenen Lebenslagen unterschiedlichen Restriktionen ausgesetzt. So kann Zeit der Engpassfaktor bei einem beruflichen Problem sein, ein bestimmtes Budget hingegen kann die Auswahl der Urlaubsziele beeinflussen. In ökonomischen Modellen werden jedoch stets immer nur einige wenige Präferenzen und Restriktionen berücksichtigt. Wie erklärt sich dies? Und wie wird die Auswahl angeleitet? Ökonomik hat nicht das Ziel, menschliches Handeln in all seinen Facetten zu erklären, sondern speziell individuelles Handeln unter Knappheit. Die Art des Knappheitsproblems, welches im Blickpunkt der Analyse steht, determiniert die Auswahl der Präferenzen und Restriktionen. Wenn es beispielsweise um die Frage geht, ob Anreize bestehen, das deutsche Sozialsystem zu übernutzen bzw. auszubeuten, spielt es keine Rolle, ob die Mehrheit der Deutschen gerne ein Fußballspiel im Fernsehen verfolgt. Stets werden also nur die für ein Problem wesentlichen Präferenzen und Restriktionen betrachtet. Nur auf diese

Knappheitssituation als Focus

---

[1] Vgl. zu den folgenden Ausführungen WESSLING (1991), LESCHKE/WESSLING (1993) sowie SUCHANEK (1994).

Weise können ökonomische Modelle einfach und verständlich auf die wichtigsten Kostenkategorien eines gesellschaftlichen Problems aufmerksam machen.

Ad (3): Das Prinzip der Trennung zwischen Präferenzen und Restriktionen

Aus dem Spannungsverhältnis zwischen Bedürfnissen und knappen Mitteln der Bedürfnisbefriedigung resultiert das ökonomisch relevante Problem der Knappheitsbewältigung. Die ökonomische Analyse konzentriert sich bei der Behandlung solcher Probleme auf die Wirkung relevanter Kostenkategorien. Letztere wiederum erwachsen aus den Restriktionen der betrachteten Akteure. Die Ökonomik versucht mithin eine Antwort auf die Frage zu finden: Wie ändert sich das individuelle Verhalten, wenn sich bestimmte Restriktionen ändern? Eine wissenschaftliche Antwort, die aus einem Modell abgeleitet ist, welches die wesentlichen Bestandteile eines

Annahmen zu den Präferenzen

Knappheitsproblems erfasst, ist nur möglich, wenn über die Präferenzen bestimmte Annahmen getroffen werden.[2] Dies sind (a) die Unersättlichkeit der Bedürfnisse, (b) die konsistente Ordnung der Präferenzen und (c) die Konstanz der Präferenzen. Die Annahme der Unersättlichkeit garantiert, dass Restriktionen Knappheiten verursachen. Die Annahme der Konsistenz der Präferenzordnung garantiert, dass die Präferenzen (schwach) transitiv geordnet sind und so die Ableitung widerspruchsfreier Ergebnisse möglich wird. Die Annahme der Präferenzkonstanz garantiert, dass Verhaltensänderungen auf Kosten- bzw. Restriktionsänderungen zurückgeführt werden.[3] Eine Wissenschaft, deren Ziel es ist, die Wirkung (der Veränderung) relevanter Restriktionen und damit Kosten auf menschliches Verhalten zu analysieren, sollte – wenn nicht gute Gründe dagegen sprechen – davon ausgehen, dass Präferenzänderungen nicht der Auslöser für Verhaltensänderungen sind.

Ad (4): Das Rationalitätsprinzip

Das Rationalitätsprinzip besagt, dass das Individuum unter Anwendung des Kosten-Nutzen-Kalküls seine Handlungsmöglichkeiten bewertet, um sich dann gemäß dem relativen Vorteil zu entscheiden. Das Individuum wird also unter gegebenen Umständen versuchen, einen optimalen Plan aufzustellen und diesen auch zu realisieren. In der Literatur wird dieser Sachverhalt bisweilen auch als das „Prinzip der Nutzenmaximierung", das „ökonomische Prinzip" oder als das „Wirtschaftlichkeitsprinzip" bezeich-

Annahmen zur Rationalität

net. Genau wie die restriktiven Annahmen zur Präferenzordnung ist auch die Annahme rationalen Verhaltens ein methodisch hilfreicher Trick, um

---

[2] Vgl. hierzu beispielsweise KIRSCH (1977), S. 30 ff..
[3] Vgl. zur Bedeutung der Unterstellung konstanter Präferenzen STIGLER/BECKER (1977).

von Restriktionsänderungen auf individuelle Verhaltensänderungen zu schließen. Ändern sich relative Kosten, so wird ein rationaler Akteur, der von diesen Kostenänderungen spürbar betroffen ist, in vorhersehbarer Weise reagieren; bei einem irrational handelnden Individuum sind hingegen unkalkulierbare Reaktionen denkbar. Das Rationalitätsprinzip stellt das Bindeglied zwischen den situativen Bedingungen und den individuellen Handlungen bzw. deren Resultaten her. Ein besonderes Problem spielt hierbei die Tatsache, dass Menschen sich selbst Regeln auferlegen, um die Komplexität der realen Welt zu reduzieren. Diese Regeln stellen in manchen Situationen relevante Restriktionen dar. Problematisch ist, dass sie nicht unmittelbar zu beobachten sind. Ihre Vernachlässigung kann jedoch zu „falschen" Modellen führen. Insbesondere die Verhaltenstheorie (z.B. Herbert Simon) hat schon in den 50er Jahren darauf aufmerksam gemacht, dass die Ökonomik stärker auf das regelgeleitete Verhalten der Menschen abstellen müsse.

Ad (5): Das Prinzip der Nicht-Einzelfall-Betrachtung

Aus Homo-oeconomicus-Modellen, die sich aus den bisher angesprochenen Bausteinen zusammensetzen, werden Aussagen wie „Wenn der Preis von Gut x steigt, sinkt unter sonst gleichen Umständen – also ceteris paribus – die nachgefragte Menge nach diesem Gut" oder „Wenn das Zinsniveau steigt, sinken ceteris paribus die Kreditnachfrage und die Geldhaltung" getroffen. Diese abgeleiteten Aussagen sind nicht so zu interpretieren, dass jeder Konsument des Gutes x bei einer Preissteigerung dieses Gutes weniger von diesem Gut nachfragt. Es wird lediglich unterstellt, dass die meisten Konsumenten so handeln. Entsprechendes gilt für die Geldnachfrager bei einem Zinsanstieg. Auch hier wird es einige Individuen geben, die entgegen der Aussage ihre Geldhaltung erhöhen. Das bedeutet: Die Ökonomik trifft (i.d.R.) keine Aussagen über das Verhalten einzelner Individuen – hierfür sind andere Wissenschaften besser geeignet, so z.B. die Psychologie. In der Ökonomik wird fast immer das Verhalten einer großen Zahl individueller Handlungen analysiert. Das gilt auch für ökonomische Modelle, in denen nur ein Akteur (z.B. ein Monopolist) oder einige wenige Akteure (z.B. Oligopolisten) betrachtet werden. Die aus solchen Modellen deduzierten Richtungsaussagen bedeuten auch hier lediglich, dass sich die Akteure in der Regel wie abgeleitet verhalten. Es geht also nicht um das einmalige Verhalten eines Monopolisten oder Oligopolisten in einer einmaligen Situation, sondern um Monopol- bzw. Oligopolverhalten wie es im Allgemeinen unterstellt werden kann. Ginge es in der Ökonomik darum, dass jedes Individuum sich gemäß den abgeleiteten Hypothesen verhält, so könnte sich die ökonomische Wissenschaft vor

Repräsentatives, dominantes Verhalten

Widerlegungen (Falsifikationen) nicht mehr retten. Nur ein repräsentatives oder dominantes Verhalten kann von der Ökonomik erfasst werden.

Ad (6): Das Prinzip des methodologischen Individualismus

Das Prinzip des methodologischen Individualismus[4] besagt, dass alle Eigenschaften, die einem sozialen System (Gruppen, Gesellschaften, Unternehmen, Haushalte oder andere Organisationen) zugesprochen werden, letztlich von den Eigenschaften und Anreizsystemen der Individuen abhängig sind, die das betrachtete soziale System konstituieren. Dies ist eine Haltung gegen holistische Konzepte, die sozialen Systemen Eigenschaften *Holismus und* zusprechen, die mit dem individuellen Verhalten der Organisationsmitglie-
Individualis- der nicht vereinbar sind. Mit anderen Worten: Es ist innerhalb ökonomi-
mus scher Modellierung durchaus statthaft, Unternehmen, Haushalte, Staaten oder andere Organisationen als handelnde Akteure zu betrachten, obschon diese stets das ineinander greifende Verhalten vieler Individuen umfassen. Die für diese Entitäten angenommenen Eigenschaften müssen jedoch mit den Eigenschaften der Organisationsteilnehmer und den Anreizsystemen, denen sie ausgesetzt sind, kompatibel sein. So ist für viele Modelle die Annahme der Gewinnmaximierung (Nutzenmaximierung) für den Unternehmenssektor (Haushaltssektor) statthaft. Als ungeeignet dürften sich hingegen für viele Problemstellungen Annahmen wie die Treuhändereigenschaft bezüglich staatlichen Verhaltens erweisen.

Mit diesen 6 Prinzipien sind die Kernideen des ökonomischen Modells individuellen Handelns im Wesentlichen dargestellt. Es ist deutlich erkennbar, dass es dem Ökonomen weder auf eine Erklärung menschlichen Verhaltens im Einzelfall noch auf eine Erklärung individuellen Handelns im Allgemeinen ankommt, sondern auf das repräsentative Verhalten der Menschen (bzw. dessen Änderung) abhängig von wesentlichen Knappheitsrestriktionen (bzw. deren Veränderung). Das Homo-oeconomicus-Modell ist daher tautologisch aufgebaut. Es handelt sich um ein geschlossenes Modell, in dem Prozesse menschlicher Präferenzbildung und Informationsverarbeitung bewusst ausgeklammert werden, um allein auf die situativen Anreize abzustellen. Dieses radikale Vorgehen hat natürlich zu Kritik am ökonomischen Modell geführt. Eine konstruktive Form dieser Kritik stellt das so genannte „Satisficing-Modell" dar, das in seinen Grundelementen nun erläutert wird.

---

[4] Der Begriff „methodologischer Individualismus" geht laut VANBERG (1975), S. 86, Fn 4 auf SCHUMPETER (1970), S. 88 ff. zurück.

1.2. Das Satisficing-Modell

Kritik am Homo-oeconomicus-Modell wurde und wird viel geäußert. Konstruktive und damit ernst zu nehmende Kritik hebt sich aus der Masse kritischer Stimmen insbesondere dadurch ab, dass versucht wird, Alternativen aufzuzeigen. Herbert Simons verhaltenstheoretisches Konzept stellt genau solch einen Versuch dar. Dass dieser ernst zu nehmen ist, belegt der Nobelpreis für Simons Werk im Jahr 1978. Seine Kritik am Homo oeconomicus und sein eigener Ansatz seien im Folgenden erläutert.

Wie viele Kritiker hält Simon den Homo oeconomicus für ein artifizielles Konstrukt, dessen Fähigkeit, sich stets für die optimale Lösung zu entscheiden, nichts mit menschlichem Entscheidungsverhalten in der realen Welt zu tun habe.[5] Menschen seien entgegen den Annahmen im ökonomischen Modell nicht in der Lage,

(1) alle denkbaren Alternativen wahrzunehmen,

(2) alle Konsequenzen denkbarer Alternativen abzuschätzen und

(3) eine vollständige und konsistente Bewertung möglicher Ergebnisse vorzunehmen.

Diese Grenzen des Intellekts subsumiert Simon unter dem Begriff der begrenzten Rationalität („bounded rationality"). Der Mensch ist schlicht und einfach nicht fähig zu optimieren. Er ist vielmehr ein routine- oder regelgesteuerter Organismus, der sich mit zufriedenstellenden Ergebnissen begnügt. Dem optimalen Entscheidungsverhalten des Homo oeconomicus stellt Simon daher sein Modell des „Satisficing man", der sich an Anspruchsniveaus orientiert, gegenüber. Dieses Modell enthält folgende Kerngedanken (vgl. Simon, 1957):

Die erste Vereinfachung gegenüber dem Homo-oeconomicus-Modell besteht darin, dass die einzelnen Ergebnisse e_i, $i = 1, 2, ...,$ m aus der Ergebnismenge E nur noch mit „zufriedenstellend" bewertet werden. Der Nutzen U eines Ergebnisses e_i kann also nur noch zwei Werte annehmen: $U(e_i) = 1$ für zufriedenstellende Ergebnisse, $U(e_i) = 0$ für nicht zufriedenstellende Ergebnisse. Es handelt sich mithin um eine zweiwertige Nutzenfunktion. Die Teilmenge zufriedenstellender Ergebnisse wird mit E' bezeichnet. Die Trennlinie, die den Ergebnisraum in zufriedenstellende und nicht zufriedenstellende Ergebnisse einteilt, ist das *Anspruchsniveau*.[6] Damit ein Ergebnis als zufriedenstellend eingestuft wird, muss es auf oder

Zufriedenstellende Ergebnisse und Anspruchsniveau

---

[5] Vgl. SIMON (1957, 1959, 1978 und 1981).

[6] SIMON sieht es als gesicherte Erkenntnis an, dass Menschen sich bei der Lösung von Problemen erfüllbare Anspruchsniveaus setzen, wobei „erfüllbar" eine subjektive Einschätzung des Individuums darstellt. Er rekurriert somit auf Erkenntnisse der experimentellen Sozialpsychologie.

über dem Anspruchsniveau liegen. Der Entscheidungsprozess enthält nun mehrere Stufen. Zuerst muss das Individuum eine Teilmenge E' der zufrieden stellenden Ergebnisse aus der Menge möglicher Ergebnisse E festlegen. Sodann wird mit Hilfe vertrauter Suchalgorithmen versucht, eine Alternative zu finden, die ein zufriedenstellendes Ergebnis liefert. Ist dies sehr leicht möglich, so dass das Anspruchsniveau schnell spürbar übertroffen wird, so erfolgt eine schrittweise Anhebung des Anspruchsniveaus, bis am Ende dieses Prozesses im günstigsten Fall nur noch eine Alternative übrig bleibt.

Tritt demgegenüber der Fall ein, dass Alternativen, die zufriedenstellende Ergebnisse liefern, nicht unmittelbar gefunden werden können, wird das Individuum eine erweiterte, d. h. über vertraute Routinen hinaus gehende, Alternativensuche einleiten – sofern dies kostengünstig möglich ist. Wird auf diese Weise eine die Zwecke erfüllende Alternative gefunden, ist der Entscheidungsprozess beendet. Werden schnell Alternativen entdeckt, die weit über dem Anspruch liegende Ergebnisse liefern, kommt es zu Anspruchsniveauanhebungen (wie oben bereits geschildert). Kann auch mittels erweiterter problemorientierter Alternativensuche keine geeignete Alternative gefunden werden, muss es zwangsweise zu einer Absenkung des Anspruchsniveaus kommen. Abbildung 1.1 veranschaulicht noch einmal den anspruchsniveauorientierten Entscheidungsprozess.

Damit sind die wesentlichen Elemente des Satisficing-Modells erläutert:

(1)   Der Mensch ist nicht fähig zu optimieren;

(2)   um in komplexer Umwelt handlungsfähig zu bleiben, hält er sich an (Routine-)Regeln;

(3)   zur Lösung neuer Probleme setzt er sich Anspruchsniveaus und strebt nach befriedigenden Lösungen.

Dieses allgemeine Satisficing-Modell hat Ökonomen zur Entwicklung anspruchsniveauorientierter Ansätze bzw. Anwendungen in der Unternehmenstheorie (vgl. z.B. Sauermann/Selten, 1962; Cyert/March, 1963) und der Haushaltstheorie (vgl. z.B. Brandt, 1979) geführt. – Worin liegen nun die wesentlichen Unterschiede zum Homo-oeconomicus-Modell?

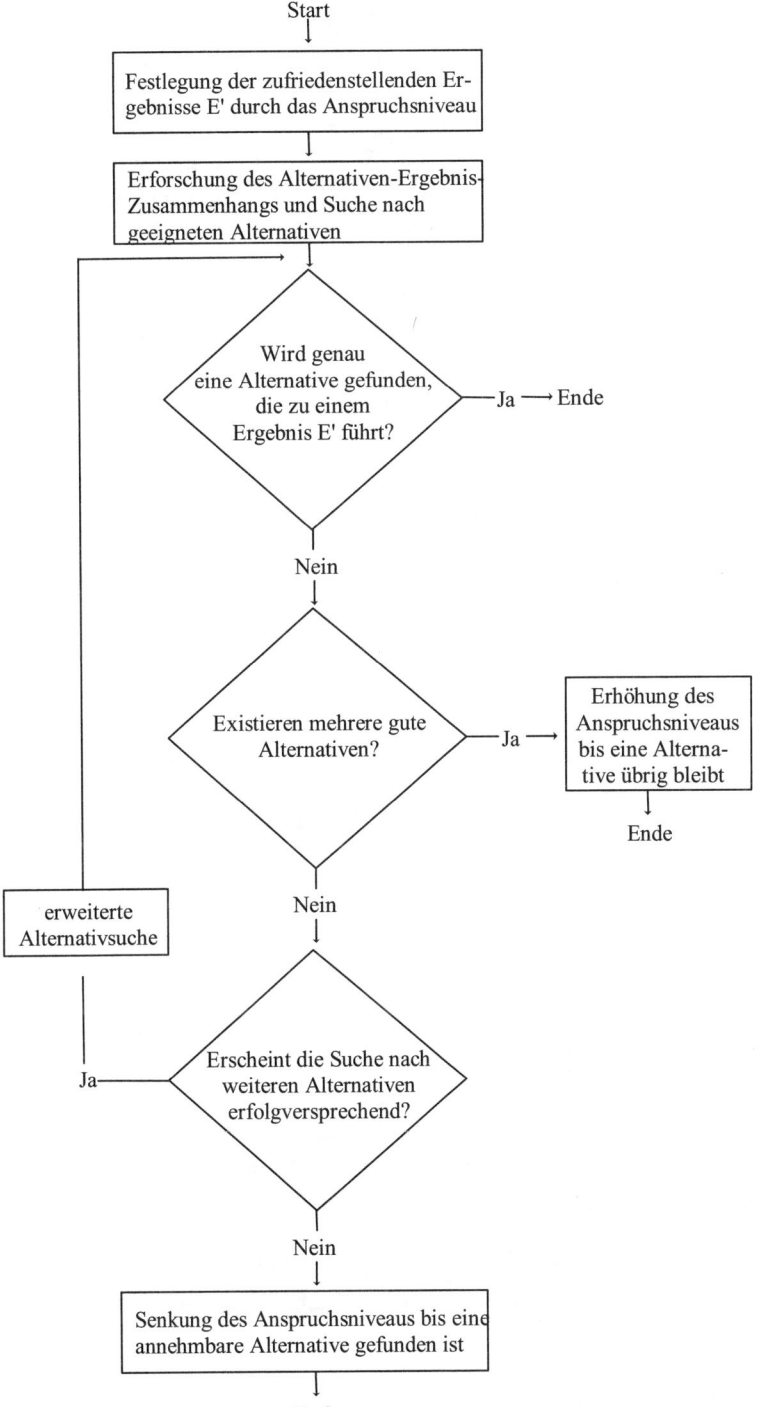

Abbildung 1.1

1.3. Maximizing versus Satisficing – Ein Vergleich der Positionen

Herbert Simon stellt in seinem Modell des Satisficing einen offenen Entscheidungsprozess dar, der psychologisch fundiert ist, während die meisten Ökonomen – unabhängig von der Art, wie einzelne Menschen tatsächlich Entscheidungen treffen – einen geschlossenen Optimierungsansatz anwenden. Die Frage, die in diesem Zusammenhang beantwortet werden muss, ist: Sollte nicht das Bestreben innerhalb der ökonomischen Wissenschaft dahingehen, das offensichtlich unrealistische Modell des Homo oeconomicus durch den psychologisch anscheinend besser untermauerten Satisfizierungsansatz oder einen ähnlichen Ansatz zu ersetzen? Der amerikanische Nobelpreisträger Milton Friedman hat zu dieser Frage der Realistik der Annahmen im ökonomischen Modell bereits im Jahr 1953 eine provozierende Antwort gegeben: Es komme *überhaupt nicht* auf die Realitätsnähe der Prämissen eines ökonomischen Modells an, sondern insbesondere darauf, ob die abgeleiteten Hypothesen zuträfen. Wir wollen nun versuchen, ein Verständnis für beide Positionen zu entwickeln.

Realistik von Modellannahmen

Herbert Simon ist Organisationstheoretiker. Ziel seiner Analyse ist es, komplexe Entscheidungsprozesse innerhalb großer Organisationen zu analysieren. Hierbei spielen Fragen wie die Motivation der Mitarbeiter, die Vereinfachung von Abläufen mittels Routinen oder die Anpassungsfähigkeit des einzelnen Organisationsmitglieds an bestimmte Innovationen eine wichtige Rolle. Für Probleme, wie Informationen verarbeitet und weitergeleitet werden, kommt es nicht selten auf das Verhalten einzelner Mitarbeiter in spezifischen Situationen an. Vor dem Hintergrund dieses Forschungsziels erklärt sich Simons ablehnende Haltung gegenüber dem Homo-oeconomicus-Modell; denn der ökonomische Ansatz vermag ja gerade nicht, eine Analyse spezifischer Einzelfälle zu liefern. Dieser Kritikpunkt am Homo-oeconomicus-Modell lässt sich jedoch nicht in allgemeiner Form Aufrecht erhalten.

Bedeutung von Regeln

Simon gelang es jedoch, durch seine grundlegende Annahme der beschränkten Rationalität die Bedeutung von Regeln herauszustellen. Nur in einer Welt, in der die Menschen die komplexen Details nicht vollständig erfassen können, ist regelgeleitetes Handeln sinnvoll. Diese Idee hat Ronald Heiner später (1983) aufgegriffen und in einem viel beachteten Aufsatz weiterentwickelt und formalisiert. Heiner stellt hier insbesondere auf die Lücke zwischen der Schwierigkeit eines Problems und der geistigen Kompetenz eines Akteurs, das Problem zu lösen, ab. Diese Lücke ist nach Heiner der Grund für das Befolgen von Regeln (oder allgemein: Institutionen).

Simons Kritik am Homo oeconomicus ist jedoch noch aus einem anderen Grund verständlich. Man muss bedenken, dass in den 50er und 60er

Jahren, dem Zeitpunkt des Beginns seiner Arbeit, die Ökonomik größtenteils aus einer institutionenlosen Theorie neoklassischer und keynesianischer Prägung bestand.[7] Dies hat sich jedoch, wie der Leser auch im Verlauf dieses Buches erfahren wird, geändert: Die Institutionenökonomik ist ein expandierender Bereich. Und es ist in diesem Zusammenhang u.a. Simons Verdienst, auf die wichtige Rolle von Regeln zur Kanalisation menschlichen Verhaltens nachdrücklich aufmerksam gemacht zu haben. Um die allgemeinen Wirkungen von relevanten Restriktionen wie Regeln oder Regelsystemen (Institutionen) zu analysieren, bedarf es jedoch keinesfalls einer Abschaffung des Homo oeconomicus. Denn gerade das Homo-oeconomicus-Modell stellt diejenige Heuristik dar, mit deren Hilfe situative Knappheitsrestriktionen auf eine einfache Weise analysiert werden können. Solange ein einfacher, psychologisch wenig fundierter Optimierungsansatz gute Ergebnisse hinsichtlich der Erklärung menschlichen Verhaltens (unter Knappheit) liefert, besteht kein Grund, dieses Vorgehen zu verwerfen. Erst wenn hierbei zunehmend Anomalien auftreten, erscheint eine Integration psychologischer Erkenntnisse, die den Modellrahmen u.U. verkomplizieren, sinnvoll. Vor diesem Hintergrund ist es die Aufgabe des Ökonomen, stets nach den problemrelevanten Restriktionen zu forschen, um diese in einem möglichst einfachen Modellrahmen zu verarbeiten. Für bestimmte Probleme erscheint hierbei der Rückgriff auf ein Satisficing-Modell notwendig, für die Erklärung der meisten Probleme wird jedoch – nach heutigem Kenntnisstand – ein Homo-oeconomicus-Ansatz ausreichen.

Nicht ein Zurückdrängen des Homo oeconomicus erscheint daher als wissenschaftlich vernünftige Alternative, sondern die *problemgeleitete Integration relevanter Restriktionen*. Hierauf hat natürlich auch die Auswahl der Annahmen Einfluss. Kehren wir also abschließend zu dem Problem der Realistik der Prämissen und dem Friedman-Statement, dass es darauf überhaupt nicht ankomme, zurück. Würde man die Realitätsnähe der Annahmen als Gütekriterium für Theorien und Modelle uneingeschränkt anerkennen, so wäre der Homo-oeconomicus-Ansatz längst von verhaltenstheoretischen Ansätzen verdrängt worden. Mithin scheint das Gütekriterium „Realitätsnähe der Modellannahmen" von den Ökonomen jedenfalls *nicht* anerkannt zu werden. Damit ist jedoch nicht gesagt, dass Friedman uneingeschränkt zuzustimmen ist. Verschaffen wir uns mit einem einfachen Gedankenexperiment mehr Klarheit: Es sollen zwei Modelle A und B existieren, die eine ähnliche Komplexität aufweisen und zu identischen Hypothesen führen. Modell A unterscheidet sich jedoch von Modell B da-

Realistik von Prämissen

---

[7] Als Kritiker einer lange Zeit dominierenden institutionenlosen Ökonomik sind u.a. ALBERT (1979), S. 11 ff. und KIRZNER (1984), S. 140 ff. zu nennen.

durch, dass es auf – gemessen an der realen Welt – absurden Annahmen beruht, während Modell B auf weitaus realistischeren Prämissen beruht. Welches Modell würde bevorzugt werden? U.E. würde das Modell mit den realitätsnäheren Annahmen bevorzugt werden; denn ein Modell, das in den Augen der Mehrheit der *Scientific Community* (Th. Kuhn, 2003) auf absurden Prämissen beruht, wird sich im Wettbewerb der Modelle nicht durchsetzen können. Das bedeutet: Die Realitätsnähe der Prämissen ist zwar per se kein objektiv anzuwendendes Gütekriterium. Die Realistik der Annahmen spielt aber insofern eine Rolle, als Modelle mit absurden Annahmen im Wettbewerb verdrängt werden. Warum ist das so? Nun, Ronald Coase weist mit Recht darauf hin, dass Theorien und Modelle nicht nur die Aufgabe haben, sich bewährende Hypothesen und Prognosen hervorzubringen. Sie erfüllen nämlich noch eine zentrale Aufgabe: Sie strukturieren die Realität, d.h. sie reduzieren sie je nach Problemlage. Damit enthalten sie stets die implizite Prämisse, dass sie die „treibenden Kräfte", die für eine Problemerfassung und dessen Lösung relevant erscheinen einfangen und präsentieren. Bestimmte Annahmen erscheinen hierfür geeignet, andere weniger, weil sie möglicher Weise gerade die Restriktionen ausblenden, von denen Sozialwissenschaftler meinen, dass sie relevant sind. Daher werden Modelle stets auch nach ihren Annahmen beurteilt. Hier darf aber nicht naiv gefragt werden „Sind die Annahmen wahr oder Falsch?", sondern es muss die Geeignetheit von Annahmen angesichts des zu strukturierenden und zu lösenden Problems diskutiert werden.

1.4. Experimente, Anomalien und das Homo-oeconomicus-Modell

Die Erklärungsgüte ökonomischer Theorien wird heute nicht mehr nur in Feldversuchen, also in der real existierenden Ökonomie überprüft. Vielmehr hat sich seit etwa 40 Jahren ein neuer Zweig der Ökonomik entwickelt, der den Erklärungsgehalt der Theorie in Laborsituationen überprüft: Die *experimentelle Ökonomik*. Dieser Forschungszweig hat in den letzten Jahren große Aufmerksamkeit erlangt, die noch verstärkt wurde, als im Jahr 2002 der Nobelpreis an Vernon Smith, einen der Begründer der experimentellen Ökonomik, verliehen wurde.

Experimentelle Ökonomik

Die experimentelle Ökonomik basiert im Wesentlichen auf der theoretischen Grundlage der Spieltheorie. Die Spieltheorie unterstellt in ihren Modellen typischerweise den rational handelnden, eigennutzmaximierenden und perfekt antizipierenden Homo oeconomicus. Die experimentelle Ökonomik hat oftmals zum Ziel, die im theoretischen Modell abgeleiteten Verhaltensweisen in Experimenten zu überprüfen. Abweichungen des Verhaltens werden dokumentiert und als *Verhaltensanomalie* beschrieben, wenn das experimentell feststellbare Verhalten vom theoretisch prognostizierten optimalen Verhalten des Homo oeconomicus abweicht. Dazu ein Beispiel:

In einem „Ultimatum-Spiel" sollen sich zwei Personen über die Aufteilung eines Geldbetrags einigen. Die eine Person, Spieler A, darf allein über die Aufteilung eines bestimmten Betrags entscheiden: Er kann einen beliebigen Anteil des Geldes behalten und den Rest an eine zweite Person, Spieler B, verteilen. Spieler B kann nun die angebotene Aufteilung akzeptieren oder ablehnen. Akzeptiert er, dürfen A und B die jeweiligen Geldbeträge tatsächlich behalten. Lehnt B die vorgeschlagene Verteilung jedoch ab, gehen beide Akteure leer aus. Wie sehen nun die Anreize von Spieler A und B in dieser Spielsituation aus? Als ein ‚klassischer' Homo oeconomicus, der nur das Einkommen maximiert, würde Person A den gesamten Betrag bis auf einen marginalen Anteil für sich behalten, sofern er erwartet, dass auch Person B sich als ein solcher verhält. Somit würde man auf Basis des engen (neoklassischen) Homo-Oeconomicus-Ansatzes eine Aufteilung erwarten, die deutlich zu Gunsten von Person A ausfällt. Soweit die Theorie.

In Experimenten zeigt sich nun, dass Spieler A seinem Gegenüber typischerweise einen beträchtlichen Teil des zur Verfügung stehenden Geldes abgibt, oftmals etwa die Hälfte. Dies ist durchaus rational, denn es zeigt sich, dass Spieler B die Annahme i.d.R. verweigert, wenn der von A abgegebene Betrag deutlich unter der Hälfte liegt. Dieses Ergebnis weicht auf den ersten Blick vom theoretisch optimalen Verhalten ab. Handelt es sich aber tatsächlich um „Anomalien", die das *Homo-oeconomicus-Modell* widerlegen? Wir meinen „nein"!

In der Literatur finden sich verschiedene Argumente, die diese Sichtweise unterstützen (Samuelson, 2005, S. 77f). Drei von ihnen sollen kurz skizziert werden.

Ein erstes Problem von Experimenten ist ihre *Präzision*. Es ist unter Umständen nicht möglich, das experimentelle Design so zugestalten, dass die Situation, die man analysieren möchte, auch tatsächlich abgebildet wird. Insbesondere die Anforderung an die Theorie, Modelle möglichst einfach zu halten, verfremden u. U. die tatsächlichen Handlungsdeterminanten (Erlei, 2002, S. 18 f.). Wird dann ein Laborexperiment zur Überprüfung der Validität der theoretischen Voraussagen durchgeführt, dann können die Verhaltensrestriktionen stark von den realen Handlungsbedingungen abweichen. Die so generierten Ergebnisse sind nur für die Bedingungen im Labor relevant und erlauben nur sehr bedingt Rückschlüsse auf die individuellen Verhaltensmuster der Realität. Wird etwa in einem einfachen Ultimatum-Spiel der zu verteilende Betrag einfach an den ersten Spieler „verschenkt", so entstehen Verfremdungseffekte, da in einer ‚nor-

Anomalien und das Homo-oeconomicus-Modell

malen' Situation die zu verteilenden Beträge zunächst erwirtschaftet werden müssen (vgl. Güth/Kliemt, 2002, S. 20).

Darüber hinaus besteht das Problem der *externen Validität* der Experimente, da das Experiment selbst eine eigene Situation für die Akteure kreiert. Wenn das Verhalten der Akteure auch von der Beschreibung der Entscheidungssituation durch den Spielleiter abhängig ist, muss der aus der experimentellen Sozialpsychologie bekannte „Framing-Effekt" auch in den Analysen der experimentellen Ökonomik berücksichtigt werden (Tversky/Kahnemann, 1986).

Das dritte Argument bezieht sich auf die *interne Validität* des Experiments. So kann die Interpretation des Zusammenhangs zwischen der Situation des Experiments und den beobachteten Ergebnissen falsch sein. Dies ist etwa der Fall, wenn informelle Verhaltensrestriktionen – wie z.B. Normen – eine Rolle spielen, die bei der Interpretation des Verhaltens nicht berücksichtigt werden. Solche Normen können beispielsweise Fairnessgedanken beinhalten, die das Verhalten der Akteure ebenso beeinflussen wie monetäre Anreize (Schlicht, 2003). Diese Logik kann auch erklären, warum a) der Spieler A in den beschriebenen Ultimatum-Spielen einen nennenswerten Anteil abgibt und b) dieser Anteil in unterschiedlichen Gesellschaften unterschiedlich groß ausfällt. Dass der Anteil, der Person B angeboten wird, in Industriegesellschaften bei durchschnittlich 44 Prozent liegt, während die Mittelwerte in nichtindustriellen Ländern zwischen 26 und 58 Prozent liegen (Henrich et al., 2001, S. 74), ist dann möglicherweise auf unterschiedliche Fairnessnormen zurückzuführen.

Akzeptiert man insbesondere das letztgenannte Argument, so stellen die beobachteten Abweichungen von den Ergebnissen des Homo-Oeconomicus-Ansatzes keine Anomalien dar. Vielmehr verhalten sich die Akteure unter Berücksichtigung der Normen, oder allgemein: der relevanten informellen Restriktionen, streng rational. In diesem Sinne liefert die experimentelle Ökonomik vielmehr Hinweise darauf, welche Restriktionen in theoretischen Modellen Berücksichtigung finden sollten, um zu ‚guten' Erklärungen der Realität zu gelangen (Samuelson, 2005, S. 100). Das *Homo-oeconomicus-Modell* wird dadurch nicht widerlegt, sondern die „Anomalien" enthalten vielmehr die Aufforderung, die Restriktionen problemadäquat zu erfassen. Der ökonomische Ansatz sollte daher nicht verlassen, sondern verbessert werden.

Wenden wir uns nun der Unterscheidung zwischen positiver und normativer Analyse zu.

1.5. Aufgaben der Ökonomik: Positive und normative Theorie

Die ökonomische Theorie kann zum einen dazu dienen, real existierende Phänomene zu analysieren, um beispielsweise bestimmte Gesetzmäßigkeiten im Verhalten der Akteure zu ermitteln. Diese Art von Analysen wird auch als positive Theorie bezeichnet. Zum anderen geht es im Rahmen der Politikberatung durch Ökonomen auch darum, verschiedene Maßnahmen und ihre Auswirkungen miteinander zu vergleichen, um auf dieser Basis Handlungsempfehlungen zu geben. Analysen dieser Art fallen in den Bereich der normativen Theorie.

Innerhalb der Ökonomik hat die *positive Theorie* die Aufgabe, wissenschaftliche Analysen zu bestimmten Zusammenhänge bzw. Problemen durchzuführen. Die Realität wird modellmäßig erfasst, und aus dem Modell lassen sich unter Anwendung der „Ceteris-paribus-Klausel" einzelne Zusammenhänge ableiten. Dies ist die Methode der Deduktion. Die auf diese Weise abgeleiteten Hypothesen können dann (im Feldversuch) anhand realer Zusammenhänge empirisch kritisch überprüft werden (Popper, 1984a und 1984b) oder anhand der eben beschriebenen Labor-Experimente. Dies kann zu ihrer Ablehnung (Falsifikation) oder indirekten Bestätigung durch Nicht-Falsifikation führen, es kann aber auch zu einer Kontroverse innerhalb der Wissenschaft kommen – man denke nur an die gegenteiligen Anschauungen von Keynesianern und Monetaristen oder die in der experimentellen Ökonomik festgestellten „Anomalien". Die komplexe Realität und die begrenzte Aussagefähigkeit empirischer Überprüfungen lassen es zu, dass widersprüchliche Hypothesen innerhalb der positiven Ökonomik nebeneinander existieren. Die Existenz unterschiedlicher Denkrichtungen und Hypothesen muss jedoch keinesfalls negativ beurteilt werden. Vielmehr wird hierdurch ein Wettbewerb der Theorien induziert; Kritik von konkurrierenden Theorien gibt den Forschern einen Anreiz, die eigenen Theorien weiterzuentwickeln und Schwachstellen möglichst zu beseitigen.

Ceteris-paribus-Klausel, Deduktion und Falsifikation

In der *normativen Theorie* geht es darum, bestimmte Zustände oder auch politische Maßnahmen relativ zu anderen zu bewerten. Die positive Theorie dient dabei der Wirkungsanalyse potentieller Maßnahmen. Sie bildet damit die Grundlage der normativen Theorie. Um die Ergebnisse dieser Maßnahmen miteinander vergleichen zu können, benötigt man möglichst objektive Beurteilungskriterien. Ohne derartige Kriterien kann die ökonomische Wissenschaft ihre Aufgabe für bestimmte Veränderungen (Reformen) einzutreten, d.h. Politikberatung qua Formulierung von Gestaltungsempfehlungen zu betreiben, nicht glaubhaft erfüllen.[8] Wir wollen

Kriterien normativer Ökonomik

---

[8] In diesem Zusammenhang sei auf MAX WEBER (1988) als berühmten Skeptiker normativer Sozialwissenschaft verwiesen.

daher im Folgenden einige wichtige Kriterien der normativen Ökonomik diskutieren.

Um die Kriterien der normativen Theorie leicht verständlich zu erläutern, greifen wir zur Illustrierung auf das Konzept der „Wohlfahrtsgrenze" zurück. Die Wohlfahrtsgrenze W – für 2 Personen i und j in Abbildung 1.2 dargestellt – repräsentiert die beste aller möglichen Nutzenverteilungen bei gegebener Produktionstechnik und unter Berücksichtigung aller denkbaren Tauschprozesse. Alle Punkte auf der Wohlfahrtsgrenze haben die Eigenschaft, dass es ausgehend von einem beliebigen Punkt keinen anderen Zustand gibt, bei dem sich ein Individuum besser stellt, *ohne* dass sich ein anderes Individuum schlechter stellt. Diese Eigenschaft bezeichnet man in Anlehnung an die Ausführungen des italienischen Ökonomen Vilfredo Pareto als „pareto-optimal". Pareto-Optimalität impliziert die Abwesenheit pareto-superiorer Verbesserungen, Verbesserungen bei denen sich mindestens *ein* Individuum besser stellt, ohne dass ein anderes Nutzeneinbußen erleidet. In Abbildung 1.2 würde jeder Punkt nordöstlich von Punkt A innerhalb der getönten Fläche – ceteris paribus – mindestens ein Individuum besser stellen, alle diese Punkte wären gegenüber Punkt A als eindeutig pareto-superior einzustufen. Leider sind sie nicht realisierbar, da sie außerhalb der vorhandenen Wohlfahrtsgrenze liegen.

Pareto-Kriterium

Abbildung 1.2

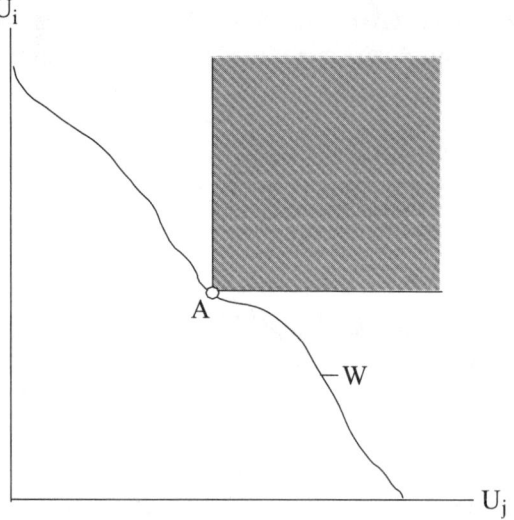

Innerhalb der Ökonomik gilt das wohlfahrtsökonomische Pareto-Kriterium zur Beurteilung alternativer Zustände und damit folglich auch von Reformen als das Standardkriterium. Reformen sind folglich nur dann zu befürworten, wenn sie zu pareto-superioren Ergebnissen führen. Viele Maßnahmen implizieren jedoch nicht selten Verteilungseffekte, die zumindest einige Individuen schlechter stellen. Muss auf derartige Maßnahmen, auch wenn sie gesamtwirtschaftlich positive Dinge wie z.B. eine Steigerung des realen Wachstums bewirken, per se verzichtet werden?

Folgte man dem strengen Pareto-Kriterium, so könnten politische Maßnahmen nur in den seltensten Fällen durchgeführt werden, denn i.d.R. gibt es nicht nur Gewinner, sondern auch Verlierer. Kaldor (1939) und Hicks (1939) haben aufgrund der nur eingeschränkten Anwendbarkeit des Pareto-Kriteriums ein Kompensationskriterium entwickelt. Dieses sogenannte *Kaldor-Hicks-Kriterium* besagt: Wenn eine Maßnahme mindestens einen Akteur soweit besser stellt, dass er den Verlust der Verlierer kompensieren *könnte* und sich nach dieser Kompensation immer noch gegenüber dem Status quo besser stellen *würde,* so ist die Durchführung der Maßnahme eindeutig zu befürworten.

Kaldor-Hicks-Kriterium

Abbildung 1.3

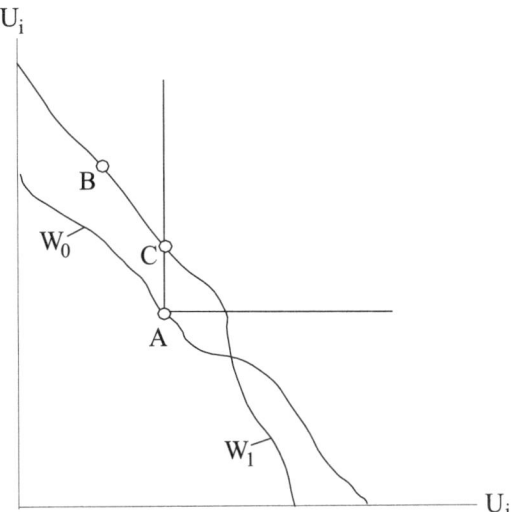

Abbildung 1.3 veranschaulicht den Inhalt des Kaldor-Hicks-Kriteriums: Im Status quo gelte Punkt A auf der Wohlfahrtsgrenze W_0. Die Durchführung einer bestimmten Maßnahme würde die Wohlfahrtsgrenze verändern und zu Punkt B auf W_1 führen. Nach dem Pareto-Kriterium ist die Maßnahme eindeutig abzulehnen, denn beim Übergang von A nach B erfährt j eine Nutzeneinbuße. Gemäß dem Kaldor-Hicks-Kriterium ist die Maßnahme hingegen zu befürworten, denn i könnte j kompensieren und erführe auch nach der Kompensation noch einen Nutzenzuwachs. In Abbildung 1.3 wäre das mit einer Wanderung auf W_1 von Punkt B zu Punkt C verbunden. C erfüllt wiederum das Pareto-Kriterium. Nach dem Kaldor-Hicks-

Kriterium ist folglich die Maßnahme, die einen Übergang von A nach B induziert, zu befürworten.[9]

Problematisch am Kaldor-Hicks-Kriterium ist, dass allein eine *denkbare* Kompensation ausreicht, um Reformen zu befürworten. Warum sollte j mit dem Übergang von A nach B einverstanden sein, wenn er lediglich fiktiv, nicht jedoch tatsächlich kompensiert wird? Die Antwort ist sehr einfach: Ohne weiteres, d.h. ohne eine Erwartung, dass er zukünftig bei anderen Projekten Gewinner ist, „Überhaupt nicht!" Im Gegenteil: Akteur j wird der Maßnahme nur zustimmen, wenn durch ein institutionelles Arrangement festgelegt wird, dass die Kompensation (in irgendeiner Form) tatsächlich erfolgt. Damit kommen wir zurück zum Pareto-Kriterium: Die Durchführung der Maßnahmen, flankiert mit einem Kompensationsabkommen, induziert einen Übergang von A nach C. Mit anderen Worten: Das Kaldor-Hicks-Kriterium mit nur fiktiver Kompensation dürfte nicht die Zustimmung der Betroffenen, die schlechter gestellt werden, finden. Trifft man ein institutionelles Arrangement zur tatsächlichen Kompensati-

Pareto- und Kaldor-Hicks-Kriterium

on, kehrt man zum Pareto-Kriterium zurück. Durch geschicktes Schnüren von Maßnahmen kann man allerdings eine Politik durchführen, bei der es bei jeder einzelnen Maßnahme Verlierer gibt, d.h. sie „gehorcht" nur dem Kaldor-Hicks-Kriterium, bei dem gesamten Bündel ist jedoch der Erwartungswert für alle Individuen positiv, so dass das gesamte Politikbündel gegenüber dem Status quo als pareto-superior anzusehen ist. Aber auch diese Bündel dürfte es in der realen Politik kaum geben.

Damit bleibt aber das Problem bestehen, dass all jene (politischen) Maßnahmen, bei denen es Verlierer gibt, nie von Ökonomen befürwortet werden können: Ökonomen dürften z.B. nicht für einen Subventionsabbau plädieren, wenn dadurch die Subventionsempfänger schlechter gestellt werden; sie dürften auch nicht für eine Steuerreform plädieren, wenn durch das Schließen von Schlupflöchern einige Individuen Einkommenseinbußen erleiden.

Konsens-kriterium

James Buchanan (1987) und (1988) versucht, einen Ausweg aus dieser Sackgasse aufzuzeigen. Er unterscheidet zwischen Maßnahmen und Ergebnissen, die innerhalb bestimmter Regeln getroffen werden, und dem Regelsystem selbst. Einzelne (politische) Maßnahmen sind im Rahmen dieses Konzepts dann zu befürworten, wenn sie auf Regeln – oder allgemeiner: Institutionen – basieren, denen die Individuen (implizit oder expli-

---

[9] Es sei der Vollständigkeit halber darauf hingewiesen, dass das Kaldor-Hicks-Kriterium nicht immer zu eindeutigen Empfehlungen führt. Es können Zirkelschlüsse derart auftreten, dass sowohl ein Übergang von einem Zustand A zu einem anderen Zustand B begründet werden kann, als auch der Übergang zurück von B nach A. Das von SCITOVSKY (1942) entwickelte sogenannte Doppelkriterium beseitigt die Möglichkeit der Zirkularität. Vgl. hierzu auch SOHMEN (1976), S. 310 ff.

zit) zustimmen. Regeln und Änderungen von Regeln sind analog zu befürworten, sofern sie nicht gegen Regeln höheren Rangs – also grundlegende
Verfassungsregeln – verstoßen. Mit Hilfe dieses Konzepts lassen sich nun
politische Maßnahmen danach beurteilen, ob sie regel- bzw. institutionen-
konform sind. Zur Bewertung bestimmter Maßnahmen oder Regeln wird
also stets auf konsensfähige Regeln/Institutionen höherer Ordnung rekurriert. Das Beurteilungskriterium besteht in der Zustimmung der Individuen
zu (Verfassungs-)Regeln, nicht zu einzelnen Maßnahmen oder Endzustän-
den. Natürlich hängt die Zustimmung zu Regeln/Institutionen – weiterhin
– davon ab, welche Ergebnisse sie (wahrscheinlich) für die Individuen generieren. Um strategisches Verhalten zu verhindern, wird bei Buchanan
eine Sequenz von Ergebnissen in das Entscheidungskalkül einbezogen und
nicht ein einzelner Endzustand. Ein Individuum wird daher Regeländerungen zustimmen, wenn es erwartet, dass zumindest mittel- bis langfristig
Ergebnisse eintreten werden, die gegenüber dem Status quo eine situative
Verbesserung – in keinem Fall jedoch eine Verschlechterung – bedeuten.
Das Buchananische Zustimmungs- oder Konsenskriterium stellt also nichts
anderes dar als die Anwendung des Pareto-Kriteriums auf Institutionen.

Während also das Buchananische Konsenskriterium eine konsistente
Erweiterung des Pareto-Kriteriums darstellt, müssen die „Aufweichungs-
versuche" von Kaldor, Hicks u.a. als problematisch betrachtet werden. Es
darf allerdings nicht verschwiegen werden, dass auch das Konsenskriterium kein Kriterium ist, das realiter zur Geltung gebracht werden kann und
sollte. Es geht einzig und allein darum, dass der Sozialwissenschaftler bei
seiner problemorientierten Modellierung die relevanten Interessenkonstel-
lationen berücksichtigt, um auf dieser Basis zu umsetzbaren Vorschlägen
zu gelangen. – Den folgenden Ausführungen in diesem Buch liegt das
Konsenskriterium bzw. das Pareto-Kriterium für Institutionen (was dasselbe ist) zugrunde.

1.6. Analytische Instrumente der Ökonomik: Formale und nichtformale Theorie

Sowohl die normative als auch insbesondere die positive Theorie greifen
auf Modelle zurück, um die Logik des menschlichen Verhaltens zu analysieren und auch die Logik der ökonomischen Argumentation offenzulegen.
Dabei existieren verschiedene Techniken und Methoden der Modellbildung, die jeweils ihre individuellen Vorzüge und Probleme aufweisen. Die
meisten erfolgreichen Forschungsprogramme beschränken sich nicht nur
auf die Verwendung einer einzigen Art der Modellbildung, sondern nutzen
alle verfügbaren Instrumente zur Erzielung eines Erkenntnisfortschritts.
Die verschiedenen Formen der Modellbildung, ihr Verhältnis zueinander
und ihre Bedeutung in der Entwicklung von Forschungsprogrammen lassen

sich sehr anschaulich in Anlehnung an die Systematik von Williamson (1993) darstellen.

Dabei unterscheidet man grundsätzlich vier Phasen der Entwicklung eines Forschungsprogramms. In der Entstehungsphase eines Forschungsprogramms muss zunächst die Formulierung der Grundideen erfolgen. Aufgrund der geringen Erfahrungen mit den neuen Ideen fällt diese häufig eher unscharf aus. Es werden vorrangig einige Grundzusammenhänge, die von der herrschenden Lehre zumindest teilweise abweichen, aufgestellt. Mathematisch-formale Darstellungstechniken erweisen sich dabei im Allgemeinen als noch nicht sehr hilfreich, da sie eine geringere Anpassungsflexibilität aufweisen als nichtformale, verbale Ausführungen. Der wesentliche Beitrag, der in dieser *präformalen Phase* mit Hilfe nichtformaler Methoden erbracht wird, besteht in der Entwicklung einer Terminologie und der Erarbeitung grundlegender Ursache-Wirkungs-Zusammenhänge. Mit fortschreitender Entwicklung des Forschungsprogramms und nicht zuletzt auch durch den inhaltlichen Austausch mit formalen Darstellungen gewinnt die *präformale Theorie* an Präzision, innerer Logik und Verlässlichkeit.

*Entwicklungs-
phasen von
Forschungs-
programmen*

Modelle der reduzierten Form verzichten auf die explizite formale Darstellung der grundlegenden Modellstruktur im Detail und beschränken sich auf die formale Abbildung der behaupteten Eigenschaften des Systems: Besteht etwa die grundlegende Modellstruktur aus einem System von n Gleichungen mit n endogenen und m exogenen Variablen, so verzichtet man in Modellen der reduzierten Form auf die explizite Untersuchung der n simultanen Gleichungen und gibt sich statt dessen mit *behaupteten* Funktionen der n Variablen (oder einer Teilmenge davon) in Abhängigkeit von den m exogenen Variablen zufrieden. Derartige Modelle der reduzierten Form werden unter dem Begriff „*semiformale Theorie*" zusammengefasst. Diese dient vorrangig dazu, den verbalen Ausführungen eine konsistente Struktur zu verleihen, die wichtigsten Aussagen in abstrakter Form aufzustellen und das Verhältnis zwischen verschiedenen Bestandteilen der Theorie zu illustrieren. Da noch immer grundlegende Elemente der neuen Theorie in den entsprechenden (vorgegebenen) Funktionen bzw. Parametern versteckt werden, bilden diese noch kein vollständig mikrotheoretisches Fundament.

Letzteres wird erst mit Hilfe der *vollständig formalen Theorie* erreicht. Hier wird der Versuch unternommen, die grundlegende Modellstruktur zu erfassen und zu analysieren. Auf diese Weise wird eine mikroökonomisch durchanalysierte Formalisierung der wichtigsten Bausteine der Theorie angestrebt. In diesem Stadium der Theoriebildung werden allgemeine Voraussetzungen für die Gültigkeit der wichtigsten Hypothesen ermittelt und eine relativ exakte Beschreibung der Interdependenzen der wichtigsten

Modellvariablen erbracht. Dadurch wird ein tieferes Verständnis für die betrachtete Problematik erzeugt, das in rein verbalen Ausführungen so nicht erreicht werden kann.

Neben den drei theoretischen Analyseformen benötigt jede ökonomische Theorie auch eine Bestätigung durch die *empirische Forschung*. Erst diese ist – wie oben erwähnt – in der Lage, die Gültigkeit und die Relevanz der theoretisch ausgearbeiteten Modelle zu ermitteln. Die Empirie dient nicht zuletzt als eines der wichtigsten Selektionskriterien zwischen konkurrierenden Theorien.

Die Entwicklung vieler Forschungsprogramme – hier ist auch die Neue Institutionenökonomik zu nennen – ist durch eine gewisse zeitliche Abfolge des Auftretens der verschiedenen Analyseformen gekennzeichnet: Üblicherweise bildet die präformale Theorie die Grundlage für semiformale Ansätze, die ihrerseits der vollständig formalen Theorie vorgelagert sind. Semi- und vollständig formale Arbeiten decken Ungenauigkeiten und Fehler in der nichtformalen Theorie auf, was eine Umformulierung letzterer zur Folge hat. Andererseits sind die formalen Analysetechniken im Allgemeinen nicht dazu in der Lage, nichtformale Ansätze vollständig zu ersetzen. Je höher der Formalisierungsgrad eines Modells, desto weniger (relevante) Elemente wird es enthalten, da anderenfalls die Modelle nicht mehr handhabbar sind. Auf diese Weise erfassen vollständig formale Theorien *einen* untersuchten Baustein der Gesamttheorie sehr genau, während sie andere Gesichtspunkte weitestgehend aus dem Blickfeld verlieren.

Das Verhältnis der verschiedenen Analyseformen lässt sich anhand des Verhältnisses von Straßenkarten mit unterschiedlichem Maßstab verdeutlichen. Steht man vor der Aufgabe, einen Weg vom Kölner Dom zum Hamburger Michel aufzuspüren, so wird man sich sinnvollerweise neben der Autobahnkarte (im entsprechend großen Maßstab) auch der Stadtpläne von Köln und Hamburg bedienen. Ohne Stadtpläne besteht die Gefahr, überflüssige Such- und Umwege innerhalb der Stadtgrenzen in Kauf nehmen zu müssen. Weisen demgegenüber alle verfügbaren Straßenkarten den gleichen Maßstab wie die Stadtpläne auf, so verliert man zu viel Zeit durch das entsprechende Studium der verschiedenen erforderlichen Karten. Folgerichtig befinden sich in einem guten Autoatlas Straßenkarten unterschiedlichen Maßstabs. Ebenso bedarf auch die Ökonomik mehrerer Theorien „unterschiedlichen Maßstabs". Dabei entspricht die präformale Theorie, die ein sehr weites Feld von Einflussfaktoren berücksichtigt, der Autobahnkarte und die vollständig formale Theorie, die einen kleinen Ausschnitt des Gesamtbildes sehr präzise wiedergibt, dem Stadtplan. Die empirische Forschung steht begleitend neben allen Entwicklungsstufen der Theorie, wenngleich auch für diese gilt, dass die Grundidee häufig zeitlich vorgelagert ist.

Zweckmäßigkeit von Analyseformen

Wir haben bisher in diesem Kapitel „nur" gezeigt, wodurch die *Ökonomik* als Wissenschaft gekennzeichnet ist und wie sich verschiedene Formen der Theorie- und Modellbildung unterscheiden lassen. Um den Übergang zu unserem eigentlichen Thema, der *Institutionenökonomik* zu schaffen, fehlen noch die entsprechenden Grundlagen zum zweiten relevanten Begriff, den Institutionen. Diese stehen im Mittelpunkt des nächsten Abschnitts.

2. Institutionen als Gegenstand ökonomischer Analysen

Dieser Abschnitt verfolgt zwei Ziele. Zunächst geht es darum zu klären, was unter dem Begriff „Institutionen" zu verstehen ist und in welchem Verhältnis verschiedene Arten von Institutionen zueinander stehen. Die Erläuterung des Zusammenhangs zwischen unterschiedlichen institutionellen Ebenen verdeutlicht auch schon den Aufbau dieses Buches, den wir in Abschnitt 6 erläutern werden.

Definition von Institutionen

Was sind Institutionen? Diese Frage beschreibt ein ernstes Problem, denn in der Literatur ist der Begriff „Institution" nicht einheitlich definiert. Allgemein lässt sich feststellen, dass Institutionen die Handlungen von Individuen in dem Sinne kanalisieren, als sie die Anreize der Individuen beeinflussen. Schotter (1986, S. 117) definiert Institutionen folgender Maßen: „(I)nstitutions are seen as a set of rules that constrain individual behavior and define the social outcomes that result from individual action." Ähnlich wie bei Schotter soll der Begriff „Institution" in diesem Buch sehr weit gefasst werden. Unter einer Institution verstehen wir generell

- einen Vertrag oder ein Vertragssystem,
- eine Regel oder ein Regelsystem,

jeweils inklusive ihrer Durchsetzungsmechanismen durch den oder die das Verhalten von Individuen kanalisiert wird. Konventionen und andere sogenannte informelle Regeln stellen damit genauso Institutionen dar wie die formellen Regeln des privaten und öffentlichen Rechts. Auch *Organisationen* beinhalten Regeln und Regelsysteme. Darüber hinaus fassen wir unter einer Organisation auch die personelle (und sachliche) Dimension von Institutionen: Die Organisation „Unternehmen Siemens" enthält damit sowohl das Vertragsgeflecht aller davon betroffenen Akteure als auch die Mitarbeiter (und die Sachanlagen). Aus diesem Grund wird der Begriff Organisation mitunter auch als die personifizierte Kehrseite der Institution bezeichnet. Institutionen verschiedener Art bilden somit den Rahmen individuellen Handelns. Änderungen des Rahmens, d.h. der Institutionen, ziehen folglich Verhaltensänderungen nach sich, die mit dem typischen ökonomischen Instrumentarium analysiert werden können.

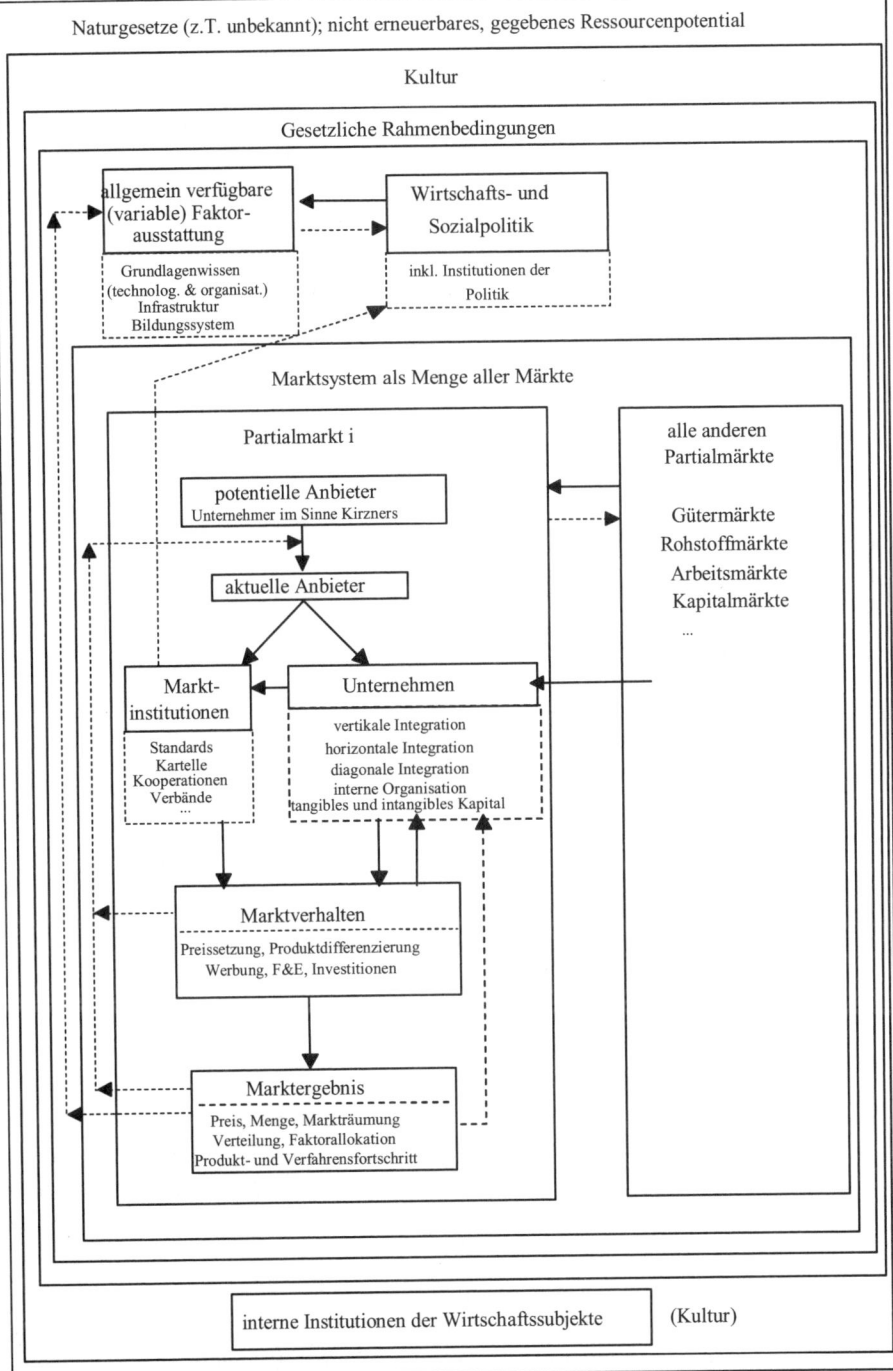

Abbildung 1.4

Quelle: Erlei (1998, S. 148).

Arten von Institutionen

Versucht man nun, diese doch recht abstrakte Definition mit Leben zu füllen, lassen sich eine Vielzahl von Institutionen unterscheiden (siehe Abbildung 1.4). Diese reichen von der Kultur einer Gesellschaft über ihre Verfassung und Gesetze bis hin zur Aufbauorganisation von Unternehmen und den von ihnen gestalteten Verträgen. All diese Institutionen sind Gegenstand ökonomischer Analysen und viele von ihnen sind auch Gegenstand dieses Buches. Gibt es nun aber auch Beziehungen zwischen den verschiedenen Institutionen? Diese Frage lässt sich eindeutig bejahen, wenn man Institutionen systematisiert und zu verschiedenen Ebenen zusammenfasst, wie es in Abbildung 1.4 geschehen ist. Die dabei angewandte Systematik ist eine hierarchische Gliederung in dem Sinne, dass die Institutionen der jeweils äußeren Ebene die nächste, weiter innen liegende Ebene von Institutionen dominieren. Das bedeutet, dass die äußere Ebene die innere immer maßgeblich beeinflusst, die innere die äußere hingegen nicht in gleichem Maße. Damit werden Interdependenzen zwischen den Ebenen nicht ausgeschlossen, es wird aber ein Schwerpunkt der Wirkungsrichtung von außen nach innen unterstellt. Wirkungen zwischen einzelnen Bestandteilen auf einer oder verschiedenen Ebenen werden durch die eingezeichneten Pfeile gekennzeichnet. Gepunktete Linien symbolisieren eine relativ schwache, durchgezogene Linien entsprechend eine relativ starke Wirkung.

Kultur und informelle Regeln

Einen nicht beeinflussbaren Rahmen aller wirtschaftlichen Aktivität bilden die zum Teil unbekannten Naturgesetze sowie das nicht erneuerbare, gegebene Ressourcenpotential. Da diese allem menschlichen Handeln vorgegeben sind, sind sie als Datum für ökonomische Analysen zu betrachten und werden daher im Verlauf des Buches nicht weiter problematisiert. Die *Kultur* einer Gesellschaft bildet die nachfolgende Ebene. Hierunter verstehen wir insbesondere die Vielzahl *informeller Verhaltensregeln* sowie die im jeweils betrachteten Kulturraum gesprochenen Sprachen, die vorherrschenden Religionen und die gemeinsame Geschichte. Alle diese (internen) Institutionen beeinflussen das Handeln der Individuen und unterscheiden sich zwischen den Kulturräumen mitunter erheblich. Die kulturelle *Entwicklung* wird im allgemeinen als langfristiger evolutionärer Entwicklungsprozess verstanden. Die jeweilige Kultur kann dementsprechend für die Behandlung der meisten kurz- und mittelfristigen ökonomischen Fragestellungen als (exogene, d.h. nicht im Modell erklärte) Konstante betrachtet werden.

Formelle Regeln

Die dritte Ebene unseres Institutionenschemas wird durch die formalen gesetzlichen Rahmenbedingungen gebildet. Hierunter fassen wir die grundlegenden und nur mit einem breiten Konsens beeinflussbaren Gesetze einer Gesellschaft wie etwa ihre Verfassung. Solche verfassungsrechtlichen Institutionen sind dem eigentlichen politischen Prozess in demokrati-

schen Gesellschaften vorgelagert und bestimmen damit die Handlungsmöglichkeiten von Politikern, Bürokraten und Interessenverbänden.[1] Die
ökonomische Verfassungstheorie, die im achten Kapitel behandelt wird,
sowie Ansätze der „Neuen Wirtschaftsgeschichte" (Kapitel 9) verdeutlichen, dass diese Institutionenebene einer fruchtbaren ökonomischen Analyse zugänglich ist.

Unter dem durch die Verfassung vorgegebenen Rahmen erfolgt die Ak-
kumulation bestimmter variabler Faktoren, die zu einer Faktorausstattung
der Gesellschaft führen. Die *variable Faktorausstattung* umfasst das
Grundlagenwissen einer Gesellschaft, ihre technologische und organisatorische Infrastruktur und auch das Bildungssystem. Diese Faktoren bilden
ein gesellschaftliches Kapitalgut, welches maßgeblich durch die politischen Entscheidungen – gemeint sind insbesondere die parlamentarische
Gesetzgebung und die öffentlichen Investitionen in Sach- und Humankapital – „produziert" wird. Die Verfassung stellt die Rahmenordnung für den
Wettbewerb um Wählerstimmen im politischen Sektor dar. Der Einfluss
der Verfassung auf die Politik besteht vor allem darin, dass sie dem Bürger
einen direkten Schutz vor Willkürhandlungen der politischen Machthaber
bereitstellt – dies geschieht im allgemeinen durch Restriktionen (Grundrechte), die den politischen Akteuren vorgegeben werden – sowie durch
das Wahlsystem und die Gewaltenteilung, die zusammen das wettbewerbliche System der politischen Akteure determinieren.[2] Die Verfassung
beeinflusst somit maßgeblich das Verhalten der Entscheidungsberechtigten
in der Politik und damit die Güte der Rechtssetzung, die in modernen Gesellschaften das Wesen der Politik darstellt. Sie bildet das Anreizsystem
für die politischen Akteure, die wiederum die Regeln des Marktes festlegen und öffentliche Güter wie die Infrastruktur bereitstellen. Je nach Güte
der Politik werden schließlich in unterschiedlichem Ausmaß individuelle
Investitionen erfolgen. Eine (un-)berechenbare Politik im Sinne der Bürger
fördert (mindert) deren Investitionsbereitschaft, der die Basis langfristigen
Wohlstands darstellt.

Die nächste in Abbildung 1.4 dargestellte Ebene, in der die Verbindung
zur Industrieökonomik sichtbar wird, ist die des *Marktsystems als Menge
aller Märkte* in einer Gesellschaft. Die darin enthaltenen Partialmärkte
befinden sich grundsätzlich in einem Zustand der wechselseitigen Abhängigkeit. Dennoch sind auch Partialmärkte natürlich einer eigenständigen
Analyse zugänglich. Grundvoraussetzung hierfür ist allerdings, dass die
jeweiligen Märkte so voneinander abgegrenzt sind, dass keine erhebliche,

*Verfassung
als Rahmen-
ordnung*

Marktsystem

1　Eine Analyse des Verhaltens der politischen Akteure erfolgt in Kapitel 6.
2　Das wettbewerbliche Element der Gewaltenteilung innerhalb dezentralisierter politischer Systeme wird im Kapitel 7 dargestellt.

wechselseitige Reaktionsverbundenheit vorliegt. In diesem Fall kann man von einer *kausalen Isolation* (Schlicht, 1985, S. 21) sprechen, das heißt die Rückwirkung der Variablen (des Partialmarktmodells) auf die Daten (Variablen auf anderen Märkten, die im Partialmodell als Konstante betrachtet werden) darf nicht so groß sein, dass der im Partialmodell abgeleitete Wirkungszusammenhang zerstört wird. So beeinflussen zwar Geschehnisse auf dem Arbeitsmarkt oder dem Kapitalmarkt die Handlungen auf einem ausgewählten Gütermarkt. Dennoch ist eine Partialmarktanalyse des Gütermarktes zulässig, wenn die Vorgänge darauf die „Daten" des Arbeitsmarktes nicht so stark beeinflussen, dass erhebliche *Feedback-Effekte* auf den Gütermarkt folgen.

Für den untersuchten Partialmarkt existiert eine Menge an potentiellen Anbietern, von denen sich eine Teilmenge zum Eintritt in den Markt entschließt. Zur effizienten Produktion werden sie im allgemeinen Unternehmen gründen, in denen die entsprechenden Güter produziert werden. Eine der Hauptfragen der Transaktionskostentheorie besteht in diesem Zusammenhang darin zu untersuchen, in welchem Umfang diese Firmen vertikal, horizontal oder diagonal integriert oder durch Verträge miteinander verbunden sind und welche Prinzipien der Organisation, wie etwa die Anreizintensität, man aus institutionenökonomischer Sicht ableiten kann.[3]

3. Die Geschichte der Institutionenökonomik

Von den bis heute entwickelten ökonomischen Konzeptionen haben im Wesentlichen zwei die Grundlage für umfassende theoretische als auch wirtschaftspolitische Diskussionen geliefert: die Neoklassik (einschließlich des Monetarismus) und der Keynesianismus. Beide Richtungen mit ihren jeweiligen Neuerungen und Weiterentwicklungen unterschieden sich insbesondere hinsichtlich ihrer Einschätzung der „Selbstheilungskräfte" einer Marktwirtschaft und der daraus abgeleiteten Rolle, die dem Staat in einer solchen Wirtschaft zugewiesen wird. Jedoch weisen sie auch einige bemerkenswerte Übereinstimmungen hinsichtlich der Sichtweise von Staat und Wirtschaft auf: Dazu gehört die weit gehende Vernachlässigung einer expliziten Analyse von Institutionen, die das Handeln der wirtschaftlichen Akteure ebenso beeinflussen wie die Aktivitäten der politischen Handlungsträger.

Institutionen und Ökonomik

Diese Vernachlässigung einer institutionenorientierten Sicht gesellschaftlicher und wirtschaftlicher Prozesse ist jedoch nicht kennzeichnend für die Tradition der gesamten Ökonomik als Wissenschaft. Vielmehr hat

---

[3] Die Transaktionskostentheorie wird in den Kapiteln 2, 3 und 4 näher betrachtet.

es immer schon ökonomische Schulen und Theorieansätze gegeben, die sich explizit mit der Bedeutung von Institutionen für die wirtschaftlichen und politischen Aktivitäten einer Gesellschaft auseinander setzten. Wurzeln solcher Überlegungen lassen sich bis zu den Klassikern zurückverfolgen.

So betrachtete beispielsweise Adam Smith (1723–1790) bei seiner Herleitung der „unsichtbaren Hand" ausdrücklich Handlungsrestriktionen wie Moral, Sitten und Traditionen während David Hume (1711–1776) das Wesen und die Funktionsweise von Eigentumsrechten analysierte. Erst mit der Einführung der komparativ-statischen Analysemethode durch David Ricardo (1772–1823) und dem beginnenden Übergang von der Klassik zur Neoklassik rückten die Institutionen, die den Austausch von Gütern beeinflussen, in den Hintergrund des Interesses. Zwar analysierte John Stuart Mill (1806–1873) noch die Wirkung von Gewohnheiten auf die Preisbildung am Markt. In der Folgezeit aber lag der Schwerpunkt der Entwicklung ökonomischer Theorie darin, die Methoden der komparativen Statik sowie der Marginalanalyse zu verfeinern und weitgehend einer formalen Analyse zugänglich zu machen.

Klassik

Institutionen als wichtiger Gegenstand ökonomischer Untersuchungen kamen erst im 19. Jahrhundert wieder verstärkt auf die Tagesordnung, jedoch nun nur in ausgewählten Theorieschulen. Die bekanntesten dieser Schulen sollen im Folgenden kurz dargestellt werden – auch um Ähnlichkeiten zu den Ansätzen der Neuen Institutionenökonomik aufzuzeigen. Zur Systematisierung bietet es sich an, sie nach ihrem Entwicklungsgebiet zu unterscheiden: in solche, die im deutschsprachigen Raum – d.h. Deutschland und Österreich – entwickelt wurden und solche, die ihren Ursprung in den Vereinigten Staaten haben. Die Beschreibung der einzelnen Ansätze umfasst jeweils vier Teile: Einer Auflistung der prominentesten Vertreter folgt eine kurze Beleuchtung des historischen Hintergrunds, vor dem diese Schulen entstanden sind. Die ebenfalls nur kurze inhaltliche Charakterisierung wird dann um eine Abschätzung des Einflusses, den die Ansätze zu ihrer Zeit gehabt haben und um den Hinweis auf die Spuren, die sie gegebenenfalls bis heute hinterlassen haben, ergänzt.

Für den deutschsprachigen Raum lassen sich im Wesentlichen drei Richtungen ökonomischer Forschung unterscheiden, die explizit institutionelle Fragestellungen untersuchen: Die Deutsche Historische Schule, die Österreichische Schule und die Freiburger Schule des Ordoliberalismus.

3.1. Die Deutsche Historische Schule

Die Deutsche Historische Schule wird in der Literatur üblicherweise nochmals in zwei zeitlich abzugrenzende Abschnitte untergliedert: Die

Ältere und die Jüngere Historische Schule. Die Hauptidee beider Gruppierungen bestand darin, ökonomische Aktivitäten jeweils vor dem Hintergrund des sozialen Umfelds zu sehen, in dem sie stattfinden. Damit berücksichtigen sie grundsätzlich die handlungskanalisierenden Institutionen, denen die Wirtschaftssubjekte unterliegen. Da sich die Institutionen bzw. das soziale Umfeld im Laufe der Geschichte veränderte, lag es für die Vertreter der Historischen Schule nahe, ökonomische Forschung mit historischer Datensammlung zu verbinden. Diese gesammelten historischen Daten nutzten sie, um aus ihnen induktiv Folgerungen auf das zu beobachtende Handeln der wirtschaftlichen Akteure herzuleiten. Ältere und Jüngere Historische Schule unterscheiden sich dabei im Wesentlichen durch den Grad der Ablehnung des – der Tradition Ricardos entspringenden klassischen – Vorgehens, mit Hilfe der komparativen Statik aus theoretischen Modellen im Wege der Deduktion Rückschlüsse auf die Realität abzuleiten.

Ältere Historische Schule

Der Begründer der *Älteren Historischen Schule* in Deutschland war Wilhelm Georg Friedrich Roscher (1817–1894). Mit seinem 1843 erschienenen Werk „Grundriss zu Vorlesungen über die Staatswirtschaft nach geschichtlicher Methode" legte er den Grundstein einer Denkrichtung, die weniger eine neue Theorie entwickeln wollte als vielmehr eine andere Methodik für die ökonomische Forschung. Die Ältere Historische Schule, zu der auch Bruno Hildebrand (1812–1878) sowie Karl Knies (1821–1898) gezählt werden, hatte ihre Blütezeit zwischen den 30er und 70er Jahren des 19. Jahrhunderts. Roscher stellte der klassischen Methode, die er „idealistisch" nannte, seine „historisch-physiologische Methode" entgegen. Er versuchte, ökonomische Entwicklungsgesetze herzuleiten, indem er historische Daten für unterschiedliche Länder sammelte und aus diesen Analogien und Entwicklungsphasen herausfilterte. Letztlich kritisierte er die Methodik der Klassiker, behielt aber ihr theoretisches Fundament bei und versuchte, es um historische Analysen zu erweitern. Roschers Verdienst lag darin, Handlungsdeterminanten in seine Analysen mit einzubeziehen, die nicht im Blickfeld der damals gängigen ökonomischen Analysen lagen.

Jüngere Historische Schule

Radikaler ablehnend der Methodik und der Theorie der Klassik gegenüber zeigten sich die Vertreter der *Jüngeren Historischen Schule,* die die deutsche Nationalökonomik zwischen 1870 und dem Ende des 19. Jahrhunderts nachhaltig prägten. Ihr Hauptvertreter war Gustav von Schmoller (1838–1917). Die Jüngere Historische Schule, zu der auch Georg Friedrich Knapp (1842–1926) und Karl Bücker (1847–1930) zu zählen sind, nahm die Kritik von Schmoller und seinen Mitstreitern auf und verschärfte sie. Das Vorgehen der Klassik, aus logischen Modellen deduktiv Ergebnisse herzuleiten, lehnte sie als wirklichkeitsfremd ab. Ihrem Selbstverständnis als praxisorientierte politische Ökonomen gemäß versuchten ihre Vertreter, eine an konkrete Probleme orientierte Volkswirtschaftslehre zu entwickeln. Dazu hielten sie die Einbeziehung der konkreten realen Umstände wirtschaftlichen Handelns für zwingend notwendig. Dementsprechend sammelten auch sie große Mengen wirtschaftshistorischer Daten, um daraus allgemeine Zusammenhänge induktiv abzuleiten.

Die Jüngere Historische Schule betrachtete die Volkswirtschaft als ein interdependentes Gesamtsystem, das durch Institutionen und insbesondere auch den Staat beeinflusst wird. Für sie stellten – bildlich gesprochen – die Institutionen den Knochenbau des volkswirtschaftlichen Körpers dar, während der Staat das Herz des ganzen bildete. Zu den relevanten Institutionen zählte Schmoller beispielsweise das Recht ebenso wie die Kultur und die Sitten, die in den jeweiligen Volkswirtschaften gelten. Um die Wirkungen und die Veränderungen dieser Institutionen zu analysieren, betrieben die Vertreter der Jüngeren Historischen Schule Längs- und Querschnittsstudien für verschiedene Nationen. So stellte Schmoller in seinem „Grundriss der allgemeinen Volkswirtschaftslehre" (1900, 1904) die historische Entwicklung der Eigentumsordnung, der Marktordnung sowie von Standards wie dem Mess-, Gewichts-, Geld- und Münzwesen dar. Aus ihrer historischen Orientierung heraus interpretieren die Vertreter dieser Schule wirtschaftlichen Fortschritt im Sinne einer Verbesserung von Institutionen.[1]

Wie schon Roscher leitete auch die Neuere Historische Schule letztendlich Entwicklungsgesetze aus ihren Datensammlungen für Volkswirtschaften ab, die sie in verschiedene Entwicklungsstufen zusammenfasste. Auch ihren Vertretern ist als Verdienst zuzuschreiben, dass sie wesentliche historische Daten und auch Institutionen als relevant für das konkrete wirtschaftliche Handeln ansahen. Ihre drastische Ablehnung der klassischen Theorie und Modellbildung zu Gunsten einer extensiven historischen Datensammlung führte jedoch in Verbindung mit ihrer dominierenden Stellung innerhalb der deutschen Volkswirte dazu, dass die theoretische Beschäftigung mit der Ökonomik in Deutschland während dieser Zeit fast vollständig zum Erliegen kam. Dementsprechend geriet die deutsche Volkswirtschaftslehre in diesem Bereich international ins Hintertreffen.

Wirtschaftspolitisch jedoch hatten die Vertreter der Jüngeren Historischen Schule großen Einfluss. So beeinflusste Schmoller, der gleichzeitig auch zur Gruppe der so genannten Kathedersozialisten um den Finanzwissenschaftler Adolph Wagner (1835–1917) zählte, wesentlich die deutschen Sozialreformen um die Wende vom 19. zum 20. Jahrhundert. Nach dem Tode Schmollers hat die Historische Schule als Denkrichtung in Deutschland schnell an Einfluss und Beachtung verloren. Einige der von den Ver-

Einfluss der Jüngeren Historischen Schule

---

[1] Aus diesen Überlegungen leitet RICHTER (1996) beispielsweise eine gedankliche Nähe der Ansätze von Schmoller und North ab.

tretern der Historischen Schule initiierten Einrichtungen bestehen dagegen bis heute fort. So gründete beispielsweise Roscher zur Sammlung und Auswertung historischer Daten die „Jahrbücher für Nationalökonomie und Statistik". Auf Schmoller geht das „Jahrbuch für Gesetzgebung, Verwaltung und Volkswirtschaft im Deutschen Reich" zurück, das später in „Schmollers Jahrbuch" umbenannt wurde und heute als „Zeitschrift für Wirtschafts- und Sozialwissenschaften" firmiert. Auch war Schmoller einer der Mitbegründer der Standesvereinigung deutscher Nationalökonomen, des „Vereins für Socialpolitik".

Außerhalb Deutschlands war die Reaktion auf die Vorgehensweise der Historischen Schule zwiespältig. Während sie in den Vereinigten Staaten die Entwicklung des amerikanischen Institutionalismus mit beeinflusste, rief ihre Vorgehensweise in Österreich massive Kritik hervor. Die Diskussion um den Ansatz der Historischen Schule gipfelte im so genannten großen wissenschaftstheoretischen Methodenstreit. Hauptprotagonisten dieser Auseinandersetzung waren Schmoller und Carl Menger, der herausragende Vertreter der ersten Generation der Österreichischen Schule.

3.2. Die Österreichische Schule

Als Geburtsjahr der Österreichischen Schule gilt üblicherweise das Jahr 1871, in dem Carl Mengers „Grundsätze der Volkswirtschaftslehre" erschienen. Der ersten Generation der „Österreicher" um Menger (1840–1921) folgten drei weitere. Deren bestimmende Vertreter waren Eugen von Böhm-Bawerk (1851–1914), Ludwig Edler von Mises (1881–1973) und Friedrich August von Hayek (1899–1992). Die Österreichische Schule besteht – vertreten z.B. durch Israel M. Kirzner (*1930) – bis heute fort.

*Österreichi-
sche Schule*

Carl Menger war nicht nur zusammen mit William Stanley Jevons (1835–1882) und M.E. Léon Walras (1834–1910) einer der Väter der Marginalanalyse und damit Mitbegründer der Neoklassik, sondern eben auch der Gründer der Österreichischen Schule. Mengers Arbeit innerhalb der Österreichischen Schule hatte zwei Schwerpunkte. Zum einen entwickelte er die Basis für die subjektive Wertlehre, in der der individuelle Nutzen als Determinante der Nachfrage nach und des Wertes von Gütern im Vordergrund stand, zum anderen beschäftigte er sich mit der Entstehung und Funktionsweise von Institutionen. Während der erste Zweig im Wesentlichen von der zweiten und dritten Generation der Österreicher – namentlich von Mises und Böhm-Bawerk – weiterentwickelt wurde, führte insbesondere von Hayek als Vertreter der vierten Generation die Institutionenanalyse fort.

Mengers „Grundsätzen", die später auch ins englische übersetzt worden sind, lag ein ähnlicher Ansatz zugrunde wie Schmollers „Grundriss". Auch

Menger war der Meinung, dass die bestehenden ökonomischen Theorieansätze die real existierenden Probleme nicht lösen konnten, und auch er konstatierte den Mangel der Neoklassik, Institutionen, die wirtschaftliche Aktivitäten eingrenzen, nicht zu berücksichtigen. Vor diesem Hintergrund widmete er einen Teil seiner „Grundsätze" der Theorie des Gütertauschs. Menger stellte darin fest, dass die Existenz von Transaktionskosten – ein Begriff den er allerdings nicht benutzte – die Tauschmöglichkeiten am Markt einschränken oder gar einen Tausch völlig verhindern können. Daraus leitete er ab, dass allein zur Überwindung von räumlichen und zeitlichen Inkongruenzen Intermediäre notwendig sind. Als Beispiel für solche Intermediäre führte Menger Agenten und Vermittler an, deren Aufgabe als marktliche Institutionen darin besteht, Transaktionskosten zu senken und damit potentielle Tauschpartner zusammenzubringen. Allerdings fallen dann immer noch Transaktionskosten an, denn auch die Intermediäre müssen für ihre Aktivitäten entlohnt werden. Vor dem Hintergrund dieser Überlegungen stand Menger der Existenz eines walrasianischen Gleichgewichts sehr skeptisch gegenüber: Da realiter Marktunvollkommenheiten existieren bzw. wichtige Prämissen wie z.B. die vollständige Information der Marktteilnehmer nicht gegeben sind, wurde für Menger die tatsächliche Erreichung eines Gleichgewichts unmöglich.

Mengers Kritik an der Neoklassik

Ein anderer Kritikpunkt Mengers richtete sich gegen Adam Smith, der die Einführung des Geldes in der Volkswirtschaft als staatliche Maßnahme charakterisiert hatte. In dem Abschnitt zum Geldwesen beschrieb Menger in seinen „Grundsätzen" die Entstehung von Geld als evolutorischen Vorgang; Geld entsteht aufgrund individueller Motivation der einzelnen Wirtschaftssubjekte in einem Prozess spontaner Ordnung, d.h. für das Kollektiv ungeplant. Dieser Gedanke der Evolution von Institutionen unter Berücksichtigung des Eigeninteresses der Akteure ist kennzeichnend für die Österreichische Schule. In ihrer Sicht reduzieren Institutionen die Unsicherheit des Tauschs; ein Teil dieser Institutionen entsteht spontan als kollektiv unintendiertes Ergebnis individuell intendierten Handelns. Die Sichtweise der Österreichischen Schule in Bezug auf die Entstehung solcher Institutionen lässt sich mit dem folgenden Zitat aus Mengers „Untersuchungen" anschaulich beschreiben: „Die sogen. socialen Organismen vermögen dagegen schlechterdings nicht als das Product rein mechanischer Kraftwirkungen aufgefasst und interpretiert zu werden; sie sind vielmehr das Ergebnis menschlicher Bestrebungen, der Bestrebungen denkender, fühlender, handelnder Menschen. Wenn demnach von einem „organischen Ursprunge" der Socialgebilde, oder, richtiger gesagt, eines Theils dieser Letzteren überhaupt die Rede sein kann, so vermag sich dies lediglich auf den Umstand zu beziehen, dass ein Theil der Socialphänomene das Ergebnis des auf ihre Begründung gerichteten *Gemeinwillens* (der Uebereinkünfte, der positiven Gesetzgebung u.s.f.), ein anderer Theil dagegen das un-reflectirte Ergebnis der auf die Erreichung wesentlicher *individueller* Zwe-cke gerichteten menschlichen Bestrebungen (die unbeabsichtigten Resul-tante dieser Letzteren) ist."[2]

Großer Methodenstreit

Aber nicht nur dem allgemeinen Gleichgewicht nach Walras und der von Smith vertretenen bewussten Einführung des Mediums Geld stand Menger skeptisch gegenüber. Ein noch heftigerer Disput, der als der „gro-ße Methodenstreit" in die Literatur einging, entwickelte sich zwischen Menger und Schmoller. Menger hatte seine „Grundsätze" Wilhelm Ro-scher gewidmet. Dies tat er in der Hoffnung, den Vertretern der deutschen Historischen Schule beweisen zu können, dass auch empirische, an histori-schen Vorgängen orientierte Wirtschaftsforschung, theoriegeleitet betrie-ben werden kann. Denn während Menger die historische Komponente der Historischen Schule schätzte, teilte er ihre Auffassung, dass man keine wissenschaftliche Theorie ökonomischer Zusammenhänge entwickeln könne, nicht. Beide Ansätze waren damit zwar in der Kritik an der Neo-klassik einig, zogen aber unterschiedliche Schlüsse in Bezug auf das „bes-sere" wissenschaftliche Arbeiten. Mengers Hoffnung, die Historische Schule beeinflussen zu können, zerschlugen sich; seine „Grundsätze" wur-den nicht beachtet und hatten dementsprechend keinen Einfluss auf die Ökonomik in Deutschland. Im Gegenteil: Die Jüngere Schule um Schmol-ler lehnte eine theoriegeleitete Forschung – wie oben angeführt – sogar vollständig ab.

1883 veröffentliche Menger daraufhin seine „Untersuchungen über die Methode der Socialwissenschaften und der politischen Oeconomie insbe-sondere". In diesem Buch versuchte er, die theoretische Volkswirtschafts-lehre zu verteidigen und ihre Beziehung zur historischen Wirtschaftsfor-schung aufzuzeigen. Die Reaktionen der deutschen Ökonomen waren hef-tig. Schmoller schrieb eine Rezension dieser Arbeit, die den Standpunkt der Historischen Schule verteidigte und Mengers Ansatz zurückwies. Menger wiederum reagierte mit dem Pamphlet „Die Irrthümer des Histo-rismus in der deutschen Nationalökonomie", das 1885 erschien. Damit war der große Methodenstreit endgültig entfacht. Die Ansätze der beiden Schu-len standen sich unversöhnlich gegenüber: Auf der einen Seite die von Schmoller vertretene Richtung, in der die geschichtliche Forschung domi-nierte, die am Realismus ausgerichtet war und logisch induktiv vorging. Ihm gegenüber die von Menger vertretene Konzeption, die eher theorieori-entiert war und Abstraktionen zuließ, um zu deduktiv abgeleiteten Ergeb-nissen zu gelangen.[3]

---

[2] MENGER (1883), S. 145 (Hervorhebungen im Original).
[3] Vgl. NARDINELLI/MEINERS (1988), S. 544.

Dieser Methodenstreit überdeckte die Gemeinsamkeiten beider Ansätze: Beide waren als Kritik an der komparativ-statischen Analyse der Neoklassik entstanden und beide berücksichtigten die institutionelle Seite der Ökonomie in ihren Untersuchungen. Im Prinzip sah Mengers Theorieansatz auch vor, wichtige Komponenten der Historischen Schule mit einzubeziehen. Allerdings wies er der historischen Datensammlung keine dominierende Stellung zu, sondern entwickelt einen arbeitsteiligen Ansatz ökonomischer Forschung, der sich aus drei Bausteinen zusammensetzte. Der historisch-statistische Teil der Forschung war für die Beschreibung der *individuellen* Eigenschaften und Zusammenhänge wirtschaftlicher Phänomene zuständig, während die Theorie die Aufgabe haben sollte, die *generellen* Eigenschaften und Zusammenhänge dieser Phänomene zu untersuchen. Daraus wiederum sollte der praktische Teil der Nationalökonomik Lehren ziehen und Empfehlungen für die Wirtschaftspolitik ableiten. Menger entwickelte auf dieser Grundlage einen kausalgenetischen Forschungsansatz, der vom Verhalten einzelner Individuen, das er aus seiner Wertlehre ableitete, auf die komplexen, in der Realität zu beobachtenden Phänomene schloss. Im Gegensatz zum Ansatz der Historischen Schule sind die Österreicher damit dem Prinzip des methodologischen Individualismus verpflichtet.

Menger versus Schmoller

Wie bei der Historischen Schule lässt sich auch aus der Sicht der Österreicher der Fortschritt einer Gesellschaft an den Institutionen ablesen, die sie hervorbringt. Bessere Institutionen, d.h. positiver institutioneller Wandel, ermöglichen beispielsweise einen höheren Güteraustausch im Markt, damit verbunden eine höhere Produktion und gesamtwirtschaftlich gesehen mehr Wohlstand. Allerdings gehen die Überlegungen Mengers, der die Entstehung solcher Institutionen wie z.B. Geld, Recht, Sprache und Staat herleitete, indem er sie – wie das obige Zitat zeigt – als zum Teil kollektiv unintendiertes Ergebnis individuell intendierten Verhaltens charakterisierte, über die Ansätze der Historischen Schule hinaus. Von Hayek, der diesen evolutorischen Aspekt der Entstehung von Institutionen wieder aufgriff, zeigte am Beispiel spontan entstehender Ordnungen, wie aus intendiertem individuellen Verhalten unintendierte gesellschaftliche (Verfassungs-) Regeln entstehen können. Er zählt mit seinen Arbeiten zu den Mitbegründern der modernen Verfassungsökonomik, auf die wir im fünften Kapitel dieses Buchs noch näher eingehen werden.

Entstehung von Institutionen

Obwohl Böhm-Bawerk einige Jahre Finanzminister von Österreich war, hat die Österreichische Schule weniger politische als vielmehr akademische Spuren hinterlassen. Aus den Seminaren, die Böhm-Bawerk und Mises in Wien, letzterer später auch in Genf und New York, abhielten, gingen neben den bereits erwähnten Vertretern der Österreichischen Schule auch andere berühmte Ökonomen wie z.B. Josef A. Schumpeter, Gottfried Ha-

Einfluss der österreichischen Schule

berler und Oskar Morgenstern hervor. Ein weiteres Indiz für die akademische Bedeutung dieser Schule ist auch der Nobelpreis für Wirtschaftswissenschaft, den von Hayek im Jahr 1974 erhielt.

3.3. Die Freiburger Schule

Ein anderer Ansatz institutionenorientierten Denkens wurde zwischen 1930 und 1950 in Deutschland entwickelt. Wie bei Menger und von Hayek spielen auch bei den Arbeiten der Freiburger Schule handlungskanalisierende Regeln eine große Rolle. Jedoch untersuchten die Freiburger nicht die Entstehung solcher Regeln, sondern vielmehr die Wirkungsweise unterschiedlicher Regelsysteme, um auf dieser Grundlage die notwendigen Regeln für eine „funktionsfähige und menschenwürdige"[4] Wirtschaftsordnung zu ermitteln. Wie bei den anderen Schulen auch, entwickelte sich dieser Ansatz vor dem Hintergrund realer Probleme seiner Zeit: Zum einen sahen die Vertreter der Freiburger Schule die Notwendigkeit, eine Wirtschaftsordnung für Deutschland und die Zeit nach dem Zweiten Weltkrieg zu entwerfen. Zum anderen waren die Erfahrungen, die bis dahin mit in der Realität umgesetzten Wirtschaftsordnungen gemacht worden waren, aus ihrer Sicht unbefriedigend.

Freiburger Schule

Die Freiburger Schule wurde von Walter Eucken (1891–1950), Franz Böhm (1895–1977) und Hans Grossmann-Dörth (1894–1944) begründet. Sie war eine interdisziplinäre Forschungsgemeinschaft von Juristen und Ökonomen. Die Vertreter der Freiburger Schule werden in der Literatur auch als Ordoliberale bezeichnet. Anhand dieses Begriffs lässt sich ihr Forschungsprogramm zweifach charakterisieren. Während der Begriff „ordo" im lateinischen für eine natürliche Ordnung steht und sich von einer künstlichen, gesetzten Ordnung unterscheidet, weist der liberale Namensteil die Ordoliberalen als deutsche Variante der Neoliberalen aus, einer Fortführung also der liberalen Klassiker wie z.B. Adam Smith. Der „Kopf" der Ordoliberalen war Walter Eucken, mit dessen Tod die Entwicklung der deutschen Ordnungstheorie dann auch weitgehend zum Erliegen kam.

Große Antinomie

Eucken, der zunächst in der Tradition der Neuen Historischen Schule gearbeitet hatte, greift in seinen „Grundlagen der Nationalökonomie" den Methodenstreit zwischen Menger und Schmoller auf und versucht, mit einem eigenen Ansatz die von ihm ausgemachte „große Antinomie" zu überwinden. Diese Antinomie resultiert aus der Tatsache, dass jede Wissenschaft von Problemen lebt, die in der konkreten Wirklichkeit zu finden sind. Da die Phänomene, die in der Realität – also auch in der Wirtschaft – auftreten, komplexer Natur sind, können sie nicht allein durch Beobachtung erfasst werden. Eucken erschien es notwendig, diese Probleme theo-

---

4 EUCKEN (1949), S. 1.

retisch zu bearbeiten. Dazu zerlegte er das zu untersuchende Phänomen zunächst in Einzelteile. Diese Einzelteile nutzte er dann zur Modellbildung, wobei nur jeweils ein Teil variiert wird, um seine Wirkungen zu analysieren, und die anderen Teile als konstant angesehen werden – die Ceteris-paribus-Klausel wird angewendet. Die theoretische Analyse geschieht dann unter „vollem Einsatz des Denkens".[5]

Was aber in der Ökonomik noch zusätzlich beachtet werden muss, ist die Tatsache, dass sich die Wirklichkeit ständig ändert. Hier zeigt sich für Eucken das Problem der Nationalökonomie: „Sie ist gezwungen, der historischen Vielfältigkeit der Wirtschaftsformen gerecht zu werden und gleichwohl die Probleme theoretisch allgemein zu behandeln. Die Erkenntnis der wirtschaftlichen Wirklichkeit verlangt *beides*. Darin eben besteht die Antinomie."[6] Diese Antinomie stellt eine große Herausforderung der ökonomischen Theorie dar, an der die bis dato bestehenden Theorieansätze, die institutionelle Aspekte mit einbezogen, immer wieder gescheitert sind, weil sie nur eine Seite des Problems betrachteten.

Nach Meinung von Eucken sah Menger zwar die große Antinomie, löste sie aber nicht. Vielmehr umging er sie, indem er die Nationalökonomie in zwei Bereiche teilte: Die Theorie sollte das Generelle des Wirtschaftsgeschehens analysieren, während die Historiker für das individuelle Geschehen „zuständig" sein sollten. Diese Vorstellung konnte Eucken ebenso wenig akzeptieren wie die Konzeption der von Schmoller vertretenen Historischen Schule, die zunächst die historischen Tatsachen im Wirtschaftsleben allein durch das Sammeln empirischer Fakten beschreiben wollte. Erst aus der Empirie sollte dann eine entsprechende Theorie abgeleitet werden. Dieses Vorhaben musste für Eucken scheitern, da für ihn die Erkenntnis der Zusammenhänge nicht ohne eine Theorie möglich sein konnte, die schon vor der Datensammlung existieren musste: Ohne eine solche zugrundeliegende Theorie musste die empirische Sammlung unsystematisch und für das gestellte Ziel ergebnislos bleiben.

Zur Überwindung der großen Antinomie und zur Einbeziehung konkreter institutioneller Gegebenheiten innerhalb einer Wirtschaft ist Euckens eigenes wissenschaftstheoretisches Vorgehen zweistufig: Zunächst gewinnt er durch „pointiert hervorhebende Abstraktion" eine Morphologie der reinen Wirtschaftsformen. Danach analysiert er die tatsächlich vorhandene Wirtschaft mittels der gefundenen Morphologie, d.h. er arbeitet dann mit „generalisierender" Abstraktion.[7] Mit diesem Instrumentarium geht Eucken die selbstgestellte Aufgabe an, indem er erst die historische Wirk-

Euckens wissenschafts-theoretisches Vorgehen

---

[5] EUCKEN (1959), S. 20.
[6] EUCKEN (1947), S. 27. Hervorhebung im Original.
[7] EUCKEN (1959), S. 168.

lichkeit betrachtet, die reinen Formen des Wirtschaftens ableitet und aus diesen Formen Modelle bildet. Nach der Analyse der Wirkungen dieser Formen bzw. der daraus zusammengesetzten Ordnungen lässt sich dann diejenige Ordnung bestimmen, die für die moderne, industrialisierte Wirtschaft gesucht wird, nämlich die „funktionsfähige und menschenwürdige" Wirtschaftsordnung.

Die Vertreter der Freiburger Schule unterschieden zwischen zwei Ebenen, die für das Geschehen in einer Volkswirtschaft relevant sind. Auf der einen Seite steht die Ordnungspolitik, die die Rahmenregeln einer Wirtschaft beispielsweise in Form von Wettbewerbsgesetzen festlegt. Daneben gibt es die Prozesspolitik, die das eigentliche Geschehen direkt beeinflusst. Während also die Ordnungspolitik die Spielregeln bestimmt, legt die Prozesspolitik die Spielzüge fest. Aus Sicht der Freiburger Schule bestand der Fehler der reinen Marktwirtschaft, mit einem Staat der eine Laissez faire Politik betrieb, darin, sowohl die gesamte Gestaltung der Spielzüge als auch die weit gehende Gestaltung der Spielregeln den privaten Wirtschaftssubjekten zu überlassen. Die Folge war ein Fehlen der „menschenwürdigen" Komponente. Hingegen zeigten die (national-)sozialistischen Planwirtschaften, in denen der Staat sowohl die Spielregeln als auch die Spielzüge bestimmte, enorme Defizite im Bereich der „Funktionsfähigkeit".

Ordnungsentwurf der Freiburger Schule

Der Ordnungsentwurf der Freiburger Schule, der im Wesentlichen von Eucken in seinen 1952 erschienenen „Grundsätzen der Wirtschaftspolitik" entwickelt wurde, bezog sich auf den Bereich der Wirtschafts- genauer, der Wettbewerbsordnung. Hier standen Institutionen wie die Geld- und die Eigentumsordnung ebenso im Mittelpunkt des Interesses wie beispielsweise Fragen nach rechtlichen Regelungen im Bereich der Wettbewerbsaufsicht sowie des Arbeits- und Haftungsrechts. Nur wenn all diese Institutionen „richtig" gestaltet würden – so Eucken –, könne eine Wirtschaftsordnung realisiert werden, die sowohl individuelle Freiheiten als auch eine gute Güterversorgung wie eine soziale Sicherung der Bevölkerung gewährleistet. Die Gestaltung und Erhaltung der Institutionen würde dem Staat als Aufgabe übertragen. Damit ergab sich eine Aufgabenverteilung: Während der Staat im Bereich der Ordnungspolitik die Spielregeln so setzen sollte, dass ein attraktives Spiel möglich wurde, sollten die Spielzüge innerhalb der gegebenen Rahmenregeln den Privaten überlassen bleiben. Dementsprechend sollte sich der Staat im Bereich der Prozesspolitik zurückhalten. Eine Analyse der Organisation von Unternehmen, die innerhalb dieser Wettbewerbsordnung agieren, erfolgte nicht. Obwohl sie die Probleme erkannten, die aus einer gegebenen Staatsordnung resultieren, ließen die Ordoliberalen auch diese Ordnung zunächst unbearbeitet und versuchten nur, durch die Gestaltung der Wettbewerbsordnung den Staat vom Einfluss wirtschaftlicher Interessen zu befreien. Diese Vernachlässigung der eigentlichen Ordnung des Staates, die Eucken zunächst zum unveränderlichen Datenkranz seiner Analyse zählte, wird von Kritikern der ordoliberalen Konzeption oft bemängelt.

Die ordoliberale Konzeption ist in Deutschland nach Ende des Zweiten Weltkriegs zunächst sehr einflussreich gewesen. Sie lieferte das theoretische Fundament für die Wirtschaftsordnung der Bundesrepublik, die Soziale Marktwirtschaft. Erst im Rahmen der wirtschaftspolitischen Umorientierung hin zum stärker prozesspolitisch ausgerichteten Keynesianismus geriet die liberale Ordnungs(rahmen)politik dann in den 60er und 70er Jahren in den Hintergrund der deutschen Wirtschaftspolitik. Im akademischen Bereich ist die Zeitschrift „Ordo", die von Eucken und Böhm gegründet wurde, als Sprachrohr derjenigen, die sich in der Tradition der Ordoliberalen sehen, bis heute aktiv. Außerhalb Deutschlands wurde die Freiburger Schule hingegen zunächst kaum zur Kenntnis genommen. Erst in den letzten Jahren ist die Freiburger Schule auch international in das Interesse einer breiteren Schicht von Ökonomen gerückt: zum einen als deutscher „Vorläufer" der amerikanischen Verfassungsökonomik und zum anderen – noch stärker – als theoretische Leitlinie bei der Transformation der Staaten in Mittel- und Osteuropa. Aus diesem Grund werden wir uns mit dem Ordoliberalismus in Kapitel 5 noch eingehender beschäftigen.

3.4. Der Amerikanische Institutionalismus

Neben den genannten europäischen Schulen, die Institutionen in ihren Überlegungen mitberücksichtigten, entwickelte sich auch auf der anderen Seite des Atlantiks eine Bewegung institutionellen Denkens. Diese war von der Jüngeren Historischen Schule mit beeinflusst, weil einige ihrer Vertreter in Deutschland studiert hatten. Die Hauptrepräsentanten des Amerikanischen Institutionalismus, der am Ende des 19. Jahrhunderts in den USA entstand, waren Thorstein Veblen (1857–1929) und John Roger Commons (1862–1945). Obwohl sich die von ihnen vertretenen Ansätze in vielerlei Hinsicht unterscheiden, sind beide Richtungen eine Kritik an der herrschenden neoklassischen Lehre. Auch sie entstanden vor dem Hintergrund real existierender Probleme in der Wirtschaft der USA.

Veblen und in seiner Tradition z.B. noch Clarence Edwin Ayres (1891–1972) kritisierte an der Neoklassik, dass sie nicht in der Lage sei, mit Hilfe ihres Instrumentariums der komparativen Statik das in den USA erkennbare Phänomen gesellschaftlichen und wirtschaftlichen Wandels abzubilden und zu analysieren. Als Hauptdeterminanten dieser realen Phänomene identifiziert Veblen zwei Größen, die in der traditionellen, sprich neoklassisch geprägten Ökonomik keine Berücksichtigung fanden: die Technologie bzw. der technische Fortschritt der Produktion und die Institutionen, die das Agieren der Wirtschaftssubjekte beeinflussen.

Während die Technologie für Veblen die treibende Größe in Bezug auf eine positive gesamtwirtschaftliche Entwicklung darstellt, sind die Institutionen zumindest in der kurzen Frist eher wachstums- bzw. fortschritts-

Institutionen bei Veblen und Commons

hemmend. Diese Institutionen bestehen z.B. aus Sitten und Traditionen und beeinflussen das Handeln der Individuen nicht nur sondern fixieren es nach Veblens Auffassung auch. Damit entsteht eine Lücke zwischen technischem Fortschritt sowie den zu seiner Nutzung adäquaten Verhaltensweisen auf der einen und dem durch Sitten und Traditionen bestimmten Verhalten der wirtschaftlichen Akteure auf der anderen Seite. Letztlich, so Veblen, werden sich aber die „bremsenden" Institutionen unter dem Druck des technischen Fortschritts anpassen.

Weniger skeptisch gegenüber den handlungsbeeinflussenden Institutionen war John R. Commons. Ebenfalls geleitet von konkreten Problemen, die für ihn aus der Bedrohung der amerikanischen Wirtschaft durch konfligierende Interessengruppen resultierten, wollte er der gängigen Neoklassik ein ergänzendes, institutionenorientiertes Theoriegebäude zur Seite stellen. Das unterschied ihn von Veblen, der die Neoklassik durch eine reine Institutionenökonomik ersetzen wolltc. Wie Veblen akzeptierte Commons die Bedeutung des technischen Fortschritts für die Entwicklung der Wirtschaft. Institutionen sah er aber nicht per se als bremsend an, sondern unterstellte ihnen eine durchaus auch positive Funktion. Charakteristisch für den von Commons vertretenen Ansatz ist seine Konzeptualisierung des Güteraustausches am Markt. Im Gegensatz zur neoklassischen Gleichgewichtstheorie sah er den Güteraustausch nicht allein als Zusammentreffen von Angebot und Nachfrage an. Der Austausch von Gütern ist für Commons mit einer Vielzahl von Rechten und Pflichten verbunden, die in Traditionen, Gewohnheiten, Gesetzen und der Rechtsprechung begründet sind. Entsprechend definiert er ein Gut als ein Bündel von Rechten, deren Austausch innerhalb der genannten institutionellen Beschränkungen stattfindet.

Problemstellung des amerikanischen Institutionalismus

Trotz dieser Unterschiede im Detail besteht die gemeinsame Problemstellung der amerikanischen Institutionalisten darin, Möglichkeiten der Organisation und der Kontrolle des ökonomischen Systems zu analysieren. Im Gegensatz zur gängigen neoklassischen Lehre gehen sie davon aus, dass nicht allein der Markt für die Allokation der Güter und Ressourcen in einer Volkswirtschaft ausschlaggebend ist. Vielmehr, so ihre These, ist der Markt in ein gesellschaftliches Institutionengeflecht eingebettet, so dass letztendlich die Organisationsstruktur der Wirtschaft für die realisierte Allokation verantwortlich ist. Diese Auffassung soll kurz anhand eines Beispiels erläutert werden.

Während die Neoklassik die Marktpreise und damit die Ressourcenallokation als Ergebnis von Angebot und Nachfrage in einem idealisierten Markt (z.B. vollständige Konkurrenz) ableitet, betrachten die amerikanischen Institutionalisten das Angebot und die Nachfrage zunächst in Abhängigkeit von der zugrundeliegenden Markt- und Machtstruktur, die durch das Vermögen der Beteiligten und die vorhandenen Institutionen gekennzeichnet ist. Die Marktstruktur ist darüber hinaus abhängig von der Ausgestaltung des Rechtssystems sowie der Nutzung politischer Macht zur Gestaltung eben jenes Rechtssystems für die Wirtschaft. Letztlich, so die institutionalistische Argumentation, wird durch diese Institutionen sowohl die Ressourcenallokation als auch das Sozialprodukt und die Einkommensverteilung beeinflusst.

Zusammenfassend lässt sich feststellen, dass die Vertreter des amerikanischen Institutionalismus die Leistungsfähigkeit einer Wirtschaft in Abhängigkeit von den jeweils zugrundeliegenden Rahmenregeln untersuchten. Erst die Rahmenregeln bzw. ihre Institutionen sind ausschlaggebend für ein realisiertes Ergebnis. So betonte beispielsweise Commons, dass Wettbewerb auf Märkten nicht von allein entsteht, sondern sich vielmehr erst „im Kampf ums Überleben" unter den entsprechenden Rahmenregeln herausbildet.

Obwohl dieser Denkansatz denen der Neuen Institutionenökonomik ähnelt, blieb der amerikanische Institutionalismus zumindest in der Theorie weitgehend unfruchtbar. Jedoch erlangte Commons als wirtschaftspolitischer Berater in den dreißiger Jahren großen Einfluss, als er insbesondere im Bereich der Sozialpolitik die Politik des New Deal in den USA entscheidend mitgestaltete. Seit Mitte der dreißiger Jahre ist die theoretische Schule des Institutionalismus weitgehend in Vergessenheit geraten; allenfalls einzelne Ökonomen wie z.B. John Kenneth Galbraith (*1908) arbeiten in dieser Tradition weiter.

Einfluss der Institutionalisten

3.5. Beurteilung der „alten" Institutionenökonomik

Offensichtlich gibt es schon seit der Klassik eine lange Tradition in der Ökonomik, sich auch mit institutionellen Fragestellungen zu beschäftigen. Jedoch sind die beschriebenen Ansätze häufig nicht über ein relativ bescheidenes Anfangsstadium hinausgekommen. Damit wurden sie allenfalls zu „Nischenprodukten" der Ökonomik neoklassischer Prägung. Keiner Schule ist es gelungen, eine geschlossene Konzeption als Gegenpol zu traditionellen Denkrichtungen zu entwickeln. Am ehesten kann man die Geschlossenheit des Gedankengebildes noch bei der Freiburger Schule konstatieren, jedoch ist auch sie nach dem Tod Euckens nicht entscheidend weiterentwickelt worden.

Stellenwert der „alten" Institutionenökonomik

Die bisher beschriebenen institutionenorientierten Ansätze, deren zeitliche Abfolge in Abbildung 1.5 zusammengefasst ist, wurden noch weiter in den Hintergrund gedrängt, als die „keynesianische Revolution" einsetzte. Dies ist umso bedauerlicher, als der Keynesianismus mit seiner Betonung der aktiven Rolle des Staates im Wirtschaftsablauf großflächige Angriffspunkte für institutionenorientierte Ökonomen bot. So problematisierten Keynes und seine Schüler das Verhalten des Staates nicht. Vielmehr unterstellten sie ihm bzw. seinen Repräsentanten und Entscheidungsträgern das Handeln eines wohl wollenden Diktators, der in einer Krisensituation mit Unterbeschäftigung sowohl die richtige Diagnose stellt, als auch die richtigen Mittel zur Verfügung hat und auswählt, um dann im Rahmen der antizyklischen Fiskalpolitik eine adäquate Stabilisierungspolitik für die Wiederherstellung der Vollbeschäftigung als Gemeinwohlziel durchzuführen.

Abbildung 1.5

Institutionenorientierte Theorieansätze im Zeitablauf

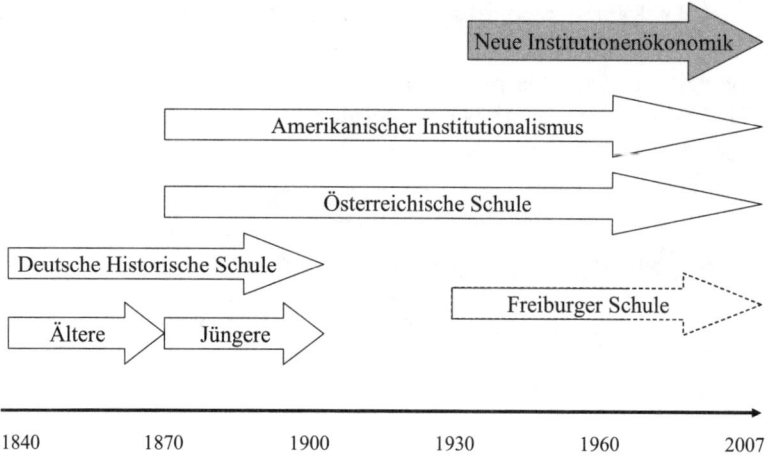

Angesichts des real zu beobachtenden Verhaltens von Politikern und Bürokraten muss diese Annahme, die ex- oder implizit den Darstellungen in den gängigen makroökonomischen Lehrbüchern zugrundeliegt, massive Skepsis hervorrufen. Tatsächlich wird man Keynes unterstellen müssen, unangemessen optimistisch in Bezug auf das gemeinwohlorientierte Handeln des Staates bzw. seiner politischen Entscheidungsträger gewesen zu sein.

3.6. Ursprünge der Neuen Institutionenökonomik

In der Nachfolge der eben beschriebenen „alten" Institutionenökonomik entstand die Neue Institutionenökonomik (NIÖ) als Forschungsprogramm. Die NIÖ beschäftigt sich mit der systematischen Analyse der Wirkungen (positiv) und des Designs (normativ) von handlungskanalisierenden Institutionen menschlichen Verhaltens. Die Ursprünge dieses „neuen" Programms sind inzwischen auch schon wieder alt und lassen sich auf zwei „Wurzeln" zurückführen: Erstens auf die genaue Analyse der Institutionen im Markt und zweitens auf die Ausdehnung ökonomischer Analysen bzw. des ökonomischen Instrumentariums auf Untersuchungsgegenstände außerhalb der reinen Markttransaktionen. Der letztgenannte ökonomische Imperialismus ergriff zunächst den Bereich der Institutionen des politischen Sektors. Diese beiden großen Bereiche – Institutionen im Markt und im politischen Sektor – werden durch das vorliegende Buch abgedeckt. Wo aber lassen sich die Wurzeln der NIÖ genauer lokalisieren?

Die Entstehung der „modernen" Analysen der *Institutionen im Markt* ist eng mit dem 1937 erschienenen Aufsatz „The Nature of the Firm" von Ronald Coase verbunden. Die Ausgangsfrage seiner Analyse war so einfach wie nahe liegend: Wenn wir als Ökonomen von der Überlegenheit der dezentralen Koordination individueller Pläne über Märkte so überzeugt sind, wie kann man dann erklären, dass es überhaupt Unternehmen gibt? Unternehmen zeichnen sich ja gerade dadurch aus, dass in ihnen eben keine dezentralen Markttransaktionen stattfinden sondern im Gegenteil zentral geplant wird. Außerdem erfolgt die Koordination von Aktionen im Unternehmen nicht über eine „unsichtbare Hand" sondern über die spürbaren Anweisungen vom Unternehmer bzw. Management. Mit der Antwort, die Coase auf seine selbstgestellte Frage lieferte, dass nämlich die Kosten der Marktbenutzung ausschlaggebend seien, wurde er zum Vater der modernen Transaktionskostenökonomik – allerdings ohne den Begriff „Transaktionskosten" überhaupt benutzt zu haben. Dieser Begriff ging erst 1969 durch Kenneth J. Arrow in die Literatur ein, als er die Transaktionskosten als „cost of running the economic system" definierte (Arrow 1969, S. 48).

Transaktionskosten und Institutionen im Markt

Seit Anfang der 60er Jahre des 20. Jahrhunderts wurde die ökonomische Analyse der Unternehmung bzw. Firma intensiviert und es kam zu einer „Wiederentdeckung" von Coase. Die Analyse der Institutionen im Markt teilt sich im Wesentlichen in zwei Bereiche. Im Mittelpunkt des einen Bereichs steht die Untersuchung des Verhältnisses zwischen einem Auftraggeber (Prinzipal) und einem Auftragnehmer (Agent), der im Sinne des Prinzipals tätig werden soll. Die Modellierung beider Akteure als Homines oeconomici führt zu einem potentiellen Konflikt in ihren Zielfunktionen. Wie dieser Konflikt aussieht und wie er über entsprechende Vertragsgestaltung zwischen Auftraggeber und -nehmer gemildert werden kann, ist der Untersuchungsgegenstand der Prinzipal-Agent-Theorie, die auf Arbeiten von Jensen/Meckling (1976) sowie Fama/Jensen (1983a, 1983b) zurückgeht.

Der zweite Bereich deckt die Weiterentwicklung der schon erwähnten Transaktionskostentheorie ab. Hier lassen sich zwei weitere Teilbereiche unterscheiden: der von Alchian/Demsetz (1972) entwickelte Messkosten-ansatz und der auf Williamson (1967) zurückgehende Governance-structure-Ansatz. Beide Ansätze begründen in der Tradition von Coase die Existenz von Unternehmen als Koordinationsmechanismus neben dem Markt, gehen aber dabei unterschiedlich vor. Alchian/Demsetz zeigten, dass bei Teamproduktionen die mit der Messung der Wertgrenzprodukte verbundenen Kosten durch die Einführung eines Monitors (Überwachers) gesenkt werden können. Unproduktive Drückebergerei wird dadurch weit-gehend verhindert. Williamson ging dagegen – wie Coase – von der Frage-stellung aus, welche Arten von Aktivitäten unter dem Dach einer Unter-nehmung koordiniert werden sollten (vertikale Koordination) und welche nicht.

Institutionen im politischen Sektor

Beim zweiten Teilbereich der NIÖ, den nicht-marktlichen *Institutionen,* standen anfangs nur die des *politischen Sektors* im Mittelpunkt des Interes-ses. Auch hier ermöglichte die Modellierung der betrachteten Akteure als Homines oeconomici eine fruchtbare Betrachtung einer Reihe bekannter Probleme. Dabei wurden – ohne diese Bezeichnung zu benutzen – wieder-um eine Reihe von Prinzipal-Agent-Problemen untersucht. Das wohl be-kannteste Anwendungsgebiet der NIÖ auf politische Institutionen ist die Neue Politische Ökonomik (NPÖ). Basierend auf Arbeiten von Anthony Downs (1957) sowie William Niskanen (1968), Mancur Olson (1965) und später Gary S. Becker (1983) wurde im Rahmen der NPÖ das Verhalten politischer Akteure vor dem Hintergrund ihrer Anreize untersucht. Downs analysierte die Funktionsweise von Demokratien, genauer: die Determi-nanten eines Parteiprogramms vor dem Hintergrund der relevanten Hand-lungsrestriktion, Wahlen zu gewinnen. Demgegenüber untersuchte Niska-nen das Verhalten von Bürokraten, die als Agenten der jeweils zuständigen Regierung agieren. Olson sowie Becker zeigten, welchen Einfluss organi-sierte Interessengruppen auf die politische Entscheidungsfindung haben können, wenn man auch hier wieder unterstellt, dass Politiker Wahlen ge-winnen wollen.

Basierend auf dieser positiven Analyse des Verhaltens politischer Ak-teure entwickelte sich dann der Forschungszweig der normativ orientierten Verfassungsökonomik, der mit den Namen Friedrich August von Hayek (1960, 1973) und James M. Buchanan (1975) verbunden ist. Beide such(t)en nach Möglichkeiten, insbesondere die Restriktionen der Politiker so zu verändern, dass sie tatsächlich als Agenten der Wähler (Prinzipale) im Sinne des Allgemeinwohls agieren. Auch diese Analysen wurden im Laufe der Zeit weiter verfeinert.

Die eben charakterisierten Entwicklungsstränge der Neuen Institutione-nökonomik sind in Abbildung 1.6 – die keinen Anspruch auf Vollständig-keit erhebt – als Überblick zusammengefasst.

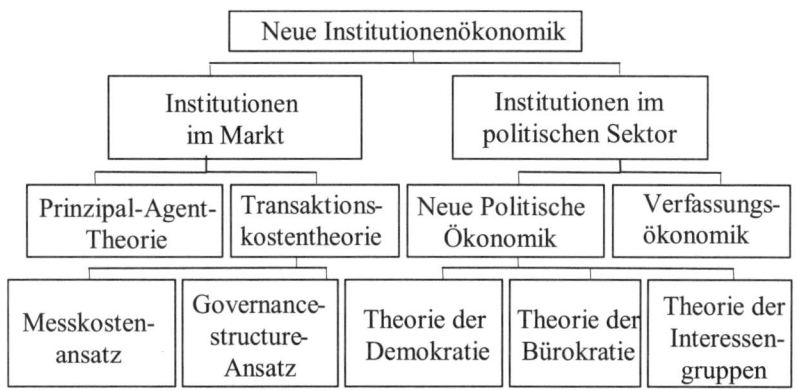

Abbildung 1.6

Das im Laufe der gesamten Theoriebildung wohl erfolgreichste Gedankengebäude innerhalb der Ökonomik ist das der Neoklassik mit seinen Weiterentwicklungen und Verfeinerungen wie z.B. Neuklassik und Monetarismus. Nur von einer mehr oder weniger langen Phase des Keynesianismus unterbrochen, bildete und bildet es im Wesentlichen die Grundlage für wirtschaftspolitische Empfehlungen und reale Wirtschaftspolitik. Aus diesem Grund erscheint es sinnvoll, dieses traditionelle und erfolgreiche Gedankengebäude kurz zu charakterisieren, um dann auf die wesentlichen Unterschiede und Gemeinsamkeiten mit der Neuen Institutionenökonomik eingehen zu können.

4. Zum Verhältnis von Neoklassik und Neuer Institutionenökonomik

Als exemplarischer Referenzpunkt für die Gegenüberstellung von Neoklassik und „Neuer" Institutionenökonomik benutzen wir in diesem Abschnitt die allgemeine Gleichgewichtstheorie in der Tradition von Walras und Arrow/Debreu (1954), die von Schumpeter auch als „Magna Charta der exakten Volkswirtschaftslehre" charakterisiert worden ist. Die Prämissen dieser aus den allgemeinen Lehrbüchern zur Mikroökonomik bekannten Theorie sollen zunächst kurz systematisiert werden.

4.1. Die Modellwelt der Neoklassik

Im Mittelpunkt der Analysen der Neoklassik steht die effiziente Allokation, d.h. der rationale und wirtschaftliche Umgang mit knappen Mitteln: Ist eine effiziente Allokation erreicht, so sind die gegebenen Mittel ihrer jeweils „besten" Verwendung zugeführt. Dieser effiziente Mitteleinsatz wird in der neoklassischen Modellwelt grundsätzlich im Rahmen einer Marktwirtschaft mit flexiblen Preisen für Güter und Dienstleistungen sowie Ressourcen hergeleitet. Dabei werden zunächst aufgrund plausibler

Überlegungen jeweils das Angebot und die Nachfrage der betreffenden Wirtschaftsobjekte hergeleitet, bevor beide dann am bzw. im Markt zusammengeführt werden und dort der markträumende Gleichgewichtspreis bestimmt wird.

Neoklassische Haushalts- und Unternehmenstheorie

Im Rahmen dieser Analysen wird sowohl das Verhalten der Haushalte als auch das der Unternehmen betrachtet. In der Theorie der Haushalte wird untersucht, wie diese sich als Anbieter des Produktionsfaktors Arbeit und als Nachfrager von Gütern und Dienstleistungen verhalten, welche von den Unternehmen auf den jeweiligen Märkten angeboten werden. Für die Produktion der Güter und Dienstleistungen kaufen die Unternehmer als Nachfrager die entsprechenden Produktionsfaktoren auf den Faktormärkten ein. Die Theorie der Unternehmung bildet folglich das Verhalten der Marktgegenseite der Haushalte ab. Treffen sich Anbieter und Nachfrager auf einem Markt, ergibt sich aus dem Austausch der jeweiligen Güter ein Preis. Dieser zeigt die Knappheit der ausgetauschten Objekte an und dient als Indikator für Anbieter und Nachfrager. Die Preise sind in diesem Kontext der Koordinationsmechanismus der beiden Marktparteien; gelenkt durch die Preise, genauer: durch die relativen Preise, entwickeln Anbieter und Nachfrager ihre wirtschaftlichen Aktivitäten und gelenkt durch die Preise findet eine effiziente Allokation der knappen Mittel statt. Effizienz macht sich hier daran fest, dass die Konsumentensouveränität gewahrt und gleichzeitig eine präferenzgemäße Versorgung mit privaten Gütern[1] realisiert wird. Die Preise lenken die Faktoren wie von einer „unsichtbaren Hand" gesteuert in die effizienten Verwendungen. Die Einschaltung einer zentralen oder externen Koordinationsinstanz erscheint nicht notwendig.

Unter der Grundvoraussetzung funktionierender Märkte lässt sich somit der Referenzpunkt einer allgemeinen Gleichgewichtstheorie ableiten. Er ergibt sich als simultanes Gleichgewicht auf allen betrachteten Märkten und führt bei markträumenden Preisen zu einer effizienten Allokation und zu einer präferenzgemäßen Versorgung der Bevölkerung mit privaten Gütern. Allerdings lässt sich dieses Ergebnis nur unter Zuhilfenahme bestimmter Prämissen herleiten, die hier kurz aufgeführt werden sollen.

Totales Konkurrenzgleichgewicht

Zunächst die Marktform: Das totale Konkurrenzgleichgewicht setzt – wie der Name schon sagt – voraus, dass auf allen betrachteten Märkten die Marktform der vollständigen Konkurrenz herrscht. Das bedeutet, dass sowohl die Anbieter- als auch die Nachfragerseite polypolistisch strukturiert ist. Haushalte und Unternehmen verhalten sich als Mengenanpasser für die der Marktpreis ein Datum ist. Weiterhin gibt es keinerlei Präferenzen in räumlicher, sachlicher oder persönlicher Hinsicht. Das gilt sowohl für die Nachfrager in Bezug auf die angebotenen Leistungen bzw. die entspre-

---

[1] Zur Unterscheidung privater und öffentlicher Güter vgl. Kapitel 6.

chenden Produzenten als auch für die Anbieter in Bezug auf die nachgefragten Faktoren bzw. ihre Kunden, die Haushalte. Somit existieren nur
homogene Faktoren und Leistungen. Vervollständigt wird der Prämissen-
katalog durch die Annahme vollständiger Markttransparenz. Wenn vollständige Markttransparenz herrscht, sind die Marktteilnehmer über alle
relevanten Preise informiert. Weil sie die Preise kennen, können sie auf
Preisvariationen unmittelbar reagieren und ihre Pläne entsprechend anpassen. Transparenz in diesem Sinne bedeutet aber auch, dass die Anbieter
und Nachfrager über dieselben Informationen verfügen, diese also sym-
metrisch verteilt sind.

Nun bleibt noch die Frage zu beantworten, wie in einem solchen Kontext die gleichgewichtigen, markträumenden Preise zustande kommen. Bei
der Beantwortung dieser Frage wird in der Literatur üblicherweise auf
zwei Wege verwiesen, die von León Walras und Francis Ysidoro Edgeworth (1845–1926) aufgezeigt worden sind. Während ersterer unter dem
Begriff „tâtonnement" bekannt geworden ist, lässt sich letzterer treffend
mit dem Begriff des „recontracting" charakterisieren. Wie funktionieren
nun diese beiden Wege zum Gleichgewichtspreis?

Im Walras-Modell ermittelt ein imaginärer Auktionator den markträumenden Gleichgewichtspreis. Dazu wird vom Auktionator zunächst ein
willkürlich gewählter Preis ausgerufen, zu dem die Anbieter und Nachfrager ihre jeweils gewünschten Mengen bekanntgeben. Der Auktionator *Tâtonnement*
sammelt diese Angebots- und Nachfragemengen und überprüft, ob der zunächst genannte Preis zum größtmöglichen Umsatz führt, d.h. den Markt
räumt. Tatsächliche Umsätze werden noch nicht getätigt. Übersteigt die
potentiell nachgefragte Menge die potentiell angebotene, nennt der Auktionator in der nächsten Runde einen höheren Preis und vice versa. Die
Sammlung der Angebots- und Nachfragemengen und die Anpassung des
Preises durch den Auktionator erfolgt so lange, bis er in diesem tâtonne-
ment-Prozess den gleichgewichtigen Preis ermittelt hat. Erst dann werden
zu diesem Preis tatsächliche Käufe und Verkäufe getätigt. Der Auktionator
spielt bei Walras eine ähnliche Rolle wie ein Makler an real existierenden
Märkten.

Demgegenüber unterstellt Edgeworth in seinem Preisfindungsmodell,
dass Anbieter und Nachfrager zunächst nur vorläufige Verträge schließen,
die allenfalls Optionscharakter besitzen. Beide Marktseiten versuchen, mit
ihren jeweiligen Tauschpartnern möglichst günstige Vertragsbedingungen *Recontracting*
zu vereinbaren. Einziger Inhalt dieses Vertrags ist der Preis. Da die Verträge nur vorläufigen Charakter haben, produzieren die Anbieter auf dieser
Basis noch keine Güter und Dienstleistungen. Findet nun ein Nachfrager
einen Anbieter, der ihm einen günstigeren Preis bietet als der vorherige,
wird er mit dem neuen Anbieter einen Vertrag schließen. Somit ist der

Marktzutritt neuer Anbieter gewährleistet. Aufgrund der vollständigen Markttransparenz sind alle anderen Marktteilnehmer unmittelbar über den neuen, niedrigeren Preis informiert. Sie werden entsprechend reagieren und von allen Verträgen, in denen höhere Preise vereinbart sind, zurücktreten. Entweder verhandeln sie mit ihren alten Anbietern nach und vereinbaren den neuen, niedrigeren Preis oder sie schließen einen neuen Vertrag mit dem günstigeren Anbieter ab. Die Anbieter am Markt werden die offerierten Preise solange senken, wie sie noch die Produktionskosten decken und solange das gesamtwirtschaftliche Angebot noch größer ist als die entsprechende Nachfrage. Wenn die angebotenen und nachgefragten Mengen übereinstimmen, werden zu diesem Gleichgewichtspreis endgültige und verbindliche Verträge fixiert. Erst auf Basis dieser Verträge produzieren die Unternehmen die Güter und Dienstleistungen, die von den Haushalten nachgefragt werden; der Markt ist unmittelbar geräumt.

Wir können zunächst festhalten, dass beide beschriebenen Prozesse den markträumenden Gleichgewichtspreis in einem Trial-and-error-Verfahren ermitteln. Mit beiden Vorgehensweisen lässt sich das totale Konkurrenzgleichgewicht mit einer simultanen Räumung aller Märkte begründen. Betrachtet man die beiden Preisfindungsprozesse sowie ihre zugrundeliegenden Prämissen aber näher, bleiben einige interessante Fragen offen.

4.2. Anknüpfungspunkte der Neuen Institutionenökonomik

Neben den explizit erwähnten Annahmen sind in der Herleitung des Allgemeinen Gleichgewichts weitere, implizite Prämissen enthalten, die nun kurz offengelegt werden sollen. Anhand der expliziten und impliziten Prämissen lässt sich zeigen, welche Fragestellungen, die in der neoklassischen Modellwelt systematisch ausgeklammert werden, nun im Rahmen der Neuen Institutionenökonomik untersucht werden können. Dabei geht es nicht darum, die Prämissen der Neoklassik als realitätsfern zu kritisieren. Wie wir oben bereits erwähnten, müssen Modelle – mithin auch ihre Prämissen – nicht realitätsnah sondern problemadäquat sein. Die Modelle und Prämissen der Neoklassik waren zu ihrer Zeit sicherlich problemadäquat, denn das Ziel der Neoklassik war es in erster Linie, die Existenz eines marktwirtschaftlichen (Konkurrenz-)Gleichgewichts nachzuweisen. Zur Bearbeitung dieses Problems wurden aber andere – aus heutiger Sicht wichtige – Probleme vernachlässigt.

So beinhaltet die Annahme der Marktform „vollständige Konkurrenz", dass diese Marktform – zumindest in der statischen Betrachtung – gesamtwirtschaftlich wünschenswert ist. Wäre sie es nicht, ließe sich in ihr nicht die effiziente Allokation verwirklichen, die im totalen Konkurrenzgleichgewicht hergeleitet wird. Aus dieser Überlegung ergeben sich zwei Fragen. Zum einen muss geklärt werden, ob die vollständige Konkurrenz

Relativierung der Kritik an der Neoklassik

Kritik der neoklassischen Gleichgewichtswelt

immer eine sinnvolle und wünschenswerte Marktform ist. Möglicherweise gibt es nämlich auch Argumente dafür, dass Großunternehmen und Unternehmenszusammenschlüsse gesamtwirtschaftlich vorteilhafter produzieren können als die bei vollständiger Konkurrenz vorhandenen vielen kleinen Anbieter. Die Aussage, dass die vollständige Konkurrenz das Mittel der Wahl sei, wird bereits im Rahmen der traditionellen Wettbewerbstheorie relativiert. Jedoch besteht auch dort eine Tendenz dazu, das Wachstum von Unternehmen zu beschränken, um „marktbeherrschende" Stellungen zu vermeiden. Dass eine Integration von Unternehmen durchaus auch positive gesamtwirtschaftliche Effekte haben kann, lässt sich mit Hilfe der *Transaktionskostenökonomik* zeigen.

Demgegenüber impliziert das Fehlen von Präferenzen bzw. die Existenz vollständig homogener Güter und Faktoren, dass beispielsweise keine langfristigen Beziehungen zwischen den Tauschparteien aufgebaut, sondern immer nur einzelne Verträge auf Spotmärkten geschlossen werden (können). Langfristige Geschäftsverbindungen, in denen eine gewisse Reputation und Vertrauen in den Geschäftspartner aufgebaut werden, fallen nicht in den Analysebereich dieses Modells. Die Abwesenheit räumlicher Präferenzen klammert zusätzlich noch die Berücksichtigung von Transportkosten aus der Betrachtung aus. Gleiches gilt für Sach- und Informationskosten, die ebenfalls eine Bevorzugung von Tauschpartnern in einem bestimmten Raum implizieren würden. Auch diese Probleme werden im Rahmen der *Transaktionskostenökonomik* analysiert und es zeigt sich, dass in der Realität sowohl langfristige Verträge als auch die gesamten Transaktionskosten eine auch theoretisch begründbare Rolle spielen.

Wenn man die dritte Prämisse, also die der vollständigen Markttransparenz, betrachtet, lassen sich ebenfalls Einwände aus der Sicht älterer und neuerer institutionenökonomischer Ansätze finden. Die Annahme der vollständigen Information bei den Marktteilnehmern impliziert, dass alle Informationen kostenlos zur Verfügung stehen. Auch müssen die Anbieter und Nachfrager in der Lage sein, alle vorhandenen Informationen unmittelbar und auch richtig zu verarbeiten. Damit entscheiden die Wirtschaftssubjekte unter Sicherheit. Sie haben auch Sicherheit in Bezug auf das Verhalten der jeweiligen Marktpartner, denn die endgültigen Verträge, die sie schließen, sind vollständig formuliert. Daher muss implizit auch vorausgesetzt sein, dass Standards, wie Längen- und Gewichtsmaße, gegeben und allen Marktteilnehmern bekannt sind. Offensichtlich sind auch hier wieder Institutionen aus der Analyse ausgeblendet bzw. implizit vorausgesetzt, die beispielsweise im Fall solcher Standards bereits von der *Historischen Schule* untersucht wurden.

Vollends offensichtlich wird die Vernachlässigung wichtiger Eigenschaften marktlicher Institutionen, wenn man die von Walras und Edge-

Kosten der Nutzung von Institutionen

worth skizzierten Wege zum Gleichgewichtspreis betrachtet. Auffällig ist, dass der von Walras eingeführte Auktionator zwar genau die von der *Österreichischen Schule* (genauer: Menger) beschriebenen Funktionen ausübt, jedoch keine Kosten verursacht. Obwohl er also Anbieter und Nachfrager zusammenbringt, wird er für seine Tätigkeiten nicht entlohnt. Das unterscheidet ihn beispielsweise auch von seinem möglichen Pendant in der Realität, dem Börsenmakler. Spätestens mit dem Erscheinen des Aufsatzes „The Nature of the Firm" von Ronald Coase im Jahr 1937 ist aber auch in der Literatur unumstritten, dass mit der Nutzung solcher Koordinationsmechnismen – und nichts anderes stellte der walrasianische Auktionator letztendlich dar – immer auch Kosten verbunden sind. Diese Kosten, die bei Menger schon in Form der Entlohnung der Intermediäre Erwähnung finden, stehen wiederum im Mittelpunkt der modernen *Transaktionskostenökonomik*. Daneben muss beim Walras-Auktionator implizit unterstellt werden, dass sein einziges Interesse darin liegt, als „ehrlicher Makler" die Interessen von Anbietern und Nachfragern zum Ausgleich zu bringen. Dass auch Agenten – wie der Auktionator – als eigennutzorientierte homines oeconomici agieren und damit nicht unbedingt im Sinne der sie beauftragenden Prinzipale – hier: der Anbieter und Nachfrager – handeln, zeigt die moderne *Prinzipal-Agent-Theorie* in eindrucksvoller Weise.

Noch mehr Probleme bzw. höhere, unberücksichtigte Kosten sind allerdings mit dem recontracting von Edgeworth verbunden. Auch hier wird unterstellt, dass die Nutzung des Preismechanismus bzw. die Ermittlung des Gleichgewichtspreises nicht mit Kosten verbunden ist. Dies ist angesichts des sehr aufwendigen Preisermittlungsverfahrens eine recht heroische Annahme. Edgeworth unterstellt, dass das Aushandeln der vorläufigen Verträge kostenlos ist. Implizit muss Edgeworth auch davon ausgehen, dass die Formulierung der Verträge keine Probleme verursacht. Leistungen und Gegenleistungen können vollständig und eindeutig spezifiziert werden. In der Realität wird man dagegen feststellen, dass durchaus Kosten der Vertragsaushandlung existieren. Ebenso gibt es Kosten der Vertragsanpassung bzw. -neuverhandlung, die wiederum von der *Transaktionskostenökonomik* untersucht werden.

Anknüpfungspunkte der Neuen Institutionenökonomik

Implizit lässt sich durchaus ableiten, dass auch die Rechts- und Eigentumsverhältnisse an den jeweiligen Faktoren, Gütern und Dienstleistungen eindeutig definiert sind. Mögliche Täuschungsabsichten eines oder beider Tauschpartner werden ausgeklammert. Gleiches gilt für einen möglichen Glaubwürdigkeitsverlust, der aus der Tatsache resultieren könnte, dass die vorläufigen Verträge kurzfristig wieder verworfen werden. Rechtliche Rahmenregeln, die möglicherweise vorschreiben, dass Verträge einzuhalten sind, existieren nicht. Ebensowenig versuchen sich die Anbieter gegen einen möglichen Rücktritt der Nachfrager von den vorläufigen Verträgen abzusichern. Das wäre – wie in der Realität – durch Abschluss einer Option möglich, die dann allerdings wieder Kosten verursachen würde, wie sie von der *Transaktionskostenökonomik* analysiert werden. Akzeptiert man, dass die Anbieter und Nachfrager als „gute Menschen" handeln, die sich an die vereinbarten Spielregeln halten, bleibt immer noch offen, wie diese Spielregeln genau aussehen, wie sie entstanden sind und welchen Einfluss sie auf das Ergebnis, also die Herleitung des Gleichgewichtspreises, haben. Hier lassen sich Anknüpfungspunkte der modernen *Verfassungsökonomik*, der *Property-rights-Theorie* aber auch der *Neuen Politischen Ökonomik* und der *Prinzipal-Agent-Theorie* ausmachen.

Auch werden in den traditionellen neoklassischen Ansätzen die Anbieter-Unternehmen und die Nachfrager-Haushalte als monolithische Akteure modelliert, d.h. ihre innere Organisationsstruktur wird in den neoklassischen Marktmodellen nicht abgebildet. Gleiches gilt für die internen Entscheidungsfindungsabläufe, die in Haushalten bzw. Familien ebenso zu finden sind wie in Unternehmen. Fragestellungen wie diese werden wiederum innerhalb der Transaktionskostenökonomik, insbesondere in der *Governance-Richtung* untersucht.

Zusammenfassend kann man feststellen, dass die Neoklassik wichtige Probleme – wie die angesprochenen Transaktionskosten und die Fragen nach der Wirkung alternativer Organisationsformen und -strukturen auf das Marktergebnis – aus ihren Modellen ausblendet. Coase (1984, S. 230) charakterisierte diese Vorgehensweise mit den Worten: „Einzuwenden ... ist im wesentlichen, dass die Theorie in der Luft schwebt. Es ist so, als ob man den Blutkreislauf ohne einen dazugehörigen Körper erforscht. Unternehmen haben keine Substanz. Märkte bestehen ohne Gesetze...". Dieses Zitat weist eine bemerkenswerte Ähnlichkeit mit einer Äußerung von Schmoller auf und fehlt daher auch in keiner Gegenüberstellung von alten und neuen institutionenorientierten Ansätzen. Schmoller (1900, S. 64) schrieb in seinem „Grundriss": „Die alte Volkswirtschaftslehre mit ihrem Untergehen in Preisuntersuchungen und Circulationserscheinungen stellt den Versuch einer volkswirtschaftlichen Säftephysiologie ohne Anatomie des socialen Körpers dar."

Offensichtlich klammern die Prämissen der Neoklassik also viele der realen Probleme aus, die die Welt in der wir leben kennzeichnen und auch interessant machen. Zwar vereinfachen die Modellprämissen die Analyse, machen die Modelle handhabbar und haben sich im Laufe der Zeit auch als sehr fruchtbare Referenzpunkte für wirtschaftstheoretische und -politische Analysen erwiesen. Dennoch führen die Vereinfachungen auch zur Vernachlässigung wichtiger Aspekte und verstellen damit die Sicht auf weitere fruchtbare Erkenntnisse. Zumindest ein Teil der Lücken, die sich aus diesem Vorgehen der Neoklassik ergeben, lässt sich mit Hilfe von Ansätzen

Gemeinsamkeiten von Neoklassik und Neuer Institutionenökonomik

der Neuen Institutionenökonomik füllen. Trotz dieser Unterschiede in den Fragestellungen und in der Einbeziehung relevanter Institutionen in ihre Analyse, weisen die Neoklassik und die Ansätze der Neuen Institutionenökonomik auch wesentliche Gemeinsamkeiten auf. So benutzen beide den eigennutzorientierten Homo oeconomicus als heuristisches Menschenbild in ihren Modellen. Beide basieren auf dem methodologischen Individualismus, führen also das Handeln von Kollektiven auf das Verhalten einzelner Wirtschaftssubjekte zurück, und sowohl Neoklassik als auch Neue Institutionenökonomik trennen bei ihrer Analyse zwischen den Restriktionen, denen die Akteure unterliegen, und ihren Präferenzen.

Welchen Inhalt und Anwendungsbereich die jeweiligen Ansätze der Institutionenökonomik, also beispielsweise die bereits erwähnte Transaktionskostenökonomik, die Property-rights-Theorie und die Verfassungsökonomik im einzelnen haben, wird im Laufe der folgenden Kapitel ausführlich gezeigt werden. Bevor das geschieht, wollen wir im nächsten Abschnitt das gesamte Forschungsprogramm der Neuen Institutionenökonomik anhand seiner wesentlichen Eigenschaften zusammenfassend charakterisieren.

5. Charakterisierung der Institutionenökonomik als Forschungsprogramm

Eine von dem Wissenschaftstheoretiker und Popper-Schüler Imre Lakatos entwickelte *Methodologie wissenschaftlicher Forschungsprogramme*[1] bietet ein geeignetes Schema zur systematischen Charakterisierung des hier vorgestellten bzw. noch vorzustellenden Forschungsprogramms der Institutionenökonomik. Nach Lakatos (1974, S. 89 ff.) besteht ein wissenschaftliches Forschungsprogramm aus 4 Teilen:

Bestandteile eines wissen schaftlichen Forschungsprogramms

- einem *harten Kern (HK)*, d.h. den unanfechtbaren Grundannahmen des Forschungsprogramms,

- einem den Kern umschließenden *Schutzgürtel aus Hilfshypothesen (HH)*,

- einer *positiven Heuristik (PH)*, die dem Forscher als Wegweiser dient, und

- einer *negativen Heuristik (NH)*, die dem Forscher nicht zu begehende Wege versperren soll.

---

[1] Lakatos Theorie der Forschungsprogramme gilt als die (zur Zeit) beste wissenschaftstheoretische Beschreibung der praktizierten naturwissenschaftlichen Forschungsmethode. Seine Theorie ist eine Weiterentwicklung der *Popper*schen Auffassung. Vgl. BÜSCHEL (1989), S. 227 f.

Lakatos betrachtet Forschungsprogramme nun nicht isoliert, sondern als sich – mehr oder weniger stetig – weiterentwickelnde Gebilde. Ausschlaggebend für die Weiterentwicklung bzw. Verbesserung von Forschungsprogrammen ist vor allem Konkurrenz zwischen Forschern innerhalb eines Programms und/oder zwischen Forschern rivalisierender Programme.

Bezüglich der Fortentwicklung eines Forschungsprogramms im Zeitablauf lassen sich grundsätzlich zwei Wege unterscheiden: Es kann auf der einen Seite in einer Art und Weise weiterentwickelt werden, dass sich sein Erklärungsgehalt auf theoretischer und empirischer Ebene vergrößert. Ist das der Fall, spricht man von einer *progressiven Problemverschiebung*. Auf der anderen Seite kann versucht werden, Phänomene, die innerhalb des Programms nicht erklärt werden können, mit Hilfe von zusätzlichen Annahmen (Hilfshypothesen) wegzudefinieren. Eine solche Immunisierung des Programms gegen Kritik mit Hilfe von Ad-hoc-Modifikationen der Annahmen ist mit einer Abnahme des empirischen und theoretischen Erklärungsgehalts verbunden und wird daher auch als *degenerative Problemverschiebung* bezeichnet.

Das Forschungsprogramm der Institutionenökonomik könnte man nun folgendermaßen in die soeben erörterte Terminologie einordnen[2]:

Harter Kern

HK1: Das Individuum orientiert sein Handeln – unter Beachtung relevanter Restriktionen – an seinen Präferenzen und ist die einzige Quelle von Werten (Individualprinzip).

HK2: Das Individuum bewertet seine Handlungsmöglichkeiten unter Anwendung des Kosten/Nutzen-Kalküls, um sich dann gemäß dem relativen Vorteil zu entscheiden (Rationalitätsprinzip).

HK3: Soziale Systeme können als Entscheidungseinheiten betrachtet werden. Jedoch müssen alle Eigenschaften, die sozialen Systemen (Gruppen, Gesellschaften, Unternehmen, Haushalte oder andere Organisationen) zugesprochen werden, letztlich mit den Eigenschaften und Anreizmechanismen der Individuen, die das betrachtete soziale System konstituieren, kompatibel sein (Prinzip des methodologischen Individualismus).

---

2 Zu ähnlichen bereits in der Ökonomie erfolgten Charakterisierungen handlungstheoretischer Ansätze vgl. LATSIS (1976), S. 1 ff., WESSLING (1991), S. 56 ff., LESCHKE (1993), S. 142 ff.

HK4: Die Ökonomik trifft keine Aussagen über das Verhalten einzelner Individuen, hierfür sind andere Wissenschaften (z.B. die Psychologie) zuständig. Stets wird das repräsentative Verhalten der Individuen den abgeleiteten Aussagen zugrunde gelegt (Prinzip der Nicht-Einzelfall-Betrachtung).

Im harten Kern sind also lediglich wichtige Basisprinzipien des ökonomischen Ansatzes enthalten, die zu Beginn des Kapitels bereits erläutert wurden. Dieser harte Kern gilt für fast jedes ökonomische Forschungsprogramm. Folglich finden sich hier noch keine Aussagen zu Institutionen. Wie gestaltet sich nun der Schutzgürtel?

Schutzgürtel

HH1: In jedem beliebigen Zeitpunkt t sind die Präferenzen des Individuums gegeben und konsistent.

HH2: Das Individuum besitzt i.d.R. unvollkommenes Wissen über objektive Tatsachen.

HH3: Wissen und Fähigkeiten der Individuen können sich im Zeitablauf wandeln.

HH4: Es herrscht universelle Knappheit und damit entstehen (verschiedene Arten von Opportunitäts-) Kosten-Restriktionen.

HH5: Marktgüter und Kollektivgüter stiften als knappe Güter Nutzen.

HH6: Jeder *freiwillige* Tausch führt – isoliert betrachtet – bei den Tauschpartnern zu einem Nettonutzenzuwachs bzw. stellt sie nicht schlechter.

HH7: Das Pendant zum freiwilligen Tausch im Markt ist bezüglich der Vereinbarung über institutionelle Arrangements das Konsensprinzip – als spezielle Variante des Pareto-Prinzips.

HH8: Das Funktionieren des Marktmechanismus und die Güte der Bereitstellung kollektiver Güter durch die Politik hängen von der Ausgestaltung der Institutionen ab.

Der Schutzgürtel spezifiziert weitere Hypothesen des institutionenökonomischen Programms. Auch hier gilt, dass die meisten Hypothesen auch für institutionenlose Forschungsprogramme der Ökonomik gelten können. Lediglich HH7 und HH8 stellen spezifische institutionenökonomische Punkte dar. Kommen wir nun zur positiven und negativen Heuristik.

Positive Heuristik

PH1: Trenne stets Präferenzen und Restriktionen – und beachte insbesondere Institutionen als relevante Restriktionen!

PH2: Analysiere ausgehend von gesellschaftlichen Problemen, wie Institutionen im Markt und im politischen Sektor das Verhalten (Planen, Entscheiden, Handeln) der Individuen beeinflussen!

PH3: Analysiere problemorientiert, wie sich Institutionen im Markt und im politischen Sektor entwickeln!

PH4: Ermittle institutionelle Fehlentwicklungen, und zeige unter Zugrundelegung des Konsenskriteriums institutionelle Alternativen auf!

PH5: Entwickle ausgehend vom Status quo Strategien zur Umsetzung institutioneller Alternativen unter Berücksichtigung relevanter Kosten (Transaktionskosten, Anpassungskosten, aus bestehenden Machtverhältnissen resultierende Widerstände, aus abweichenden theoretischen Vorstellungen resultierende Widerstände u.v.a.m.)!

Bezüglich der Positiven Heuristik sollte noch erwähnt werden, dass natürlich nicht jedes einzelne Forschungsprojekt stets alle Punkte behandeln muss. Wie wir im 2. Abschnitt schon erläutert haben, wird in einem Projekt je nach Problemlage nur auf einzelne jeweils relevante Aspekte eingegangen.

Negative Heuristik

NH1: Vermeide den Einfluss von Theorien/Ideologien, die einer individualistischen Basis entbehren!

NH2: Vermeide degenerative Problemverschiebungen!

NH3: Vermeide Änderungen des harten Kerns!

In der Positiven Heuristik sind vor allem institutionenökonomische Charakteristika angesprochen. Diese zeigen klar die Richtung der Forschung innerhalb der Institutionenökonomik auf. In anderen ökonomischen Forschungsprogrammen spielen sie sicherlich nur eine untergeordnete oder überhaupt keine Rolle. Die drei Punkte der Negativen Heuristik dürften hingegen wiederum für die meisten ökonomischen Forschungsprogramme gelten.

Damit ist das Forschungsprogramm der Institutionenökonomik charakterisiert. Die „institutionelle Revolution" kann als progressive Problemverschiebung gegenüber dem neoklassischen Forschungsprogramm aufgefasst werden. Der neoklassische Fokus wird damit um wichtige Restriktionen menschlichen Handelns erweitert. Die Institutionenökonomik stellt allerdings nicht nur eine Weiterentwicklung bezüglich des Forschungsobjekts dar, denn bei der Frage, wie Institutionen sich entwickeln, fließt auch evolutorisches Instrumentarium in die Analyse ein. Dies belegen z.B. die Analysen zum institutionellen Wandel, die im 9. Kapitel Gegenstand der Be-

Progressive Problemverschiebung

trachtung sind. Das Forschungsprogramm der Institutionenökonomik ist also auf zweifache Weise breiter angelegt als das neoklassische Programm, welches insbesondere Eigenschaften von Marktgleichgewichten als Forschungsgegenstand behandelt.

6. Zum Aufbau dieses Buches

Die folgenden Kapitel

Das vorliegende Buch ist gemäß der Darstellung im Abschnitt 2 aufgebaut, und zwar von innen nach außen. Begonnen wird im zweiten Kapitel mit der Analyse der Institutionen im Markt. Sodann folgt ein kurzes Kapitel zur Institution des Rechts. Anschließend werden die Institutionen im politischen Sektor im vierten Kapitel analysiert. Gegenstand des fünften Kapitels ist die ökonomische Theorie der Verfassung. Den Schluss des Buches (Kapitel 6) bildet eine Darstellung der Theorie institutionellen Wandels sowie empirischer Untersuchungen zum Zusammenhang von Institutionen und Wirtschaftsleistung. – Nun zu den Kapiteln im Einzelnen:

Teil 1 des Buches befasst sich mit den Institutionen im Markt. Diese umfassen zum einen die Prinzipal-Agent-Theorie unter dem Blickwinkel der Messkosten und zum anderen die Governancekosten vor dem Hintergrund der Grenzen der Firma (Kapitel 2 und 3). Zu beiden Bereichen werden sowohl einführende, überwiegend verbale Modelle vorgestellt als auch vollformale Modellierungen einzelner Aspekte. Abgeschlossen wird dieser Teil mit einem Ausblick (Kapitel 4) auf weitere Aspekte der Institutionen im Markt. Hier geht es um Reputation, Institutionen und Wettbewerb, Institutionen und Marktphasen sowie um Fragen der Regulierung.

Teil 2 des Buches befasst sich mit den Institutionen im politischen Sektor. Der Teil beginnt mit Kapitel 5 zur Institution des Rechts. Hier befassen wir uns (a) mit den Grundlagen der Property-rights-Theorie, (b) der Bedeutung von Verfügungsrechten vor dem Hintergrund der Analyse von Ronald Coase sowie (c) mit der Wirkung grundlegender Haftungsregeln und (d) des Wettbewerbsrechts.

Bei der weiteren Analyse der Institutionen im politischen Sektor handelt es sich im Wesentlichen einmal um die positive Theorie des Verhaltens der Teilnehmer am politischen Kräftefeld (Politiker bzw. Parteien, Bürokraten, Interessengruppen), die auch als Neue Politische Ökonomik oder Public-choice-Theorie bezeichnet wird (Kapitel 6), und andererseits um die positive Analyse der relevanten Kosten- und Nutzenkomponenten dezentraler politischer Systeme (Kapitel 7), die sich auch positive Föderalismustheorie bzw. „Theory of Federalism" nennt.

Fragen der ökonomischen Theorie der Verfassung (Constitutional Economics), die im Kapitel 8 Gegenstand der Betrachtung sind, umfassen die

Analyse der Bedeutung grundlegender Verfassungsregeln. Darüber hinaus werden Defizite der verfassungsmäßigen Anreizstruktur in Deutschland, die zum Problem des Staatsversagens führen, analysiert, und es wird der verfassungsmäßige Aufbau der Europäischen Union betrachtet.

Im abschließenden Kapitel 9 widmen wir uns der Theorie der wirtschaftlichen und institutionellen Entwicklung, die insbesondere mit dem Namen Douglass C. North verbunden ist. Der Leser wird hier feststellen, dass North auf viele Argumente zurückgreift, die im Laufe des Buches behandelt werden. Über die theoretischen Betrachtungen hinaus werden wir noch empirische Untersuchungen zum Einfluss von Institutionen, die Freiheit gewährleisten, auf den Wohlstand anführen. Am Ende erfolgt ein kurzer Ausblick auf die Rolle von Institutionen und die Aufgabe der (ökonomischen) Wissenschaft.

Es bleibt darauf hinzuweisen, dass bei weitem nicht alle verwendete Literatur im laufenden Text zitiert ist. Dies würde den Lesefluss zu sehr beeinträchtigen. Stattdessen wird zum Ende eines jeden Kapitels ein Literaturverzeichnis angeführt, das auf der einen Seite einen kommentierten Teil enthält und auf der anderen Seite alle gelesenen Quellen aufführt.

Literatur-hinweise

Literatur

Literatur zum Abschnitt 1

Als Überblick empfehlen wir:

KIRCHGÄSSNER, G. (2000), Homo Oeconomicus, 2. Auflage, Tübingen.

SUCHANEK, A. (1994), Ökonomischer Ansatz und theoretische Integration, Tübingen.

Weitere Literatur:

ALBERT, H. (1979), „Zur Kritik der reinen Ökonomie", STEINDL, J. u.a. (Hrsg.), Beiträge zur Diskussion und Kritik der neoklassischen Ökonomie, Festschrift für K. ROTHSCHILD, hrsg. von STEINDL, J. u.a., Berlin u.a.O., S. 11–28.

AUFDERHEIDE, D. (1994), „Vertragstheoretische Ansätze der Politikberatung und der systematische Stellenwert der Regelverlierer", LESCHKE, M. (Hrsg.), Probleme der deutschen und der europäischen Integration, Münster–Hamburg, S. 41–69.

BECKER, G.S. (1993), Der ökonomische Ansatz zur Erklärung menschlichen Verhaltens, 2. Auflage, Tübingen.

BECKER, G.S. (1996), „Die ökonomische Perspektive", ders., Familie, Gesellschaft und Politik, Tübingen, S. 21–97.

BLAUG, M. (1980), The Methodology of Economics, Cambridge.

BORCHERT, M./LESCHKE, M./SAUERLAND, D. (1998), Volkswirtschaftslehre im Portrait, wisu – das Wirtschaftsstudium 27, S. 1338–1345.

BRANDT, K. (1979), „Die Nachfrage bei anspruchsniveauorientiertem Verhalten", Zeitschrift für die gesamte Staatswissenschaft 135, S. 181–206.

BUCHANAN, J.M. (1987), „Constitutional Economics", The New Palgrave-Dictionary of Economics, Bd. 1, S. 585–588.

BUCHANAN, J.M. (1988), „The Relatively Absolute Absolutes", ders., Essays in the Political Economy, Honolulu, S. 32–46.

CYERT, R.M./MARCH, H.G. (1963), A Behavioral Theory of the Firm, Englewood Cliffs–New Jersey.

DIETZ, A.: (2005): Der homo oeconomicus, Gütersloh.

ERLEI, M. (1998), Institutionen, Märkte und Marktphasen, Tübingen, S. 5–19.

ERLEI, M. (2003), „Experimentelle Ökonomik: Was folgt für die Theorie der Institutionen?", HELD, M. (Hrsg), Experimente in der Ökonomik, Marburg, S. 343–371.

FREY, B. S./MEIER, S. (2002), Two Concerns about Rational Choice: Indoctrination and Imperialism, Zürich.

FRIEDMAN, M. (1953), „The Methodology of Positive Economics", ders., Essays in Positive Economics, Chicago, S. 3–43.

GROSSEKETTLER, H. (1977), „Ist die neoklassische Theorie wirklich nur l'art pour l'art?", Jahrbuch für Sozialwissenschaft 28, S. 1–34.

GROSSEKETTLER, H. (1980), „Zur wirtschaftspolitischen Relevanz neoklassischer und verhaltenstheoretischer Ansätze in der Volkswirtschaftslehre", RIPPE, W./HAARLAND, H.-P. (Hrsg.), Wirtschaftstheorie als Verhaltenstheorie, Berlin, S. 11–57.

GÜTH, W./KLIEMT, H. (2003), „Experimentelle Ökonomik: Modell-Platonismus in neuem Gewande?", HELD, M. (Hrsg)., Experimente in der Ökonomik, Marburg, S. 315–342.

HEINER, R. (1983), „The Origin of Predictable Behavior", American Economic Review 73, S. 560–595.

HICKS, J.R. (1939), „Foundations of Welfare Economics", Economic Journal 49, S. 696–712.

HICKS, J.R. (1940), „The Valuation of the Social Income", Economica 7, S. 105–124.

HOMANN, K./SUCHANEK, A. (1989), „Methodologische Überlegungen zum ökonomischen Imperialismus", Analyse und Kritik 11, S. 70–93.

KALDOR, N. (1939), „Welfare Propositions of Economists and Interpersonal Comparisons of Utility", Economic Journal 49, S. 549–552.

KIRSCH, W. (1977), Einführung in die Theorie der Entscheidungsprozesse, Bd. 1–3, Wiesbaden.

KIRZNER, J. (1984), „Die Krise aus ‚österreichischer' Sicht", BELL, D./IRVING, K. (Hrsg.), Die Krise der Wirtschaftstheorie, Berlin u.a.O., S. 140–153.

KUHN, TH. (2002), Die Struktur wissenschaftlicher Revolutionen, 19. Auflage, Frankfurt a.M.

LESCHKE, M./WESSLING, E. (1993), „Neoklassik vs. Evolutorik: Eine Analyse auf der Basis wissenschaftlicher Forschungsprogramme" Homo Oeconomicus 11, S. 255–292.

MISHAN, E.J. (1973), „Welfare Criteria: Resolution of a Paradox", Economic Journal 83, S. 7447–767.

PIES, I. (1993), Normative Institutionenökonomik, Tübingen.

PIES, I. (1998), „Ökonomischer Ansatz und Normativität: Zum wertfreien Umgang mit Werten", PIES, I./LESCHKE, M. (Hrsg.), Gary Beckers ökonomischer Individualismus, Tübingen, S. 107–135.

PIES, I./LESCHKE, M. (Hrsg./1999), Karl Poppers kritischer Rationalismus, Tübingen.

POPPER, K.R. (1984a), Die Logik der Forschung, 8. Auflage, Tübingen.

POPPER, K.R. (1984b), Objektive Erkenntnis, 4. Auflage, Hamburg.

POPPER, K.R. (1995), „Das Rationalitätsprinzip", ders., Lesebuch, Tübingen, S. 350–359.

SAMUELSON, L. (2005), „Economic Theory and Experimental Economics", Journal of Economic Literature 43, 1, S. 65–107.

SAUERMANN, H./SELTEN, R. (1962), „Anspruchsanpassungstheorie der Unternehmung", Zeitschrift für die gesamte Staatswissenschaft 118, S. 577–597.

SCHLICHT, E. (1985), Isolation and Aggregation in Economics, Berlin u.a.O.

SCHLICHT, E. (1990), „Rationality, Bounded or Not, and Institutional Analysis", Journal of Institutional and Theoretical Economics 146, S. 703–713.

SCHLICHT, E. (2003), "Der homo oeconomicus unter experimentellem Beschuss", HELD, M. (Hrsg.), Experimente in der Ökonomik, Marburg, S. 291–313.

SCHUMANN, J. (1992), Grundzüge der mikroökonomischen Theorie, 6. Auflage, Berlin u.a.O.

SCHUMPETER, J.A. (1970), Das Wesen und der Hauptinhalt der Nationalökonomie, 2. Auflage, Berlin.

SCITOVSKI, T. (1942), „A Note on Welfare Propositions in Economics", Review of Economic Studies 9, S. 89–110.

SIMON, H.A. (1957), Models of Man, London–New York.

SIMON, H.A. (1959), „Theories of Decision-Making in Economics and Behavioral Science", American Economic Review 49, S. 253–283.

SIMON, H.A. (1978), „Rationality as Process and Product of Thought", American Economic Review, Papers and Proceedings 68II, S. 1–16.

SIMON, H.A. (1981), Entscheidungsverhalten in Organisationen, Landsberg am Lech.

SIMON, H.A. (1993), Homo rationalis, Frankfurt–New York.

SOHMEN, E. (1976), Allokationstheorie und Wirtschaftspolitik, Tübingen.

STIGLER, G./BECKER, G.S. (1977), „De Gustibus Non Est Disputandum", American Economic Review 67, S. 76–90.

TIETZEL, M. (1981), „Die Rationalitätsannahme in den Wirtschaftswissenschaften oder der homo oeconomicus und seine Verwandten", Jahrbuch für Sozialwissenschaft 32, S. 115–137.

VANBERG, V. (1975), Die zwei Soziologien, Tübingen.

WEBER, M. (1988), Gesammelte Aufsätze zur Wissenschaftslehre, Tübingen.

WESSLING, E. (1991), Individuum und Information, Tübingen.

WILLIAMSON, O.E. (1993), „The Evolving Science of Organization", Journal of Institutional and Theoretical Economics 149, S. 36–63.

Literatur zum Abschnitt 2

ERLEI, M. (1998), Institutionen, Märkte und Marktphase, Tübingen, S. 147–152.

SCHOTTER, A. (1986), „The Evolution of Rules", LANGLOIS, R.N. (Hrsg.), Economics as a Process: Essays in the New Institutional Economics, Cambridge u.a.O., S. 117–133.

Literatur zum Abschnitt 3

Einen Überblick über verschiedene institutionenorientierte Ansätze bieten:

EUCKEN, W. (1947), Nationalökonomie wozu?, 2. Aufl., Godesberg.

EUCKEN, W. (1949), „Die Wettbewerbsordnung und ihre Verwirklichung", ORDO 2, S. 1–99.

EUCKEN, W. (1952), „Grundsätze der Wirtschaftspolitik", Edith, Eucken/K. Paul Hensel (Hrsg./1952), Bern-Tübingen.

EUCKEN, W. (1959), Grundlagen der Nationalökonomie, 7. Aufl., Berlin–Göttingen–Heidelberg.

FELDMANN, H. (1995), Eine institutionalistische Revolution? Zur dogmenhistorischen Bedeutung der modernen Institutionenökonomik, Berlin.

HUTCHINSON, T.W. (1984), „Institutionalist Economics Old and New", Journal of Institutional and Theoretical Economics 140, S. 20–29.

MENGER, C. (1871), Grundsätze der Volkswirtschaftslehre, Wien.

MENGER, C. (1883), Untersuchungen über die Methode der Sozialwissenschaften und der politischen Oeconomic, Leipzig.

ROSCHER, W. (1843), Grundriss zu Vorlesungen über die Staatswirtschaft nach geschichtlicher Methode, Göttingen.

VANBERG, V. (1996), „Institutional Evolution Within Constraints", Journal of Institutional and Theoretical Economics 152, S. 690–696.

Weitere Literatur:

BACKHAUS, J. (Hrsg./1993), Gustav von Schmoller und die Probleme von heute, Berlin.

BACKHAUS, J.G. (1995), „Wilhelm Roscher and the ‚Historical Method'", Journal of Economic Studies 22, S. 1–220.

BACKHAUS, J.G. (1997), Essays on Social Security and Taxation: Gustav von Schmoller and Adolph Wagner reconsidered, Marburg.

BETZ, H.K./ FRANCOVICH, D. (1996), „Veblen über Schmoller", Zeit der Institutionen – Thorstein Veblens evolutorische Ökonomik, Marburg, S. 335–361.

CHASSE, J.D. (1997), „John R. Commons and the Special Interest Issue: not really out of date", Journal of Economic Issues 31, S. 933–949.

COMMONS, J.R. (1996), „Early Institutional Economics: Additional Materials from John R. Commons", Research in the History of Economic Thought and Methodology 5, S. 63–119

COMMONS, J.R./RUTHERFORD, M./SAMUELS, W.J. (1996), John R. Commons: Selected Essays, London.

DUGGER, W.M. (1996), „Sovereignty in Transaction Cost Economics: John R. Commons and Oliver E. Williamson", Journal of Economic Issues 30, S. 427–432.

ELSNER, W. (1996), „Thorstein Veblen und Adam Smith: explizite und faktische Rückgriffe", Zeit der Institutionen – Thorstein Veblens evolutorische Ökonomik, Marburg, S. 299–333.

FEHL, U./SCHREITER, C. (1996), „Zu den kapitaltheoretischen Vorstellungen Thorstein Veblens", Zeit der Institutionen – Thorstein Veblens evolutorische Ökonomik, Marburg, S. 183–217.

FOSS, N.J. (1994), Precursors of Neo-Institutionalism: Ludwig von Mises and Friedrich von Hayek, Kopenhagen.

FOSS, N.J. (1997), Austrian Economics and the Theory of the Firm, Kopenhagen.

GEUE, H. (1996), Evolutionäre Institutionenökonomik: ein Beitrag aus der Sicht der österreichischen Schule, Stuttgart.

GROSSEKETTLER, H. (1997), Die Wirtschaftsordnung als Gestaltungsaufgabe: Entstehungsgeschichte und Entwicklungsperspektiven des Ordoliberalismus nach 50 Jahren Sozialer Marktwirtschaft, Münster–Hamburg.

GUNNING, J.P. (1997), „The Theory of Entrepreneurship in Austrian Economics", Austrian Economics in Debate, London, S. 172–191.

HÄUSER, K. (1994), „Finanzwissenschaft der zwanziger Jahre und das Ende der Historischen Schule", Deutsche Finanzwissenschaft zwischen 1918 und 1939, Berlin, S. 143–164.

HERRMANN-PILLATH, C. (1994), Zur Dogmengeschichte der evolutionären Ökonomik: Thorstein Veblens Menschenbild, Duisburg.

KAHN, J. (1974), The Political Economy of Thorstein Veblen and John Kenneth Galbraith, Stanford/Calif.

KHALIL, E.L. (1997), Friedrich Hayek's Theory of Spontaneous Order: Two Problems, Constitutional Political Economy 8, S. 301–317

KIRZNER, I.M. (1987), „Austrian School of Economics", EATWELL, J./ MILGATE, M./ NEWMAN, P. (Hrsg.), The New Palgrave – A Dictionary of Economics, Bd. 1, London, S. 145–151.

KNÖDLER, J.T. (1995), „Transaction Cost Theories of Business Enterprise from Williamson and Veblen: Convergence, Divergence, and some Evidence", Journal of Economic Issues 29, S. 385–395.

KOSLOWSKI, P. (Hrsg./1995), The Theory of Ethical Economy in the Historical School, Berlin u.a.O.

LEATHERS, C.G. (1990), „Veblen and Hayek on Instincts and Evolution", Journal of the History of Economic Thought 12, S. 162–178.

LEUBE, K.R. (1995), „Einleitung", LEUBE, KURT R. (Hrsg.), Die Österreichische Schule der Nationalökonomie, Texte – Band 1 von Meyer bis Mises, The International Library of Austrian Economics, Wien, S. 13–24.

LEUBE, K.R./ACHAM, K./WIELINGER, G. (1998), „Über Diskontinuitäten und Kontinuitäten der Österreichischen Schule der Nationalökonomie", Erkenntnisgewinne, Erkenntnisverluste, Stuttgart, S. 301–324.

LEUBE, K.R./INTERNATIONALES INSTITUT ÖSTERREICHISCHE SCHULE DER NATIONALÖKONOMIE (1995), Die Österreichische Schule der Nationalökonomie: Texte, Wien.

MARSHALL, F.R. (1993), Commons, Veblen, and other Economists: Remarks upon Receipt of the Veblen-Commons Award, Journal of Economic Issues 27 S. 301–322.

MEIJER, G. (1995), New Perspectives on Austrian Economics, London.

MYLES, J.C. (1956), German Historicism and American Economics: A Study of the Influence of the German Historical School on American Economic Thought, Princeton.

NARDINELLI, C./MEINERS, R.E. (1988), „Schmoller, the Methodenstreit, and the Development of Economic History", Journal of Institutional and Theoretical Economics 144, S. 543–551.

OAKLEY, A. (1997), The foundations of Austrian economics from Menger to Mises: a critico-historical retrospective of subjectivism, Cheltenham.

PENZ, R. (1996), „Thorstein Veblens evolutorische Methodik", Zeit der Institutionen – Thorstein Veblens evolutorische Ökonomik, Marburg, S. 51–81.

PIES, I. (1996), Der Primat des Sozialen im politischen Liberalismus – von Mises, von Hayek, Rawls und Buchanan im Vergleich, Ingolstadt.

PRIDDAT, B.P. (1997), Deutsche Nationalökonomie des 19. Jahrhunderts: Vorträge in Japan, Witten.

REUTER, N. (1994), Der Institutionalismus, Marburg.

REUTER, N. (1996), „Die Kapitalismuskritik Veblens: zur Aktualität eines unorthodoxen Ansatzes", Zeit der Institutionen – Thorstein Veblens evolutorische Ökonomik, Marburg S. 133–170.

RICHTER, R. (1996), „Bridging Old and New Institutional Economics: Gustav Schmoller, the Leader of the Younger German Historical School, Seen With Neoinstitutionalists' Eyes", Journal of Institutional and Theoretical Economics 152, S. 567–592.

RIETER, H. (1994), „Historische Schulen", ISSING, O. (Hrsg.), Geschichte der Nationalökonomie, 3. Aufl., München, S. 127–162.

RIESMAN, D. (1995), Thorstein Veblen, New Brunswick (USA).

SAMUELS, W.J. (1987), „Institutional Economics", EATWELL, J./MILGATE, M./ NEWMAN, P. (Hrsg.), The New Palgrave – A Dictionary of Economics, Bd., London, S. 864–866.

SAMUELS, W.J. (1996), „Reader's Guide to John R. Commons Legal Foundations of Capitalism", Research in the History of Economic Thought and Methodology 5, S. 1–61.

SCHEFOLD, B. (1996), „The German historical school and the belief in ethical Progress", Ethical Universals in International Business, S. 173–196.

SCHEFOLD, B./KRUSE, V./RÜCKERT, J. (1998), „Der Nachklang der historischen Schule in Deutschland zwischen dem Ende des Zweiten Weltkriegs und dem Anfang der sechziger Jahre", Erkenntnisgewinne, Erkenntnisverluste, Stuttgart, S. 31–70.

SCHELLSCHMIDT, H. (1997), Ökonomische Institutionenanalyse und Sozialpolitik: Gustav Schmoller und John R. Commons als Vertreter einer sozialreformerisch ausgerichteten Institutionenökonomie, Marburg.

SCHELLSCHMIDT, H. (1998), „Die sozialökonomische Institutionenanalyse im Werk Gustav Schmollers – Perspektive gesellschaftlicher Verständigung und institutioneller Regulierung", Ökonomie in gesellschaftlicher Verantwortung, Berlin, S. 45–59.

SCHMIDT, K.-H. (1997), „Gustav Schmoller und die Entwicklung einer sozialpolitischen Schule in Deutschland", Die Umsetzung wirtschaftspolitischer Grundkonzeptionen in die kontinentaleuropäische Praxis des 19. und 20. Jahrhunderts 1, S. 43–79.

SCHMOLLER, G. (1900,1904), Grundriss der allgemeinen Volkswirtschaftslehre, 2 Bände, München-Leipzig

SCHNEIDER, D. (1995), „Institutional Economics, Management Science and the Historical School", The theory of Ethical Economy in the Historical School, Berlin, S. 173–202.

SMITH, O.W. (1968), Thorstein Veblen's Evaluation of American Capitalism, Alabama (USA).

SNOOKS, G.D.(1993), Historical Analysis in Economics, London.

STARBATTY, J. (1994, „Ordoliberalismus, in: ISSING, O. (Hrsg.), Geschichte der Nationalökonomie, 3. Auflage, München, S. 239-254.

TILMAN, R. (1996), The Intellectual Legacy of Thorstein Veblen: Unresolved Issues, Westport/Conn.

VANBERG, V. (1998), Austrian School of Economics and the Evolution of Institutions, NEWMAN, P. (Hrsg.), The New Palgrave Dictionary of Economics and the Law, Bd. 1, London S. 134–140.

VANBERG, V. (1998), Freiburg School of Law and Economics, NEWMAN, P. (Hrsg.), The New Palgrave Dictionary of Economics and the Law, Bd. 2, London S. 172–179.

VANBERG, V.J. (1997), „Institutional Evolution through Purposeful Selection: The Constitutional Economics of John R. Commons", Constitutional Political Economy 8, S. 105–122.

WUBBEN, E.F. (1997), „Entrepreneurship, Interdependency and Institutions: The Comparative Advantages of the Austrian and Post-Keynesian Styles of Thought", Austrian Economics in Debate, London, S. 192–219.

Literatur zum Abschnitt 4

Einen Überblick – insbesondere über die Institutionen im Markt – bieten:

RICHTER, R./FURUBOTN, E. (2003), Neue Institutionenökonomik, 3. Auflage, Tübingen.

Weitere Literatur:

ALCHIAN, A.A./DEMSETZ, H. (1972), „Production, Information Costs, and Economic Organization", American Economic Review 72, S. 777–795.

ARROW, K.J. (1969), „The Organization of Economic Activity: Issues Pertinent to the Choice of Market versus Non-Market Allocation", The Analysis and Evaluation of Public Expenditures: The PBB-System, Joint Economic Committee, 91st Congress, 1st Session, Bd. 1, Washington/D.C.

ARROW, K.J./DEBREU, G. (1954), "Existence of an Equilibrium for a Competitive Economy", Econometrica 22, S. 265–290.

BECKER, G.S. (1983), „A Theory of Competition among Pressure Groups for Political Influence", The Quarterly Journal of Economics 98, S. 371–400.

BESLEY, T.J./COATE, S.T.R. (1998), „Sources of Inefficiency in a Representative Democracy: A Dynamic Analysis", The American Economic Review 88, S. 139–156.

BLACK, D./BRADY, G.L./TULLOCK, G.C. (1996), Formal Contributions to the Theory of Public Choice: the Unpublished Works of Duncan Black, Boston.

BONUS, H. (1996), „Institutionen und institutionelle Ökonomik: Anwendungen für die Umweltpolitik", Institutionelle Probleme der Umweltpolitik, Berlin, S. 26–41.

BRENNAN, G.H. (1997), „Public Choice and Taxation: Leviathan after twenty years", Tax conversations, London, S. 87–105.

BUCHANAN, J.M. (1975), The Limits of Liberty: Between Anarchy and Leviathan, Chicago.

BUCHANAN, J.M. (1996), „Foundational Concerns: A Criticism of Public Choice Theory", Current Issues in Public Choice, Cheltenham, S. 1–20.

COASE, R.H. (1937), „The Nature of the Firm", Economica 4, S. 386–405.

COASE, R.H.(1998), „The New Institutional Economics", The American Economic Review 88, S. 72–74.

DIXIT, A.K. (1997), „Economists as Advisers to Politicians and to Society", Economics & politics 9, S. 225–230.

DOWNS, A. (1957), An Economic Theory of Democracy, New York.

EGGERTSSON, T. (1997), The Old Theory of Economic Policy and the New Institutionalism, Jena.

EICHENBERGER, R. (1998), „Der Zentralisierung Zähmung: die Föderalismusdiskussion aus politisch-ökonomischer Perspektive", Öffentliches Recht als ein Gegenstand ökonomischer Forschung, Tübingen, S. 157–171.

EKELUND, R.B./TOLLISON, R.D. (1997), Economics: Private Markets and Public Choice, 5. Aufl., Reading/Mass.

FAMA, E./JENSEN, M. (1983a), „Separation of Ownership and Control", Journal of Law and Economics 26, S. 301–325.

FAMA, E./JENSEN, M. (1983b), „Agency Problems and Residual Claims", Journal of Law and Economics 26, S. 327–349.

FREY, B.S. (1997), „The Public Choice of International Organizations", Perspectives on Public Choice, Cambridge, S. 106–123.

GEUE, H. (1997), Evolutionäre Institutionenökonomik: ein Beitrag aus der Sicht der österreichischen Schule, Stuttgart.

GROSSEKETTLER, H. (1997), Die Wirtschaftsordnung als Gestaltungsaufgabe: Entstehungsgeschichte und Entwicklungsperspektiven des Ordoliberalismus nach 50 Jahren Sozialer Marktwirtschaft, Münster.

HAYEK, F.A. VON (1960), The Constitution of Liberty, London (deutsch: Die Verfassung der Freiheit, Tübingen 1971).

HAYEK, F.A. VON (1973), Law, Legislation, and Liberty, Band 1, Chicago (deutsch: Recht, Gesetzgebung und Freiheit, Band 1, Landsberg/L. 1980).

HAYEK, F.A. VON (2004), Recht, Gesetz und Freiheit, Tübingen.

HODGSON, G.M. (1998), „The Approach of Institutional Economics", The Journal of Economic Literature 36, S. 166–192.

JENSEN, M.C./MECKLING, W.H. (1967), „Theory of the Firm: Managerial Behavior, Agency Costs and Ownership Structure", Journal of Financial Economics 3, S. 305–360, abgedruckt in: PUTTERMAN, L. (Hrgs./1986), The Economic Nature of the Firm: A Reader, Cambridge.

KELM, M. (1996), Evolutionary and "New" Institutional Economics: Some Implications for Industrial Policy, Cambridge.

KIRCHNER, C. (1997), „Kartellrecht und neue Institutionenökonomik: interdisziplinäre Überlegungen", Wettbewerbspolitik im Spannungsfeld nationaler und internationaler Kartellrechtsordnungen, Baden-Baden, S. 33–49.

MUELLER, D.C. (1997), Perspectives on Public Choice: A Handbook, Cambridge.

MUSCATELLI, V.A. (1996), Economic and Political Institutions in Economic Policy, Manchester.

NISKANEN, W. (1968), „Nonmarket Decision Making: The Peculiar Economics of Bureaucracy", American Economic Review, Papers and Proceedings 57, S. 293–305.

NORTH, D.C. (1997), The Contribution of the New Institutional Economics to an Understanding of the Transition Problem, Helsinki.

OLSON, M. (1965), The Logic of Collective Action, Cambridge/MA (deutsch: Die Logik des kollektiven Handelns, Tübingen 1968, 2. Aufl. 1985).

ORCHARD, L./STRETTON, H. (1997), „Public choice", Cambridge Journal of Economics 21, S. 409–430.

PICOT, A./DIETL, H./FRANCK, E.P. (1997), Organisation: eine ökonomische Perspektive, Stuttgart.

PICOT, A./SCHLICHT, E. (1996), Firms, Markets and Contracts: Contributions to Neoinstitutional Economics, Heidelberg.

PIES, I. (1996), „Public choice versus Constitutional Economics: A Methodological Interpretation of the Buchanan Research Program", Constitutional Political Economy 7, S. 21–34.

RICHTER, R. (1996), Die neue Institutionenökonomik des Marktes, Jena.

RIESE, H. (1996), „Institutionenökonomie und Marktökonomie: Überlegungen zu einem neuerlichen Thema", Zeit der Institutionen – Thorstein Veblens evolutorische Ökonomik, Marburg, S. 409–447.

SAALBACH, K.-P. (1996), Das Konzept der Transaktionskosten in der neuen Institutionenökonomik, Marburg.

TERBERGER, E. (1997), „Die neue Institutionenökonomik als Bindeglied zwischen Volks- und Betriebswirtschaftslehre: Eine Analyse am Beispiel der Finanzierungstheorie", Homo Oeconomicus 14, S. 99–120.

WILLIAMSON, O.E. (1967), „Hierarchical Control and Optimum Firm Size", Journal of Political Economy 75, S. 123–138.

WILLIAMSON, O.E. (1996), The Mechanisms of Governance, New York.

WILLIAMSON, O.E. (1998), „The institutions of governance", The American Economic Review 88, S. 75–79.

WILLIAMSON, O.E. (1998), „Transaction Cost Economics: How it works; where it is headed", De economist 146, S. 23–58.

Literatur zum Abschnitt 5

Als grundlegende Literatur zur Theorie der Forschungsprogramme empfehlen wir:

CHALMERS, A.F. (2001), Wege der Wissenschaft, 5. Auflage, Berlin.

LAKATOS, I. (1974), „Falsifikation und die Methodologie wissenschaftlicher Forschungsprogramme", LAKATOS, I./MUSGRAVE, A. (Hrsg.), Kritik und Erkenntnisfortschritt, Braunschweig, S. 89–189.

Weitere Literatur:

BÜSCHEL, W. (1989), „Naturwissenschaften", Handlexikon zur Wissenschaftstheorie, München, S. 222–231.

HARTWIG, K.H. (1987), „Wissenschaftstheoretische Ortsbestimmung ausgewählter Ordnungskonzeptionen", Ordnungstheorie: Methodologische und institutionentheoretische Entwicklungstendenzen – Arbeitsberichte zum Systemvergleich 11. Forschungsstelle zum Vergleich wirtschaftlicher Lenkungssysteme, Marburg, S. 1–31.

KUHN, TH. (2002), Die Struktur wissenschaftlicher Revolutionen, 19. Auflage, Frankfurt a.M.

LAKATOS, I. (1974), „Die Geschichte der Wissenschaft und ihrer rationalen Rekonstruktion", Lakatos, I./Musgrave, A. (Hrsg.), Kritik und Erkenntnisfortschritt, Braunschweig, S. 271–311.

LATSIS, SP.J. (1976), Method and Appraisal in Economics, London u.a.O.

LESCHKE, M. (1993), Ökonomische Verfassungstheorie und Demokratie, Berlin.

POPPER, K.P. (2005), Die Logik der Forschung, 11. Auflage, Tübingen.

WESSLING, E. (1991), Individuum und Information, Tübingen.

Teil I

Institutionen im Markt

Institutionen stellen Systeme von Regeln oder Normen, inklusive ihrer Durchsetzungsmechanismen, dar. Das vorrangige Ziel dieses Kapitels besteht darin, eine Erklärung der ökonomischen Funktion verschiedener Institutionen, die sich innerhalb des Marktes bilden, zu liefern. Institutionen finden ihr Abbild im Allgemeinen in Organisationen. Letztere stellen das personifizierte Spiegelbild der Institutionen dar. Die Ehe etwa ist eine Institution, die Familie hingegen die entsprechende Organisation. Das eine Firma begründende Netzwerk von Verträgen bildet die Institution, die über die Firma miteinander verbundenen Individuen die Organisation. Organisationen entsprechen den durch ein gemeinsames Interesse verbundenen Personen. Der Verbund zwischen den Individuen erfolgt durch die geeignete Ausgestaltung der Institutionen (hier: der Verträge). Firmen, Kooperationen oder Kartelle sind Beispiele für Organisationen, die in diesem Abschnitt auf ihre institutionellen Grundlagen hin untersucht werden sollen.

Bei der ökonomischen Analyse dieser Institutionen werden Analyseinstrumente, Methoden und Ideen eingeführt, die sich auch in späteren Kapiteln, die sich nicht nur mit der marktlichen Seite der Institutionen befassen, wiederfinden werden. Aus diesem Grund wird auch dem vorrangig an der Untersuchung des politischen Sektors interessierten Leser empfohlen, die in diesem Kapitel vorgestellten Ansätze aufmerksam zu studieren.

Den Ausgangspunkt der im Folgenden dargestellten Theorie bildet der vom Nobelpreisträger Ronald H. Coase im Jahre 1937 veröffentlichte Aufsatz „The Nature of the Firm". Ausgehend von der damalig und auch heute noch vorherrschenden neoklassischen Theorie stellt Coase die Fragen: Was ist eine Firma?[1] Warum gibt es Firmen? Im neoklassischen Gleichgewichtsmodell besteht die Firma nur aus einer Gewinnfunktion, die es unter der Restriktion der Produktionsfunktion zu maximieren gilt. Es bleibt dabei völlig unklar, worin der Unterschied einer solchen Firma zum „einfachen Menschen" als wirtschaftlichem Akteur besteht. Es ist klar, dass es einen Unterschied geben muss. Warum sonst sollten wir zwischen dem Individuum und der Firma unterscheiden? Doch worin besteht dieser?

Ausgangspunkt der NIÖ

---

[1] Wie bereits in Kapitel 1 erläutert, verwenden wir die Begriffe „Unternehmen" und „Firma" im Gegensatz zur juristischen Interpretation synonym.

Coase hebt hervor, dass das entscheidende Charakteristikum der Firma darin besteht, dass innerhalb einer Firma *hierarchische Verhältnisse* vorherrschen und die Koordination der individuellen Handlungen über *Weisungen* erfolgt und nicht wie im Preissystem über Anpassungsreaktionen der Individuen an Änderungen der relativen Preise. Firmen gleichen Inseln der bewussten Verteilung und Ausübung von Macht in einem Ozean der ungeplanten und hierarchiefreien Koordination über den Marktprozess. Mit dieser Sichtweise verfügt man zwar über einen Anhaltspunkt zur Unterscheidung von Markt und Firma, doch bleibt die Frage: Warum gibt es solche Inseln der Macht?

Coases Antwort darauf lautet, dass es *Kosten der Nutzung des Preismechanismus* gibt, die es gegebenenfalls unwirtschaftlich erscheinen lassen, bestimmte Transaktionen über den Markt abzuwickeln. Er führt eine Reihe solcher Kosten an: (1) Es existieren Suchkosten, die anfallen, wenn man sich über die relativen Preise informiert. (2) Das Aushandeln und der Abschluss von Verträgen verursacht ebenfalls Kosten. Wird über jede einzelne Leistung ein Vertrag abgeschlossen, so kann dies zu unnötig hohen Kosten führen. Bei Existenz einer Firma muss nicht jeder Akteur, der im Produktionsprozess mit anderen kooperiert, mit jedem dieser anderen einen Kontrakt abschließen. Es reicht aus, wenn dies über die Firma als Knotenpunkt der Verträge erfolgt und damit die Anzahl der Verträge erheblich reduziert wird. (3) Werden wiederholt bestimmte Transaktionen durchgeführt, so kann man durch Abschluss eines langfristigen Vertrags Verhandlungskosten einsparen. Hier ist zu berücksichtigen, dass langfristige Verträge aufgrund der Zukunftsunsicherheit nicht im Detail abgeschlossen werden können, sondern dass ein gewisser Spielraum bezüglich der zu erbringenden Leistung verbleiben muss. So mag es einem Anbieter von Arbeit relativ gleichgültig sein, welche konkrete Tätigkeit er innerhalb eines Betriebs erfüllen muss, während es für den Unternehmer von entscheidender Bedeutung ist, dass er den Einsatz der Arbeitskraft flexibel anpassen kann. In diesem Fall wird sich der Arbeitnehmer dazu bereit erklären, sich *in bestimmten Grenzen* der Weisungsbefugnis durch den Unternehmer zu unterwerfen.

Hieran anschließend stellt sich die Frage, warum überhaupt noch Transaktionen über den Markt erfolgen? Coases Antwort darauf lautet, dass es abnehmende Skalenerträge in der Erfüllung der Unternehmerfunktion gibt. Sie bewirken, dass die Grenzkosten der Abwicklung von Transaktionen mit zunehmendem Transaktionsvolumen ansteigen. Diese können zum Beispiel darin bestehen, dass es dem Unternehmer bei wachsender Firmengröße immer weniger gut gelingt, die Faktoren in die optimale Verwendung zu lenken. Mit stetig ansteigenden Grenzkosten der Nutzung des Hierarchiemechanismus muss es irgendwo ein Optimum geben, in dem die Grenzkosten der Nutzung des Preismechanismus' gleich denen der Organisationsbenutzung sind. Die optimale Unternehmensgröße ist in diesem Punkt erreicht.

Diese grundlegenden Überlegungen wurden über mehrere Jahre hinweg nur spärlich aufgenommen. Erst in den sechziger und vor allem den siebziger Jahren des zwanzigsten Jahrhunderts wurde das Coasesche Konzept systematisch weiterentwickelt. Es begann die eigentliche Blütezeit der Neuen Institutionenökonomik, wie sie im Folgenden besprochen werden soll.

Die auf Coase aufbauenden Ansätze lassen sich grob in zwei Gruppen einteilen. Im sogenannten *Messkostenansatz* und der *Prinzipal-Agent-Theorie* bestehen die wesentlichen Kosten der Nutzung von Märkten bzw. Organisationen aus Kosten der Quantifizierung wirtschaftlicher Inputs und/oder Outputs. Demgegenüber stehen sogenannte *spezifische Investitionen*, das sind Investitionen, die nur im Rahmen der intendierten wirtschaftlichen Beziehung ihren vollen Wert erzielen können, im Zentrum des *Governancekostenansatzes*. Im Rahmen dieses Kapitels werden beide Ansätze ausführlich dargestellt. Es wird deutlich werden, dass die behandelten Probleme sich nicht nur auf die Frage der Grenzen der Firma beschränken, sondern zum Teil deutlich über die Problematik von Coase hinausgehen und die Funktion weiterer Institutionen erfassen. Im Anschluss an die Behandlung der beiden „großen" Richtungen werden noch einige weitere Aspekte der institutionellen Gestaltung von Transaktionen diskutiert.

Kapitel 2

Transaktionskosten I:
Messkosten, Prinzipal und Agent

Ein zentrales Element im oben beschriebenen Problemaufriss von Coase besteht in der Einführung von Kosten bezüglich der Benutzung des Preissystems und der Benutzung des Koordinationsmechanismus „interne Organisation". Im Messkostenansatz bestehen diese Kosten vorrangig aus den Kosten der *Messung* wirtschaftlicher Aktivitäten, also der Inputs und/oder Outputs ökonomischer Transaktionen.

Die im Folgenden zu diskutierende Literatur über Messkosten (im weitesten Sinn) umfasst ein breites Spektrum von Ansätzen. Darin treten Messkosten aufgrund von Teamproduktionsprozessen, aufgrund der Vertretung der Interessen eines Prinzipals durch seinen Agenten und aufgrund von kumulativ durchgeführten Messaktivitäten statt. Einen besonders großen Umfang macht dabei die Literatur zum Risikoverteilungs-Anreizintensitäts-Problem aus.

Die wichtigsten der in diesem Zusammenhang formulierten Ansätze unterscheiden sich nicht nur durch methodische Differenzen im Sinn einer verbalen, semiformalen oder vollständig formalen Analyse, sondern auch durch mitunter stark divergierende Untersuchungsobjekte und -ziele. Trotz dieser gravierenden Abweichungen können die verschiedenen im Folgenden vorgestellten Theorien dennoch als komplementär zueinander angesehen werden.

Im ersten Unterabschnitt wird die breit angelegte verbale und semiformale Theorie zur Erklärung der Verfügungsrechtsstruktur dargestellt. Hier werden vor allem die Beiträge von Alchian/Demsetz (1972), Jensen/Meckling (1976), Fama/Jensen (1983a, 1983b) sowie Barzel (1982) im Detail erörtert. Hieran anschließend wird die formale Prinzipal-Agent-Theorie erläutert, die – aufbauend auf der Annahme asymmetrischer Informationen – eine Erklärung der Verteilung von Risiken und Verfügungsrechten sowie der optimalen Anreizintensität anstrebt.

1. Teamproduktion, Messkosten und die Eindämmung des Agenturproblems

1.1. Teamproduktion

Das primäre Ziel des bahnbrechenden Beitrags von Alchian/Demsetz (1972) besteht darin, das Wesen einer Firma als Knotenpunkt eines Netzwerks von Verträgen zu erklären. Ein solches Netzwerk mit bestimmten, im Folgenden noch zu erläuternden Eigenschaften ökonomisiert insbesondere über die Kosten der Messung wirtschaftlicher Aktivitäten und ermöglicht damit eine allgemein höhere Produktivität. Der Kerngedanke lautet: Die Kombination aus Messkosten und Teamproduktion lässt es besonders sinnvoll erscheinen, dass sich einer der wirtschaftlichen Akteure, der Unternehmer, darauf spezialisiert, den Input und Output der restlichen Mitglieder des Produktionsteams zu überwachen.

Definition Teamproduktion liegt dann vor, wenn die folgenden drei Bedingungen erfüllt sind: (1) Es werden mehrere Arten von Produktionsfaktoren innerhalb des Produktionsprozesses eingesetzt. (2) Die Leistungen der eingesetzten Faktoren können nicht als Summe separierbarer Outputs gemessen werden. Die Ursache dafür besteht darin, dass die Grenzproduktivität des Einsatzes eines Faktors von der eingesetzten Menge eines anderen Faktors abhängt. Bezeichnet man x als den Output, e_i als den Input eines Faktors und e_j als den Input eines anderen Faktors, so gilt:

$$\frac{\partial^2 x}{\partial e_i \partial e_j} \neq 0.$$

Der Einsatz einer solchen Teamproduktion ist dann sinnvoll, wenn damit ein höherer Output erzielt werden kann als in einem Produktionsvorgang, in dem die einzelnen Outputs voneinander getrennt erstellt werden, das heißt wenn

$$x\left(e_i, e_j\right) > x'\left(e_i\right) + x''\left(e_j\right).$$

(3) Schließlich ist es eine notwendige Voraussetzung für eine Teamproduktion, dass nicht alle eingesetzten Faktoren demselben Akteur gehören. Das heißt es müssen mindestens zwei Individuen beteiligt sein. Wäre dies nicht der Fall, so würde der Faktoreigentümer seine Faktoren selbstverständlich effizient einzusetzen versuchen.

Das „Drücke-bergerproblem" Teamproduktion an sich stellt jedoch noch kein besonderes Problem dar. Wären die Einsätze kostenlos messbar, so würden alle Teammitglieder die Faktoreinsätze ihrer Teamkollegen erfassen, und man könnte sich problemlos auf ein Faktorentlohnungssystem einigen, das Effizienz gewährleistet. Ist jedoch der Faktoreinsatz nur unter Verbrauch von Ressourcen zu messen, so entstehen für alle Teammitglieder Kosten in der Überwachung der jeweils anderen. Im ökonomisch interessanten Fall wird keine perfekte Kontrolle ausgeübt, das heißt die Beobachtungsaktivitäten geben nur Indikatoren für den tatsächlichen Faktoreinsatz, nicht jedoch eine exakte Messung wieder. Die unvollkommene Kontrolle durch das Team gibt jedem einzelnen Akteur einen Anreiz, sich auf Kosten der anderen vor der Arbeit zu drücken bzw. das eigene Engagement zu drosseln („Shirking"). Das Optimierungskalkül wird die Grenzkosten der eventuellen Entdeckung dem Grenznutzen des angenehmeren Arbeitens entsprechen lassen. Dies lohnt sich für jeden einzelnen Akteur, da ein Teil der Kosten seines Müßiggangs durch die restlichen Teammitglieder getragen wird, deren (Grenz-) Produktivität über diesen externen Effekt sinkt. Auf diese Weise entsteht ein *kollektiver Selbstschädigungsprozess*. Im Prinzip zögen alle Teammitglieder den Zustand eines optimalen Faktoreinsatzes dem sich ergebenden Gleichgewicht vor. Der höhere Gewinn/Nutzen im besten aller möglichen Zustände resultiert aus dem höheren Faktoreinsatz *der anderen*. Da der Ertrag daraus höher wäre als die Kosten eines eigenen hohen Einsatzes, bevorzugen alle einen umfassenden Verzicht auf Drückebergerverhalten. Dennoch kommt dieser nicht zustande, da alle einen individuellen Anreiz haben, *einseitig* abzuweichen.

Für ein Zwei-Personen-Team mit nur zwei möglichen (aber nicht messbaren) Faktoreinsätzen lässt sich das Anreizproblem vereinfacht als Gefangenendilemma darstellen:

		Teammitglied 2	
		hoher Einsatz	Drückeberger
Teammitglied 1	hoher Einsatz	2 __2__	__3__ 0
	Drückeberger	0 __3__	__1__ __1__

Tabelle 2.1

Die in der Matrix jeweils links-unten (rechts-oben) eingetragenen Werte symbolisieren den Nutzen des ersten (zweiten) Teammitglieds. Verwirklichen beide Akteure einen hohen Einsatz, so erzielen sie einen Nutzen/Gewinn von jeweils 2, der gesamte Teamgewinn beträgt 4. Schauen wir uns nun die Anreize beider Spieler an: Arbeitet Akteur 2 mit hohem Einsatz, lohnt es sich für Individuum 1, sein Engagement einzuschränken. Sein individueller Gewinn steigt dadurch auf 3. Zwar sinkt der Gesamtgewinn des Teams damit auch auf 3, doch wird der erste Akteur durch den angenehmeren Alltag/geringeren Faktoreinsatz überkompensiert. Sein Gewinn steigt damit auf 3. Demgegenüber verliert Teammitglied 2 seinen vollständigen Gewinn, da er nur noch seinen Anteil am nun geringeren Output bei konstant hohem Faktoreinsatz erhält. Auch für den Fall, dass sich Akteur 2 als Drückeberger erweist, zieht Akteur 1 selbst ein solches Trittbrettfahrerverhalten vor (1 > 0). Völlig analog lässt sich für Teammitglied 2 zeigen, dass auch er stets den geringeren Faktoreinsatz vorzieht. Damit ist es für beide optimal, das Drückebergerverhalten zu verwirklichen. Für die Strategiekombination (Drückeberger, Drückeberger) gilt, dass das Verhalten des ersten (zweiten) Akteurs optimal ist, gegeben das Verhalten des zweiten (ersten) Spielers. Es liegen also wechselseitig optimale Strategien vor. In der Sprache der Spieltheorie bezeichnet man die Kombination wechselseitig optimaler Strategien als *Nash-Gleichgewicht*. Dennoch lässt sich aus Tabelle 2.1 ablesen, dass beide die Kombination (hoher Einsatz, hoher Einsatz) bevorzugen würden. Die Existenz der Messkosten verhindert jedoch die Umsetzung dieses allseits bevorzugten Szenarios, da ein einseitiges Abweichen nicht mit hinreichend hoher Wahrscheinlichkeit erfasst und bestraft wird.

Der Lösungsweg

Alchian und Demsetz bieten jedoch einen Lösungsweg zur Aufhebung des Drückeberger-Problems an: So kann sich *ein* Akteur darauf spezialisieren, die Aktionen der Teammitglieder zu überwachen. Ein Müßiggänger wird dann gegebenenfalls entlassen oder muss empfindliche Einkommenseinbußen hinnehmen, so dass ein hoher Faktoreinsatz *individuell optimal* wird. Solange die Kosten für den Einsatz des Überwachers den erzielbaren Effizienzgewinn nicht übersteigen, kann somit der Gewinn für alle beteiligten Parteien erhöht werden. Gehen wir zurück auf das Matrixbeispiel in Tabelle 2.1, und nehmen wir an, dass die Opportunitätskosten des Einsatzes des Überwachers kleiner als 2 sind, so können beide Teammitglieder einen höheren *individuellen* Gewinn erzielen.

Nun ergibt sich ein weiteres Problem: *Wer überwacht den Überwacher?* Auch für ihn ist die Überwachungstätigkeit mit einem Ressourcenverzehr verbunden, den er gegebenenfalls durch Drückebergerei verringern kann. Dieses Problem lässt sich auf eine einfache und überzeugende Weise lösen: Man entschädigt den Überwacher für seine Tätigkeit, indem man ihm das Verfügungsrecht über die Nettogewinne der Teamproduktion, das sogenannte *Residualeinkommen*, überträgt! Er wird damit zum *Residualeinkommensbezieher* (residual claimant), zum Unternehmer. In diesem Fall hat er keinen Anreiz, seinen Faktoreinsatz ineffizient einzuschränken, da jede Art von Drückebergerei unmittelbar auf sein eigenes Einkommen und nur auf sein eigenes Einkommen zurückfällt.

Zur besseren Überwachung des Teams mit entsprechenden Sanktionsmöglichkeiten ist es wichtig, dass der Überwacher die Verträge mit einzelnen Teammitgliedern unabhängig von den anderen Verträgen ändern kann. Wird zum Beispiel ein Müßiggänger entlassen, so sollten nicht gleichzeitig alle anderen Verträge neu verfasst werden müssen. Aus diesem Grund sollte der Überwacher zugleich auch einen Knotenpunkt aller Verträge bezüglich des Teams bilden, das heißt alle Teammitglieder schließen nur einen Vertrag mit dem Überwacher, nicht jedoch mit den anderen Teammitgliedern ab.

Da auch der Überwacher über die Möglichkeit verfügen muss, das Team verlassen zu können, ohne es damit gleichzeitig aufzulösen, muss er über die *Übertragungsrechte* an seiner Position verfügen, so dass er seine Residualeinkommensrechte und die damit verbundenen vertraglichen Verpflichtungen an andere Wirtschaftssubjekte verkaufen kann.

Durch den Abschluss der Verträge mit allen Teammitgliedern übernimmt der Überwacher auch in hohem Umfang Verpflichtungen. Wie kann er jedoch glaubhaft signalisieren, dass er auch dazu in der Lage ist, diese Verpflichtungen einzuhalten? Neben der Möglichkeit, die Teammitglieder schon im Vorhinein zu entlohnen, die mit ihren eigenen Problemen behaftet ist, kann er alternativ dazu einen hinreichend großen Betrag seines Vermögens glaubhaft an die Firma binden. Dies kann etwa dadurch erfolgen, dass er Eigentümer des Sachkapitals der Firma ist und mit diesem Sachkapital für die eventuellen Verluste haftet. Diese Lösung weist noch einen weiteren Vorteil auf: Hängt der Wert des Sachkapitals auch von der Sorgfalt in der Nutzung ab, so wird diese ebenfalls am besten durch seine eigenmotivierte Überwachung gewährleistet.

Die Firma in der Theorie Alchians und Demsetz' ist dementsprechend ihrem Wesen nach ein Netzwerk von Verträgen. Die einzelnen Verträge in diesem Vertragsnetz laufen alle beim Überwacher-Unternehmer zusammen. Der auf diese Art definierte Unternehmer ist zugleich auch Eigentümer des in die Firma eingebrachten Sachkapitals oder zumindest eines Teils davon. Des Weiteren sollte er im Allgemeinen über die Residualeinkommensrechte sowie das Übertragungsrecht an seiner Position verfügen. Alchian und Demsetz legen großen Wert auf die Feststellung, dass in ihrem Ansatz kein Platz für eine wie auch immer geartete „Macht" oder „autoritäre Kontrolle" des Unternehmers – wie sie etwa bei Coase zum Ausdruck kommt – ist:

> „Worin besteht der Unterschied zwischen der Beziehung eines Lebensmittelhändlers mit seinem Angestellten und der des Händlers mit seinen Kunden? In der *teammäßigen* Verbindung der Inputs und in der zentralen Position einer Partei im vertraglichen Geflecht aller anderen Faktoren. Es ist der *zentral die Verträge abschließende Agent in einem Teamproduktionsprozess* – nicht eine übergeordnete autoritäre Anweisung oder eine disziplinierende Macht." (Alchian/Demsetz, 1972, S. 778; HiO.)

Dieses Zitat zeigt einen deutlichen Unterschied zu Coase und Williamson.[1] Wie wir weiter unten sehen, ist zumindest Alchian von dieser extremen Position später deutlich abgerückt und räumt ein, dass die hier noch in Bausch und Bogen verworfenen Aspekte durchaus wesentliche Eigenschaften von Unternehmen bilden.[2]

1.2. Agenturkosten, Kapitalstruktur und Verfügungsrechte

„Wenn man eine Aufgabe gewissenhaft erfüllt haben will, dann sollte man sie selbst erledigen."[3] Schon allein mit diesem Satz wird das Grundproblem der Agenturproblematik in seinen wichtigsten Zügen erfasst. Unglücklicherweise sind jedoch allen wirtschaftlichen Akteuren Restriktionen hinsichtlich der eigenen Handlungsmöglichkeiten vorgegeben, die die Umsetzung dieser Empfehlung oftmals verhindern. Erstens fehlt im Allgemeinen die Zeit, um alle im Rahmen einer unternehmerischen Aktivität anfallenden Aufgaben selbst anzugehen. Zweitens fehlen oftmals finanzielle Ressourcen sowie technisches und/oder organisatorisches Know-how.

Prinzipal-Agent-Beziehungen

Unter Berücksichtigung solcher Restriktionen bleibt einzelnen, im Folgenden als Prinzipale bezeichneten wirtschaftlichen Akteuren gar nichts anderes übrig als bestimmte Aufgaben an andere Wirtschaftssubjekte, die jeweiligen Agenten, zu delegieren. Warum sollte jedoch eine solche Aufgabenübertragung zusätzliche Kosten verursachen? Dies liegt vorrangig daran, dass die Interessen von Prinzipal und Agent üblicherweise nicht vollständig deckungsgleich sind. Unterstellt man, dass beide Nutzenmaximierer sind, so entspricht das Verhalten der Agenten im Allgemeinen nicht exakt demjenigen, das die Prinzipale an ihrer Stelle zeigen würden. So kann man im Allgemeinen davon ausgehen, dass Eigentümer ihr Unternehmen mit größerer Sorgfalt und Effizienz leiten werden als angestellte Manager. Diese Überlegung findet sich schon bei Adam Smith: „Man kann von den Direktoren von Kapitalgesellschaften, die in erster Linie das Geld anderer Menschen verwalten, nicht wirklich erwarten, dass sie darüber mit solch aufmerksamer Sorgfalt verfügen wie die Partner einer kleinen Personengesellschaft es häufig tun."[4] Andere Formen des Prinzipal-Agent-Problems finden sich in den in Tabelle 2.2 zusammengefassten Beziehungen:

---

[1] Vgl. Kapitel 2.2.2.
[2] Vgl. Kapitel 2.2.2.6.
[3] Mit diesem Satz beginnt der Überblicksaufsatz zur Prinzipal-Agent-Theorie von SAPPINGTON (1991).
[4] Eigene Übersetzung von SMITH (1776), S. 700.

Prinzipal	Agent	Aufgabe	Tabelle 2.2
Vorgesetzter	untergeordneter Arbeitnehmer	engagierte Befolgung der Anordnung	
Kreditgeber	Aktionäre bzw. Management	umsichtige Verwendung der finanziellen Mittel	
Vermieter	Mieter	werterhaltende Instandhaltung des Hauses	
Wähler	Politiker	effiziente Bereitstellung öffentlicher Güter	
Politiker	Bürokrat	effiziente verwaltungstechnische Umsetzung der politischen Entscheidungen	

Auch die Teamproduktion lässt sich als Agenturproblem verstehen, in dem die Mitglieder des Teams zugleich Prinzipale und Agenten darstellen. Jedes Mitglied ist Agent bezüglich der von ihm erbrachten Leistungen und Prinzipal in Hinsicht auf die Leistungen der anderen Mitglieder. Teamproduktion bildet mithin einen Sonderfall des Prinzipal-Agent-Problems.

Die Nichtübereinstimmung der Interessen von Prinzipal und Agent führen zu ineffizienten Aktionen durch den Agenten. Um die Missbrauchsmöglichkeiten durch den Agenten zu beschränken, erweist es sich häufig als sinnvoll, Überwachungs- und Kontrollmaßnahmen durchzuführen. Des Weiteren ist es häufig im Interesse aller an den Transaktionen Beteiligten, Aktionen umzusetzen, die eine glaubhafte Bindung des eigenen Verhaltens nach sich ziehen.

Damit lassen sich zumindest drei Arten von Kosten ausmachen, die aus dem Agenturproblem resultieren:

Agenturkosten

(1) Ausgaben für die *Überwachung und Kontrolle* der Agenten,

(2) Ausgaben, die eine glaubhafte *Bindung* des Verhaltens des Agenten erzeugen und

(3) der *residuale Verlust*, der daraus resultiert, dass der Agent Verhaltensweisen zeigt, die für ihn einen geringeren Wert aufweisen als sie Kosten beim Prinzipal verursachen. Prinzipiell *würde* der Prinzipal den Agenten gern für eine andere Verhaltensweise kompensieren, doch ist es ihm aufgrund der unzureichenden Überprüfbarkeit einer solchen Einigung nicht wirklich möglich. Auch wenn der Prinzipal dem Agenten eine Kompensationszahlung leistet, kann er dessen anschließendes Verhalten nicht hinreichend genau beobachten, so dass die gleichen Verhaltensfreiräume bestehen bleiben, die der Agent zu seinem (relativ

geringen) Vorteil und zu (den relativ hohen) Lasten des Prinzipals nutzen wird.

Im Folgenden werden die soeben skizzierten Agenturprobleme etwas ausführlicher besprochen. Zunächst (Abschnitt 1.2.1.) wird der „klassische" Ansatz der Prinzipal-Agent-Theorie von Jensen/Meckling (1976) vorgestellt, in dem vorrangig die Bedeutung der Kapitalstruktur zur Eindämmung des Agenturproblems eines Unternehmens erklärt wird. Anschließend (Abschnitt 1.2.2.) wird der allgemeine Zusammenhang zwischen der (internen) Organisationsform, der Verteilung der Residualeinkommensrechte und den Agenturkosten erarbeitet. Die Ausführungen in diesem Abschnitt orientieren sich schwerpunktmäßig an Fama/Jensen (1983a und 1983b).

1.2.1. Finanzierung, Agenturkosten und die optimale Kapitalstruktur

Die Trennung von Eigentum und Management, wie sie insbesondere in den großen Kapitalgesellschaften vorzufinden ist, stellt eines der meistdiskutierten Agenturprobleme dar. In ihrem bahnbrechenden Beitrag aus dem Jahr 1976 argumentieren Jensen und Meckling, dass die Kapitalstruktur[5] eines Unternehmens mit verschiedenen Agenturkosten verbunden ist. Diese sind Agenturkosten (a) zwischen Eigenkapitalgebern und Management, die im Folgenden als Agenturkosten des externen Eigenkapitals bezeichnet werden, und (b) solche zwischen Eigenkapitalgebern/Management und Kreditgebern, die Agenturkosten des Kredits. Die Hauptaussage von Jensens und Mecklings Beitrag lautet: Die optimale und in der Praxis vorzufindende Kapitalstruktur einer Firma ist diejenige, welche die gesamten Agenturkosten der Finanzierung minimiert.

Im Folgenden werden zunächst die Agenturkosten des externen Eigenkapitals und anschließend die Agenturkosten des Kredits dargestellt. Um die wesentlichen Aspekte der Agenturkosten des externen Eigenkapitals besser hervorzuheben, werden dazu die folgenden Annahmen getroffen:

(1) Es existieren keine Steuern; (2) es gibt nicht die Möglichkeit eines Handelskredits; (3) externes Eigenkapital ist nicht stimmberechtigt; (4) es existieren keine komplexen Kreditformen wie Optionsanleihen oder Vorzugsaktien; (5) externe Eigentümer sind nur an den sie betreffenden Zahlungsströmen interessiert; (6) alle dynamischen Effekte bei einem Mehrperiodenhorizont werden vernachlässigt; (7) der Lohn des Managers wird exogen vorgegeben; (8) es gibt einen einzigen Spitzenmanager, der als Eigentümer ein Interesse an der Firma aufweist.

---

[5] Hierunter werden die relativen Anteile von internem Eigenkapital, das das Management besitzt, externem Eigenkapital, das nicht vom Management gehalten wird, und Fremdkapital (in seinen verschiedenen Formen) verstanden.

(a) Firmenwert und nichtmonetäre Aspekte der unternehmerischen Tätigkeit bei vollständiger Finanzierung durch den Eigentümer-Manager

Als Referenzpunkt für die folgenden Überlegungen wird zunächst das Basismodell für die Firma eingeführt, in der der alleinige Eigentümer zugleich auch alleiniger Manager ist. Dabei werden zunächst weitere Annahmen getroffen, die im Folgenden jedoch wieder aufgehoben werden: (1) Die Firmengröße ist vorgegeben; (2) weder Überwachungs- und Kontrollmaßnahmen noch Ausgaben für eine glaubhafte Bindung des Verhaltens des Managers an ein Versprechen sind möglich.

Es sei $E = \{e_1, e_2, e_3, ..., e_n\}$ ein Vektor von Faktoreinsätzen in der Firma. Dieser beeinflusse neben den reinen Auswirkungen auf den Firmengewinn auch den Nutzen des alleinigen Eigentümer-Managers. So können etwa luxuriöse Dienstwagen, eine besonders großzügige Büroausstattung oder auch ein besonders freundschaftliches Klima des Topmanagers mit seinen Angestellten sein Leben auf Kosten des Firmengewinns wesentlich angenehmer werden lassen. Der Faktoreinsatz verursache einen Gegenwartswert der Kosten in Höhe von KG(E). Der entsprechende Gegenwartswert der Umsätze, der aus diesen Faktoreinsätzen resultiert, betrage UG(E). Der Firmenwert als Summe der abdiskontierten Periodengewinne beträgt dann $\pi(E) = UG(E) - KG(E)$. Das Maximum des Firmenwertes $(\overline{\pi})$ ist definiert durch E*, für das gilt:

Exogene Firmengröße

$$\frac{d\pi(E^*)}{dE} = \frac{dUG(E^*)}{dE} - \frac{dKG(E^*)}{dE} = 0.$$

Der alleinige Eigentümer-Manager kann jedoch auch einen persönlichen Nutzen aus einem höheren Faktorverzehr ziehen, der ihm ein angenehmeres Leben beschert. Je mehr Ausgaben er für solche Faktoreinsätze tätigt, desto höher fallen seine immateriellen Erträge aus der Firma aus. Da derartige Faktoreinsätze häufig auch produktive Effekte aufweisen, sinkt der Gewinn jedoch nicht unbedingt in gleicher Höhe wie die Faktorleistungen ansteigen. Allgemein beträgt die Einbuße hinsichtlich der abdiskontierten Gewinne für einen über E* hinausgehenden Faktoreinsatz $L = \pi(E^*) - \pi(E)$ mit $E > E^*$. Unterstellt man eine Nutzenfunktion des Eigentümer-Managers $U(\pi,L)$, in die die Größen π und L (als Variable für den Luxus aus einem schöneren Arbeitsleben) eingehen, und nimmt man an, dass die entsprechenden Indifferenzkurven einen konvexen Verlauf aufweisen, so lässt sich das Verhalten des Managers graphisch wie in Abbildung 2.1 darstellen.

Abbildung 2.1

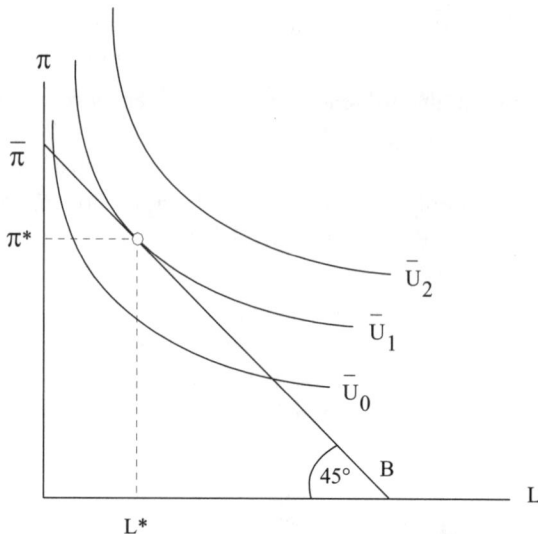

Die Gerade B, die definitionsgemäß eine Steigung von −1 aufweist, gibt seine Budgetrestriktion wieder. Der Unternehmer kann maximal einen Firmengewinn von $\bar{\pi}$ erwirtschaften. In diesem Fall betragen die Verluste aus seinem diskretionären Verhaltensspielraum Null. Durch vermehrten Faktoreinsatz, der seinen Firmenwert verringert, kann er sich ein besseres Leben ermöglichen. Hinter jeder Einheit L steht somit ein Zugewinn an Qualität des Arbeitslebens. Sein Nutzenmaximum erreicht er im Punkt (π^*, L^*), in dem seine Indifferenzkurve die Budgetrestriktion gerade noch tangiert. Man beachte, dass in diesem Punkt keinerlei Ineffizienzen vorliegen. Es existiert keine π-L-Kombination, die der von ihm gewählten überlegen ist.

Endogene Firmengröße

Lässt man nun die Annahme fallen, dass die Größe der Firma exogen vorgegeben sei, so lässt sich wie folgt argumentieren: Unterstellt man etwa, dass die Firma auf ihrem Absatzmarkt über ein Monopol – oder zumindest einen Preissetzungsspielraum – verfügt, so wird zunächst eine Expansion zu höheren Gewinnen und damit zu einem höheren maximal erreichbaren Firmenwert führen. Ab dem Gewinnmaximum führen weitere Ausdehnungen der Firmengröße zu Gewinneinbußen. In Abbildung 2.2 führt eine höhere Produktion zunächst – bis zum Monopolgewinnmaximum – zu einer Verschiebung des π-Achsenabschnitts der Budgetrestriktion nach oben. Anschließend sinkt der Schnittpunkt der Budgetrestriktion mit der π-Achse wieder ab.

Die in Abbildung 2.2 eingezeichneten Tangentialpunkte der Indifferenzlinien mit den verschiedenen Budgetrestriktionen bilden den Expansionspfad des Eigentümer-Managers.

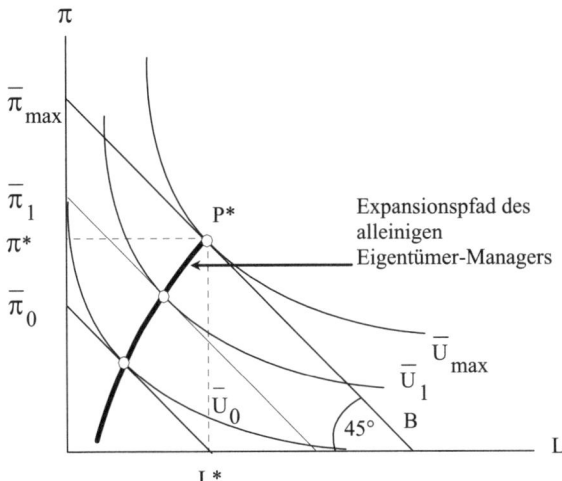

Abbildung 2.2

Sein Nutzenmaximum in P* erreicht er, wenn er die Aktivitäten der Firma so weit ausdehnt, dass sie der Monopolabsatzmenge entsprechen. Wächst die Firma über dieses Maß hinaus, so bewegt sich der Eigentümer-Manager entlang des Expansionspfades in umgekehrter Richtung, also in Richtung des Nullpunktes. Da er P* jedoch allen anderen Punkten auf dem Expansionspfad vorzieht, wird er ein weiteres Wachstum verhindern. Es sei auch hier betont, dass im Punkt P* überhaupt keine Agenturkosten anfallen und eine optimale Lösung im Sinn des Eigentümer-Managers realisiert wird. Diese „Heile-Welt-Eigenschaft" entfällt erst, wenn das Vermögen des Eigentümer-Managers nicht mehr ausreicht, um die zur Realisation des Punkts P* erforderliche Finanzierung allein durchzuführen.

(b) Agenturkosten bei teilweiser Finanzierung durch nicht stimmberechtigtes Eigenkapital

Ist der Manager nicht mehr dazu in der Lage, alle notwendigen Investitionen selbst zu finanzieren, so kann er im Folgenden auf externes Eigenkapital zurückgreifen, das heißt, es ist ihm möglich, Investoren zu finden, die sich an seinem Unternehmen ohne jede Stimmberechtigung beteiligen. Gehen wir zunächst vom einfacheren Fall einer gegebenen Firmengröße aus. Unterstellt man, dass das externe Eigenkapital einen Anteil von $0 < 1 - \alpha < 1$ an der Firma hält, so verändert sich die Steigung der Budgetrestriktion des Eigentümer-Managers. Von der Erhöhung des Firmenwerts um eine Einheit erhält der Manager nur noch α Geldeinheiten. Dies beeinflusst sein Maximierungsverhalten und damit indirekt den Firmenwert. Die Budgetrestriktion weist nur noch eine Steigung von $-\alpha$ auf. Dies veranlasst den Manager, L zu Lasten von π zu erhöhen (siehe Abbildung 2.3).

Exogene Firmengröße

Abbildung 2.3

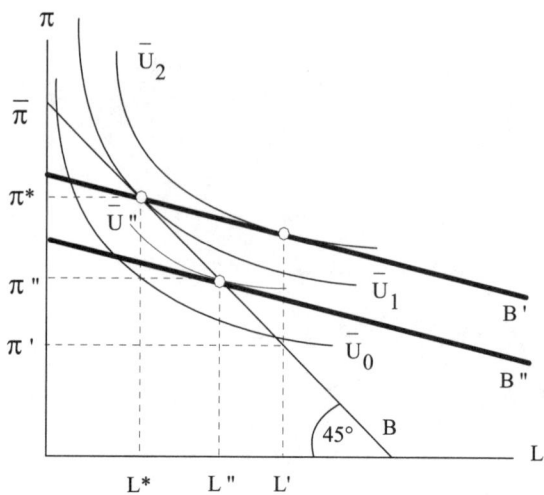

Nehmen wir etwa an, der Manager verspreche den Investoren, L nicht über L* hinaus auszudehnen. Glaubten ihm die (naiven) Investoren, so schätzen sie den Wert ihrer Anteile an der Firma auf $(1-\alpha)\pi^*$ ein. Kaufen sie dem Eigentümer-Manager die entsprechenden Anteile auf einem perfekt wettbewerblichen Markt zu diesem Preis ab, so würden sie Vermögensverluste hinnehmen müssen: Die nun gültige Budgetrestriktion B' des Managers weist nur noch eine Steigung von $-\alpha$ auf und verläuft durch den Punkt (π^*, L^*), da der Manager bei Realisierung von L* einen Vermögenswert von π^* realisieren kann. Für den Verkauf seiner Anteile bekommt er $(1-\alpha)\pi^*$ und sein Gewinnanteil beträgt $\alpha\pi^*$. Dennoch ist dieser Punkt aus Sicht des Managers nicht mehr optimal. Ausgehend von der Annahme, dass die Investoren sein Verhalten überhaupt nicht kontrollieren können, kann er nun eine Einheit L gegen α Einheiten seines persönlichen Firmenwertes eintauschen. Er wird L' realisieren, so dass sein Nutzen entsprechend der neuen Budgetrestriktion maximiert wird. Durch diese Verhaltensänderung sinkt jedoch der Firmenwert auf π' und die Investoren werden nur geringere als die naiv erwarteten Gewinnausschüttungen erhalten. Es wird deutlich, dass die Investoren einen zu hohen Preis für die Anteile bezahlt haben.

Geht man jedoch davon aus, dass die Investoren nicht derart unbedarft kalkulieren, sondern dass sie den Anreizeffekt sehr wohl wahrnehmen, dann wird deutlich, dass sie für einen Anteil von $(1-\alpha)$ an den zukünftigen Gewinnen nicht bereit sind, den Betrag $(1-\alpha)\pi^*$ zu zahlen. Tatsächlich werden die Anleger nicht mehr als $(1-\alpha)$ mal dem von den Investoren *korrekt* erwarteten und im Folgenden noch zu erläuternden Firmenwert π'', in dem die Verhaltensanpassung des Managements an die neuen Eigentumsverhältnisse bereits berücksichtigt ist, zahlen. In Abbildung 2.3 wird dieses Gleichgewicht durch den Punkt (π'',L'') auf der ursprünglichen Budgetgerade B gekennzeichnet, in dem die Steigung der Indifferenzkurven des Managers dem Wert α entspricht. Hier maximiert der Manager den Nutzen bezüglich seiner neuen Budgetgeraden und die Investoren erhalten die von ihnen rational erwarteten Gewinnausschüttungen.

Als Begründung für diese Aussage soll folgende Argumentation genügen: Für einen gegebenen Anteil α des Eigentümer-Managers am Kapital der Firma ist die Steigung der individuellen Budgetrestriktion des Managements eindeutig bestimmt. Sie beträgt, wie schon erläutert, $(-\alpha)$. Die *Lage* der Budgetgeraden ändert sich jedoch mit dem verwirklichten Verkaufspreis. Entspricht dieser dem Wert $(1-\alpha)\pi^*$, dann verläuft die individuelle Budgetrestriktion durch den Punkt (π^*, L^*). Ist der Preis jedoch geringer (höher), so verschiebt sich die individuelle Budgetgerade parallel nach unten (oben). Natürlich beruht der Handelswert der Firma auf der Vermutung der Käufer über die Höhe von L. Je höher L, desto geringer der Firmenwert aus Sicht der Investoren. Wird ein bestimmter Wert von L erwartet, so kann auf der Gerade B der Marktwert des Gesamtunternehmens abgelesen werden. Der Verkaufspreis entspricht in diesem Fall dem Anteil $(1-\alpha)$ des Gesamtwertes. *Die individuelle Budgetgerade des Managers verläuft immer durch den Punkt auf der Budgetgeraden B, der mit den Erwartungen der Investoren übereinstimmt.* Entspricht nämlich der Manager den Erwartungen der Investoren, so erhält er ein Einkommen in Höhe des erwarteten Firmenwertes. Dieser setzt sich aus einem Anteil $(1-\alpha)$ aus dem Verkauf der Unternehmensanteile und aus dem Anteil α an den realisierten Gewinnen zusammen. Weicht die Unternehmensleitung von den Erwartungen ab, so bewegt sie sich entlang der individuellen Budgetrestriktion.

Im Gleichgewicht müssen nun die Erwartungen bezüglich L dem tatsächlichen Verhalten entsprechen; anderenfalls über- oder unterschätzen die Investoren den Firmenwert. Um L abzuschätzen, müssen die Investoren zunächst das Verhalten des Managements (korrekt) antizipieren. Für jede mögliche individuelle Budgetlinie lässt sich das Nutzenmaximum des Managers ermitteln. Wie üblich wird dies dadurch gekennzeichnet, dass die Indifferenzkurve des Managers seine Budgetgerade tangiert. Verbindet man alle solchen Tangentialpunkte, so erhält man den Einkommensexpansionspfad (EE) des Managements, der in Abbildung 2.4 dargestellt ist. Die EE-Kurve beschreibt somit das Verhalten des Managements bei unterschiedlichen Handelspreisen der Firma.

Gilt etwa die individuelle Budgetgerade B''', dann erwarten die Investoren, dass L = L^A (Schnittpunkt von B und B'''). Der Firmenwert entspräche dann π^A, der Verkaufspreis $(1-\alpha)\pi^A$. Würde das Management nun tatsächlich L = L^A wählen, dann wären die Einschätzungen der Investoren korrekt und ihr Kapitaleinsatz würde marktgerecht verzinst. Wie aus Abbildung 2.4 hervorgeht, realisiert das Management jedoch einen anderen Wert für L, nämlich denjenigen, der durch den Schnittpunkt von B''' und EE gekennzeichnet ist. Eine Erwartung von L^A für einen Handelspreis der Anteile von $(1-\alpha)\pi^A$ kann mithin nicht rational sein. Da die EE-Kurve die Budgetgerade B nur in einem einzigen Punkt schneidet, existiert auch nur ein einziger rationaler Erwartungswert für L: Im Schnittpunkt von B und EE gilt die individuelle Budgetrestriktion des Managements B'', für die der Schnittpunkt das Nutzenmaximum des Managements darstellt. Das Managementverhalten ist also rational. Da in diesem Punkt B'' auch B schneidet entspricht die realisierte Wahl von L den Erwartungen der Investoren. Folglich schätzen sie den Wert der Firma korrekt ein.

Abbildung 2.4

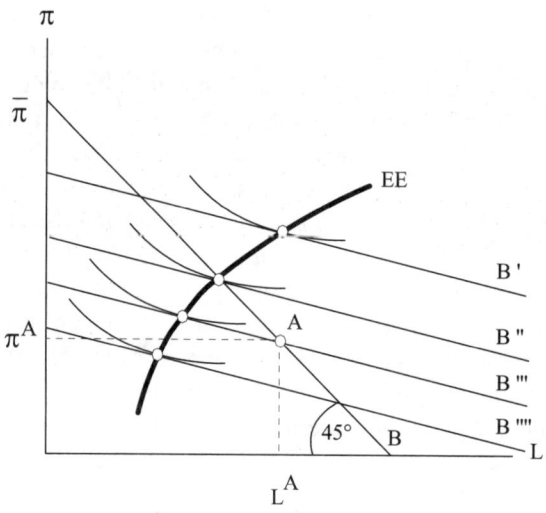

Existierten keine Messkosten, so könnten sich der Manager und die Investoren darauf einigen, dass der Manager nur L* realisiert, und sie könnten diese Einigung kostenlos überprüfen und durchsetzen. Der Firmenwert beträgt in diesem Fall π*. Die Anleger konkurrieren sich auf Nullgewinne, das heißt die normale Verzinsung des Kapitals, herunter. Der resultierende Vermögenswert des Managers beläuft sich dann auf $(1-\alpha)\pi^* + \alpha\pi^* = \pi^*$. Da er gleichzeitig L* verwirklicht, erzielt er einen Nutzen in Höhe von $U(\pi^*,L^*)$, das heißt den gleichen Nutzen wie ein Eigentümer-Manager, der alle Investitionen aus seinem privaten Vermögen finanzieren kann. Bei Vorliegen von Mess- bzw. Agenturkosten konkurrieren sich die Anleger wiederum auf die gleichgewichtige Marktverzinsung herunter. Einbußen erleidet allein der Manager, der nur noch eine Summe von $(1-\alpha)\pi''$ für die verkauften Anteile erhält. Damit wird deutlich, dass der Eigentümer-Manager sämtliche Agenturkosten selbst tragen muss.

Geben wir nun die Annahme der exogen vorgegebenen Firmengröße auf, so lässt sich ein neuer Expansionspfad ermitteln. Es sei V das private Vermögen des Unternehmers. Mit diesem kann er gerade ein Investitionsvolumen finanzieren, das ihm einen Firmenwert von π_0 erwirtschaftet.

Endogene Firmengröße

Abbildung 2.5

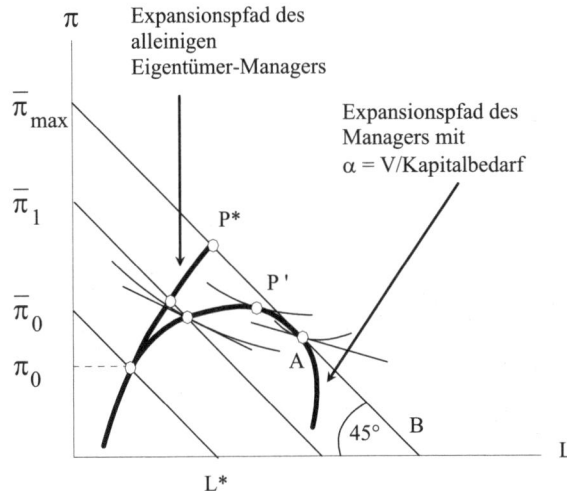

Möchte er mit seiner Firma über diese Firmengröße hinaus wachsen, so muss er Unternehmensanteile verkaufen. Je stärker er expandiert, desto kleiner wird sein eigener Anteil an der Firma α und desto flacher verläuft seine persönliche Budgetrestriktion. Damit steigt gleichzeitig sein Anreiz, L zu erhöhen und die Agenturkosten steigen. Ein möglicher Verlauf des Expansionspfades ist in Abbildung 2.5 eingezeichnet. Interessanterweise fällt dieser in Punkt A nach unten ab, da eine weitere Ausdehnung der wirtschaftlichen Aktivitäten das Agenturproblem weiter verschärft und zugleich das Gewinnpotential verringert. Sein Nutzenmaximum erreicht der vermögensrestringierte Unternehmer im Punkt P', in dem seine Indifferenzlinie den Expansionspfad gerade noch tangiert. In P' gilt: Die Firma ist kleiner als die vergleichbare in einer Welt ohne Agenturkosten. Gleiches gilt für den Firmenwert und den Nutzen des Unternehmers. Die Investoren hingegen zahlen immer exakt den Wert ihrer Anteile an der Firma, gleichgültig ob Agenturkosten vorliegen oder nicht.

In der bisher durchgeführten Analyse wurde unterstellt, dass die Investoren den Unternehmer überhaupt nicht beobachten können. Lockert man nun diese Annahme und unterstellt, dass die Investoren ressourcenverzehrende Überwachungsmaßnahmen einführen können, so ändert sich das

Kontrollmaßnahmen

Bild. Dazu sei angenommen, dass die Ausgaben für Kontroll- und Überwachungsaktivitäten (M) das Ausmaß von L wirksam einschränken. Je höher diese Ausgaben, desto geringer seien die möglichen Verschwendungsausgaben L. Es gelte: $L = L(M)$ mit $dL/dM < 0$ und $d^2L/dM^2 > 0$. Das heißt: Mit steigenden Ausgaben für Überwachungsmaßnahmen sinkt L, und die *marginale Verringerung* von L durch eine Erhöhung von M *nimmt* ebenfalls *ab*. Eine graphische Darstellung findet sich in Abbildung 2.6.

Abbildung 2.6

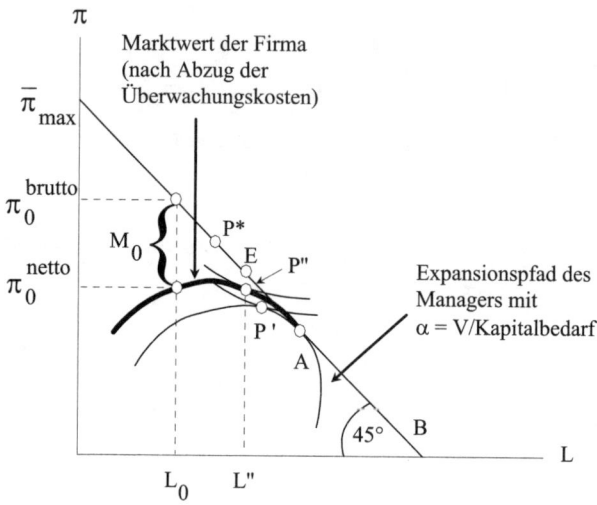

Die fett eingezeichnete Kurve beschreibt den Marktwert der Firma nach Abzug der Überwachungskosten, die L begrenzen. Wird etwa angestrebt, dass durch Kontrollmaßnahmen L auf L_0 gedrückt werden soll, so entstehen Kontrollkosten in Höhe von M_0. Aus der Abbildung wird deutlich, dass eine zunehmende Eindämmung von L mit überproportional steigenden Messkosten verbunden ist. Der (Netto-) Marktwert der Firma ergibt sich dann aus der Differenz zwischen π_0^{brutto} und M_0. Das Nutzenmaximum des Unternehmers wird in P'' erreicht, den er P', also dem Nutzenmaximum ohne Überwachungsaktivitäten, vorzieht.

Natürlich ist es denkbar, dass die Kontrollkosten so hoch sind, dass die Kurve des Netto-Firmenwertes unterhalb des Expansionspfades ohne Überwachungsaktivitäten verläuft. In diesem Fall sind die Messkosten prohibitiv, und es wird völlig auf jede Art von Kontrolle verzichtet. Überwachungsmaßnahmen lohnen nur dann, wenn dadurch ein höherer Firmenwert erzielt werden kann. Auch bei Einführung von Messaktivitäten gilt, dass alle Nutzen bzw. Kosten vom Unternehmer-Manager getragen werden. Eine analoge Argumentation lässt sich für Ausgaben anführen, die den Unternehmer an ein bestimmtes Maximum bezüglich L binden. Auf die ausführliche Darstellung sei an dieser Stelle verzichtet.

Anhand von Abbildung 2.6 lassen sich auch noch einmal die verschiedenen Agenturkosten zusammenfassen. Diese bestehen aus (a) den in P'' anfallenden *Überwachungs- und/oder Bindungskosten* (vertikale Differenz zwischen P'' und B) sowie (b) dem *Residualverlust*, der darin zum Ausdruck kommt, dass eine Fehlallokation entsteht, die den Unternehmer L'' wählen lässt und damit sein Nutzenniveau auf das dem Punkt E entsprechende Niveau absenkt, das kleiner ist als der Nutzen in P* (dem Optimalpunkt bei vollständiger Finanzierung aus dem Privatvermögen des Investors).

(c) Agenturkosten bei (teilweiser) Kreditfinanzierung

Im oben betrachteten Fall war nur eine Finanzierung über Eigenkapital möglich. Die Agenturkosten, die im Rahmen einer Kreditfinanzierung entstehen, weisen einen anderen Charakter auf. Im Fall einer Finanzierung durch Fremdkapital besteht zunächst einmal ein schädlicher Anreizeffekt im Hinblick auf die Wahl des Investitionsprojekts. Diesem wird unter anderem dadurch begegnet, dass Überwachungs- und Bindungsausgaben getätigt werden. Schließlich spielen noch die Konkursabwicklungs- und die Reorganisationskosten eine bedeutende Rolle.

Der Anreizeffekt besteht im Wesentlichen darin, dass bei Fremdfinanzierung die Wahl risikobehafteter Projekte begünstigt wird, da ein Teil der Risikokosten durch den Kreditgeber getragen wird. Rationale Kreditgeber antizipieren dies und fordern folglich einen dem riskanteren Projekt entsprechenden Risikoaufschlag. Dies sei an einem einfachen Beispiel illustriert.

Wir betrachten einen Unternehmer, dem zwei Investitionsprojekte zur Auswahl stehen. Beide erfordern ein Finanzierungsvolumen von I = 100 Geldeinheiten (GE). Der Unternehmer verfügt über kein Vermögen und muss sich vollständig über Kredite finanzieren. Die Kreditgeber können auf dem Kapitalmarkt völlig risikolose Anlagen mit einer Verzinsung von i = 10 % erwerben. Sowohl die Kreditgeber als auch der Unternehmer seien risikoneutral, das heißt sie orientieren ihre Entscheidung ausschließlich am Erwartungswert der Anlage, nicht jedoch an der mit der Anlage verbundenen Streuung der Auszahlungen. Der „Bruttogewinn"[6] des ersten Projektes entspreche einem sicheren Wert in Höhe von $\pi_1 = 150$. Das zweite Projekt hingegen weist eine zufallsbedingte Streuung auf. Es wird angenommen, dass mit einer Wahrscheinlichkeit von 50 Prozent ein Brut-

Annahmen

---

6 Genauer: der Gegenwartswert der Einzahlungsüberschüsse. Das heißt die Kapitalkosten sind bei diesem „Bruttogewinn" noch nicht abgezogen.

togewinn in Höhe von $\pi_2 = 220$ anfällt und mit der verbleibenden Wahrscheinlichkeit von wiederum 50 Prozent ein Bruttogewinn in Höhe von $\pi_2 = 0$ realisiert wird.

Hieraus lassen sich die Erwartungswerte und Varianzen ermitteln. Der Erwartungswert des sicheren ersten Projektes beträgt $E\pi_1 = 150$, der des zweiten $E\pi_2 = 110$. Die Standardabweichungen[7] belaufen sich auf $\sigma_1 = 0$ und $\sigma_2 = 110$. Projekt 2 weist somit einen geringeren Erwartungswert *und* ein höheres Risiko auf. Würde der Unternehmer sein Projekt vollständig selbst finanzieren, so ist klar, dass er Projekt 1 vorzöge.

Projekt 1 aus Kreditgebersicht

Im Folgenden werden wir zeigen, dass der Unternehmer bei Kreditfinanzierung möglicherweise (im Zahlenbeispiel definitiv) Projekt 2 auswählt. Unterstellt man, dass die Wahl des Projektes nicht vor der Kreditvergabe stattfindet bzw. stattfinden kann, so ergibt sich ein Anreizproblem für den Unternehmer. Nehmen wir an, er verspreche den potentiellen Kreditgebern, dass er das sichere Projekt 1 durchführen wird und dass diese es ihm glauben. Gehen wir wie zuvor davon aus, dass auf dem Kapitalmarkt ein perfekter Wettbewerb herrsche und dass dieser eine Verzinsung für ein völlig risikoloses Papier in Höhe von 10 % ergibt. Die Anlage von 100 GE muss damit einen sicheren Rückzahlungswert von $EK1 = 110$ GE liefern.

Die Projektwahl nach Kreditvergabe

Zum Zinssatz von 10 % sind die Anleger mithin bereit, dem Unternehmer einen Kredit in Höhe von 100 GE zu geben, *falls er Projekt 1 durchführt.* Dies ist jedoch nicht sichergestellt und in unserem Zahlenbeispiel wird sich zeigen, dass der Unternehmer nachdem er einen Kredit zum Zinssatz r_1 bekommen hat, Projekt 2, das sowohl einen geringeren Erwartungswert der Gewinne als auch eine höhere Varianz aufweist, vorzieht.

Wählt der Unternehmer Projekt 1, so beträgt sein sicherer Nettogewinn $150 - (1 + r)100 = 150 - 110 = 40$. Wählt er hingegen Projekt 2, so erhält er mit einer Wahrscheinlichkeit von 50 % einen Nettogewinn in Höhe von $220 - 110 = 110$. Tritt der schlechte Umweltzustand ein, d.h. der Unternehmer macht keine Gewinne, dann meldet er Konkurs an und muss auch keine Kreditrückzahlung mehr tätigen. Sein Nettogewinn beträgt in diesem Fall null. Dies impliziert, dass der Kreditgeber das Kreditausfallrisiko vollständig trägt. Aus Sicht des Unternehmers scheint dies zunächst kein Problem zu sein, im Gegenteil: Wählt er Projekt 2, so beträgt sein erwarteter Nettogewinn $E\pi_2 = 0{,}5 \cdot (220 - 110) + 0{,}5 \cdot 0 = 55 > 40$.

Da $E\pi_2 > E\pi_1$, wählt der Unternehmer in dieser Situation Projekt 2. Man beachte, dass die Vorteilhaftigkeit des zweiten Projektes erst dadurch zustande kommt, dass der Unternehmer den Kreditgebern das Verlustrisiko

---

[7] Also die Wurzel der Varianz, die wiederum dem Erwartungswert der quadrierten Abweichungen vom Mittelwert entspricht.

aufbürdet. Dementsprechend sinkt bei Wahl des zweiten Projekts auch die erwartete Auszahlung an den Kreditgeber (mit $r_1 = 10\%$):

$$EK2 = 0{,}5 \cdot (1+r)100 + 0{,}5 \cdot 0 = 55$$

Projekt 2 aus Kreditgeber-sicht

Nun ist jedoch davon auszugehen, dass die Kreditgeber sich nicht derartig naiv verhalten. Antizipieren sie diesen Vertrauensbruch durch den Unternehmer, so werden sie von Beginn an einen höheren Zins fordern, nämlich denjenigen, bei dem der erwartete Rückzahlungsbetrag bei Projekt 2 110 GE entspricht:

$$EK2 = \frac{(1+r)100}{2} + \frac{0}{2} \overset{!}{=} 110$$

$$\Leftrightarrow r_2 = \frac{220}{100} - 1 = 1{,}2 = 120\%.$$

Der gleichgewichtige Zinssatz beträgt also 120 %. Daraus resultiert ein Nettounternehmergewinn in Höhe von $E\pi_2 = 0{,}5 \cdot (220 - (1+r_2)100) = 0$. Würde der Unternehmer Projekt 1 beim Zinssatz r_2 wählen, so erzielte er eine Nettogewinn von -70 GE, also einen Verlust, was bedeutet, dass er Projekt 2 auch mit dem höheren Zinssatz vorzöge.

Fassen wir die Überlegungen noch einmal anhand von Abbildung 2.7 zusammen. In diesem Baumdiagramm finden sich die verschiedenen Aktionsmöglichkeiten in ihrer zeitlichen Abfolge wieder. Aus Gründen der Übersichtlichkeit beschränken wir uns auf die zwei „relevanten" Zinssätze r_1 und r_2. Der Kreditgeber auf einem wettbewerblichen Markt bestimmt den Zinssatz und anschließend entscheidet sich der Unternehmer bezüglich seiner Projektwahl.

Die „Logik" des Gleichge-wichts

Gleichgültig welchen Zins der Kreditgeber auch wählt, es ist für den Unternehmer vorteilhaft, sich für Projekt 2 zu entscheiden (fett eingezeichneter Ast des Baumdiagramms), da er die Risiken auf den Kreditgeber abwälzen kann. Die Kreditgeber erkennen das Anreizproblem und wählen folglich den Zins r_2, der ihnen die übliche Marktverzinsung sichert. Unglücklicherweise wird die Kombination (r_2, Projekt 2) jedoch von der Kombination (r_1, Projekt 1) dominiert: Der Nutzen der Kreditgeber bleibt zwar gleich, der Nettogewinn des Unternehmers steigt jedoch von 0 auf 40 GE. Diese pareto-optimale Kombination lässt sich allein deshalb nicht realisieren, weil der Unternehmer sich annahmegemäß nicht daran binden kann, Projekt 1 zu wählen. Wäre dies bei Abschluss des Kreditvertrags möglich, so könnte die Idealkombination verwirklicht werden.

Abbildung 2.7

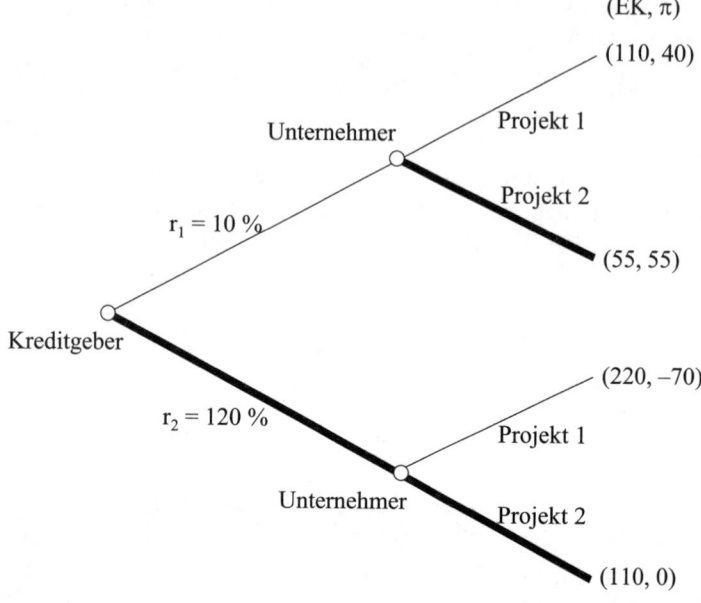

*Überwachungs-
und Bindungs-
maßnahmen*

Damit kommen wir zur Problematik, ob und inwieweit durch *Überwachungs-* und *Bindungsmaßnahmen* das Anreizproblem gelöst werden kann. Zunächst einmal können natürlich gewisse Klauseln in den Kreditvertrag aufgenommen werden, die bestimmte, besonders riskante Verwendungen der Mittel, etwa zur Spekulation an der Börse, untersagen. Doch selbst wenn dies im Vertrag vereinbart wurde, ist damit eine solche Verhaltensweise noch nicht ausgeschlossen. Folglich müssen vergleichbare Klauseln auch durch ressourcenverzehrende Überwachungsmaßnahmen unterstützt werden. Andererseits ist es jedoch nicht möglich, *alle* Details der Investition abschließend festzulegen. Erstens fehlt den Kreditgebern häufig das Wissen um die ökonomisch relevanten Alternativen der Mittelverwendung. Sie kennen weder die mit verschiedenen Projekten verbundenen Risiken noch das Spektrum der dem Unternehmen zur Auswahl stehenden Projekte. Doch selbst wenn die Kreditgeber beim Vertragsabschluss über einen gleichen Informationsstand verfügen würden, kann es sinnvoll sein, dem Unternehmer einen gewissen Ermessensspielraum in der Mittelverwendung zu belassen. Ein wichtiger Grund dafür besteht etwa darin, dass dem Unternehmer nach Abschluss des Kreditvertrags noch eine Reihe weiterer Informationen zukommen, die für den Vergleich der Profitabilität der verschiedenen Projekte von entscheidender Bedeutung sein können. Eine zu frühe Festlegung zu vieler Details nimmt dem Unternehmer seine Anpassungsflexibilität an eine sich ständig ändernde Umwelt und verursacht damit gegebenenfalls sehr hohe Kosten. Damit wird deutlich, dass eine allumfassende ex-ante-Festlegung in der Mittelverwendung weder möglich noch wünschenswert ist.

Dennoch verbleibt natürlich ein gewisser Raum für Vertragsklauseln und die damit verbundenen Überwachungs- und Bindungsmaßnahmen. Diese sollten grundsätzlich nach dem Marginalprinzip bestimmt werden: Zusätzliche Klauseln und Sicherheiten sollten bis zu dem Punkt in den Vertrag aufgenommen werden, bis der (noch positive) Grenznutzen aus diesen Maßnahmen gleich den Grenzkosten ihrer Umsetzung – also der Summe der Grenzkosten bezüglich der Aufnahme in den Vertrag, der Überwachung und der eventuellen Bindung – ist. Damit können Bindungs- und Überwachungsmaßnahmen, die ihrerseits Agenturkosten darstellen, das Anreizproblem zwar einschränken, sie vermögen hingegen nicht, es völlig aufzuheben.

Abschließend soll noch eine dritte Art der Agenturkosten von Kreditverträgen, die *Konkursabwicklungs-* und *Reorganisationskosten*, angeführt werden. Mit jeder Kreditvergabe ist auch mit der Möglichkeit eines Konkurses zu rechnen. Die dabei anfallenden Kosten sind mit ihrer Eintrittswahrscheinlichkeit zu gewichten und bei der Kreditgewährung zu berücksichtigen. Sind die Probleme einer Firma nicht auf die schwierige Marktlage, sondern auf schlechtes Management zurückzuführen, kann es vorteilhaft sein, anstelle eines Konkurses eine Reorganisation des Unternehmens durchzuführen. Doch auch diese verzehrt Ressourcen und ist im Fall des Eintritts den Agenturkosten zuzuordnen.

Die Agenturkosten der Kreditfinanzierung lassen sich damit wie folgt zusammenfassen:

(1) der aus dem Anreizproblem resultierende Wohlfahrtsverlust,

(2) den Kosten für die Bindung und Überwachung der Mittelverwendung und

(3) den Konkursabwicklungs- und Reorganisationskosten.

(d) Das Minimum der Agenturkosten

Bisher wurde nur das Wesen der verschiedenen Agenturkosten der externen Eigenkapital- und der Fremdkapitalfinanzierung beschrieben. In diesem Teilabschnitt sollen einige Annahmen über Verlauf und Größe dieser Kosten getroffen und daraus die optimale Kapitalstruktur einer Firma abgeleitet werden.

Aus den Darstellungen zu den Agenturkosten des externen Eigenkapitals wurde deutlich, dass mit sinkendem Anteil des Unternehmer-Managers an seiner Firma auch sein Anreiz steigt, Ausgaben für „Konsum am Arbeitsplatz" durchzuführen. Als Reaktion darauf steigen auch die Maßnahmen zur Bindung und Überwachung des Managers. Entsprechend ist davon auszugehen, dass mit steigender Relation von externem zu internem Eigenkapital die Agenturkosten steigen.

Abbildung 2.8

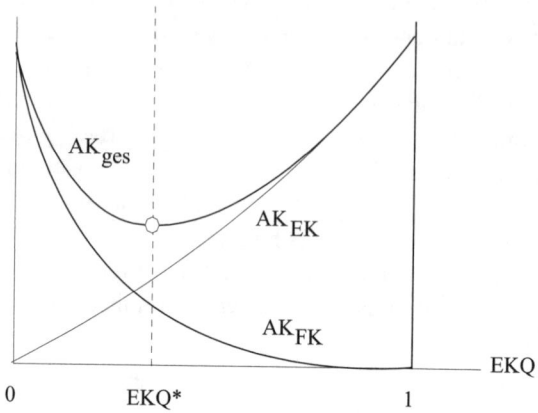

Bestimmung der Kapitalstruktur

Mit einem sinkenden Anteil kreditfinanzierter Investitionen sinkt auch die Wahrscheinlichkeit eines Kreditausfalls. Selbst wenn die Einnahmenüberschüsse relativ schlecht ausfallen, so bleibt bei einer geringen Fremdkapitalquote auch nur ein geringerer Kapitaldienst, den es zu bedienen gilt. Gleichzeitig steigt der Wert eigenkapitalfinanzierter Aktiva, die man im Zweifel zur Rückzahlung der Kredite verkaufen kann. Somit verringert sich die Möglichkeit für die Unternehmer, Risiken auf die Kreditgeber abzuwälzen. Daher ist zu vermuten, dass die Agenturkosten der Fremdfinanzierung mit steigender Fremdkapitalquote zunehmen. Jensen und Meckling gehen davon aus, dass die Kosten beider Finanzierungsformen bei zusätzlicher Nutzung überproportional ansteigen. Geht man von einer vorgegebenen Summe internen Eigenkapitals EK_i, das der Unternehmer-Manager hält, und einer vorgegebenen Firmengröße aus, so lässt sich auf graphischem Weg eine optimale Kapitalstruktur ableiten. Es sei EK_e das externe Eigenkapital, FK das Fremdkapital und $EKQ = EK_e/(EK_e+FK)$ der relative Anteil des externen Eigenkapitals am externen Kapital insgesamt. In Abbildung 2.8 symbolisiert AK_{EK} die Agenturkosten des externen Eigenkapitals, AK_{FK} die Agenturkosten des Fremdkapitals und AK_{ges} die Summe aus beiden. Das Agenturkostenminimum liegt bei EKQ*, wo die Absolutbeträge der Steigungen von AK_{EK} und AK_{FK} gleich groß sind. Steigt (sinkt) der Anteil des internen Eigenkapitals an, so verschieben sich alle drei Kurven nach unten (oben). Natürlich kann sich dabei ein neuer Optimalwert für EKQ ergeben. Selbstverständlich müssen die Optimalwerte für EK_i, EK_e und FK simultan und unter Berücksichtigung (a) der Vermögensrestriktion des Unternehmers und (b) seiner Risikokosten[8] bezüglich EK$_i$ ermittelt werden. Entscheidend ist jedoch, dass man mit diesen Überlegungen die gemischte Finanzierung durch alle drei Kapitalformen erklären kann.

Es war nicht das Ziel Jensens und Mecklings eine *allumfassende* Theorie der Kapitalstruktur zu entwerfen. Dennoch behaupten sie natürlich, einen der entscheidenden Bestimmungsfaktoren der Kapitalstruktur beschrieben zu haben. Eine Reihe von Implikationen ihres Ansatzes wurden auch in der empirischen Forschung bestätigt.[9] Dennoch fallen verschiedene Schwächen sehr deutlich ins Auge: (1) Es fehlt eine explizite mikroökonomisch-theoretische Ausformulierung ihrer Theorie, insbesondere hinsichtlich der Agenturkosten des externen Eigenkapitals. Die wichtigsten Kurven werden einfach exogen vorgegeben oder anhand von vagen Plausibilitätsüberlegungen begründet. Der Verlauf der Expansionspfade beispielsweise könnte auch völlig anders sein. (2) Die Hauptaussage ihres Beitrags hinsichtlich der Kapitalstruktur beruht auf der völlig willkürlichen Annahme monoton steigender (fallender) Agenturkosten (vgl. Abbildung 2.8). Es wird sogar das Vorzeichen der zweiten Ableitung dieser Kurven vorgegeben. Kürsten (1995) hat gezeigt, dass diese Annahmen auch aus theoretischer Sicht fraglich erscheinen. Doch neben der reinen Bedeutung für die Theorie der optimalen Kapitalstruktur, die diese zum Teil sehr restriktiven Annahmen benötigt, beschreiben Jensen und Meckling das ihrer Theorie zugrunde liegende Prinzipal-Agent-Problem sehr gut und leisten damit einen wichtigen Beitrag zur Entwicklung dieser Theorie. Selbst wenn die Agenturkosten von externem Eigenkapital und Fremdkapital nicht monoton und konvex verlaufen, tragen Jensen und Meckling mit ihrer Arbeit zur Entwicklung eines tieferen Verständnisses der Agenturtheorie erheblich bei.

Würdigung

1.2.2. Organisationsform, Agenturkosten und Residualeinkommensrechte

Während Jensen und Meckling die Kapitalstruktur einer Firma ins Zentrum ihrer Analyse stellten, sollen in diesem Abschnitt, der sich im Wesentlichen auf die Arbeiten von Fama/Jensen (1983a, 1983b) bezieht, weitere Auswirkungen des Agenturproblems erläutert werden. Diese beziehen sich vor allem auf die Verteilung der Residualeinkommensrechte und der Auswirkung ihrer Aufteilung auf die interne Organisation eines Unternehmens.

---

[8] Man bedenke, dass der Unternehmer nicht nur sein Humankapital in den Dienst des Unternehmens stellt, sondern bei Halten von EK$_i$ auch noch sein Finanzvermögen. Dies steht im krassen Gegensatz zu einer sinnvollen Diversifikation seines Vermögen zur Streuung von Risiken.

[9] Ein umfassender Überblick über empirische Arbeiten zur Kapitalstruktur findet sich bei HARRIS/RAVIV (1992).

Definitionen

Unter dem Begriff „interne Organisation" wird im Folgenden zunächst die Zuweisung einiger noch zu diskutierenden Entscheidungsrechte verstanden. Entscheidungen einer Firma sollen demnach in vier Entstehungsschritte unterteilt werden. Diese sind die Anbahnung, die Genehmigung, die Durchführung sowie die Überwachung und Kontrolle. Unter der *Anbahnung* einer Maßnahme wird die Ausarbeitung eines oder mehrerer Handlungsvorschläge verstanden. Dabei kann es sich einfach nur um die Verwendung oder Neukombination einiger Ressourcen handeln oder auch um die Konstruktion umfassender Verträge. Im Anschluss an die Erarbeitung folgt die Auswahl bzw. *Genehmigung* des Vorschlags. Erst im Anschluss an die Genehmigung kann die *Durchführung* einer unternehmenspolitischen Maßnahme erfolgen. Schließlich bleibt noch die *Überwachung* der Durchführung der genehmigten Aktion. Dabei wird insbesondere eine Messung der Leistung des Agenten vorgenommen, aus der sich gegebenenfalls seine Entlohnung ergibt.

Die Anbahnung und Durchführung von Maßnahmen können unter dem Begriff des *Entscheidungsmanagements* zusammengefasst werden. Die Genehmigung und Überwachung werden als *Entscheidungskontrolle* bezeichnet. Üblicherweise werden sowohl das Entscheidungsmanagement als auch die Entscheidungskontrolle jeweils einem einzigen Agenten zugeordnet. So weisen diejenigen Agenten, die einen Vorschlag ausarbeiteten, aufgrund ihres besonderen Detailwissens darum auch einen komparativen Vorteil bei der Durchführung auf.

Das Ziel der folgenden Ausführungen besteht darin, verschiedene Kombinationen der Zuweisung der Residualeinkommensrechte sowie des Entscheidungsmanagements und der Entscheidungskontrolle zu erklären. Insbesondere wird die mögliche Trennung von Residualeinkommensrechten und Entscheidungsmanagement, die auch im vorangehenden Kapitel eine große Bedeutung hatte, berücksichtigt.

Eine wichtige Rolle bei der folgenden Erklärung der Zuteilung von Verfügungsrechten spielt die *Komplexität* einer Organisation. Die Organisation bestimmter zusammengehörender ökonomischer Aktivitäten innerhalb einer Firma wird als komplex bezeichnet, wenn das für die zu fällenden Entscheidungen erforderliche *spezifische Wissen* auf viele Personen verstreut ist. Unter spezifischem Wissen versteht man in diesem Zusammenhang diejenigen Detailinformationen, die nur unter Inkaufnahme von erheblichen Kosten zwischen Akteuren vermittelt werden können. Entsprechend werden *nichtkomplexe* Organisationen dadurch gekennzeichnet, dass das spezifische Wissen nur auf einige wenige Personen, im Extremfall nur einen einzigen Akteur, verteilt ist.

Tendenziell gilt, dass kleine Unternehmen eher nichtkomplex sind, während große Firmen im Allgemeinen als komplex zu bezeichnen sind. Die Unterscheidung zwischen „klein" und „groß" bleibt dabei allerdings etwas verschwommen. So können Indikatoren für Größe, wie etwa die Bilanzsumme oder die Anzahl der Beschäftigten, stark divergieren. Beispielsweise erreichen verhältnismäßig kleine Finanzinstitute mit nur wenigen Mitarbeitern bemerkenswerte Bilanzsummen. Des Weiteren gilt auch der postulierte Zusammenhang nicht universell. Als Beispiele lassen sich Forschungsinstitute anführen, die eher klein hinsichtlich ihres Wertes an eingesetztem Sachkapital und/oder Beschäftigten sind. Gleichzeitig ist das jeweilige spezifische Wissen jedoch sehr stark gestreut, so dass hier eine kleine komplexe Organisation vorliegt. Dennoch lässt sich wohl einigermaßen berechtigt behaupten, dass im Allgemeinen ein positiver Zusammenhang zwischen Größe und Komplexität besteht.

Betrachten wir zunächst eine kleine, nichtkomplexe Firma. Diese wird üblicherweise durch folgende Eigenschaften gekennzeichnet: (a) Das spezifische Wissen ist per definitionem auf einen oder nur wenige Akteure beschränkt, die wiederum die alleinigen Residualeinkommensrechtebesitzer sein können. (b) Kleine Firmen zeichnen sich darüber hinaus dadurch aus, dass sie im Vergleich zu großen Unternehmen nur einen geringen Kapitalbedarf aufweisen. So können gegebenenfalls auch Einzelpersonen den erforderlichen Umfang an Eigenkapital aus ihrem privaten Vermögen finanzieren. (c) *Jede* Konzentration der Residualeinkommensrechte auf eine oder nur wenige Personen erzeugt *Risikokosten*. Die Gewinne eines Unternehmens hängen auch von nicht beeinflussbaren Zufallsfaktoren ab. Unterstellt man den beteiligten Akteuren Risikoaversion, das heißt eine Nutzeneinbuße aus der Schwankung des eigenen Einkommens, so erzeugen diese Zufallsfaktoren Risikokosten. Je größer der Anteil des Einkommens aus der Firmenbeteiligung am gesamten Einkommen der Firmeneigentümer, desto schlechter können die Anteilseigner die Risiken ihres eigenen Vermögensportefeuilles durch Streuung auf viele verschiedene Aktiva vermindern und desto größer sind folgerichtig auch die Risikokosten. Die geringe Größe der kleinen nichtkomplexen Firma beinhaltet unmittelbar eine Begrenzung der Risikokosten für den oder die wenigen Halter der Residualeinkommensrechte. Einerseits ist allein schon der Umfang des gebundenen Kapitals und damit auch das Verlustrisiko kleiner. Andererseits ermöglicht dieser Umstand dem Eigentümer das gleichzeitige Halten anderer Vermögensanlageobjekte, so dass eine verhältnismäßig wirksame Risikostreuung erfolgen kann.

Aus diesen Überlegungen ergibt sich, dass eine Konzentration der Residualeinkommensrechte kleiner nichtkomplexer Firmen auf eine oder wenige Person(en) mit spezifischem Wissen nur *verhältnismäßig* geringe Risi-

Kleine, nicht-komplexe Firmen

kokosten erzeugt. Eine solche Zusammenführung der Residualeinkommensrechte mit dem Entscheidungsmanagement eliminiert allerdings weitestgehend die Agenturkosten, die bei einer Trennung von Eigentum und Management anfallen. Kleine nichtkomplexe Firmen werden demnach tendenziell von den Haltern der Residualeinkommensrechte geleitet werden. Ist auf diese Weise das Agenturproblem im Wesentlichen gelöst, so ist auch die Trennung von Entscheidungsmanagement und Entscheidungskontrolle nicht mehr sinnvoll, da fehlerhaftes Management direkt zu Lasten der Agenten geht, so dass diese alle Anreize haben, effizient zu handeln.

Zusammenfassend lässt sich somit feststellen, dass kleine nichtkomplexe Firmen tendenziell durch eine Konzentration von Residualeinkommensrechten, Entscheidungsmanagement und Entscheidungskontrolle gekennzeichnet sind.

Große, komplexe Firmen

Zu einem völlig anderen Ergebnis führt die entsprechende Untersuchung großer komplexer Firmen. Für diese gilt: (a) Per definitionem ist das spezifische Wissen auf eine Vielzahl von Personen verteilt. Daraus ergeben sich folgende Konsequenzen: Entweder werden nicht alle Akteure mit spezifischem Wissen Residualeinkommensbezieher sein, oder sie werden – falls dieses doch der Fall sein sollte – jeweils einen nur verschwindend geringen Anteil an der Firma halten, so dass das Agenturproblem praktisch vollständig erhalten bleibt. Nehmen wir an, es gäbe hundert Anteilseigner-Manager, die jeweils einen gleichen Anteil an der Firma halten, so gilt: Aktionen, die den Gewinn der Firma verringern und dafür dem Eigentümer-Agenten einen persönlichen Nutzen stiften (ein angenehmeres Arbeitsleben), werden im Übermaß durchgeführt: Für jeden derart verschwendeten Euro entstehen den Agenten nur persönliche Kosten in Höhe von einem Cent, die in sein Verhaltenskalkül eingehen. (b) Große komplexe Unternehmen weisen im Allgemeinen einen Vermögensbedarf auf, der nicht durch einige wenige Individuen getragen werden kann. Und selbst wenn es einige derart vermögende Individuen gibt, so ist damit keineswegs sichergestellt, dass gerade diese Akteure über die notwendigen Managementfähigkeiten und das dazu erforderliche spezifische Wissen verfügen. (c) Im seltenen Fall, dass dennoch hinreichend vermögende Individuen mit dem erforderlichen spezifischen Wissen existieren, müssen diese aufgrund der Größe der Firma *erhebliche Risikokosten* tragen.

Aus diesen Überlegungen folgt, dass eine Diffusion der Residualeinkommensrechte auf eine Vielzahl von Akteuren kaum vermeidbar ist und die Agenturkosten damit in jedem Fall sehr hoch bleiben werden. Es macht nur einen geringen Unterschied, ob die Träger des Entscheidungsmanagements gleichzeitig auch Residualeinkommensrechte halten oder nicht. Durch die Trennung von Residualrechten und Entscheidungsmanagement entstehen nur sehr wenig *zusätzliche* Agenturkosten, wohl aber erhebliche *zusätzliche* Risikokosten seitens der Manager, da diese bereits ihr gesamtes Humankapital in die Firma einbringen. Wenn die Anreizwirkungen zur Einschränkung des Agenturproblems aufgrund der unvermeidlich hohen Streuung der Residualrechte gering, die Risikokosten hingegen hoch sind, so ist eine *Trennung von Residualrechten und Entscheidungsmanagement effizient.* In diesem Fall hilft allerdings die Trennung von Entscheidungsmanagement und Entscheidungskontrolle, die Agenturkosten zu senken: Eine Reihe von ineffizienten Maßnahmen, die insbesondere dem Entscheidungsmanager persönliche Vorteile bringen, können von anderen Akteuren, die die Entscheidungskontrolle durchführen und selbst nicht an den Vorzügen „missbräuchlicher Entscheidungen" partizipieren, verhindert werden. Zum einen können die Entscheidungskontrolleure bestimmten Aktionen die Genehmigung verweigern. Zum anderen wird der Entscheidungsmanager manche Verhaltensweisen deshalb unterlassen, weil er eine Aufdeckung durch den Kontrolleur befürchtet.

Ein derartiges Kontrollsystem verursacht natürlich auch Kosten. Einerseits sind die Opportunitätskosten der Zeit, die die Kontrolleure für Kontrollmaßnahmen aufwenden, in Rechnung zu stellen. Andererseits verfügen die Entscheidungsmanager im Allgemeinen über einen Informationsvorsprung, so dass (a) nur eine unvollkommene Überwachung stattfinden kann und (b) der Entscheidungskontrolleur aufgrund seiner schlechteren Informationslage mitunter Fehlentscheidungen treffen wird. Offensichtlich ist es von großer Bedeutung, die Kontrollkosten durch eine effiziente Ausgestaltung des Entscheidungskontrollsystems zu beeinflussen.

Eine häufig anzufindende Lösung ist die des Aufbaus von *Entscheidungshierarchien.* Firmen werden dabei in verschiedene Entscheidungsebenen hierarchisch eingeteilt, wobei der folgende typische Entscheidungsablauf vorgesehen ist: Ein (nicht auf der höchsten Ebene angesiedelter) Mitarbeiter erarbeitet einen Entscheidungsvorschlag (Anbahnung). Sein Vorgesetzter prüft und genehmigt ihn gegebenenfalls. Der Mitarbeiter führt die Aktion durch und wird dabei durch den Vorgesetzten hinsichtlich der ordnungsgemäßen Abwicklung überwacht. Das Top-Management wird im Allgemeinen durch ein Kontrollgremium der Anteilseigner kontrolliert. In Aktiengesellschaften ist dies zum Beispiel der Aufsichtsrat. Diese Lösung verringert die Kontrollkosten relativ wirksam, wenn die hierarchische Gliederung des Unternehmens auch nach sachlichen Kriterien durchgeführt wird, so dass die jeweils kontrollierende Person auch über einen guten Informationsstand bezüglich der Aktivitäten seiner Mitarbeiter verfügt. Auf diese Weise sinkt der für die Kontrolle erforderliche Zeitbedarf, die Kontrolleffektivität steigt, und auch die Fehlentscheidungen des Kontrolleurs nehmen ab. Neben der reinen Kontrollfunktion erfüllt der Vorgesetzte auch Koordinationsfunktionen hinsichtlich der Aktivitäten seiner Mitarbeiter,

Entscheidungshierarchien

wobei anzunehmen ist, dass Koordinations- und Kontrollmaßnahmen erhebliche Synergieeffekte in Form von Verbundkostenvorteilen (economies of scope) aufweisen. Darüber hinaus kann durch eine solche hierarchische Gliederung der Wettbewerb auf dem firmeninternen Arbeitsmarkt gefördert werden. Die Agenten auf einer hierarchischen Stufe stehen in Konkurrenz um den Aufstieg in die nächsthöhere und besserbezahlte Ebene. Auf diese Weise haben sie per se einen Anreiz, härter (im Sinne einer Produktivitätssteigerung) zu arbeiten. Des Weiteren erfolgt auch eine wechselseitige Kontrolle unter den konkurrierenden Akteuren. Aufdeckungen missbräuchlicher Verhaltensweisen von Konkurrenten erhöhen die eigene Beförderungswahrscheinlichkeit und werden dementsprechend nicht zurückgehalten. Derart gestiegene Kosten individuellen Fehlverhaltens führen zu einer Einschränkung desselben und je besser dieser wechselseitige Kontrollwettbewerb funktioniert, desto weniger ineffiziente Aktionen werden rationale Agenten durchführen. Im theoretischen Extremfall eines vollkommenen Wettbewerbs erfolgen nur noch effiziente Entscheidungen, und Aufdeckungen missbräuchlicher Aktivitäten sind nicht mehr möglich, da es keine mehr gibt!

Nachdem nun die Prinzipien der Aufteilung von Residualrechten sowie des Entscheidungsmanagements und der Entscheidungskontrolle erläutert wurden, seien diese anhand einiger einfacher Beispiele demonstriert.

Familienunter-
nehmen

In *kleinen Familienunternehmen*, wie man sie etwa im Gaststättengewerbe, im Handwerk oder im Einzelhandel antrifft, werden normalerweise keine Trennungen von Residualrechten und Entscheidungsmanagement vorgenommen; Eigentümer und Firmenleiter sind identisch. Arbeiten weitere Familienangehörige in der Firma, so müssen ihre Leistungen häufig nicht überwacht werden, da sie entweder selbst maßgeblich am Erfolg der Firma partizipieren oder später vielleicht selbst die Firmenleitung übernehmen werden. Des Weiteren werden Familienangehörige häufig nicht zu „Marktkonditionen" beschäftigt, da entsprechende Beschäftigungsverträge nichts anderes als eine intrafamiliäre Umbuchung, die nicht notwendigerweise mit einer Umverteilung verbunden sein muss, darstellen. Sanktionen gegen Müßiggang während der Arbeitszeit erfolgen in erheblichem Ausmaß über sozialen Druck und gegebenenfalls auch durch die Androhung einer Trennung, die aufgrund des teilweise sehr informellen Charakters des Beschäftigungsverhältnisses und der zusätzlichen Sanktionspotentiale gegebenenfalls leichter durchsetzbar ist als bei marktüblichen Vertragsabschlüssen zwischen persönlich nicht verbundenen Akteuren. Werden einige wenige nichtfamiliäre Arbeitnehmer beschäftigt, so erfolgt die Überwachung zumeist durch den Firmeneigentümer oder andere Familienmitglieder. Mit steigender Größe der Firma wird die Überwachung der Mitarbeiter durch den Firmenleiter oder Familienangehörige immer schwieriger. Die

Komplexität der Organisation nimmt zu, und das Agenturproblem gewinnt an Bedeutung, so dass zu seiner Abschwächung neue hierarchische Ebenen entstehen, auf denen Entscheidungsmanagement und Entscheidungskontrolle getrennt werden.

Den Gegensatz zu den Familienunternehmen stellen die an der Börse gehandelten großen komplexen *Aktiengesellschaften* dar. Bei ihnen ist die Trennung von Residualrechten und Entscheidungsmanagement im Allgemeinen entweder schon weit fortgeschritten oder sogar vollständig vollzogen. Insbesondere große Konzerne sind durch eine Vielzahl hierarchischer Ebenen mit der oben beschriebenen Trennung von Entscheidungsmanagement und -kontrolle gekennzeichnet. Die Existenz eines Aufsichtsrats ist in Deutschland sogar gesetzlich vorgeschrieben.

Aktiengesell-schaften

Eine völlig andere Natur weisen *gemeinnützige Organisationen* auf. Ihrem Wesen nach dienen sie nicht der Gewinnmaximierung ihrer Eigentümer, sondern der Verfolgung eines bestimmten vorgegebenen Ziels. Ihre Finanzierung erfolgt großenteils durch Spenden von Bürgern oder Beiträgen von Mitgliedern, die sich diesem Ziel verpflichtet fühlen. Da potentielle Spender bzw. Beitragszahler gewährleistet wissen wollen, dass die von ihnen zur Verfügung gestellten Geldbeträge auch zur Verfolgung des deklarierten Organisationsziels verwendet werden, ist der Verzicht auf die Zuweisung der Residualeinkommensrechte an bestimmte Agenten von großer Bedeutung. Verfügen einige Akteure über diese Rechte, so werden sie die gespendeten Beträge gegebenenfalls für sich persönlich beanspruchen und damit dem eigentlichen Zweck entfremden. Folglich muss auf die Zuweisung der Residualrechte grundsätzlich verzichtet werden. Wenn die Entscheidungsmanager dieser Organisationen somit nicht über die Residualrechte verfügen können, so tritt das Agenturproblem in voller Schärfe in den Vordergrund. Tatsächlich finden sich in der Presse zahllose Berichte über Entscheidungsmanager, die ihren Freiheitsspielraum schamlos ausnutzten. Ein typisches Beispiel hierfür stellen Sportvereine dar. Die im Allgemeinen ehrenamtlich tätigen Vereinsvorsitzenden (oder Manager) haben mitunter die Geschäfte des Vereins ohne Engagement, ohne die entsprechenden Fähigkeiten oder ohne jegliche Skrupel missbraucht. Als Beleg für diese Behauptung mögen hier drei Zitate genügen:[10] „Finanzskandale gehören zum Bundesliga-Alltag.“[11] „Richtig seriös werden allenfalls sechs bis acht Vereine geführt.“[12] Der ehemalige Präsident des Bundesligavereins FC Schalke 04, Eichberg, wurde unter anderem als „Scharlatan,

Gemeinnützige Organisationen

---

[10] Die folgenden drei Aussagen werden in Anlehnung an Franck (1994), S. 241, Fußnote 241 zitiert.
[11] SPORTS, Heft 2, 1994, S. 70.
[12] Uli Hoeneß in: SPORTS, Heft 2, 1994, S. 70.

der den Klub mit Finanztricks, Bestechung und Millionenkrediten in den Ruin trieb"[13], bezeichnet. Es fiele nicht schwer, diese Liste zu verlängern.

An diesen Beispielen wird deutlich, dass die Trennung von Entscheidungsmanagement und Entscheidungskontrolle gerade auch bei gemeinnützigen Organisationen von großer Bedeutung ist. Des Weiteren lässt sich überdeutlich erkennen, dass ökonomische Überlegungen selbstverständlich auch in solchen Bereichen hochrelevant sind, die in der Umgangssprache nicht mit dem Begriff „Wirtschaft" in Verbindung gebracht werden.

Der gemeinnützigen Organisation sehr ähnlich sind öffentlich-rechtliche Organisationen, die ebenfalls nicht dem Ziel der Gewinnmaximierung verpflichtet sind und die ferner über keine Zuweisung von Residualrechten an Individuen verfügen. Im Unterschied zu privaten „Gemeinnützigen" finanzieren sie sich in erster Linie nicht von freiwilligen Spenden oder Beiträgen, sondern aus Zwangsabgaben. Das Agenturproblem in öffentlichen Organisationen ist hinlänglich bekannt und wird insbesondere in Verbindung mit dem Beamtenstatus wiederholt diskutiert.

Fassen wir die drei wichtigsten Ergebnisse dieses Abschnitts an dieser Stelle noch einmal zusammen:

1.) Eine Kombination von Entscheidungsmanagement und Entscheidungskontrolle findet im Allgemeinen dann statt, wenn diese auf wenige Agenten beschränkt bleiben, die zugleich auch die Residualrechte an der Firma halten. Typischerweise findet man diese Konstellation in kleinen nichtkomplexen Firmen.

2.) Eine Trennung von Residualrechten und Entscheidungsmanagement zieht eine Trennung von Entscheidungsmanagement und Entscheidungskontrolle zur Eindämmung der Agenturkosten nach sich. Eine Organisation, die diese Eigenschaften aufweist, ist im Allgemeinen groß und komplex.

3.) Die effiziente Ausgestaltung des Kontrollsystems bei Trennung von Entscheidungsmanagement und Entscheidungskontrolle besteht häufig im Aufbau einer hierarchischen Aufteilung der Firma in verschiedene Ebenen. Dabei übernehmen hierarchisch übergeordnete Ebenen die Entscheidungskontrolle hinsichtlich des Entscheidungsmanagements untergeordneter Ebenen.

1.3. Die Kumulation von Messkosten

Bei den bisher angeführten Überlegungen wurde implizit davon ausgegangen, dass entweder exogen vorgegeben ist, welcher Akteur die Messaktivitäten effizient durchführt oder dass der Messprozess durch alle Parteien

---

[13] DER SPIEGEL, 25. Oktober 1993, S. 288.

gleich effizient durchgeführt werden kann, so dass es keine Rolle spielt, wer die Messaktivitäten realisiert. In diesem Abschnitt wird die Frage in den Vordergrund gestellt, wer welche Messaktivität zu den geringsten Messkosten durchführen kann. Des Weiteren wird deutlich werden, dass auch die Verteilung verschiedener Verfügungsrechte einen maßgeblichen Einfluss auf die messkostenminimale Produktion ausübt. Ein wesentliches Element in diesen von Barzel (1982 und 1989) eingeführten Überlegungen spielt die Kumulation überflüssiger Messungen.

Der Grundgedanke sei anhand eines sehr einfachen Beispiels erläutert. Die zu analysierende Transaktion sei der Abschluss eines einfachen Kaufvertrags über Äpfel. Das Messproblem bei dieser Transaktion besteht in der Erfassung der Qualität der angebotenen Früchte. Diese sei nicht unmittelbar erkennbar, sondern erfordere eine Zeit in Anspruch nehmende Betrachtung, etwa durch Wiegen und/oder eine genauere visuelle Untersuchung. Doch selbst gleich aussehende und gleich schwere Äpfel können sich im Geschmack unterscheiden. So gilt es im Zweifel auch das Anbaugebiet oder Anbauverfahren der Äpfel in Erfahrung zu bringen. So mag ein Kunde großen Wert darauf legen, dass die von ihm konsumierten Äpfel nicht gespritzt oder anderweitig künstlich manipuliert wurden. Es wird ein vollkommen wettbewerblicher Markt unterstellt, der sicherstellt, dass das *durchschnittliche* Preis-Leistungsverhältnis eines Anbieters das der anderen nicht unterschreiten kann. Bei exogen vorgegebener Streuung der Apfelqualität bleiben noch zwei Fragen zu beantworten: (1) Mit welcher Genauigkeit wird eine Klassifikation der Äpfel durchgeführt? Das heißt, in welchem Umfang wird die Streuung der Qualität durch Maßnahmen der Messung vermindert? (2) Führt der Anbieter oder der Nachfrager die Messung durch?

Es sei vereinfachend unterstellt, dass Anbieter und Nachfrager die gleichen Kosten für jede einzelne Messaktivität aufweisen. Des Weiteren wird zunächst angenommen, dass eine hinreichend geringe Streuung der Produktqualität vorliegt. In diesem Fall ist klar, dass keine Messaktivitäten durchgeführt werden. Dies ist unmittelbar plausibel für den Fall, dass *keine* Qualitätsstreuung existiert. Dann machen Messungen irgendwelcher Art keinen Sinn, da sie keine ökonomisch relevanten Informationen erzeugen und nur Kosten verursachen. Ist die Streuung zwar vorhanden, jedoch nur sehr gering, so ist eine Messung ebenfalls nicht lohnend, und sie wird auch durch keinen der Akteure durchgeführt. Es ist klar, dass der Käufer keine Ressourcen opfert, um eine Information zu gewinnen, die für ihn einen geringeren Wert aufweist als die Kosten des Messens. Doch auch für die Verkäufer gibt es keinen Anreiz, Messungen zu verwirklichen. Bei vollkommenem Wettbewerb erzielt er ohne Messungsaktivitäten einen Gewinn von null. Führt er bei jedem Apfel eine Messung durch, so verursacht dies

*Qualitäts-
unsicherheit*

Kosten, die er durch den Preis wieder hereinholen muss, wenn er am Markt verbleiben will. Damit muss er den Preis um die Grenzmesskosten[14] erhöhen. Dadurch erhöht sich der Wert der Produkte für die Konsumenten. Die Wertsteigerung ist allerdings geringer als die Grenzmesskosten, so dass die Konsumenten das Preis-Leistungsverhältnis der Konkurrenten bevorzugen. Damit ist der messende Anbieter nicht mehr wettbewerbsfähig und muss entweder seine Messaktivitäten einstellen oder langfristig aus dem Markt ausscheiden.

Lässt man nun die Streuung der Produktqualität sukzessive ansteigen, so erreicht man einen Punkt, ab dem die Durchführung von Messungen ökonomisch effizient ist. Lassen wir zunächst offen, in welchem Ausmaß die optimale Messung erfolgen soll, so können wir uns der Frage widmen, wer die Messung durchführt. Ist dies der Anbieter, so wird jedes Produkt *exakt* einmal gemessen. Ist dies jedoch der Nachfrager, so wird jeder Apfel *mindestens* einmal gemessen. Worin liegt der Unterschied? Führt der Nachfrager eine Messung durch und entscheidet sich gegen den Kauf des Apfels, da dessen Qualität unter dem Qualitätsdurchschnitt liegt, so wird derselbe Apfel vermutlich auch von einem anderen Kunden untersucht werden. Damit wurde ein und derselbe Apfel bereits zweimal untersucht. Entscheidet sich auch der zweite Kunde gegen den Kauf, so findet gegebenenfalls eine dritte Messung statt usw. Damit steigen die Suchkosten der Konsumenten und damit auch der „Bruttopreis" der Äpfel. Anbieter, die die Messung selbst erledigen, können damit ihre Äpfel zu einem durchschnittlich geringeren Bruttopreis anbieten, da sie allen Kunden die Gefahr wiederholter Messungen ersparen. Damit verdrängen sie ihre nichtmessenden Konkurrenten aus dem Markt. Messungen werden damit durch die Anbieter durchgeführt.

Es bleibt allerdings noch zu klären, in welchem Ausmaß die Messaktivitäten erfolgen bzw. wie genau die Klassifikation der zu beurteilenden Äpfel ausfallen wird. Die vollkommene Konkurrenz wird dafür sorgen, dass nur die Anbieter im Markt überleben, die gerade so präzise messen bzw. klassifizieren, dass der beim Kunden erzeugte Grenznutzen gleich den Grenzmesskosten ist. Es wird somit exakt so genau gemessen, wie es die Käufer für optimal halten.

Mitunter lässt sich die Qualität eines Produktes nicht durch derartige einfache Messungen ermitteln. Ebenso ist nicht gewährleistet, dass Anbieter und Nachfrager gleich hohe Messkosten aufweisen. Mitunter kann die Qualität ökonomisch sinnvoll erst durch die Nutzung bestimmt werden. Beispielsweise wird die Qualität eines neugekauften Automobils erst beim Fahren sichtbar. Nun ist es äußerst kostspielig, jedes einzelne Auto erst

---

[14] Es sei vereinfachend unterstellt, dass diese konstant sind.

mehrere tausend Kilometer Probe zu fahren. Wenn eine „Messung durch Nutzung" ökonomisch effizient ist, so bilden sich im Allgemeinen andere institutionelle Arrangements wie *Produktgarantien, Beteiligungsverträge* oder *Markennamen*. Eine Messung durch Nutzung verursacht im Durchschnitt relativ geringe Kosten. Zwar kann im Einzelfall ein auf der Straße liegengebliebenes Auto recht hohe Kosten verursachen, doch werden die Produktanbieter zur Wahrung ihrer *Qualitätsreputation* genau darauf achten, dass nicht zu viele solcher Fälle eintreten werden. Die Gewährung einer Produktgarantie sichert dem einzelnen Kunden die vertraglich vereinbarte Qualität. Bei eventuellen Mängeln kann er das Auto entweder zurückgeben oder es „nachbessern" lassen. Wenn die beim Nachfrager erwarteten Messkosten geringer sind als eine umfassende Messung durch den Hersteller, sollten sich die Anbieter auf die Ausstellung solcher Messsurrogate wie Reputation oder Garantien beschränken. Man beachte, dass etwa die Gewährung einer Garantie nichts anderes als eine Variation der Verfügungsrechte darstellt. Der Käufer erhält ein umweltabhängiges (kontingentes) Verfügungsrecht auf Reparatur- oder Produkttauschleistungen des Verkäufers.

Es gilt allerdings zu berücksichtigen, dass die Gewährung einer Garantie Auswirkungen auf die Sorgfalt aufweisen könnte, mit der der Käufer sein neu erworbenes Produkt behandelt. Als Folge davon können sich *Garantieeklauseln* bewähren, die eine Schadensbehebung nur für den Fall des Einhalts gewisser Verhaltensstandards leisten. Auch die Einführung solcher Klauseln stellt wiederum nichts anderes als eine geschickte Modifikation der Verfügungsrechte zur Steigerung der ökonomischen Effizienz dar.

Der dem Barzelschen Ansatz zugrunde liegende Aspekt der Kumulation von Messkosten wirkt sich auch auf die Problematik der vertikalen Integration einer Unternehmung aus. Man betrachte einen mehrstufigen Produktionsprozess. Für die Zwischenprodukte, die im Ablauf des vollständigen Produktionsvorgangs erzeugt werden, gelte, dass ihre Qualität nicht ohne Messaufwand ermittelt werden kann. Es wird weiterhin angenommen, dass die Messung des Outputs im Vergleich zur Messung des Inputs ineffizient ist. Das bedeutet, dass eine effiziente Messung durch die Überwachung des Produktionsprozesses und nicht durch die Untersuchung des Endproduktes zu erfolgen hat. Geht man zunächst davon aus, dass alle n Stufen der Produktion von rechtlich selbständigen Firmen durchgeführt werden, so lässt sich zeigen, dass die Messaktivitäten überproportional zur Anzahl der Produktionsstufen ansteigen: Bei zwei Stufen muss die Firma, die das Endprodukt erstellt, ihren Zulieferer überwachen. Es erfolgt mithin eine Überwachung. Bestehen drei Fertigungsstufen, so muss – wie zuvor – die Firma auf der zweiten Stufe das Unternehmen der ersten Stufe kontrollieren. Der Endproduzent hingegen bezieht ein Zwischenprodukt von der zweiten Fir-

Vertikale Integration

ma, in das sowohl Inputs der ersten als auch der zweiten Stufe eingehen. Um eine hohe Qualität sicherzustellen, muss er *sowohl den Produzenten auf Stufe 1 als auch den auf Stufe 2 überwachen*.[15] Firma 3 führt somit zwei Messungen durch und die Gesamtzahl der Messungen beträgt 3. Folgt eine vierte Stufe, so müssen zu den bereits beschriebenen drei Messungen drei weitere durch Firma 4, die alle vorgelagerten Firmen kontrolliert, addiert werden. Fügen wir eine fünfte Stufe hinzu, so muss die Anzahl der Messungen um weitere vier zur Kontrolle der Erzeugung aller vorgelagerten Zwischenprodukte erhöht werden. Allgemein gilt: Existieren n Produktionsstufen und damit (n – 1) Zwischenprodukte, so werden diesen Überlegungen zufolge n(n – 1)/2 Messungen durchgeführt. Die Messkosten steigen damit im Quadrat zu der Anzahl der Produktionsstufen. Die Ursache hierfür liegt darin, dass alle Produktionsstufen mit Ausnahme der letzten und der vorletzten *mehrfach*, nämlich durch die Agenten aller folgenden Produktionsstufen, überwacht werden.

Integriert man demgegenüber die Produktionsstufen in eine einzige Firma, so müssen die Agenten, die einen Verarbeitungsvorgang durchführen, nicht mehr alle vorgelagerten Aktivitäten beobachten. Es reicht vollkommen aus, wenn die Produktion einer jeden Stufe durch exakt einen von der Firmenleitung beauftragten Kontrolleur überwacht wird. Damit entfallen die im System der dezentralen Lösung anfallenden Mehrfachmessungen und die dadurch verursachten Kosten. Auf diese Weise wirkt die vertikale Integration messkostensenkend.

Ein weiteres Argument, das die hier angeführte Argumentation stärkt, besteht in der durchaus realistischen Einschätzung, dass eine firmeninterne Überwachung effektiver bzw. kostengünstiger ist als die Überwachungsversuche durch einen unternehmensexternen Nachfrager. Des Weiteren liefert die Barzelsche Argumentation eine Begründung für die weit verbreitete Nutzung fixer Löhne: Wenn eine Überwachung sinnvoll nur am Input ansetzen kann, so macht eine outputorientierte Entlohnung natürlich keinen Sinn, da dieser schlechter zu erfassen ist als der Input.

Geben wir demgegenüber die Annahme auf, dass die Inputkontrolle effektiver sei als die Outputkontrolle, und unterstellen wir das Gegenteil, so werden die Agenten der verschiedenen Produktionsstufen tendenziell selbständig bleiben und die Entlohnung wird am Output ausgerichtet. Vertikale Integration führt in diesem Fall nicht mehr zu Messkosteneinsparungen, und die Outputkontrolle kann jedesmal effizient beim Handel der Zwischenprodukte erfolgen.

---

[15] Man erinnere sich daran, dass eine Output-Kontrolle *annahmegemäß* zu teuer sei. Eine wirksame Inputkontrolle muss notwendigerweise alle vorgelagerten Produktionsstufen umfassen. Ansonsten liegen keine verläßlichen Aussagen über die Qualität vor.

Problematisch an der Übertragung von Barzels Konzept auf die Integrationsproblematik ist insbesondere, dass *ausschließlich* das Instrument der Messung berücksichtigt wird. Wie jedoch bereits erläutert, können auch in Barzels allgemeinem Ansatz einige der hier angeführten Probleme gegebenenfalls durch alternative institutionelle Lösungen wie die Ausstellung von Garantien oder die Etablierung einer Reputation gelöst werden. Es bleibt zu klären, wann welche dieser Instrumente wirken können und wann nicht.

2. Die formale Prinzipal-Agent-Theorie als Risiko-Anreiz-Problem

Im soeben abgeschlossenen Kapitel wurden eine Vielzahl von Aspekten des Agenturproblems in geschickter Weise und durch eine Verkettung verschiedener plausibler Annahmen berücksichtigt. Durch ein solches Vorgehen gelangt man zwar zu einer recht umfassenden Sicht der Agenturkosten, dennoch wurden nur in einigen Teilbereichen explizite mikroökonomische Kalküle angeführt. Die Mehrzahl der Überlegungen basiert auf zwar leicht nachvollziehbaren, aber nicht umfassend abgeleiteten Analogieschlüssen aus Darstellungen der Mikroökonomik.

In den folgenden Ausführungen wird genau umgekehrt vorgegangen. Alle nun abzuleitenden Zusammenhänge werden aus präzisen mikroökonomischen Kalkülen gewonnen. Der Preis für die dabei gewonnene Präzision besteht in einem erheblichen Verlust an Allgemeinheitsgrad und Umfang der gleichzeitig berücksichtigten Aspekte. Um dennoch durch formaltheoretische Methoden ein umfassenderes Bild zu gewinnen, müssen dafür eine Reihe von verschiedenen Modellvarianten durchgespielt werden. Die Anzahl der in der Literatur vorzufindenden Modelle übersteigt bei weitem die Möglichkeiten eines einführenden Buchs. Aus diesem Grund werden hier nur die wichtigsten Ansätze in zum Teil stark vereinfachter Form besprochen. Trotz dieser Einschränkung ist es unseres Erachtens möglich, die wichtigsten typischen Wirkungszusammenhänge aufzuarbeiten.

Im Vordergrund der formalen Prinzipal-Agent-Theorie steht das Verhältnis von asymmetrischen Informationen, Risikokosten und der damit verbundenen Anreizintensität. Die besondere Bedeutung des Risikos erfordert eine kurze Einführung in die mikroökonomische Theorie der Entscheidung unter Unsicherheit (Risiko). Diejenigen Leser, die diese bereits im Wesentlichen kennen, können das folgende Kapitel 2.1. überschlagen und mit Abschnitt 2.2. fortfahren.

2.1. Technische Vorbemerkungen: Entscheidungen unter Unsicherheit

Zukunftsunsicherheit ist ein universelles Phänomen. Selbst bei den einfachsten und alltäglichsten Entscheidungen sind die Folgen der ergriffenen

Maßnahmen nicht vollkommen bestimmt. Kauft man etwa in einem Supermarkt einen Liter Milch, so kann man sich nie *hundertprozentig* sicher sein, dass diese nicht sauer ist. Ebensowenig weiß man vor einem Kinobesuch, ob einem der entsprechende Film gefallen wird. Noch deutlicher wird der Aspekt des Risikos schon beim Erwerb eines Automobils. Erst im Lauf der Zeit wird man feststellen, ob man ein „Montagsauto" gekauft hat oder nicht.

Erwartungs-
nutzen

Dennoch ist in allen aufgeführten Fällen ein gewisses Wissen über die Folgen der Handlungen vorhanden. Beim Kauf der Milch erwartet man mit einer sehr hohen Wahrscheinlichkeit, dass sie gut ist, wenn das auf der Packung angegebene Mindesthaltbarkeitsdatum noch nicht überschritten ist. Ebenso geben die Kritiken eine gewisse Auskunft über die Qualität des Kinofilms an. Auch hieraus werden grobe Wahrscheinlichkeitseinschätzungen hinsichtlich der eigenen Position abgeleitet. Trotzdem bleibt sowohl beim Milchkauf als auch beim Kinobesuch oder dem Autoerwerb ein gewisses Restrisiko erhalten. In diesem Sinn lassen sich praktisch alle individuellen Entscheidungen als eine *Wahl zwischen Lotterien* interpretieren. Stehen etwa zwei Kinofilme zur Auswahl, und einer dieser Filme erhielt begeisterte, der andere hingegen vernichtende Kritiken, so werden die potentiellen Kinogänger daraus subjektive Wahrscheinlichkeiten ableiten, ob ihnen der Film gefällt. Auf diesen Einschätzungen wird letztlich die von ihnen getroffene Entscheidung beruhen. Entscheiden sie sich für einen Film und kaufen die Eintrittskarte, so erwerben sie gewissermaßen ein „Lotterielos", in der es Nieten (der Film gefällt nicht) und Gewinnlose gibt (er ist den Eintrittspreis wert). Erst nach dem Konsum wissen sie, welches Los sie gezogen haben.

Die mikroökonomische Theorie modelliert diesen Entscheidungsprozess im Allgemeinen mit Hilfe des Konstrukts des *Erwartungsnutzens* (von Neumann-Morgenstern-Nutzenfunktion). Der Erwartungsnutzen ist der Erwartungswert des Nutzens einer Lotterie. Gibt es etwa n mögliche Umweltzustände $Y_i = \{Y_1, Y_2, ..., Y_n\}$, die jeweils mit einer Wahrscheinlichkeit $f_i = \{f_1, f_2, ..., f_n\}$ eintreffen, und für die

$$\sum f_i = 1$$

gilt, so bestimmt sich der Erwartungsnutzen aus der Formel

$$EU = \sum_{i=1}^{n} f_i U(Y_i).$$

Stellt die Menge der möglichen Umweltzustände eine *stetige* Zufallsvariable (Y) dar, deren Eintrittswahrscheinlichkeiten durch eine Wahrscheinlichkeitsdichte f(Y) erfasst werden, so beträgt der Erwartungsnutzen

$$EU = \int f(Y)U(Y)dY \, .$$

Eine graphische Abbildung für den Fall einer diskreten Zustandsvariable findet sich in Abbildung 2.9, in der eine konkave Nutzenfunktion unterstellt wird. Die Umwelt kann darin nur zwei Zustände annehmen: Im positiven Fall sind das Einkommen (Y_2) und der daraus resultierende Nutzen $U(Y_2)$ hoch. Stellt sich der unerwünschte Umweltzustand ein, so sind Einkommen und Nutzen niedrig ($Y_1 < Y_2, U(Y_1) < U(Y_2)$).

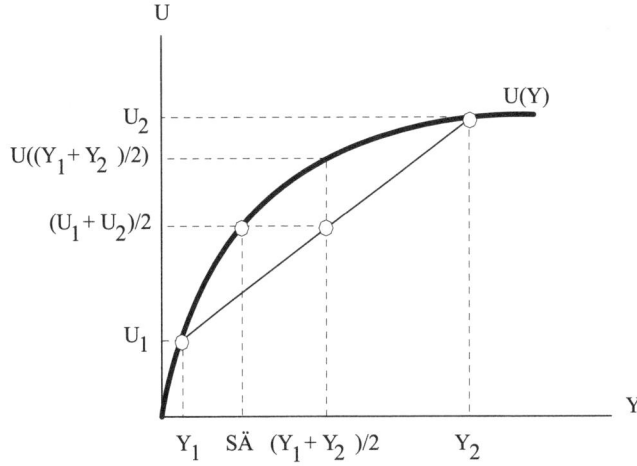

Abbildung 2.9

Geht man des Weiteren davon aus, dass beide Zustände mit gleicher Wahrscheinlichkeit 0,5 eintreten, so beträgt das erwartete Einkommen $EY = (Y_1 + Y_2)/2$. Der *erwartete Nutzen* entspricht

$$EU = \frac{U\left(Y_1\right) + U\left(Y_2\right)}{2} \, .$$

Der konkave Verlauf der in Abbildung 2.9 dargestellten Nutzenfunktion bewirkt, dass der Erwartungsnutzen EU geringer ist als der Nutzen bei *sicherem* Eintritt des Erwartungswertes von Y, i.e. U(EY): Hätte das Individuum die Wahl, entweder die Lotterie zu wählen oder eine sichere Auszahlung in Höhe von $(Y_1 + Y_2)/2$, so würde es die sichere Auszahlung eindeutig vorziehen. Ein Individuum, das mit einer solchen konkaven Nutzenfunktion ausgestattet ist, bezeichnet man als *risikoavers*. Allgemein beinhaltet *Risikoaversion*, dass eine Erhöhung der Streuung der Auszahlung um einen gegebenen Erwartungswert EY als nachteilig empfunden wird.

Risikoaversion

Je nach Verlauf der unterstellten Nutzenfunktion können jedoch auch *Risikoneutralität* oder *Risikofreudigkeit* vorliegen. Risikoneutralität besagt, dass das entsprechende Wirtschaftssubjekt ausschließlich am Erwartungswert der Auszahlung interessiert ist und einer Erhöhung oder Verminderung der Streuung völlig indifferent gegenüber steht. Risikofreudige Spieler ziehen sogar einen Nutzen aus der Existenz von Streuungen. In der graphischen Darstellung sind risikoneutrale Spieler durch einen linearen Verlauf der Nutzenfunktion gekennzeichnet, während ein konvexer Verlauf Risikofreudigkeit impliziert (siehe Abbildung 2.10).

Abbildung 2.10

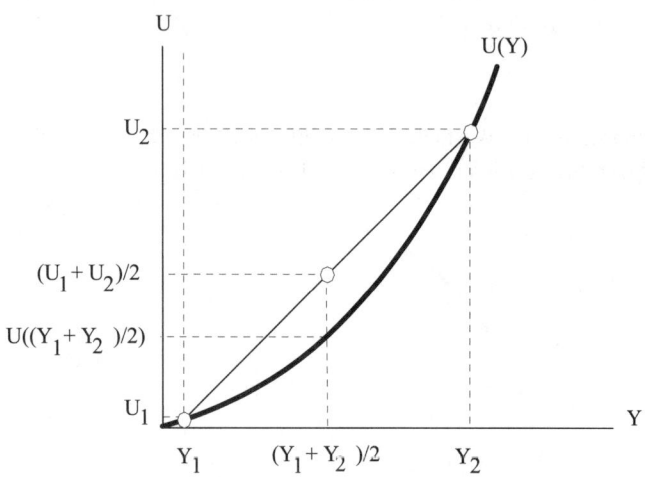

Damit wird deutlich, dass das Ausmaß der Risikoaversion vor allem von der Krümmung der unterstellten Nutzenfunktion abhängt. Um eine Maßzahl für Risikoaversion zu gewinnen, mag man zunächst einfach an die zweite Ableitung der Nutzenfunktion denken. Es stellt sich jedoch heraus, dass sie dafür recht ungeeignet ist. Der von Neumann-Morgenstern-Nutzen ist intervallskaliert, das heißt, es wird nicht nur eine eindeutige Rangordnung vorgegeben, sondern auch die Abstände zwischen den einzelnen Nutzenausprägungen werden erfasst.[1] Man kann dementsprechend zeigen, dass jede Erwartungsnutzenfunktion durch eine affine Transformation vom Typ $U' = aU + b$ der ihr zugrunde liegenden Nutzenfunktion in eine gleichwertige zweite Erwartungsnutzenfunktion umgewandelt werden kann. Die Maximierung von EU' führt zu den gleichen Ergebnissen wie die von EU. Verwendet man jedoch die zweite Ableitung als Maßzahl der Risikoaversion, so ändert sich bei der Multiplikation der Nutzenfunktion mit einer Konstanten auch die Risikoaversion. Um diesen unerwünschten Effekt zu

---

[1] Das bekannteste Beispiel für eine Intervallskala ist das Thermometer. Wie auch bei der Temperaturmessung gilt auch für den Erwartungsnutzen, das der Nullpunkt frei gewählt werden kann. Daraus folgt, dass die Bildung von Quotienten zwischen Merkmalsausprägungen ebenso sinnlos ist wie die Aussage „20° C ist doppelt so warm wie 10° C". So würden sich etwa in Fahrenheit völlig andere Relationen ergeben.

korrigieren, normalisiert man die Risikomaßzahl, indem man die zweite Ableitung durch die erste Ableitung der Nutzenfunktion teilt. Die resultierende Zahl bezeichnet man als das *Arrow-Pratt-Maß der absoluten Risikoaversion* (r):

$$r(Y) = -\frac{U''(Y)}{U'(Y)}.$$

Zwei weitere wichtige Begriffe aus der Theorie der Entscheidung unter Unsicherheit sind der des *Sicherheitsäquivalents* und der der *Risikoprämie*. Das Sicherheitsäquivalent einer Lotterie entspricht dem sicheren Betrag, der das entsprechende Wirtschaftssubjekt indifferent werden lässt zwischen der Auszahlung dieses Betrags und der Beteiligung an der Lotterie. Das Sicherheitsäquivalent ist demnach der sichere Umweltzustand (Auszahlungsbetrag), für den gilt:

Sicherheits-äquivalent und Risikoprämie

$$U(S\ddot{A}) = EU_{Lotterie}.$$

In Abbildung 2.10 lässt sich dieser Punkt ermitteln, indem man sich ausgehend vom Ordinatenabschnitt bei

$$EU = \frac{U(Y_1) + U(Y_2)}{2}$$

solange horizontal nach rechts bewegt, bis man die Nutzenfunktion schneidet. Vom Schnittpunkt aus fällt man das Lot auf die Abszisse und kann dort das Sicherheitsäquivalent ablesen. Die Risikoprämie (RP) besteht aus der Differenz zwischen der erwarteten Auszahlung aus der Lotterie EY und dem Sicherheitsäquivalent SÄ:

$$RP = EY - S\ddot{A}.$$

Im Allgemeinen hängt der exakte Erwartungsnutzen von der gesamten Wahrscheinlichkeitsdichte-Verteilung der Zufallsvariable Y ab. Unter bestimmten Umständen jedoch lässt sich der Erwartungsnutzen durch den Erwartungswert und die Varianz der Zufallsvariablen erfassen. Es sei f(Y) eine Normalverteilung der Zufallsvariablen Y sowie $U = -e^{-rY}$ die Nutzenfunktion. Das Arrow-Pratt-Maß der absoluten Risikoaversion für diese Nutzenfunktion beträgt

Erwartungs-wert-Varianz-Nutzenfunktion

$$-\frac{U''(Y)}{U'(Y)} = -\frac{-r^2 e^{-rY}}{r e^{-rY}} = r = const.$$

Die Nutzenfunktion weist somit eine konstante absolute Risikoaversion in Höhe von r auf und ist in Abbildung 2.11 graphisch dargestellt. Der Erwartungsnutzen bestimmt sich demnach aus der Gleichung

$$EU = -\int e^{-rY} f(Y) dY = -e^{-r\left(EY - \frac{r}{2}\sigma_Y^2\right)}.$$

Der erwartete Nutzen steigt monoton mit dem Sicherheitsäquivalent $SÄ = EY - \dfrac{r}{2}\sigma_Y^2$, wobei σ_Y^2 der Varianz der Variablen Y entspricht. Daraus ergibt sich, dass man anschließend eine monotone Transformation des Erwartungsnutzens durchführen kann, so dass die betrachtete Lotterie mit der Nutzenfunktion $U\left(EY, \sigma_Y^2\right) = EY - \dfrac{r}{2}\sigma_Y^2$ bewertet werden kann. Eine solche Erwartungswert-Varianz-Nutzenfunktion ist besonders leicht zu handhaben und wird in den folgenden Kapiteln wiederholt Verwendung finden.

Des Weiteren lässt sich zeigen, dass das Sicherheitsäquivalent auch für andere Verteilungen der Zufallsvariablen und andere monoton in der Zufallsvariable steigende Nutzenfunktionen *näherungsweise* durch die Formel

$$SÄ \approx EY - \frac{1}{2}\frac{U''(EY)}{U'(EY)}\sigma_Y^2 = EY - \frac{r(EY)}{2}\sigma_Y^2$$

beschreiben lässt.[2] Auch hier gilt, dass die Lotterien näherungsweise durch eine Erwartungswert-Varianz-Nutzenfunktion bewertet werden können. Man beachte, dass diese Näherung keine konstante Risikoaversion r unterstellt. In die Gleichung zur Schätzung des Sicherheitsäquivalents geht das Arrow-Pratt-Maß, ausgewertet an der Stelle EY, ein.

Abbildung 2.11

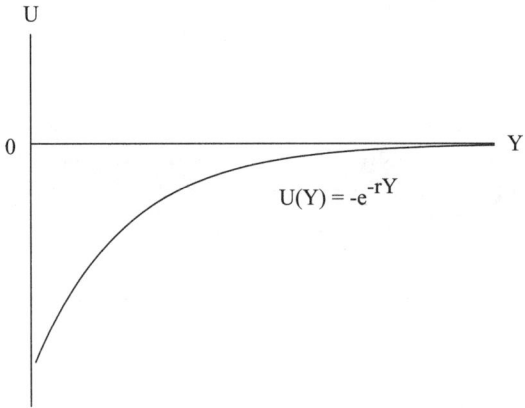

$$U(Y) = -e^{-rY}$$

---

[2] Für eine sehr anschauliche Darstellung des Beweises vgl. MILGROM/ROBERTS (1992), S. 246 f.

2.2. Varianten des Agentur-Problems

Es wurde schon angesprochen, dass es in der Realität eine Vielzahl von Prinzipal-Agent-Beziehungen gibt: Aktionär-Vorstand, Vorgesetzter-Mitarbeiter, Wähler-Politiker oder Gebrauchtwagenkäufer-Gebrauchtwagenverkäufer. Die Beispiele unterscheiden sich jedoch nicht nur hinsichtlich der beteiligten Personen, sondern zum Teil auch ganz erheblich im zugrunde liegenden Anreizproblem. Wir werden im Folgenden noch sehen, dass etwa das Problem zwischen dem Käufer und Verkäufer eines Gebrauchtwagens ein völlig anderes sein kann als das zwischen einem Vorgesetzten und seinem Mitarbeiter. Die entscheidenden Unterschiede liegen in der zeitlichen Struktur der Entstehung von Informationsasymmetrien. Im Folgenden sollen zunächst vier verschiedene Typen von Agenturproblemen unterschieden werden.[3]

Zunächst einmal gibt es den Fall *moralischen Wagnisses mit versteckter Handlung*.[4] Die typische zeitliche Abfolge der Aktionen wird in Abbildung 2.12 als Baumdiagramm eines ökonomischen Spiels in der extensiven Form dargestellt.

Moralisches Wagnis mit versteckter Handlung

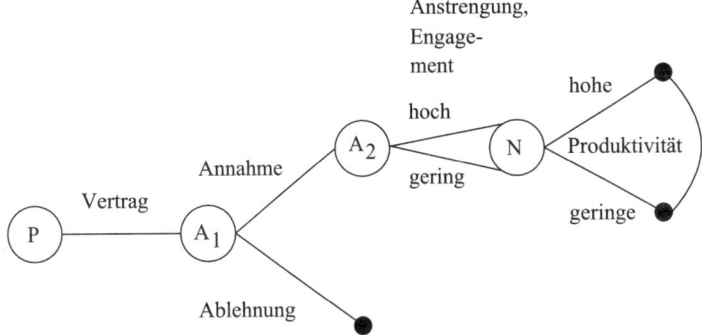

Abbildung 2.12

Zu Beginn der wirtschaftlichen Beziehung macht der Prinzipal dem Agenten ein Vertragsangebot, das dieser im Punkt A_1 annehmen oder ablehnen kann. Lehnt er ab, so ist das Spiel zu Ende. Anderenfalls unterschreibt er den Kontrakt und muss anschließend seine Leistung für den Prinzipal erbringen. Allerdings hat er im Punkt A_2 die Wahl zwischen einer engagierten Erledigung seiner Aufgabe und einer „lockeren" Arbeitshaltung, die ihm ein bequemes Leben einbringt. Anschließend zieht der „Spieler Natur" (der Zufall) und beeinflusst seinerseits die Produktivität des

---

[3] Die graphische Darstellung erfolgt in Orientierung an RASMUSEN (1994), S. 167. Die gewählte Einteilung unterscheidet sich allerdings.

[4] Unter diese Kategorie von Agenturmodellen fällt auch die unten behandelte Mehraufgaben-Prinzipal-Agent-Theorie.

Faktoreinsatzes. Zum Schluss erhält der Prinzipal den Output. Allerdings ist er nicht dazu in der Lage herauszufinden, wie dieser zustande kam, das heißt wie hoch der Einsatz des Agenten war oder wie günstig oder ungünstig sich die Umweltbedingungen entwickelt haben. Auf diese Weise verfügt der Agent über die Möglichkeit, schlechte Outputergebnisse durch „eine ungünstige wirtschaftliche Lage" zu rechtfertigen. In der graphischen Darstellung werden nicht allgemein beobachtbare Aktionen dadurch gekennzeichnet, dass vom entsprechenden Knotenpunkt aus mehrere Linien (Aktionen) zum folgenden Knotenpunkt eingezeichnet sind.[5]

Adverse Selektion

Eine zweite Variante des Agenturproblems, die im Allgemeinen als *adverse Selektion* bezeichnet wird und die ein völlig anderes Lösungsverfahren erfordert, ist dadurch gekennzeichnet, dass der zufällige Zug des „Spielers Natur" am Anfang des Spiels steht und vom Agenten beobachtet wird, vom Prinzipal hingegen nicht. So weiß der Agent beim Vertragsabschluss über seine Produktivität genau Bescheid, während der Prinzipal nur eine grobe Wahrscheinlichkeitseinschätzung bilden kann. Das typische Beispiel für eine solche Konstellation ist der Handel von Gebrauchtwagen.[6] Der Verkäufer kennt den Zustand des Autos sehr gut, während der Kaufinteressent nur sehr grobe Einschätzungen darüber hat. Das entsprechende Baumdiagramm findet sich in Abbildung 2.13.

Abbildung 2.13

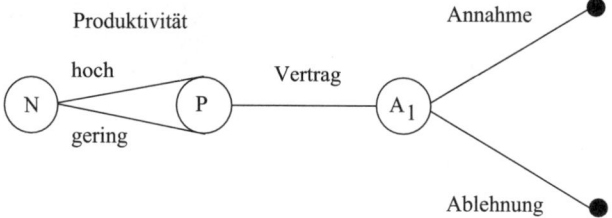

Eine dritte Form des Prinzipal-Agent-Problems ist die des *moralischen Wagnisses mit versteckter Information*. In diesem Fall zieht die Natur *bevor* der Agent seine zweite Entscheidung trifft. Annahmegemäß kann der Prinzipal die Entscheidung des Agenten beobachten, ist jedoch nicht dazu in der Lage, die Umweltbedingungen zu erkennen. Dies gibt dem Agenten die Möglichkeit, seine Entscheidung durch eine falsche Wiedergabe der ökonomischen Rahmenbedingungen zu legitimieren. Sein Aktionsspielraum ist jedoch spürbar geringer als bei moralischem Wagnis mit versteckter Handlung, da seine eigenen Maßnahmen beobachtet werden. Das

---

[5] Wenn auch die letzte Aktion nicht von allen Spielern beobachtet werden kann, so werden die Endpunkte miteinander verbunden.

[6] Tatsächlich wurden die diesbezüglichen Überlegungen erstmals von AKERLOF (1970) in seinem berühmten „Zitronen-Aufsatz" an genau diesem Beispiel illustriert.

Baumdiagramm des entsprechenden Spiels in seiner extensiven Form sieht wie folgt aus:

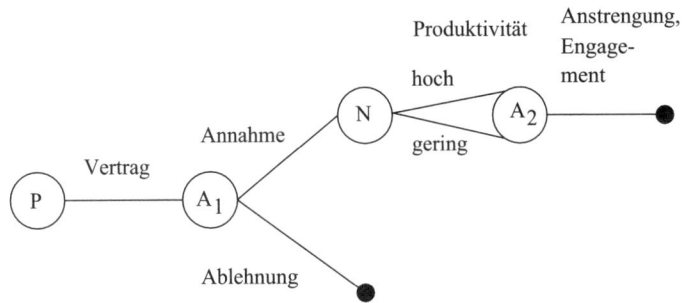

Abbildung 2.14

Diese Art des Agenturproblems ähnelt in wesentlichen Zügen dem Modell der adversen Selektion. Aus diesem Grund wird es im Folgenden nicht im Detail analysiert.[7]

Die vierte und zunächst letzte Variante wird als *moralisches Wagnis in Teams* bezeichnet. In der darin enthaltenen Teamproduktionsproblematik sind beide Akteure (wir beschränken uns der Einfachheit halber auf zwei Teammitglieder) sowohl Prinzipal als auch Agent. In einer Teamproduktion ist jedes Mitglied Prinzipal, weil es den anderen „beauftragt", seinen Beitrag zum Teamprodukt, von dem es selbst profitiert, zu leisten. Gleichzeitig sind alle Akteure auch Agenten, da sie den anderen Mitgliedern gegenüber in der Verpflichtung stehen. Ein typisches Beispiel für eine solche Teamproduktion sind Rechtsanwalts- oder Steuerkanzleien. Die entsprechenden Firmenpartner können sich während der Arbeit nicht ununterbrochen kontrollieren, sie teilen den Gesamtgewinn untereinander auf und haben alle einen Anreiz „auf Kosten der Partner" zu leben. Das entsprechende Baumdiagramm findet sich in Abbildung 2.15.[8]

Moralisches Wagnis in Teams

Betrachten wir nun die drei Grundkonstellationen „moralisches Wagnis mit versteckter Handlung", „moralisches Wagnis in Teams" und „adverse Selektion" – in dieser Reihenfolge – genauer. Da die erste und die letzte Konstellation in einer Reihe von Unterfällen durchgespielt wird, sei schon an dieser Stelle ein Überblick über die Vorgehensweise gegeben. Der

---

[7] Der wesentliche Unterschied besteht darin, dass es im Modell des moralischen Wagnisses mit versteckter Information nur eine „Partizipationsbedingung" gibt, bei adverser Selektion jedoch mehrere. Für eine ausführliche Darstellung siehe zum Beispiel RASMUSEN (1994), S. 195 ff.

[8] In der extensiven Form eines Spiels werden simultane, nicht wechselseitig beobachtbare Züge durch nacheinander folgende Züge dargestellt, wobei der zuerst erfolgende Zug vom nachziehenden Spieler nicht beobachtet werden kann. Diese Darstellung ist durchaus adäquat, da es keinen strategischen Unterschied macht, ob ein Spieler unbeobachtet eine Sekunde vor dem anderen zieht oder ob sie gleichzeitig agieren.

Abbildung 2.15

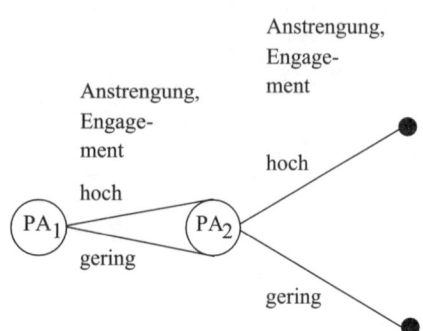

Komplex „moralisches Wagnis mit versteckter Handlung" wird in zwei aufeinanderfolgenden Abschnitten untersucht. Im ersten werden Varianten des Grundmodells untersucht, während im zweiten die Mehraufgaben-Prinzipal-Agent-Theorie betrachtet wird. Im sich hieran anschließend Abschnitt untersuchen wird die Teamproduktion unter dem Gesichtspunkt des moralischen Wagnisses'. Abschließend betrachten wir verschiedene Modelle der adversen Selektion.

2.3. Moralisches Wagnis mit versteckter Handlung

2.3.1. Das Grundmodell moralischen Wagnisses mit versteckter Handlung

In diesem Abschnitt untersuchen wir das „Hidden-action"-Modell in drei Varianten: (a) in einem Grundmodell mit dem Prinzipal in einer Monopolstellung, (b) in einer Erweiterung dieses Modells unter zusätzlicher Einbeziehung von Messaktivitäten und (c) in einem alternativen Ansatz, in dem die Prinzipale miteinander im Wettbewerb stehen. Dabei werden wir zeigen, dass die Marktform bei dieser Art von Modellen keinen Einfluss auf die Anreizintensität der Entlohnung ausübt. Beginnen wir mit dem Grundmodell.

Aufbau des Modells

Wie bereits im vorangehenden Abschnitt skizziert, macht der Prinzipal in dieser Variante des Prinzipal-Agent-Modells im ersten Schritt ein Vertragsangebot, das der Agent annehmen oder ablehnen kann. Nimmt er es an, so wird er seine Handlungen unbeobachtet vom Prinzipal durchführen. Anschließend zieht der „Spieler Natur". Es sei angenommen der Output x des Agenten bestimme sich aus der Gleichung $x = e + \varepsilon$ mit e als der Hingabe (Anstrengung) mit der sich der Agent seiner Aufgabe widmet und ε als Zufallsvariable (Zug der Natur), die den Output des Agenten beeinflusst. Letztere sei normalverteilt mit einem Erwartungswert $E\varepsilon = 0$ und einer Varianz σ^2. Die Entlohnung y soll nach einer linearen Formel erfolgen:[9]

$$y = \beta + \alpha x$$

$$= \beta + \alpha(e + \varepsilon) = \beta + \alpha e + \alpha\varepsilon$$

mit $Ey = \beta + \alpha e$. Die Varianz des Einkommens beträgt in diesem Fall $\sigma_y^2 = \alpha^2 \sigma^2$.[10]

Es ist wichtig, dass der Prinzipal weder die Handlung des Agenten noch die Zufallsvariable beobachten kann. Könnte er die Anstrengung exakt und kostenlos messen, so wäre es möglich, einen Vertrag abzuschließen, der das Agenturproblem vollständig löst. Dieser könnte beispielsweise folgende Struktur aufweisen:[11]

$$y = \begin{cases} \beta^* & , e \geq e^* \\ 0 & , e < e^* \end{cases}$$

In diesem Fall könnten das optimale e^* und der dafür erforderliche Lohn β^* vorab festgelegt werden. Da der rationale Agent perfekt kontrolliert wird, kann er nicht eigennützig abweichen.

Auf ähnliche Weise eliminiert auch die Möglichkeit des Prinzipals, ε zu erkennen, das Agenturproblem. Da der Prinzipal x sieht, kann er in diesem Fall unmittelbar auf e schließen: $e = x - \varepsilon$. Damit kann der gleiche, perfekt funktionierende Vertrag wie oben abgeschlossen werden. Kann der Prinzipal jedoch weder x noch ε erkennen, so ergibt sich ein nichttriviales Prinzipal-Agent-Problem, das wie folgt strukturiert ist.

Die Nutzenfunktion des Agenten sei

$$U = Ey - \frac{r}{2}\sigma_y^2 - C(e)$$

$$= \beta + \alpha e - \frac{r}{2}\alpha^2\sigma^2 - C(e).$$

Dabei stellt C(e) die Kosten der Anstrengung des Agenten dar. Für die Kostenfunktion gelte $C'(e) > 0$ und $C''(e) > 0$; sie verläuft also konvex und steigend. Des Weiteren verfüge der Agent über alternative Beschäfti-

---

[9] Holmstrom und Milgrom haben gezeigt, dass für diese Art von Modellen die Einschränkung auf lineare Lohnformeln den Aussagewert der Modelle nicht beeinträchtigt, da lineare Lohnformeln sich als optimal erweisen. Vgl. HOLMSTROM/MILGROM (1991), S. 29.

[10] Begründung: Bei einer linearen Transformation einer Zufallsvariablen $(Y' = a + bY)$ verändert sich die Varianz nach der Formel $Var(Y') = b^2 Var(Y)$.

[11] Es gibt noch viele weitere perfekte Verträge.

gungsmöglichkeiten, die ihm einen (Reservations-)Nutzen von $\overline{U}$ einbringen. Damit sich der Agent dazu bereit erklärt, den Kontrakt mit dem Prinzipal einzugehen, muss er folglich mindestens diesen Reservationsnutzen aus dem Vertrag ziehen können. Ein möglicher Kontrakt muss damit die *Partizipationsbedingung* erfüllen:

Partizipations-bedingung

$$\beta + \alpha e - \frac{r}{2}\alpha^2\sigma^2 - C(e) \geq \overline{U}.$$

Das Produkt x weise einen Marktwert von p auf. Der Prinzipal sei ein risikoneutraler Gewinnmaximierer:[12]

$$\pi = E\big[px - \beta - \alpha x\big]$$
$$= E\big[pe - \beta - \alpha e + p\varepsilon - \alpha\varepsilon\big]$$
$$= pe - \beta - \alpha e.$$

Anreiz-kompatibilitäts-bedingung

Die Aufgabe des Prinzipals besteht nun darin, den optimalen Lohnkontrakt zu verfassen, der ihm seinen erwarteten Gewinn maximiert. Dabei muss er berücksichtigen, dass der Agent seine Anstrengung so wählen wird, dass sie seinen individuellen Nutzen maximiert.[13] Die Anstrengung des Agenten e ist somit eine endogene Variable, für die die *Anreizkompatibilitätsbedingung* gelten muss:

$$\beta + \alpha e - \frac{r}{2}\alpha^2\sigma^2 - C(e) \geq \beta + \alpha e' - \frac{r}{2}\alpha^2\sigma^2 - C(e'),$$

für alle e' $\neq$ e.

Diese Ungleichung besagt, dass die vom Agenten gewählte Anstrengung e ihm einen größeren Nutzen erzeugt als alle anderen denkbaren Anstrengungsniveaus e'. Keines der vielen möglichen e' $\neq$ e kann mithin einen größeren Nutzen bewirken als das gewählte e. Die Anreizkompatibilitätsbedingung lässt sich durch Analyse des Maximierungskalküls des Agenten präzisieren. Für eine gegebene Lohnformel sieht der Optimierungsansatz wie folgt aus:

(2.1)　　　$\text{Maximiere}_{e}\ U = \beta + \alpha e - \frac{r}{2}\alpha^2\sigma^2 - C(e).$

Leitet man die Zielfunktion nach e ab und setzt sie gleich null, so ergibt sich die notwendige Bedingung für ein Nutzenmaximum: $\alpha - C'(e) = 0$

---

[12]　E[·] stellt den Erwartungsoperator dar.

[13]　Da der Prinzipal später erfolgende Ereignisse vorab einschätzen muss, um einen guten Kontrakt zu gestalten, arbeiten wir uns in den folgenden Überlegungen gewissermaßen rückwärts durch den Spielbaum.

bzw. α = C'(e). Graphisch wird der Agentenkalkül in Abbildung 2.16 dargestellt.

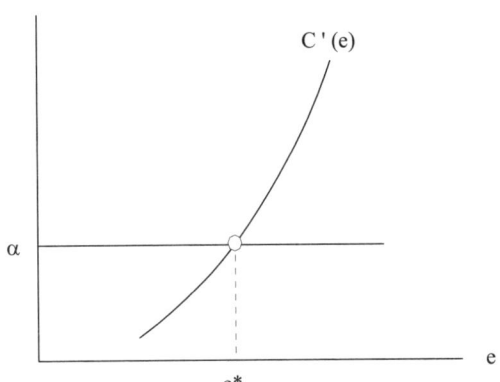

Abbildung 2.16

Der Grenznutzen der Anstrengung beträgt α, das heißt für jede zusätzliche Anstrengungseinheit erhält der Agent einen zusätzlichen Betrag in Höhe von α Geldeinheiten. Bei geringem Anstrengungsniveau sind die Grenzkosten von e jedoch sehr gering. Sie können sogar negativ werden, zum Beispiel dann, wenn zu wenig Engagement als Langeweile empfunden wird. So mag es angenehmer sein, sich ein wenig Mühe zu geben als nichts zu tun. Je härter der Agent jedoch arbeitet, desto größer werden seine Grenzkosten. So wird gegebenenfalls der Nutzen aus seinen Freizeitaktivitäten stark verringert, wenn er bis an seine physische Leistungsgrenze geht. Optimal verhält sich der Agent, wenn Grenznutzen und Grenzkosten genau ausgeglichen sind. Ist der Einsatz geringer (höher) als e*, so lohnt sich für den Agenten eine Erhöhung (Einschränkung) seines Engagements.

Die Anreizkompatibilitäts- und die Partizipationsbedingung beschreiben das Verhalten des Agenten, das der Prinzipal bei der Aufstellung seines Vertragsangebots zu berücksichtigen hat. Sein vollständiges Verhaltenskalkül sieht damit wie folgt aus:

Optimierungs-kalkül des Prinzipals

$$\underset{\alpha,\beta,e}{\text{Maximiere}}\ \pi\ =\ pe - \beta - \alpha e$$

unter den Restriktionen

$$\beta + \alpha e - \frac{r}{2}\alpha^2\sigma^2 - C(e) \ge \bar{U} \qquad \text{und}$$

$$\alpha\ =\ C'(e).$$

Im vorliegenden Problem, in dem der Prinzipal in einer Art Monopolstellung dem Agenten einen Vertrag anbieten kann, ist die Partizipationsbedingung definitiv bindend, das heißt, wir können sie als Gleichung schreiben. Der einfachste Weg zur Lösung besteht nun darin, zunächst die Partizipationsbedingung nach β aufzulösen und die entsprechende Lösung anschließend für β in die Zielfunktion einzusetzen. Daraufhin setzt man die Anreizkompatibilitätsbedingung in die Zielfunktion ein, um α zu eliminieren. In diesem Fall reduziert sich das Kalkül zu

$$(2.2) \qquad \text{Maximiere}_{e} \ \pi \ = \ pe \ - \ C(e) \ - \ \frac{r}{2}\left(C'(e)\right)^2 \sigma^2 \ - \ \overline{U}.$$

Setzt man die Ableitung dieser Funktion nach e gleich null und formt die entstandene Gleichung um, so ergibt sich die notwendige Bedingung für ein Gewinnmaximum:

$$(2.3) \qquad C'(e) \ = \ \frac{p}{1 \ + \ r\sigma^2 C''(e)}.$$

Optimale An-
reizintensität

Aus Gleichung (2.3) lässt sich die optimale Anstrengung e* ableiten. Setzt man das auf diese Weise gefundene e* in die Anreizkompatibilitäts-bedingung ein, so erhält man die optimale *Anreizintensität*

$$(2.4) \qquad \alpha^* \ = \ \frac{p}{1 \ + \ r\sigma^2 C''(e\,^*)}.$$

Da man nun die Optimalwerte e* und α* kennt, braucht man diese nur noch in die Partizipationsbedingung einzusetzen, um das optimale β zu er-mitteln. Wie lässt sich dieses Ergebnis interpretieren? Da der monopolisti-sche Prinzipal den Agenten in jedem Fall auf seinen Reservationsnutzen drückt, ist dessen Payoff von vornherein bestimmt, gleichgültig welche Anreizintensität bzw. welche Anstrengung der Prinzipal auch wählt. Be-trachtet man die Zielfunktion des Prinzipals (Gleichung (2.2)), so wird deutlich, dass der Prinzipal alle Kosten des Agenten letztendlich selbst trägt: C(e) sind die Kosten der Anstrengung, $\overline{U}$ sind die Opportunitätskos-ten des Agenten und $r\sigma^2(C'(e))^2/2$ sind seine Risikokosten. Bezeichnen wir die Grenzgewinne in einer sicheren Welt (ohne Risiko) als GG = (p – C'(e)) und die Ableitung der Risikoprämie nach der Anstrengung als mar-ginale Risikokosten GRK = $r\sigma^2 C'(e)C''(e)$, so gilt im Optimum GG = GRK. In Abbildung 2.17 werden die Zusammenhänge graphisch dargestellt.

Da p exogen vorgegeben ist, und C(e) steigend und konvex verläuft, muss die Kurve GG fallend und konkav verlaufen. Da C'(e) und C''(e) bei-de größer als null sind, muss GRK im positiven Bereich liegen. Es ist

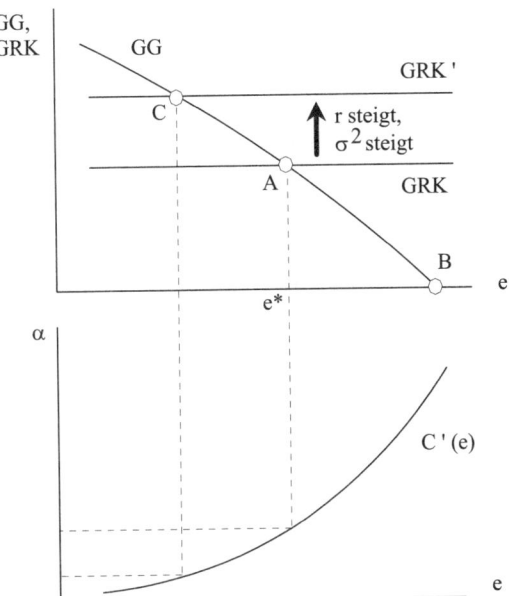

Abbildung 2.17

allerdings nicht klar, ob sie steigt oder fällt,[14] weshalb sie hier als Konstante gezeichnet wird. In einer Welt ohne Risiko ($\sigma^2 = 0$) gilt GRK = 0 und das Optimum liegt im Schnittpunkt der GG mit der Abszisse, also im Punkt B mit GG = 0. Ein Grenzgewinn von null impliziert $p = C'(e) = \alpha^*$,[15] was bedeutet, dass der Agent die vollständigen Residualrechte erhält. Der Prinzipal realisiert dann seine Monopolgewinne über ein entsprechendes $\beta < 0$. Im Grunde verkauft der Prinzipal seine Firma an den Agenten, der im Anschluss an den Kauf seinen Reservationsnutzen $\overline{U}$ verwirklicht. Gleiches gilt für den Fall r = 0. Dann ist der Agent risikoneutral, und es stellt eine gleichermaßen optimale Strategie dar, die Firma an den Agenten zu verkaufen. Anhand von Abbildung 2.17 wird sehr deutlich, dass optimale Verträge immer eine Abwägung zwischen den durch eine Erhöhung der Anreizintensität erzielbaren Produktivitätsgewinnen und den damit verbundenen Risikokosten darstellen. Eine Erhöhung der Risikokosten durch ein Ansteigen von σ^2 oder r bewirkt eine Verschiebung der GRK-Kurve nach oben. Im neuen Optimum sinkt die Anreizintensität der Entlohnung. Strebt die Varianz oder die Risikoaversion gegen unendlich, so nähert sich die optimale Anreizintensität dem Wert null an:

---

[14] Um dies zu klären, sind Informationen über die dritte Ableitung von C(e) erforderlich.

[15] Dieses Ergebnis kann man natürlich auch unmittelbar aus Gleichung (2.9) ablesen.

$$\lim_{\sigma^2, r \to \infty} \alpha^* = \lim_{\sigma^2, r \to \infty} \left(\frac{p}{1 + r\sigma^2 C''(e)} \right) = 0.$$

Das bis zu diesem Punkt beschriebene Grundmodell der Prinzipal-Agent-Theorie lässt sich auf verschiedenste Weisen erweitern. Hier soll nur eine weitere Ergänzung angeführt werden, nämlich die explizite Berücksichtigung der Messkosten.

2.3.2. Die Einbeziehung von Messaktivitäten

Der Prinzipal verfüge über die Möglichkeit, Messanstrengungen zur Schätzung der nicht direkt erfassbaren Zufallsvariable ε durchzuführen. Diese können beispielsweise darin bestehen, dass er Konjunkturdaten erhebt, Marktanalysen anfertigt oder andere Daten sammelt, die ihm helfen, die Varianz der *nichtbeobachtbaren* Zufallsschwankungen einzuschränken. Natürlich verbrauchen derartige Maßnahmen Ressourcen, das heißt, sie verursachen Kosten. Es sei unterstellt, dass die Messkosten eine Funktion der Varianz sind: $M = M(\sigma^2)$. Eine Verringerung der Varianz führe zu einer Erhöhung der Messkosten und umgekehrt: $M'(\sigma^2) < 0$. Des Weiteren gelte, dass die Grenzmesskosten der Varianzverringerung zunehmen, also $M''(\sigma^2) > 0$. Eine graphische Darstellung der Messkostenfunktion findet sich in Abbildung 2.18.

Mess-technologie

Werden überhaupt keine Messanstrengungen zur Minderung der Varianz der nichtbeobachtbaren Zufallsvariable durchgeführt, so betragen die Messkosten $M(\sigma^2) = 0$. Dieser Sonderfall entspricht der oben durchgeführten Analyse ohne Messaktivitäten. Da die Varianz negativ in die Nutzenfunktion des Agenten eingeht, ist es denkbar, dass der dem Prinzipal maximal verbleibende Gewinn durch die Varianzverringerung steigen kann. Dies wird im Folgenden gezeigt.

Abbildung 2.18

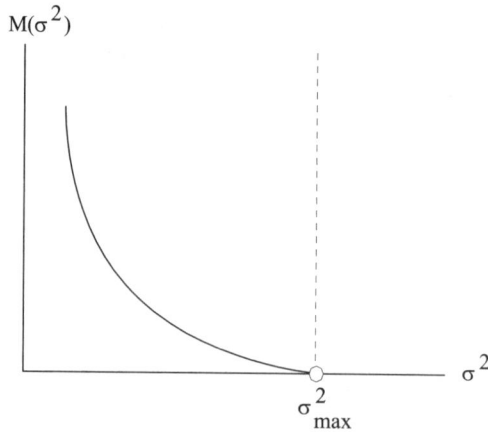

Wie zuvor ist es sinnvoll zur Ermittlung des Optimums, den Spielbaum rückwärtsgerichtet durchzuarbeiten. Das Kalkül des Agenten ist allerdings völlig unverändert zur Analyse im einfachen Modell ohne Messkosten. Die Messaktivitäten stellen für den Agenten eine exogene Variable dar, die der Prinzipal bestimmt. Damit gelangt man zu denselben Partizipations- und Anreizkompatibilitätsbedingungen wie zuvor.

Demgegenüber verändert sich das Kalkül des Prinzipals sehr wohl. Zum einen existiert eine neue Kostenquelle ($M(\cdot)$), zum anderen verfügt er über einen weiteren Handlungsparameter, über den es zu optimieren gilt, nämlich die Varianz σ^2, die nunmehr endogen zu bestimmen ist:

*Optimierungs-
kalkül des
Prinzipals*

$$(2.5) \qquad \underset{\alpha,\beta,e,\sigma^2}{\text{Maximiere }} \pi = pe - \beta - \alpha e - M(\sigma^2)$$

unter den Restriktionen

$$\beta + \alpha e - \frac{r}{2} \alpha^2 \sigma^2 - C(e) \geq \bar{U} \qquad \text{und}$$

$$\alpha = C'(e).$$

Wie zuvor kann die Partizipationsbedingung als bindend unterstellt werden, so dass das Optimierungskalkül durch Einsetzen der Restriktionen in die Zielfunktion bei gleichzeitiger Elimination von α und β wie folgt vereinfacht wird:

$$(2.6) \qquad \underset{e,\sigma^2}{\text{Maximiere }} \pi = pe - C(e) - \frac{r}{2} \left(C'(e)\right)^2 \sigma^2 - \bar{U} - M(\sigma^2).$$

Die Ableitungen der Zielfunktion nach e und σ^2 führen zu den notwendigen Bedingungen für ein Gewinnmaximum:

$$(2.7) \qquad C'(e) = \frac{p}{1 + r\sigma^2 C''(e)} \quad [= \alpha] \qquad \text{und}$$

$$(2.8) \qquad -M'(\sigma^2) = \frac{1}{2} r C'(e)^2 = \frac{1}{2} r \alpha^2.$$

Gleichung (2.7) ist identisch mit Gleichung (2.3) bzw. (2.4) und braucht nicht weiter erläutert zu werden. Gleichung (2.8), die im Folgenden als *Kontrollintensitätsprinzip* bezeichnet werden soll, besagt, dass im Optimum die Grenzmesskostenkosten einer Varianzverringerung ($-M'(\sigma^2)$) gleich den entsprechenden Grenzrisikokosten sein sollten. Letztere bestehen dabei aus der ersten Ableitung der Risikoprämie nach der Varianz. Die Zusammenhänge lassen sich anschaulich im σ^2-e-Diagramm darstellen (Abbildung 2.19).

*Kontrollintensi-
tätsprinzip*

Abbildung 2.19

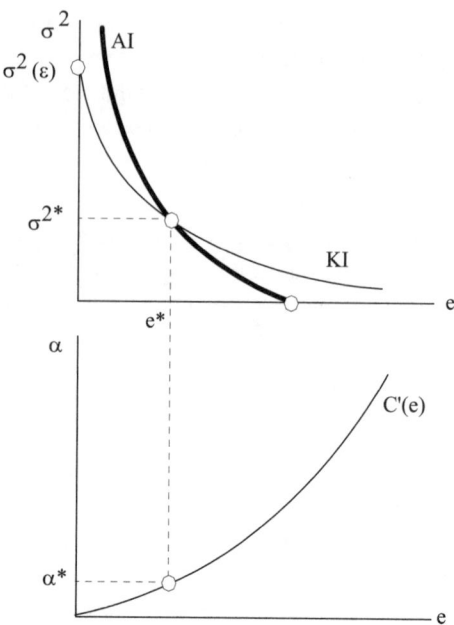

Das oben ausführlich diskutierte Anreizintensitätsprinzip beinhaltet, dass eine Erhöhung von σ^2 zu einer Senkung der gleichgewichtigen Anstrengung e bei gleichzeitig sinkender Anreizintensität führt. Des Weiteren ist bekannt, dass im Fall einer Varianz von null die Variable e aus der Gleichung $p = C'$ (e) ermittelt wird und einen endlichen Wert annimmt. Strebt die Varianz demgegenüber gegen unendlich, so nähert sich die Anstrengung demjenigen e an, für das $C'(e) = \alpha = 0$ gilt. Unterstellen wir, dass dieses e bei null liegt,[16] so erreicht die AI-Kurve, die das Anreizintensitätsprinzip im σ^2-e-Diagramm abbildet, erst bei unendlich die Ordinate.

Wenn keine Messaktivitäten durchgeführt werden, so entspricht die Varianz derjenigen der Zufallsvariable ε. Da eine Erhöhung der Zukunftsunsicherheit dem Prinzipal schadet (er muss eine höhere Risikoprämie zahlen), stellt $\sigma^2(\varepsilon)$ eine Obergrenze hinsichtlich der mit dem Kontrollintensitätsprinzip vereinbaren Varianz dar. Unterstellen wir, dass eine vollkommene Messung, die die Varianz völlig auslöscht, prohibitive Kosten verursache bzw. technisch nicht möglich sei. Dann kann die KI-Kurve die Abszisse niemals schneiden. Aus diesen Überlegungen ergeben sich die in Abbildung 2.19 eingezeichneten Kurvenverläufe. Im Optimum schneiden

---

[16] Negative Werte für e werden nicht zugelassen und machen auch keinen Sinn, es sei denn man unterstellt eine gewisse Freude an der Zerstörung. Von derlei perversen Effekten wollen wir hier jedoch absehen.

sich die AI- und die KI-Kurve, die die notwendigen Bedingungen für ein Optimum darstellen und gemeinsam das Gewinnmaximum bestimmen.

Damit stellt sich die Frage, wie sich das Optimum bei exogenen Änderungen der Lageparameter verschiebt. Eine Erhöhung der Grenzmesskosten führt zu einer Drehung der KI-Kurve nach oben: Bei gleicher Anstrengung (und Anreizintensität) ist ein geringeres Ausmaß an Kontrolle effizient. Das resultierende Gleichgewicht wird in Abbildung 2.20 dargestellt.

Komparative
Statik

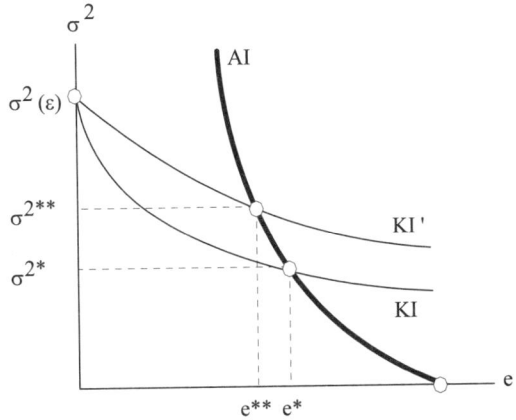

Abbildung 2.20

Steigende Grenzmesskosten führen somit zu einer Senkung der Messaktivitäten sowie der Anstrengung und der Anreizintensität. Damit wird deutlich, dass Agentenhandlungen, die verhältnismäßig kostengünstig zu erfassen sind, zu einer stärker anreizintensiven Entlohnung führen. Dieses Ergebnis war nicht unbedingt zu erwarten gewesen: Ist es doch gerade der Zweck einer anreizintensiven Entlohnung, *verstecktes* Handeln in die gewünschte Richtung zu führen. Die Ursache für diesen kontraintuitiven Zusammenhang liegt natürlich in der Bedeutung der intuitiv nicht berücksichtigten Risikokosten. Ohne diese erweist sich die vollständige Übertragung der Residualrechte als effizient. Generell – und wie nicht anders zu erwarten – wird deutlich, dass Messkostenerhöhungen das Agenturproblem verschärfen.

Eine Erhöhung der Risikoaversion r verschiebt beide Kurven nach unten. Eine eindeutige Aussage über die Veränderung der optimalen Werte für e und σ^2 ist nicht möglich. Steigt der Wert des Outputs des Agenten p, so dreht sich die AI-Kurve nach rechts;[17] eine Erhöhung von e sowie eine

---

[17] Durch die Preiserhöhung gilt: GG > GRK, woraus folgt, dass e, $C'(e)$ und α erhöht werden. Zur näheren Begründung siehe die Ausführungen im Modell ohne Messaktivitäten.

Ausdehnung der Kontrollaktivitäten (Verringerung der Varianz) sind die Folge.

2.3.3. Konkurrierende Prinzipale

In den beiden bislang diskutierten Prinzipal-Agent-Modellen wurde implizit davon ausgegangen, dass sich der Prinzipal in einer monopolistischen Stellung befindet, die es ihm ermöglicht, die Entlohnung des Agenten soweit zu drücken bis dieser seinen Reservationsnutzen erhält. Dies ist dann plausibel, wenn viele Agenten im Wettbewerb um die Beschäftigung beim Prinzipal stehen. Nun stellt eine solche Marktstruktur mit dem Prinzipal als Monopolist und einer vollkommen wettbewerblichen Agenten-Marktgegenseite eine sehr spezielle Konstellation dar. Aus diesen Einsichten folgt unmittelbar die Frage, inwiefern die spezielle Marktstruktur die hier abgeleiteten Ergebnisse (mit-)bestimmt. Die Antwort lautet: *Praktisch überhaupt nicht!* Alle durch die Marktstellung erzeugten Umverteilungseffekte lassen sich über die Variable β, die „fixe Zahlung" in der Lohnformel, erfassen. Befindet sich der Prinzipal in einer Monopolstellung, so wird β möglichst gering gehalten, genießt im Gegensatz dazu der Agent die Vorzüge vollständiger Marktmacht, so wird β maximiert. Zwischen diesen extremen Marktmachtverteilungen lassen sich andere Konstellationen finden, die dazu führen, dass β Zwischenwerte annimmt. Die optimale Anreiz- und Kontrollintensität bleibt hingegen völlig unbeeinflusst. Dies sei anhand eines weiteren Modells demonstriert.

Wettbewerb unter Prinzipalen

Gehen wir davon aus, dass es viele Prinzipale gibt, die in einem vollkommenen Wettbewerb um die Beschäftigung des einzigen Agenten stehen. Die Konkurrenz zwischen den Prinzipalen bewirkt, dass sie ihre Lohnangebote soweit erhöhen, bis sie selbst nur noch einen Gewinn von null aufweisen. Würde ein Prinzipal ein Angebot mit positivem Gewinn unterbreiten, so gäbe es immer einen anderen Prinzipal, der dem Agenten ein reizvolleres Angebot unterbreiten würde, indem er den verbliebenen Gewinn zumindest teilweise durch eine Erhöhung von β an den Agenten weitergibt. Der Agent wird natürlich das Angebot annehmen, das ihm den höchsten Nutzen einbringt. Erst bei einem Gewinn von null gibt es keinen Konkurrenten, der ein besseres Angebot unterbreiten kann.[18] Auch Effizienz ist gewährleistet: Bietet ein Prinzipal einen Vertrag mit suboptimaler Anreizintensität und erwarteten Nullgewinnen an, so findet sich ein Kon-

---

[18] Nun mag man einwenden, dass in einem solchen Fall überhaupt kein Interesse mehr an der Aktivität des Agenten besteht, da mit dessen Einsatz kein Gewinn erzielt wird. Hier kann man anführen, dass die Nullgewinnbedingung den Grenzwert eines positiven, aber gegen null strebenden Gewinns darstellt. So kann ein reales gleichgewichtiges Vertragsangebot einen Gewinn von $\varepsilon > 0$ mit $\varepsilon \to 0$ beinhalten. Der mit der Nullgewinnannahme verbundene Fehler ist dementsprechend sehr klein und strebt gegen null.

kurrent, der die effiziente Anreizintensität anbietet, die bei gegebenen Gewinnen des Prinzipals von null einen höheren Wert für β ermöglicht. Das
resultierende Gleichgewicht ist demnach dadurch gekennzeichnet, dass der
Agentennutzen unter der Nullgewinnrestriktion und der Anreizkompatibilitätsbedingung maximiert wird:

(2.9) $\underset{\alpha,\beta,e}{\text{Maximiere}}\ U = \beta + \alpha e - \frac{r}{2}\alpha^2\sigma^2 - C(e)$

u.d.R.

$\alpha = C'(e),$

$pe - \beta - \alpha e = 0.$

Ersetzt man α und β durch Einsetzen der Nebenbedingungen in die Zielfunktion, so erhält man:

(2.10) $\underset{e}{\text{Maximiere}}\ U = pe - C(e) - \frac{r}{2}\left(C'(e)\right)^2\sigma^2\,.$

(2.10) entspricht bis auf die Konstante $-\overline{U}$ der Gleichung (2.2). Es kann
daher nicht verwundern, wenn die notwendige Bedingung für ein Optimum
ebenfalls dieselbe ist:

(2.11) $C'(e) = \dfrac{p}{1 + r\sigma^2 C''(e)} = \alpha.$

In der Tat besteht der einzige Unterschied zwischen beiden Modellen in
einem unterschiedlichen optimalen Wert für β, der bei Konkurrenz unter
den Prinzipalen höher ausfällt.[19] Tatsächlich dürfte es kaum erstaunen,
dass die Marktform keinen wesentlichen Einfluss auf die gleichgewichtigen Werte für e, α oder M aufweist: Schließlich sollten die beteiligten Parteien den Kuchen, um den sie sich streiten, in jedem Fall maximieren. Alle
Umverteilungsprobleme (= Anteil an dem maximal großen Kuchen) können dann durch eine entsprechende Wahl von β, also einer fixen Transferzahlung, gelöst werden.

---

[19] Eine andere Methode, dieses Ergebnis abzuleiten, besteht darin, das *totale Sicher-*
heitsäquivalent (TSÄ) unter der Anreizkompatibilitätsbedingung zu maximieren. Das totale Sicherheitsäquivalent besteht aus der Summe der Sicherheitsäquivalente von Prinzipal und Agent, also $\text{TSÄ} = (pe - \beta - \alpha e) + (\beta + \alpha e - r\sigma^2\alpha^2/2 - C(e))$
$= pe - r\sigma^2\alpha^2/2 - C(e).$

2.4. Mehraufgaben-Prinzipal-Agent-Theorie

Die Mehraufgaben-Prinzipal-Agent-Theorie stellt die vielleicht bedeutendste Weiterentwicklung der Agenturtheorie dar.[20] In allen oben diskutierten Ansätzen wurde stets unterstellt, dass der Agent nur eine einzige Aufgabe zu erfüllen hat. Tatsächlich verrichten Agenten in den meisten Tätigkeiten ein ganzes Spektrum von Aufgaben. So muss etwa ein Arbeiter nicht nur den kurzfristigen Output maximieren, den er mit dem ihm zur Verfügung stehenden Maschinen produzieren kann, sondern er ist auch für die mittel- und langfristig vorteilhafte Wartung und Pflege seiner Maschinen verantwortlich. Wartung und Pflege können mitunter jedoch durchaus im Konflikt stehen mit einer reinen Outputmaximierung pro Zeiteinheit. Wird der Arbeiter etwa ausschließlich nach den von ihm erstellten Mengen entlohnt, so hat er überhaupt keinen Anreiz, seine Maschine sorgfältig zu behandeln. Im Gegenteil: Alle Zeit, die er der Instandhaltung widmet, geht ihm zum Einkommenserwerb verloren. Gleichermaßen soll eine Sekretärin im Allgemeinen nicht nur Schreibarbeiten für ihren Vorgesetzten erledigen, sondern es gehört ebenfalls in ihren Aufgabenbereich, seine Termine zu koordinieren, Nachrichten für ihn aufzunehmen, Informationen zu sammeln oder unerwünschte Kunden „abzuwimmeln". Würde sie ausschließlich nach ihrem mengenmäßigen Schreiboutput bezahlt, so weist sie nur ein sehr geringes Interesse auf, andere Tätigkeiten mit der gleichen Hingabe durchzuführen. Damit stellt sich die Frage, wie eine effiziente Entlohnung bei Mehraufgaben-Agenten aussieht. Darüber hinaus kann im Rahmen der Mehraufgaben-Prinzipal-Agent-Theorie auch eine Erklärung der Eigentümerschaft am Sachkapital geliefert werden. Wir werden im Folgenden beide Aspekte nacheinander erarbeiten.

2.4.1. Das Grundmodell der Mehraufgaben-Prinzipal-Agent-Theorie

Aufbau des Modells

Der zeitliche Ablauf und die grundsätzliche Struktur des Modells sind dieselben wie im Basis-Prinzipal-Agent-Modell mit dem entscheidenden Unterschied, dass der Output des Agenten nun mehrere Leistungsdimensionen aufweist. Wir wählen den einfachsten Fall eines Agenten mit zwei Aufgaben. Die beiden Aufgaben seien mit den folgenden Produktionsfunktionen zu erfüllen:

$$x_1 = b_1 e_1 + \varepsilon_1 \qquad \text{und}$$

$$x_2 = b_2 e_2 + \varepsilon_2.$$

---

[20] Die Mehraufgaben-Prinzipal-Agent-Theorie wurde von HOLMSTROM/MILGROM (1991) entwickelt und in HOLMSTROM/MILGROM (1994) weiterentwickelt.

Pro „Anstrengungseinheit" können demnach einmal b_1 und im anderen Fall b_2 Produkteinheiten hergestellt werden, wobei der Produktionsprozess von jeweils einer Zufallsvariablen ε_1 bzw. ε_2, die beide einen Erwartungswert von null haben und deren Varianzen σ_1^2 und σ_2^2 sind, überlagert wird. Es seien wiederum nur lineare Lohnverträge zugelassen, so dass $y = \beta + \alpha_1 x_1 + \alpha_2 x_2$ gilt. Der erwartete Wert der beiden Aufgaben für den risikoneutralen Prinzipal sei durch eine Funktion $P(b_1 e_1, b_2 e_2)$ mit $P(b_1 e_1, 0) = P(0, b_2 e_2) = 0$ beschrieben.[21] Diese Annahme besagt, dass es zur Erzielung eines positiven Gewinns nicht ausreicht, nur eine der beiden Aufgaben erfüllt zu wissen. Führt also der Arbeiter an seiner Maschine überhaupt keine Wartungsmaßnahmen durch, so sei der Kapitalverschleiß derartig hoch, dass keine Gewinne mehr erzielbar sind. Des Weiteren wird angenommen, dass die erste Ableitung in beiden Variablen positiv und $P(\cdot)$ strikt konkav sei. Die Zielfunktion des Prinzipals lautet dementsprechend

$$E\pi = P\left(b_1 e_1, b_2 e_2\right) - \beta - \alpha_1 b_1 e_1 - \alpha_2 b_2 e_2.$$

Die für den Agenten anfallenden Kosten der Anstrengung betragen $C(e_1 + e_2)$ mit $C'(\cdot) > 0$ und $C''(\cdot) > 0$. Demnach sind die Kosten unabhängig von der Aufteilung auf die verschiedenen Aktivitäten. Die Varianz des Einkommens des Agenten beträgt[22]

$$\sigma^2 = \alpha_1^2 b_1^2 \sigma_1^2 + \alpha_2^2 b_2^2 \sigma_2^2 + 2\alpha_1 \alpha_2 b_1 b_2 \text{Cov}_{1,2}$$

mit $\text{Cov}_{1,2}$ als Kovarianz zwischen ε_1 und ε_2. Das Optimierungskalkül des Agenten lautet

(2.12) $$\underset{e_1, e_2}{\text{Maximiere}} \ U = \beta + \alpha_1 b_1 e_1 + \alpha_2 b_2 e_2 - C\left(e_1 + e_2\right) - \frac{r}{2} \sigma^2$$

u.d.R.

$e_1 \geq 0$ und

$e_2 \geq 0$.

Gehen wir zunächst davon aus, dass beide Restriktionen nicht binden, so ergeben sich die folgenden beiden notwendigen Bedingungen für ein Maximum:

---

[21] Alle Produktionsfunktionen mit der Eigenschaft $P(0, \cdot) \leq 0$ und $P(\cdot, 0) \leq 0$ führen zu den gleichen wie den im Folgenden abgeleiteten Ergebnissen. Im Wesentlichen soll diese Annahme zum Ausdruck bringen, dass *unbedingt beide* Aufgaben angegangen werden müssen.

[22] Die Varianz einer Zufallsvariablen Z, die ihrerseits eine Linearkombination aus zwei Zufallsvariablen X und Y darstellt ($Z = aX + bY$), beträgt $\text{Var}(Z) = a^2 \text{Var}(X) + b^2 \text{Var}(Y) + 2ab \text{Cov}(X, Y)$.

(2.13a) $b_1\alpha_1 = C'(e_1 + e_2)$ und

(2.13b) $b_2\alpha_2 = C'(e_1 + e_2)$,

woraus unmittelbar folgt, dass $b_1\alpha_1 = b_2\alpha_2$. Entsprechend dieser im Folgenden als *Lenkungsprinzip* bezeichneten Einsicht muss also die Entlohnung für das Engagement in beiden Aufgaben gleich hoch sein! Ist dies nicht der Fall, so lohnt es sich für den Agenten, sich auf die Erfüllung nur einer einzigen Aufgabe zu beschränken. Liegt etwa ein Arbeitsvertrag vor, nach dem $b_1\alpha_1 > b_2\alpha_2$, dann erhöht eine Umschichtung von e_2 nach e_1 das erwartete Einkommen um $(b_1\alpha_1 - b_2\alpha_2)\Delta e_1$ (> 0) bei unveränderten Risikokosten. Da $(b_1\alpha_1 - b_2\alpha_2)$ auch bei Variationen von e_1 unverändert bleibt, ist es aus Sicht des Agenten sinnvoll, e_2 so weit zu verringern wie nur eben möglich, um e_1 zu erhöhen. Da negative Werte für e_i nicht zugelassen sind, würde der Umschichtungsprozess solange fortgesetzt, bis die zweite Restriktion ($e_2 \geq 0$) bindet. Dann gilt $e_2 = 0$, und e_1 ergibt sich aus Gleichung (2.13a). Umgekehrt ergibt sich für $b_1\alpha_1 < b_2\alpha_2$ ein neues Optimum für den Agenten: $e_1 = 0$ und e_2 bestimmt sich aus Gleichung (2.13b).

Natürlich können die beiden letzten Szenarien für das Unternehmen nicht optimal sein, da bei $e_i = 0$ der Gewinn negativ sein wird. Aus diesem Grund soll im Folgenden davon ausgegangen werden, dass im Optimum stets beide Aufgaben in einem gewissen Ausmaß erfüllt werden. Mit (2.13a) und (2.13b) als Nebenbedingungen ergibt sich damit das Optimierungsproblem des Prinzipals:

(2.14) $\underset{\alpha_1,\alpha_2,\beta,e_1,e_2}{\text{Maximiere E}} \pi = P(b_1e_1, b_2e_2) - \beta - \alpha_1 b_1 e_1 - \alpha_2 b_2 e_2$

u.d.R.

$$\beta + \alpha_1 b_1 e_1 + \alpha_2 b_2 e_2 - C(e_1 + e_2)$$

$$-\frac{r}{2}\left[\alpha_1^2 b_1^2 \sigma_1^2 + \alpha_2^2 b_2^2 \sigma_2^2 + 2\alpha_1\alpha_2 b_1 b_2 \text{Cov}_{1,2}\right] = \bar{U},$$

$$b_1\alpha_1 = C'(e_1 + e_2),$$

$$b_2\alpha_2 = C'(e_1 + e_2).$$

Durch Einsetzen der Restriktionen in die Zielfunktion und Eliminierung von α_1, α_2 und β erhält man die anschaulichere Variante dieses Ansatzes:

(2.15)

$$\text{Maximiere } \underset{e_1, e_2}{\text{E}} \pi = P\left(b_1 e_1, b_2 e_2\right) - C\left(e_1 + e_2\right)$$

$$- \frac{r}{2}\left[C'(\cdot)^2 \sigma_1^2 + C'(\cdot)^2 \sigma_2^2 + 2C'(\cdot)^2 \text{Cov}_{1,2}\right] - \bar{U}.$$

Die notwendigen Bedingungen für ein Gewinnmaximum lauten:[23]

(2.16a)
$$C'(\cdot) = \frac{b_1\left(\partial P(\cdot)\big/\partial\left(b_1 e_1\right)\right)}{1 + rC''(\cdot)\left[\sigma_1^2 + \sigma_2^2 + 2\text{Cov}_{1,2}\right]} \qquad [= b_1 \alpha_1],$$

(2.16b)
$$C'(\cdot) = \frac{b_2\left(\partial P(\cdot)\big/\partial\left(b_2 e_2\right)\right)}{1 + rC''(\cdot)\left[\sigma_1^2 + \sigma_2^2 + 2\text{Cov}_{1,2}\right]} \qquad [= b_2 \alpha_2].$$

An diesem Ergebnis fällt zunächst einmal auf, dass die optimalen Anreizintensitäten von beiden Varianzen abhängen. Steigt etwa die Varianz des Outputs von Aufgabe 2, so müssen im Optimum *beide* Anreizintensitäten gleichermaßen sinken. Strebt eine der Varianzen gegen unendlich ($\sigma_i^2 \to \infty$), so ist ein fixer Lohnsatz effizient, das heißt $\alpha_1, \alpha_2 \to 0$. Eine solche Anreizintensität von null zieht ein Engagement nach sich, das der Gleichung $C'(\cdot) = 0$ genügt.[24]

Warum kann ein derartiger Verzicht auf das Setzen jeglicher Anreize effizient sein? Die Antwort liegt auf der Hand. Setzt man $\alpha_i > \alpha_j = 0$, so gilt $b_i\alpha_i > b_j\alpha_j = 0$. Demnach wird der Agent seinen ganzen Einsatz in Aktivität i verlagern und Aktivität j vollständig vernachlässigen ($e_j = 0$). Die Kosten dieser Verzerrung sind jedoch prohibitiv, da dann $P(\cdot) = 0$ folgt. Verwendet man jedoch ein Entlohnungssystem mit $b_i\alpha_i = b_j\alpha_j > 0$, so streben die Risikokosten gegen unendlich:

$$\lim_{\sigma_i^2 \to \infty} \frac{r}{2}\left[\alpha_i^2 b_i^2 \sigma_i^2 + \alpha_j^2 b_j^2 \sigma_j^2 + 2\alpha_i \alpha_j b_i b_j \text{Cov}_{i,j}\right] = \infty.$$

In diesem Fall kann der Agent selbst bei sehr geringen Werten von α_i nicht für die Übernahme des Risikos kompensiert werden.

---

[23] Man beachte bei der folgenden Ableitung der Ergebnisse, dass $\partial P(\cdot)/\partial e_i = \partial P/\partial(b_i e_i)\cdot\partial(b_i e_i)/\partial e_i = b_i\,\partial P/\partial(b_i e_i)$.

[24] Sollten die Grenzkosten der Anstrengung für alle positiven e größer als null sein, so folgt die Randlösung $e_1 = e_2 = 0$. Da in diesem Fall kein Output erzeugt wird, kann keine wirtschaftlich sinnvolle Transaktion zwischen dem Prinzipal und dem Agenten zustandekommen.

Die Mehraufgaben-Prinzipal-Agent-Problematik ist nicht nur dazu in der Lage, weiterreichende Aussagen zur optimalen Anreizintensität hervorzubringen, sondern – durch eine vergleichsweise geringfügige Modifikation des Grundmodells – ermöglicht sie auch eine Erklärung der Eigentümerschaft des Sachkapitals.

2.4.2. Eine Mehraufgaben-Prinzipal-Agent-Theorie des Eigentums am Sachkapital

Aufbau des Modells

Definiert man e_1 als den Einsatz bei der Produktion und e_2 als den Umfang und die Sorgfalt der Wartung und Pflege des eingesetzten Kapitals und unterstellt man zusätzlich zum oben angeführten Modell, dass der Wert des Sachkapitals nicht durch einen funktionsfähigen Indikator gemessen werden kann, so lässt sich auch x_2 nicht objektiv messen. Zwar kennt der Agent seinen Input e_2, und vielleicht kann er auch die Zufallsvariable ε_2 beobachten, doch der Prinzipal verfügt über keine Möglichkeit, e_2, x_2 oder ε_2 zu erfassen. Daraus ergibt sich, dass eine Entlohnung über $\alpha_2 x_2$ mit $\alpha_2 > 0$ durch den Prinzipal als Eigentümer des Sachkapitals unmöglich ist. Weiterhin gelte, dass der erwartete Wert der Aktivitäten additiv separabel ist, so dass $P(e_1, e_2) = W(e_1) + V(e_2)$ mit $P(0, e_2) \leq 0$ und $P(e_1, 0) \leq 0$. Dabei beschreibt W den Wert des Outputs und $V < 0$ die Veränderung des Sachkapitalwertes. Für beide Funktionen sei die erste Ableitung positiv. Die zweite Ableitung von $V(e_2)$ sei negativ. Für $W(e_1)$ unterstellen wir einen linearen Verlauf: $W(e_1) = e_1$. Ohne Produktion schlägt nur die Abschreibung (negativ) zu Buche, und ohne Wartung sei die anzusetzende Abschreibung höher als der maximal erreichbare Produktionswert. In diesem Fall ist ein positiver Gewinn nur dann zu erzielen, wenn beide Aufgaben in einem bestimmten Mindestmaß erfüllt werden.

Optimierungskalkül des Agenten

Zwar lässt sich keine an x_2 gekoppelte *Entlohnung* durchführen, doch es gibt einen anderen „Ausweg": Durch die Möglichkeit der Übertragung des Eigentumsrechts am Sachkapital besteht die Wahl zwischen $\alpha_2 = 0$ (der Prinzipal ist Eigentümer) und $\alpha_2 = 1$ (der Agent ist Eigentümer), ohne dass x_2 für den Prinzipal ersichtlich sein muss. Mit der Eigentumsübertragung verändert sich allerdings auch das Optimierungskalkül des Agenten. In der neuen Form lautet es:

(2.17) $\displaystyle \max_{e_1, e_2} U = \beta + \alpha_1 e_1 + \alpha_2 V(e_2) - C(e_1 + e_2) - \frac{r}{2}\sigma^2_{\text{Agent}}$

u.d.R.

$e_1 \geq 0$ und

$e_2 \geq 0.$

Dabei beträgt $\sigma^2_{\text{Agent}} = \alpha^2_1 \sigma^2_1 + \alpha^2_2 \sigma^2_V + 2\alpha_1 \text{Cov}_{1,V}$ mit σ^2_V als Varianz von $V(e_2)$ sowie $\text{Cov}_{1,V}$ als Kovarianz zwischen x_1 und V.[25]

Wenden wir uns zunächst der Eigentümerschaft durch den Prinzipal zu ($\alpha_2 = 0$). Dem *Lenkungsprinzip* zufolge ist ein $e_2 > 0$ ausschließlich dadurch zu erreichen, dass $\alpha_1 = 0$ gesetzt wird, da anderenfalls der Agent keine Wartungsaktivitäten durchführt. Dies lässt sich auch analytisch zeigen: Bei $\alpha_2 = 0$ lauten die notwendigen Bedingungen für ein Optimum:

(2.18) $\qquad \alpha_1 - C'\!\left(e_1 + e_2\right) = 0,$

(2.19) $\qquad - C'\!\left(e_1 + e_2\right) = 0.$

Für $\alpha_1 > 0$ wird e_1 solange ausgedehnt bis Gleichung (2.18) gilt. Da e_2 für den Agenten keinen Ertrag abwirft, wird er solange von e_2 auf e_1 umschichten, bis die zweite Restriktion bindet ($e_2 = 0$) und damit (2.19) entfällt.[26] Da bei Eintreten der Randlösung keine positiven Gewinne erzielt werden können, scheidet $\alpha_1 > \alpha_2 = 0$ als Lösung aus. Erst bei $\alpha_1 = 0$ ist der Agent indifferent zwischen e_1 und e_2. In diesem Fall wird der Einsatz allerdings so weit zurückgefahren, bis $C'(\cdot) = 0$. *Optimale Anreizintensität bei $\alpha_2 = 0$*

Gehört das Sachkapital also dem Prinzipal, man kann diesen Zustand als Integration der Aktivitäten des Agenten in die Firma des Prinzipals bezeichnen, so ergibt sich unter den zuletzt aufgeführten Bedingungen ein *Festlohn*.

Gehen wir nun über zu dem Fall, dass der Agent Eigentümer des Sachkapitals ($\alpha_2 = 1$) ist. Man kann dann von einer desintegrierten Transaktion sprechen. Die notwendigen Bedingungen für ein inneres Optimum (e_1 und e_2 sind größer als null) lauten

(2.20) $\qquad \alpha_1 - C'\!\left(e_1 + e_2\right) = 0,$

(2.21) $\qquad V'\!\left(e_2\right) - C'\!\left(e_1 + e_2\right) = 0.$

In diesem Fall ist es möglich, dass der Agent sowohl Einsatz in der Produktion als auch in der Wartung tätigt. Dies sei anhand von Abbildung 2.21 erläutert.

---

[25] Es wird vereinfachend unterstellt, die Varianz der Vermögensänderung sei unabhängig von e_2.

[26] Da die *Randlösung* optimal ist, muss die partielle Ableitung nach e_2 als Bedingung für eine *innere* Lösung nicht mehr gleich null sein.

Abbildung 2.21

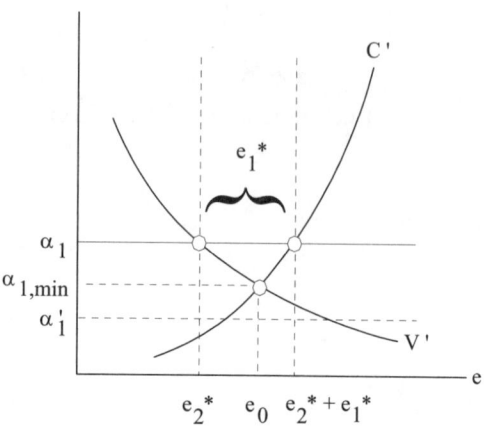

Bei $e = 0$ gilt $V' > \alpha_1 > C'$, was bedeutet, dass es sich zunächst für den Agenten lohnt, seine Wartungsaktivitäten auszudehnen. Dies erfolgt bis $e_2{}^*$. Ab dieser Einsatzmenge sinkt der Grenzertrag der Wartungsarbeiten unter den Ertrag aus der Produktion, so dass alle weiteren Bemühungen ausschließlich der Produktion gelten werden. Der Produktionseinsatz wird solange ausgedehnt, bis der Grenzertrag für den Agenten exakt so hoch ist wie seine Grenzkosten. Der optimale Gesamteinsatz beträgt demnach $e_1{}^* + e_2{}^*$. Da beide größer als null sind, ist es prinzipiell denkbar, dass positive Gewinne erzielt werden.

Das Problem des Prinzipals besteht nun darin, dasjenige α_1 zu finden, das seinen erwarteten Gewinn maximiert. Aus Abbildung 2.21 wird deutlich, dass eine Mindestanreizintensität $\alpha_{1,min}$ erreicht werden muss, damit die Randlösung $e_1 = 0$ vermieden wird. Setzt der Prinzipal die Anreizintensität etwa auf α_1' fest, so erreicht der Agent sein Nutzenmaximum bereits bei $e_2 = e_0$ mit $e_1 = 0$, was bedeutet, dass keine positiven Gewinne realisierbar sind. Erst ab der Mindestanreizintensität wird der Agent beginnen, sich in der Produktion zu engagieren. Wir wollen im Folgenden annehmen, dass die Mindestanreizintensität im Optimum stets überschritten werde. Das Optimierungsproblem des Prinzipals bei Agenten-Eigentümerschaft am Sachkapital sieht dann wie folgt aus:

Optimale An-reizintensität bei $\alpha_2 = 1$

(2.22)　　　$\underset{e_1,e_2,\beta,\alpha_1}{\text{Maximiere E}} \ \pi = W(e_1) - \beta - \alpha_1 e_1$

u.d.R.

$$\alpha_1 - C'(e_1 + e_2) = 0,$$

$$V'(e_2) - C'(e_1 + e_2) = 0,$$

$$\beta + \alpha_1 e_1 + \alpha_2 V\left(e_2\right) - C\left(e_1 + e_2\right)$$

$$-\frac{r}{2}\left[\alpha_1^2\sigma_1^2 + \sigma_v^2 + 2\alpha_1 \text{Cov}_{1,v}\right] = \bar{U}.$$

Einsetzen der ersten und dritten Nebenbedingungen in die Zielfunktion führt zu

(2.22a)
$$\begin{aligned}\underset{e_1, e_2}{\text{Maximiere}}\ E\pi &= W\left(e_1\right) + V\left(e_2\right) - C(\cdot) - \bar{U} \\ &- \frac{r}{2}\left[\sigma_v^2 + C'(\cdot)^2\sigma_1^2 + 2C'(\cdot)\text{Cov}_{1,v}\right].\end{aligned}$$

Unter Berücksichtigung der zweiten Nebenbedingung ergeben sich die folgenden Eigenschaften für ein Optimum:

(2.23)
$$\alpha_1 = C'(\cdot) = \frac{\left(\partial W / \partial e_1\right) - rC''(\cdot)\text{Cov}_{1,V}\dfrac{V''(\cdot)}{V''(\cdot) - C''(\cdot)}}{1 + rC''(\cdot)\sigma_1^2\dfrac{V''(\cdot)}{V''(\cdot) - C''(\cdot)}} = V'(\cdot).$$

Die optimale Anreizintensität sinkt – wie üblich – mit σ_1^2, r und $\text{Cov}_{1,v}$. Im Fall einer Agenten-Eigentümerschaft und hinreichend kleinen Werten für r und $\text{Cov}_{1,v}$ ist die optimale Anreizintensität strikt größer als null. Man beachte, dass wir diese Bedingungen unter der *Annahme* $\alpha_2 = 1$ abgeleitet haben.

Damit ist noch nicht geklärt, ob es besser ist, wenn der Prinzipal oder der Agent Eigentümer des Sachkapitals ist. Es lässt sich jedoch zeigen, dass es Parameterkonstellationen für beide Fälle gibt. Herrscht etwa keine Unsicherheit, was heißt, dass die Varianzen und Kovarianzen gleich null sind, so kann durch $\alpha_1 = \partial W / \partial e_1$ und $\alpha_2 = 1$ das Optimum optimorum, also der Optimalzustand einer Welt ohne Agenturkosten, realisiert werden. Wählt der Prinzipal unter diesen Bedingungen hingegen $\alpha_2 = 0$, dann kann die bestmögliche Lösung niemals erreicht werden.[27] Bei sehr geringen Varianzen erweist sich damit die desintegrierte Lösung ($\alpha_2 = 1$) als überlegen. Steigt nun die Varianz σ_v^2 immer weiter, so sinkt der Ertrag für den Prinzipal unaufhörlich (siehe Gleichung (2.22a)) und ohne jede Untergrenze. Damit ist klar, dass auch die integrierte Lösung unter bestimmten Bedingungen, nämlich hinreichend großen Varianzen und Kovarianzen, der disintegrierten überlegen sein kann.

Optimale Zu-ordnung der Eigentums-rechte

---

27 Die Ursache dafür besteht darin, dass annahmegemäß der Prinzipal den Output x_2 und auch den Einsatz e_2 nicht erkennen kann. Damit kann er nicht vom Output auf den Einsatz schließen, wie es bei einigen weiter oben angesprochenen Lösungen der Fall war.

*Anreizintensi-
tät, Integration
und Arbeits-
platzbeschrei-
bung*

Ein weiterer wichtiger Aspekt dieser Überlegungen besteht in der Kombination von Anreizintensität und Integration. Es wurde gezeigt, dass die integrierte Koordination (Prinzipal als Sachkapitaleigentümer) mit einer geringen und die desintegrierte Abwicklung der wirtschaftlichen Beziehung über den Markt mit einer hohen Anreizintensität erfolgt. Diese These wurde vor allem auch von Williamson im Rahmen seiner Governancekostentheorie, die weiter unten noch ausführlich besprochen wird, vorgetragen.[28]

Die Mehraufgaben-Prinzipal-Agent-Theorie ermöglicht schließlich auch Aussagen zur optimalen Arbeitsplatzbeschreibung. Oben wurde gezeigt, dass die gleichzeitige Erfüllung verschiedener Aufgaben mit unterschiedlicher Messbarkeit zu einer Verschärfung des Agenturproblems in dem Sinn führen kann, dass schon allein die Nichterfassbarkeit einer Variable zu einem vollständigen Verzicht auf die Anreizsetzung hinsichtlich aller Aufgaben führen kann. Besteht jedoch die Möglichkeit, die in obigen Modellen einem einzigen Agenten zugewiesenen Aufgaben ökonomisch sinnvoll auf mehrere Agenten zu verteilen, so können durch geeignete Aufgabenkombinationen Agenturkosten eingespart werden. Es erweist sich im Allgemeinen als optimal, diejenigen Aufgaben, die schlecht zu messen sind, von jenen zu trennen, die leicht erfassbar sind. Auf diese Weise können hohe Anreizintensitäten für diejenigen Akteure verwirklicht werden, deren Output nur eine geringe Varianz aufweist. Gleichzeitig können Leistungen, die in erheblichem Umfang vom Zufall mitbestimmt werden, mit einer minimalen Anreizintensität abgewickelt werden, so dass die Risikokosten gering bleiben. Die Vorteilhaftigkeit einer Aufgabentrennung hängt natürlich auch von den Verbundeffekten in der Produktion, die hier völlig aus der Analyse ausgeklammert wurden, ab. Die Produktionskosteneinsparungen der Zusammenlegung mehrerer Aufgaben können durch economies of scope (Synergieeffekte) gegebenenfalls die zusätzlichen Agenturkosten übersteigen. In solchen Fällen ist es natürlich effizient, höhere Agenturkosten in Kauf zu nehmen.

Fassen wir die Ergebnisse aus der Mehraufgaben-Prinzipal-Agent-Theorie noch einmal zusammen: (1) Das Lenkungsprinzip besagt, dass die Anreize bezüglich der verschiedenen Aufgaben, die ein Agent zu erfüllen hat, gut ausgewogen sein müssen. Anderenfalls vernachlässigt er einige (für ihn wenig lohnende) Aufgaben zugunsten derjenigen, die sein Einkommen stärker beeinflussen. (2) Wie gewohnt führt eine Erhöhung der Risikoaversion des Agenten oder eine Erhöhung der Varianz(en) zu einer geringeren effizienten Anreizintensität. (3) Transaktionen, die innerhalb einer Firma abgewickelt werden (der Prinzipal ist Eigentümer des Sachka-

---

[28] Siehe dazu Kapitel 3.

pitals), unterliegen im Allgemeinen einer geringeren Anreizintensität als solche, bei denen der Agent als Eigentümer des erforderlichen Sachkapitals quasi ein selbständiger Unternehmer ist. (4) Die Gestaltung von Arbeitsplätzen, das heißt die Zuweisung von Aufgaben an verschiedene Agenten, kann die Agenturkosten maßgeblich beeinflussen.

2.5. Moralisches Wagnis bei beschränkter Haftung

In allen vorherigen Modellen moralischen Wagnisses bestand das wesentliche Optimierungsproblem darin, ein ausgewogenes Verhältnis zwischen den Kosten einer suboptimalen Risikoverteilung und den Kosten einer zu geringen Anreizintensität zu finden. Das Problem einer optimalen Risikoverteilung entsteht natürlich überhaupt erst durch die Annahme des Vorliegens unterschiedlicher Risikopräferenzen. In unseren Fällen wurde stets unterstellt, dass der Prinzipal risikoneutral, der Agent hingegen risikoavers ist. In den besprochenen Modellen wurde gezeigt, dass für den Fall beidseitiger Risikoneutralität das Agenturproblem dadurch vollständig gelöst werden kann, dass der Agent alle Residualgewinne aus seiner Anstrengung erhält, während der Prinzipal durch die Wahl eines negativen „Festlohnbestandteils" profitierte.

Agenturprobleme sind jedoch nicht auf Konstellationen mit asymmetrischen Risikoneigungen beschränkt. Die wohl bedeutendste Alternative besteht im Vorliegen von Haftungsbeschränkungen bzw. bindenden Budgetrestriktionen. In solchen Fällen können auch solche Prinzipal-Agent-Beziehungen keine First-best-Lösung erzielen, in denen alle Akteure risikoneutral sind. Das vielleicht häufigste Beispiel in der Praxis dürfte der Arbeitnehmer sein, der über kein ausreichendes Vermögen verfügt, um das Sachkapital zu erwerben, dass er für seine produktive Tätigkeit benötigt. Das Problem wird oftmals noch dadurch verstärkt, dass der Arbeitnehmer nicht nur die Aktiva nicht erwerben kann, sondern dass er darüber hinaus darauf angewiesen ist, einen bestimmten Minmallohn sicherzustellen. Schließlich stellt dieses seine einzige Einkommensquelle dar und er ist darauf angewiesen, zumindest ein so hohes (sicheres) Einkommen zu erhalten, dass er und seine Familie davon überleben können. Ein anderes Beispiel wurde bereits erörtert: Im Jensen-Meckling-Modell zur Bestimmung der optimalen Kapitalstruktur einer Unternehmung lag eine Haftungsbeschränkung bei Kreditfinanzierung vor, da der Kreditnehmer im Misserfolgsfall seinen Kredit nicht zurückzahlte. Ein drittes Beispiel bildet der Politiker, dessen Vermögen nicht ausreicht, um die potentiellen negativen Auswirkungen seiner Politik zu tragen. So ist es kaum vorstellbar, dass ein einzelnes Individuum über ein hinreichend hohes Vermögen verfügt, um eine Gesellschaft mit 100 Millionen Einwohnern für die negativen Folgen eines verlorenen Krieges zu entschädigen. Das folgende Modell wird zeigen, wie solche Probleme eines moralischen Wagnis bei Vorliegen von Haftungsbeschränkungen theoretisch abgebildet werden kann.

Aufbau des Modells

Wir unterstellen im Folgenden die Existenz eines risikoneutralen Prinzipals und eines risikoneutralen Agenten. Die zeitliche Struktur der Aktionen entspricht derjenigen des Grundmodells moralischen Wagnisses mit versteckter Handlung (vgl. Abbildung 2.12). Wie zuvor nehmen wir an, die Kosten der Anstrengung seien durch eine konvexe Funktion beschrieben, für die gilt: $c'(e) > 0$ und $c''(e) > 0$. Vereinfachend soll angenommen werden, dass der Output x nur zwei Werte annehmen kann, x_g und x_b mit $x_g > x_b$. Die Wahrscheinlichkeit dafür, dass das „gute" Ergebnis, x_g, erzielt wird, hänge von der Anstrengung des Agenten ab: $\text{Prob}\{x = x_g | e\} = w(e)$ mit $w'(e) > 0$ und $w''(e) \le 0$. Das besagt, dass die Wahrscheinlichkeit eines guten Ergebnisses mit e steigt, dass der Anstieg jedoch mit zunehmendem e sinkt. Der Agent erhält ein Einkommen y_g, falls der Output hoch ausfällt und ein Einkommen von y_b im anderen Fall. Damit ergeben sich die Auszahlungsfunktionen

$$U = y_b + w(e)(y_g - y_b) - c(e) \qquad \text{für den Agenten und}$$

$$\pi = x_b + w(e)(x_g - x_b) - y_b - w(e)(y_g - y_b)$$

First-best-Lösung

für den Prinzipal. Von diesen Zielfunktionen ausgehend können wir zunächst die First-best-Lösung ermitteln. Diese ergibt sich als das Maximum der Summe der Auszahlungen der beiden Akteure:

$$(2.24) \qquad \underset{e}{\text{Maximiere}} \quad U + \pi = x_b + w(e)(x_g - x_b) - c(e).$$

Die entsprechende Bedingung erster Ordnung lautet dann

$$(2.25) \qquad w'(e)(x_g - x_b) = c'(e).$$

Gleichung (2.25) ist intuitiv einleuchtend. Die linke Seite der Gleichung erfasst den zusätzlichen erwarteten Ertrag aus einer (marginalen) Erhöhung der Anstrengung des Agenten, während die rechte Seite die entsprechenden Grenzkosten abbildet. Im Optimum müssen sich diese beiden Werte natürlich entsprechen.

Optimierungs-problem des Agenten

Um das Gleichgewicht dieser Prinzipal-Agent-Beziehung zu ermitteln, untersuchen wir als Erstes das Verhalten des Agenten, falls er das Vertragsangebot des Prinzipals angenommen hat. Sein Optimierungsproblem lautet

$$(2.26) \qquad \underset{e}{\text{Maximiere}} \; U = y_b + w(e)(y_g - y_b) - c(e).$$

Daraus ergibt sich Optimalitätsbedingung

$$(2.27) \qquad w'(e)(y_g - y_b) = c'(e) \qquad \text{bzw.} \qquad y_g - y_b = \frac{c'(e)}{w'(e)}.$$

Diese Gleichung unterscheidet sich von der First-best-Bedingung nur durch den Klammerausdruck auf der linken Seite. Hier berücksichtigt der Agent anstelle der Outputdifferenz die ihm daraus entstehende Einkommensdifferenz. Das bedeutet, er wird genau dann den First-best-Arbeitseinsatz erbringen, wenn er den gesamten Ertrag aus seiner eigenen Leistung ausgezahlt bekommt, wenn also gilt $(y_g - y_b) = (x_g - x_b)$. Graphisch lässt sich seine Überlegung wie folgt abbilden:

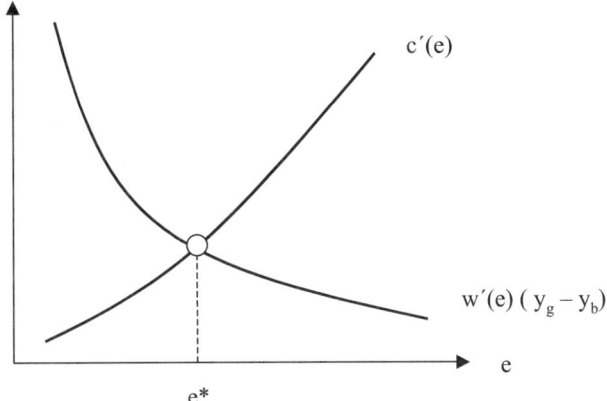

Abbildung 2.22

Sinkt (steigt) der Wert für $(y_g - y_b)$, dann verschiebt sich die fallende Kurve nach unten (oben), so dass der optimale Einsatz des Agenten abnimmt (zunimmt).

Natürlich wird der Prinzipal diese Überlegungen des Agenten antizipieren und in sein Kalkül zur Gestaltung eines Vertragsangebotes an den Agenten einbeziehen. Wie schon in den vorherigen Ansätzen muss seine Offerte der Partizipations- (PB) und der Anreizkompatibilitätsbedingung (AB) genügen. Hinzu kommt hier allerdings noch eine Haftungsbeschränkung (HB), die besagt, dass $y_b \geq -L$. Die Variable L beschreibt seine Haftungsobergrenze. Ist $L > 0$, dann würde der Agent im ungünstigen Fall sogar ein negatives Einkommen hinnehmen. Fordert der Agent demgegenüber, dass er auch bei einem geringen Output x_b ein positives Einkommen benötigt, so müsste gelten, dass $L < 0$. Es ergibt sich folgender Maximierungsansatz des Prinzipals:

Optimierungs-problem des Prinzipals

$$(2.28) \qquad \underset{e, w_g, w_b}{\text{Maximiere}} \qquad \pi = x_b + w(e)(x_g - x_b) - y_b - w(e)(y_g - y_b)$$

unter den Restriktionen

$$y_b + w(e)(y_g - y_b) - c(e) \geq 0 \qquad \text{(PB)}$$

$$y_g - y_b = \frac{c'(e)}{w'(e)} \qquad [> 0] \qquad \text{(AB)}$$

$$y_b + L \geq 0 \qquad \text{(HB)}$$

$$y_g + L \geq 0 \qquad \text{(nicht bindend!)}$$

Die vierte Restriktion ist irrelevant, da sie bei Erfüllung von (HB) für $y_g > y_b$ automatisch erfüllt ist. Betrachten wir als Nächstes die beiden Restriktionen (PB) und (HB), dann fällt auf, dass diese nur in einem einzigen Sonderfall gleichzeitig bindend sein können. Dies ist der Fall, wenn im Optimum L mit dem Term $w(e)(y_g - y_b) - c(e)$ übereinstimmt. Man kann zeigen, dass das daraus reultierende Optimum des Prinzipals identisch ist mit demjenigen, falls (HB) nicht bindend ist. Damit bleiben zwei Unterfälle, die es im Folgenden zu untersuchen gilt, bei denen entweder (PB) oder (HB) bindend ist, die jeweils andere Restriktion jedoch nicht.

Nehmen wir zunächst an, die Partizipationsbedingung (PB) sei bindend. Dann ist es für den Prinzipal ohne Kosten möglich, die (AB) zu erfüllen. Für beliebige Differenzen $(y_g - y_b)$ senkt er nun das Niveau *beider* Agenteneinkommen parallel so weit ab, bis (PB) erfüllt ist. Das bedeutet für den Prinzipal, dass er problemlos auch die First-best-Anstrengung e^{FB} induzieren kann. Er setzt die *Differenz* der Agenteneinkommen $(y_g - y_b) = (x_g - x_b)$ und verringert das *Niveau* beider Einkommen, bis $Ey = y_b + w(e)(y_g - y_b) = c(e^{FB})$. In diesem Gleichgewicht erhält der Prinzipal nicht nur den gesamten Überschuss, der in der Transaktion erzielt wird, sondern erhält auch noch den maximal denkbaren Gesamtüberschuss. Es ist gewissermaßen die Idealwelt eines monopolistischen Prinzipals.

Wenden wir uns nun dem interessanteren zweiten Unterfall zu, in dem (HB) bindend ist, (PB) aber nicht. Setzt man zunächst (AB) und anschließend (HB) in die Zielfunktion des Prinzipals ein, so ergibt sich sein vereinfachtes Optimierungsproblem:

Das Gleichgewicht

$$(2.29) \qquad \underset{e}{\text{Maximiere}} \qquad \pi = x_b + w(e)(x_g - x_b) + L - w(e)\frac{c'(e)}{w'(e)}$$

Die notwendige Bedingung für ein Maximum lautet:

$$(2.30) \qquad w'(e)(x_g - x_b) = c'(e) + w(e)\left[\frac{c''(e)}{w'(e)} - \frac{c'(e)w''(e)}{w'(e)^2}\right].$$

Der Unterschied zur Bedingung für einen First-best-Zustand besteht im dort nicht auffindbaren zweiten Term auf der rechten Seite. Dieser Term ist positiv, da bis auf w''(e) alle Funktionen bzw. Ableitungen annahmegemäß positiv sind. Dies hat zur Folge, dass der Prinzipal ein geringeres Anstrengungsniveau anstrebt als e^{FB}. Dies wird auch anhand von Abbildung (2.23) deutlich.

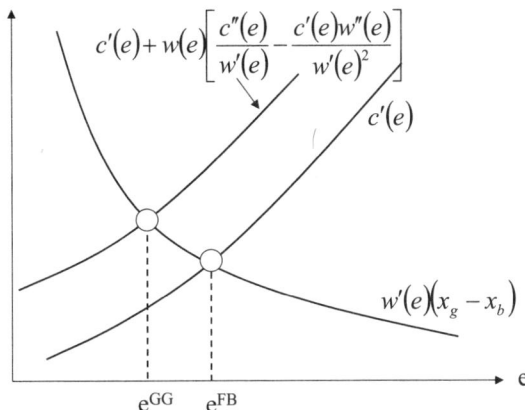

Abbildung 2.23

Was ist die Ursache für diese ineffiziente Verhaltensweise? Das lässt sich am einfachsten erläutern im Vergleich zum vorangehenden Unterfall, in dem der Prinzipal das effiziente Anstrengungsniveau wählte. Im Unterschied zu diesem ist es hier nicht mehr möglich, die beiden Einkommen y_g und y_b hinreichend weit im Gleichschritt zu senken, da die Haftungsbeschränkung für y_b bei $-L$ greift, so dass y_b nicht weiter abgesenkt werden kann. Hat der Prinzipal diesen Punkt erreicht, so stellt sich nun die Frage, ob es sich nicht lohnen könnte, nur noch y_g weiter zu reduzieren. Dies ist schließlich möglich, da (PB) noch immer nicht greift. Wird y_g allein reduziert, so hat dies zwei Auswirkungen: (a) Die Differenz zwischen den Einkommen sinkt, was eine Verringerung der Anstrengung nach sich zieht: dies verringert den Gewinn des Prinzipals; (b) der Prinzipal spart unmittelbar Lohnkosten in entsprechender Höhe ein. Hier ist der Prinzipal einem Trade-off ausgesetzt und er muss die Effekte sorgsam abwägen.

Es lässt sich zeigen, dass folgende Beziehung gilt:[29]

$$\frac{dy_g}{de} = \frac{c''(e)}{w'(e)} - \frac{c'(e)w''(e)}{w'(e)^2}.$$

---

[29] Dazu muss man das totale Differential von (AB) bilden, anschließend $dy_b = 0$ setzen und schließlich nach dy_g/de auflösen.

Der Klammerausdruck in (2.30) beschreibt mithin, wie viel es den Prinzipal kostet, wenn er e um eine Einheit erhöht. Umgekehrt lässt sich auch sagen, wie viel der Prinzipal einspart, wenn er e um eine Einheit senkt. Da y_g nur dann an den Agetnen ausgezahlt wird, wenn der vorteilhafte Output realisiert wird, muss dieser Term noch mit w(e), der Eintrittswahrscheinlichkeit, gewichtet werden.

Dies wissend lässt sich Gleichung (2.30) umfassend interpretieren: Die linke Seite, $w'(e)(x_g - x_b)$, erfasst die Ertragssteigerung (Ertragssenkung) aus einer Erhöhung (Senkung) von e aus Sicht des Prinzipals. Die rechte Seite, also c'(e) + w(e)(dy_g/de), beschreibt die Kostenerhöhung (-senkung) einer Erhöhung (Senkung) von e. Letztere setzt sich zusammen aus dem zusätzlichen Arbeitsleid (c'(e)) des Agenten und der Erhöhung der Rente, w(e)(dy_g/de) die der Agent deshalb erzielt, da Anreizerhöhungen nur durch Erhöhungen von y_g, nicht aber durch Senkungen von y_b (Haftungsbeschränkung!) umgesetzt werden kann.

Dies wird auch deutlich, wenn man die gleichgewichtigen Agenteneinkommen, y_g und y_b, betrachtet. Aus (HB) ergibt sich y_b = –L. Einsetzen in (AB) ergibt unmittelbar y_g = –L + c'(e)/w'(e). Aus diesen beiden Größen lässt sich das erwartete Einkommen Ey = –L + w(e)c'(e)/w'(e) bestimmen. Dieser Betrag ist größer als c(e), da (PB) nicht greift. Die Differenz zwischen Ey und c(e) entspricht der Rente, die der Agent aufgrund der Haftungsbeschränkung erzielt. Entsprechend soll die Rente hier als *Haftungsbeschränkungsrente* bezeichnet werden.

Beispiele für Anwendungen

Versuchen wir nun, das Modell auf die anfangs angeführten Beispiele zu übertragen. Im Fall des Arbeitnehmers, für den die Arbeit seine einzige Einkommensquelle bildet, ist anzunehmen, dass eine negative Haftungsobergrenze (L < 0) anzusetzen ist. Das bedeutet, er benötigt zumindest –L > 0 Geldeinheiten als Einkommen, um sich und seine Familie zu versorgen. In „schlechten Zeiten" könnte dies für den Prinzipal mit Verlusten verbunden sein, so dass y_b > x_b. Würde der Prinzipal nun ein Angebot ohne Leistungsanreize unterbreiten, y_g = y_b, so arbeitet der Agent nur mit minimaler Anstrengung (im Modell: e = 0). Da in diesem Fall Erhöhungen der Anstrengung für den Arbeitnehmer mit geringen Grenzkosten c'(e) verbunden sind, gleichzeitig die Wirkung w'(e) aber vergleichsweise hoch sind, genügen schon kleine Erhöhungen von y_g aus, um e und damit auch w(e) spürbar zu erhöhen. Ein Verzicht auf Leistungsanreize wäre hier mithin nicht optimal.

Damit bleibt die Frage, ob es optimal sein könnte, First-best-Anreize, also y_g – y_b = x_g – x_b, anzubieten. Wir wissen aus der Lösung des obigen Modells, dass dies bei wirksamer Haftungsbeschränkung nicht der Fall sein kann. Die Ursache dafür besteht darin, dass (a) bei höheren Werten für e c'(e) inzwischen vergleichsweise hoch und w'(e) vergleichsweise niedrig ausfallen. Hinzu kommt, dass (b) y_g gewissermaßen die Haftungsbeschränkungsrente fortschreibt, da alle Erfolgsaufschläge auf den bereits hohen Wert für y_b bezogen werden. Träte etwa der bereits oben erwähnte Fall ein, dass $y_b > x_b$, dann würde gelten, dass auch bei e^{FB} die Ungleichung $y_g > x_g$ gilt. Der Prinzipal würde folglich in jedem Fall Verluste erleiden. Gleichzeitig ist es aber möglich, dass er selbst in einem Kontrakt ohne Leistungsanreize insgesamt mit positiven (erwarteten) Gewinnen rechnen könnte, wenn nämlich $w(0)x_g + (1 - w(0))x_b \geq y_b$ gilt. Folglich wären aus der Sicht des Prinzipals in diesem Fall auch First-best-Anreize suboptimal. Sein Optimum läge, durch (2.30) beschrieben, bei einer mittleren Anreizintensität. Wie ein solcher Wert in der Praxis zu bestimmen wäre, also in Situationen, in denen wir viele, wenn nicht alle Parameter des Modells nicht kennen, ist ein anderes Problem, das an dieser Stelle nicht gelöst werden kann. Es mag genügen darauf hinzuweisen, dass der Wettbewerbsprozess als Such- und Entdeckungsverfahren häufig einfach durch Experimentieren der Wettbewerber zu effizienten Lösungen findet. Das Wissen um die hier diskutierten Zusammenhänge sollte allerdings helfen, den Suchprozess eines Unternehmens (bzw. eines Unternehmers oder Managers) deutlich abzukürzen.

Als zweites Beispiel soll hier noch kurz das Problem moralischen Wagnisses bei Haftungsbeschränkungen für Politiker skizziert werden. Es scheint unmittelbar klar, dass die Schäden, die mit einer unglücklichen Politik verbunden sind, in keiner Relation zur Haftungsfähigkeit der entscheidenden Politiker stehen. Folglich können wir beim Versuch einer Übertragung auf unser Modell unmittelbar auf $-L = y_b > x_b$ schließen. Gleichermaßen gilt jedoch auch, dass x_g ungleich höher als y_g ausfallen muss, anderenfalls fielen absurd anmutende Politikerentlohnungen an. Es ist also naheliegend, dass die optimale Entlohnung, sagen wir des Bundeskanzlers, „mittlere Werte" annehmen sollte. Umso mehr muss es erstaunen, dass es praktisch keinerlei Leistungsprämien gibt. Natürlich gibt es das nicht gerade triviale Problem der Output- bzw. Leistungsmessung. Doch könnte man hier vielleicht ein pragmatisches Kriterium wie das der Wiederwahl verwenden. Bei der immensen Bedeutung der Entscheidungen des Kanzlers oder seiner Minister wären schon (aus volkswirtschaftlicher Sicht) winzige Anteile an den Folgen seiner Maßnahmen für die Ministerriege derartig hohe Geldsummen, dass sie damit viele zukünftige Generationen ihrer Familie versorgen könnten. Folgende Überlegung würde dem Geist unseres Modells sehr nahe kommen: In der ersten Amtsperiode des Politikers könnte man ihm einen gerade noch amtsangemessenen Lohn zahlen, der im Falle seiner Wiederwahl (beispielsweise) verhundertfacht würde. Nehmen wir einmal an, das Grundeinkommen des Politikers sei 100.000 € pro Jahr, dann wäre sein Wiederwahleinkommen 10.000.000 € pro Jahr. Käme er vier Jahre in dessen Genuss, so wäre er auf dem Niveau eines überragenden Superstars angelangt. Nehmen wir weiterhin an, das Bruttoinlandsprodukt (BIP) der Nation belaufe sich auf etwa 2 Bio. € und der Unterschied zwischen einer guten und einer schlechten Entwicklung des BIP (im Modell: $x_g - x_b$) betrage etwa 1 Prozent desselben und sei hochgradig korreliert mit seiner Wiederwahl, dann erhält der Kanzler einen Anteil von nur $10.000.000/20.000.000.000 = 0,5$‰. Nach der Logik des hier besprochenen Modells würde ihn dies möglicherweise davon abhalten, regelmäßig Entscheidungen gegen den wissenschaftlichen Sachverstand und nur auf die aktuelle Stimmung im Lande schielend zu fällen.

Das Hauptproblem des hier durchgespielten „Vorschlags" für die Realität besteht jedoch wohl darin, dass die erhoffte Sachbezogenheit der Politik nur dann erreicht wird, wenn die Wahlen von wohlinformierten Bürgern durchgeführt würden, was jedoch auch aus ökonomisch-theoretischer Sicht nicht zu erwarten ist (siehe Kapitel 6, Abschnitt 2.1). Man sollte den „Vorschlag" folglich nicht allzu ernst nehmen, aber zur Kenntnis nehmen, dass er zumindest einen Teilbereich des Problems einer „schlechten Politik" beleuchten kann.

2.6. Moralisches Wagnis in Teams

Bei einer Teamproduktion stehen die Teammitglieder in einer wechselseitigen Prinzipal-Agent-Beziehung. Die verschiedenen Faktoreinsätze der Teammitglieder gehen untrennbar voneinander in das Teamprodukt ein. Hinsichtlich seines eigenen Inputs in die Teamproduktion befindet sich jedes Mitglied in der Rolle eines Agenten. Umgekehrt nimmt jedes Mitglied bezüglich der Faktoreinsätze der anderen eine Prinzipal-Stellung ein. Wenn die Faktoreinsätze nicht beobachtet werden können, ist es nicht mehr möglich, vom Output auf die individuellen Beiträge zu schließen. Dies führt, wie im Folgenden noch gezeigt wird, zu einem Trittbrettfahrerverhalten, bei dem alle Teammitglieder sich wechselseitig schädigen.

2.6.1. Das Trittbrettfahrerproblem im Team

Im Gegensatz zu den vorangehenden Agenturmodellen spielt der Aspekt der Risikoaversion der Agenten bei Teamproduktion keine entscheidende Rolle. Aus diesem Grund werden wir in diesem Abschnitt der übersichtlicheren Darstellung halber von risikoneutralen Agenten ausgehen. Zur Darstellung der wichtigsten Zusammenhänge reicht es aus, ein Team mit zwei Mitgliedern zu betrachten.

Der im Folgenden zu analysierende Teamproduktionsprozess[30] arbeite mit einer Produktionsfunktion x = x(e₁,e₂). Hier können die beiden *Teammitglieder* von ihrem eigenen Einsatz und dem Output auf den Input des anderen schließen.[31] Dennoch sei hier angenommen, dass die Auszahlungen der beiden Agenten nicht an den Faktoreinsätzen festgemacht werden können, da diese *Dritten* gegenüber *nicht nachgewiesen* (verifiziert) werden können. Verhält sich etwa eines der Teammitglieder als Drückeberger, so kann es im Streitfall vor Gericht behaupten, nicht es selbst, sondern sein Teamkollege habe einen zu geringen Input geleistet. Ein unabhängiger Richter kann *keinen* der Faktoreinsätze der Agenten erkennen, und er ist auch nicht dazu in der Lage, vom Output auf die Faktoreinsätze zurückzuschließen.[32] Die Funktion x(·) weise strikt positive partielle Ableitungen auf und sei konkav. Die Faktoreinsätze e_i verursachen Kosten bei den Teammitgliedern in Höhe von C(e_i) mit C'(e_i) > 0 und C''(e_i) > 0. Wir unterstellen also in e_i steigende Kosten und Grenzkosten. Der Output wird unter den beiden Teammitgliedern aufgeteilt. Dabei wird zunächst angenommen, dass die produzierte Menge vollständig auf die beiden Agenten verteilt wird, so dass x(e₁,e₂) = x_1 + x_2 gilt. Im Prinzip lassen sich unendlich viele Aufteilungsregeln für verschiedene x aufstellen. Im Folgenden sei unterstellt, dass Agent 1 einen Anteil von x_1 = γx(·) mit 0 < γ < 1 erhält. Agent 2 bekommt demnach x_2 = (1 – γ)x(·).[33]

Aufbau des Modells

Aus diesen Annahmen ergeben sich die folgenden Zielfunktionen der risikoneutralen Agenten:[34]

$$(2.31) \qquad U_1 = \gamma p x\left(e_1, e_2\right) - C\left(e_1\right),$$

$$(2.32) \qquad U_2 = \left(1 - \gamma\right) p x\left(e_1, e_2\right) - C\left(e_2\right)$$

mit p als dem Marktpreis des Outputs. Als Referenzmaßstab für das noch abzuleitende Gleichgewicht seien hier zunächst die Bedingungen für ein

First-best-Lösung

---

[30] Der grundlegende Beitrag, auf den sich auch diese Ausführungen im Wesentlichen beziehen, stammt von HOLMSTROM (1982).

[31] Das Modell lässt sich ohne allzu große Mühe auch um eine Zufallsvariable in der Produktion ergänzen. Falls diese von keinem der Agenten beobachtet werden kann, ist ein Rückschluß auf den Einsatz des jeweils anderen Teammitglieds nicht mehr möglich.

[32] Des Weiteren bleibt zu beachten, dass in Teams mit mehr als zwei Agenten keiner der Agenten mehr von seinem Einsatz auf den eines einzelnen anderen zurückschließen kann.

[33] Es sei darauf hingewiesen, dass die folgenden Ergebnisse auch mit anderen Aufteilungsregeln gelten. Für die hier diskutierten Zusammenhänge muss nur gelten, dass bei jedem beliebigen x(·) der gesamte Output an die Teammitglieder verteilt wird.

[34] Bei risikoneutralen Agenten gilt r = 0 und die Risikoprämie rσ^2/2 entfällt.

Pareto-Optimum beschrieben. Dazu maximiert man das totale Sicherheitsäquivalent

$$(2.33) \qquad \text{TSÄ} = U_1 + U_2 = px\big(e_1, e_2\big) - C\big(e_1\big) - C\big(e_2\big)$$

über die Variablen e_1 und e_2. Die notwendigen Bedingungen lauten
dementsprechend:

$$(2.34a) \qquad p\,\frac{\partial x(\cdot)}{\partial e_1} = C'\big(e_1\big) \qquad\qquad \text{und}$$

$$(2.34b) \qquad p\,\frac{\partial x(\cdot)}{\partial e_2} = C'\big(e_2\big).$$

Im Pareto-Optimum muss also das Wertgrenzprodukt den Grenzkosten
entsprechen. Die den Gleichungen (2.34a) und (2.34b) genügenden Faktoreinsätze seien als $e_1{}^*$ und $e_2{}^*$ bezeichnet. Würde die obige Outputvertei-
lungsregel angewandt, so erhielten die Agenten einen Betrag von
$\gamma px(e_1{}^*, e_2{}^*)$ bzw. $(1-\gamma)px(e_1{}^*, e_2{}^*)$ mit den entsprechenden Nutzen $U_1{}^*$
und $U_2{}^*$.

Team-
Gleichgewicht

Wir wollen im Folgenden zeigen, dass das Pareto-Optimum unter den
hier vorgegebenen Regeln nicht mit einem Gleichgewicht[35] vereinbar ist.
Die Bedingung für ein einzelwirtschaftliches Nutzenmaximum ergeben
sich aus der ersten Ableitung der individuellen Zielfunktionen nach dem
eigenen Faktoreinsatz:

$$\frac{dU_1}{de_1} \overset{!}{=} 0 = \gamma p\,\frac{\partial x(\cdot)}{\partial e_1} - C'\big(e_1\big)$$

(2.35a)

$$\Leftrightarrow \gamma p\,\frac{\partial x(\cdot)}{\partial e_1} = C'\big(e_1\big),$$

$$\frac{dU_2}{de_2} \overset{!}{=} 0 = \big(1 - \gamma\big)p\,\frac{\partial x(\cdot)}{\partial e_2} - C'\big(e_2\big)$$

(2.35b)

$$\Leftrightarrow \big(1 - \gamma\big)p\,\frac{\partial x(\cdot)}{\partial e_2} = C'\big(e_2\big).$$

Die Gleichungen (2.35a) und (2.35b) werden in der Literatur auch als
Reaktionsfunktionen bezeichnet; sie stellen den jeweils optimalen Aktionsparameter des Agenten i bei gegebener Aktion von j dar. Da $0 < \gamma < 1$, gilt

---

[35] Gemeint ist ein *Nash-Gleichgewicht*, in dem beide Agenten denjenigen Faktoreinsatz wählen, der ihren individuellen Nutzen – gegeben den individuell optimalen Faktoreinsatz des anderen – maximiert.

auch $0 < (1 - \gamma) < 1$. Ein Gleichgewicht ist dann erreicht, wenn e_1 und e_2 so gewählt werden, dass beide Reaktionsfunktionen erfüllt sind. In diesem Fall wählen beide Akteure wechselseitig beste Aktionen.

Vergleichen wir nun die Gleichgewichtsbedingungen mit denen für Pareto-Optimalität, so fällt auf, dass der gleichgewichtige Faktoreinsatz e_{iG} um den Faktor $\gamma < 1$ bzw. $(1 - \gamma) < 1$ geringere Grenzkosten aufweist. Da zuvor in e_i steigende Grenzkosten unterstellt wurden, folgt daraus, dass $e_{iG} < e_i^*$. Dieses Ergebnis erscheint unmittelbar plausibel, wenn man sich vergegenwärtigt, dass beide Akteure aufgrund der Aufteilungsregel nur einen Anteil γ bzw. $(1 - \gamma)$ ihres Wertgrenzproduktes erhalten. Damit erzeugt jeder Faktoreinsatz des Agenten i einen positiven externen Effekt auf den Agenten j. In Abbildung 2.24 wird das Entscheidungskalkül des Agenten i bei gegebenem Faktoreinsatz des anderen Teammitglieds abgebildet.

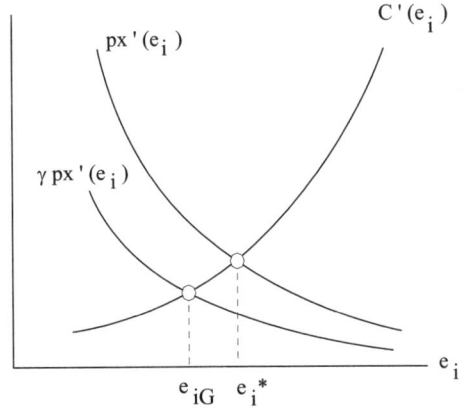

Abbildung 2.24

Die strategische Interdependenz zwischen den Teammitgliedern wird deutlicher, wenn man die Reaktionsfunktionen im e_1-e_2-Diagramm abbildet. Dies geschieht in Abbildung 2.25.

POB1 und POB2 stellen die graphische Abbildung der beiden Bedingungen für Pareto-Optimalität (Gleichungen (2.34a) und (2.34b)) dar. Wie aus Abbildung 2.24 hervorgeht, sind die Reaktionsfunktionen dadurch gekennzeichnet, dass sie für jedes e_j des anderen Teammitglieds ein $e_i < e_i^*$ des betrachteten Individuums beinhalten. In Abbildung 2.25 bedeutet dies, dass R1 unterhalb von POB1 und R2 links von POB2 verläuft. Das Pareto-Optimum wird im Schnittpunkt von POB1 und POB2 erreicht. Das Gleichgewicht hingegen befindet sich im Schnittpunkt der Reaktionsfunktionen. Es wird deutlich, dass im Gleichgewicht eindeutig ein zu geringer Einsatz erfolgt. Die wechselseitig positiven externen Effekte führen zu einem beiderseitigen Trittbrettfahrerverhalten: die Teammitglieder schaden sich gegenseitig.

Abbildung 2.25

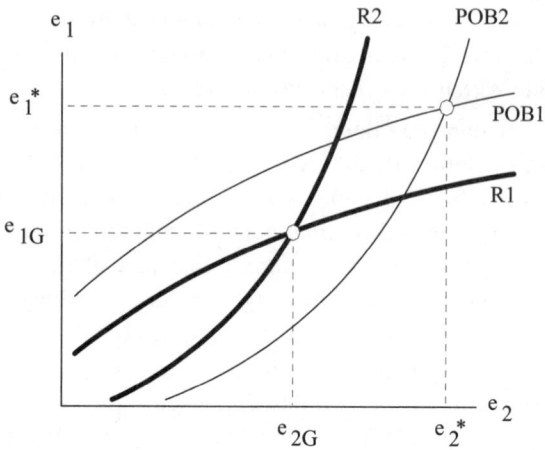

Eine Ursache für das hier beschriebene Anreizproblem zwischen den Agenten besteht in der Anforderung an die jederzeitige *vollständige* Verteilung der Outputs, nämlich $x(\cdot) = x_1 + x_2$. Wir wollen im Folgenden zeigen, dass bei Lockerung dieser Anforderung zu $x(\cdot) \geq x_1 + x_2$ ein Anreizsystem geschaffen werden kann, dessen Gleichgewicht mit Pareto-Optimalität vereinbar ist!

2.6.2. Lösungsmöglichkeiten für das Teamproblem

Einigen sich die Agenten auf ein Auszahlungssystem, in dem nicht immer alle Leistungen an die Teammitglieder verteilt werden, dann besteht ein Problem der Zeitinkonsistenz. Tritt nämlich der kritische Fall ein, bei dem ein Teil der Leistungen nicht an die Teammitglieder ausgezahlt wird, so liegt es im Interesse aller Agenten, sich erneut zusammenzusetzen und auch die verbliebenen Leistungen untereinander aufzuteilen. Damit ein System mit $x(\cdot) > x_1 + x_2$ (für bestimmte vorab bestimmte Konstellationen) funktionieren kann, benötigen die Agenten eine *glaubhafte Bindung* an diese Regelungen. Eine Möglichkeit dazu besteht darin, dass das Team einen *außenstehenden* Akteur, nennen wir ihn den Prinzipal, engagiert, dessen einzige Aufgabe darin besteht, ein geeignetes Auszahlungssystem durchzusetzen. Damit auch dieser ein Interesse an der Einhaltung der Regelungen hat, bekomme er alle verbliebenen, nicht ausgezahlten Leistungen als Entschädigung für seinen Arbeitseinsatz.

Ein mögliches effizientes Verteilungssystem besteht aus der Einrichtung *Gruppenanreize* von Gruppenanreizen der folgenden Art:

$$x_i = \begin{cases} \bar{x}_i, & x \geq x\left(e_1{}^*, e_2{}^*\right) \\ 0, & x < x\left(e_1{}^*, e_2{}^*\right) \end{cases}$$

$$\text{mit } \sum_i \overline{x}_i = x\left(e_1{}^*, e_2{}^*\right) - KP.$$

Dabei steht KP für die Opportunitätskosten des Prinzipals. Unterstellen wir, dass KP = 0 gilt, so realisieren die Agenten im Gleichgewicht ein Pareto-Optimum: Setzt Agent 1 (Agent 2) die Faktormenge $e_1{}^*$ ($e_2{}^*$) ein, so ist es für den anderen Agenten optimal, selbst ebenfalls $e_2{}^*$ ($e_1{}^*$) einzubringen.[36] Der Gruppenanreiz besteht darin, dass bei einem Abweichen eines einzigen Spielers die Auszahlungen des gesamten Teams entfallen; ein Trittbrettfahren ist damit nicht mehr möglich.

Es gibt noch eine Reihe weiterer möglicher Aufteilungsregeln, die ein effizientes Gleichgewicht ermöglichen. Eine gemäßigte Variante des obigen Schemas besteht darin, dass bei geringem Output ein fester Mindestlohn gezahlt wird:

$$x_i = \begin{cases} x_{fix} + \overline{x}_i, & x \geq x\left(e_1{}^*, e_2{}^*\right) \\ x_{fix}, & x < x\left(e_1{}^*, e_2{}^*\right) \end{cases}$$

$$\text{mit } \sum_i \left(x_{fix} + \overline{x}_i\right) = x\left(e_1{}^*, e_2{}^*\right) - KP$$

und einem hinreichend kleinen x_{fix}, so dass $U_i(e_i{}^*, e_j{}^*) > U_i(0, e_j{}^*)$ für alle i.

Unter Einführung einer „Gruppenstrafe" S kann auch eine bestimmte Form der proportionalen Aufteilung verwirklicht werden, nämlich

$$x_1 = \begin{cases} \gamma x, & x \geq x\left(e_1{}^*, e_2{}^*\right) \\ \gamma x - S, & x < x\left(e_1{}^*, e_2{}^*\right) \end{cases} \quad \text{und}$$

$$x_2 = \begin{cases} (1-\gamma)x, & x \geq x\left(e_1{}^*, e_2{}^*\right) \\ (1-\gamma)x - S, & x < x\left(e_1{}^*, e_2{}^*\right). \end{cases}$$

Aus den oben angeführten Überlegungen wissen wir, dass im Fall von S = 0 die erste Ableitung der individuellen Zielfunktionen nach den jeweiligen Faktoreinsätzen kleiner als null ist und ein Gleichgewicht mit $e_{iG} < e_i{}^*$ resultiert. Durch die Einführung einer positiven Gruppenstrafe S > 0 entsteht an der Stelle $(e_1{}^*, e_2{}^*)$ eine Sprungstelle in der Zielfunktion der Agenten. Eine marginale Verringerung des Einsatzes von Agent 1 bei

---

[36] Hierbei wird natürlich angenommen, dass $\overline{x}_i$ für alle Agenten hinreichend groß sei, so dass der Nutzen für alle Agenten strikt größer als null ist. Es ist noch anzumerken, dass bei diesem Auszahlungssystem noch ein zweites, weniger plausibles Gleichgewicht existiert, nämlich $e_1 = e_2 = 0$.

gegebenem Einsatz des Agenten 2 erzeugt eine marginale Nutzenänderung in Höhe von

$$-\left(\frac{\partial U_1(e_1{}^*, e_2{}^*)}{\partial e_1}\right)_{links} = -\left[\gamma \cdot p \frac{\partial x}{\partial e_1} + pS - C'(e_1)\right]$$

und ist nicht mehr zwangsläufig positiv. Im Gegenteil: Ist die zusätzlich anfallende Strafe pS hinreichend hoch, so beinhaltet ein Unterschreiten von $e_1{}^*$ einen negativen Grenznutzen. In diesem Fall liegt an der Sprungstelle $e_1{}^*$ ein lokales (Rand-)Optimum vor. Ist S auch so groß, so dass $U_1(e_1{}^*, e_2{}^*) > U_1(e_1{}', e_2{}^*)$ für alle denkbaren $e_1{}'$ gilt, dann ist $e_1{}^*$ zugleich auch ein globales Optimum für den ersten Agenten und liegt auf dessen Reaktionsfunktion. Analog lässt sich für Agent 2 argumentieren. Sind die Bedingungen für S für beide Agenten erfüllt, so bilden die Faktoreinsätze $(e_1{}^*, e_2{}^*)$ ein Gleichgewicht.

Die hier angeführten Überlegungen lassen sich auch um den Aspekt der Zukunftsunsicherheit ergänzen. Wird etwa eine Produktionsfunktion $x = x(e_1, e_2, \varepsilon)$ unterstellt, so erweist sich unter bestimmten Umständen die folgende Aufteilungsregel als optimal:[37]

$$x_i = \begin{cases} \gamma_i x, & x \geq \overline{x} \\ \gamma_i x - S, & x < \overline{x}, \end{cases}$$

deren wesentlicher Unterschied zu der vergleichbaren obigen Lösung mit Gruppenstrafe darin besteht, dass $x(e_1{}^*, e_2{}^*)$ durch ganz bestimmtes, hier nicht näher spezifiziertes $\overline{x}$ ersetzt wird.

2.6.3. Ein Beispiel

Die wichtigsten Zusammenhänge der Agenturprobleme bei Teamproduktion seien noch einmal kurz anhand eines Zahlenbeispiels illustriert. Dabei unterstellen wir folgende Funktionen:

$$x = \sqrt{e_1}\sqrt{e_2}, x_1 = x_2 = x/2, C_1 = \frac{1}{2}e_1^2, C_2 = \frac{1}{2}e_2^2, p = 20.$$

Daraus ergeben sich die individuellen Zielfunktionen

$$U_1 = 10\sqrt{e_1}\sqrt{e_2} - \frac{1}{2}e_1^2 \text{ und}$$

$$U_2 = 10\sqrt{e_1}\sqrt{e_2} - \frac{1}{2}e_2^2,$$

---

[37] Siehe zu diesen Überlegungen vor allem HOLMSTROM (1982).

sowie das totale Sicherheitsäquivalent

$$\text{TSÄ} = 20\sqrt{e_1}\sqrt{e_2} - \frac{1}{2}e_1^2 - \frac{1}{2}e_2^2.$$

Die notwendigen Bedingungen für ein Pareto-Optimum lauten

$$e_1 = 10^{2/3}e_2^{1/3} \quad \text{und}$$

$$e_2 = 10^{2/3}e_1^{1/3}.$$

Auflösen dieser beiden Gleichungen nach e_1 und e_2 ergibt $e_1{}^* = e_2{}^* = 10$. Daraus wiederum folgt $U_1{}^* = U_2{}^* = 50$. Die Produktion im Pareto-Optimum beträgt $x^* = 10$.

Zur Bestimmung des Gleichgewichts müssen zunächst die individuellen Zielfunktionen nach den Aktionsparametern der Agenten, also e_1 bzw. e_2, abgeleitet und gleich null gesetzt werden. Die Reaktionsfunktionen lauten dementsprechend

$$e_1 = 5^{2/3}e_2^{1/3} \quad \text{und}$$

$$e_2 = 5^{2/3}e_1^{1/3}.$$

Auflösen ergibt $e_{1G} = e_{2G} = 5$. Die entsprechenden Nutzen betragen $U_{1G} = U_{2G} = 37{,}5$. Die Produktionsmenge entspricht $x_G = 5$.

Führen wir nun einen Prinzipal mit Opportunitätskosten in Höhe von $KP = 0$ ein, der die Aufteilungsregel

$$px_i = \begin{cases} 100, & \geq 10 \\ 0, & x < 10 \end{cases}$$

durchsetzt, so stellt $e_1 = e_2 = 10$ für hinreichend kleine Werte von KP ein Gleichgewicht dar: Wählt Agent 2 $e_2 = 10$, so erzielt Agent 1 für alle $0 \leq e_1 < 10$ einen Nutzen von $-C(e_1) \leq 0$. Für alle $e_1 > 10$ ist $\partial U_1/\partial e_1 < 0$. Dies bedeutet, dass eine Ausdehnung über $e_1{}^*$ hinaus aus der Sicht des Agenten nicht sinnvoll ist. Bei $e_1 = 10$ erzielt der Agent einen Nutzen von $U_1{}^* > 0$. Der Einsatz $e_1{}^*$ ist damit eine beste Reaktion auf $e_2{}^*$. Analog dazu lässt sich zeigen, dass auch $e_2{}^*$ eine beste Antwort auf $e_1{}^*$ darstellt. Die Einsatzkombination $(e_1{}^*, e_2{}^*)$ bildet somit ein Gleichgewicht. Es sei allerdings darauf hingewiesen, dass erneut weitere Gleichgewichte existieren. Wählt etwa Agent 2 einen Einsatz von $e_2 = 0$, so ist es auch für Agent 1 optimal, $e_1 = 0$ zu setzen. Umgekehrt stellt auch $e_2 = 0$ eine beste Antwort auf $e_1 = 0$ dar, so dass auch die Kombination $(0, 0)$ ein Gleichgewicht bildet.

Zusammen-
fassung der Er-
gebnisse

Als Ergebnisse lassen sich somit festhalten: (1) Bei Teamproduktion entsteht ein Trittbrettfahrerproblem, das bei proportionaler Gewinnaufteilung mit $x = x_1 + x_2$ für alle x zu einem suboptimalen Gleichgewicht führt. Alle Agenten leisten einen zu geringen Faktoreinsatz und schaden sich damit wechselseitig. (2) Es existieren andere Aufteilungsregeln, die zu superioren, gegebenenfalls sogar zu pareto-optimalen Gleichgewichten führen. Eine wesentliche Idee bei der Aufstellung solcher Verträge besteht vor allem in der Lockerung der Budgetrestriktion zu $x \geq x_1 + x_2$. (3) Es gibt unter Umständen eine Vielzahl solcher pareto-superioren Verteilungsregeln. Dabei ist zu beachten, dass die konkrete Ausgestaltung dieser Regeln mit den Modellannahmen variiert.

Wir haben das Problem der Teamproduktion bereits im Abschnitt 1.1 mit anderen Methoden und in Bezug auf den Beitrag von Alchian/Demsetz (1972) diskutiert. Dabei wurde die Überwachung der Agenten als Ausweg vorgeschlagen. In diesem Abschnitt haben wir gezeigt, dass es gegebenenfalls *einfachere* Lösungen gibt als die von Alchian und Demsetz. Zudem ist anzunehmen, dass eine Überwachung im Sinn von Alchian und Demsetz häufig einen höheren Ressourceneinsatz erfordert als die Aktivitäten des Prinzipals in den hier diskutierten Verträgen. Andererseits gelten die hier diskutierten Lösungen nur unter zum Teil sehr speziellen Annahmen, während die Überlegungen von Alchian und Demsetz sehr allgemein gehalten sind. Insofern sollte man sich einer vorschnellen vergleichenden Beurteilung der unterschiedlichen Problemlösungsideen zunächst enthalten. Viel wichtiger ist, dass hier eine Reihe von Ansätzen präsentiert wurden, die das Anreizproblem bei Teamproduktion auf unterschiedlichste Weise angehen und damit vor allem das Verständnis für die der Teamarbeit zugrunde liegende Problematik erhöhen.

2.7. Adverse Selektion, Signalisierung und Filterung

In den bislang untersuchten Ansätzen mit moralischem Wagnis bestand die Informationsasymmetrie darin, dass die Ausprägung der Zufallsvariablen sowie das Handeln der Agenten nicht kostenlos vom Prinzipal beobachtet werden konnten. In der Ausgangslage herrschten jedoch symmetrische Informationen zwischen Prinzipal und Agent vor. Genau umgekehrt verhält es sich bei Prinzipal-Agent-Modellen vom Typ „adverse Selektion". Hier ist der Prinzipal sehr wohl dazu in der Lage, das Handeln des Agenten sowie etwaige Zufallszüge des „Spielers Natur" zu erkennen. Der Informationsnachteil des Prinzipals liegt hier schon vor dem Vertragsabschluss: Im Allgemeinen ist der Prinzipal über bestimmte Eigenschaften des Agenten oder des gehandelten Objekts nicht informiert. Dies wiederum verleitet den Agenten dazu, sein Vorsprungswissen zu seinem eigenen Vorteil zu nutzen und dadurch den Prinzipal zu schädigen.

Ein typisches Beispiel für solche Probleme einer adversen Selektion ist der Handel von Gebrauchtwagen: Schon vor dem Vertragsabschluss weiß der potentielle Verkäufer (Agent) über die Eigenschaften des von ihm angebotenen Wagens recht gut Bescheid, während der Kaufinteressent (der Prinzipal) nur über ein sehr geringes Wissen über das Handelsobjekt verfügt. Dies kann zu einem erheblichen Marktversagen führen, wie das folgende Beispiel illustriert: Nehmen wir an, es gibt zwei Typen von Gebrauchtwagen, „Schnäppchen" und „Montagsautos", die gleichermaßen häufig anzufinden sind. Schnäppchen sind Wagen, die keinerlei bedeutende Mängel aufweisen und demzufolge voraussichtlich lange und zuverlässig genutzt werden können. Der Wert solcher Autos für die potentiellen Nachfrager betrage 12000 €, der für die potentiellen Anbieter entspreche 10000 €. Montagsautos weisen demgegenüber erhebliche, nicht unmittelbar sichtbare Mängel auf. Diese mindern den Wert der Autos, so dass sie für Nachfrager (Anbieter) nur 6000 € (5000 €) wert sind. Wäre nun allgemein bekannt, dass die Verkäufer (Agenten) stets konsequent ehrlich sind und dass diese Agenten tatsächlich immer den wahren Wert der Autos angeben, so ergäbe sich ein effizientes Marktergebnis: Montagsautos würden zu einem Preis von 5000 < p < 6000 gehandelt werden und „Schnäppchen" erzielten einen Marktpreis von 10000 < p < 12000. Jede unter solchen Bedingungen erfolgende Transaktion erzeugt einen Wohlfahrtsüberschuss, da die Autos von einem Verkäufer mit geringer Wertschätzung zu einem Käufer mit höherer Wertschätzung transferiert werden.

Unglücklicherweise sind die Agenten jedoch im Allgemeinen nicht so ehrlich wie gerade angenommen. Geht man nun davon aus, dass alle Anbieter von Montagsautos deren Mängel verschweigen würden, so spielt sich ein neues Marktgleichgewicht ein. Die Nachfrager, die nun nicht mehr wissen, wie hoch der Wert eines ihnen konkret angebotenen Autos ist, müssen ein Erwartungswertkalkül durchführen. Nehmen wir an, beide Typen von Gebrauchtwagen würden am Markt gleich oft angeboten, so dass die Nachfrager einen erwarteten Nutzen von EU = 12000 €/2 + 6000 €/2 = 9000 € haben. Dieser Erwartungsnutzen bildet die maximale Zahlungsbereitschaft für einen Gebrauchtwagen unbekannten Typs. Da diese Zahlungsbereitschaft geringer ist als der Nutzen, den die Anbieter von „Glücksgriffen" aus ihren Autos ziehen können (10000 €), werden diese ihre guten Autos nicht verkaufen können. Dies erkennend passen die potentiellen Käufer (Prinzipale) ihre Zahlungsbereitschaft an: Da nur noch Montagsautos angeboten werden, sinkt ihre maximale Zahlungsbereitschaft auf 6000 €. Ein Marktgleichgewicht für Montagsautos mit 5000 < p < 6000 ist die Folge, während der Markt für „Schnäppchen" vollkommen zusammengebrochen ist. Letzteres stellt einen Wohlfahrtsverlust dar, da potentielle Käufer- und Verkäuferrenten nicht realisiert werden. Der hier beschriebene Prozess wird als adverse Selektion bezeichnet, da die „guten Risiken" (die Schnäppchen) vom Markt verschwinden und die „schlechten Risiken" verbleiben.[38]

Ein anderes Beispiel ist die Einstellung eines neuen Mitarbeiters, über dessen Qualifikation der potentielle Arbeitgeber nur wenig weiß, während der Arbeitssuchende seine Fähigkeiten einigermaßen gut einschätzen kann. Wir wollen im Folgenden zeigen, welche Art von Problem sich in diesem Kontext ergibt, und welche Lösungsmöglichkeiten existieren. Auch hinsichtlich der adversen Selektion lassen sich eine Reihe sehr unterschiedlicher Modelle konstruieren. Im Gegensatz zu Ansätzen mit moralischem Wagnis spielt die unterstellte Marktform bei adverser Selektion eine erhebliche Rolle. Aus diesem Grund betrachten wir zunächst ein Modell mit dem Prinzipal als Monopolisten. Anschließend untersuchen wir das Problem der adversen Selektion mit vielen konkurrierenden Prinzipalen.

2.7.1. Der Prinzipal als Monopolist

2.7.1.1. Modellstruktur und Gleichgewicht bei symmetrischen Informationen

Es sei ein Modell mit einem risikoneutralen Prinzipal und einem Agenten betrachtet.[39] Man kann sich den Prinzipal gut als Arbeitgeber und den Agenten als Arbeitnehmer vorstellen. Zu Beginn der wirtschaftlichen Beziehung unterbreitet der Arbeitgeber dem Arbeitnehmer ein Vertragsangebot, das dieser annehmen oder ablehnen kann. Da es für den Arbeitgeber keine Konkurrenten um den Arbeitnehmer gebe, kann er als Nachfrage-Monopolist seinen Gewinn zu maximieren versuchen. Während der Agent seine Kostenfunktion $C_A(e)$ genau kennt, bleibt diese dem Prinzipal verborgen. Der Agent sei einer aus einer großen Masse von Agenten mit unterschiedlichen individuellen Kosten. Der Einfachheit halber unterstellen wir im Folgenden, es gebe nur zwei „Typen" von Agenten: Typ 1 weise niedrige Kosten auf, Typ 2 hingegen hohe: $C_1(e) < C_2(e)$. Gleichzeitig sei angenommen, dass die Agenten mit den höheren Kosten auch höhere Grenzkosten aufweisen, $0 < C_1'(e) < C_2'(e)$, und dass $C_i(0) = 0$. Des Weiteren seien auch die Grenzkosten in e_i steigend: $C_i''(e) > 0$. Da C_2 an jeder Stelle stärker ansteigt als C_1 lässt sich zeigen, dass für $e > e'$ die als Ein-Schnittpunkt-Bedingung (ESB) bezeichnete Ungleichung

---

[38] Eine etwas anspruchsvollere, aber immer noch leicht verständliche Lehrbuchdarstellung eines Modells mit stetiger Autoqualität und vollständigem Marktzusammenbruch für alle Qualitäten findet sich bei RICHTER/FURUBOTN (2003), S. 236–240.

[39] Da die Agenten über vollkommene Informationen verfügen und damit auch keiner Zukunftsunsicherheit bzw. keinem Risiko unterliegen, spielt die Risikoaversion des Agenten in diesen Ansätzen keine Rolle.

(ESB) $C_2(e) - C_1(e) > C_2(e') - C_1(e')$

bzw. $C_2(e) - C_2(e') > C_1(e) - C_1(e')$,

die wir später noch benötigen, gilt. Der Anteil der Agenten mit niedrigen Kosten am Gesamtbestand aller Agenten betrage $0 < \theta < 1$. Entsprechend sei die Wahrscheinlichkeit, dass der Prinzipal einem Agenten mit hohen Kosten gegenübersteht, gleich $0 < (1 - \theta) < 1$. Es sei eine Produktionsfunktion $x = e_i$ mit $i = 1,2$ unterstellt. Die Nutzenfunktionen der Agenten lauten: $U_i = y(e_i) - C_i(e_i) = y_i - C_i(e_i)$. Dabei stellt y_i den Lohn für den Agenten dar, wenn er den vom Prinzipal beobachtbaren und vereinbarten Input e_i leistet. Alle Agenten verfügen über die Möglichkeit, bei Annahme eines alternativen Arbeitsplatzes einen Nutzen von $\overline{U}$ zu realisieren. Diese stellen mithin die Opportunitätskosten der Vertragsannahme für den Agenten dar. Der Prinzipal sei ein risikoneutraler Gewinnmaximierer, so dass seine Zielfunktion wie folgt lautet: $\pi = E[p \cdot x(e) - y_e] = E[p \cdot e - y_e]$ mit p als Marktpreis für das durch den Agenten hergestellte Produkt.

Wie schon zuvor ist es auch hier sinnvoll, als Referenzpunkt zunächst das Optimum für den Prinzipal bei vollkommener Information zu bestimmen. Weiß er also, welchem Typ von Agenten er sein Angebot unterbeitet, so sieht sein Optimierungskalkül wie folgt aus:

Gleichgewicht bei symmetrischen Informationen

$$\text{Maximiere } \pi = pe_i - y_i$$
$$\text{{\scriptsize$e_i, y_i$}}$$

u.d.R.

$$y_i = C_i(e_i) + \overline{U}.$$

Die Restriktion stellt nichts anderes als die schon bekannte Partizipationsbedingung (PBi) für den Agenten i dar. Setzt man die Partizipationsbedingung in die Zielfunktion ein, so erhält man

(2.36) $$\text{Maximiere } \pi = pe_i - C_i\left(e_i\right) - \overline{U}.$$
$$\text{{\scriptsize$e_i$}}$$

Die notwendige Bedingung für ein Gewinnmaximum lautet dann

(2.37) $p = C_i'(e_i)$

für $i = 1,2$. Aus dieser Bedingung bestimmt sich das optimale e_i^*. Der Lohn des Agenten beträgt

$$y_i = \begin{cases} C_i\left(e_i^*\right) + \overline{U}, & e_i \geq e_i^* \\ -\infty, & \text{anderenfalls} \end{cases}.$$

Der Gewinn des Prinzipals entspricht

$$\pi = p \cdot e_i{}^* - C_i(e_i{}^*) - \overline{U}.$$

Die graphische Darstellung dieser Überlegungen findet sich in Abbildung 2.26. Da beide Typen von Agenten genau auf ihren Reservationsnutzen $\overline{U}$ beschränkt werden, trägt der Prinzipal auch die Kosten des Faktoreinsatzes $C_i(e_i)$. Solange jedoch die Grenzkosten von e_i geringer sind als das Wertgrenzprodukt p, solange lohnt auch eine Ausdehnung der Produktion. Da die Kurve der Grenzkosten von Typ 1 unterhalb der Grenzkostenkurve von Typ 2 verläuft, schneidet erstere die (horizontale) Kurve des Wertgrenzproduktes erst bei einem höheren e als letztere. Agent 1 wird ein Vertragsangebot erhalten mit einem Lohn, der der Summe aus den Flächen A und C sowie seinen Opportunitätskosten $\overline{U}$ entspricht. Dafür muss er sich dazu verpflichten, den (beobachtbaren) Input $e_1{}^*$ zu leisten. Ein Typ 2-Agent wird für einen Faktoreinsatz $e_2{}^*$ den Lohn, der der Summe aus den Flächen A und B sowie dem Reservationsnutzen $\overline{U}$ entspricht, erhalten. Der Gewinn für den Prinzipal ergibt sich aus der Differenz zwischen der Fläche $p \cdot e_i{}^*$ und den jeweiligen Lohnsummen. Wie aus Abbildung 2.26 hervorgeht, übersteigt der Prinzipal-Gewinn aus einer Beziehung mit einem Typ 1-Agenten denjenigen aus einem Beschäftigungsverhältnis mit einem Typ 2-Agenten um die Flächen B + D. Geringere Kosten des Agenten sind also auch zum Vorteil des Prinzipals.

Abbildung 2.26

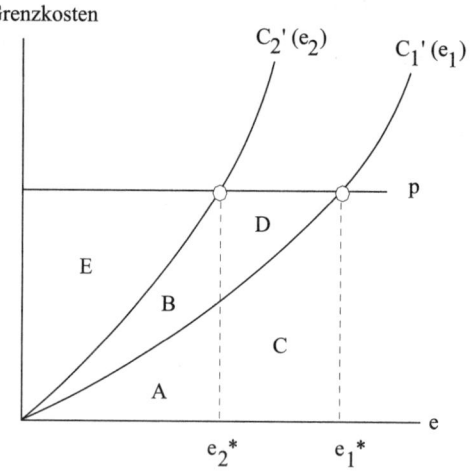

2.7.1.2. Die Monopollösung bei asymmetrischen Informationen

Wechseln wir nun zum Fall mit asymmetrischer Information, das heißt, der Prinzipal weiß nicht, welcher Typ von Agent mit ihm verhandelt. Eine denkbare Lösung bestünde darin, dem Agenten die beiden oben (unter Sicherheit) ermittelten optimalen Verträge *zur Auswahl* anzubieten, in der

Hoffnung, dass der Agent mit den geringen Kosten Vertrag (y_1, e_1*) und der andere den Vertrag (y_2, e_2*) wählt. Falls dies geschähe, würde der Prinzipal genauso hohe Gewinne wie unter Sicherheit realisieren. Ist es aber für beide Agenten optimal, ihre Kosten wahrheitsgemäß anzugeben? Betrachten wir zunächst den Typ 2-Agenten: Wählt dieser den für Typ 1 konstruierten Kontrakt, dann erzielt er negative Gewinne. Die Kombination (y_1, e_1*) wurde genau so gewählt, dass Agenten mit geringen Kosten ihre Opportunitätskosten decken können. Da Agenten vom Typ 2 höhere Kosten aufweisen, erleiden sie unter der Kondition (y_1, e_1*) Verluste. Im Gegensatz dazu ermöglicht ihnen der Vertrag (y_2, e_2*) eine (gewinn- und) verlustfreie Beschäftigung. Agenten mit hohen Kosten werden demnach den für sie bestimmten Vertrag wählen.

Dies gilt jedoch nicht für Agenten mit niedrigen Kosten. In dem für sie konzipierten Vertrag decken sie gerade ihre Faktoreinsatz- und Opportunitätskosten (Flächen A und C zuzüglich $\overline{U}$). Wählen sie hingegen den für Agenten mit hohen Kosten vorgesehenen Kontrakt, so erhalten sie zusätzlich zu ihrem Reservationsnutzen $\overline{U}$ die Lohnsumme, die der Summe der Flächen A und B entspricht. Ihre Faktoreinsatzkosten werden dagegen nur durch die Fläche A abgebildet, so dass sie einen über den Reservationsnutzen hinausgehenden Nutzen realisieren. Dies lässt sich auch formal zeigen: Gibt sich ein Typ 1-Agent als Typ 2-Agent aus, so erzielt er einen Nutzen in Höhe von $U_1(e_2*) = y_2 - C_1(e_2*) = C_2(e_2*) + \overline{U} - C_1(e_2*) = \overline{U} + [C_2(e_2*) - C_1(e_2*)] > \overline{U}$.

Damit bevorzugen Agenten mit niedrigen Kosten das Vertragsangebot für Agenten mit hohen Kosten und werden dies wählen. Somit wählen beide Typen von Agenten Vertrag (y_2, e_2*), und der Prinzipal erzielt den entsprechenden Gewinn. Da der Gewinn, den der Prinzipal aus einer Wirtschaftsbeziehung mit einem Agenten vom Typ 2 ziehen kann, geringer ist als derjenige, den er bei voller Information aus einer Transaktion mit Typ 1-Agenten realisiert, sinkt damit der erwartete Gewinn des Prinzipals. Die Ursache für die Gewinneinbuße liegt darin, dass *vorhandene*, aber *asymmetrisch verteilte Informationen* über die Kosten *nicht genutzt* werden, da es sich für Agenten mit geringen Kosten lohnt, falsche Angaben über die eigenen Kosten zu machen. Somit stellt sich die Frage, ob andere Kontrakte existieren, in denen die verschiedenen Agententypen voneinander getrennt werden können, so dass durch die Nutzung der Informationen über die Kosten ein pareto-superiores Ergebnis erzielt werden kann. Wir wollen im Folgenden zeigen, dass dies tatsächlich der Fall ist.

Damit Agenten mit niedrigen Kosten von solchen mit hohen Kosten unterschieden werden können, müssen die unterbreiteten Vertragsangebote so ausgestaltet sein, dass es sich für beide Agententypen lohnt, sich zu erkennen zu geben. Der Prinzipal muss durch die Konstruktion der von ihm vor-

Selbst-
selektionsbe-
dingungen

gelegten Verträge eine *Filterung* der Agententypen durchführen. Damit dies zutrifft, müssen die beiden *Selbstselektionsbedingungen* (SBi) erfüllt sein:

(SBi) $y_i - C_i(e_i) \geq y_j - C_i(e_j)$,   für i = 1,2 und i ≠ j.

Eine erste einfache Verbesserung ergibt sich schon, wenn man einfach den Lohn y_1 um den Betrag, der der Fläche B entspricht, erhöht. In diesem Fall erhält der Agent mit niedrigen Kosten bei beiden Verträgen einen Überschuss in Höhe von B, und er ist indifferent zwischen beiden. Wir gehen davon aus, dass er den Vertrag (y_1, e_1*) wählt.[40] Dadurch dass der Typ 1-Agent die superiore Menge e_1* wählt, entstehen dem Prinzipal zusätzliche Gewinne in Höhe der Fläche D. Damit haben wir gezeigt, dass eine Trennung der Agententypen durch eine entsprechende Berücksichtigung der Selbstselektionsbedingungen eindeutig zu einem höheren Gewinn für den Prinzipal führen kann. Allerdings haben wir willkürlich eine von vielen möglichen Vertragsalternativen ausgewählt, und es kann nicht weiter verwundern, dass diese noch nicht die bestmögliche ist. Diese wollen wir im Folgenden bestimmen.

Optimierungs-
kalkül des Prin-
zipals

Unter zusätzlicher Berücksichtigung der Selbstselektions- und der Partizipationsbedingungen ($U_i \geq \overline{U}$) ergibt sich folgendes Optimierungskalkül des Prinzipals:

(2.38) $\underset{y_1, y_2, e_1, e_2}{\text{Maximiere}} \; \pi = \theta\big[pe_1 - y_1\big] + (1 - \theta)\big[pe_2 - y_2\big]$

u.d.R.

$y_1 - C_1(e_1) \geq y_2 - C_1(e_2)$ (SB1),

$y_2 - C_2(e_2) \geq y_1 - C_2(e_1)$ (SB2),

$y_1 - C_1(e_1) \geq \overline{U}$ (PB1),

$y_2 - C_2(e_2) \geq \overline{U}$ (PB2).

Wir wollen im Folgenden den Ansatz vereinfachen, indem wir zeigen, dass zwei Nebenbedingungen nicht bindend sind, die beiden anderen hingegen schon. Dazu ist es sinnvoll, sich vorab drei Annahmen in Erinnerung zu rufen: Für alle e gilt, dass (a) $C_1(e) < C_2(e)$ und (b) $0 < C_1' < C_2'$. (c) Die Einschnittpunktbedingung, die besagt, dass C_2 immer steiler verläuft als C_1. Jedes Angebot, das Typ 2-Akteure annehmen, muss (PB2) erfüllen. Da Typ 1-Agenten immer geringere Kosten als Typ 2-Agenten aufweisen,

---

[40] Diese Verhaltensweise ist für den Agenten mit niedrigen Kosten eindeutig optimal, wenn wir die Zahlung y_1 nicht um B, sondern um B und einen Pfennig erhöhen.

können sie natürlich durch Annahme der Typ 2-Angebote jederzeit einen Nutzen erzielen, der den Reservationsnutzen strikt übertrifft:

$$y_2 - C_1(e_2) > y_2 - C_2(e_2) \geq \overline{U}.$$

Das erste (strikte) Ungleichheit zeigt, dass (PB1) nicht bindend sein kann. Stellen wir uns nun die Frage, ob es möglich ist, dass auch (SB1) nicht bindend ist? In diesem Fall würde gelten, dass $y_1 - C_1(e_1) > y_2 - C_1(e_2)$. Dann könnte der Prinzipal y_1 absenken und damit seinen Gewinn erhöhen, ohne dass sich das Verhalten von Typ 1 ändert. Als gewinnmaximierender Prinzipal würde er dies solange tun, bis (SB1) schließlich bindet! Damit wissen wir, dass (SB1) als strengere der Restriktion bindend ist und (PB1) nicht bindend sein kann. (PB1) kann somit im Folgenden vernachlässigt werden, und (SB1) ist mit einem Gleichheitszeichen zu berücksichtigen.

Vergleichen wir nun die beiden Selbstselektionsbedingungen, dann ergibt sich:

(SB1) $y_1 - y_2 = C_1(e_1) - C_1(e_2)$

(SB2) $y_1 - y_2 \leq C_2(e_1) - C_2(e_2)$

Aus der Einschnittpunktbedingung (ESB) folgt :

$$C_1(e_1) - C_1(e_2) < C_2(e_1) - C_2(e_2) \qquad \text{für } e_1 > e_2 \text{ bzw.}$$

$$C_1(e_1) - C_1(e_2) > C_2(e_1) - C_2(e_2) \qquad \text{für } e_1 < e_2.$$

Betrachten wir zunächst die zweite Ungleichung für $e_1 < e_2$. Einsetzen in (SB1) und (SB2) ergibt:

(SB1#) $C_1(e_1) - C_1(e_2) = y_1 - y_2 > C_2(e_1) - C_2(e_2)$

(SB2#) $y_1 - y_2 \leq C_2(e_1) - C_2(e_2).$

Wir haben einen Widerspruch gefunden, (SB1#) und (SB2#) können nicht gleichzeitig gelten! Damit können wir den Fall $e_1 < e_2$ für die weitere Analyse ausschließen. Es bleibt $e_1 > e_2$. Einsetzen von (ESB) in (SB1) zeigt, dass

(SB1') $y_1 - y_2 = C_1(e_1) - C_1(e_2) < C_2(e_1) - C_2(e_2).$

Das strikte Ungleichheitszeichen wird direkt auf (SB2) übertragen, was bedeutet, dass (SB2) nicht bindend ist. Damit stellt sich abschließend die Frage, ob auch die Möglichkeit besteht, dass (PB2) nicht bindend ist? Dies trifft nicht zu, da unter der Bedingung $y_2 - C_1(e_2) > \overline{U}$ der Prinzipal y_2 absenken und seinen Gewinn erhöhen kann, ohne dass das Verhalten des Agenten beeinflusst wird!

Wir können demnach PB1 und SB2 aus dem Optimierungsansatz des Prinzipals streichen und erhalten damit den vereinfachten Ansatz:

(2.38a) $\underset{y_1,y_2,e_1,e_2}{\text{Maximiere}} \; \pi = \theta\Big[pe_1 - y_1\Big] + (1 - \theta)\Big[pe_2 - y_2\Big]$

u.d.R.

$y_1 - C_1(e_1) = y_2 - C_1(e_2)$ (SB1),

$y_2 - C_2(e_2) = \overline{U}$ (PB2).

Setzt man die verbliebenen Restriktionen in die Zielfunktion ein und eliminiert man dabei y_1 und y_2, so ergibt sich die einfachste Form des Optimierungsproblems des Prinzipals:

(2.38b)
$$\underset{e_1,e_2}{\text{Maximiere}} \; \pi = \theta\Big[pe_1 - C_1\big(e_1\big) - C_2\big(e_2\big) - \overline{U} + C_1\big(e_2\big)\Big]$$
$$+ (1 - \theta)\Big[pe_2 - C_2\big(e_2\big) - \overline{U}\Big].$$

Die notwendigen Bedingungen für ein Maximum lauten:

(2.39a) $C_1'(e_1) = p,$

(2.39b) $C_2'\big(e_2\big) = p + \dfrac{\theta}{1 - \theta}\Big(C_1'\big(e_2\big) - C_2'\big(e_2\big)\Big) < p,$

da $C_1' < C_2'$ für alle e gilt. Aus diesen beiden Gleichungen leitet man die optimalen Faktoreinsätze $e_1{}^{**}$ und $e_2{}^{**}$ ab. Die graphische Darstellung der notwendigen Bedingungen findet sich in Abbildung 2.27.

Abbildung 2.27

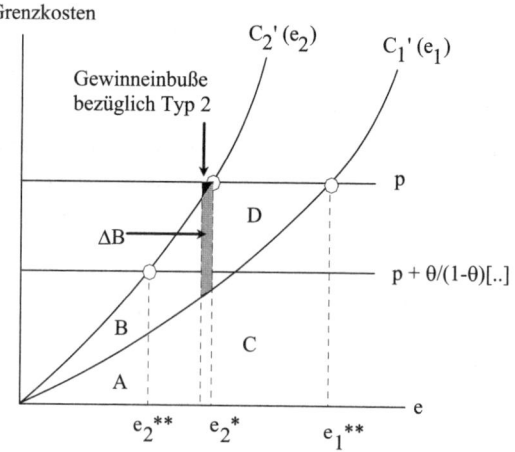

Da wir wissen, dass für Typ 1 die Selbstselektions- und für Typ 2 die Partizipationsbedingung bindet, können wir daraus unmittelbar die Lohnsummen ableiten:

$$y_1 = A + C + B + \overline{U} \text{ und}$$

$$y_2 = A + B + \overline{U}$$

mit A, B und C als den entsprechenden Flächen aus Abbildung 2.27. Wie aus Abbildung 2.27 deutlich wird, sind die Grenzkosten des Typ 2-Einsatzes im Optimum geringer als das Wertgrenzprodukt. Wie ist das zu erklären? Nehmen wir als Ausgangspunkt den Fall, dass die Selbstselektionsbedingung durch Zahlung eines höheren Lohns für Agenten vom Typ 1 bei Wahrung von e_2* für Typ 2-Agenten realisiert wird. Eine Reduktion des Einsatzes von Typ 2-Agenten bei gleichzeitiger Verringerung des Lohns y_2 verringert die Fläche B und lockert damit die Selbstselektionsbedingung für Typ 1-Agenten. Der Prinzipal muss nur eine nur geringe Gewinneinbuße für Transaktionen mit Typ 2-Agenten (schwarz unterlegte Fläche) hinnehmen. Im Grenzfall einer marginalen Verringerung von e_2 beträgt sie $d\pi = -(p - C_2'(e_2))de_2 = 0$.[41] Der zusätzliche Gewinn aus Transaktionen mit einem Typ 1-Agenten hingegen entspricht der Lockerung der Selbstselektionsbedingung: $d\pi = +(p - C_1'(e_2))de_2 > 0$ (hell unterlegte Fläche). Der Verzicht auf die Ausnutzung aller Gewinnmöglichkeiten mit Typ 2-Agenten erhöht mithin die Gewinne aus Transaktionen mit Typ 1-Agenten, die voll ausgeschöpft werden (Grenzkosten = Wertgrenzprodukt). Werden beide Transaktionen mit ihren Eintrittswahrscheinlichkeiten gewichtet, so ergeben sich die Optimalitätsbedingungen (2.39a) und (2.39b).

Diese Überlegungen lassen sich anschaulich im y-e-Diagramm (Abbildung 2.28) darstellen. Die Indifferenzkurve eines Agenten vom Typ i ($\overline{U}_i$) lautet: $y_i = \overline{U}_i + C_i(e_i)$. Ihre Steigung beträgt $dy_i/de_i = C_i'(e_i)$. Die Indifferenzkurven beider Agententypen $\overline{U}_1$ bzw. $\overline{U}_2$ verlaufen damit steigend und konvex, wobei die Steigung der Indifferenzkurve des Typs 2 an jeder Stelle steiler ist als die von Typ 1. Je höher eine Indifferenzkurve liegt, desto höher ist das mit ihr verbundene Nutzenniveau. Die Isogewinnlinien des Prinzipals $\overline{\pi}_i$ verlaufen linear mit einer Steigung von p. Das Gewinnniveau nimmt zu, je tiefer die Isogewinnlinien liegen.

---

[41] Man beachte, dass bei e_2* gilt: $p = C_2'(e_2)$.

Abbildung 2.28

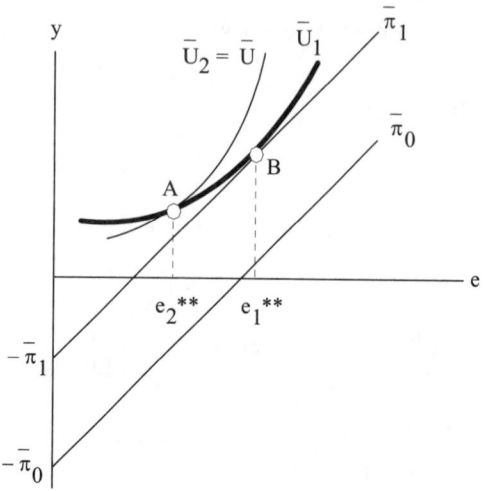

Im Optimum ist die Partizipationsbedingung des zweiten Typs bindend, so dass die (y_2, e_2)-Kombination auf der Indifferenzlinie $\overline{U}_2 = \overline{U}$ liegt (Punkt A). Die Selbstselektionsbedingung 1 fordert, dass der Nutzen der Typ 1-Agenten im Optimum mindestens so hoch ist wie der Nutzen, den Agenten des Typs 1 im Punkt A erzielen können. Dieser Nutzen übersteigt seinen Reservationsnutzen, und der Typ 1-Agent erhält aufgrund der Informationsasymmetrie eine *Informationsrente*. Da der Prinzipal seinen Agenten nur so viel wie nötig zahlen will, liegt sein optimales Vertragsangebot für Typ 1-Agenten auf genau dieser Indifferenzlinie ($\overline{U}_1$). Im optimalen Vertragsangebot (Punkt B) tangiert die niedrigst liegende Isogewinnlinie gerade noch die kritische Indifferenzkurve des Typ 1-Agenten.

Wir haben den Prinzipal in diesem Abschnitt bislang stets als Nachfrage-Monopolisten modelliert. Diese Annahme soll nun fallengelassen werden, und wir unterstellen fortan vollkommen wettbewerbliches Verhalten zwischen den Prinzipalen.

2.7.2. Wettbewerbliche Gleichgewichte bei asymmetrischen Informationen

Im Gegensatz zum Prinzipal-Agent-Modell bei moralischem Wagnis macht es bei der Problematik der adversen Selektion jedoch einen Unterschied, welche Marktform vorliegt. Unterstellen wir etwa einen perfekten Wettbewerb, der die Gewinne des Prinzipals auf null drückt, so können wir uns prinzipiell zwei Arten von Gleichgewichten vorstellen: (a) Der Prinzipal macht ein einziges Vertragsangebot, das beide Typen annehmen und bei dem der erwartete Gewinn des Prinzipals gleich null ist, oder (b) der Prinzipal unterbreitet zwei verschiedene Vertragsofferten, von denen das eine von Typ 1-Agenten und das andere von Typ 2-Agenten gewählt wird.

Im Fall (a) sprechen wir von einem sogenannten *Pooling-Gleichgewicht*, in dem beide Typen exakt das gleiche tun und nicht voneinander unterschieden werden können. Gleichgewichte vom Typ (b) nennt man *Trennungsgleichgewichte*, da die verschiedenen Typen sich durch die Wahl des Vertrags zu erkennen geben.

Im Folgenden werden wir zunächst das im Monopolmarkt betrachtete Modell mit unterschiedlichen Engagements-Kosten der Agententypen auf eine wettbewerbliche Marktform übertragen. Anschließend werden wir anstelle der unterschiedlichen Kosten des Engagements für jeden Agententyp die Auswirkungen einer unterschiedlichen Qualität des Outputs bei gleichem Engagement-Input und identischen Kosten des Engagements betrachten. Hierauf aufbauend werden wir dann abschließend einen Signalisierungsansatz darstellen. Beginnen wir jedoch mit dem uns bereits aus Abschnitt 2.6.1 bekannten Modellaufriss.

2.7.2.1. Unterschiedliche Kosten des Agenten

Wir behalten also die aus dem Monopolmodell des Prinzipals bekannten Ausgangsfunktionen bei, ändern wie gerade beschrieben die Marktstruktur und suchen nach möglichen Pooling- oder Trennungsgleichgewichten. Betrachten wir die beiden denkbaren Gleichgewichtsarten nacheinander und beginnen mit einem Pooling-Gleichgewicht. Falls ein solches existiert, wird ein Vertrag (y^P, e^P) angeboten, für den gilt: $\pi^P = pe^P - y^P = 0$. Nehmen beide Typen einen solchen Vertrag an, so ergibt sich die in Abbildung 2.29 dargestellte Konstellation.

Pooling-Gleichgewicht

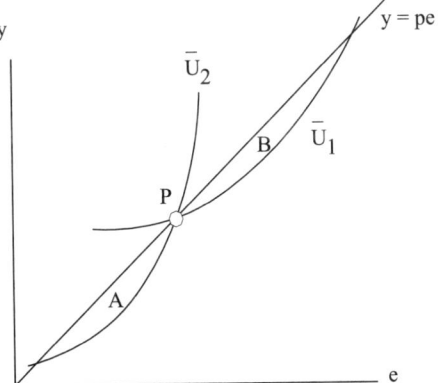

Abbildung 2.29

Punkt P stellt einen Kandidaten für ein Pooling-Gleichgewicht dar, durch den die Indifferenzkurven $\overline{U}_1$ und $\overline{U}_2$ verlaufen. Die Gerade $y = pe$ entspricht der Nullgewinn-Bedingung. Es lässt sich jedoch unmittelbar erkennen, dass Punkt P kein Gleichgewicht sein kann. Bietet ein Prinzipal

Punkt P als Kontrakt an, dann haben die konkurrierenden Firmen einen Anreiz, einen Vertrag innerhalb der Flächen A oder B, die von den Indifferenzkurven und der Geraden begrenzt werden, anzubieten. Wird etwa ein Punkt aus B gewählt, so erzielt der Typ 1-Agent einen höheren Nutzen als in P und gleichzeitig kann der Konkurrent einen positiven Gewinn erzielen. Ebenso bevorzugen Typ 2-Agenten Punkte in der Fläche A, wo sie einen höheren Nutzen erzielen als in P, und auch hier gilt, dass der konkurrierende Anbieter positive Gewinne realisiert. Aus diesen Überlegungen wird klar, dass in einem Gleichgewicht die Indifferenzkurven die Nullgewinn-Gerade tangieren müssen, so dass die Flächen A und B verschwinden. Da jedoch die Indifferenzkurven des Typ 2-Agent in keinem Punkt in der Abbildung die gleiche Steigung aufweisen, ist es ausgeschlossen, dass beide Indifferenzkurvensysteme die Nullgewinn-Gerade im gleichen Punkt tangieren. Daraus folgt: Tangiert $\overline{U}_1$ ($\overline{U}_2$) die Nullgewinn-Gerade, so bleibt eine Fläche vom Typ A (Typ B) erhalten, so dass ein Konkurrent einen superioren Vertrag für einen der Agententypen anbieten kann. Dies wiederum hat zur Folge, dass *kein Pooling-Gleichgewicht existiert*!

Ein Trennungsgleichgewicht ist genau dadurch gekennzeichnet, dass die Indifferenzkurven beider Typen in dem für sie konzipierten Vertrag die Nullgewinn-Gerade tangieren. Eine solche Situation findet sich in Abbildung 2.30.

Abbildung 2.30

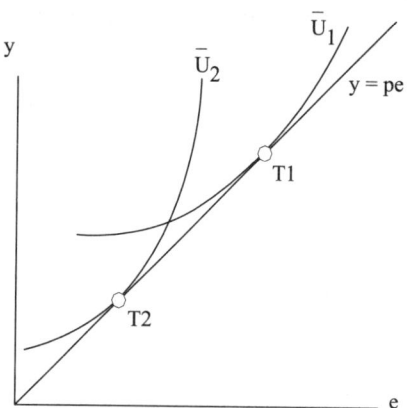

Im Trennungsgleichgewicht wählt ein Agent mit geringen Kosten Vertrag T1 und ein Agent mit hohen Kosten Vertrag T2. Keiner der beiden hat einen Anreiz abzuweichen, und es existiert kein Vertragsangebot, das einem der Agenten einen höheren Lohn ermöglicht. Der Marktprozess sorgt gewissermaßen für eine *Filterung* der Typen. In T1 und T2 erhalten die Agenten jeweils den vollständigen Wert ihres Faktoreinsatzes und die Prinzipale arbeiten gerade noch kostendeckend. Tatsächlich führt der Wettbewerb zwischen den uninformierten Prinzipalen in diesem Modell zum gleichen Faktoreinsatz wie im Ansatz mit vollkommener Information! In T1 bzw. T2 gilt $p = C_1'(e_1)$ bzw. $p = C_2'(e_2)$.

Analytisch lässt sich dies aus folgendem Ansatz ableiten. Der Wettbewerb zwischen den Prinzipalen hat zur Folge, dass der Nutzen der Agenten unter der Restriktion nichtnegativer Gewinne maximiert wird:[42]

$$(2.40) \qquad \underset{e_1, e_2, y_1, y_2}{\text{Maximiere}} \ U_G = y_1 - C_1(e_1) + y_2 - C_2(e_2)$$

u.d.R.

$$pe_1 - y_1 = 0,$$

$$pe_2 - y_2 = 0.$$

Elimination von y_1 und y_2 durch Einsetzen der Nebenbedingungen in die Zielfunktion sowie anschließende Bildung der partiellen Ableitungen führt zu den notwendigen Bedingungen für ein Optimum $p = C_1'(e_1)$ bzw. $p = C_2'(e_2)$, die Gleichung (2.37) entsprechen. Die graphische Darstellung entspricht der aus Abbildung 2.26. Die Lohnsummen lassen sich darin ebenfalls gut darstellen: Typ 1 erhält einen Lohn in Höhe von $y_1 = A + B + C + D + E$, Typ 2 dagegen nur einen von $y_2 = A + B + E$.

Nicht alle Wettbewerbsgleichgewichte bei adverser Selektion entsprechen den effizienten Referenzgleichgewichten bei vollkommener Information. Wir wollen im Folgenden ein sehr einfaches Modell der negativen Auslese besprechen, in dem eine Trennung der Agenten zunächst nicht möglich ist. Anschließend zeigen wir, das die Möglichkeit zum glaubhaften *Signalisieren* des eigenen Typs zu einem neuen Gleichgewicht führt, in dem die Typen voneinander unterschieden werden.

2.7.2.2. *Unterschiedliche Outputqualität bei gleichen Kosten des Engagements für alle Agententypen*

Wie zuvor gebe es zwei Typen von Agenten, die sich jedoch nicht in ihren Kostenfunktionen unterscheiden sollen, sondern hinsichtlich der Qualität des gelieferten Outputs. Die Qualität des Produkts des Typ 1-Agenten (Typ 2-Agenten) weise einen Wert von p_1 (p_2) für den Prinzipal mit $p_1 > p_2$ auf. Zwar kann der Prinzipal nach erfolgter Arbeit des Agenten dessen Qualität erkennen, doch sei es ihm nicht (oder nur unter Inkaufnahme prohibitiver Kosten) möglich, diese zu *verifizieren*, das heißt sie einem unab-

---

[42] Wir vernachlässigen hier die Partizipationsbedingungen. Für alle ökonomisch interessanten Probleme sollte diese hier erfüllt sein. Wäre sie es nicht, so ist die betrachtete Transaktion an sich ineffizient, da die Kosten nicht durch Einnahmen gedeckt werden können.

hängigen Dritten glaubhaft nachweisen zu können. Die nicht vorhandene Verifizierbarkeit verhindert, dass Prinzipal und Agent die Entlohnung von der Qualität abhängig machen können. Die Kosten der Agenten seien der Einfachheit halber exogen vorgegeben: $C_1 = C_2 = \overline{C}$. Die Wahrscheinlichkeit, dass ein Agent vom Typ 1 ist, betrage wie zuvor θ.

Ein Beispiel für eine solche Konstellation stellt die Einstellung eines Assistenten dar, dessen Arbeitseinsatz von seinem Vorgesetzten zwar genau kontrolliert und verifiziert werden kann, dessen Outputqualität jedoch für Dritte nicht bewertbar ist. Die Annahme, dass alle Assistenten die gleichen subjektiven Kosten des Arbeitsaufwandes empfinden mag zwar recht heroisch sein, doch dient sie hier vorrangig dazu, die Überlagerung mehrerer Effekte zu vermeiden, um einen Wirkungszusammenhang besonders deutlich herauszuarbeiten.

Die Nutzenfunktionen der Agenten betrage $U_i = y_i - \overline{C}$. Der Reservationsnutzen der Agenten betrage $\overline{U}$, und die Zielfunktion des Prinzipals lautet $\pi = \theta(p_1 - y_1) + (1-\theta)(p_2 - y_2)$. Der Wettbewerb zwischen den Prinzipalen bewirkt, dass diese im Gleichgewicht nur einen Gewinn von $\pi = 0$ erzielen können. Betrachten wir als Referenzpunkt zunächst das Gleichgewicht bei vollständiger Information, bei der der Prinzipal genau erkennen kann, welchen Typ ein jeder Agent verkörpert. Im Gleichgewicht wird der Nutzen der Agenten unter der Nullgewinn-Bedingung maximiert:

(2.41) $\underset{y_1, y_2}{\text{Maximiere}} \; U_G = y_1 - \overline{C} + y_2 - \overline{C}$

u.d.R.

$p_1 = y_1,$

$p_2 = y_2.$

Die Lösung diese Problems wird trivial durch die Restriktionen bestimmt: $y_1 = p_1$ und $y_2 = p_2$. Der Gewinn des Prinzipals beträgt null, die Nutzen der Agenten entsprechen $U_1 = p_1 - \overline{C}$ und $U_2 = p_2 - \overline{C}$.

Liegen asymmetrische Informationen über die Agententypen vor, so müssen wir zunächst prüfen, ob obige Lösung der Selbstselektionsbedingung genügt: Da $p_1 > p_2$ ist es für Typ 2-Agenten vorteilhaft, sich als Typ 1-Agent auszugeben. Sie erzielen dann einen Nutzen in Höhe $U_2 = p_1 - \overline{C}$. Da der Prinzipal in diesem Fall einen negativen Gewinn von

$$\pi = \theta(p_1 - y_1) + (1-\theta)(p_2 - y_1) = 0 \cdot \theta + (1-\theta)(p_2 - p_1) < 0$$

erzielt, ist die erstbeste Lösung bei vollständiger Information nicht realisierbar. Solange $y_1 > y_2$ gilt, wird auch der Typ 2-Agent sein Wissen nicht preisgeben und sich als Typ 1-Agent ausgeben. Damit bleibt nur noch ein Pooling-Gleichgewicht mit

$$y_0 = y_1 = y_2 = \theta p_1 + (1-\theta)p_2$$

und $U_1 = U_2 = y_0 - \overline{C}$. Offensichtlich profitieren Agenten vom Typ 2 von der Informationsasymmetrie, da ihr Nutzen im Vergleich zum Modell mit vollständiger Information ansteigt, während der gleichgewichtige Nutzen der Agenten, die eine hohe Qualität liefern, sinkt. Aus diesem Grund werden sie versuchen, sich glaubhaft von Typ 2-Agenten abzuheben.

2.7.2.3. Ein Signalisierungsgleichgewicht

Erweitern wir nun das Modell, indem wir beiden Agententypen die Möglichkeit einräumen, ein Signal auszusenden. Dieses soll nicht in Form von „cheap talk", also einer kostenlosen Äußerung bestehen,[43] sondern aus einer vom Prinzipal zu beobachtenden Aktion s, die Kosten verursacht. Ein Beispiel für ein solches Signal kann der Erwerb einer Ausbildung sein. So können beide Typen von Agenten ein Diplom erwerben. Die Variable s könnte ein Index für die Examensnote sein. Dabei sei angenommen, dass eine gute Note ein höheres s beinhalte als ein schlechteres Examen.

Es sei unterstellt, dass der Agent, der hohe Qualität liefert, das Signal zu geringeren Kosten senden kann, also $C_1(s) < C_2(s)$. In unserem Ausbildungsbeispiel heißt dieses, dass der Agent vom Typ 1 eine bestimmte Examensnote s mit geringerem Aufwand (z.B. Studienzeit) erzielen kann. Wie zuvor soll auch hier gelten, dass $C_i(0) = 0$, $0 < C_1'(s) < C_2'(s)$ und $C_i''(s) > 0$. Wir nehmen des Weiteren an, das ausgesandte Signal erzeuge keinen direkten Nutzen, sein einziger Sinn bestehe darin, den eigenen Typ glaubhaft zu bekunden. Natürlich ist diese Annahme gerade in Bezug auf die Ausbildung äußerst unrealistisch. Uns geht es hier jedoch ausschließlich um die Signalfunktion der Ausbildung, so dass wir eventuelle Produktivitätseffekte vernachlässigen können. Im übrigen ist es nicht uninteressant zu sehen, dass im Gleichgewicht selbst eine völlig unproduktive Ausbildung aufgrund ihrer Signalwirkung gewählt wird.

Aufbau des Modells

Das gerade beschriebene Modell lässt sich auch anhand eines Baumdiagramms darstellen:

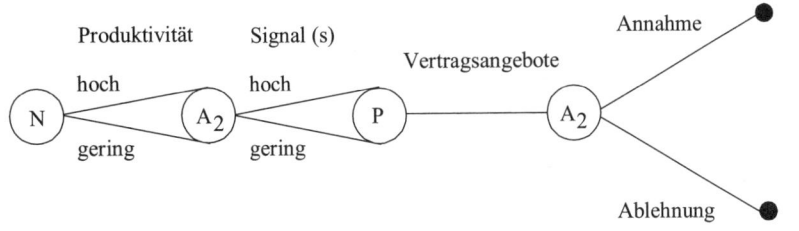

Abbildung 2.31

---

43 Bloße verbale Äußerungen ändern hier überhaupt nichts, da beide Agenten einfach behaupten werden, hohe Qualität zu liefern.

Pooling-
Gleichgewichte

Die Vertragsangebote des Prinzipals stellen eine Kombination (y_i, s_i) aus dem zu erzielenden Einkommen und dem Signal als Selektionsmerkmal zwischen den Agenten dar. Prüfen wir zunächst, ob Pooling-Gleichgewichte $(y_1 = y_2, s_1 = s_2)$ existieren. Nehmen wir als Ausgangspunkt das Pooling-Gleichgewicht aus dem Modell ohne Signale. Dieses lässt sich graphisch wie folgt darstellen:

Abbildung 2.32

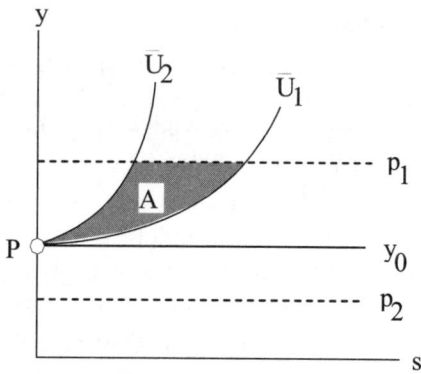

Würden die Prinzipale zunächst nur den Vertrag P anbieten, so könnte einer von ihnen einen zweiten Vertrag innerhalb der Fläche A anbieten. Dieser würde nur dem Hochqualitäts-Agenten einen Vorteil gegenüber P einräumen, so dass diese ihn annehmen, während die anderen P akzeptieren würden. Der findige Unternehmer könnte einen positiven Gewinn erzielen, während die anderen Prinzipale Verluste erlitten. Das Pooling-Gleichgewicht aus dem Modell mit vollständiger Information kann somit kein Gleichgewicht im Modell mit Signalen sein. Die gleiche Überlegung gilt für alle anderen denkbaren Pooling-Verträge. Wo immer ein solcher Punkt liegt, den beide Typen annehmen würden, es existiert jeweils eine Fläche rechts-oberhalb der Vertragspunktes, mit dem ein anderer Prinzipal die Agenten mit hoher Produktivität anlocken könnte.

Trennungs-
gleichgewichte

Damit bleiben nur noch die Trennungsgleichgewichte. Damit die verschiedenen Typen voneinander getrennt werden können, müssen die Selbstselektionsbedingungen erfüllt sein:

$$y_1 - C_1(s_1) \geq y_2 - C_1(s_2) \qquad (SB1),$$

$$y_2 - C_2(s_2) \geq y_1 - C_2(s_1) \qquad (SB2).$$

Addiert man die beiden Seiten von (SB1) und (SB2) und stellt sie um, so erhält man die bereits bekannte Ungleichung:

$$C_2(s_1) - C_1(s_1) \geq C_2(s_2) - C_1(s_2),$$

die sich mit der auch hier gültigen Ein-Schnittpunkt-Bedingung (ESB)[44] nur für $s_1 \geq s_2$ vereinbaren lässt. In einem Trennungsgleichgewicht muss also s_1 größer als s_2 sein. Des Weiteren bewirkt der vollkommene Wettbewerb, dass $y_1 = p_1$ und $y_2 = p_2$. Bei der Wahl ihres Signals müssen die Agenten die erst später erfolgenden Vertragsofferten antizipieren. Wir unterstellen, die Agenten glaubten, dass die Prinzipale Verträge des folgenden Typs anbieten werden:

$$y(s) = \begin{cases} p_1, & s \geq s^* \\ p_2, & s < s^*. \end{cases}$$

Da Typ 2-Agenten in einem Trennungsgleichgewicht keinen Nutzen aus der Erzeugung eines kostspieligen Signals ziehen können,[45] muss für sie $s_2 = 0$ optimal sein. Berücksichtigt man die zuletzt genannten Aspekte, so vereinfachen sich die Selbstselektionsbedingungen zu:

$$p_1 - p_2 \geq C_1(s^*) \qquad \text{(SB1')},$$

$$C_2(s^*) \geq p_1 - p_2 \qquad \text{(SB2')}.$$

Diese lassen sich wiederum zusammenführen zu:

$$C_2(s^*) \geq p_1 - p_2 \geq C_1(s^*).$$

Hiernach wird das Signal s^* genau so gewählt, dass es für Typ 2-Agenten nicht lohnt, es zu senden, während es für Typ 1-Agenten durchaus vorteilhaft ist. Es gibt eine Vielzahl von Signalen s^*, die dieser Bedingung genügen. Vermuten die Unternehmen nun, dass Typ 1-Agenten *immer* ein $s_1 \geq s^*$ wählen, dann folgt, dass sie für *jedes* $s < s_1^*$ davon ausgehen, dass es von einem Typ 2-Agenten gesendet wurde. In diesem Fall ist der von den Agenten erwartete Vertrag auch für den Prinzipal optimal.

Ein typisches der vielen solcher Gleichgewichte wird in Abbildung 2.33 skizziert. Darin wird deutlich, dass es sich für den Typ 2-Agenten nicht lohnt, ein Signal s_1^* zu senden, um dafür den Lohn p_1 zu erhalten. Im Punkt T1 befindet sich ein Typ 2-Agent auf einer Indifferenzkurve niedrigeren Niveaus als im Punkt T2. Umgekehrt zieht Typ 1 T1 dem Punkt T2 vor. Da der Prinzipal für alle $s < s_1^*$ einen Typ 2-Agenten vermutet, lohnt es für Agenten des Typs 1 nicht, ein geringeres Signalniveau zu wählen. Sendet er ein $s_1 > s_1^*$, so erhält er das genau gleiche Einkommen wie bei s_1^*, das heißt jede Erhöhung von s_1 über das Gleichgewichtsniveau hinaus

---

[44] Zur Erinnerung: Die ESB besagt, dass für $e > e'$ die Ungleichung $C_2(e) - C_1(e) > C_2(e') - C_1(e')$ erfüllt sein muss.

[45] Im Trennungsgleichgewicht geben sie sich zu erkennen, da es gemäß den Selbstselektionsbedingungen nicht lohnt, einen Typ 1-Agenten zu imitieren.

stellt eine reine Verschwendung dar und kann aus Sicht des Agenten nicht optimal sein. Man beachte, dass die Signalisierung in diesem Modell ohne jeden Produktivitätseffekt ist und eine reine Kostenkomponente darstellt. Typ 1-Agenten nehmen völlig unproduktive Aktivitäten auf sich, nur um sich von Typ 2-Agenten abzugrenzen. Dies ist für *sie* lohnend, für die Agenten vom Typ 2 natürlich nicht.

Abbildung 2.33

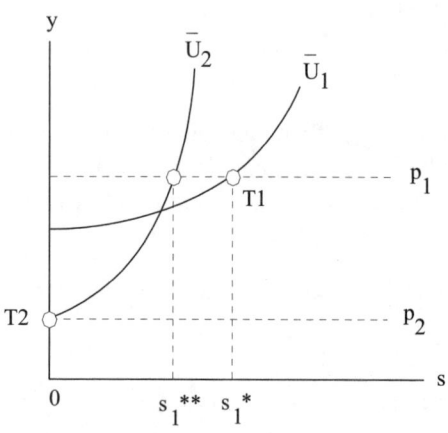

Vermutungen und unerwartete Signale

Es stellt sich nur noch die Frage, ob die dem Prinzipal unterstellte Vermutung bezüglich des Zusammenhangs zwischen s und dem Typ plausibel ist. Dies ist nur teilweise der Fall. Es ist klar, dass Typ 2 für alle $s^* < s_1^{**}$ Typ 1 imitieren würde. Nicht ganz so überzeugend ist hingegen die folgende Überlegung des Prinzipals: Im Bereich zwischen s_1^{**} und s_1^* glaubt er, dass ihm ein Typ 2-Agent gegenübersteht, obwohl diese für alle $s \geq s_1^{**}$ T2 bevorzugen:[46] die Selbstselektionsbedingung für Typ 2 greift schon ab s_1^{**}. Typ 1-Agenten hingegen profitieren davon, wenn sie sich von Typ 2 Agenten unterscheiden können und ziehen alle (p_1, s)-Kombinationen zwischen s_1^{**} und s_1^* dem Vertrag T2 vor. Da für Typ 2 alle $s_1^{**} \leq s_2 \leq s_1^*$ von T2 dominiert werden, Typ 1 jedoch alle (p_1, s_1)-Kombinationen mit $s_1^{**} \leq s_1 < s_1^*$ dem Vertrag T1 vorzieht, ist es nicht unplausibel anzunehmen, dass Prinzipale in diesem Bereich Typ 1-Agenten erwarten.[47] Ist dies jedoch der Fall, so lohnt es sich für einen vom Gleichgewicht s_1^* ab-

---

[46] Man beachte, dass der Prinzipal im Gleichgewicht natürlich nur entweder $s = 0$ oder $s = s_1^*$ sehen wird. Die hier diskutierten Zwischenwerte beschreiben nur seine *Erwartungen außerhalb der Gleichgewichtsverhaltensweisen*. Wie im Folgenden gezeigt wird, beeinflussen diese Erwartungen die Gleichgewichtseigenschaft von T1.

[47] Dieses Argumentationsmuster entspricht im Wesentlichen dem „intuitiven Kriterium" von CHO/KREPS (1987), das eine Verfeinerung des Nash-Gleichgewichts darstellt. Für eine sehr anschauliche und wesentlich ausführlichere Darstellung in Lehrbuchform siehe etwa GIBBONS (1992), S. 233 ff.

weichenden Prinzipal, einen Vertrag mit $s_1^{**} \leq s^* \leq s_1^*$ zu formulieren. Antizipieren die Agenten dies, so reduzieren sie ihre Signalkosten entsprechend. Auf diese Weise entfallen alle Gleichgewichte mit $s^* > s_1^{**}$, so dass nur ein einziges, nämlich das mit $s^* = s_1^{**}$, übrig bleibt. Dieses findet sich in Abbildung 2.34.

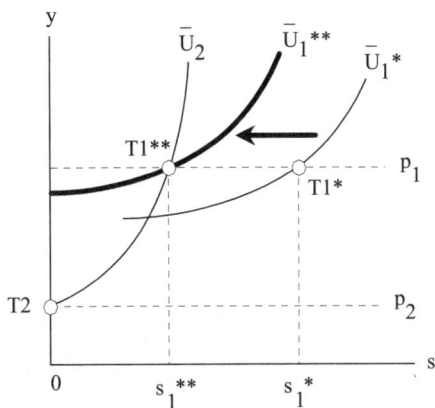

Abbildung 2.34

Das zuletzt besprochene Gleichgewicht lässt sich auch analytisch einigermaßen übersichtlich ableiten. Die Kombination $(s_1 = s_1^{**}, s_2 = 0, y_1 = p_1, y_2 = p_2)$ kennzeichnet den Punkt, bei dem der Agentennutzen $U_G = U_1 + U_2$ unter den Nullgewinn- und den Selbstselektionsrestriktionen maximiert wird. Die Ableitung findet sich im Anhang zu diesem Kapitel.

2.8. Weitere Aspekte des Prinzipal-Agent-Problems

Es existiert eine umfangreiche Literatur zu weiteren Varianten des Agenturproblems, von denen hier nur einige der wichtigsten kurz angesprochen werden sollen.

Reale Agenturprobleme bestehen häufig nicht nur aus der Agenturbeziehung zwischen einem Prinzipal und einem Agenten, sondern aus einer Kette von Agenturbeziehungen in hierarchischen Organisationsformen. So wünschen sich die Aktionäre einer Firma gewinnmaximierende Manager. Die Manager müssen jedoch die meisten der anfallenden Tätigkeiten delegieren. In diesem Fall sind sie Prinzipale ihrer hierarchisch untergeordneten Mitarbeiter. Die dem Management unterstellten Mitarbeiter mögen nun wiederum Vorgesetzte weiterer Angestellter sein usw. Bei der Aneinanderreihung von Agenturbeziehungen können sich nun Kollusionsmöglichkeiten zwischen zwei benachbarten hierarchischen Ebenen zu Lasten übergeordneter Stufen der Hierarchie ergeben. Diese wiederum beeinflussen die optimale Ausgestaltung des Vertragssystems der Gesamtorganisation. Grundlegende Beiträge zu diesen Fragestellungen stammen von Cal-

Hierarchien

vo/Wellisz (1979) sowie Tirole (1986). Einen umfassenden Überblick über Kollusion in Organisationen liefert Tirole (1992).

*Andere Ziel-
funktionen des
Agenten*

In bestimmten vertraglichen Beziehungen stellen nicht das Arbeitsleid oder die Kosten der Anstrengung das eigentliche Agenturproblem dar, sondern ein anders gearteter Interessenkonflikt zwischen Prinzipal und Agent. Ein Beispiel hierfür ist die häufig behauptete „übermäßige" Risikoaversion von Top-Managern, die sie zu einer zu risikoscheuen Unternehmensführung verleiten: Ein Vorstandsvorsitzender einer Aktiengesellschaft mag ein Workaholic ohnegleichen sein. Der Verlust seines Arbeitsplatzes etwa durch einen ungewöhnlich schlechten Jahresabschluss ist für ihn mit immens hohen Kosten verbunden. Er verliert nicht nur einen hohen Betrag in Form zukünftiger Einkommen, sondern auch Einfluss- und Gestaltungsmöglichkeiten, die ihm einen hohen direkten persönlichen Nutzen bereiten. Aus diesem Grund wird er riskanten Geschäftspolitiken sehr skeptisch gegenüberstehen. So mag er Projekte, die einen geringen Erwartungswert bei gleichzeitig niedriger Varianz aufweisen, anderen Projekten mit höherem Erwartungswert und Varianz, die risikoneutrale Anleger am Aktienmarkt klar befürworten, vorziehen. Eine andere Form des Interessenkonflikts besteht darin, dass Manager Ressourcen bewusst zu ihrem eigenen persönlichen Vorteil fehlleiten. Agenturprobleme dieser Art werden unter anderem in Grossman/Hart (1982) sowie Holmstrom/Ricart i Costa (1986) behandelt.

*„Boiling in
Oil"*

Wenn der Agent durch Aufbringen eines bestimmten Mindestaufwands bestimmte besonders schlechte Ergebnisse *sicher* verhindern kann, so besteht für ihn die Möglichkeit, „Boiling-in-Oil"-Strategien einzusetzen. „Boiling-in-Oil"-Vereinbarungen setzen drakonische Strafen für den Agenten, falls das besonders schlechte Ergebnis erzielt wird. Der Agent wird gewissermaßen „in heißem Öl gekocht". Solche Abkommen gehen nicht mit höheren Risikokosten einher, da der Agent *sicher* dazu in der Lage ist, die Strafmaßnahmen durch entsprechendes eigenes Verhalten zu vermeiden. Durch die Höhe der Bestrafung wird gewährleistet, dass bestimmte Verhaltensweisen des Agenten ausgeschlossen werden. Zur Möglichkeit von „Boiling-in-Oil"-Verträgen siehe die schöne Darstellung in Rasmusen (1994, S. 177 ff.).

*Wiederholte
Spiele*

Alle oben betrachteten Modelle sind als One-Shot-Spiele verfasst: Ein Prinzipal beschäftigt einen Agenten für eine *einmal* anfallende Aufgabe. Unterstellt man demgegenüber, dass die Beziehung zwischen Prinzipal und Agent über einen längeren Zeitraum erfolgt und dass die Aufgabe des Agenten wiederholt erfüllt werden muss, dann ergeben sich verbesserte Vertragsgestaltungsmöglichkeiten. Beispielsweise kann der Leistungsinput des Agenten durch die größere Stichprobe in wiederholten Beziehungen erheblich genauer geschätzt werden, das heißt, die Varianz der langfristigen

Einnahmen des Agenten und damit auch seine Risikokosten nehmen ab. Geht die Zahl der Wiederholungen gegen unendlich und erfolgt keine Diskontierung der Auszahlungen, so kann die First-best-Lösung erzielt werden. Des Weiteren kann auch die Entlohnungsstruktur umgestellt werden, so dass insbesondere eine langfristige Performance honoriert wird. Außerdem ermöglicht eine wiederholte Transaktion die Bildung von Reputation.

Ähnlich wie wiederholte Transaktionen kann auch der Einsatz mehrerer Agenten dazu dienen, eine bessere Schätzung der Arbeitsleistung der Agenten durchzuführen. Dies ist dann der Fall, wenn die Zufallseinflüsse, die das Ergebnis der Agenten beeinflussen, möglichst hoch korreliert sind, so dass relative Leistungsunterschiede ersichtlich werden. Eine besondere Form solcher Leistungsvergleiche bilden soganannte *Rangordnungswettbewerbe* (Lazear/Rosen, 1981). Diese kennzeichnen sich dadurch, dass Anreize nicht über die absolute Höhe des Outputs implementiert werden. Statt dessen wird unter den Agenten eine Rangfolge der erzielten Ergebnisse aufgestellt, und ihre Entlohnung variiert mit der Position innerhalb dieser Leistungstabelle. Eine andere Möglichkeit besteht darin, die Entlohnung an der Durchschnittsleistung der Agenten auszurichten. So erhielte ein Agent, dessen Performance deutlich über dem Durchschnitt liegt, auch einen höheren Lohn, während unterdurchschnittliche Leistungen durch entsprechende Abschläge sanktioniert werden. Vergleichbare Anreizsysteme finden sich unter anderem auch in der Praxis der Regulierung von Unternehmen durch den Staat.

Rangord-nungswettbe-werbe

Ein ganz anderes Problem ergibt sich, wenn mehrere Prinzipale einen einzigen Agenten beschäftigen. Soweit die Interessen der Prinzipale nicht gleichgerichtet sind, kann sich hieraus ein Wettbewerb zwischen den Auftraggebern entwickeln. Man denke hierbei zum Beispiel an die Tätigkeit eines Händlers, der mehrere Marken eines Produkttyps verkauft. Die Hersteller-Prinzipale werden nun versuchen, den Händler-Agenten dazu zu bewegen, die jeweils eigenen Produkte bevorzugt, d.h. mit besonders großem Engagement anzupreisen. Ein besonders bekanntes Beispiel hierfür besteht im Wettbewerb von Produzenten um die besten Regalstellplätze. Auch ein Immobilienmakler, der im Auftrag eines Kaufinteressenten und des potentiellen Verkäufers agiert, befindet sich in einer solchen Situation der „common agency" (Bernheim/Whinston, 1985, 1986).

„Common agency"

Bezieht sich das Unwissen des Prinzipals nicht nur auf die Ausprägungen des Leistungsinputs der Agenten und den Einfluss der Zufallsvariablen auf den Output, sondern auch auf den allgemeinen Schwierigkeitsgrad der vom Agenten zu bewältigenden Aufgabe, so ergibt sich ein *Sperrklinkeneffekt*-Problem (Gibbons, 1987, Laffont/Tirole, 1988). Mit der Erbringung einer hohen Leistung liefert der Agent zugleich ein Signal dafür, dass die ihm zugewiesene Tätigkeit nur einen vergleichsweise geringen Schwierig-

Sperrklinken-effekte

keitsgrad aufweist, was in der langen Frist zu einer Verringerung des Lohns führen kann. Natürlich wird ein rationaler Agent dies antizipieren und seine Leistung entsprechend anpassen. Dies bedeutet im Allgemeinen, dass er seine Leistung aus strategischen Gründen zurückhalten wird. Ein anschauliches Beispiel für solche Sperrklinkeneffekte liefert die Planvorgabe in einer Zentralverwaltungswirtschaft. Um zukünftige Erhöhungen der Planvorgaben zu vermeiden, wurde häufig ein knappes Unterschreiten des zentral vorgegebenen Sollwertes realisiert.

Risikoneutrale
Agenten

Bislang wurden vorrangig Szenarien mit risikoaversen Agenten berücksichtigt. Ein Vertretungsproblem kann jedoch auch bei risikoneutralen Agenten entstehen. Wir haben zuvor gesehen, dass eine First-best-Lösung bei risikoneutralen Agenten durch einen „Verkauf" der Unternehmung erreicht werden kann. Dies setzt allerdings voraus, dass keine Vermögensrestriktionen vorliegen. Ist der Agent nicht dazu in der Lage, den vollständigen Preis für die Firma zu zahlen, so scheidet dieser „Königsweg" aus. Auch für den Fall, dass der Agent nicht alle eventuell später anfallenden Verpflichtungen – etwa durch Verluste im Geschäftsbetrieb – einlösen kann, entsteht ein Agenturproblem. Im ersten Fall wird der Prinzipal einen Teil des „Verkaufspreises" durch Beteiligung an den Gewinnen anstreben. Natürlich sinkt durch eine Gewinnbeteiligung des Prinzipals die Anreizintensität für den Agenten. Im zweiten Fall, in dem der Agent nicht allen denkbaren Verbindlichkeiten nachkommen kann, entsteht ein ähnliches Problem der übermäßig riskanten Unternehmensführung durch den Agenten, wie wir es für die Agenturkosten des Fremdkapitals im Ansatz von Jensen und Meckling besprochen haben.

Der Verkauf des Unternehmens an den Agenten kann jedoch auch aus anderen Gründen scheitern als aufgrund einer bindenden Vermögensrestriktion. So ist es denkbar, dass der Wert der Firma nur dem Prinzipal mit hinreichender Genauigkeit bekannt ist, so dass ein Mechanismus der adversen Selektion wirksam wird. Der Prinzipal wird stets einen sehr hohen Firmenwert behaupten, den der Agent ihm nicht glauben wird. Damit bleibt nur eine Beteiligung des Prinzipals an den Gewinnen, die ihrerseits eine Abschwächung der Agenten-Anreize darstellt.

2.9. Experimentelle Evidenz

Die empirische Überprüfung von Modellen mit asymmetrischen Informationen durch Feldstudien ist im Allgemeinen mit einem kaum lösbaren Problem behaftet: Der Informationsstand und die Präferenzen der beteiligten Akteure sind für den Wissenschaftler normalerweise nicht erfassbar. Aus diesem Grund kann zumeist nur die Korrelation zwischen einigen der *beobachtbaren* Modellgrößen untersucht werden. Das bedeutet, dass stets nur *Teilbereiche* der Theorie oder einige ihrer *Implikationen* überprüft werden, nicht aber der eigentliche Ansatz selbst. Solche Tests sind natürlich eher schwach und damit unbefriedigend.

Demgegenüber erlaubt die experimentelle Forschung eine präzisere Überprüfung der Hypothesen, da der Informationsstand der Akteure durch den Experimentleiter kontrolliert und variiert werden kann. Im Grunde kann durch experimentelle Studien eine den Modellannahmen weitestgehende entsprechende Umwelt erzeugt werden, die ein bestimmtes, durch die Theorie beschriebenes Verhalten induzieren sollte. Können die theoretischen Vorhersagen im Labor – also unter idealen Bedingungen – nicht rekonstruiert werden, muss die Theorie in ihrer gegenwärtigen Form in Zweifel gezogen werden. Gelingt es hingegen, die theoretisch prognostizierten Muster unter idealen Laborbedingungen zu erzeugen, so kann anschließend eine Sensitivitätsanalyse erfolgen, indem man schrittweise immer weiter von den Idealbedingungen des Modells abweicht und auf diese Weise die Robustheit der postulierten Zusammenhänge kontrolliert überprüft.

Labor-experimente

Dieser Aspekt gilt natürlich für die empirische Überprüfung ökonomischer Theorien im Allgemeinen, ist jedoch für die Ansätze der Neuen Institutionenökonomik von besonders großer Relevanz, da diese ja geradezu konstituiert werden von Informationsunvollkommenheiten und -asymmetrien. Dies gilt im Grunde für den gesamten Bereich von Prinzipal-Agent-Beziehungen wie auch für die Transaktionskostentheorie und die Theorie unvollständiger Verträge. Insbesondere die formalen Modelle können in der Feldforschung bestenfalls partiell und indirekt getestet werden, während sie im Labor wesentlich verlässlicher erfasst werden. All diese Vorzüge der experimentellen Forschung dürfen natürlich nicht darüber hinwegtäuschen, dass Experimente Feldstudien keinesfalls ersetzen können. Natürlich besteht die Gefahr, dass menschliches Verhalten von der künstlichen Laborumgebung beeinflusst wird, d.h. es kann sich signifikant vom Verhalten außerhalb des Labors unterscheiden. Darüber hinaus weichen die realen wirtschaftlichen Handlungssituationen in der Praxis teilweise erheblich von den künstlichen Modellannahmen ab, so dass eine im Labor „bestätigte" Theorie für die Praxis schlicht irrelevant sein kann. Trotzdem können mit Hilfe der Laborexperimente die grundsätzlichen Wirkungsmechanismen der Theorien überprüft werden. Ob sie eine unmittelbare Anwendung auf ein konkretes Entscheidungsproblem in der Praxis rechtfertigen, ist eine zweite Frage.

Im Folgenden soll deshalb eine kurze Zusammenfassung der wichtigsten Ergebnisse der experimentellen Wirtschaftsforschung im Hinblick auf die Prinzipal-Agent-Theorie geliefert werden.

2.9.1. Experimentelle Ergebnisse zum Problem des moralischen Wagnis

Anderhub, Gächter und Königstein (2002) beschreiben ein Prinzipal-Agent-Experiment, in dem – bis auf den Aspekt des dort nicht vorzufindenden Risikos – die meisten der oben genannten Aspekte wiederzufinden sind. In ihrem Experiment spielen die Probanden ein dreistufiges Agenturspiel. In Stufe 1 unterbreitet der Prinzipal einen Kontrakt, der sich aus drei Elementen zusammensetzt: Einem Fixlohnbestandteil $f \in [-700, 700]$, einen Leistungsanreiz $s \in [0, 1]$, der den Anteil am erzielten Output angibt, den der Agent erhält sowie einen völlig unverbindlichen Vorschlag eines angemessenen Arbeitseinsatzes $\tilde{e}$. Letzterer bleibt ohne jede Auswirkung auf die konkreten Auszahlungen. Man beachte, dass der Fixlohn negativ ausfallen kann, d.h. die Ideallösung eines Ausverkaufs des „Geschäfts" an den Agenten bildet eine mögliche Option.

Anderhub et al. (2002)

In Stufe 2 des Spiels akzeptiert der Agent das Vertragsangebot oder er lehnt es ab. In der letzten Stufe 3 entscheidet der Agent schließlich, welchen (ganzzahligen) Arbeitseinsatz $e \in [0, 20]$ er einsetzt. Der aus der Anstrengung e resultierende Outputwert ergibt sich aus der Produktionsfunktion $x = 35e$. Die Anstrengung e verursacht beim Agenten Kosten in Höhe von $c(e)$. Die Funktion $c(e)$ verläuft stückweise linear und konvex:

$$c(e) = \begin{cases} 5e & , e \in [0,4] \\ -20 + 10e, & , e \in [5,8] \\ -60 + 15e & , e \in [9,12] \\ -120 + 20e & , e \in [13,16] \\ -200 + 25e & , e \in [17,20] \end{cases}.$$

Die resultierenden Gewinnfunktionen lauten

$$\pi^P = 35(1-s)e - f \qquad \text{und} \qquad U^A = 35se + f - c(e).$$

Die spezielle Wahl der Kostenfunktion hat zur Folge, dass multiple teilspielperfekte Gleichgewichte existieren.[1] Diese werden durch folgende Eigenschaften beschrieben: Die gleichgewichtige Anreizintensität s muss im Intervall $[5/7, 1]$ liegen. Dies induziert einen Arbeitseinsatz in Höhe von $e = 20$. Der resultierende Fixlohn bestimmt sich nach der Formel $f = 300 - 700s$, wobei s im angeführten Gleichgewichtsbereich liegen muss. Der Fixlohn läge demnach je nach Wahl des Gleichgewichts zwischen den Werten -200 und -400. Die „Ausverkaufslösung" mit $s = 1$ und $f = -400$ ist eines der multiplen Gleichgewichte. Des Weiteren gilt für alle Gleichgewichte,

---

[1] Es wäre eine gute Übung, die Gleichgewichte dieses Spiels selbst zu ermitteln!

dass der gesamte Überschuss beim Prinzipal verbleibt, so dass im Gleichgewicht $\pi^P = 400$ und $U^A = 0$.

Im Labor wurde dieses Spiel von 94 Studierenden der Universität Zürich, von denen keiner Volkswirtschaftslehre studierte, gespielt. Die Teilnehmer wurden einander zufällig zugeteilt und spielten das oben beschriebene Spiel sechs Mal hintereinander.[2] Anschließend wurden die Paare neu zusammengesetzt und es wurde wiederum sechs Mal miteinander gespielt. Die Autoren untersuchten die folgenden Fragestellungen:

(1) Wählen die Prinzipale gleichgewichtige Vertragsangebote, d.h. ist $f < 0$ und $s > 5/7$? Die Antwort lautet: Im Wesentlichen, ja! Die meisten Fixlöhne waren negativ (etwa 70%) und der Anteil der Anreizintensitäten mit $s > 5/7$ lag bei knapp 67%. Gleichermaßen wird die Partizipationsbedingung $U^P \geq 0$ in 98% der Fälle erfüllt.

(2) Fordern die Prinzipale wirklich den gesamten Überschuss aus den Transaktionen für sich, d.h. passen sie den Fixlohn entsprechend der Gleichgewichtsformel an? Das Ergebnis lautet: Im Wesentlichen, nein! Die allermeisten Vertragsangebote lassen den Agenten einen strikt größeren Nutzen als null. Die meisten Angebote liegen zwischen 10% und 45%. Etwa 30% der Fälle bieten den Agenten sogar 50% des Überschusses an! Allerdings geschieht es ebenfalls nur äußerst selten, dass die Prinzipale den Agenten mehr als 50% offerieren.

(3) Akzeptieren die Agenten alle Verträge, die der Partizipationsbedingung genügen? Antwort: Nein, etwa 20% der Angebote, die die Partizipationsbedingung erfüllen, werden abgelehnt! Die Agenten machen ihre Zustimmung vom Anteil am Gesamtüberschuss abhängig, wie eine Schätzung der Autoren deutlich zeigt. So liegt die geschätzte Wahrscheinlichkeit einer Annahme eines Kontraktes, der dem Agenten 20% des Überschusses anbietet, nur bei knapp 50%. Dieses Ergebnis wird so interpretiert, dass die Agenten in ihre Annahmeentscheidungen auch Fairness-Überlegungen einfließen lassen. Das allerdings bedeutet, dass die übliche Partizipationsbedingung, nach der nur die erreichbaren Alternativverträge ausgeglichen werden müssen, ersetzt werden sollte durch eine „Verhaltens-Partizipationsbedingung", die auch die Verteilung des Überschusses berücksichtigt.

(4) Wählen die Agenten die für sie optimalen, von s abhängigen Arbeitseinsätze? Antwort: Im Wesentlichen, ja! Etwa 67% der gewähl-

---

[2] Die sechsmalige (also endliche) Wiederholung hat keinerlei Auswirkungen auf die teilspielperfekten Gleichgewichte.

ten Anstrengungsniveaus entsprechen dem aus Agentensicht optimalen Wert für e. Des Weiteren wird gezeigt, dass die Abweichungen vom individuellen Optimalverhalten wiederum gut erklärt werden können mit Fairness-Überlegungen. Je höher der angebotene Anteil am Überschusss, desto höher die mittlere Abweichung vom individuellen Optimum. Verträge, die den Agenten weniger (mehr) als die Hälfte des Überschusses anbieten, zeigen im Mittel eine negative (positive) Abweichung vom Agentenoptimum.

Die experimentelle Untersuchung von Anderhub et al. (2002) liefert somit eine partielle Bestätigung der Agenturtheorie. Offenbar wird das *Prinzip der Anreizkompatibilität bestätigt*. Dies gilt sowohl im Hinblick auf die Gestaltung der angebotenen Verträge durch den Prinzipal als auch für die meisten Entscheidungen der Agenten. *Kritisch ist die Formulierung der Partizipationsbedingung zu sehen.* Offenkundig genügt es nicht, die monetären Opportunitätskosten des Agenten zu kompensieren, sondern es sind Gerechtigkeitsüberlegungen oder Aspekte der Reziprozität (= Prinzip des „Wie du mir, so ich dir") hinzuzufügen.

Es existieren eine Reihe weiterer Arbeiten zur experimentelle Analyse des Problems moralischen Wagnisses, z.B. Keser und Willinger (2002), Fehr und Gächter (2000) sowie Fehr, Klein und Schmidt (2004), die z.T. in deutlich größerem Umfang nicht anreizkompatible Verträge finden. Diese resultieren jedoch teilweise daraus, dass das Spektrum wählbarer Verträge erheblich eingeschränkt wurde.

Gift-Exchange-Experimente

Besonders große Beachtung fanden verschiedene Beiträge von Ernst Fehr mit wechselnden Koautoren, die diverse Variationen eines besonders einfachen Agenturspiels, des Gift-Exchange-Spiels (= „Geschenkaustausch"), untersuchen. Das grundlegende darin verwendete Agentur-Spiel hat folgende Struktur: In Stufe 1 bietet der Prinzipal einen Vertrag an, in dem er einen Festlohn w anbieten und einen unverbindlichen, gewünschten Arbeitseinsatz $\tilde{e} \in \{1, 2, ..., 10\}$ verkünden. Anschließend erfolgt die Annahmeentscheidung des Agenten, so dass er bei Annahme des Vertragsangebotes abschließend seinen Arbeitseinsatz $e \in \{1, 2, ..., 10\}$ festlegt. Der Nutzen des Agenten beträgt dann $U^A = w - c(e)$ und der Gewinn des Prinzipals lautet $\pi^P = 10e - w$. Die Kostenfunktion c(e) des Agenten weist einen konvexen Verlauf auf, die maximalen Grenzkosten des Arbeitseinsatzes bleiben jedoch stets deutlich unter dem Wertgrenzprodukt der Arbeit: max c'(e) = c'(10) = 3 < 10 = $d\pi^P$/de. Dies hat zur Folge, dass Effizienz nur mit dem Randpunkt e = 10 vereinbar ist. Das teilspielperfekte Gleichgewicht liegt jedoch am anderen Ende der möglichen Arbeitseinsätze. Da der Agent einen Fixlohn erhält, liefert er nur den minimalen Einsatz e = 1. Der Prinzipal antizipiert dies und bietet einen Fixlohn von null.

Das Verhalten der Versuchspersonen im Labor weist erhebliche Abweichungen von der Gleichgewichtsprognose auf (Fehr und Gächter 2000):

(1) Agenten wählen nicht immer den prognostizierten Wert e = 0. Wenn Prinzipale großzügige Löhne anbieten, dann steigt der Durchschnitt der gewählten Arbeitseinsätze erheblich an, obwohl die entsprechenden Arbeitseinsätze zu einer Verringerung des Gewinns des Agenten führen.

(2) Prinzipale erkennen dies und bieten höhere Fixlöhne an. Die Verträge sind somit nicht anreizkompatibel. Dafür werden sie im Wesentlichen durch den höheren Arbeitseinsatz der Agenten kompensiert. Der Großteil des Produktivitätsgewinns geht jedoch an die Agenten!

(3) Der Gesamtgewinn von Prinzipal und Agent liegt deutlich über dem Gleichgewicht, bleibt jedoch ebenso deutlich unter dem effizienten Arbeitseinsatz e = 10.

In einer Variante dieses Experiments erweitern die Verfasser die Vertragsmöglichkeiten. Hier kann der Prinzipal eine Strafzahlung f ∈ {0, 1, ..., 13} in den Vertrag aufnehmen. Sollte ein Agent unterhalb der gewünschten Leistung ẽ bleiben, so folgt ein Zufallszug, nach dem mit einer Wahrscheinlichkeit von 1/3 diese „Drückebergerei" aufgedeckt wird, so dass der Agent anschließend die Strafe f an den Prinzipal zahlen muss. Im Gleichgewicht wählt der Prinzipal die höchste zulässige Strafe f = 13. Wenn diese mit der Wahrscheinlichkeit 1/3 aufgedeckt wird, so beträgt die erwartete Strafzahlung bei zu geringem Arbeitseinsatz Ef = 13/3 = 4,33. Da c(4) = 4, kann der Prinzipal somit einen anreizkompatiblen Vetrag ⟨w = 4, ẽ = 4, f = 13⟩ anbieten, der im Gleichgewicht angenommen und realisiert wird. Die Einführung der Strafzahlung führt zu folgendem Verhalten:

(1) Freiwillige Mehrleistungen des Agenten über das anreizkompatible Maß hinaus verschwinden fast vollständig.

(2) Nur etwas mehr als 40% der Vertragsangebote ist anreizkompatibel. Mehr als 50% der Kontrakte forderten eine höhere Anstrengung als 4. Solche Nichtkompatibilität führt in den meisten Fällen zum minimalen Arbeitseinsatz e = 1.

(3) Der durchschnittliche Arbeitseinsatz sinkt unter das Niveau des Experiments ohne Strafzahlung. Dennoch steigen die Gewinne der Prinzipale, die nunmehr ihren Anteil an den Gesamtgewinnen deutlich erhöhen können.

Fehr und Gächter leiten aus diesen Ergebnissen die These einer *Verdrängung freiwillig kooperativen Verhaltens* durch Anreizverträge ab. Man beachte dabei jedoch, dass sich die Prinzipale mit anreizkompatiblen Verträgen besser stellen als ohne.

Fehr, Klein und Schmidt (2004) erweitern das Experiment noch um zwei weitere Komponenten: (a) Es wird an Stelle der Strafzahlung f ein neuer Vertragsparameter eingeführt, die sogenannte Bonuszahlung: Der Prinzipal verspricht (unverbindlich!), eine Bonuszahlung b zu zahlen, falls e ≥ ẽ. Im theoretischen Gleichgewicht ist so ein unverbindliches Versprechen ohne Bedeutung, da eigennützige Prinzipale es niemals einhalten werden. Die Standard-Prinzipal-Agent-Theorie sagt somit die Lösung aus dem Spiel ohne Strafe voraus, also w = 0 und e = 1. (b) Die Prinzipale können frei wählen zwischen Verträgen mit Straf- oder Bonuszahlung. Die Art des gewählten Vertrages wird somit endogenisiert. Dabei zeigt sich:

(1) Entgegen der theoretischen Prognose bevorzugt der überragende Anteil der Prinzipale Bonusverträge.

(2) Agenten liefern höhere Arbeitseinsätze, da sie offenbar auf die Einhaltung des Bonusversprechens vertrauen. Dies bewirkt, dass Prinzipale mit Bonusverträgen deutlich höhere Gewinne erzielen als mit Anreizverträgen.

(3) Es wurden tatsächlich Bonuszahlungen in erheblichem Ausmaß durchgeführt. Diese hängen hochgradig vom geleisteten Arbeitseinsatz e ab. Je höher e, desto höher fällt auch die Bonuszahlung aus.

Es zeigt sich also, dass die theoretisch völlig belanglosen Versprechen einer Bonuszahlung erhebliche Auswirkungen auf das Verhalten aufweisen. Tatsächlich zahlt sich die Nutzung des Mechanismus „Vertauen" für beide, Prinzipal und Agent, aus.

Fassen wir die bis hier vorgestellten Ergebnisse zusammen: (a) Die Gestaltung anreizkompatibler Verträge zeigt deutliche, theoriekonforme Wirkungen und wird in vielen Fällen verwandt. (b) Ist eine Anreizentlohnung nur in abgeschwächter Form möglich, etwa durch Strafzahlungen oder (unverbindliche) Bonuszahlungen, wie in den Experimenten von Fehr und Gächter bzw. Fehr, Klein und Schmidt, scheinen andere Mechanismen ernsthafte Alternativen dazustellen. (c) In allen Experimenten finden wir Hinweise darauf, dass Fairness- und Gerechtigkeitsüberlegungen das Verhalten der Versuchspersonen mitbestimmen.

Es kann aus dieser Sicht nicht verwundern, dass die ökonomische Theorie in den letzten 10 Jahren verstärkt ihr Augenmerk auf die Modellierung von sozialen Präferenzen gerichtet hat, die eine Verwendung von Nutzenfunktionen beinhalten, die Elemente der Verteilungsgerechtigkeit, der Reziprozität oder der Effizienz aufweisen. Einige der meistbeachteten Beiträge dieser Forschungsrichtung sind Fehr und Schmidt (1999), Bolton und Ockenfels (2000) und Charness und Rabin (2002). Dennoch sei schon an dieser Stelle eine Warnung ausgesprochen: In vielen Experimenten werden die sozialen Motive möglicherweise etwas überbewertet, da die Positionen im Laborexperiment – im Gegensatz zu Positionen in Unternehmen oder auf Märkten – nicht verdient, sondern einfach per Zufallsmechanismus zugewiesen wurden. Im Rahmen der Diskussion zur experimentellen Evidenz in Hold-up-Spielen werden wir zeigen, dass die Bedeutung der sozialen Motive in Experimenten, in denen die Ausgangspositionen verdient werden mussten, offenbar abnimmt (z.B. Erlei und Siemer 2004).

Auch zur Mehraufgaben-Prinzipal-Agent-Theorie liegen erste Ergebnisse vor (Fehr und Schmidt 2004). Der Aufbau des Experiments ist ähnlich dem aus Fehr, Klein und Schmidt (2004). Die zentralen Unterschiede sind: (a) Der Agent muss zwei Arten von Arbeit erledigen, e_1 und e_2. (b) Die Gewinnfunktion des Prinzipals beträgt $\pi = 10e_1e_2$. Daran wird deutlich, dass es für den Prinzipal zentral ist, dass der Agent *beide* Aufgaben erfüllt. (c) Die Anstrengungskostenfunktion des Agenten lautet

Mehraufgaben-Prinzipal-Agent-Experimente

$$c(e_1,e_2) = c(e_1+e_2) = \begin{cases} 5(e_1+e_2) & , e_1+e_2 \leq 10 \\ 50+10(e_1+e_2-10) & , 10 < e_1+e_2 \leq 20 \end{cases}.$$

Dies bedeutet, dass die Grenzanstrengungskosten zunächst 5 und anschließend 10 betragen. (d) Der Prinzipal hat wieder die Wahl zwischen einem Anreizvertrag und einem Bonusvertrag. Der Anreizvertrag besteht hier aus einem „Stücklohn" s pro Arbeitseinheit e_1. Die zweite Tätigkeit kann nicht hinreichend in einem Vertrag berücksichtigt werden, d.h. es kann für e_2 keine Leistungsanreize geben. Im Bonusvertrag äußert der Prinzipal auch seinen „Wunsch" bzgl der Aufteilung der Agentenarbeit auf seine beiden Tätigkeiten.

Das gemeinsame Optimum liegt vor, wenn $e_1 = e_2 = 10$. Dies ergäbe einen Gesamtgewinn in Höhe von 850, der auf die beiden Akteure verteilt werden kann. Das Gleichgewicht für streng egoistische Akteure, d.h. für solche ohne soziale Präferenzen, liegt bei Bonusverträgen im Punkt $e_1 = e_2 = 1$, w = 10 und beliebigen, jedoch niemals erfüllten Bonusversprechungen. Das Gleichgewicht für Anreizverträge ist gekennzeichnet durch s = 5, w = 5, $e_2 = 1$ (das erlaubte Minimum) und $e_1 = 9$. Wir sehen also wieder eine ausgeprägte Ungleichverteilung der Anstrengungen auf die Aufgaben, die grundsätzlich unerwünscht ist. Die gleichgewichtigen Gewinne des Agenten sind in beiden Fällen null, die des Prinzipals betragen beim Bonusvertrag null, beim Anreizvertrag immerhin 40.

Betrachten wir nun das Verhalten der Versuchsteilnehmer:

(1) Prinzipale wählen erneut in den meisten Fällen (ca. 80%) Bonusverträge und keine Anreizverträge.

(2) Prinzipale leisten Bonuszahlungen. Diese steigen mit zunehmendem Arbeitseinsatz.

(3) Sowohl die durchschnittlichen Gewinne des Prinzipals als auch die des Agenten sind beim Abschluss von Bonusverträgen höher. Eine Ursache dafür besteht darin, dass

(4) die Fehlaufteilung der Arbeit bei Anreizverträgen den Überschuss erheblich mindert (das Lenkungsprinzip!), wie Abbildung 2.35 zeigt. Die Variable eij gibt dabei den durchschnittlichen Arbeitseinsatz im Hinblick auf Tätigkeit i (= 1 oder 2) bei Kontraktform j (s = Anreiz- und b = Bonusvertrag) an. Es wird deutlich, dass die Agenten ihre Anstrengung auf die Komponente richten, für die Anreize bestehen (e_1), während die andere Komponente e_2 vernachlässigt wird.

Wir erkennen, dass die Mehraufgaben-Prinzipal-Agent-Theorie in der Hinsicht bestätigt wird, dass Anreize in der prognostizierten Richtung wirken. Wie zuvor, kann mit der hier vorgestellten Theorie nicht erklärt werden, warum Bonusverträge so gut funktionieren. Fehr und Schmidt (2004) führen auch hier die Idee sozialer Präferenzen an, mit deren Hilfe das Verhalten der Versuchsteilnehmer deutlich besser rekonstruiert werden kann.

Abbildung 2.35

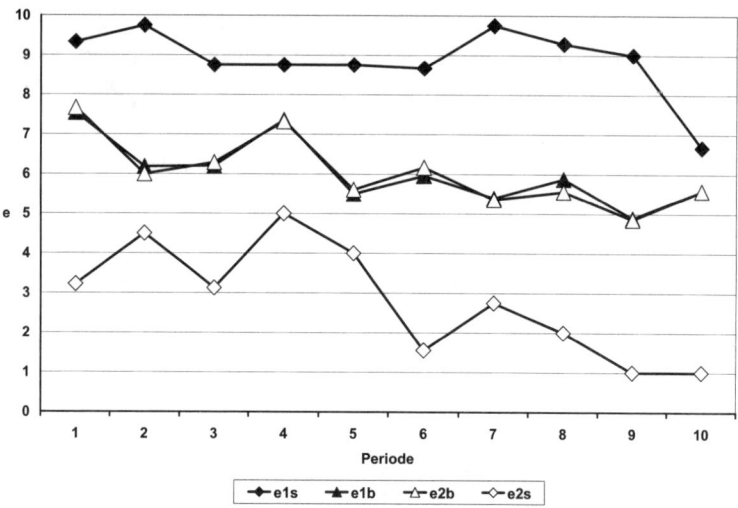

Team-
Experimente

Zur Teamproduktion liegt eine inzwischen sehr umfassende experimentelle Evidenz vor, da sie analytisch identisch ist mit der Theorie Öffentlicher Güter.[3] Viele der durchgeführten Experimente haben die folgende Struktur: N Spieler, die jeweils mit einer monetären Grundausstattung E_i ausgerüstet sind, werden in einer Gruppe zusammengefasst. Alle N Spieler müssen simultan, d.h. ohne dass sie wissen, wie die anderen Spieler sich

---

[3] Ein wesentlich ausführlicherer Überblick über die Forschungsergebnisse findet sich bei DAVIS/HOLT (1993), Kapitel 6, sowie bei LEDYARD (1995).

entscheiden, festlegen, ob und in welcher Höhe sie einen Geldbetrag x_i zur Leistung des Teams (zur Produktion eines Öffentlichen Gutes) beisteuern. Den Betrag, den sie nicht zur Teamleistung abführen, können sie behalten. Der Teambeitrag eines jeden Spielers erzeugt ein Teamprodukt, von dem alle Spieler gleichermaßen profitieren. Der geldwerte Nutzen des Teamprodukts beträgt für jeden einzelnen Spieler $V = v \cdot (x_1 + x_2 + \dots x_N)$ mit $1/N < v < 1$. Dies erzeugt die typische Dilemmastruktur der Teamproduktion, weil es effizient ist, wenn alle Spieler ihre gesamte Ausstattung zum Teamprodukt geben, da der aggregierte Gesamtnutzen über alle Spieler (Nv) größer ausfällt als die individuell anfallenden Grenzkosten in Höhe von eins. Gleichzeitig lohnt es jedoch für kein Teammitglied überhaupt einen Teambetrag zu leisten, da der individuelle Grenznutzen aus dem eigenen Beitrag kleiner als die Grenzkosten ist: $dU/dx_i = v < 1 = dK/dx_i$. Folglich werden alle Spieler im theoretischen Gleichgewicht einen suboptimalen Beitrag von $x_i = 0$ wählen. Die typischen Laborexperimente zeigen folgende Verhaltensweisen:

(1) In der Tat fallen die Teambeiträge deutlich geringer aus als im sozialen Optimum.

(2) Gleichzeitig übersteigen die Beiträge die theoretisch gleichgewichtigen Werte.

(3) Die durchschnittlichen Teambeiträge

    a.) sinken mit der Erfahrung der Spieler mit dem Teamproduktionsspiel,

    b.) sinken (!!) mit der Wiederholung des Spiels bei *unveränderter* Teamzusammensetzung,

    c.) steigen mit dem individuellen Grenznutzen des Teambeitrags (v),

    d.) steigen mit zunehmender Gruppengröße und gleichbleibendem v und

    e.) steigen mit verbesserten Kommunikationsmöglichkeiten zwischen den Gruppenmitgliedern.

Ergebnis (1) entspricht den theoretischen Überlegungen, die mit (2) jedoch relativiert werden müssen. Abermals bieten sich soziale Präferenzen als ein Erklärungsansatz für die Abweichung von der Standardtheorie an. (3a) legt nahe, dass die Spieler das Anreizproblem oftmals nicht von Anfang an durchschauen, sondern zunächst lernen müssen, sich in einem Teamproduktionsproblemumfeld zurechtzufinden. (3b) ist eine wirklich Herausforderung der Theorie, da hier scheinbar die Möglichkeit zur Nutzung von Reputationseffekten (siehe Abschnitt 4.1) unter den Gruppenmitgliedern nicht nur nicht wahrgenommen wird, sondern geradezu in das Gegenteil umschägt. Der in (3e) angeführte Aspekt der Relevanz von Kommunikationsmöglichkeiten ist in der besprochenen Standardtheorie ausgeblendet. Während (3c) zu erwarten war, stellt (3d) eine Überraschung dar, da die Alltagserfahrung lehrt, dass Trittbrettfahrerprobleme in großen Gruppen noch stärker durchschlagen. Das Laborverhalten wird jedoch dann verständlicher, wenn man sich ins Bewusstsein ruft, dass im Alltag in großen Gruppen sehr häufig auch die Variable v (individueller Grenzertrag des Teambeitrags) abnimmt: Dieser Effekt wurde hier durch Konstantsetzung von v eliminiert und erzeugt damit möglicherweise das zunächst überraschende Ergebnis.

Zusammenfassend lässt sich festhalten, dass das Grundproblem der Teamproduktion im Labor wiederzufinden ist und dass die Detailaussagen mehr oder weniger deutlich abweichen, so dass ein theoretisches Defizit zu konstatieren ist, zu dessen Abbau die Theorie sozialer Präferenzen vermutlich wichtige Beiträge leisten kann.

2.9.2. Experimentelle Evidenz zur adversen Selektion

Schließlich bleibt noch der Themenkomplex der adversen Selektion. Das Ausgangsproblem der Theorie, das Lemons-Modell von Märkten mit asymmetrischer Information über die Produktqualität wurde in Marktexperimenten bestätigt. Lynch et al. (1986) haben so einen Labormarkt konstruiert. In diesem gibt es zwei Typen von Gütern, Standard- und Premiumprodukte. In Stufe 1 müssen die Produzenten entscheiden, welche Art von Produkt sie produzieren wollen. Diese Entscheidung bleibt allerdings ihr privates Wissen, d.h. die Konsumenten kennen sie nicht. Anschließend werden die Produkte in einem Markt gehandelt. Jeder der sechs Produzenten kann jeweils 2 Produkte produzieren und verkaufen. Ein Standardprodukt verursacht Kosten in Höhe von 20 Geldeinheiten (GE), ein Premiumprodukt hingegen kostet 120 GE. Die acht Konsumenten können bis zu drei Güter kaufen. Ein Premiumprodukt (Standardprodukt) erzeugt bei ihnen jeweils einen (geldwerten) Nutzen in Höhe von 330 GE (180 GE) für das erste, 300 GE (165 GE) für das zweite und 270 GE (150 GE) für das dritte konsumierte Gut. Damit ergibt sich das Marktdiagramm in Abbildung 2.36. Werden nur Premiumprodukte produziert, so beträgt der Gleichgewichtspreis 300, werden nur Standardprodukte gehandelt, so liegt er bei 165. Die Gesamtrente für Premiumprodukte liegt mit 2400 deutlich über derjenigen von Standardgütern (1860).

Die Anbieter haben einen erheblichen materiellen Anreiz Standardprodukte als vermeintliche Premiumgüter zu verkaufen. Dies hat zur Folge, dass gemäß der Theorie nur Standardprodukte erzeugt werden, die zum entsprechenden Gleichgewichtspreis von 165 gehandelt werden. In der Tat zeigt sich, dass dieses suboptimale Gleichgewicht auch im Labor domi-

Ein Lemons-Experiment

niert. 96% der erzeugten Produkte sind Standardprodukte und der Durch-
schnittspreis liegt sehr nahe beim prognostizierten Gleichgewichtspreis
von 165 GE. Das Akerlofsche Lemons-Modell wird somit eindrucksvoll
bestätigt.

Im Hinblick auf Filterungsansätze liegen derzeit nur wenige Ergebnisse
vor. Posey (1999) führt ein Versicherungsmarktexperiment durch. Die im
Wettbewerb stehenden Versicherungsunternehmen bieten ein Menu von
Versicherungsverträgen an, die aus einer Versicherungsprämie und einer
Versicherungssumme, die im Schadensfall gezahlt wird. Das Agentenver-
halten wird durch ein Computerprogramm simuliert, das die Entscheidungen exakt so trifft wie es die Theorie voraussagen würde. Das Experiment
liefert somit nur Daten über das Verhalten der Prinzipale.

Filterung

Die Daten unterstützen die Theorie in überraschend großem Ausmaß: In
der letzten Periode wählten 100% der Prinzipale die Gleichgewichtsverträ-
ge, in den letzten 10 Perioden waren es immerhin 98,3%. Man beachte
hierbei jedoch, dass die computersimulierten Agenten hierfür eine denkbar
günstige Voraussetzung liefern.

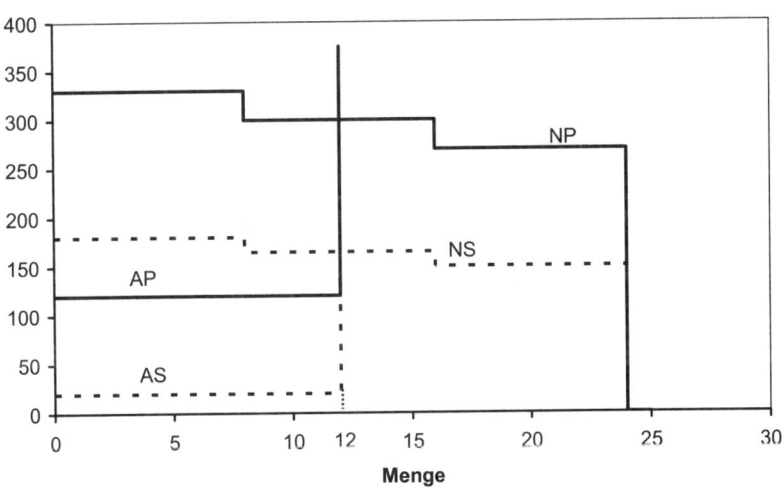

Abbildung 2.36

Dies wird auch deutlich, wenn man eine andere experimentelle Studie
zur Filterung betrachtet: In Cabrales und Charness (2003) wird jeweils ein
Prinzipal mit zwei Agenten zusammengefasst. Die Agenten können entweder hohe oder niedrige Anstrengungskosten aufweisen. Der Prinzipal kennt
nur die Wahrscheinlichkeit, mit der ein Agent die jeweiligen Kosten aufweist. Der Ablauf des Experiments ist wie folgt: In Stufe 1 wählt der Prinzipal eines von drei möglichen Vertragsmenus aus. Ein Vertragsmenu besteht aus zwei Verträgen, zwischen denen der Agent wählen kann. Alle

Vertragsmenus sind anreizkompatibel, was zugleich bedeutet, dass in der Untersuchung der Aspekt der Wahl anreizkompatibler Verträge ausgeblendet wird. Typ 1-Menus bilden die Second-best-Lösung ab, die die Gewinne des Prinzipals gemäß Theorie maximieren. Typ 2-Menus erreichen zwar das First-best-Niveau, jedoch fallen die theoretisch resultierenden Gewinne des Prinzipals geringer aus als bei Typ 1-Menus. Typ 3-Menus erreichen ebenfalls First-best-Anstrengungen, doch verteilen sie einen noch größeren Anteil der Gesamtüberschüsse an die Agenten. In Stufe 2 entscheiden die beiden Agenten darüber, ob bzw. welchen der im Menu angebotenen Verträge sie annehmen. Lehnt nur einer der beiden Agenten beide Vertragsangebote ab, so kommt keiner der Verträge zustande, d.h. alle Akteure erhalten nur ihren Reservatonsnutzen. Jeder Agent verfügt somit über eine Art Veto-Recht.

Nur 35% der angebotenen Menus entsprechen der theoretischen Gleichgewichtslösung, der Second-best-Lösung. Die Ursache hierfür besteht darin, dass in 68% der Beobachtungen einer der Agenten das ihm angebotene Menu ablehnt, was nach üblicher Theorie eigentlich nicht geschehen dürfte. Offenbar unterschätzt die theoretische Partizipationsbedingung die Ansprüche der Agenten. Sie wäre somit erneut durch eine „Verhaltens-Partizipationsbedingung" zu ersetzen. Als Erklärung für dieses Ergebnis führen die Verfasser erneut soziale Präferenzen an. Sie schätzen zwei verschiedene Formen sozialer Präferenzen und leiten aus den Schätzungen die resultierenden optimalen Vertragsmenus ab. Es zeigt sich, dass auf derartigen Kalkulationen abgeleitete Verträge dem Prinzipal deutlich höhere Gewinne einbringen würden als Menus, die der Standardtheorie entsprechen. Calabres und Charness schließen daraus, dass (a) die Einbeziehung sozialer Präferenzen das Verhalten der Agenten besser abbilden kann als die etablierte Theorie und dass (b) die Theorie optimaler (vollständiger) Verträge diesen Aspekt berücksichtigen sollte.

Signalisierung   Als letzter Bereich der Theorie adverser Selektion bleiben somit Signalisierungs-Modelle. Miller und Plott (1985) untersuchen ein Marktexperiment für Gebrauchtwagen, in dem die Verkäufer über die Möglichkeit verfügen, Sonderzubehör einzubauen. Es wird unterstellt, dass Anbieter von Montagsautos (Lemons) relativ höhere Kosten des Einbaus solchen Zubehörs aufweisen als dies für Anbieter von hochwertigen Autos (Cherries) gilt. Auf diese Weise können die Anbieter von Cherries sich von den Lemons-Anbietern distanzieren und ein Separierungsgleichgewicht realisieren. Es zeigt sich, dass sich das Separierungsgleichgewicht in etwa der Hälfte der absolvierten Sitzungen einspielt. Dies bedeutet, dass die Signalisierungsmöglichkeit in der Tat Anwendung findet, und zwar insbesondere dann, wenn die Signalisierungskosten vergleichsweise niedrig sind. In vielen Fällen wird auch ein ineffizientes Signalisierungsgleichgewicht realisiert, d.h. es wird unnötig viel an Sonderzubehör als Signal geliefert. Gleichzeitig muss festgestellt werden, dass ein hohes Maß an Variabilität vorliegt. So findet man z.B. in ein und demselben Treatment[4] sowohl Pooling- als auch Separierungsverhalten. Damit lässt sich festhalten, dass die Signalisierungsmodelle partiell bestätigt werden, wenngleich das Vorliegen eines Signalisierungsgleichgewichts keineswegs hinreichend dafür ist, dass es sich auch durchsetzt.

2.9.3. Exkurs: Ungleichheitsaversion – ein Beispiel für soziale Präferenzen

Im vorangehenden Abschnitt wurde mehrfach darauf hingewiesen, dass das von der Standardtheorie abweichende Laborverhalten insbesondere durch das Vorliegen sozialer Präferenzen erklärt werden kann. Inzwischen liegen mehrere ausformulierte Ansätze zur Theorie sozialer Präferenzen vor, die derzeit noch in einem heftigen Wettstreit miteinander liegen. Im Folgenden soll einer der Ansätze skizziert werden, um dem Leser einen ersten und natürlich unvollständigen Eindruck von diesem wichtigen Zweig der Literatur zu vermitteln. Aufgrund seiner vergleichsweise anwendungsfreundlichen Eigenschaften sei dafür eine vereinfachte Version des Ansatzes von Fehr und Schmidt (1999) ausgewählt, der die Idee einer *Ungleichheitsaversion* fomalisiert.

Fehr und Schmidt unterstellen eine heterogene Population von Individuen, die sich in zwei verschiedene Typen einteilen lässt. Die Mehrheit der Akteure weist die üblichen Annahmen eines strikt eigennützigen, nur auf seine individuelle materielle Ausstattung bedachten Individuums auf. Eine Minderheit der Individuen weist demgegenüber eine Vorliebe für gerechte Einkommensverteilungen auf. In der Modellierung von Fehr und Schmidt kommt dies dadurch zum Ausdruck, dass sie aus ungleichen Verteilungen Nutzeneinbußen erleiden, d.h. sie leiden unter „ungerechten" Verteilungen. Die Nutzenfunktion dieser Akteure lautet:

Das Modell

$$U_i = \pi_i - \frac{\alpha}{n-1} \sum_{j \neq i} \max\{\pi_j - \pi_i, 0\} - \frac{\beta}{n-1} \sum_{j \neq i} \max\{\pi_i - \pi_j, 0\}$$

mit n als der Anzahl der beteiligten Spieler, π_j als dem Ertrag des Akteurs j und α und β als Parametern, für die gilt: $\alpha > \beta > 0$ und $\beta < 1$. Der Nutzen des Individuums i hängt somit von seinem eigenen Ertrag π_i ab sowie von seiner Auszahlungsdifferenz zu den anderen Akteuren. Dabei fällt die Ungleichheits-Nutzeneinbuße größer aus, wenn sein eigener Ertrag kleiner als der anderer Spieler ist und die Einbuße ist kleiner, wenn sich

---

[4] Experimente werden oftmals in zwei oder noch mehr Varianten durchgeführt, bei denen ein (oder mehrere) Parameter der Situation variiert werden. Diese Varianten bezeichnet man als Treatments.

der Spieler in einer bevorzugten Position befindet ($\alpha > \beta$). Um die Darstellung möglichst einfach zu halten, beschränken wir uns im Folgenden auf den 2-Spieler-Fall, d.h. $n = 2$, und übernehmen die Parameterwerte aus Fehr, Klein und Schmidt (2004): $\alpha = 2$, $\beta = 0{,}75$ und der Anteil der ungleichheitsaversen Individuen betrage 40%. Die Nutzenfunktion ungleichheitsaverser Individuen lautet mithin

$$U_i \quad = \pi_i - 2 \max\{\pi_j - \pi_i, 0\} - 0{,}75 \max\{\pi_i - \pi_j, 0\}$$

$$= \begin{cases} \pi_i & , \pi_i = \pi_j \\ 3\pi_i - 2\pi_j & , \pi_i < \pi_j \\ 0{,}25\pi_i + 0{,}75\pi_j & , \pi_i > \pi_j \end{cases}$$

Für strikt eigennützige Akteure gilt $\alpha = \beta = 0$, was zur üblichen Nutzenfunktion $U_i = \pi_i$ führt. Der Unterschied zwischen den beiden Typen von Spielern lässt sich gut anhand des Verlaufs der jeweiligen Indifferenzkurven darstellen. Während die Indifferenzkurven strikt eigennütziger Spieler unabhängig vom Gewinn des anderen Akteurs ist, was in Abbildung 2.37 durch den horizontalen Verlauf der Indifferenzkurve abgebildet ist, weist die Indifferenzkurve ungleichheitsaverser Individuen eine V-förmige Struktur auf. Die an den Indifferenzkurven ansetzenden Pfeile deuten an, in welcher Richtung das Niveau der Indifferenzkurven ansteigt.

Abbildung 2.37

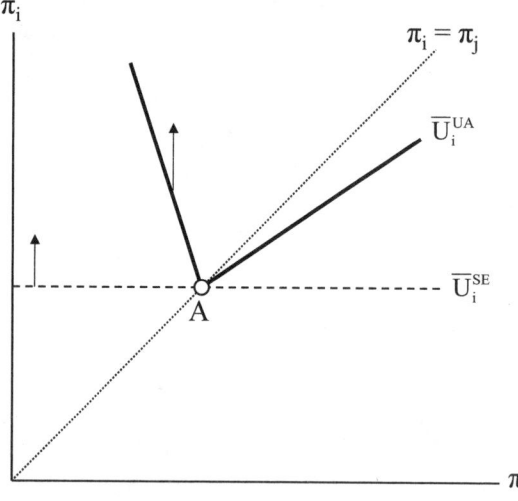

Wie man sieht, lässt sich das Nutzenniveau $\overline{U}_i^{UA}$ durch unterschiedliche Höhen des eigenen Gewinns π_i erreichen. Seinen geringsten Wert nimmt das erforderliche π_i in Punkt A ein, wo die Gewinne der betrachteten Akteure übereinstimmen, wo also $\pi_i = \pi_j$. Sollte von diesem Punkt aus beginnend das Einkommen von Individuum j einseitig um eine Geldeinheit sinken, so sinkt der Nutzen von Person i, da er die Ungleichheitsverteilung der Erträge für ihn eine (psychische) Belastung darstellt. Steigt sein eigener Gewinn nun gleichzeitig an, so verbessert sich seine Lage wieder. Doch benötigt er ganze drei zusätzliche Geldeinheiten, um sein Ausgangsnutzenniveau wieder zu erreichen. Die Grenzrate der Substitution links von der 45°-Linie beträgt somit –3. Steigt, ausgehend von Punkt A, das Einkommen des Spielers j um eine Geldeinheit an, so kann Akteur i sein Nutzenniveau ebenfalls nicht aufrechterhalten. Auch hier leidet er unter der Ungleichverteilung, die diesmal zu seinen Ungunsten ausfällt. Es bedarf einer Erhöhung des eigenen Ertrages um 2/3 Geldeinheiten, um für den zusätzlichen Geldbetrag des Akteurs j kompensiert zu werden. Diese Überlegungen verdeutlichen, dass Akteur i dazu bereit ist, auf eigenes Einkommen zu verzichten, um dafür eine gleichmäßigere Verteilung der Einnahmen zu erreichen.

Fehr und Schmidt unterstellen, dass alle Beteiligten die Anteile der jeweiligen Typen in der Population kennen, dass sie natürlich jeweils ihren eigenen Typ kennen und dass sie zu Beginn des Spiels nicht wissen, ob der jeweilige Transaktionspartner ungleichheitsavers oder strikt eigennützig ist. Gegeben die verschiedenen Typen und ihre Präferenzen, besteht das Modellgleichgewicht im (teilspielperfekten bzw. perfekt bayesianischen) Nash-Gleichgewicht des Spiels mit unvollständiger Information.

Die Logik solcher Gleichgewichte sei im Folgenden illustriert am einfachen Gift-Exchange-Spiel, das bereits im Rahmen der experimentellen Evidenz besprochen wurde. Zur Erinnerung: Der Prinzipal bietet in Stufe 1 einen Vertrag mit Fixlohn w an, den der Agent in Stufe 2 annehmen oder ablehnen kann. In Stufe 3 wählt der Agent schließlich seinen Arbeitseinsatz $e \in [1, 10]$, der Anstrengungskosten in Höhe von $c(e) = 2e$ verursacht und einen Wert in Höhe von $v = 10e$ generiert.[5]

Eine Anwendung: Gift Exchange

Um das Spiel zu lösen, beginnen wir mit der letzten Stufe und arbeiten uns rückwärts durch die Stufen, bis wir auch das Verhalten in Stufe 1 untersucht haben.

In Stufe 3, die natürlich nur erreicht wird, wenn das Vertragsangebot des Prinzipals angenommen wurde, wählt der Agent seine Anstrengung e. Streng eigennützige Agenten, deren Auszahlung hier $U = w - 2e$ beträgt, wählen in diesem Fall $e^{SE} = e_{min} = 1$, da $dU/de < 0$. Ungleichheitsaverse Agenten stehen vor einem etwas komplizierteren Kalkül. Wegen $d\pi_A/de = -2$ und $d\pi_P/de = +10$ gilt $d\pi_A/d\pi_P = -0{,}2$. Dies entspricht der „Budgetre-

---

[5] In Fehr, Klein und Schmidt (2004) wird eine geringfügig modifizierte Kostenfunktion und diskrete Werte für e verwendet. Beides führt jedoch nicht zu qualitativen Unterschieden zur hier vorgestellten Analyse.

striktion" des Agenten, die in Abbildung 2.38 dargestellt ist. Da sie flacher verläuft als der linke Ast der Indifferenzkurven, befindet sich das Nutzenmaximum des Agenten stets auf der 45°-Linie, d.h. ungleichheitsaverse Agenten werden ein $e > 0$ wählen, das zu ausgeglichenen Erträgen von Prinzipal und Agent führt.

Formal bedeutet dies, dass $w - 2e = 10e - w$ oder $e^{UA} = \max\{w/6,\ 1\}$. Es zeigt sich, dass die Anstrengung mit dem Lohnsatz ansteigt, ein Phänomen, das durch die Experimente bestätigt, durch die Standardtheorie (ohne soziale Präferenzen) aber nicht erklärt wird.

Abbildung 2.38

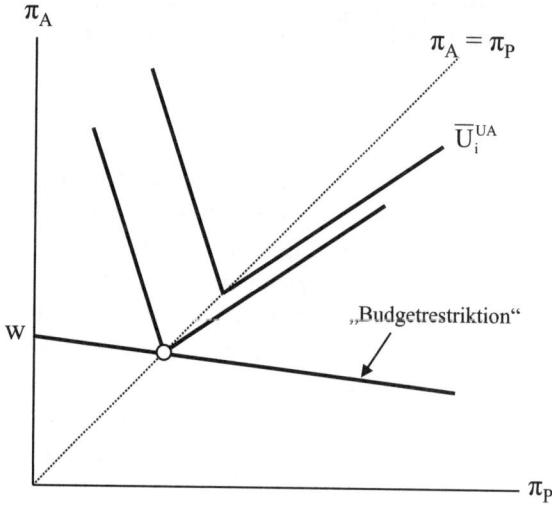

In Stufe 2 gilt, dass streng eigennützige Agenten den Kontrakt stets annehmen, wenn $w > c(e_{min}) = 2$ ist. Wenn $w < 6$, dann antizipiert der ungleichheitsaverse Agent, dass er in Stufe 3 die Minimalanstrengung $e = 1$ wählen wird. Diese erzeugt einen Nutzen in Höhe von

$$U_A = w - 2 - 2\max\{10 - w - (w - 2),0\} - 0{,}75\max\{w - 2 - (10 - w),0\}$$
$$= w - 2 - 2(12 - 2w)$$
$$= 5w - 26.$$

Ist $w < 5{,}2$, dann erzielt der Agent bei Annahme des Vertrags einen negativen Nutzen. Da er dies durch Ablehnung vermeiden kann, wird er solche Vertragsangebote ablehnen. Bessere Angebote nimmt der ungleichheitsaverse Agent an.

In Stufe 1 erkennt der streng eigennützige Prinzipal, dass die verschiedenen Agententypen unterschiedlich auf sein Vertragsangebot reagieren werden. Lohnsteigerungen erhöhen den Arbeitseinsatz nur bei ungleichheitsaversen Agenten. Da der Prinzipal nur mit einer Wahrscheinlichkeit von 2/5 auf einen ungleichheitsaversen Agenten trifft, beträgt die erwartete zusätzliche Arbeitsanstrengung einer marginalen Lohnerhöhung $(1/6)*(2/5) = 2/30$. Dies liefert ihm eine zusätzlichen Wert in Höhe von $10*2/30 = 2/3 < 1$. Das heißt, eine Lohnerhöhung um eine Geldeinheit induziert im Durchschnitt einen wertmäßigen Zuwachs des Outputs von weniger als eins, so dass sich eine Lohnerhöhung für ihn nicht lohnt. Für risikoaverse Prinzipale sieht dies Kalkül noch schlechter aus, da sie beim Aufeinandertreffen mit einem streng eigennützigen Agenten zusätzlich noch eine Nutzeneinbuße aufgrund der für sie unvorteilhaften Ungleichheit verkraften müssen. Damit wird deutlich, dass der Versuch, durch Anbieten höherer Lohnsätze, einen höheren Arbeitseinsatz hervorzulocken, für keinen Prinzipal-Typ lohnt.

Damit bleibt nur noch zu klären, ob es für die Prinzipale besser ist, einen Lohnsatz von $w = 5{,}2$ anzubieten, der sowohl von streng eigennützigen als auch von ungleichheitsaversen Agenten angenommen würde oder ob es besser wäre nur auf streng eigennützige Agenten zu setzen, die er schon ab einen Lohnsatz von $w = 2$ beschäftigen kann. In letzterem Fall beträgt der erwartete Gewinn eines streng eigennützigen Prinzipals $\pi_P = (10 - 2)*3/5 = 4{,}8$. Beim Lohnsatz 5,2 ergibt sich der erwartete Gewinn aus $\pi_P = (10 - 5{,}2)*1 = 4{,}8$. Streng eigennützige Prinzipale sind mithin indifferent zwischen diesen beiden Vertragskonstrukten.

Ungleichheitsaverse Prinzipale antizipieren, dass bei beiden Lohnsätzen stets nur ein Arbeitseinsatz $e = e_{min} = 1$ geliefert wird. Bei $w = 5{,}2$ ergeben sich Agentenauszahlungen in Höhe von $5{,}2 - 2 = 3{,}2$ und ein eigener Einnahmenüberschuss von $10 - 5{,}2 = 4{,}8$, d.h. sein eigener Payoff ist über dem des Agenten. Sein Nutzen beträgt in diesem Fall $4{,}8/4 + 3{,}2*3/4 = 3{,}6$. Erhöht er jedoch das Lohnangebot auf $w = 6$, dann erzielen Prinzipal und Agent jeweils einen Gewinn von 4. Diese Situation ist für ihn eindeutig vorzuziehen und bildet sein optimales Vertragsangebot.

Fassen wir das Gleichgewichtsverhalten zusammen: In Stufe 1 bieten ungleichheitsaverse (streng eigennützige) Prinzipale einen Lohnsatz $w = 6$ ($w = 5{,}2$ oder $w = 2$) an. In Stufe 2 nehmen ungleichheitsaverse (streng eigennützige) Agenten Verträge mit $w \geq 5{,}2$ (alle Verträge) an. In Stufe 3 wählen ungleichheitsaverse (streng eigennützige) Agenten einen Arbeitseinsatz $e = \max\{w/6, 1\}$ ($e = 1$).

Die Existenz ungleichheitsaverser Agenten führt somit mitunter zu Ablehnungen von Vertragsangeboten, sie erhöht den durchschnittlich offierten Lohnsatz und führt bei Lohnangeboten von $w > 6$ zu einem Arbeitseinsatz von $e > 1$. Alle diese Phänomene finden sich auch im Laborverhalten der Versuchsteilnehmer wieder!

Das Konzept der Ungleichheitsaversion ist nur eines der derzeit diskutierten Konzepte für soziale Präferenzen. Alternativen hierzu bieten vor allem die Modelle von Bolton und Ockenfels (2000) sowie das Modell in Charness und Rabin (2002). Erlei (2003) zeigt, dass in einer Reihe von Experimenten eine Kombination der theoretischen Ansätze aus Fehr und Schmidt (1999) und Charness und Rabin (2002) eine deutliche Verbesserung der Prognosegenauigkeit erzielt. Da die Diskussion keineswegs als abgeschlossen anzusehen ist, soll an dieser Stelle jedoch keine abschließende, vergleichende Wertung vorgenommen werden. Dennoch ist es wohl zulässig festzustellen, dass alle diese Modelle mit sozialen Präferenzen das Verhalten der Versuchsteilnehmer in einer Vielzahl von Spielen besser abbilden können als es mit den üblicherweise verwendeten Modellen, die von ausschließlich streng eigennützigen Akteuren ausgehen, möglich ist.

3. Ein kritischer Rückblick

Nicht nur die wissenschaftliche Analyse, sondern auch die Alltagserfahrung lehrt uns, dass die Problematik des Vorliegens von Messkosten und die damit verbundenen Unvollkommenheiten bei der Übertragung von Aufgaben Agenturprobleme erzeugen, die ökonomisch von großer Bedeutung sind. Anwendungsbereiche finden sich im Versicherungswesen, in der Politik, beim Kauf von Gebrauchtwagen, beim Abschluss einer Lebensversicherung: Im Grunde lassen sich fast alle Austauschbeziehungen zwischen Menschen von der familiären Arbeitsteilung bis hin zur Ordnung einer gesamten Volkswirtschaft anführen. Das Problem scheint allgegenwärtig, die Fragestellung ist zentral für ökonomische Institutionen nahezu jeglicher Art. Der zu erwartende Erkenntnisgewinn aus der Beschäftigung mit der Agenturtheorie ist mithin sehr groß. In den obigen Abschnitten wurde eine Vielzahl verschiedener Modelle betrachtet, Lösungsvorschläge entwickelt, und immer wieder konnten reale Phänomene plausibel erklärt werden.

Wenngleich sich vor allem das Risiko-Anreizproblem in den meisten Ansätzen in vergleichbarer Logik wiederfinden lässt, unterscheiden sich die Ergebnisse der verschiedenen Ansätze jedoch zum Teil erheblich. Mal konnte eine hohe Anreizintensität für eine bestimmte Transaktion empfohlen werden. In einem anderen Modell hingegen wurde dieselbe Transaktion optimal nur mit einer geringen Anreizintensität abgewickelt, wenn etwa in der Mehraufgaben-Prinzipal-Agent-Theorie eine *andere* Aufgabe nur sehr schwer messbar ist. Die Variation der Modellergebnisse mit den verschiedenen Modellvarianten ist jedoch nicht unproblematisch.

So ist nicht klar, welches Modell in welcher Situation gelten kann, da die Unterschiede im Modellaufbau häufig hinsichtlich nicht beobachtbarer bzw. nicht messbarer Größen liegen. Auch bereitet es Schwierigkeiten, dass sich die verschiedenen Probleme wie moralisches Wagnis und adverse Selektion häufig überlagern. Es werden damit häufig nur Teilzusammenhänge betrachtet, die (zumindest bislang) nicht in wünschenswerter Form zusammengeführt werden konnten. Insofern dürfen wir zwar hoffen, wichtige Aspekte *verstanden* zu haben, können jedoch nach wie vor nicht sicher sein, verlässliche Prognosen oder Handlungsempfehlungen abgeben zu können. Gerade die formale Theorie stößt mitunter sehr schnell an Grenzen der Handhabbarkeit.

Des Weiteren muss uns zu denken geben, *wie wenig in der Praxis von Anreizkontrakten Gebrauch gemacht wird.* Festlöhne nehmen einen aus Sicht der Agenturtheorie deutlich zu großen Umfang ein. Dies dürfte jedoch weniger ein Fehler der Unternehmenspraxis als vielmehr der Unvollkommenheit unserer Theorie zuzuschreiben sein. Die Mehraufgaben-Prinzipal-Agent-Theorie liefert uns sicherlich einen ersten Anhaltspunkt für den nur eingeschränkten Einsatz von monetären Anreizen, doch bleibt zweifelhaft, ob nicht doch ein wesentliches Element in den derzeit bekannten Ansätzen fehlt. Das heißt nicht, dass die hier abgeleiteten Ergebnisse wertlos sind. Im Gegenteil: Die Mehraufgaben-Prinzipal-Agent-Theorie weist einige überraschende Erfolge in der empirischen Forschung auf (Shepard, 1993 und Slade, 1993). Dennoch, haben wir wirklich alle wesentlichen Aspekte erfasst?

Auch aus theoretischer Sicht weisen die agenturtheoretischen Ansätze deutliche Schwachstellen auf. So kritisieren etwa Richter/Furubotn (2003, S. 484) den Informationsstand der Akteure in den üblichen formalen Modellen der Prinzipal-Agent-Theorie. Der Prinzipal ist einzig nicht dazu in der Lage, eine einzige Zufallsvariable sowie den Arbeitseinsatz des Agenten zu erkennen, ansonsten jedoch scheinen die Akteure schier allwissend zu sein. Sie kennen sogar wechselseitig ihre Präferenzfunktionen, ihr Arbeitsleid und ihre Gewinnfunktionen. Das Problem asymmetrischer Informationen wird gewissermaßen als „blinder Fleck" modelliert. Das ist natürlich nicht vollkommen zufriedenstellend. Außerdem werden ganz beachtliche Anforderungen an die Rationalität der Akteure gestellt. Selbstverständlich können sie alle denkbaren Umweltzustände in Windeseile und ohne jegliche Kosten durchdenken! Das sind starke Annahmen!

Als nächstes muss festgehalten werden, dass die formale Modellierung der Zusammenhänge den Wissenschaftler dazu zwingt, vorab festzulegen, über welche Handlungsalternativen Prinzipal und Agent verfügen. Dies ist jedoch alles andere als eine triviale Aufgabe. Schließlich wird im Fall einer ungeeigneten Auswahl des Strategieraums der Akteure das Modellergebnis vorbestimmt. Nehmen wir etwa Signalisierungsmodelle: Hier ist es von entscheidender Bedeutung, *welche* Signalisierungsmaßnahmen ausgewählt werden. Andererseits bieten sich nahezu beliebig viele Signalisierungsin-strumente mit unterschiedlichsten Signalisierungskosten an. Welches ist davon nun das plausibelste? Diese Fragen werden im Rahmen des formalen Modells zumeist nicht einmal diskutiert.

Die in den betrachteten Agenturmodellen abgeschlossenen Verträge sind *vollständig*. Dies bedeutet, dass für alle denkbaren Umweltkonstella-tionen solche Handlungen vereinbart bzw. im Gleichgewicht realisiert werden, die sich als effizient erweisen: Was auch immer passieren mag, die im Vertrag festgelegten Vereinbarungen gewährleisten die optimale An-passung an die neuen Umstände. Allein die Asymmetrie der Informationen bewirkt eine gewisse *Unvollkommenheit* der Verträge. Es bedarf wohl kaum vieler Worte festzustellen, dass reale Agenturprobleme auch und ge-rade von Problemen der Anpassung an nicht eingeplante Umwelteinflüsse gekennzeichnet sind.

Bis auf eine einzige Modellvariante im Rahmen der Mehraufgaben-Prinzipal-Agent-Theorie erbringen die diskutierten formalen Agenturmo-delle kaum Erkenntnisse über die Grenzen der Firma. Im Allgemeinen kann die betrachtete Prinzipal-Agent-Beziehung ebenso gut innerhalb einer Firma wie auch zwischen selbständigen Firmen bestehen. Insofern ist der Beitrag, den die formale Agenturtheorie zur Erklärung der Entstehung und Entwicklung der Institution „Firma" liefert, verhältnismäßig bescheiden. Weitere Aspekte, die man üblicherweise mit dem Wesen der Firma verbin-det, bleiben ebenfalls unberücksichtigt. So findet sich in der formalen und verbalen Agenturtheorie kaum Platz für Phänomene wie Macht, Weisungs-befugnis oder Autorität.

Trotz all dieser Unzulänglichkeiten der aktuellen Theorie kann festge-stellt werden, dass mit der Einführung der Agenturtheorie ein *immens wichtiger Erkenntnisfortschritt* erzielt wurde. Nehmen wir als Vergleichs-maßstab die neoklassische Gleichgewichtswelt, so wird deutlich, dass wir uns den ökonomisch entscheidenden Problemen *wesentlich* genähert haben. Man bedenke: Das allgemeine Gleichgewicht in der Neoklassik kann theo-retisch sowohl durch eine dezentrale, durch den Preismechanismus gelenk-te Volkswirtschaft als auch durch eine Zentralverwaltungswirtschaft umge-setzt werden. Die Gleichgewichte sind völlig identisch, solange die Zentra-le die richtigen Preise setzt oder in einem Suchprozess ermittelt. Die Theo-rie des allgemeinen Gleichgewichts kann nur zeigen, dass pareto-optimale Zustände prinzipiell *auch* durch ein marktwirtschaftliches System erreicht werden können. Sie kann hingegen nicht nachweisen, ob oder warum ein dezentrales System besser funktioniert. Berücksichtigen wir nun die Leh-ren, die wir aus der Agenturtheorie ziehen konnten, so erkennen wir ein in Zentralverwaltungswirtschaften wesentlich stärker ausgeprägtes Anreiz-problem, das eine Überlegenheit des marktwirtschaftlichen Systems anzudeuten in der Lage ist. Während die Neoklassik eine Theorie der *Wahlhandlung und des einfachen Tauschs* abbildet, untersucht die Agenturtheorie vor allem die Wirkungsweise von *Verträgen*.

Kurzum: Unser heutiges Verständnis der Wirkung ökonomischer Anreize ist durch die Entwicklung von Modellen, in denen Messkosten und/ oder asymmetrische Informationen vorliegen, überhaupt erst ermöglicht worden. Selbst wenn die bislang entwickelten Modelle ohne *direkte* Anwendbarkeit *wären*, blieben sie doch von kaum zu überschätzender Bedeutung.

Literatur

Kommentierte Literaturemfpehlungen zur Messkostentheorie

Grundlegend zur *Teamtheorie* ist der gut lesbare Aufsatz von Alchian/ Demsetz (1972). Hierauf aufbauend wird empfohlen die Beiträge von Alchian (1984) und Bonus (1986) zu lesen, die vor allem eine Brücke zur Governancekostentheorie schlagen.

Zum Zusammenhang zwischen *Agenturkosten und Kapitalstruktur* beginne man mit dem Beitrag von Jensen/Meckling (1976). Einen Überblick über eine Vielzahl von Ansätzen findet man in Milgrom/Roberts (1992, S. 482–535).

Allgemein zur Beziehung zwischen *Agenturkosten und Organisationsform* empfiehlt sich die Lektüre von Fama (1980) sowie Fama/Jensen (1983a, 1983b).

Einen lesenswerten Überblick über die *Prinzipal-Agent-Theorie* liefert Sappington (1991). Weitere Lehrbuchdarstellungen von Varianten des Agenturmodells mit moralischem Wagnis wie auch Ansätze der adversen Selektion finden sich bei Kreps (1990, Kapitel 16 und 17) (in deutscher Übersetzung: Kreps, 1995, Kapitel 16 und 17), Varian (1995, Kapitel 25) (in deutscher Übersetzung: Varian, 1994, Kapitel 25) und Rasmusen (1994, Kapitel 7-10). Rasmusen liefert die bei weitem größte Vielfalt in stets gut nachvollziehbaren Darstellungsweisen. Holmstrom (1989), der die Beziehung zwischen Agenturkosten und Innovationen untersucht, ist ebenfalls gut verständlich formuliert und dürfte viele Leser interessieren. Wesentlich anspuchsvoller aber dennoch sehr wichtig sind die Originalbeiträge zur Mehraufgaben-Prinzipal-Agent-Theorie von Holmstrom/ Milgrom (1991, 1994). Diese erfordern allerdings weitreichendere mathematische Vorkenntnisse und werden deshalb vorrangig den ambitionierteren Lesern ans Herz gelegt.

Zur Theorie sozialer Präferenzen und der dazu gehörigen experimentellen Evidenz liegt noch kein umfassender Überblicksbeitrag vor. Dies ist auch nicht möglich, da die Diskussion noch lange nicht als abgeschlossen anzusehen ist. Für Einsteiger empfehlen wir Ockenfels (1999), ein äußerst lesenswertes Buch, das insbesondere das Zusammenspiel zwischen experimenteller Evidenz und Theoriebildung verdeutlicht. Zur Abrundung empfiehlt es sich, anschließend noch Fehr/Schmidt (1999) und Charness/Rabin (2002) zu studieren.

Literaturverzeichnis

AKERLOF, G.A. (1970), „The market for 'lemons': Qualitative uncertainty and the market mechanism", Quarterly Journal of Economics 84, S. 488–500.

ALCHIAN, A.A. (1984), „Specificity, specialization, and coalitions", Journal of Institutional and Theoretical Economics 140, S. 34–49.

ALCHIAN, A.A./DEMSETZ, H. (1972), „Production Costs, Information Costs, and Economic Organization", American Economic Review 62, S. 777–795.

ALCHIAN, A.A./WOODWARD, S. (1987), „Reflections on the Theory of the Firm", Journal of Institutional and Theoretical Economics 143, S. 110–136.

ALCHIAN, A.A./WOODWARD, S. (1988), „The Firm Is Dead. Long Live the Firm. A Review of Oliver E. Williamson's "The Economic Institutions of Capitalism"", Journal of Economic Literature 26, S. 65–79.

ANDERHUB, V./GÄCHTER, S./KÖNIGSTEIN, M. (2002), „Efficient Contracting and Fair Play in a Simple Principle-Agent Experiment", Experimental Economics 5, S. 5-27.

BARZEL, Y. (1982), „Measurement Cost and the Organization of Markets", Journal of Law and Economics 25, S. 27–48.

BARZEL, Y. (1989), Economic Analysis of Property Rights, Cambridge u.a.O.

BERNHEIM, B.D./WHINSTON, M.D. (1985), „Common Marketing Agency as a Device for Facilitating Collusion", Rand Journal of Economics 16, S. 269–281.

BERNHEIM, B.D./WHINSTON, M.D. (1986), „Common Agency", Econometrica 54, S. 923–942.

BOLTON, G./OCKENFELS, A. (2000), „ERC: A Theory of Equity, Reciprocity, and Competition", American Economic Review 90, S. 166-193.

BONUS, H. (1986), „The Cooperative Association as a Business Enterprise", Journal of Institutional and Theoretical Economics 142, S. 310–339.

CALABRES, A./CHARNESS, G. (2003), "Optimal Contracts, Adverse Selection and Social Preferences: An Experiment", Working Paper, University of California, Santa Barbara.

CALVO, G.A./WELLISZ, ST. (1979), „Hierarchy, Ability and Income Distribution", Journal of Political Economy 87, S. 991–1010.

CHARNESS, G./RABIN, M. (2002), „Understanding Social Preferences with Simple Tests", Quarterly Journal of Economics 117, S. 817-869.

CHEUNG, ST. (1969), „Transaction Costs, risk aversion, and the choice of contractual arrangements", Journal of Law and Economics 12, S. 23–45.

CHEUNG, ST. (1983), „The contractual nature of the firm", Journal of Law and Economics 26, S. 1–22.

CHO, I.-K./KREPS, D.M. (1987), „Signalling Games and Stable Equilibria", Quarterly Journal of Economics 102, S. 179–221.

COASE, R.H. (1937), „The Nature of the Firm", Economica 4, S. 386–405.

COASE, R.H. (1960), „The Problem of Social Cost", Journal of Law and Economics 3, S. 1–44.

DAVIS, D./HOLT, CH. (1993): Experimental Economics. Princeton: Princeton University Press.

ERLEI, M. (1998), Institutionen, Märkte und Marktphasen. Allgemeine Transaktionskostentheorie unter spezieller Berücksichtigung der Entwicklungsphasen von Märkten, Tübingen.

ERLEI, M. (2003), Heterogeneous Social Preferences, Working Paper, TU Clausthal.

ERLEI, M./SIEMER, J.PH. (2004), Endogenous Property Rights in a Hold up-Experiment, Working Paper, TU Clausthal.

FAMA, E.F. (1980), „Agency Problems and the Theory of the Firm", Journal of Political Economy 88, S. 288–307.

FAMA, E.F./JENSEN, M. (1983 a), „Seperation of Ownership and Control", Journal of Law and Economics 26, S. 301–325.

FAMA, E.F./JENSEN, M. (1983 b), „Agency Problems and Residual Claims", Journal of Law and Economics 26, S. 327–349.

FEHR, E./GÄCHTER, S. (2000), Do incentive contracts crowd out voluntary cooperation?, Working Paper, Universität Zürich.

FEHR, E./KLEIN, A./SCHMIDT, K. (2004), Contracts, Fairness, and Incentives, Working Paper, Universität München.

FEHR, E./SCHMIDT, K. (1999), „A Theory of Fairness, Competition, and Cooperation", Quarterly Journal of Economics 114, 817-868.

FEHR, E./SCHMIDT, K. (2004), Fairness and Incentives in a Multi-Task Principle-Agent Model, Working Paper, Universität München.

FRANCK, E. (1994), Die ökonomischen Institutionen der Teamsportindustrie. Eine Organisationsbetrachtung, Wiesbaden.

FURUBOTN, E./RICHTER, R. (1991), „The New Institutional Economics: An Assessment", FURUBOTN, E./RICHTER, R. (Hrsg.), The New Institutional Economics, College Station, TX, S. 1–32.

GIBBONS, R. (1987), „Piece-rate Incentive Schemes", Journal of Labor Economics 5, S. 413–429.

GIBBONS, R. (1992), Game Theory for Applied Economists, Princeton.

GROSSMAN, S./HART, O.D. (1982), „Corporate Financial Structure and Managerial Incentives", MCCALL, J.J. (Hrsg.), The Economics of Information and Uncertainty, Chicago, S. 107–140.

HOLMSTROM, B. (1982), „Moral hazard in teams", Bell Journal of Economics 13, S. 324–340.

HOLMSTROM, B. (1989), „Agency Costs and Innovation", Journal of Economic Behavior and Organization 12, S. 305–327.

HOLMSTROM, B./RICART I COSTA, J. (1986), „Managerial Incentives and Capital Management", Quarterly Journal of Economics 97, S. 835–860.

HOLMSTROM, B./TIROLE, J. (1989), „The Theory of the Firm", SCHMALENSEE, R./WILLIG, R.D. (Hrsg.), Handbook of Industrial Organization, Bd. I, North-Holland u.a.O., S. 61–133.

HOLMSTROM, B./MILGROM, P. (1991), „Multitask Pricipal-Agent Analyses", Journal of Law, Economics and Organization 7 (Special Issue), S. 24–52.

HOLMSTROM, B./MILGROM, P. (1994), „The Firm as an Incentive System", American Economic Review 84, S. 972–991.

JENSEN, M./MECKLING, W. (1976), „Theory of the Firm: Managerial Behavior, Agency Costs, and Capital Structure", Journal of Financial Economics 3, S. 305–360.

KENNEY, R.W./KLEIN, B. (1983), „The economics of 'block booking'", Journal of Law and Economics 26, S. 497–540.

KESER, C./WILLINGER, M. (2002): Theories of Behavior in Principal-Agent Relationships with Hidden Action. Working Paper. Universität Strasbourg.

KREPS, D.M. (1990), A Course in Microeconomic Theory, Princeton (deutsche Übersetzung: KREPS, D.M. (1994), Mikroökonomische Theorie, Landsberg/Lech).

KÜRSTEN, W. (1995), „Risky Debt, Managerial Ownership and Capital Structure: New Fundamental Doubts on the Classical Agency Approach", Journal of Institutional and Theoretical Economics 151, S. 526–555.

LAFFONT, J.-J./TIROLE, J. (1988), „The Dynamics of Incentive Contracts", Econometrica 56, S. 1153–1176.

LAFFONT, J.-J./TIROLE, J. (1993), A Theory of Incentives in Procurement and Regulation, Cambridge und London.

LAZEAR, E.P./ROSEN, S. (1981), „Rank-order Tournaments as Optimum Labor Contracts", Journal of Political Economy 89, S. 841–864.

LEDYARD, J.O. (1995), "Public Goods: A Survey of Experimental Research", in: Kagel, J./Roth, A. (Hrsg.), Handbook of Experimental Economics, Princeton, S. 111-194.

LYNCH, M./ MILLER, R./PLOTT, CH.R./PORTER, R. (1986), "Product Quality, Consumer Information and 'Lemons' in experimental markets", in: Ippolito, P.M./Scheffman, D.T. (Hrsg.), Empirical Approaches to Consumer Protection Economics, Washington D.C., S. 251-306.

MASTEN, S. (Hrsg./1996), Case Studies in Contracting and Organization, Oxford.

MILGROM, P./ROBERTS, J. (1992), Economics, Organization, and Management, Englewood Cliffs.

MILLER, R./PLOTT, CH.(1985), „Product Quality Signaling in Experimental Markets", Econometrica 53, S. 837-872.

OCKENFELS, A. (1999), Fairneß, Reziprozität und Eigennutz, Tübingen.

PICOT, A./DIETL, H./FRANCK, E. (1997), Organisation. Eine ökonomische Perspektive, Stuttgart.

POSEY, L. (1999), Screening Equilibria in Experimental Markets, Working Paper, Penn State University.

RASMUSEN, E. (1994), Games and Information. An Introduction to Game Theory, 2. Aufl., Cambridge und Oxford.

RICHTER, R./FURUBOTN, E.G. (2003), Neue Institutionenökonomik, 3. Aufl., Tübingen.

SAPPINGTON, DAVID (1991), „Incentives in Principal-Agent Relationships", Journal of Economic Perspectives 5, S. 45–66.

SCHMALENSEE, R./WILLIG, R.D. (Hrsg./1989), Handbook of Industrial Organization I, North-Holland u.a.O.

SCHMALENSEE, R./WILLIG, R.D. (Hrsg./1989), Handbook of Industrial Organization II, North-Holland u.a.O.

SHEPARD, A. (1993), „Contractual Form, Retail Price, and asset Characteristics in Gasoline Retailing", Rand Journal of Economics 24, S. 58–77.

SLADE, M. (1993), Multitask Agency and Organization Form: An Empirical Exploration, University of British Columbia Department of Economics Discussion Paper: 93–18.

SMITH, A. (1776), An Inquiry into the Nature and Causes of the Wealth of Nations, London.

TIROLE, J. (1986), „Hierarchies and Bureaucracies: on the Role of Collusion in Organizations", Journal of Law, Economics and Organization 2, S. 181–214.

TIROLE, J. (1988), The Theory of Industrial Organization, Cambridge und London.

TIROLE, J. (1992), „Collusion and the Theory of Organization", LAFFONT, J.-J. (Hrsg.), Advances in Economic Theory: Sixth World Congress, Cambridge, S. 151–206.

VARIAN, H.R. (1992), Microeconomic Analysis, 3. Aufl., New York und London (deutsche Übersetzung: VARIAN, H.R. (1994), Mikroökonomie, 3. Aufl., München und Wien).

Anhang
Die Ableitung des Signalling-Gleichgewichts als Nutzenmaximum der
Agenten unter Berücksichtigung der Selbstselektionsbedingung

(KT) $\underset{s_1,s_2,y_1,y_2}{\text{Maximiere}}\, U_G = y_1 - C_1(s_1) - \overline{C} + y_2 - C_2(s_2) - \overline{C}$

u.d.R.

$p_1 = y_1,$

$p_2 = y_2.$

$y_1 - C_1(s_1) \geq y_2 - C_1(s_2),$

$y_2 - C_2(s_2) \geq y_1 - C_2(s_1),$

$s_1 \geq 0,$

$s_2 \geq 0.$

Setzt man die Nullgewinnrestriktionen ($p_i = y_i$) ein und eliminiert dabei y_1 und y_2, so kann man anschließend den Kuhn-Tucker-Ansatz formulieren:[1]

(KTa) $\underset{s_1,s_2}{\text{Maximiere}}\, L = p_1 - C_1(s_1) - \overline{C} + p_2 - C_2(s_2) - \overline{C}$

$+ \lambda_1[p_1 - C_1(s_1) - p_2 + C_1(s_2)]$

$+ \lambda_2[p_2 - C_2(s_2) - p_1 + C_2(s_1)]$

$+ \mu_1 s_1 + \mu_2 s_2.$

Die hinter den Lagrangemultiplikatoren stehenden Restriktionen werden in einem Kuhn-Tucker-Ansatz im Gegensatz zu einem herkömmlichen Lagrangeansatz als Ungleichungen ($[... \geq 0]$) interpretiert.

Die notwendigen Bedingungen für ein Maximum lauten:

(1) $\dfrac{\partial L}{\partial s_1} \overset{!}{=} 0 = C_1'(s_1)[-1-\lambda_1] + \lambda_2 C_2'(s_1) + \mu_1,$

---

[1] Für eine ausführlichere Beschreibung zur Aufstellung und Lösung eines Kuhn-Tucker-Ansatzes siehe KREPS (1990), S. 775 ff., HENDERSON/QUANDT (1983), S. 117 ff. und S. 406 ff. oder VARIAN (1992), S. 503 ff.

(2) $\qquad \dfrac{\partial L}{\partial s_2} \overset{!}{=} 0 = C_2'(s_2)\big[-1-\lambda_2\big] + \lambda_1 C_1'(s_2) + \mu_2,$

(3) $\qquad \dfrac{\partial L}{\partial \lambda_1} = p_1 - C_1(s_1) - p_2 + C_1(s_2) \overset{!}{\geq} 0,$

(4) $\qquad \dfrac{\partial L}{\partial \lambda_2} = p_2 - C_2(s_2) - p_1 + C_2(s_1) \overset{!}{\geq} 0,$

(5) $\qquad \dfrac{\partial L}{\partial \mu_1} = s_1 \geq 0,$

(6) $\qquad \dfrac{\partial L}{\partial \mu_2} = s_2 \geq 0,$

(7) $\qquad \lambda_1 \dfrac{\partial L}{\partial \lambda_1} \overset{!}{=} 0,$

(8) $\qquad \lambda_2 \dfrac{\partial L}{\partial \lambda_2} \overset{!}{=} 0,$

(9) $\qquad \mu_1 \dfrac{\partial L}{\partial \mu_1} \overset{!}{=} 0,$

(10) $\qquad \mu_2 \dfrac{\partial L}{\partial \mu_2} \overset{!}{=} 0;$

(11)–(14) $\lambda_1 \geq 0,\ \lambda_2 \geq 0,\ \mu_1 \geq 0,\ \mu_2 \geq 0.$

Die Gleichungen (1) und (2) stellen die notwendigen Bedingungen für ein Maximum, Ungleichungen (3) – (6) die Nebenbedingungen, Gleichungen (7) – (10) die komplementären Schlupfbedingungen und Ungleichungen (11) – (14) die Bedingungen für nichtnegative Multiplikatoren dar.

Aus (3) und (4) lässt sich zeigen, dass $C_2(s_1) - C_2(s_2) \geq C_1(s_1) - C_1(s_2)$. Wegen der Ein-Schnittpunkt-Bedingung impliziert dies, dass $s_1 \geq s_2$.

Im Folgenden gilt es zu überprüfen, welche Restriktionen bindend sind. Dazu wollen wir zunächst zeigen, dass $\mu_1 = \mu_2 = 0$ *keine* Lösung des Problems darstellt. Hierfür müssen allerdings alle Unterfälle für λ_1 und λ_2 untersucht werden. Unterfall 1 ($\lambda_1, \lambda_2 > 0$): Eingesetzt in (3) und (4) ergibt sich $C_2(s_1) - C_2(s_2) = p_1 - p_2 = C_1(s_1) - C_1(s_2)$, was nur für $s_1 = s_2$ möglich ist. Setzt man dies in (1) und (2) ein und setzt die beiden Gleichungen ineinander ein, so folgt: $-C_1'(\cdot) - C_2'(\cdot) = 0$. Dies wiederum ist wegen $C_2' > C_1' > 0$ nicht möglich! Unterfall 1 kann mithin keine Lösung des Optimierungsproblems darstellen. Unterfall 2 ($\lambda_1 = \lambda_2 = 0$): Einsetzen in (1) und (2) ergibt: $-C_1'(s_1) = 0$ *und* $-C_2'(s_2) = 0$. Dies steht im Widerspruch zu $C_2' > C_1' > 0$. Unterfall 2 bildet somit ebenfalls keine Lösung. Unterfall 3 ($\lambda_2 > \lambda_1 = 0$): Einsetzen in (2) führt zu $-C_2'(s_2)[1 + \lambda_2] = 0$. Dies ist den Annahmen des Modells nach nicht möglich. Somit ist auch Unterfall 3 keine Lösung. Unterfall 4 ($\lambda_1 > \lambda_2 = 0$): Nach Einsetzen in (1) zeigt sich: $-C_1'(s_1)[1 + \lambda_1] = 0$. Dies steht ebenfalls im Widerspruch zu den Modellannahmen, so dass auch Unterfall 4 keine Lösung bildet. Damit wiederum wurde gezeigt, dass allgemein $\mu_1 = \mu_2 = 0$ nicht mit der Lösung des Optimierungsproblems vereinbar ist.

Auch μ_1, $\mu_2 > 0$ bildet keine Lösung des Optimierungsproblems, denn in diesem Fall gilt $s_1 = s_2 = 0$. Einsetzen in (3) und (4) erfordert $p_1 = p_2$, was den Modellannahmen widerspricht.

Wir wissen nun, dass s_1 oder s_2 gleich null sein muss. Da oben bereits gezeigt wurde, dass $s_1 \geq s_2$, folgt: $s_2 = 0$. Setzt man diese Erkenntnis in (4) ein, so ergibt sich: $C_2(s_1) \geq p_1 - p_2$. Hieraus wiederum folgt $s_1 > 0$ und $\mu_1 = 0$. (3) und (4) zusammen ergeben: $C_2(s_1) \geq p_1 - p_2 \geq C_1(s_1)$. Da $C_2(s_1)$ strikt größer ist als $C_1(s_1)$, kann allenfalls *eine* der Restriktionen (3) oder (4) bindend sein. Ist (4) nicht bindend ($\lambda_2 = 0$), und setzt man dies sowie $\mu_1 = 0$ in (1) ein, erhält man: $-C_1'(s_1)[1 + \lambda_1] = 0$, was den Modellannahmen widerspricht. Damit bleibt nur $\lambda_1 = 0$. In diesem Fall gilt entsprechend (1) $\lambda_2 = C_1'(s_1) / C_2'(s_1) > 0$. Da Restriktion (4) bindend ist, gilt:

(15) $C_2(s_1) = p_1 - p_2$.

Agenten vom Typ 2 sind also indifferent zwischen s_1 und s_2, wie man in Abbildung 2.36 deutlich erkennen kann. Aus (15) lässt sich direkt $s_1{}^{**}$ bestimmen.

Aus $C_1(s_1) < C_2(s_2)$ folgt $C_1(s_1) < p_1 - p_2$. Typ 1-Agenten ziehen s_1 strikt s_2 vor. Auch dies findet sich gut erkennbar in Abbildung 2.36.

Kapitel 3

Transaktionskosten II: Governancekosten und die Grenzen der Firma

Im Zentrum des Governancekostenansatzes, der in weiten Teilen der Literatur auch als „Transaktionskostentheorie" bezeichnet wird, steht die Erklärung *organisatorischer* Lösungsmöglichkeiten zur Absicherung von *Investitionen*, die eine und mehrere Vertragsparteien an die jeweils anderen Transaktionspartner in verschiedenen Formen *binden*. Die Theorie versucht zu verdeutlichen, wann bestimmte Transaktionen innerhalb einer Firma erfolgen (Eigenfertigung), wann sie über den Markt abgewickelt werden (Fremdbezug) und wann sich Zwischenlösungen (hybride Organisationsformen) empfehlen. Sie untersucht auch, unter welchen Umständen sich bestimmte Vertragsklauseln anbieten und ob sich die Beteiligung Dritter an der Durchführung der Transaktion als sinnvoll erweist.

Sie beschränkt sich dabei nicht nur auf die Untersuchung von Messkosten und deren Auswirkungen. Wenngleich Messkosten verschiedenster Prägung durchaus eine notwendige Voraussetzung für die im Governancekostenansatz abgeleiteten Zusammenhänge bilden, werden weitere Beschränkungen menschlichen Verhaltens in den Vordergrund gestellt. Diese führen im Allgemeinen zu der Erkenntnis, dass ökonomische Verträge notwendigerweise *unvollständig* sind. Unvollständige Verträge sind dadurch gekennzeichnet, dass sie *nicht* für alle denkbaren Umweltzustände geeignete Verhaltensweisen bestimmen, sondern stattdessen den Anfangsvertrag bewusst offen lassen und damit auf spätere Nachverhandlungen zur Anpassung an die dann eingetretenen Zustände angewiesen sind. Die unumgänglichen Lücken in den Verträgen eröffnen Missbrauchsmöglichkeiten, die ihrerseits Kosten für die Beteiligten darstellen, zu Verhaltensänderungen führen und damit eventuell vorhandene Gewinnpotentiale ungenutzt lassen, *wenn nicht institutionelle Vorkehrungen getroffen werden.*

Im Zentrum des Governancekostenansatzes steht die Analyse von *Transaktionen*. Eine Transaktion besteht aus der *Aneignung und Übertragung von Verfügungsrechten zwischen Wirtschaftssubjekten.* Die angesprochenen Verfügungsrechte können sich auf bereits existierende oder auch auf noch zu produzierende Güter und/oder Dienstleistungen beziehen. Üblicherweise erfolgen Transaktionen in Form eines vertraglich vereinbarten *Tauschs.* Eine vergleichsweise problemlose Transaktion besteht aus dem

Kauf eines Farbfernsehgerätes. Der Händler überträgt seine Verfügungsrechte am Handelsobjekt an den Käufer, der ihm dafür, etwa durch Aushändigung eines Schecks, die Verfügungsrechte über Zahlungsmittel abtritt.

Nicht alle Transaktionen lassen sich so reibungslos durchführen wie der Kauf eines Fernsehgerätes. Vielfach ist die Erfüllung der Vertragsvereinbarungen durch eine der Parteien unsicher bzw. fragwürdig. In den vorangehenden Kapiteln haben wir eine Reihe von Transaktionen analysiert, die durch hohe Messkosten gekennzeichnet sind und den Agenten zum Müßiggang und Drückebergertum einladen. Ein zu hohes Ausmaß an Faulenzerei durch den Agenten gefährdet jedoch die Rentabilität der gesamten Vertragsbeziehung, so dass *institutionelle Vorkehrungen*, hier in Form einer hinreichend hohen Anreizintensität der Entlohnung, getroffen werden müssten. Neben den Messkosten und daraus resultierenden Agenturkosten existieren weitere Formen von *Transaktionskosten* wie etwa *Governancekosten*, die im Zentrum dieses und der folgenden Abschnitte stehen. Im Gegensatz zu Produktions- und Transportkosten gehen Transaktionskosten nicht unmittelbar in die gehandelten Güter oder Dienstleistungen mit ein. Sie entstehen bei der *Anbahnung* und *Abwicklung* von Transaktionen. Such- und Informationskosten ergeben sich bei der Suche nach geeigneten Transaktionspartnern sowie bei der Sammlung von Informationen bezüglich der Preise, der Produktqualität oder der Produktionskosten der anderen Akteure. Verhandlungs- und Entscheidungskosten bestehen aus dem Ressourcenverzehr, der bei den Vertragsverhandlungen, dem Aufsetzen des Vertrags und den Kosten der Entscheidungsfindung innerhalb von Gruppen oder institutionellen Akteuren entsteht. Überwachungs- und Durchsetzungskosten betreffen die Umsetzung der vertraglichen Vereinbarung. Neben den bereits besprochenen Messkosten sind hier insbesondere die Governancekosten zu nennen, die entstehen, wenn opportunistische Akteure versuchen, Abhängigkeiten von Transaktionspartnern auszunutzen.

Transaktionskosten resultieren im Allgemeinen aus unvollständigen Informationen im weitesten Sinn und strategischem „Missbrauch" von einseitig bzw. nicht allgemein verfügbaren Informationen. Einen genaueren Überblick über Agenturkosten haben wir im zweiten Kapitel gegeben. Eine präzisere Abgrenzung von Governancekosten erfordert ein tieferes Verständnis der zugrundeliegenden Transaktionsprobleme und kann entsprechend erst mit der ausführlichen Besprechung entwickelt werden.

Im Folgenden Unterabschnitt 1. wird die verbale und semiformale Governancekostentheorie, wie sie insbesondere von Oliver Williamson formuliert wurde, beschrieben. Im Abschnitt 2. untersuchen wir Ansätze einer vollständig formalen Fundierung der Theorie. Weitere Aspekte wie die Bedeutung der Reputation, die Analyse von Institutionen zur Beschränkung des Wettbewerbs, der Zusammenhang zwischen Marktentwicklungsphasen und Institutionenbildung oder Governancekosten und Regulierung folgen im dritten Kapitel.

1. Faktorspezifität und Organisationsform

1.1. Vorüberlegungen und Annahmen

Das zentrale Ziel der Governancekostentheorie besteht darin zu erklären, ob eine bestimmte Transaktion innerhalb einer Firma, durch Fremdbezug oder eine geeignete Zwischenlösung erfolgen soll. Zur Darstellung der wichtigsten Einflussfaktoren wird die Frage zunächst auf den Vergleich der beiden Pole „Eigenfertigung innerhalb des Unternehmens" oder „Kauf am Markt", also auf die „Make-Or-Buy"- bzw. Markt-versus-Hierarchie-Problematik beschränkt. Erst wenn daran die grundlegenden Zusammenhänge verdeutlicht wurden, werden hybride Organisationsformen explizit berücksichtigt.

Die Gegenüberstellung von Markt und Hierarchie als *Alternativen* der Abwicklung von Transaktionen hat wiederholt zu Missverständnissen geführt und bedarf einer Erläuterung. Einige Kritiker wenden ein, dass es grundsätzliche keine Wahl *zwischen* Markt und Hierarchie geben könne, sondern dass grundsätzlich immer Markt *und* Hierarchie erforderlich seien. Dieser Einwand ist dann richtig, wenn man die wirtschaftlichen Aktivitäten eines Akteurs in seiner Gesamtheit betrachtet. Nehmen wir folgendes Beispiel: Untersucht werden soll, ob die Erledigung von Schreibarbeiten durch Einstellung einer Schreibkraft oder durch die Vergabe von Aufträgen an ein selbständiges Schreibbüro umgesetzt werden soll. Die Einstellung einer neuen Mitarbeiterin entspricht der Alternative „Hierarchie", die Vergabe der Schreibarbeiten an ein unabhängiges Unternehmen stellt einen Fremdbezug (Alternative „Markt") dar. Nun lässt sich jedoch einwenden, dass die Einstellung einer Schreibkraft, die wir ja soeben als Hierarchie-Lösung bezeichnet haben, gleichzeitig eine Transaktion auf dem Arbeits*markt* beinhaltet. Wie können dann Markt und Hierarchie *Alternativen* sein, wenn doch der *Markt* in beiden Alternativen erfordert wird? Im „Hierarchie-Fall" wird die Firma auf dem Arbeitsmarkt aktiv, bei der Marktlösung tritt sie als Nachfrager auf dem Markt für Schreibdienstleistungen auf. Der Widerspruch löst sich erst dann auf, wenn man sich vergegenwärtigt, dass in der Transaktionskostentheorie die einzelne *Transaktion Basiseinheit* der Untersuchung ist. Schauen wir einmal genauer hin: Definieren wir als Transaktion die Erledigung von Schreibarbeiten für den Vorstandsvorsitzenden eines Unternehmens. Stellt die Firma für diese Tätigkeiten eine

Markt und Hierarchie

Sekretärin ein, so erfolgt die Abwicklung der Transaktionen durch *Anweisung*: Der Vorsitzende legt der Mitarbeiterin seine Notizen oder seine diktierten Bänder vor und beauftragt sie, diese in ein geeignetes Format zu übertragen. Die Transaktion wird also ausschließlich innerhalb des Unternehmens abgewickelt. Solange sie für das Unternehmen tätig ist, wird sie seinen Anweisungen Folge leisten und andere Tätigkeiten mit Erwerbscharakter auf ihre Freizeit verschieben. Eine *andere Transaktion*, nämlich die Übertragung von bestimmten, wohl abgegrenzten Verfügungsrechten an der eigenen Arbeitskraft an die Firma im Tausch für eine bestimmte Lohnsumme, erfolgt auf dem Arbeitsmarkt. Wir sehen also, die Wahl der Organisationsform „Hierarchie" für eine Transaktion zieht gegebenenfalls eine andere Transaktion auf einem anderen Markt nach sich! Insofern ist die Kritik an der Markt-Hierarchie-Dichotomie korrekt. Andererseits wird auch ersichtlich, dass eine bestimmte, isoliert betrachtete Transaktion nicht gleichzeitig über den Markt und innerhalb der Hierarchie abgewickelt wird und die dichotomische Betrachtungsweise damit durchaus sinnvoll ist.

Bevor wir mit der Darstellung der Wirkungslogik innerhalb des Governancekostenansatzes beginnen können, müssen wir zunächst einige grundlegende Annahmen der Theorie skizzieren. Als erstes sind die beiden *Verhaltensannahmen* „begrenzte Rationalität" und „Opportunismus" zu nennen.

Begrenzte Rationalität und Opportunismus

Der Inhalt dessen, was man weithin unter *begrenzter Rationalität* versteht, wurde bereits im Einleitungskapitel diskutiert. Hier sei als Synthese nur kurz die Beschreibung durch Herbert Simon wiederholt: Begrenzt rationales Verhalten ist das *nur unvollständig erfolgreiche Bemühen, sich rational zu verhalten* („intendedly rational, but only limitedly so"). Ursachen für die Abweichungen vom perfekt rationalen Verhalten bestehen vor allem aus Informationsbeschaffungs- und -verarbeitungskosten. Wenn diese nicht gleich null sind, dann ist es auch aus ökonomischer Sicht nicht unbedingt optimal, stets die *beste* aller Alternativen zu suchen, da die marginalen Ermittlungskosten den Grenzertrag der letzten Sucheinheiten übersteigen können. In diesem Sinn wird begrenzte Rationalität häufig auch als „prozessuale Rationalität" interpretiert. Allgemein bewirkt eine begrenzte Rationalität im Governancekostenansatz, dass es den Akteuren nicht möglich ist, vollständige Verträge abzuschließen. Es ist schlicht zu kostspielig, sich durch entsprechende Vertragsklauseln explizit gegen alle Eventualitäten abzusichern.

Die in den Verträgen notwendig verbleibenden Lücken werden jedoch erst dadurch zu einem ökonomischen Problem, dass die zweite Verhaltensannahme der Transaktionskostentheorie greift, nämlich die opportunistische Verhaltensweise. Hierunter verstehen wir die Verfolgung des Eigeninteresses unter Zuhilfenahme von Arglist. Opportunistisches Verhalten kann vielfältige Formen annehmen. Es können wichtige Informationen vorenthalten oder sogar gefälscht werden, Versprechen werden nicht eingehalten, wann immer es dem anderen Transaktionspartner nicht möglich ist, Einhaltung zu erzwingen. Es können auch Zusicherungen gemacht werden, die der opportunistische Akteur schon bei der Abgabe nicht einzuhalten gedenkt. Andererseits umfasst Opportunismus auch Fälle „ehrlicher Nichtübereinstimmung". Ein Vertragstext, den alle Vertragsparteien unterschrieben haben, kann durch die Unterzeichner sehr unterschiedlich ausgelegt werden. So mag es angehen, dass im Zeitpunkt des Vertragsschlusses beide Seiten der ehrlichen Überzeugung waren, nur ihre Interpretation könne gemeint sein. Im Streitfall werden die Beteiligten natürlich ihre Auslegung mit Vehemenz verteidigen.

Es ist klar, dass ohne Vorliegen opportunistischen Verhaltens einfache *Versprechen*, die Vertragslücken im „Geiste der Vereinbarung" später auszufüllen, ausreichen, um die Anpassungsprobleme zu lösen. Das Problem moralischen Wagnisses würde dadurch gelöst, dass der Agent ehrlich sein Anstrengungsniveau bekannt gibt. Ein Gebrauchtwagenverkäufer nennt offen alle Schwächen des zu erwerbenden Automobils und alle Transaktionspartner verzichten freiwillig auf eine Ausnützung von einseitigen Abhängigkeiten. Verhalten sich die verschiedenen Akteure jedoch opportunistisch, dann reichen Versprechen nicht mehr aus und es bedarf institutioneller Vorkehrungen.

Begrenzte Rationalität und Opportunismus spiegeln sich auch in der Rolle wider, die das Rechtssystem in der Transaktionskostentheorie einnimmt. Zunächst einmal muss festgestellt werden, dass Rechtsstreitigkeiten Kosten verursachen. Richter und beteiligte Anwälte müssen bezahlt werden, und auch die Opportunitätskosten der Zeit, die Kläger und Angeklagte in das Verfahren investieren, müssen berücksichtigt werden. Noch schlimmer ist häufig, dass die begrenzte Rationalität der Richter, insbesondere ihr Mangel an verifizierbaren Informationen, in Verbindung mit dem Opportunismus der Gegenseite, die nur verzerrte Informationen preisgibt, zu einem *unsicheren Ausgang* des Verfahrens führt. „Recht haben" heißt noch lange nicht „Recht bekommen". Insofern kann davon ausgegangen werden, dass die meisten Dispute nicht vor Gericht ausgetragen, sondern privat zwischen den streitenden Parteien ausgehandelt werden. Selbstverständlich erfolgen solche Einigungen stets „im Schatten des Rechtssystems". In den Verhandlungen bleibt der Rechtsweg als „Zuflucht der letzten Instanz" erhalten und bietet damit einen Referenzpunkt für mögliche Einigungen.

Die Governancekostentheorie im Ansatz von Oliver Williamson stellt zwei Transaktionsdimensionen in den Vordergrund der Analyse: Faktorspezifität und Unsicherheit. Die *Unsicherheit* beinhaltet die unsichere

Vorhersehbarkeit zukünftiger Ereignisse und Verhaltensweisen. Zukunfts-unsicherheit ist allgegenwärtig und *grundlegend* für praktisch alle Transaktionskostenprobleme. Ohne jede Unsicherheit wäre die Begrenztheit der Rationalität von nur geringer Bedeutung, da bei vollkommener Voraussicht die vollkommen rationale Planung vergleichsweise geringe Anforderungen an die Individuen stellt.

Faktorspezifität

Die *Faktorspezifität* kennzeichnet die Einsetzbarkeit von Faktoren in alternativen Verwendungsrichtungen. Ein Faktor ist hochspezifisch, wenn ein Wechsel des Einsatzes von der besten in die zweitbeste Verwendung mit hohen Gewinneinbußen verbunden ist. Diese können etwa durch hohe Umrüstkosten oder signifikante Produktivitätsminderungen entstehen. Erzeugt ein Wechsel der Verwendungsrichtung keine oder nur sehr geringe Kosten, so spricht man von nichtspezifischen oder *generischen* Faktoren.

Eng verbunden mit dem Begriff der Faktorspezifität ist auch die *transaktionsspezifische Quasirente*. Diese beschreibt die Differenz des Faktoreinsatzwertes zwischen der erst- und der nächstbesten Verwendungsweise. Spezifische Faktoren weisen demnach eine hohe transaktionsspezifische Quasirente auf, während sie für generische Faktoren nahe bei null liegt. Wir werden in den folgenden Abschnitten sehen, dass eine hohe Faktorspezifität zu einer Bindung des den spezifischen Faktor besitzenden Akteurs führt. Diese Bindung wiederum lädt andere Transaktionsparteien zu einem Ausbeutungsversuch (Hold-up) ein, was wiederum einschneidende Wirkung auf das Investitionsverhalten bezüglich des spezifischen Faktors nach sich zieht. Investitionen in spezifische Faktoren sind mithin problematisch und verlangen nach einer institutionellen Absicherung.

Faktorspezifität kann sehr verschiedene Formen annehmen. Ohne jeden Anspruch auf Vollständigkeit sollen hier sechs Varianten angeführt werden:

(1) *Standortspezifität* liegt insbesondere dann vor, wenn zwei aufeinanderfolgende Produktionsstufen aufgrund hoher Transport- oder Lagerkosten auf räumliche Nähe angewiesen sind. Verursacht etwa der Transport von Kohle vergleichsweise hohe Kosten, so ist es naheliegend, ein Kohlekraftwerk möglichst nahe bei einer entsprechenden Förderanlage anzusiedeln. Erfolgt dies, so ist die Investition in das Kraftwerk standortspezifisch, da ein Wechsel des Kohlelieferanten mit höheren Transportkosten einhergeht.

(2) *Sachkapitalspezifität* ist dadurch gekennzeichnet, dass bestimmte Sachkapitalgüter speziell aufeinander abgestimmt werden müssen und in anderen Verwendungen nahezu wertlos sind. Wird zum Beispiel eine spezielle Produktionsanlage zur Herstellung eines VW-Golf-Chassis errichtet,

so ist diese hochgradig sachkapitalspezifisch in Bezug auf die Produktionsanlagen der Firma Volkswagen.

(3) Werden Investitionen in Humankapital vorgenommen, die nur in einer bestimmten wirtschaftlichen Beziehung vorteilhaft sind, so spricht man von *Humankapitalspezifität*. Ein Beispiel hierfür ist das Habilitationsverfahren, das Hochschullehrer zur Erlangung ihrer Lehrbefugnis an Universitäten im deutschen Sprachraum absolvieren müssen. Werden nun aufgrund einer unseriösen Haushaltspolitik der Bundesländer Stellenkürzungen im Universitätsbereich durchgeführt, und man beachte, dass fast immer zuerst im investiven Bereich der Haushalte gekürzt wird, dann werden die Investitionen des Forschers in seine Lehrbefugnis erheblich entwertet, da Grundlagenforschung in der privaten Wirtschaft aufgrund ihres Kollektivgutcharakters wenig nachgefragt wird. Insofern sind Investitionen von Wissenschaftlern in ihr Humankapital im Allgemeinen hochspezifisch.

(4) *Widmungsspezifität* liegt dann vor, wenn Kapazitäten speziell für einen bestimmten Abnehmer aufgebaut werden und deren Auslastung nur über dessen Nachfrage möglich ist. Errichtet etwa der Getränkehersteller Hannen Kapazitäten speziell zur Bedienung des Lebensmittelhandelsunternehmens Aldi, so sind die entsprechenden Sachkapitalinvestitionen hochgradig widmungsspezifisch. Fällt nämlich der Absatz über die Firma Aldi aus, so ist nicht anzunehmen, dass der Nachfrageausfall über die verbleibenden Absatzkanäle ausgeglichen werden kann.

(5) Auch *Markennamenkapital* beinhaltet spezifische Investitionen, nämlich solche in die Reputation eines Anbieters. Produziert zum Beispiel eine Firma Getriebe bester Qualität für Automobile vom Typ Mercedes-Benz und erfolgt die Vermarktung der hohen Produktqualität ausschließlich über den Markennamen Mercedes-Benz, so kann die Hochqualitätsreputation nicht beliebig auf einen anderen Automobilproduzenten übertragen werden. Das Reputationskapital für die entsprechenden Getriebe ist spezifisch im Hinblick auf den Markennamen und damit auch die Firma Mercedes-Benz.

(6) Die letzte hier angeführte Form der Faktorspezifität besteht aus der sogenannten *temporären Spezifität*. Temporäre Spezifität liegt nicht permanent, sondern nur in bestimmten, zumeist relativ kurzen Zeitintervallen vor. Diese fällt insbesondere dann an, wenn die Verzögerung einer bestimmten Leistung zu einem bestimmten Zeitpunkt besonders hohe Kosten verursacht. Nehmen wir als Beispiel die Beziehung zwischen einer Firma, deren Absatz hohen saisonalen Schwankungen unterliegt, und ihrer Hausbank. In diesem Fall können sich während der absatzschwachen Monate plötzliche Liquiditätsengpässe ergeben, die einen umgehenden Kredit durch die Bank erfordern. Verweigert nun aber die Hausbank die schnelle

Zwischenfinanzierung, so wird die Firma unter Umständen Probleme haben, einen anderen Kreditgeber zu finden, der in hinreichend kurzer Zeit Mittel zur Verfügung stellt.

Nachdem wir nun die wichtigsten Annahmen und Begrifflichkeiten geklärt haben, wenden wir uns dem Grundgedanken der Governancekostentheorie zu. Dieser besteht aus der Abwägung von Kosten der Marktbenutzung mit Kosten der Organisationsbenutzung. Wir wollen im Folgenden zunächst einmal die beiden Kostenarten skizzieren.

1.2. Kosten der Marktbenutzung

Die Governancekosten der Marktbenutzung bestehen vor allem aus Gewinnschmälerungen aufgrund von Unterinvestitionen in spezifisches Kapital und aus den Kosten der Nach- bzw. Neuverhandlungen im Rahmen eines Ausbeutungsversuchs (Hold-up). Ursache für beide Kostenarten ist die sogenannte *fundamentale Transformation*, unter der man eine Wandlung der Marktform im Anschluss an die Durchführung von spezifischen Investitionen versteht.

Fundamentale Transformation

Man betrachte eine Transaktion zwischen einem Zulieferer und einem Endproduzenten, in deren Rahmen eine bestimmte spezifische Investition ökonomisch effizient erscheint. *Vor* der tatsächlichen Verwirklichung der spezifischen Investition befinden sich typischerweise sowohl der Zulieferer als auch der Endproduzent in einer Situation des Wettbewerbs mit anderen Anbietern bzw. Nachfragern. Zulieferer und Endproduzent werden mithin eine vertragliche Einigung abschließen, die mit einem wettbewerblichen Gleichgewicht vereinbar ist und keinem von ihnen irgendwelche Marktmachtgewinne ermöglicht. Es wird ein „fairer", aber unvollständiger Kontrakt geschlossen. Nach dem Vertragsschluss führt einer der Zulieferer (Endproduzent) eine spezifische Investition durch. Mit der Realisation der spezifischen Investition bindet er sich an seinen Vertragspartner, ohne den er empfindliche Einbußen hinnehmen muss. Hatte der Investor *vor* der Investition noch beliebig viele alternative Handelspartner, so ist er *nach* der Investition im Rahmen der Spezifität seiner Investition an einen einzigen Akteur gebunden. *Aus der Marktstruktur eines beidseitigen Polypols entsteht durch die spezifische Investition die Marktstruktur eines Monopsons (Monopols).* Investieren beide Vertragsparteien spezifisch, so bildet sich die Marktform eines bilateralen Monopols. In jedem Fall erzeugt die spezifische Investition einen *Wechsel der Marktform*, den man auch als *fundamentale Transformation* bezeichnet.

Hold-up

Die Unvollständigkeit des Vertrags erfordert später die Ausfüllung der Vertragslücken an die jeweiligen Gegebenheiten. Dies kann der Endproduzent (Zulieferer) dazu nutzen, die Durchführung der Transaktion aus strategischen Gründen in Frage zu stellen. Damit stellt er die transaktionsspezifische Quasirente des Zulieferers zur Disposition. In den Neuverhandlungen der Vertragsbedingungen wird er mithin versuchen, zumindest einen Teil dieser Quasirente zu seinen Gunsten umzuverteilen. Dies wird ihm im Zweifel auch gelingen, da die Investitionen des Zulieferers (Endproduzenten) dem Ausmaß der Spezifität entsprechend versunkene Kosten darstellen und damit zum Zeitpunkt der Nachverhandlungen entscheidungsirrelevant sind! Auf diese Weise wird ein ex ante noch als „fair" eingestufter Kontrakt einseitig zu Lasten des spezifischen Investors verändert. Diese Umverteilung durch Neuverhandlungen im Anschluss an die Durchführung spezifischer Investitionen bezeichnet man als Ausbeutungsversuch (Hold-up).

Nun wird auch ein begrenzt rationaler Akteur dazu in der Lage sein, diese relativ einfachen Zusammenhänge schon vor Vertragsabschluss zu erkennen. Er wird den Ausbeutungsangriff antizipieren. Dies wiederum führt dazu, dass er die spezifische Investition nicht oder in nur geringerem Umfang realisieren wird. Da wir zuvor die spezifische Investition als effizient unterstellt haben, muss der Gesamtgewinn aller an der Transaktion Beteiligten sinken. Diese durch Unterinvestition in spezifisches Kapital erzeugte Gewinneinbuße sowie die gegebenenfalls im Neuverhandlungsprozess verzehrten oder suboptimal genutzten Ressourcen bilden die Governancekosten der Marktbenutzung.

Warum sind diese Governancekosten Kosten der *Markt*benutzung? Die einfache Antwort lautet: Weil sie bei der Abwicklung der Transaktion innerhalb einer Firma, also im Fall der vertikalen Integration der Transaktion in die Firma, im Wesentlichen fortfallen! Dann sind Zulieferer und Endprodukt identisch und es gibt keinen Transaktionspartner mehr, gegen den ein Ausbeutungsversuch gerichtet werden kann. Nehmen wir etwa an, dass der Endproduzent den Zulieferer aufkauft. In diesem Fall verfügt der Endproduzent über alle für die Transaktion unersetzbaren Vermögensobjekte. Die Person des Zulieferers wird durch die Einstellung von Arbeitnehmern ersetzt, die sich als abhängig Beschäftigte innerhalb ihrer Arbeitszeit der Weisungsbefugnis des Vorgesetzten innerhalb der Firma unterwerfen und im Fall eines Ausbeutungsversuchs ohne erhebliche Kosten durch andere Arbeitnehmer ersetzt werden können. Da somit die transaktionsspezifischen Quasirenten spezifischer Investitionen nicht mehr gefährdet sind, gibt es keinen Anhaltspunkt für Unterinvestitionen in spezifisches Kapital. Ebenso entfallen auch die Kosten der Neuverhandlungen. Vertikale Integration umgeht mithin das Ausbeutungsproblem (Hold-up-Problem).

Hieran schließt sich unmittelbar die Frage an, warum dann nicht alle Transaktionen, die im Rahmen des Leistungserstellungsprozesses anfallen, grundsätzlich immer integriert werden? Die Antwort liegt auf der Hand:

Die Organisationsform der Integration weist ihre eigenen Governancekosten auf, die Governancekosten der Organisationsbenutzung.

1.3. Kosten der Organisationsbenutzung

Selektive Intervention

Welche *zusätzlichen* Kosten entstehen also durch die vertikale Integration einer Transaktion in einem Unternehmen? Wir haben bereits gesehen, dass eine vertikale Integration Kosten im Zusammenhang mit einem Holdup vermeidet. Warum aber ist es nicht möglich, den Geschäftsbetrieb ansonsten völlig unverändert weiterlaufen zu lassen? Wieso ist folgendes Idealszenario, das man auch als *Politik der selektiven Intervention* bezeichnet, undurchführbar: Man stelle sich vor, zwei zuvor selbständige Firmen würden zwecks Vermeidung der Governancekosten der Marktbenutzung vereinigt. Um alle Manager unverändert hochmotiviert zu lassen, haben sie nach wie vor den Anspruch auf das in ihrer Abteilung, der ehemals selbständigen Firma, anfallende Residualeinkommen und freie Entscheidungsbefugnis. Es gibt nur eine Ausnahme von dieser Regel: Für den Fall, dass die zentrale Unternehmensleitung durch eine Intervention die Summe der Gesamtgewinne aller Abteilungen erhöhen kann, hat sie das Recht und die Pflicht dieses zu tun. Da in einem solchen Fall die Summe der Gewinne höher ist als zuvor, können alle Manager derart kompensiert werden, dass sie zumindest die Höhe ihrer Gewinne ohne Intervention verwirklichen. Es verbleibt dann noch ein positiver Betrag, der irgendwie auf die zentrale Unternehmensleitung und die verschiedenen Abteilungen verteilt werden kann. Eine solche Politik wäre einer dezentralisierten Lösung eindeutig vorzuziehen. Wird die hier vorgetragene Logik auf die Spitze getrieben, so müsste im Prinzip die optimale Organisation einer Volkswirtschaft aus der Errichtung einer einzigen gigantischen Firma bestehen, die nach dem Prinzip der selektiven Intervention geleitet wird.

Es ist offensichtlich, *dass* diese Lösung in der Realität so nicht funktioniert. Viel interessanter ist aber die Frage, *warum* dies so ist. Der Schlüssel zur Beantwortung liegt in folgendem Zusammenhang: Natürlich *könnten* sich alle beteiligten Parteien im Anschluss an eine Integration unverändert verhalten. Durch die Integration erfolgt jedoch eine Modifikation der individuellen Restriktionen, die Kontroll- und Verfügungsrechte variieren. Noch präziser: Die vertikale Integration ist sogar als die Änderung der Handlungs- und Verfügungsrechte *definiert*. Diese zieht jedoch eine grundlegende Verhaltensänderung nach sich, aus der Gewinneinbußen resultieren. Einige der wichtigsten Aspekte werden im Folgenden diskutiert.

Wartung

(1) Die *Wartung und Pflege des eingesetzten Sachkapitals* ist im Allgemeinen schwer messbar, beeinflusst aber dennoch den Gewinn der Abteilung, der wiederum die Grundlage des Einkommens des Abteilungsleiters ist. Damit muss eine *Schätzung* des Sachkapitalverzehrs durchgeführt wer-

den. Verwendet man etwa die üblichen standardisierten Abschreibungsregeln, so kann sich hieraus ein Anreiz für den Manager der Abteilung ergeben, *zu wenig Faktorinput in die Wartung* zu lenken. Dadurch kann er den Output und damit auch sein aktuelles Einkommen erhöhen. Dieser Effekt wird insbesondere dann noch verstärkt, wenn der Manager nicht dauerhaft in der aktuellen Position verbleibt, sondern gegebenenfalls Beförderungen und/ oder Arbeitgeberwechsel anstrebt. Dann bleiben die Folgewirkungen der schlechten Wartung seinem Nachfolger vorbehalten. Die Fehllenkung der Ressourcen verringert die langfristigen Gewinne und den Wert der Firma. Dies sind Kosten, die bei einer Desintegration der Abteilung nicht entstünden.

Selbstverständlich lassen sich bürokratische Vorschriften einfügen, die bestimmte Mindestanforderungen an die Wartung festlegen. Doch müssen diese zunächst einmal überwacht werden, was eine neue Form von Kosten verursacht. Des Weiteren werden solche bürokratischen Regeln nur selten genau den ökonomisch effizienten Wartungsmaßnahmen entsprechen, die sich von Maschine zu Maschine unterscheiden und häufig nur dem Abteilungsleiter bekannt sind.

(2) Die Ermittlung von Kosten und Leistungen eines Unternehmens stellt ein ökonomisches Problem an sich dar, das eine Vielzahl von betriebswirtschaftlichen Lehrstühlen an Universitäten auslastet. Die sich im Rahmen der Kosten- und Leistungsrechnung ergebenden Bewertungsspielräume bilden einen Ansatzpunkt für strategische Missbräuche. So kann die Zentrale unter Umständen buchhalterische Manipulationen vornehmen, die die Gewinne einiger Abteilungen künstlich verringern und die der Zentrale erhöhen. Auch die Bestimmung interner Verrechnungspreise stellt ein erhebliches Problem dar. Werden hier strategische Manipulationen vorgenommen, so agieren die Abteilungen unter verzerrten Anreizen, was Fehlallokationen zur Folge haben wird. Allein schon die Antizipation *möglicher* buchhalterischer Manipulationen erzeugt eine Abschwächung der Leistungsanreize innerhalb des integrierten Unternehmens, die bei Selbständigkeit der Abteilungen entfiele.

Zurechnung von Kosten und Leistungen

(3) Eine Variante von (2), bei der das Messproblem noch ausgeprägter und die langfristige Bedeutung vielleicht noch größer ist, stellt die Zurechenbarkeit innovatorischer Leistungen dar. Es ist zwar noch relativ einfach festzustellen, in welcher Abteilung die Ursprungsidee für die Innovation entstand. Bevor eine Neuerung jedoch Marktreife erlangt, sind zumeist noch eine Vielzahl von Komplementärinnovationen erforderlich. Hier sind gerade auch andere Abteilungen involviert. Es bleibt im Allgemeinen kaum bestimmbar, welche Teilinnovation welchen Anteil am schwer bestimmbaren Wert der Gesamtinnovation aufweist. Damit ist eine Verwässerung der

Anreize unvermeidbar, und es ist davon auszugehen, dass die Innovations-freudigkeit beeinträchtigt wird.

Überhöhte Ein-griffsintensität

(4) Insbesondere Oliver Williamson behauptet eine *Neigung zu einer überhöhten Eingriffsintensität* durch das Management. Diese wird erst da-durch möglich, dass es im Allgemeinen nicht unmittelbar für alle Parteien eindeutig ersichtlich ist, wann ein Fall vorliegt, in dem eine Intervention durch die zentrale Unternehmensleitung die Summe der Gesamtgewinne überhaupt erhöht. Wenn jedoch nicht absolut eindeutig geklärt werden kann, wann eine solche Situation vorliegt, verbleiben Bewertungs- und damit Missbrauchsspielräume bei der Zentrale. Man beachte: Die Zentrale muss die *Macht* haben zu intervenieren, wann immer sie dies für ange-bracht hält. Anderenfalls bleibt die Entscheidungsautorität dezentral in den Abteilungen und die Governancekosten der Marktbenutzung bleiben bei einer derartigen „Scheinintegration" im Wesentlichen erhalten. Die Kom-bination aus Unsicherheit über die Vorteilhaftigkeit einer Intervention mit der entsprechenden Zuweisung der Fähigkeit dazu wird auch fehlerhafte Eingriffe zur Folge haben.

Diese können im Wesentlichen zwei Ursachen haben. Zum einen muss berücksichtigt werden, dass eine zentralisierte Unternehmensleitung nur über einen Bruchteil der Informationen verfügt, die dezentral in den Abtei-lungen genutzt werden. Mit Hilfe dieser vergleichsweise geringen Informa-tionsausstattung muss jedoch die Entscheidung für oder wider eine Inter-vention getroffen werden. Es ist unvermeidlich, dass unter diesen Bedin-gungen auch Eingriffe erfolgen, die das Management bei einem Wissens-stand, wie ihn die Abteilungen aufweisen, nicht befürwortet hätte. Man könnte solche fehlerhaften Interventionen, die nur bei Integration erfolgen, auch als *Kosten des guten Willens* bezeichnen.

Zum anderen werden sich wiederholt Situationen ergeben, in denen die Zentrale es als für sich vorteilhaft ansehen wird, eine an sich ineffiziente Intervention durchzuführen. Aufgrund der vorhandenen Einschätzungs-spielräume wird es ihr häufig leicht fallen, eine Begründung zu formulie-ren. Eine derart strategisch überhöhte Eingriffsintensität senkt die Summe der Gesamtgewinne und verwässert die Anreize der dezentralen Einheiten. Kurz: Sowohl die Zentrale als auch die Abteilungen werden sich nicht so verhalten, wie es eine idealtypische Politik der selektiven Intervention vor-sieht. Allgemein werden die Leistungsanreize geringer und die Eingriffsin-tensität höher sein als ökonomisch notwendig.

Schließlich erzeugt die Machtkonzentration in der Unternehmenszentra-le Anreize, Interventionen im Partialinteresse einzelner Abteilungen zu propagieren. Die Abteilungen werden durch eine geschickte Auswahl und Aufbereitung der an die Zentrale weitergegebenen Informationen versuchen, diese von bestimmten Maßnahmen zu überzeugen, auch wenn dies tatsächlich nicht im Interesse des Gesamtunternehmens liegt. Neben den Kosten der Fehlinterventionen fallen hierbei noch „Kosten der Abteilungspropaganda" an.

(5) Die Integration verschiedener Transaktionen unter das Dach einer gemeinsamen Firma erfolgt im Allgemeinen als auf lange Sicht angelegte *Kooperation* zwischen den beteiligten Abteilungen. Dauerhaft kooperatives Verhalten wird dadurch gekennzeichnet, dass wechselseitig freiwillige „Gefälligkeiten" erwiesen werden, deren Nutzen beim Empfänger größer ist als die Kosten beim Geber. Eine Sicherstellung der kooperativen Atmosphäre verlangt jedoch auch eine gewisse *Nachsichtigkeit* hinsichtlich nicht selbst zu verantwortender schlechter Leistungen.

Nachsichtigkeit

Das Abteilungsergebnis wird häufig auch durch Zufallsfaktoren, die nicht von der jeweiligen Abteilung kontrollierbar sind, beeinflusst. Erleidet nun eine Abteilung unverschuldet ein schlechtes Jahresergebnis, so würde diese in einer betont kooperativen Atmosphäre gewissermaßen die „Nachsicht" der anderen Firmenabteilungen fordern und sie voraussichtlich auch erhalten. „Entschuldigungen" für schlechte Ergebnisse werden nun möglich und entkoppeln Leistung und Entlohnung. Es wird gewissermaßen ein impliziter Versicherungskontrakt geschlossen. Dieser zieht jedoch wieder ein Problem des moralischen Wagnisses nach sich: In dem Bewusstsein, dass Entschuldigungen für Leistungsausfälle kompensieren und dass Entschuldigungen schnell gefunden werden können, sinken die Leistungsanreize und damit voraussichtlich auch die Leistung selbst.

Im Gegensatz dazu werden Leistungsabfälle vom Markt unnachsichtig bestraft. Ist ein Abnehmer mit dem Preis-Leistungs-Verhältnis seines Zulieferers nicht mehr zufrieden, so wechselt er kurzerhand den Vertragspartner. Damit sinken dessen Umsätze und Gewinne. Anreize über Marktkontrakte sind also systematisch höher.

Wir haben mittlerweile fünf Arten von Kosten identifiziert, die sich auf die Abwicklung von integriert organisierten Transaktionen beschränken. Sie stellen damit reine Kosten der Organisationsbenutzung dar und fallen bei einer Abwicklung der Transaktion über den Markt fort. Wiederholt stießen wir dabei auf das Problem einer *Abschwächung der Leistungsanreize*, des strategischen Missbrauchs von Entscheidungsspielräumen und einer Politisierung der Entscheidungsbildung. Vertikale Integration fordert mithin einen Preis. Entscheidend ist nun der Vergleich der Gesamtkosten bei Markt- und Organisationsbenutzung.

1.4. Die Ermittlung der optimalen Organisationsform

Die Wahl der optimalen Organisationsform richtet sich natürlich nach dem Kriterium des maximalen Gewinns. Dieser ergibt sich aus einer simultanen Optimierung über die Faktorspezifität k, die Produktions- und Absatzmenge, die Faktoreinsatzkombination, den vom Unternehmen für seine Produkte geforderten Preis usw. Es soll uns an dieser Stelle jedoch genügen, in Anlehnung an Williamson (1991) nur eine stark vereinfachte Variante dieses Optimierungsproblems zu betrachten. Dabei unterstellen wir, dass die optimale Faktorintensität k* ebenso exogen vorgegeben sei, wie die Produktionsmenge und die optimale Faktoreinsatzkombination. Damit sind auch die Produktionskosten und der Umsatz bereits vorbestimmt, so dass in der solcherart verkürzten Problematik nur noch die Transaktionskosten zu minimiert werden brauchen. Das einzige dazu noch verbleibende Instrument ist die Wahl der Organisationsform.

Transaktions-kosten-funktionen

Es werden drei Organisationsalternativen berücksichtigt: Fremdbezug („Markt"), Eigenfertigung („Hierarchie") und eine „hybride Organisationsform". Hybride Organisationsformen unterscheiden sich vom Markt dadurch, dass zwischen den Transaktionspartnern eine engere Verknüpfung besteht als die zwischen anonymen Käufern und Verkäufern. Im Gegensatz zur Alternative „Hierarchie" behalten die Transaktionspartner jedoch ein größeres Maß an Unabhängigkeit und Selbständigkeit. Typische Beispiele für hybride Organisationen sind Genossenschaften, Franchisingsysteme oder F&E-Kooperationen. Auch eine stärkere Bindung der Transaktionspartner durch geschickte Formulierung vertraglicher Klauseln lässt sich hierunter einordnen. Die Transaktionskostenfunktionen für diese drei Organisationsformen seien durch M(k) für den Fremdbezug, H(k) für die vertikale Integration und X(k) für die hybride Form gegeben. Alle Funktionen hängen also von der Faktorspezifität k ab. Wie sehen nun plausible Verläufe dieser Funktionen aus?

Unterstellen wir zunächst, dass nur generische Faktoren eingesetzt werden und dadurch auch keine Spezifität vorliegt, dann bleiben nur noch die Kosten der Organisationsbenutzung. Diese sind annahmegemäß gering, wenn die Transaktion über den Markt abgewickelt wird, sie sind hingegen hoch, falls vertikal integriert wurde. Die hybride Organisation nehme einen Mittelwert ein. Daraus ergibt sich: M(0) < X(0) < H(0). Liegt keine Spezifität vor, so sprechen alle Argumente für die Überlegenheit der Marktlösung.

Mit steigender Faktorspezifität gewinnt die Hold-up-Problematik jedoch zunehmend an Bedeutung und die Transaktionskosten des Marktbezugs steigen stärker an als die der hierarchischen Koordination. Je höher die transaktionsspezifische Quasirente, desto größer werden die zu erwarten-

den Umverteilungen bei der Ausfüllung der Vertragslücken in den Nachverhandlungen. Wie zuvor nehme auch hier die hybride Organisation einen
Zwischenwert an. Hieraus folgt: M'(k) > X'(k) > H'(k) ≥ 0. Der Verlauf
der Transaktionskostenfunktionen wird in Abbildung 3.1 dargestellt.

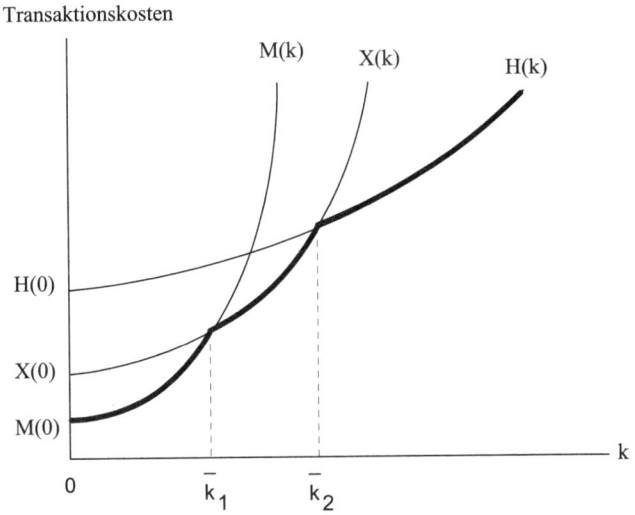

Abbildung 3.1

Im Bereich geringer Spezifität bleibt der Fremdbezug die Lösung des
Transaktionskostenminimierungsproblems. Mit steigendem k nähern sich
jedoch M(k) und X(k) einander an, bis sie sich in $\bar{k}_1$ schneiden und die
hybride Organisation optimal wird. Für alle k ≥ $\bar{k}_1$ weist die hybride Organisation geringere Kosten auf als die Beschaffung über den Markt. Mit
weiter zunehmender Spezifität nimmt die Differenz zwischen H(k) und
X(k) ebenfalls ab. Bis zum Schnittpunkt an der Stelle $\bar{k}_2$ wird die hybride
Organisation gewählt. Danach bildet die vertikale Integration die transak-
tionskostenminimale Organisationsalternative. Die Transaktionskosten-
funktion mit optimierter Wahl der Organisation wird durch die fett eingezeichnete Umhüllende der verschiedenen Transaktionskostenkurven beschrieben.

*Wahl der Or-
ganisationsform*

In der bisherigen Beschreibung des Modells haben wir nur drei Alternativen der Organisation explizit berücksichtigt. Die X(k)-Kurve lässt sich
jedoch ihrerseits als Umhüllende von Transaktionskostenfunktionen beliebig vieler verschiedener hybrider Organisationen interpretieren. Dabei ist
der Logik der oben angeführten Argumentation entsprechend davon auszugehen, dass der Zentralisierungsgrad der hybriden Organisationen mit der
Faktorspezifität steigt und sich die Charakteristika der verschiedenen hybriden Formen immer mehr denen der Integrationslösung angleichen.

Fassen wir nun die erarbeiteten Ergebnisse kurz zusammen:

- Die Kosten der Marktbenutzung resultieren aus dem sogenannten Hold-up-Problem, das die Ausbeutbarkeit spezifischer Investitionen zum Gegenstand hat.

- Die Kosten der Organisationsbenutzung entstehen insbesondere aus Überforderungen der zentralen Unternehmensleitung und den Missbrauchsmöglichkeiten, die sich aus der Zentralisierung von Entscheidungsautorität ergeben.

- Die Transaktionskosten bei Fremdbezug (Marktlösung) steigen stärker mit der Faktorspezifität als die Transaktionskosten für eine Hierarchie. Das spricht dafür, dass der Zentralisierungsgrad von Entscheidungsautorität mit der Spezifität zunimmt.

Die Argumentation erfolgte bislang jedoch auf rein verbaler Ebene. Dabei blieben eine Reihe von Zusammenhängen nur sehr vage. So bleibt ungeklärt, warum und vor allem wie es der einen Vertragspartei in den Neuverhandlungen zur Ausfüllung der Vertragslücken immer gelingt, einen Teil der transaktionsspezifischen Quasirente zu erfeilschen. Es bleibt wenig erklärt, inwiefern das Investitionsverhalten von der antizipierten Umverteilung beeinflusst wird. Es ist zwar plausibel, dass Auswirkungen zu erwarten sind, die Frage ist nur *welche*. Die Spezifität des Faktoreinsatzes wurde stets exogen vorgegeben, ist jedoch de facto eine endogene Variable. Nahezu völlig unbestimmt bleibt das Problem bei beidseitig spezifischen Investitionen. Insgesamt haben wir zwar ein recht aussagekräftiges, weil insbesondere empirisch ziemlich gut bestätigtes, Muster entwickelt, doch ist es zunächst noch ziemlich unscharf und bedarf einiger entscheidender Vertiefungen, die nur mit Hilfe formaler Modelle erzielt werden können. Bevor wir uns der formalen Governancekostentheorie zuwenden, wollen wir uns noch mit der Beziehung messkosten- und governancekostentheoretischer Ansätze auseinandersetzen.

1.5. Die Integration des Messkosten- und des Governancekostenansatzes

In der Frühzeit der modernen Transaktionskostentheorie, Anfang der siebziger Jahre, standen die Messkosten- und die Governancekostentheorie in einem eher substitutionalen Verhältnis zueinander. Die Vertreter beider Richtungen sahen sich mehr als Konkurrenten um den richtigen Ansatz, denn als Spieler eines gemeinsamen Teams. Die Konkurrenz wird vielleicht am deutlichsten an der Diskussion um die Bedeutung von Autorität in Beschäftigungsverhältnissen. Alchian und Demsetz als Vorreiter der Messkostentheorie bestritten die Rolle jeder Form von Autorität energisch (siehe das Zitat im Abschnitt 1.1.). Williamson als Protagonist der Governancekostentheorie schätzt demgegenüber die Bedeutung von Weisungsbefugnissen im Zusammenhang mit der Verfügbarkeit zentraler spezifischer Vermögensobjekte als zentral ein. Derjenige Akteur, der auch die spezifischen Investitionen durchführt, bedarf solcher Form der Autorität um zu verhindern, dass effiziente Anpassungen an neue Umweltzustände aus strategischen Motiven in Frage gestellt werden. Durch seine Weisungsbefugnis sichert er die transaktionsspezifische Quasirente ab, sie bildet damit eine Art Voraussetzung für die Durchführung spezifischer Investitionen.

In den späten Siebzigern wich die Rivalität zwischen den Zweigen der neuen Forschungsrichtung der Erkenntnis, dass sich die Ansätze im Prinzip sehr gut ergänzen. Die ersten beiden Schritte in dieser Richtung tat Armen Alchian. In seinem gemeinsam mit Klein und Crawford verfassten Artikel aus dem Jahr 1978 leistete er einen grundlegenden Beitrag zur Weiterentwicklung der Governancekostentheorie, und 1984 forderte er explizit die Integration beider Ansätze: „Man kann ... die Unternehmung im Hinblick auf zwei Eigenschaften definieren: die Beobachtbarkeit der Leistung der Inputfaktoren und die Möglichkeit der Enteignung von Quasirenten transaktionsspezifischer Vermögenswerte" (Alchian, 1984, S. 39). Darüber hinaus betont er, dass transaktionstheoretische Argumentationsmuster sich keinesfalls auf die Institution „Firma" beschränken. Sie haben im Grunde Gültigkeit für verschiedenste Formen von *Koalitionen*, die Alchian als institutionalisierte Kooperationsversuche von Individuen definiert, die durch opportunistisches Verhalten gefährdet werden. Beispiele solcher Koalitionen sind die unterschiedlichsten Formen von Kooperationen zwischen Firmen, die wir zuvor als hybride Organisationen bezeichneten, aber auch Institutionen wie Familie und Ehe, Vereine, politische Parteien oder Interessengruppen. Bei all diesen Koalitionen geht es nicht nur um die vergleichsweise einfache Frage, ob vertikal integriert werden soll oder nicht, sondern es geht um die Suche nach geeigneten Vertragsformen im weitesten Sinn. Es handelt sich um eine ökonomische Theorie der Verträge.

Koalitionen

Alchians Einschätzung stieß auf weitestgehende Zustimmung, auch bei Williamson, der feststellt: Es „muss eindeutig festgestellt werden, dass eine integrierte Behandlung von Governance- und Messproblemen dringend erforderlich ist" (Williamson, 1989, S. 149 f.). Ganz in diesem Sinne erfolgten weitere Integrationsversuche von Alchian/Woodward (1987, 1988) und Bonus (1986). Während Alchian und Woodward ein deutliches Übergewicht hinsichtlich governancekostentheoretischer Aspekte aufweisen, bemüht sich Bonus um eine wirkliche Integration.

Bonus' Ansatzpunkt ist die Bedeutung *idiosynchratischen Wissens*. Hierunter versteht er das Detailwissen um die genauen Umstände, die Menschen im Rahmen der Bewältigung ihrer Arbeit ansammeln und das unverzichtbar für eine zufriedenstellende Erledigung der Aufgaben ist. Dieses Wissen ist im Allgemeinen hochspezifisch im Hinblick auf den ak-

Zentrale und periphere Faktoren

tuell eingenommenen Arbeitsplatz. Gleichzeitig ist es nur schwer vermittelbar, das heißt es ist nicht oder nur unter Schwierigkeiten an andere Menschen übertragbar. Insbesondere kann es nicht einfach in Lehrbuchform weitergegeben werden. Dieses spezifische und asymmetrisch verteilte Wissen beinhaltet ein Messproblem und erzeugt ein Potential für opportunistischen Missbrauch. So kann das Wissen etwa nur unzureichend berücksichtigt oder strategisch ausgenutzt werden. Der aus transaktionskostentheoretischer Sicht geeignete Umgang mit Trägern idiosynchratischen Wissens hängt davon ab, ob die Tätigkeit, mit der das idiosynchratische Wissen verbunden ist, separabel von der Kerntätigkeit der Firma ist oder nicht.

Eine ökonomische Aufgabe ist *separabel*, wenn ihre Erfüllung nur eine *Zusatzleistung* für das eigentlich von der Firma erstellte Produkt darstellt, die nicht unmittelbar in das zentrale Produkt eingeht. Ist eine bestimmte Tätigkeit hingegen *nichtseparabel*, dann führt ihre mangelhafte Ausführung zu einem erheblichen Wertverlust für das Kernprodukt der Firma. So ist etwa die Verkaufsleistung eines Versicherungsvertreters separabel von der Versicherungspolice als eigentlichem Produkt der Versicherung. Demgegenüber stellt die Anlage und Verwaltung der eingelegten Gelder eine nichtseparable Aufgabe dar: Wird eine übermäßig riskante Anlagestrategie gefahren, so werden die vertraglichen Leistungen der Versicherung gefährdet. Wird das eingezahlte Vermögen hingegen vollständig als Barreserve gehalten, so führt die unrentable Anlage zu entweder überhöhten Prämien oder wiederum zur Gefährdung der Zahlungsfähigkeit. Ist die Aufgabe eines Faktors nichtseparabel, so wird er als *zentraler Faktor* bezeichnet. *Periphere Faktoren* erfüllen hingegen separable Tätigkeiten.

Ganz im Sinn der Überlegungen der Governancekostentheorie kommt Bonus zu dem Ergebnis, dass zentrale Faktoren mit idiosynchratischem Wissen tendenziell integriert werden sollten, periphere Faktoren hingegen nicht.

Ein weiterer Aspekt dieses Ansatzes beleuchtet die Entlohnung von Faktoren. Hier kann man zwischen punktuellen Anreizen und Sammelanreizen unterscheiden. *Punktuelle Anreize* bestehen aus einer hohen Anreizintensität für genau abgegrenzte und gut messbare Leistungen. Im Gegensatz dazu werden *Sammelanreize* an eine eher vage Abschätzung der mehrdimensionalen Leistung eines Individuums für die Organisation geknüpft. Typische Anreizformen sind Beförderungen. Sammelanreize werden im Allgemeinen eher dann verwendet, wenn erhebliche Probleme bei der Leistungserfassung eines oder mehrerer Aufgabenbereiche des Faktors bestehen. Hier sind also deutliche Parallelen zur Mehraufgaben-Prinzipal-Agent-Theorie festzustellen.

Heute herrscht weitestgehende Einigkeit darüber, dass Mess- und Governancekostentheorie einander ergänzen, also komplemetär zueinander stehen. Das Ziel, beide Bereiche integriert zu behandeln, wurde jedoch bislang nur ansatzweise erreicht. Im Grunde werden immer nur einige Teilbereiche miteinander verwoben. Dies gilt auch und insbesondere für die formale Theorie, in der weitentwickelte Agenturmodelle im Allgemeinen losgelöst von der formalen Governancekostentheorie stehen.

2. Die formale Governancekostentheorie

Die Grundidee des Governancekostenansatzes, dass ein Hold-up-Problem zu Unterinvestitionen in spezifisches Kapital führt, basiert auf der Basisannahme unvollständiger Verträge. Erst die Lücken in den zu Beginn einer wirtschaftlichen Beziehung geschlossenen Verträgen ermöglichen es einer der beteiligten Parteien (oder allen), Neuverhandlungen mit dem Ziel einer Umverteilung der transaktionsspezifischen Quasirente zu initiieren. Die Antizipation dieser Abläufe wiederum führt zur Unterinvestition.

Grundlage einer jeden formalen Abbildung des Ausbeutungsproblems muss dementsprechend der Abschluss nur unvollständiger Verträge sein. Dies bedeutet, dass die zunächst abgeschlossenen Verträge Lücken aufweisen, deren sich alle Transaktionsparteien bewusst sind, die sie aber gleichzeitig nicht unmittelbar zu füllen befähigt sind. Andererseits müssen die Wirtschaftssubjekte dazu in der Lage sein, die Folgen vertraglicher Vereinbarung einigermaßen zuverlässig abzuschätzen. Die formale Governancekostentheorie erfüllt diese Anforderungen auf folgende Weise: Sie unterstellt, dass die Akteure alle möglichen zukünftigen Entwicklungen *perfekt* antizipieren können. Gleichzeitig geht sie von der Annahme aus, dass es trotz dieses bemerkenswerten Wissenstandes der Akteure nicht möglich ist, bestimmte zukünftige Verhaltensweisen im Vertragstext festzulegen. Die Ursache für diese Unvollständigkeit der Verträge liegt mithin *nicht* in der begrenzten Rationalität der Akteure, sondern in den Kosten der Verhandlung und Ausformulierung des abzuschließenden Kontrakts. Die begrenzte Rationalität finden ihren Ausdruck allenfalls in der Unvollkommenheit der Sprache, die es den Akteuren verwehrt, durch einige wenige Begriffe alle möglichen Umweltzustände adäquat zu beschreiben, so dass ein „vollständiger" Vertragstext eine unzumutbare Länge annehmen müsste. Warum nun ist es zu teuer, einen vollständigen Vertrag zu schreiben? Dies stelle man sich wie folgt vor: Vor Vertragsabschluss existiert eine Unmenge an relevanten Einzelfällen mit einer jeweils sehr geringen individuellen Eintrittswahrscheinlichkeit. Wenn nun die Wahrscheinlichkeit, dass ein einzelner Umstand eintritt, so gering ist, dass der mit der Aufnahme einer

Unvollständige Verträge

Klausel in den Vertrag verbundene Erwartungswert des Effizienzgewinns geringer ist als die zusätzlichen Vertragsabschlusskosten, so wird man ökonomisch effizient auf seine Berücksichtigung verzichten. Wenn nun aber eine Vielzahl solch einzelner Umstände existiert, können die Lücken im Vertragstext so groß werden, dass eine Anpassung des Vertrags an irgendwelche neue Umstände praktisch unvermeidlich bzw. nahezu sicher ist. Nehmen wir als Beispiel etwa den Bau eines Hauses, bei dem ein Grundstücksbesitzer eine Baufirma beauftragt, ein Haus nach seinen persönlichen Präferenzen zu errichten. Ein Hausbau erfordert erfahrungsgemäß beträchtliche Zeit, in der eine Reihe von Umwelteinflüssen erfolgen können, die nicht im Vertragstext geregelt sind. Was geschieht etwa, wenn sich erst während des Baus herausstellt, dass das Grundstück mit Giftmüll verseucht ist? Wie reagieren die Vertragsparteien auf Umweltkatastrophen wie Erdbeben, Vulkanausbrüche, Überflutungen usw.? Vernünftigerweise werden die Vertragsparteien im Anfangsvertrag nicht allen Eventualitäten Rechnung tragen. Treten diese dennoch ein, so entstehen ein Anpassungsbedarf und eine Ausbeutungsmöglichkeit. Andererseits sind sich die Akteure der verschiedenen Eintritts*möglichkeiten* durchaus bewusst. Natürlich *kann* ein Fluss über die Ufer treten, ein Erdbeben Schäden verursachen, Brandstiftung das Haus vernichten uvm. Im Allgemeinen *lohnt* es nur nicht, für jede Eventualität eine Lösung festzulegen.

Damit ist es vorstellbar, dass alle Akteure alle denkbaren Ereignisse korrekt in ihrem Entscheidungskalkül berücksichtigen und dass sie trotzdem einen nur unvollständigen Vertrag abschließen. Nach Abschluss des Kontrakts klären sich die Umweltzustände, Neuverhandlungen erfolgen und bestimmte Transaktionen werden abschließend durchgeführt.

Aus diesen Überlegungen wird deutlich, dass die zeitliche Abfolge der Ereignisse eine besondere Rolle spielt. In den im Folgenden zu besprechenden Modellen wird typischerweise die nachstehend angeführte Sequenz von Handlungen und Ereignissen unterstellt.

Abbildung 3.2

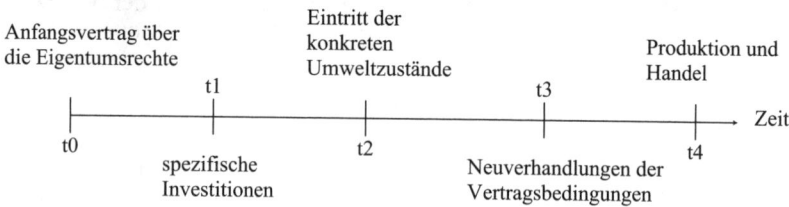

Zu Beginn der wirtschaftlichen Beziehung zwischen den Akteuren (in t0) wird der Anfangsvertrag abgeschlosssen. In diesem können im Allgemeinen weder die spezifischen Investitionen noch die konkreten Maßnahmen festgelegt werden, die in t4 durchgeführt werden sollen. Letzteres kann aufgrund der noch unbekannten Umwelteinflüsse nicht sinnvoll erfolgen. Die spezifischen Investitionen hingegen werden als nicht verifizierbar unterstellt.[1] Nichtverifizierbarkeit bedeutet, dass die Durchführung der spezifischen Investitionen nicht mit Hilfe von Gerichten durchgesetzt werden kann, da nicht an der Transaktion beteiligte Dritte den tatsächlichen Umfang an spezifischen Investitionen nicht quantifizieren können, selbst wenn alle Transaktionsparteien das korrekte Ausmaß erkennen. Damit bleibt für den Anfangsvertrag häufig nur noch die Regelung der Verfügungsrechte über die Vermögensobjekte sowie einige Grundregeln für die Zusammenarbeit. In t1 werden die spezifischen Investitionen durchgeführt. Sie sind von allen Transaktionspartnern erkennbar, Dritten gegenüber aber nicht verifizierbar. Die für die Transaktion relevanten Umwelteinflüsse werden in t2 ersichtlich. Nach t2 herrscht damit vollkommene Sicherheit über die transaktionsrelevante (nähere) Zukunft. In t3 erfolgen die Neuverhandlungen zur Anpassung des Vertrags an die neuen Gegebenheiten. In diesem Zusammenhang wird es einigen Akteuren mitunter möglich sein, sich Teile der transaktionsspezifischen Quasirente der anderen Vertragsparteien anzueignen. Im Anschluss an die Neuvertragsverhandlungen erfolgt in t4 schließlich die Durchführung der eigentlichen Transaktionen und alle Parteien erhalten ihre Auszahlungen.

Zu den grundlegenden Beiträgen der „Theorie unvollständiger Verträge", die auf diesem zeitlichen Schema beruhen, gehören insbesondere Grossman/Hart (1986), Hart/Moore (1988, 1990) sowie auch Milgrom/Roberts (1990). Die im Folgenden dargestellten Modelle orientieren sich vor allem an Grossman/Hart (1986) sowie Hart (1995). Ein anderes, ebenfalls anschauliches Lehrbuchbeispiel findet sich bei Richter/Furubotn (1996, S. 247–255).

Im Unterabschnitt 2.1. wird das Grundprinzip des Hold-up-Problems anhand eines besonders einfachen Modells mit einseitig spezifischen Investitionen illustriert. Im Anschluss daran wird ein etwas umfassenderes Modell diskutiert, das eine Reihe weiterer Aspekte wie etwa beidseitig spezifische Investitionen und die Bedeutung des Humankapitals erfassen kann. Abschließend wird als eine weitere Form der Kosten der Organisationsbenutzung die Theorie der Beeinflussungskosten untersucht.

2.1. Eine vereinfachte Darstellung des Hold-up-Problems

Betrachtet wird eine Transaktion zwischen zwei unabhängigen Akteuren, die wir im Folgenden als Person B (für „Buyer") und Person S (für

---

[1] Von dieser Annahme wird gelegentlich abgewichen, z.B. im Verhandlungskostenmodell von Milgrom und Roberts. Wann immer dies jedoch geschieht, wird explizit darauf hingewiesen.

*Aufbau des
Modells*

„Seller") bezeichnen wollen. B kauft ein Zwischenprodukt von S. Die Handelsmenge sei mit eins fixiert. Der Wert des Zwischenproduktes für B beträgt $\overline{V}$. Die Produktionskosten C von S sind abhängig von seiner spezifischen Investition in die Produktionsanlagen s: $C = C(s)$ mit $C' < 0$ und $C'' > 0$. D.h. je mehr S investiert, desto geringer sind die späteren Produktionskosten. Die Senkung der Produktionskosten durch Investition einer zusätzlichen Geldeinheit nimmt jedoch mit steigendem Investitionsniveau s ab. Außerdem gilt, dass die Investition nur dann ihre Wirkung entfalten können, wenn die angestrebte Transaktion mit B realisiert wird. Dies komme in diesem Abschnitt darin zum Ausdruck, dass sie völlig wirkungslos bleiben, wenn es B und S nicht gelingt, sich in den Neuverhandlungen zu einigen. Um die Analyse möglichst einfach zu halten, sei unterstellt, dass beide Akteure, B und S, auf einem wettbewerblichen Markt für generische Produkte jeweils einen Auszahlungsüberschuss von null erzielen, wenn sie sich in t3 nicht einigen können.

Des Weiteren unterstellen wir, dass die Eigentumsrechte an den Sachaktiva der Akteure hier exogen vorgegeben sei. Aus diesen Überlegungen resultieren die folgenden Gewinnfunktionen. Wenn sich die Akteure in t3 auf einen Handelspreis p einigen können, so beträgt der Gewinn des B

$$\pi_B = \overline{V} - p$$

und der Gewinn des S

$$\pi_S = p - C(s) - s\,.$$

Führen die Verhandlungen in t3 zu keiner Einigung, so betragen die entsprechenden Auszahlungsüberschüsse in t4 jeweils null.

*First-best-
Lösung*

Betrachten wir zunächst die First-best-Lösung als Referenzpunkt für das danach abzuleitende Gleichgewicht. Könnten sich die Akteure schon vor der Durchführung der spezifischen Investitionen verbindlich auf einen Transaktionspreis p einigen, so würden sie natürlich dasjenige Volumen an Investitionen s wählen, das die Gesamtgewinne aller Akteure maximiert. Aus dem Optimierungsansatz

$$\pi_B + \pi_S = (\overline{V} - p) + (p - C(s) - s) = \overline{V} - C(s) - s \qquad \rightarrow \max_s !$$

ergibt sich die Bedingung erster Ordnung:

$$\frac{\partial C}{\partial s} = -1\,.$$

Diese besagt nichts anderes, als dass die Grenzkosten der Investition in Höhe von eins im Optimum gleich hoch sein müssen wie die dadurch erzielte Kosteneinsparung.

Kehren wir wieder zum eigentlichen Hold-up-Problem zurück. Hier ist eine Einigung auf den Handelspreis p erst im Anschluss an die Durchführung der spezifischen Investition möglich. Ein rationaler Verkäufer S wird den voraussichtlichen Ausgang der Verhandlungen in t3 berücksichtigen, wenn er sein (individuell) optimales Investitionsvolumen bestimmt. Im Folgenden sei in Anlehnung an Grossman/Hart (1986) und Hart (1995) davon ausgegangen, dass das Verhandlungsergebnis in t3 durch die sogenannte Nash-Verhandlungslösung[2] abgebildet wird.

Nash-Verhandlungs-lösung

Die Nash-Verhandlungslösung bestimmt sich aus drei Einflussgrößen: der Höhe des Gesamtüberschusses und den (Konflikt-)Gewinnen der (beiden) beteiligten Verhandlungsseiten, wenn die Verhandlungen scheitern. Die Grundidee ist die folgende: Jeder Akteur erhält bei einer Einigung zunächst einmal den Gewinn, den er auch ohne Einigung erzielen kann. Den verbleibenden Rest des Gesamtüberschusses teilen die Akteure anschließend zu gleichen Anteilen untereinander auf. Dies sei an einem Beispiel erläutert: Nehmen wir an, ohne Einigung könnten die zwei Akteure B und S, die eine Verhandlung führen, die Erträge 10 (B) und 40 (S) realisieren. Sollten sie sich einigen, dann betrage der insgesamt zu verteilende Überschuss 100. Wenn nun jeder Akteur zunächst seine Konfliktgewinne zugeteilt bekommt, so bleibt ein Volumen von 100 – 40 – 10 = 50, das wir im Folgenden als „Nash-Kuchen" bezeichnen werden, zu verteilen. Diese 50 Geldeinheiten werden gleichmäßig auf beide Spieler verteilt, d.h. jeder bekommt davon 25. Das bedeutet, dass der Vertragsabschluss dadurch gekennzeichnet ist, dass B insgesamt 35 und S 65 Geldeinheiten erhalten.

Übertragen wir die Nash-Verhandlungslösung auf das Hold-up-Spiel, so kann festgestellt werden, dass die Konfliktgewinne von B und S annahmegemäß gleich null sind und dass der jetzt zu verteilende Gesamtüberschuss

$$\pi_B + \pi_S = \overline{V} - C(\overline{s})$$

mit $\overline{s}$ als den bereits zuvor festgelegten Investitionen entspricht. Diese werden als versunkene und jetzt entscheidungsirrelevante Kosten im Verhandlungsspiel nicht mehr berücksichtigt! Der Gesamtgewinn ist damit identisch mit dem Nash-Kuchen, der zu jeweils 50% auf beide Seiten verteilt wird. Die aus den Neuverhandlungen entstehenden Gewinne betragen damit

$$\pi_B^{NV} = \pi_S^{NV} = \frac{\overline{V} - C(\overline{s})}{2}.$$

---

[2] Die Nash-Verhandlungslösung wurde von John Nash zunächst in einem axiomatischen Ansatz abgeleitet. Inzwischen wurden jedoch mehrere nichtkooperative Verhandlungsspiele gefunden, deren Gleichgewicht der Nash-Verhandlungslösung entspricht.

Optimierungs-
kalkül des
Investors

Der Verkäufer wird zum Zeitpunkt seiner Investitionsentscheidung diesen Verlauf der Neuverhandlungen antizipieren und in sein Gewinnmaximierungskalkül einbeziehen:

$$\pi_s^{tl} = \frac{\overline{V} - C(s)}{2} - s \qquad \underset{s}{\rightarrow} \max!$$

Die daraus resultierende Bedingung erster Ordnung lautet

$$\frac{1}{2} \frac{\partial C}{\partial s} = -1.$$

Die Grenzerträge aus der Kostensenkung werden hier – im Gegensatz zur First-best-Bedingung – nur mit dem Faktor 1/2 gewichtet. Der Faktor entspricht genau seinem Anteil aus den Erträgen seiner spezifischen Investition, den er sich in den Verhandlungen aneignen kann. Im Vergleich zur First-best-Lösung wird im Gleichgewicht somit zu wenig investiert. Dies wird auch anhand von Abbildung 3.3 deutlich. s^{FB} entspricht darin der wohlfahrtsoptimalen spezifischen Investition, s^{GG} stellt die gleichgewichtige Investition dar. Im Gleichgewicht erzielt die marginale Investition zwar nach wie vor eine Kostensenkung in Höhe von 2. Da der Investor jedoch nur die Hälfte davon für sich realisieren kann, wird an dieser Stelle sein Grenzgewinn der Investition gleich null.

Der Umstand, dass die gleichgewichtigen Investitionen geringer ausfallen als die sozial optimalen Investitionen, entspricht dem Unterinvestitionsproblem, das wir schon im Rahmen der nicht-formalen Governancekostentheorie besprochen haben. Es folgt eine suboptimale Allokation der Ressourcen, d.h. es liegt eine Ressourcenverschwendung vor. Der daraus resultierende Wohlfahrtsverlust entspricht in Abbildung 3.3 der Fläche W. Die vertikale Differenz zwischen dC/ds, also der marginalen Produktionskostenreduzierung, und dem Wert −1, den marginalen Investitionskosten, entspricht der (nicht realisierten) marginalen Nettokosteneinsparung. Das Integral dieser Differenz über den Bereich von s^{GG} bis s^{FB} ergibt folglich den gesamten Wohlfahrtsverlust.

Natürlich liegt es im Interesse der beteiligten Parteien, solche Ineffizienzen abzubauen. In Williamsons Transaktionskostenansatz erfolgt dies nicht zuletzt auch durch die Zuweisung von Eigentumsrechten. Um diese Idee auch hier abzubilden, benötigen wir eine Erweiterung des Modells um die Bedeutung der Verteilung der Eigentumsrechte am Sachkapital, die im folgenden Abschnitt dargestellt wird.

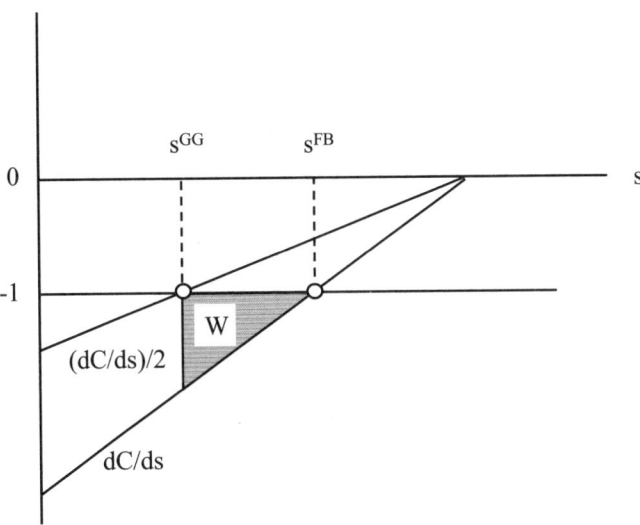

Abbildung 3.3

2.2. Ein umfassenderer Ansatz: Das Property-Rights-Modell

Das Property-Rights-Modell erweitert das im letzten Abschnitt besprochene Hold-up-Modell um zwei Aspekte, (a) die Wirkung der Verteilung von Eigentumsrechten auf die Investitionsanreize und (b) die Möglichkeit, dass nicht nur eine der Vertragsparteien spezifisch investiert, sondern gegebenenfalls auch beide als (spezifische) Investoren aktiv sind. Das grundlegende Ziel des Modells besteht darin zu zeigen, unter welchen Bedingungen es sinnvoll ist Käufer-, Verkäufer- oder Desintegration als Organisationsform zu wählen.

2.2.1. Aufbau des Modells

Wie im vorangehenden Abschnitt betrachten wir eine Wirtschaftsbeziehung zwischen einem Käufer (B für Buyer) und einem Verkäufer (S für Seller) eines Zwischenproduktes. Die zeitliche Abfolge der Ereignisse entspricht der aus Abbildung 3.2. Das heißt, es werden zunächst in t_0 die Eigentumsrechte über das Sachkapital zugeteilt. Wir unterstellen dabei, dass es zwei Sachkapitalobjekte (Assets) gebe. Asset 1 (a1) wird im Produktionsprozess des Zwischenproduktes eingesetzt, a2 wird hingegen bei der Weiterverarbeitung zum marktfähigen Endprodukt genutzt. Es werden drei mögliche Organisationsformen berücksichtigt: S-Integration (B-Integration) bedeutet, dass der Verkäufer (Käufer) Eigentümer beider Assets ist, Nichtintegration beinhaltet, dass S Eigentümer von a1 und B Eigentümer von a2 ist. Wir werden den Verhandlungsprozess um die Zuteilung der Eigentumsrechte nicht im Detail untersuchen. Statt dessen beschränken wir uns auf die vereinfachende Annahme, dass beide Vertragsparteien, den weiteren Ablauf der Ereignisse antizipierend, die Eigentumsrechte derart verteilen, dass der monetäre Gesamtüberschuss maximal ausfällt.

In t_1 erfolgen die spezifischen Investitionen von B und S. Die spezifische Verkäuferinvestition s verringert die in t_4 anfallenden Produktionskosten C. Die spezifischen Käuferinvestitionen erhöhen den Wert des Endproduktes V.

Nach der Auflösung der Unsicherheit (t_3) finden in t_4 die (Neu-) Verhandlungen der konkreten Vertragsbedingungen statt. Wie zuvor unterstellen wir, dass die Verhandlung so verlaufe, dass als Ergebnis die Nash-Verhandlungslösung resultiert. Um diese zu errechnen benötigen wir wiederum den Gesamtüberschuss für beide Verhandlungsseiten im Fall einer Einigung und im Fall einer Nichteinigung. Sollten sich die Akteure auf einen Handelspreis p einigen, was im Gleichgewicht immer der Fall sein wird, so erhält der Verkäufer S einen (Brutto-)Gewinn in Höhe von $\pi_S = p - C(s)$, während B den Betrag $\pi_B = V(b) - p$ erhält. Man beachte, dass in t_3 die Ausgaben für spezifische Investitionen, b und s, nicht mehr abgezogen werden, da sie inzwischen als versunkene Kosten anzusehen und damit entscheidungsirrelevant sind. Sollten sich die beiden Akteure in den Verhandlungen nicht einigen können, so erhalten sie am Markt die (Brutto-)Gewinne von $v(b,IF) - p_0$ (Käufer) und p_0 $c(s,IF)$. IF repräsentiert hier die Integrationform, die die Werte SI bei S-Integration, BI bei B-Integration und NI bei Nichtintegration annimmt.

Der aus der Verhandlung resultierende, rechtlich bindende Vertrag wird abschließend in t_4 verwirklicht.

Annahmen   Schließlich ist es erforderlich, noch einige (plausible) Annahmen im Hinblick auf die Kosten- und Wertfunktionen zu machen, die in Abbildung 3.4 zusammenfassend dargestellt werden. Folgende Aspekte werden hierin zum Ausdruck gebracht: (a) Die Ableitungen der Kostenfunktionen nach s liegen unterhalb von null, was impliziert, dass eine Erhöhung von s die Kosten C bzw. c senkt; (b) Die Ableitungen der Wertfunktionen liegen oberhalb von null, d.h. V bzw. v steigt mit b; (c) Die Ableitungen der Kostenfunktionen steigen. Dies besagt, dass die Kostensenkungen mit zunehmendem s abnehmen. C(s) und c(s,·) sind konvex. (d) Die Ableitungen der Wertfunktionen V bzw. v weisen einen fallenden Verlauf auf: Je höher b, desto geringer fällt der marginale Wertzuwachs aus. Die Wertfunktionen sind konkav. (e) Die marginalen Kostensenkungen (marginalen Wertsteigerungen) sind bei erfolgreicher Verhandlung in t_3 größer als bei jedem Scheitern der Verhandlung. (f) Die außerhalb der anvisierten Transaktion durch b bzw. s induzierten noch wirksamen marginalen Kostensenkungen (Wertsteigerungen) steigen mit der Anzahl der verfügbaren Sachkapitalgüter. Das bedeutet, dass bei Nichteinigung S die höchsten (niedrigsten) marginalen Kostensenkungen realisiert, wenn S-Integration (B-Integration) gewählt wurde. Analog dazu verwirklicht B im Konfliktfall die höchsten (niedrigsten) Wertsteigerungen bei B-Integration (S-Integration).

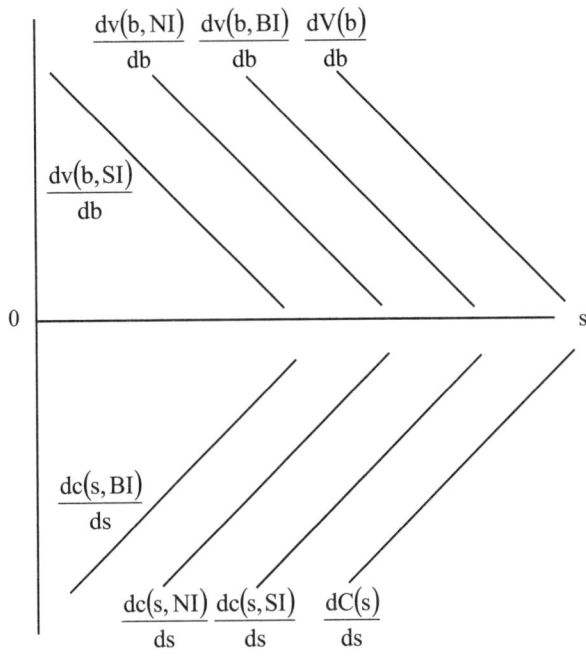

Abbildung 3.4

Abschließend muss noch die Annahme angeführt werden, dass der Gesamtüberschuss im Falle einer Einigung stets größer ist als der bei beliebigen Integrationsformen und Nichteinigung in t_3: $V(b) - C(s) > (v(b,\cdot) - p_0) + (p_0 - c(s,\cdot)) = v(b,\cdot) - c(s,\cdot)$. Wäre dies nicht der Fall, so wäre die Transaktion zwischen S und B in jedem Fall ineffizient und damit uninteressant.

Als Referenzpunkt wird zunächst wieder die First-best-Lösung, die die Summe der Gewinne beider Akteure maximiert, ermittelt. Der entsprechende Optimierungsansatz lautet

First-best-Lösung

$$V(b) - C(s) - b - s \qquad \rightarrow \max_{b,s}!$$

Die Bedingungen erster Ordnung für ein soziales Optimum lauten damit

(3.1)
$$\frac{dV(b)}{db} = 1 \qquad \text{und}$$
$$\frac{dC(s)}{ds} = -1.$$

Unter den oben vorgestellten Annahmen über V(b) und C(s) ist gewährleistet, dass auch die Bedingungen zweiter Ordnung erfüllt sind und das Gleichungssystem (3.1) somit die sozialen Optimalwerte für b und s beschreibt.

2.2.2. Investitionen und Gewinne in den drei Organisationsalternativen

Um das gleichgewichtige Verhalten unter den verschiedenen Organisationsformen zu untersuchen, müssen wir das Spiel wieder von hinten lösen, d.h. es ist zunächst zu klären, zu welchem Ergebnis die (Neu-) Verhandlungen in t_3 führen werden. Wie zuvor wird unterstellt, dass das Verhandlungsergebnis durch die Nash-Verhandlungslösung beschrieben werden kann. Außerdem ist zu berücksichtigen, dass die spezifischen Investitionen aus t_1 inzwischen versunken sind. Wie bereits erläutert, erfolgt die Verteilung der Auszahlungen in der Nash-Verhandlungslösung nach folgendem Prinzip: Jede Vertragsseite erhält zunächst ihren Konfliktgewinn, d.h. denjenigen Gewinn, den sie auch außerhalb der angestrebten Beziehung realisieren kann. Anschließend wird der verbleibende „Nash-Kuchen" auf beide Parteien gleich aufgeteilt. In unserem Fall heißt das:

Nash-Verhandlungs-lösung

$$\pi_B^{NV} = \left(v(b,\cdot) - p_0\right) + \frac{1}{2}\left[V(b) - C(s) - \left(v(b,\cdot) - p_0\right) - \left(p_0 - c(s,\cdot)\right)\right]$$

$$= \frac{1}{2}\left[V(b) - C(s) + v(b,\cdot) + c(s,\cdot)\right] - p_0 \qquad \text{und}$$

$$\pi_S^{NV} = \left(p_0 - c(s,\cdot)\right) + \frac{1}{2}\left[V(b) - C(s) - \left(v(b,\cdot) - p_0\right) - \left(p_0 - c(s,\cdot)\right)\right]$$

$$= p_0 + \frac{1}{2}\left[V(b) - C(s) - v(b,\cdot) - c(s,\cdot)\right]$$

mit p_0 als Preis auf dem wettbewerblichen Markt für generische Produkte. Bei der Wahl der jeweiligen spezifischen Investitionen b und s in t_1 antizipieren beide Akteure diesen Verlauf der Verhandlungen. Man beachte, dass die Investitionsausgaben b und s in t_1 noch nicht versunken sind – sie werden ja gerade bestimmt – und damit im Optimierungsansatz berücksichtigt werden müssen. Ihr jeweiliges Optimierungsproblem sieht wie folgt aus:

$$\pi_B = \pi_B^{NV} - b$$

$$= \frac{1}{2}\left[V(b) - C(s) + v(b,\cdot) + c(s,\cdot)\right] - p_0 - b \qquad \rightarrow \max_b !$$

$$\pi_S = \pi_S^{NV} - s$$

$$= p_0 + \frac{1}{2}\left[V(b) - C(s) - v(b,\cdot) - c(s,\cdot)\right] - s \qquad \rightarrow \max_s !$$

Die sich hieraus ergebenden Bedingungen erster Ordnung für ein Gewinnmaximum für B und S lauten

(3.2)
$$\frac{1}{2}\left[\frac{dV(b)}{db} + \frac{dv(b,\cdot)}{db}\right] = 1 \quad \text{und}$$

$$\frac{1}{2}\left[\frac{dC(s)}{ds} + \frac{dc(s,\cdot)}{ds}\right] = -1.$$

Das Investitionsverhalten

Das Gleichungssystem (3.2) bildet gleichzeitig die Bedingungen für ein Nash-Gleichgewicht im Property-Rights-Spiel. Da $dV/db > dv/db$, ist unmittelbar ersichtlich, dass die individuellen Investitionsanreize, dargestellt durch die linken Seiten des Gleichungssystems, im Property-Rights-Spiel geringer sind als die Investitionsanreize aus übergeordneter, sozialer Perspektive.[3] Damit kommt es – wie schon im einfachen Hold-up-Spiel – *bei allen Organisationsformen* zu Unterinvestitionen. Dies sei anhand von Abbildung 3.5 erläutert. Die jeweils gestrichelten Wert- und Kostenkurven entsprechen den einzelnen Termen aus Gleichungssystem (3.2). Die dazwischen liegende, durchgezogene Linie repräsentiert die jeweiligen linken Seiten des Gleichungssystems. Diese stellen inhaltlich die jeweiligen Investitionsanreize für B ($IAB_{(.)}$) bzw. S ($IAS_{(.)}$) dar. Die äußere der gestrichelten Kurven repräsentiert die beiden First-best-Bedingungen. Da die durchgezogenen Kurven – unabhängig von Organisationsform – links davon liegen, ergeben sich Unterinvestitionen ($b^{GG} < b^{FB}$ und $s^{GG} < s^{FB}$), die wiederum die Wohlfahrtsverluste W_V und W_C zur Folge haben.

Die Ursache für die Unterinvestition ist für beide Akteure, dass sie einen Teil der Wertsteigerung, die durch die eigenen Investitionen bewirkt wird, an den Transaktionspartner fällt. Es handelt sich somit um einen positiven (pekuniären) externen Effekt zwischen S und B, den diese nicht in ihr Maximierungskalkül einbeziehen und der damit eine (soziale) Ineffizienz induziert. Eine solche Ineffizienz fällt zwar bei allen Organisationsformen an, doch variieren das Ausmaß und die Folgen der Unterinvestitionen zwischen den Integrationsalternativen. Die dabei ableitbaren Zusammenhänge und Gestaltungsempfehlungen sind Gegenstand des folgenden Abschnitts.

---

[3] Vergleiche dazu die First-best-Bedingungen im Abschnitt 2.2.1.

Abbildung 3.5

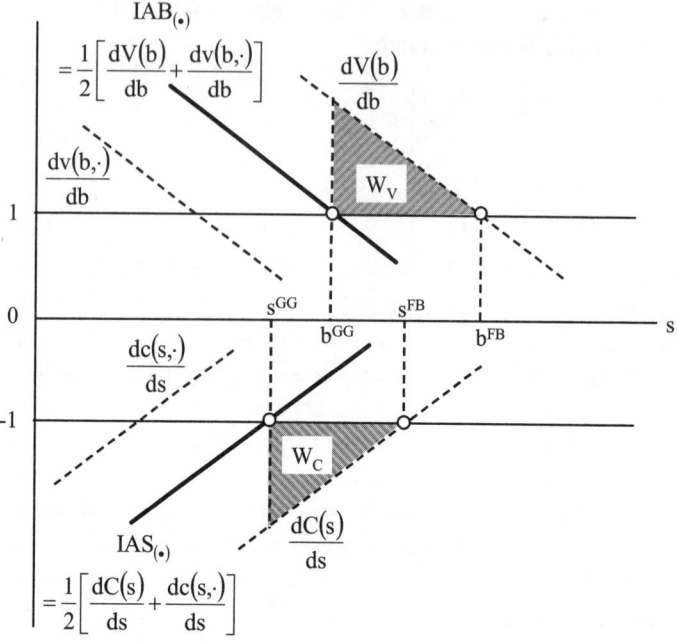

2.2.3. Die optimale Wahl der Organisationsform

Wenn in jedem Fall Wohlfahrtsverluste hingenommen werden müssen, dies ist das Hauptergebnis des vorangehenden Abschnitts, bleibt dennoch das Ziel, diese zu minimieren. Inhalt dieses Abschnittes wird es sein, verschiedene Annahmen hinsichtlich der V(b)- bzw. der C(s)-Funktion durchzuspielen, um dabei Regeln für die effiziente Wahl der Organisationsform abzuleiten.

Unproduktive Investitionen

Zunächst betrachten wir den Fall, dass die Investitionen einer der beiden Parteien *relativ unproduktiv* sind. Nehmen wir z.B. an, die Investition des S seien relativ unproduktiv, so ist damit gemeint, dass die Kosteneinsparung durch s im Vergleich zur Wertsteigerung durch b gering ausfällt. Graphisch lässt sich dies dadurch darstellen, dass die dC/ds-Kurve und die IAS-Kurven sehr flach verlaufen (Abbildung 3.6). Wie zuvor gilt, dass B (S) mehr investiert, je mehr Assets er besitzt. Abbildung 3.6 verdeutlicht jedoch, dass die daraus resulierenden Wohlfahrtgewinne beim relativ unproduktiven S nur vergleichsweise gering ausfallen (Flächen C und D). Eine S-Integration würde somit zwar zu einer Erhöhung von s führen, doch wären die Wohlfahrtsverluste der dadurch induzierten Verringerung von b, hier die Flächen A und B, deutlich größer. Umgekehrt führt eine B-Integration zu hohen Wohlfahrtsgewinnen (A + B) bei nur geringen Wohlfahrtsverlusten (C + D).

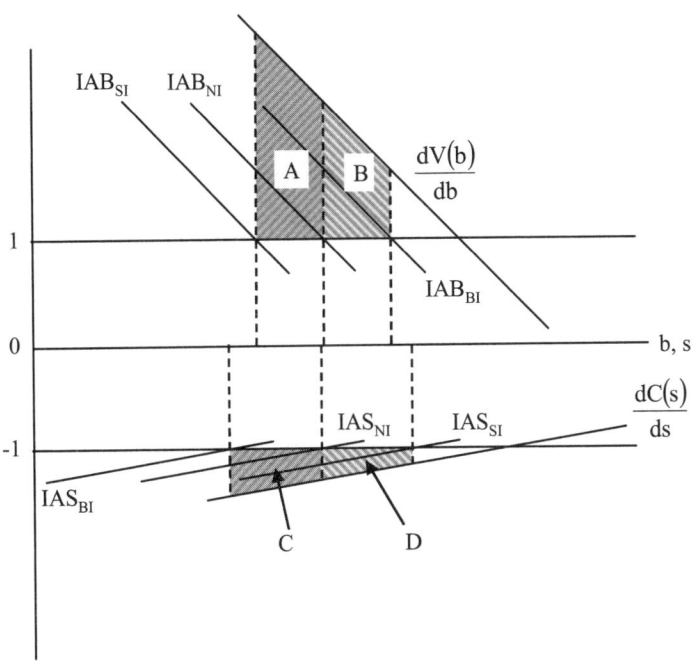

Abbildung 3.6

Damit wird deutlich, dass ein relativ unproduktiver Verkäufer S seine Assets an den produktiveren B verkaufen sollte. Der daraus resultierende Wohlfahrtsgewinn reicht aus, um S vollständig für den Verlust der Kapitalobjekte zu kompensieren. B-Integration erweist sich folglich als effiziente Organisationsform. Analog ließe sich zeigen, dass ein relativ unproduktiver Käufer B ebenfalls niemals Eigentümer des Sachkapitals sein sollte. Damit kommen wir zur ersten Gestaltungsempfehlung:

Sind die Investitionen von B (S) relativ unproduktiv, so sollte (und wird) eine S-Integration (B-Integration) erfolgen.

Betrachten wir nun den Fall *unabhängiger Vermögensobjekte*. Die Unabhängigkeit der Vermögensobjekte liegt vor, wenn im Konfliktfall keine der beiden Parteien aus dem Besitz des ursprünglichen Assets des anderen Vorteile ziehen kann. Formal heißt dies: $v(b,NI) = v(b,BI)$ und $c(s,NI) = c(s,SI)$. Ist diese Bedingung erfüllt, so sind die Investitionsanreize von B bei Nicht- und bei B-Integration identisch, genauso wie die Investitionsanreize von S bei Nicht- und bei S-Integration übereinstimmen. In Abbildung 3.7 findet sich die graphische Darstellung dieses Falls. Ausgehend von einer Nichtintegration führt eine beliebige Integration nicht zu einer Erhöhung der Investitionsanreize für den integrierenden Akteur. Gleichzeitig reduzieren sich jedoch die Investitionsanreize für den seine Assets abgebenden Investor. Somit führt eine B-Integration zum Wohlfahrtsverlust B und eine S-Integration zum Wohlfahrtsverlust A.

Unabhängige Vermögensobjekte

Abbildung 3.7

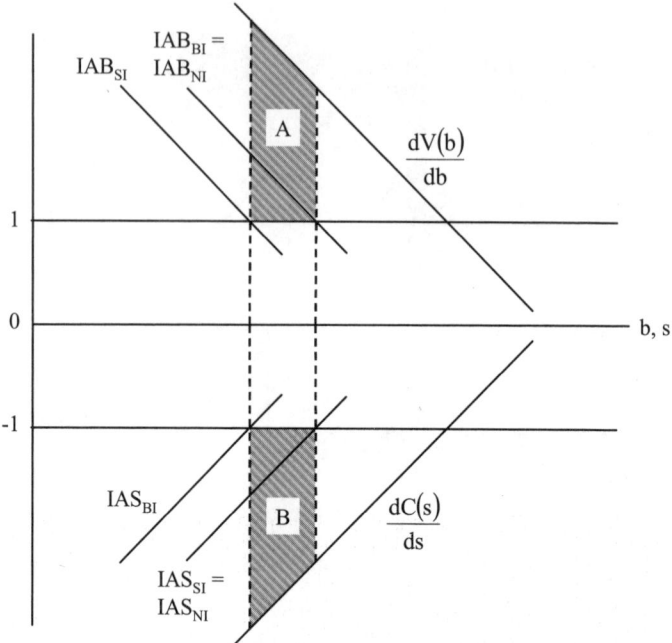

Somit kommen wir zur zweiten Gestaltungsregel:

Sind die Vermögensobjekte voneinander unabhängig, so soll (und wird im Gleichgewicht) die Nichtintegration gewählt.

Komplementäre Vermögens-objekte

Der dritte, hier zu besprechende Fall wird als *strenge Komplementarität der Vermögensobjekte* bezeichnet. Diese ist dann erfüllt, wenn im Konfliktfall der Besitz eines einzigen der beiden Vermögensobjekte wertlos ist. Formal heißt das: $v(b,NI) = v(b,SI)$ und/oder $c(s,NI) = c(s,BI)$. Sind diese Bedingungen erfüllt, so fallen die Käufer-Investitionsanreize IAB_{NI} und IAB_{SI} zusammen, ebenso wie die Verkäufer-Investitionsanreize IAS_{NI} und IAS_{BI}. Abbildung 3.8 zeigt eine entsprechende Konstellation. Bei Nichtintegration gelten für B und S die linken IA-Kurven. Verkauft einer der beiden sein Vermögensobjekt, so bleiben seine Investitionsanreize unverändert, während die des anderen zunehmen. Konkret bedeutet dies, dass eine B-Integration im Vergleich zur Nichtintegration den Wohlfahrtsgewinn in Höhe der Fläche A erzeugt, während eine S-Integration die zusätzliche Wohlfahrt der Fläche B induziert. Sowohl B- als auch S-Integration sind einer Nichtintegration überlegen. Ohne weitere Annahmen lässt sich jedoch nicht sagen, welche der beiden Integrationsformen der anderen vorzuziehen ist.

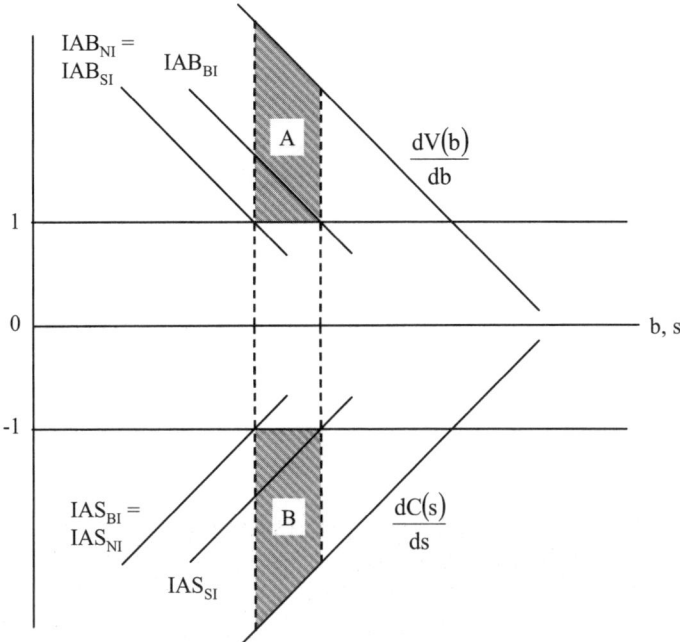

Abbildung 3.8

Die dritte Gestaltungsempfehlung lautet somit:

Sind die beiden Vermögensobjekte streng komplementär, so ist entweder eine B-Integration oder eine S-Integration optimal.

Der letzte hier zu behandelnde Fall untersucht die *Unverzichtbarkeit* des Humankapitals eines der Investoren. Hierunter versteht man, dass die Beteiligung von einem der beiden Partner für den anderen nicht ersetzbar ist. Formal meint dies: v(b,BI) = v(b,SI) oder c(s,SI) = c(s,BI). Ist eine dieser beiden Bedingungen erfüllt, so resultiert die Abhängigkeit des Betroffenen daraus, dass er nicht unbedingt die Vermögensobjekte des anderen benötigt, sondern dessen Person. Abbildung 3.9 betrachtet den Fall, dass der Verkäufer für den Käufer unverzichtbar ist. Dies hat zur Folge, dass die Investitionsanreize für B unabhängig von der Organisationsform sind. Wenn dies jedoch zutrifft, dann entscheiden ausschließlich die Investitionsanreize von S über die Wahl der Organisation. Da S umso mehr investiert, je mehr Vermögensobjekte er besitzt, ist es optimal, S beide Vermögensobjekte zu übertragen. Der daraus resultierende Wohlfahrtsgewinn im Vergleich zur Nichtintegration (bzw. B-Integration) entspricht der Fläche B (bzw. A + B).

Unverzichtbares Humankapital

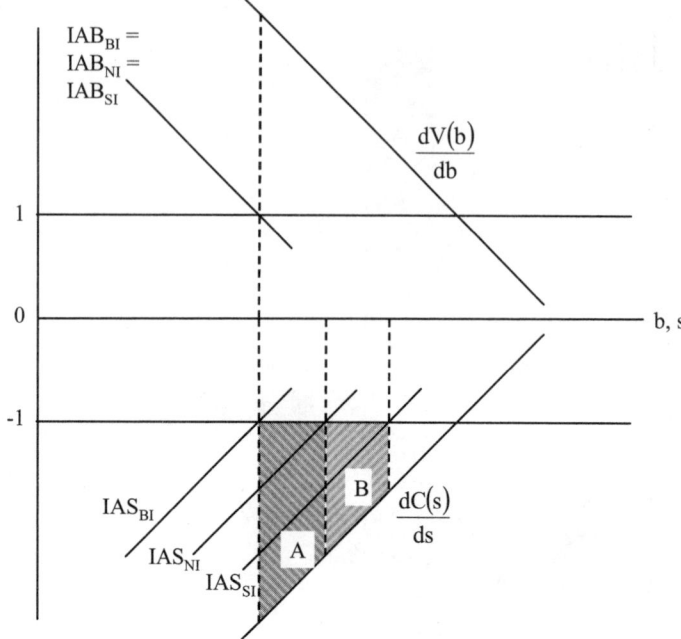

Damit kommen wir zur vierten Gestaltungsempfehlung:

Ist einer der Transaktionspartner unverzichtbar, so sollte (und wird) er Eigentümer aller Vermögensobjekte werden.

Sollten hingegen beide Akteure, B und S, wechselseitig für einander unverzichtbar sein, so fallen auch für S die Investitionsanreize bei allen Organisationsformen zusammen. Damit ist auch sein Investitionsverhalten unabhängig von der Organisationsform, so dass die Wahl der Integrationsform bedeutungslos wird.

In Tabelle 3.1 werden die im Modell abgeleiteten Ergebnisse abschließend zusammengefasst.

Tabelle 3.1

Fall	Effiziente Organisationsform
Investition von B relativ unproduktiv	SI
Investition von S relativ unproduktiv	BI
Vermögensobjekte unabhängig	NI
Vermögensobjekte streng komplementär	BI oder SI
Humankapital von B unverzichtbar	BI
Humankapital von S unverzichtbar	SI
Humankapital von B und S unverzichtbar	BI, SI oder NI

2.2.4. Die Bedeutung der Modellierung der Verhandlung

Im Property-Rights-Modell wurde ein ganz spezielles Ergebnis der Verhandlungen, die nach erfolgten spezifischen Investitionen stattfinden, unterstellt. Die dabei verwendete Nash-Verhandlungslösung ist sowohl intuitiv einsichtig als auch aus einem axiomatischen Ansatz heraus ableitbar. Für die ökonomische Theorie ist es jedoch von besonderem Interesse, dass die Verhandlung auch als Gleichgewicht eines nichtkooperativen Verhandlungsspiels verstanden werden kann.

Im Rahmen des sogenannten Nash-Programms haben sich Ökonomen mit diesem Problem auseinandergesetzt und verschiedene Verhandlungsspiele gefunden, deren Gleichgewichte mit der Nash-Verhandlungslösung übereinstimmen. Der wohl bekannteste dieser Ansätze ist das Rubinstein-Verhandlungsspiel: Zwei Spieler verhandeln über die Aufteilung eines mit der Zeit schrumpfenden Kuchens. Sie dürfen abwechselnd Aufteilungsvorschläge machen, die anschließend vom jeweils anderen Spieler angenommen oder abgelehnt werden können. Die Verhandlungskosten entstehen dadurch, dass nach jedem abgelehnten Angebot der aufzuteilende Betrag um einen bestimmten Prozentsatz des verbliebenen Restwerts sinkt. Das Verhandlungsspiel kann grundsätzlich unendlich lange fortgesetzt werden. Da jede Ablehnung jedoch den erzielbaren Gesamtüberschuss verringert, besteht ein Anreiz für eine schnelle Einigung. Im Gleichgewicht wird der zuerst vorschlagende Spieler schon in der ersten Periode ein Angebot unterbreiten, das exakt der Nash-Verhandlungslösung entspricht und vom Verhandlungspartner angenommen wird.

Ein zweites nichtkooperatives Verhandlungsmodell mit der Nash-Verhandlungslösung als Gleichgewicht ist das „Inside-Option-Spiel". Auch darin wechselt das Angebotsrecht von Periode zu Periode, wobei eine endliche, gerade Anzahl an Perioden unterstellt wird. Einigen sich die Akteure, dann wird in allen folgenden Perioden die vereinbarte Aufteilung der Auszahlungen verwirklicht. Kommt es hingegen in einer Periode zu einer Ablehnung, so erhalten beide Spieler für diese Periode eine Auszahlung in Höhe der „Inside Option", d.h. sie erhalten Konfliktgewinne, deren Summe geringer ist als die Summe der Auszahlungen im Einigungsfall. Wie schon im Rubinstein-Spiel erfolgt im Gleichgewicht ein Erstperiodenangebot, das der Nash-Verhandlungslösung entspricht und sofort angenommen wird. Das Gleichgewicht ist somit auch effizient.

Inside Options

Damit liegt mehr als eine nichtkooperative Fundierung des Verhandlungsmodells im Rahmen des Property-Rights-Ansatzes vor. Problematisch ist allerdings, dass es natürlich weitere nichtkooperative Verhandlungsspiele gibt, die zu anderen Gleichgewichten führen. Ein besonders prominentes darunter ist das „Outside-Option-Spiel". Dieses entspricht weitgehend dem soeben diskutierten Inside-Option-Spiel, weist jedoch zwei entscheidende Unterschiede auf. Zum Einen kann der antwortende Spieler zwischen drei Alternativen wählen: (a) Er nimmt das Angebot an, (b) er lehnt es ab, führt aber die Verhandlungen fort oder (c) er bricht die Verhandlung endgültig ab. In Fall (b) – wenn also die Verhandlung fortgesetzt wird – erfolgt im Gegensatz zum Inside-Option-Spiel keine weitere Periodenauszahlung, was bedeutet, dass die Ablehnungskosten sogar noch größer sind. Demgegenüber erhalten beide Parteien eine Auszahlung, die Outside Option, wenn die Verhandlung endgültig abgebrochen wird und beide sich einen anderen Transaktionspartner suchen. Das Gleichgewicht dieses Verhandlungsspiels weicht von der Nash-Verhandlungslösung deutlich ab. Zwar wird auch hier schon in der ersten Periode ein Angebot gemacht, das angenommen wird, doch sieht die Verteilung der Auszahlungen vollständig anders aus. Sind die Outside Options beider Spieler hinreichend klein, so teilen sie sich den gesamten Kuchen gleich untereinander auf – unabhängig von der Höhe der Outside Options! Im Kontext des Property-Rights-Modells hieße das, beide erhielten einen Payoff in Höhe von $(V - C)/2$. Überschreitet hingegen die Outside Option eines Spielers diesen Wert, dann ist die Outside Option bindend und es resultiert eine andere Aufteilung der Gewinne. Dann bekommt der Spieler mit der hohen Outside Option exakt diese ausgezahlt, während der Verhandlungspartner den Rest des Kuchens erhält. Unterstellen wir, dass B der Spieler mit der hohen Outside Option ist, so realisiert er eine Auszahlung in Höhe von $v(b,\cdot) - p_0$, während S die Summe $V(b) - C(s) - v(b,\cdot) + p_0$ einnimmt.

Investitionen bei Outside Options

Die neue Verteilung der Gewinne erzeugt andere Investitionsanreize, wie de Meza und Lockwood (1998) zeigen. Diese wiederum können in bestimmten Fällen zu anderen Gestaltungsempfehlungen führen als dies für das Property-Rights-Modell gilt. Hier mag es genügen, ein Beispiel zu geben: Betrachten wir den Fall unabhängiger Vermögensobjekte und unterstellen wir, dass die Konfliktgewinne unabhängig von den Investitionen sind, i.e. $v(b,\cdot) = v(\cdot)$ und $c(s,\cdot) = c(\cdot)$. Außerdem gelte: $v(SI) = 0$, $v(NI) - p_0 > (V - C)/2$ und $p_0 - c(SI) = p_0 - c(NI) < (V - C)/2$.

Im Property-Rights-Modell stellt die Nichtintegration stets die beste Organisationsform dar. Mit dem neuen Outside-Option-Verhandlungsspiel weiß Spieler B, dass er aus den Neuverhandlungen immer einen Betrag von $v(NI) - p_0$ erhalten wird, d.h. seine Auszahlung ist unabhängig von seiner Investition. Er verfügt damit über keine Investitionsanreize! Demgegenüber bekommt S den Betrag $(V(b) - C(s)) - (v(NI) - p_0)$. Das bedeutet, dass er den vollen Ertrag aus seinen Investitionen einnehmen kann, also maximale Investitionsanreize aufweist.

Vergleicht man nun die Nichtintegration mit der S-Integration, ergibt sich folgendes Bild. Wegen $v(SI) = 0$ ist die Outside Option nicht mehr bindend. Dies bewirkt, dass das Verhandlungsgleichgewicht durch eine gleiche Aufteilung des Gesamtkuchens gekennzeichnet ist, d.h. beide Spieler erhalten (V(b) – C(s))/2. Damit steigen die Investitionsanreize für B, wohingegen die für S sinken. Es lassen sich nun Parameterkonstellationen konstruieren, in denen die Wirkung des ersten Effekts die des zweiten dominieren. Das bedeutet, dass auch bei unabhängigen Vermögensobjekten eine S-Integration effizient sein kann. Das neue Outside-Option-Verhandlungsspiel führt somit u.U. zu neuen Gestaltungsempfehlungen, die im Widerspruch zum ursprünglichen Property-Rights-Modell stehen.

Diese Überlegungen verdeutlichen, dass die Wahl des Verhandlungsspiels gegebenenfalls erheblichen Einfluss auf die optimale Wahl der Organisationsform ausübt. Dies ist umso betrüblicher, als keines der Verhandlungsmodelle eine verlässliche Abbildung realer Verhandlungen in der Praxis darstellt. Für reale Verhandlungsprozesse kann man wohl kaum von einem einheitlichen Verlauf ausgehen, man kann vermutlich auch kein effizientes Verhandlungsergebnis unterstellen. Eine unmittelbare und allgemeine Übertragung der Modellergebnisse auf die Praxis verbietet sich somit. Trotzdem wird die grundsätzliche Natur des Hold-up-Problems mit Hilfe der Modelle wesentlich deutlicher als in der rein verbalen Darstellung und hilft damit auch dem Praktiker, das Organisationsproblem besser zu durchdringen.

2.2.5. Experimentelle Evidenz

Es existieren eine Reihe von Arbeiten zur experimentellen Überprüfung des Hold-up-Problems. Die meisten dieser Experimente enthalten sehr stark vereinfachte Versionen des Hold-up-Spiels, die nur eine sehr eingeschränkte Übertragung zum Property-Rights-Modell zulassen. Eine Ausnahme hiervon bildet die Arbeit von Sonnemans, Oosterbeek und Sloof (2001), die eine sehr eng am oben beschriebenen Modell ausgerichtete Struktur aufweist. Darin wird ein Experiment mit zwei Typen von Spielern, Investoren und Nicht-Investoren, durchgeführt. In Stufe 1 des Experiments wählen Spieler vom Typ 1 die Höhe einer bestimmten beziehungsspezifischen Investition i. Die Investitionskosten betragen $i^2/100$. Hieran anschließend erfolgt ein Inside-Option-Verhandlungsspiel mit einer Laufzeit von 10 Perioden, in denen jeweils ein Überschuss von R(i) = 1000 + i + r aufgeteilt werden können. Die Variable r beschreibt dabei die Inside-Option (Konfliktgewinn) des Investors (Typ 1), den er in den Perioden erzielt, in denen keine Einigung erreicht wird. Der Konfliktgewinn wird exogen vorgegeben und kann die Werte 780 (Typ 1-Integration), 680 (Nichtintegration) und 180 (Typ 2-Integration) annehmen. Man beachte, dass die Inside-Option hier nicht von der Investition i abhängt.

Im Gleichgewicht wird der Investor unabhängig von der Integrationsform ein Investitionsvolumen von i = 250 wählen und die folgende Verhandlung würde zu einer Aufteilung gemäß der (organisationsformabhängigen) Nash-Verhandlungslösung führen.

Das Laborverhalten weicht in einer Reihe von Gesichtspunkten deutlich von der Gleichgewichtsprognose ab:

(1) Die Investitionen übersteigen das Niveau der Gleichgewichtsprognose erheblich, bleiben aber ebenso deutlich unterhalb des sozial optimalen Niveaus.

(2) Mit steigendem r, d.h. mit steigender Anzahl an Vermögensobjekten des Investors steigt das Investitionsvolumen an.

(3) Die Verhandlungen verlaufen im Allgemeinen nicht effizient, d.h. es werden Angebote, die in Periode 1 unterbeitet wurden, abgelehnt und eine Einigung erfolgt im Durchschnitt erst nach zwei bis drei Perioden.

(4) Wenn es zu Einigungen kommt, dann erhält der Investor üblicherweise einen geringeren Anteil vom Überschuss als im theoretischen Gleichgewicht vorhergesagt.

(5) Der Anteil des Investors am Überschuss steigt mit seinen Investitionen.

In einer zweiten Variante des Spiels , also einem zweiten Treatment, ersetzen Sonnemans u.a. das Inside-Option-Verhandlungsspiel durch ein Outside-Option-Verhandlungsspiel mit denselben Konfliktgewinne, die jedoch nur bei endgültigem Abbruch der Verhandlung und nur für die verbleibenden Perioden ausgezahlt werden. Im theoretischen Gleichgewicht resultieren Investitionen in Höhe von i = 250 (Typ 1-Integration) bzw. 0 (Nicht- oder Typ 2-Integration). Das Verhalten in diesem Treatment ist wiederum dadurch gekennzeichnet, dass die Investitionen zwischen dem sozial optimalen und dem Gleichgewichtswert liegen. Außerdem ist im Vergleich zum ersten Treatment eine – aus theoretischer Sicht zu erwartende – Verringerung des Investitionsvolumens bei Nicht- bzw. Typ 2-Integration zu erkennen. Auch das Verhandlungsverhalten lässt sich durch eine unvollständige Annäherung in Richtung des theoretischen Gleichgewichts feststellen.

Die Verfasser interpretieren ihre Ergebnisse ganz im Sinn der Theorie sozialer Präferenzen. So wird z.B. die positive Abhängigkeit des vereinbarten Investoranteils von der Höhe seiner Investitionen als Erscheinungsform der positiven Reziprozität verstanden: Großzügige Investitionen vom Typ 1-Spieler induzieren damit großzügigeres Verhandlungsverhalten der Nichtinvestoren (Typ 2-Spieler) und umgekehrt erklärt die Antizipation des großzügigen Verhandlungsverhaltens ebenso großzügige, d.h. über dem Gleichgewicht liegende Investitionen.

Dass die Bedeutung sozialer Präferenzen u.U. zu relativieren ist, zeigt die Arbeit von Erlei und Siemer (2004), in der das Experiment von Sonnemans u.a. um eine endogene Verteilung der Eigentumsrechte ergänzt wird. Ausgehend vom Inside-Option-Treatment wird eine Auktionsstufe vorgeschaltet, in der die zwei Vermögensobjekte versteigert werden. Ersteigert jeder Spieler ein Asset, so folgt der Nichtintegrationsfall. Ersteigert der Investor (Nichtinvestor) beide Assets, so folgt die Typ 1-Integration (Typ 2-Integration). Es zeigt sich, dass die Endogenisierung der Eigentumsrechte erhebliche Auswirkungen auf das Verhalten der Akteure ausübt. Das durchschnittliche Verhalten der Probanden nähert sich dem theoretischen Gleichgewicht des Property-Rights-Modells deutlich an. Als Erklärung hierfür wird angeführt, dass es einen entscheidenden Unterschied macht, ob man sich eine günstige Verhandlungslage im Rahmen der Auktion erkauft bzw. verdient hat, wie bei Erlei und Siemer, oder ob man sie vom Experimentleiter (unverdient) zugewiesen bekommt. Ein fehlender „moralischer Anspruch" auf die erhaltene Position lädt förmlich zur stärkeren Berücksichtigung der Interessen des Transaktionspartners ein, während eine „hart erarbeitete" Position im Interesse des Eigeninteresses genutzt werden will. Dies Ergebnis ist nicht zuletzt deshalb wichtig, weil in der Wirtschaftspraxis vorteilhafte Stellungen im Allgemeinen nicht verschenkt werden, so dass die Bedeutung sozialer (Fairness-) Präferenzen gegebenenfalls relativiert werden muss.

Zusammenfassend lässt sich somit festhalten, dass die experimentelle Forschung Anhaltspunkte dafür liefert, dass das *Property-Rights-Modell einige grundlegende Zusammenhänge vergleichsweise treffend beschreibt.* Andererseits muss eingeräumt werden, dass die Theorie in bestimmten Situationen *durch Gerechtigkeits- bzw. Fairness-Aspekte ergänzt* werden muss.

Andere Ansätze

2.2.6. Ein kritischer Rückblick auf die vollständig formale Governance-kostentheorie

Welchen Aussagegehalt weisen dies oben besprochenen Modelle nun auf? Es ist klar, dass die formale Theorie eine Reihe wichtiger zusätzlicher Zusammenhänge aufdecken und eine plausible Erklärung des Hold-up-Problems liefern kann. Wieder einmal kann festgestellt werden, dass die formalen Ansätze auf einer Reihe sehr restriktiver Annahmen basieren, die eine unmittelbare Anwendung schwierig erscheinen lassen. Wir wollen hier nur die wichtigsten ansprechen.

(Begrenzte) Ra-
tionalität

Es werden im Rahmen der hier diskutierten Modelle sehr hohe Anforderungen an die Rationalität und das Wissen der beteiligten Akteure gestellt. So sind die Personen über *alle* möglichen zukünftigen Umweltzustände informiert und können sie auch vollständig verarbeiten. Solche Annahmen stehen natürlich in einem auffälligen Spannungsverhältnis zur ursprünglichen Formulierung der Zusammenhänge in der verbalen Theorie, in der die Begrenztheit der Rationalität der Akteure betont wurde. Wie wir aber schon oben erläutert haben, stellt die Rationalitätsannahme im Wesentlichen nur ein analytisches Hilfsmittel dar, das es uns ermöglicht, bestimmte Zusammenhänge deutlicher hervorzuheben. Mit ihrer Hilfe können wir das Ausbeutungsproblem wesentlich klarer erfassen. Der Preis dafür besteht in dem Verzicht auf Aspekte der institutionellen Gestaltung, die eng mit der unvollkommenen Rationalität verbunden sind. So können in den hier angeführten Modellen alle Akteure alles antizipieren. Wenn dies jedoch nicht immer möglich ist, erfüllen Institutionen auch eine ganz andere Funktion: Durch die deutlich sichtbaren Anreizwirkungen von Institutionen wird es den Akteuren mitunter gerade erst *ermöglicht*, das Verhalten anderer verlässlich zu prognostizieren. Insofern dieser Aspekt eine wichtige Bedeutung aufweist, geht er in der formalen Theorie fast vollständig verloren.

Alternative
Modell-
strukturen

Auffällig ist, dass nur sehr wenige organisatorische Alternativen berücksichtigt werden, die allesamt nur unterschiedliche Integrationsformen darstellen. Tatsächlich verfügen die Akteure jedoch über die Möglichkeit, unabhängig von der Integrationsfrage durch geschickte Formulierung von Vertragsklauseln die Auswirkungen des Ausbeutungsproblems zu verringern. Es existiert mittlerweile eine umfangreiche Literatur zu dieser speziellen Problematik, die hier jedoch nicht im einzelnen diskutiert werden soll.[4] Dennoch ist es wichtig, sich darüber im klaren zu sein, wie stark verkürzt die vorliegenden Modelle auch heute noch sind.

Kosten der Organisationsbenutzung, wie wir sie in der verbalen Theorie vorgestellt haben, spielen in der auf Grossman/Hart (1986) aufbauenden Literatur offensichtlich keine Rolle. Im Prinzip werden in den üblichen Modellen immer nur die aus dem Ausbeutungsproblem resultierenden Governancekosten minimiert. Diese stellen, da sie auch bei verschiedenen Integrationsformen entstehen, keine reinen Kosten der „Marktbenutzung" mehr dar. Ein treffenderer Ausdruck wäre stattdessen möglicherweise „Kosten der Ausbeutungsmöglichkeit". Auch hier wird wieder deutlich, dass die Formalisierung der Theorie einen nicht geringen Preis hat.

Eine ebenfalls zentrale Annahme besagt, dass die jeweiligen spezifischen Investitionen nur jeweils durch einen der beiden Akteure durchgeführt werden können. Gibt man diese Annahme auf, so entfallen unmittel-

---

4   Für einen Überblick siehe beispielsweise ERLEI (1998), Kapitel II.

bar alle Nachteile der Integration mit der Folge, dass die Desintegration aufgrund der nicht berücksichtigten Kosten der Organisationsbenutzung immer zumindest *einer* der beiden Integrationen unterlegen sein wird. Damit kann jedoch grundsätzlich nur Integration, nicht jedoch dezentralisierte Produktion erklärt werden. Dies ist unbefriedigend.

Können ex ante über die anstehenden spezifischen Investitionen *verbindliche und durchsetzbare* Verträge abgeschlossen werden, so entfällt im hier diskutierten Modellkontext das gesamte ökonomische Problem: Gleichgültig, welche Form der Integration gewählt wird, es erfolgen immer die First-best-Investitionen, und die Summe der Gewinne wird maximiert. Da alle möglichen Ausbeutungsszenarien antizipiert werden, kann der Vertrag über die Anfangsinvestitionen mit einer Vorab-Ausbeutungsentschädigung versehen werden. In diesem Fall zahlt also der zukünftige „Ausbeuter" zu Beginn eine Prämie dafür, dass sich der Transaktionspartner in eine Lage begibt, in der er später „ausgebeutet" wird. Da im Anfangsvertrag über die Investitionen auch die Höhe der jeweiligen Investitionen exakt festgelegt wird und später auch kostenlos durchsetzbar ist, verfügen die Akteure zum Investitionszeitpunkt nicht mehr über die Freiheit, „Unterinvestitionen" durchzuführen.

Eine weitere kritische Annahme besteht in der Effizienz der unterstellten Neuverhandlung. Im Anschluss an die spezifischen Investitionen und die Auflösung der Zukunftsunsicherheit wurden oben immer Verhandlungen entsprechend der Nash-Verhandlungslösung angenommen. Für diese gilt, dass die verhandelnden Parteien stets ohne Einsatz von Verhandlungskosten zu einer Einigung kommen werden. Wann immer Kooperationsgewinne existieren, werden sie auch wahrgenommen. Die (rein theoretische) Möglichkeit einer Nichteinigung in den Verhandlungen über den sogenannten „Konfliktpunkt" beeinflusst ausschließlich die Verteilung der Gewinne. Natürlich ist eine solche Annahme, in der Verhandlungen niemals zu Ressourcenverlusten führen können, extrem und unrealistisch. Milgrom/Roberts (1990) zeigen, dass bei Vorliegen von Verhandlungskosten auch dann Kosten der Marktbenutzung existieren, wenn ex ante bindende Verträge über die Anfangsinvestitionen abgeschlossen werden können. In ihrem Modell mögen sich die Parteien zwar auf Anfangsinvestitionen einigen können, doch fallen diese geringer aus als in der First-best-Welt: Liegen in den Neuvertragsverhandlungen beispielsweise asymmetrische Informationen über Kosten und Nutzen der verschiedenen Alternativen vor, so kann über verhandlungsstrategisch motivierte Verhaltensweisen die Einigung unnötig in die Länge gezogen werden, oder in der letztendlichen Einigung werden gegebenenfalls nicht alle möglichen Gewinne realisiert, das heißt, das Verhandlungsergebnis ist ineffizient. In beiden Fällen sinken die Nettoerträge aus den Anfangsinvestitionen, und das „op-

Kostenlose Neuverhandlungen

timale" Investitionsniveau liegt unter dem der First-best-Lösung. Die Antizipation des Streits um die zur Disposition stehenden Quasirenten und die damit verbundenen „Reibungsverluste" haben eine „Unterinvestition" zur Folge. Milgrom und Roberts sehen in diesen Verhandlungskosten – sie nennen ihren Ansatz sogar den „Verhandlungskostenansatz" – die eigentlichen Kosten der Marktbenutzung, denen die Kosten der Organisationsbenutzung gegenüberzustellen sind. Letztere, die auch unabhängig vom Verhandlungskostenansatz von Milgrom und Roberts als allgemeine Kosten der Organisationsbenutzung anzusehen sind, sind Gegenstand des folgenden Abschnitts.

2.3. Beeinflussungskosten

Jede Integration von Transaktionen in ein einzelnes Unternehmen ist mit einer zusätzlichen Zentralisierung von Entscheidungsautorität verbunden. Die Unternehmensführung des integrierenden Unternehmens (die zentrale Unternehmensleitung) erhält Weisungsbefugnisse, die sie bei desintegrierter Organisation nicht hätte. Im Gegensatz dazu büßen die ursprünglichen Eigentümer der integrierten Faktoren einen Teil ihrer Entscheidungsautonomie ein und begeben sich in die Abhängigkeit von der integrierenden Unternehmung. Die Hauptthese des Beeinflussungskostenansatzes lautet: *Jede Zentralisierung von Entscheidungsautorität (Integration) verursacht zusätzliche Kosten, die sogenannten Beeinflussungskosten.*

Beeinflussungs-aktivitäten

Die diskretionären, das heißt: fallweisen, Entscheidungen der zentralen Unternehmensleitung beeinflussen häufig den Nutzen der untergeordneten Abteilungen bzw. Mitarbeiter. Als Beispiel hierfür lässt sich die Genehmigung eines Dienstwagens, eines komfortablen Büros oder eine mögliche Beförderung nennen. In solchen Fällen sollte man davon ausgehen dürfen, dass die betroffenen Mitarbeiter versuchen werden, die Entscheidung der zentralen Unternehmensleitung in ihrem Sinne zu *beeinflussen.* Derlei Beeinflussungsaktivitäten gehen jedoch häufig zu Lasten der eigentlich produktiven Tätigkeit, die der Akteur in der Unternehmung durchzuführen hat. So kann man sich ohne Schwierigkeiten vorstellen, wie Mitarbeiter während der Arbeitszeit Anträge verfassen, deren einziges Ziel darin besteht, die Zentrale davon zu überzeugen, ihnen aufgrund ihrer Kundenkontakte eine repräsentative Büroausstattung zu besorgen. Die für diesen Antrag aufgewendete Zeit steht den Mitarbeitern jedoch nicht mehr zur Erfüllung ihrer eigentlichen Aufgabe zur Verfügung. Dies entspricht einer ineffizienten Nutzung des Faktors Arbeit, das heißt, es werden Ressourcen verschwendet. Damit sinkt der Output und mit ihm die Unternehmensgewinne: Es entstehen Beeinflussungskosten. Man beachte, dass bei desintegrierter Produktion derartige Beeinflussungsaktivitäten allein schon deshalb keinen Sinn machen, da die zu beeinflussende Zentrale fehlt und der nun unabhängige Mitarbeiter bzw. die nun unabhängige Abteilung alle Kosten und Nutzen selbst tragen muss. Beeinflussungskosten treten mithin ausschließlich hinsichtlich integrierter Produktionsabläufe auf, sie stellen somit eine Form der Kosten der Organisationsbenutzung dar.

Natürlich machen Beeinflussungsaktivitäten aus der Sicht der Mitarbeiter nur dann einen Sinn, wenn die Zentrale ihre Entscheidungen diskretionär trifft. Wird im Gegensatz dazu eine Entscheidung gemäß einer bürokratischen Entscheidungsregel, die allen bekannt ist, getroffen, dann hat der Mitarbeiter überhaupt keinen Einfluss mehr auf die letztendliche Entscheidung, so dass er auch keine diesbezüglichen Versuche starten wird. Beispiele hierfür wären die Regeln, dass Beförderungen nach Dienstalter erfolgen oder dass Büroausstattungen unmittelbar an Hierarchieebenen gekoppelt werden und Ausnahmen von den Regeln nicht zugelassen werden.

Bürokratische Ablaufregeln

Bürokratische Regeln stellen somit eine Möglichkeit dar, Beeinflussungsaktivitäten zu verhindern. Bekanntermaßen weisen jedoch auch bürokratische Entscheidungsabläufe ihre eigenen Kosten, Bürokratiekosten, auf. So ist es der zentralen Unternehmensleitung nicht möglich, flexibel auf die konkreten Gegebenheiten zu reagieren. Nehmen wir etwa die Beförderung nach dem Senioritätsprinzip: Dadurch, dass alle Beförderungen streng nach der Dauer der Beschäftigung innerhalb des Unternehmens erfolgen, wird nicht sichergestellt, dass die jeweils besonders geeigneten Personen befördert werden. Ebenso kann es schlichte Verschwendung sein, einem hierarchisch hoch angesiedelten Mitarbeiter ein Luxusbüro einzurichten, wenn dieser keine Außenkontakte hat. Umgekehrt kann es hierarchisch untergeordnete Mitarbeiter geben, die im engen Kontakt mit Kunden stehen, jedoch aufgrund der Regel nur mit einem Standardbüro Vorlieb nehmen müssen. Dies kann im Zweifel zu negativen Kundenreaktionen führen und damit spürbare Kosten verursachen. Man beachte, dass auch die Bürokratiekosten natürlich nur in Hierarchien anfallen, während ein Bezug über den Markt nicht auf bürokratische Regeln angewiesen ist. Bürokratiekosten stellen somit ebenfalls Kosten der Organisationsbenutzung, nicht jedoch Kosten der Marktbenutzung dar.

Damit haben wir nun einen Trade-off zwischen Beeinflussungs- und Bürokratiekosten angedeutet, den wir im Folgenden anhand eines einfachen Modells etwas genauer betrachten wollen.

Wir unterstellen die Existenz einer Unternehmenszentrale, die die Aktivitäten zweier Individuen (anstelle der Individuen könnten wir auch Abteilungen nehmen) koordinieren soll. Dabei hat sie eine Entscheidung zu treffen, die für beide von Bedeutung ist. Einem der Mitarbeiter wird eine prestigeträchtige Aufgabe zugewiesen, die für ihn einen geldwerten Nutzen aufweist. Dieser mag etwa darin bestehen, dass damit ein luxuriöses

Aufbau des Modells

Dienstzimmer verbunden ist. Dieser geldwerte Nutzen betrage G. Beide Mitarbeiter wünschen nun, dass ihnen die Aufgabe übertragen wird und versuchen, durch Beeinflussungsaktivitäten die Zentrale zu manipulieren. Wir unterstellen, dass die Wahrscheinlichkeiten, dass Mitarbeiter 1 (W_1) bzw. Mitarbeiter 2 (W_2) die Aufgabe bekommt, den folgenden Gleichungen entsprechen:

$$W_1 = \frac{1}{2} + \frac{1}{a}s_1^{1/2} - \frac{1}{a}s_2^{1/2} \quad \text{und}$$

$$W_2 = \frac{1}{2} + \frac{1}{a}s_2^{1/2} - \frac{1}{a}s_1^{1/2}.$$

Hierbei steht $0 \leq s_i \leq 1$ für den Anteil der Arbeitszeit, den Mitarbeiter i für Beeinflussungsaktivitäten verwendet. Der Parameter $a \geq 2$ stellt sicher, dass W_i nicht größer als eins werden kann. Nun sei angenommen, dass Beeinflussungsaktivitäten auch bei den Mitarbeitern Kosten verursachen. Man kann sich zum Beispiel vorstellen, dass durch Beeinflussungsmaßnahmen und den damit verbundenen Rückgang des Outputs Prämien gefährdet werden. Oder aber es besteht ein gewisses Risiko darin, dass die Unternehmensleitung nachweisen kann, dass der Mitarbeiter seine Beeinflussungsaktivitäten während der Arbeitszeit zu Lasten seiner eigentlichen Aufgabe durchgeführt hat und dafür eine entsprechende Strafe (etwa eine Kündigung) vorgesehen ist. Wie auch immer, wir unterstellen folgende Kosten der Beeinflussungsaktivitäten für die Mitarbeiter:

$$K_i(s_i) = ks_i \text{ für } i = 1,2 \text{ und } k > 0.$$

Die Beeinflussungskosten, die das Unternehmen zu tragen hat, betragen:

$$K_B = w(s_1 + s_2) \quad \text{mit w als Lohn der Mitarbeiter.}$$

K_B entspricht der Lohnsumme, die das Unternehmen für die Durchführung der unproduktiven Beeinflussungsaktivitäten zahlt.

Das Unternehmen hat nun die Wahl zwischen zwei organisatorischen Lösungen: (a) Es fällt die betreffende Entscheidung fallweise oder (b) die Firma implementiert eine bürokratische Entscheidungsregel. Wie bereits erläutert fallen bei bürokratischen Regeln im Allgemeinen auch Fehlentscheidungen an, die eine Ressourcenverschwendung bedeuten. Wir unterstellen im Folgenden, dass der mit einer solchen Regel verbundene Verlust D betrage. Dies bedeutet gleichzeitig, dass bei diskretionärer Entscheidungsbildung ein Zusatzgewinn in Höhe von D realisiert werden kann, da „bessere" Entscheidungen getroffen werden. D entspricht damit dem Wert einer „flexiblen Entscheidungsbildung" in der Unternehmung.

Um nun die Vorteilhaftigkeit beider organisatorischer Alternativen zu bestimmen, muss zunächst das Mitarbeiterverhalten in beiden Konstellationen untersucht werden. Betrachten wir zunächst den Fall diskretionärer Entscheidungsbildung. Die Zielfunktionen der Mitarbeiter lauten dann:

$$U_1 = \left[\frac{1}{2} + \frac{1}{a}s_1^{1/2} - \frac{1}{a}s_2^{1/2}\right]G - ks_1 \quad \text{und}$$

$$U_2 = \left[\frac{1}{2} + \frac{1}{a}s_2^{1/2} - \frac{1}{a}s_1^{1/2}\right]G - ks_2.$$

Der Klammerausdruck gibt hierbei die Wahrscheinlichkeit wieder, dass der jeweilige Mitarbeiter die Aufgabe übertragen bekommt und damit den Nutzen von G realisieren kann. Die Terme ks_i spiegeln die Kosten der Beeinflussungsaktivitäten wider, die der jeweilige Mitarbeiter tragen muss. Ableiten von U_i nach s_i führt unmittelbar zu den gleichgewichtigen Beeinflussungsaktivitäten

$$s_1^d = s_2^d = \left(\frac{G}{2ak}\right)^2.$$

Wir unterstellen im Folgenden, dass $2ak \geq G$, so dass eine innere Lösung existiert und $s_i^d \leq 1$. Wäre diese Bedingung nicht erfüllt, so erhielte man die Randlösung $s_i^d = 1$. Im Gleichgewicht bei diskretionärer Entscheidungsbildung erzielen die Mitarbeiter einen Nutzen von

$$U_1^d = U_2^d = \frac{G}{2}\left[1 - \frac{G}{2a^2k}\right].$$

Die Beeinflussungskosten für die Firma belaufen sich auf

$$K_B = w(s_1^d + s_2^d) = 2w\left(\frac{G}{2ak}\right)^2.$$

Bei Entscheidungsbildung mittels einer bürokratischen Regel können Beeinflussungsaktivitäten die Wahrscheinlichkeit, die Aufgabe übertragen zu bekommen, nicht beeinflussen. Wird etwa nach dem Senioritätsprinzip verfahren, so wird der dienstälteste Mitarbeiter ausgewählt. Für diesen beträgt $W_i = 1$, für seinen Kollegen hingegen $W_j = 0$. Nehmen wir im Folgenden an, Mitarbeiter 1 sei der dienstältere, so lauten die Zielfunktionen der Mitarbeiter $U_1 = G - ks_1$ und $U_2 = 0 - ks_2$. Es ist unmittelbar ersichtlich, dass für beide Mitarbeiter $\partial U_i/\partial s_i < 0$ gilt, so dass die Randlösung $s_i^b = 0$ für beide optimal ist. Die Beeinflussungskosten betragen dann $K_B^b = 0$. Durch die Verwendung der bürokratischen Regel büßt die Firma jedoch den potentiellen Nutzen aus der Flexibilität der Entscheidung in Höhe von D ein.

Es ist klar, dass eine diskretionäre Entscheidungsfindung vorzuziehen ist, wenn $K_B < D$. Umgekehrt erweist sich bei $K_B > D$ die bürokratische Regel als überlegene Alternative. Setzen wir die oben ermittelte Lösung bei diskretionärer Entscheidungsbildung ein, dann erhalten wir

$$K_B = 2w \left(\frac{G}{2ak} \right)^2 \gtrless D$$

als kritische Bedingung, an der sich einige interessante Ergebnisse ablesen lassen. Unterstellen wir, die Bedeutung der von der Zentrale zu fällenden Entscheidung sei nur von untergeordneter Bedeutung für die Mitarbeiter, während die Entscheidung für die Firma selbst von großer Bedeutung sei, so wäre G relativ niedrig und D relativ hoch. Lassen wir etwa G gegen null gehen, so gilt $K_B \to 0 < D$, und die diskretionäre Entscheidungsfindung erweist sich als optimal. Liegt die umgekehrte Konstellation vor, ist also die Entscheidung für die Mitarbeiter von großer Bedeutung (G ist hoch) und für die Firma vergleichsweise nebensächlich (D ist niedrig), dann ist gegebenenfalls die bürokratische Entscheidungsfindung vorzuziehen. Betrachten wir als Beispiel die Zuteilung des Flugpersonals auf die verschiedenen Fluglinien einer Fluggesellschaft. Während es der Firmenzentrale relativ gleichgültig sein dürfte, welcher Pilot welche Strecke fliegt, gilt dies für die Piloten nicht unbedingt. Würde nun die Flugzuweisung stets diskretionär erfolgen, so wären Beeinflussungsaktivitäten seitens des Flugpersonals zu erwarten. Deshalb kann es nicht weiter verwundern, dass Fluggesellschaften diese Entscheidung über eine bürokratische Entscheidungsregel ablaufen lassen. Häufig dürfen die Mitarbeiter nacheinander – nach Seniorität geordnet – die gewünschten Fluglinien auswählen.

Kompensierende Lohndifferentiale

Natürlich gibt es noch weitere Möglichkeiten, das Ausmaß von Beeinflussungsaktivitäten zu verringern. Während in unserem kleinen Modell G exogen vorgegeben ist, lässt es sich in der Praxis durch verschiedenste Maßnahmen verringern. Eine Möglichkeit besteht etwa in der Realisierung *kompensierender Lohndifferentiale*. Hierunter versteht man, dass die monetäre Entlohnung mit der Attraktivität der Aufgabe variiert. Wird etwa eine Aufgabe als besonders unangenehm betrachtet, so gibt es einen Lohnaufschlag, der exakt für die Unannehmlichkeiten kompensiert. Umgekehrt werden nichtmonetäre Vorzüge anderer Aufgaben durch eine entsprechende Lohnsenkung ausgeglichen. Werden die verschiedenen Tätigkeiten in einem Unternehmen auf diese Weise einander angeglichen, so sinkt G auf den Wert null und die eigentliche Ursache für die Beeinflussungsaktivitäten entfällt.

Milgrom (1988) zeigt jedoch, dass eine solche Politik der kompensie-
renden Lohndifferentiale nur unter sehr restriktiven Annahmen, die im
Allgemeinen nicht erfüllt sind, optimal ist. Wird etwa eine Nutzenfunktion
vom Typ Cobb-Douglas in den Variablen Lohn und Arbeitsplatzattraktivi-
tät unterstellt, so erweisen sich kompensierende Lohndifferentiale als suboptimal. Bei einer allgemeineren Formulierung der Nutzenfunktion ist
noch nicht einmal gewährleistet, dass auch nur eine partielle Kompensation
für schlechtere Arbeitsbedingungen effizient ist: Gegebenenfalls steigt der
Lohn mit der Attraktivität des Arbeitsplatzes! Auch Präferenzen der Arbeitnehmer für Humankapitalbildung und Effizienzlohnüberlegungen bestätigen dieses Ergebnis.

Ein sehr anschauliches Beispiel für die Relevanz von Beeinflussungs-   *Ein Beispiel*
kosten bildet die Übernahme der Firma Houston Oil and Minerals Corpora-
tion durch das seinerzeit größte Konglomerat in den USA, Tenneco, Inc.
(ca. 100.000 Mitarbeiter), gegen Ende des Jahres 1980.[5] Houston Oil war
eine vergleichsweise kleine und erfolgreiche Unternehmung (1200 Mitarbeiter), deren Beschäftigung in der Entdeckung von Ölfeldern und der
Vorbereitung der Ölförderung bestand. Houston Oils Entlohnungssystem
war durch ungewöhnlich hohe Einkommensmöglichkeiten bei erfolgreicher
Ölsuche gekennzeichnet, so dass erfolgreiche Mitarbeiter schnell zu Reichtum gelangen konnten. Im Gegensatz dazu waren die Entlohnungssysteme
im Tenneco-Konglomerat weitgehend durch geringe Lohnunterschiede für
vergleichbare Tätigkeiten gekennzeichnet. Bei der Übernahme war sich
Tenneco durchaus darüber im klaren, dass der Erfolg von Houston Oil
nicht zuletzt auch in seinem anreizintensiven Lohnsystem zu finden war.
Aus diesem Grund beabsichtigte man, Houston als unabhängiges Unternehmen arbeiten zu lassen. Tatsächlich erwies sich diese Absichtserklä-
rung jedoch als undurchführbar. Die enormen Einkommensmöglichkeiten
bei Houston weckten Begehrlichkeiten im Tenneco-Konglomerat. Mitarbeiter bei Tenneco verlangten gleiche Chancen und übten Druck auf die
Geschäftsleitung aus. Diese gab schließlich nach und passte das Houston-
sche Entlohnungssystem dem des Tenneco-Konzerns an. Tennecos Vize-
präsident wird wie folgt zitiert: „Wir mussten die innere Gleichbehandlung
sicherstellen und für alle Mitarbeiter dieselben Entlohnungsstandards anwenden."

Aus diesen Worten lässt sich schließen, dass die Tenneco-
Unternehmensleitung die Kosten aufgrund der Ansprüche und Einfluss-
nahmen im Konzern höher einschätzte als die Produktivitätsverluste bei
Houston. Bei den angeführten Größenverhältnissen dürfte dies auch realis-

---

[5] Die Darstellung des Houston-Tenneco-Falls lehnt sich an die Ausführungen bei
WILLIAMSON (1985), S. 158, und MILGROM/ROBERTS (1992), S. 194, an.

tisch erscheinen. In der Folgezeit bis zum Oktober des Jahres 1981 wanderten 34 Prozent des Managements, 25 Prozent der Ölfelderforscher und 19 Prozent des Produktionsteams zu anderen Unternehmen ab. Dies wiederum zog empfindliche Produktivitätseinbußen nach sich, und die „Unabhängigkeit" von Houston wurde schließlich aufgegeben. Dies Beispiel zeigt insbesondere zweierlei: Erstens ist es einer integrierten Unternehmung eben nicht immer möglich, all das durchzuführen, was kleine selbständige Firmen schaffen. Zweitens war es vor allem die *Einflussnahme* der Mitarbeiter bei Tenneco, die eine gesonderte Behandlung von Houston Oil im Tenneco-Konglomerat verhinderte!

Literatur

Kommentierte Literaturempfehlung

Absolute Pflichtlektüre stellen hier die beiden grundlegenden und bahnbrechenden Beiträge von Coase (1937, 1960) dar, die nicht formal und sehr gut zugänglich sind. Einen immer noch empfehlenswerten Überblick über die Governancekostentheorie im Allgemeinen und die *Kosten der Marktbenutzung* im Besonderen findet man bei Williamson (1989) (in deutscher Übersetzung: Williamson, 1996) sowie Williamson (1985) (in deutscher Übersetzung: Williamson, 1990). Für das Verständnis des Williamsonschen Ansatzes ist ebenfalls sehr hilfreich Williamson (1991) zu studieren. Da Williamsons Beiträge nicht immer leicht zugänglich sind, dürfte sich auch die Lektüre von Klein/Crawford/Alchian (1978) lohnen. Die bemerkenswerte Relevanz für die moderne Betriebswirtschaftslehre wird an Picot/Dietl/Franck (1997) deutlich. Der an Fallstudien interessierten Leser wird Masten (1996) mit Gewinn lesen können.

Grundlegend zu den *Kosten der Organisationsbenutzung* sind Williamson (1985, Kapitel 6) (in deutscher Übersetzung: Williamson, 1990, Kapitel 6) sowie Milgrom/Roberts (1990). Ergänzend wird auf Holmstrom/Milgrom (1991, 1994) verwiesen.

Eine andere sich an Tirole (1988) anlehnende Darstellung der *formalen Governancekostentheorie* findet sich bei Richter/Furubotn (2003). Weiterführend und etwas ambitionierter ist Hart (1995, Kapitel 2 - 4). Unbedingt empfehlenswert ist auch der grundlegende Beitrag von Grossman/Hart (1986). Vergleichsweise breit angelegte Diskussionen zu formalen Modellen der Governancekostentheorie finden sich bei Erlei (1998, Kapitel 2) und Kubon-Gilke (1997, Kapitel 3). Überblicke über empirische Arbeiten zur Transaktionskostentheorie finden sich bei Erlei (1998), Picot/Franck (1993) sowie Shelanski/Klein (1995). Während der erste Beitrag nur eine tabellarische Übersicht bietet, finden sich bei den letzten beiden auch detailliertere Anmerkungen zu bestimmten Untersuchungen.

Literaturverzeichnis

ALCHIAN, A.A. (1984), „Specificity, specialization, and coalitions", Journal of Institutional and Theoretical Economics 140, S. 34–49.

ALCHIAN, A.A./WOODWARD, S. (1987), „Reflections on the Theory of the Firm", Journal of Institutional and Theoretical Economics 143, S. 110–136.

ALCHIAN, A.A./WOODWARD, S. (1988), „The Firm Is Dead. Long Live the Firm. A Review of Oliver E. Williamson's "The Economic Institutions of Capitalism"", Journal of Economic Literature 26, S. 65–79.

AL-NAJJAR, N.I. (1995), „Incomplete Contracts and the Governance of Complex Contractual Relationships", American Economic Review Papers and Proceedings 85, S. 432–436.

ALT, J.E./SHEPSLE, K.A. (Hrsg.), Perspectives on positive political economy, Cambridge.

BONUS, H. (1986), „The Cooperative Association as a Business Enterprise", Journal of Institutional and Theoretical Economics 142, S. 310–339.

COASE, R.H. (1937), „The Nature of the Firm", Economica 4, S. 386–405.

COASE, R.H. (1960), „The Problem of Social Cost", Journal of Law and Economics 3, S. 1–44.

DE MEZA, D./LOCKWOOD, B. (1998), „Does Asset Ownership Always Motivate Managers? Outside Options and the Property Rights Theory of the Firm", Quarterly Journal of Economics 113, S. 361-386.

ERLEI, M. (1996), „Beeinflussungskosten, Reorganisation und Pfadabhängigkeit der organisation", ifo Studien 42, S. 17–45.

ERLEI, M. (1998), Institutionen, Märkte und Marktphasen. Allgemeine Transaktionskostentheorie unter spezieller Berücksichtigung der Entwicklungsphasen von Märkten, Tübingen.

ERLEI, M./SIEMER, J.PH. (2004), Endogenous Property Rights in a Hold up-Experiment, Working Paper, TU Clausthal.

FURUBOTN, E./RICHTER, R. (1991), „The New Institutional Economics: An Assessment", FURUBOTN, E./RICHTER, R. (Hrsg.), The New Institutional Economics, College Station, TX, S. 1–32.

GIBBONS, R. (1992), Game Theory for Applied Economists, Princeton.

GROSSMAN, S./HART, O.D. (1986), „The Costs and Benefits of Ownership: A Theory of Vertical and Lateral Integration", Journal of Political Economy 94, S. 691–719.

HART, O.D. (1995), Firms, Contracts and Financial Structure, Oxford.

HART, O.D./MOORE, J. (1988), „Incomplete Contracts and Renegotiation", Econometrica 56, S. 755–785.

HART, O.D./MOORE, J. (1990), „Property Rights and the Nature of the Firm", Journal of Political Economy 98, S. 1119–1158.

HOLMSTROM, B./TIROLE, J. (1989), „The Theory of the Firm", SCHMALENSEE, R./WILLIG, R.D. (Hrsg.), Handbook of Industrial Organization, Bd. I, North-Holland u.a.O., S. 61–133.

HOLMSTROM, B./MILGROM, P. (1991), „Multitask Pricipal-Agent Analyses", Journal of Law, Economics and Organization 7 (Special Issue), S. 24–52.

HOLMSTROM, B./MILGROM, P. (1994), „The Firm as an Incentive System", American Economic Review 84, S. 972–991.

JOSKOW, P. (1985), „Vertical Integration and Long Term Contracts: The case of Coal-Burning Electric generating Plants", Journal of Law, Economics and Organization 1, S. 33–80.

JOSKOW, P. (1987), „Contract Duration and Relationship Specific Investments: Empirical evidence from Coal Markets", American Economic Review 77, S. 168–185.

KLEIN, B. (1988), „Vertical Integration as organized Ownership: The Fisher Body-General Motors Relationship Revisited", Journal of Law, Economics and Organization 4, S. 199–213.

KLEIN, B./CRAWFORD, R.A./ALCHIAN, A.A. (1978), „Vertical Integration, Appropriable Rents, and the Competitive Contracting Process", Journal of Law and Economics 21, S. 297–326.

KUBON-GILKE, G. (1997), Verhaltensbindung und die Evolution ökonomischer Institutionen, Marburg.

MASTEN, S. (Hrsg./1996), Case Studies in Contracting and Organization, Oxford.

MILGROM, P. (1988), „Employment Contracts, Influence Activities, and Efficient Organization Design", Journal of Political Economy 96, S. 42–60.

MILGROM, P./ROBERTS, J. (1990), „Bargaining costs, influence costs, and the organization of economic activity", ALT, J.E./SHEPSLE, K.A. (Hrsg.), Perspectives on positive political economy, Cambridge, S. 57–89.

MILGROM, P./ROBERTS, J. (1992), Economics, Organization, and Management, Englewood Cliffs.

PICOT, A./FRANCK, E. (1993), „Vertikale Integration", HAUSCHILDT, J./GRÜN, O. (Hrsg.), Auf dem Weg zu einer Realtheorie der Unternehmung. Ergebnisse empirisch betriebswirtschaftlicher Forschung, Stuttgart.

PICOT, A./DIETL, H./FRANCK, E. (2005), Organisation. Eine ökonomische Perspektive, 4. Aufl., Stuttgart.

PRAHALAD, C.K./HAMEL, G. (1994), „Strategy as a Field of Study: Why Search for a New Paradigm?", Strategic Management Journal 15, S. 5–16.

RICHTER, R./FURUBOTN, E.G. (2003), Neue Institutionenökonomik, 3. Aufl., Tübingen.

RIORDAN, M./WILLIAMSON, O.E. (1985), „Asset specificity and economic organization", International Journal of Industrial Organization 3, S. 365–378.

RUBINSTEIN, A. (1982), „Perfect Equilibrium in a Bargaining Model", Econometrica, Bd. 50, S. 97–109.

SCHMALENSEE, R./WILLIG, R.D. (Hrsg./1989), Handbook of Industrial Organization I, North-Holland u.a.O.

SCHMALENSEE, R./WILLIG, R.D. (Hrsg./1989), Handbook of Industrial Organization II, North-Holland u.a.O.

SHELANSKI, H.A./KLEIN, P.G. (1995), „Empirical Research in Transaction Cost Economics: A Review and Assessment", Journal of Law, Economics and Organization 11, S. 335–360.

SONNEMANS, J./OOSTERBEEK, H./SLOOF, R. (2001), "On the Relation between Asset Ownership and Specific Investments", Economic Journal 111, S. 791-820.

TEECE, D.J./PISANO, G./SHUEN, A. (1997), Dynamic Capabilities and Strategic Management, Strategic Management Journal 18, 509-533.

TIROLE, J. (1986), „Hierarchies and Bureaucracies: on the Role of Collusion in Organizations", Journal of Law, Economics and Organization 2, S. 181–214.

TIROLE, J. (1988), The Theory of Industrial Organization, Cambridge und London.

TIROLE, J. (1992), „Collusion and the Theory of Organization", LAFFONT, J.-J. (Hrsg.), Advances in Economic Theory: Sixth World Congress, Cambridge, S. 151–206.

WILLIAMSON, O.E. (1971), „The Vertical Integration of Production", American Economic Review 61, S. 112–125.

WILLIAMSON, O.E. (1975), Markets and Hierarchies: Analysis and Antitrust Implications, New York.

WILLIAMSON, O.E. (1981), „The modern corporation: Origins, Evolution, attributes", Journal of Economic Literature 19, S. 1537–1568.

WILLIAMSON, O.E. (1983), „Credible Commitments: Using hostages to support exchange", American Economic Review 73, S. 365–378.

WILLIAMSON, O.E. (1985), The Economic Institutions of Capitalism, New York (deutsche Übersetzung: WILLIAMSON, O.E. (1990), Die ökonomischen Institutionen des Kapitalismus, Tübingen).

WILLIAMSON, O.E. (1989), „Transaction Cost Economics", SCHMALENSEE, R./WILLIG, R.D. (Hrsg.), Handbook of Industrial Organization I, North-Holland u.a.O., S. 135–182.

WILLIAMSON, O.E. (1991), „Comparative Economic Organization: The Analysis of Discrete Structural Alternatives", Administrative Science Quarterly 36, S. 269–296.

WILLIAMSON, O.E. (1996), Transaktionskostenökonomik, 2. Aufl., Münster und Hamburg.

Kapitel 4

Transaktionskosten III:
Weitere Aspekte und Anwendungen

Nachdem wir in den letzten beiden Kapiteln die wichtigsten Ansätze zur Messkosten- und zur Governancekostentheorie besprochen haben, wollen wir in diesem Kapitel einige daran angrenzende Aspekte vorstellen. Im ersten Abschnitt werden wir einen ebenfalls bedeutenden, bisher aber noch nicht explizit erwähnten Mechanismus, Verhaltensbindung durch Reputation, darstellen. Daran anschließend werden wir Institutionen zur Beschränkung des Wettbewerbs untersuchen. An diesen Überlegungen soll deutlich werden, dass (a) Institutionen aus sozialer Sicht auch dysfunktional und damit schädlich sein können und dass (b) eine Reihe von Wirkungszusammenhängen, die wir im Rahmen der letzten beiden Kapitel diskutiert haben, in anderem Gewand schon über längere Zeit in der Industrieökonomik bekannt sind. Im dritten Abschnitt wollen wir die bislang stets sehr statische Behandlung des Marktes durch eine dynamischere Sichtweise ersetzen. Dazu werden wir die Bedeutung von Institutionen in verschiedenen Entwicklungsphasen von Märkten darstellen. Abschließend besprechen wir im vierten Abschnitt den Zusammenhang zwischen Transaktionskosten und der Regulierung von Unternehmen durch den Staat. Beginnen wir nun mit den Reputationsmechanismen.

1. Reputation

Ausgangspunkt für alle Überlegungen hinsichtlich einer möglicherweise erforderlichen institutionellen Absicherung von Transaktionen – sei es in einer Prinzipal-Agent-Beziehung, bezüglich der Absicherung spezifischer Investitionen oder sonstwie – ist die Unterstellung opportunistischen Verhaltens bei zumindest einem der beteiligten Akteure. Die bisher diskutierten Lösungsmöglichkeiten bestanden vorrangig in einer geschickten Vertragsgestaltung zwischen den Parteien oder – was im Prinzip nur ein Unterfall der Vertragsgestaltung ist – der adäquaten Entscheidung bezüglich der Integration bzw. Desintegration. Neben solchen expliziten vetraglichen Arrangements bestehen jedoch noch weitere Mechanismen, mit deren Hilfe das Opportunismusproblem gegebenenfalls gelöst werden kann.

Reputation

Wird etwa eine Transaktion *wiederholt* durchgeführt, so kann der sogenannte *Reputationsmechanismus* helfend wirken. Unter einer Reputation wird damit gewissermaßen eine Art „Vertrauensvorschuss" verstanden, den die Transaktionspartner einander gewähren. Dieser Vertrauensvorschuss resultiert jedoch keinesfalls aus einer irgendwie gearteten Gutgläubigkeit, sondern aus einem reinen Rationalkalkül. Die Basis dieses Kalküls besteht darin, dass der einem Akteur gewährte Vertrauensvorschuss für diesen mit greifbaren ökonomischen Vorteilen verbunden ist. Büßt der Akteur durch eine opportunistische Handlung seine Reputation ein, so verliert er fortan auch sein *Reputationskapital*, das heißt den erwarteten Gegenwartswert der aus der Reputation resultierenden ökonomischen Vorteile. Schätzt der Akteur nun sein Reputationskapital höher ein als die Gewinne aus einer opportunistischen Ausbeutung seiner Transaktionspartner, so wird er dem ihm gewährten Vertrauensvorschuss entsprechend handeln. Sind sich alle Beteiligten des Vorliegens einer solchen Situation bewusst, so entspricht der Vertrauensvorschuss nur einer rationalen Antizipation des zukünftigen Verhaltens der Transaktionspartner.

Aufbau des Modells

Die Theorie der Reputationsmechanismen wurde insbesondere von Klein/Leffler (1981) sowie Shapiro (1983) entwickelt. Wir orientieren uns im Folgenden an der Darstellung von Shapiro. Dabei betrachten wir einen regelmäßig wiederkehrenden Kauf eines Produktes (exogen vorgegebene Produktionsmenge $x = 1$), dessen Qualität nur dem Produzenten (= Verkäufer) bekannt ist. Aufgrund gesetzlicher Bestimmungen, einer teilweisen Inspizierbarkeit oder wegen Garantien sei es für den Produzenten nicht möglich, Produkte mit einer Qualität von $q < q_0$ zu verkaufen. Die Produktion höherwertiger Produkte sei jedoch mit höheren Produktionskosten verbunden. Wir unterstellen die Kostenfunktion

$$K = c(q) \text{ mit } c'(q) \geq 0 \text{ und } c''(q) > 0.$$

Die Preis-Absatz-Funktion aus Sicht des Produzenten sei vollkommen preiselastisch, d.h. $p_t = p(R_t)$. Zum Preis p_t kann der Produzent eine Einheit des Gutes verkaufen, bei höheren Preisen sinkt die Nachfrage unmittelbar auf null ab. R_t beschreibe die Reputation des Anbieters und entspreche der Vorperiodenqualität: $R_t = q_{t-1}$. Dabei wird angenommen, dass *jeder* Konsument die Vorperiodenqualität kennt und seine Qualitätserwartung sofort anpassen kann. Weiterhin nehmen wir an, dass der Preis für die Mindestqualität durch den freien Markteintritt auf $p(q_0) = c(q_0)$ gesenkt wird. Der Diskontierungsfaktor für den Zeitraum zwischen den Wiederholungskäufen betrage $\delta = 1/(1 + i)$ mit i als Zinssatz für den betrachteten Zeitraum.

Die Nachfrageseite des Modells bestehe aus vielen heterogenen Konsumenten, die durch die Nutzenfunktionen $U(q,\theta) = \theta q + v - p(q)$ beschrieben werden. Der Parameter θ kennzeichnet die unterschiedlichen Konsumententypen mit ihren unterschiedlichen Präferenzen.

Shapiro definiert ein Reputationsgleichgewicht nun wie folgt: (a) Jeder Konsument wählt von allen angebotenen Produktqualitäten jene, die seinen Nutzen unter der Restriktion p = p(q) maximiert. (b) Die Märkte werden für jedes Qualitätsniveau geräumt. (c) Für jede Firma mit der Reputation R ist es optimal, die Produktqualität q = R anzubieten. Dies wiederum impliziert, dass die Konsumentenerwartungen erfüllt werden, das heißt wir unterstellen rationale Erwartungen. (d) Es lohnt sich für keinen Außenseiter, neu in den Markt einzutreten.

Wir werden im Folgenden zeigen, dass die gleichgewichtigen Preise unabhängig von der Nachfragestruktur sind. Es genügt mithin zur Bestimmung der Gleichgewichtspreise die Gleichgewichtsanforderungen (c) und (d) zu untersuchen. Betrachten wir zunächst (c). Wann lohnt es sich für den Anbieter, eine seiner Reputation entsprechende Qualität zu liefern? Nehmen wir zunächst an, die vom Verkäufer gelieferte Qualität entspreche stets den Erwartungen der Käufer. In diesem Fall erhält er einen Gegenwartswert der Gewinne in Höhe von

„No-milking-Bedingung"

$$\pi_R = \left(p(q) - c(q)\right)\left(1 + \delta + \delta^2 + \delta^3 + \ldots\right) = \left(p(q) - c(q)\right)\frac{1}{1-\delta}.$$

Stellen wir uns nun vor, der Anbieter wolle den Vertrauensvorschuss der Konsumenten „melken", indem er heimlich eine schlechtere Qualität liefert. Diese wird natürlich der unterstellten Mindestqualität entsprechen. In diesem Fall wird sein sofortiger Periodenüberschuss maximal ansteigen. Die Kosten dieses opportunistischen Verhaltens bestehen darin, dass er seine Reputation einbüßt und künftig alle Konsumenten erwarten, dass er nur die Minimalqualität liefern wird, so dass er später nur noch Erträge in Höhe von $p(q_0) - c(q_0) = 0$ erzielen wird. Der Gegenwartswert seiner Periodenüberschüsse beträgt damit:

$$\pi_m = p(q) - c(q_0).$$

Ein Vergleich der Gewinne bei opportunistischer und nichtopportunistischer Verhaltensweise führt zu dem Schluss, dass ein Verhalten entsprechend der eigenen Reputation nur dann vorteilhaft ist, wenn $\pi_R \geq \pi_m$ ist, so dass

(4.1) $$\left(p(q) - c(q)\right)\frac{1}{1-\delta} \geq p(q) - c(q_0)$$

$$\Leftrightarrow \quad p(q) \geq c(q_0) + \frac{c(q) - c(q_0)}{\delta} = c(q) + i[c(q) - c(q_0)].$$

Diese Bedingung ist unmittelbar einsichtig. Damit der Anbieter den Vertrauensvorschuss nicht enttäuscht, muss er auf seinen Verkaufspreis eine *Reputationsprämie* in Höhe von mindestens $i[c(q) - c(q_0)]$ erhalten, so dass der Preis die Produktionskosten überschreitet. Der Gegenwartswert der Reputationsprämien über alle Perioden entspricht dabei zumindest dem zusätzlichen Gewinn, den der Anbieter durch sofortiges „Melken" seiner Reputation erhalten würde. Ganz in diesem Sinne bezeichnet Shapiro die letzte Ungleichung als „no-milking condition".

Nicht-Markteintritts-bedingung

Die zweite angebotsseitige Gleichgewichtsbedingung (d) fordert nun, dass in einem Gleichgewicht Markteintritte nicht profitabel sein dürfen. Diese Forderung scheint zunächst in einem Spannungsverhältnis mit der Existenz von Reputationsprämien zu liegen. Wir werden jedoch zeigen, dass der mit Kosten verbundene *Aufbau* der Reputation den Schlüssel zur Lösung dieser Problematik bildet. Will ein Newcomer in den Markt eintreten, so verfügt er noch nicht über eine positive Reputation, was bedeutet, dass R_t für diesen neuen Anbieter q_0 entspricht. Gehen wir nun davon aus, ein Newcomer kündigt in der Periode des Markteintritts eine höhere Qualität $q > q_0$ an und erfüllt sein Versprechen, so dass er Kosten in Höhe von $c(q)$ erleidet, dann werden diese *Anfangsverluste* durch die später realisierten Reputationsprämien wieder ausgeglichen. Ferner darf ein neuer Markteintritt nicht mit Gewinnen verbunden sein, so dass

$$p(q_0) - c(q) + \frac{\delta}{1 - \delta}(p(q) - c(q))$$

$$= c(q_0) - c(q) + \frac{\delta}{1 - \delta}(p(q) - c(q)) \leq 0$$

gelten muss. Durch Umformung erhält man die Nicht-Markteintrittsbedingung

(4.2) $$p(q) \leq c(q) + \frac{\delta}{1 - \delta}[c(q) - c(q_0)] = c(q) + i[c(q) - c(q_0)].$$

Führen wir nun die „no-milking"-Bedingung und die Nicht-Markteintrittsbedingung zusammen, so erhalten wir

$$c(q) + i[c(q) - c(q_0)] \leq p(q) \leq c(q) + i[c(q) - c(q_0)].$$

Da die ganz linke und die ganz rechte Seite der Ungleichung identisch sind, muss gelten

(4.3) $$p(q) = c(q) + i[c(q) - c(q_0)].$$

Ist diese Bedingung erfüllt, so würde ein Markteintritt aufgrund der Reputationsbildungskosten zu einem Nettogewinn von exakt null führen, und gleichzeitig sind die im Markt befindlichen Anbieter indifferent zwischen reputationskonformem und reputationszerstörendem Verhalten. Wir unterstellen hier, dass sie sich im Reputationsgleichgewicht für ein reputationskonformes Verhalten entscheiden werden. In der Markteintrittsperiode erleiden alle Anbieter durch ihren Verkauf unter Kosten Verluste in Höhe von $c(q) - c(q_0)$, die durch zukünftig realisierte Reputationsprämien in Höhe von $i[c(q) - c(q_0)]$ kompensiert werden. Die Anfangsverluste können hier als Investitionen in Reputationskapital interpretiert werden, die später marktgerecht verzinst werden!

Auf die eben geschilderte Weise kann das Problem der asymmetrisch verteilten Information bezüglich der Produktqualität offensichtlich gelöst werden. Dabei entspricht der Reputationsmechanismus einem *sich selbst durchsetzenden Vertrag*, in dem es für keine der beteiligten Pateien lohnt, von den (expliziten oder impliziten) Vereinbarungen abzuweichen. Vergleichbare Ansätze sich selbst durchsetzender Vereinbarungen in Modellen mit einem unendlichen Zeithorizont wurden zu anderen Problembereichen entwickelt. Hier sei als Beispiel nur die Kooperation im unendlich oft wiederholten Gefangenendilemma oder die Zeitinkonsistenzproblematik der Geldpolitik genannt. Eine näher an den hier diskutierten Fragestellungen liegende Anwendung stammt von Kreps (1990), der die Kultur einer Unternehmung als nicht formal vereinbarte, aber dennoch dauerhaft eingehaltene Verhaltensweisen mit einem Reputationsmechanismus erklärt.

Selbstdurchsetzende Verträge

Trotz dieser weitreichenden Bedeutung des Reputationsmechanismus in der modernen ökonomischen Theorie muss eindringlich vor einem allzu naiven Vertrauen in seine Wirksamkeit gewarnt werden. Es existieren sowohl theoretische als auch eher „praktische" Probleme bezüglich der Relevanz der hier beschriebenen Ablaufmechanismen. Aus theoretischer Sicht ist es bedenklich, dass zunächst einmal multiple Gleichgewichte existieren. So wäre in Shapiros Modell auch die Strategie eines jederzeitigen „Melkens" der Reputation ein Gleichgewicht. In diesem Fall würden die rationalen Konsumenten den Anbietern niemals glauben und eine Qualität q_0 erwarten. Damit können die Anbieter in keiner Periode einen Preis erzielen, der $c(q_0)$ überschreitet. Der Reputationsaufbau lohnt sich nicht mehr, und alle Firmen werden ausschließlich die Mindestqualität q_0 anbieten.

Ein zweites Problem besteht darin, dass das hier formulierte Modell auf einen unendlichen Zeithorizont angewiesen ist. Es ist eine notwendige Bedingung, dass die Periode der „letzten" Transaktion unbekannt ist. Träfe dies nicht zu, so würden alle Anbieter in der letzten Periode die Reputation „melken", da sie auf keine zukünftigen Einnahmen mehr hoffen dürfen. Da die Konsumenten dieses Verhalten antizipieren, werden sie in der letzten Periode maximal $c(q_0)$ zu zahlen bereit sein. Dies wiederum nimmt den Anbietern jeden Anreiz, in der vorletzten Periode reputationskonform zu agieren. Die Konsumenten antizipieren auch diesen Effekt, so dass auch in der drittletzten Periode alle Anbieter nur die Mindestqualität produzieren werden. Die hier angedeutete Logik lässt sich per Rückwärtsinduktion auf alle vorangehenden Perioden übertragen, so dass als einziges Gleichgewicht nur die permanente Produktion der Mindestqualität verbleibt. Erst durch die zusätzliche Einführung weiterer Annahmen, hier ist insbesondere Unsicherheit bezüglich der Auszahlungen/Gewinne der Transaktionspartner zu erwähnen, lässt sich ein neues Reputationsgleichgewicht begründen.

Ein Beispiel   Aus „praktischer" Sicht ist insbesondere die Annahme, dass alle Konsumenten über Verfehlungen bestimmter Anbieter informiert werden, fragwürdig. Dies sei abschließend an einem kuriosen Beispiel des Versagens von Reputationsmechanismen beschrieben:[1] Bis zum Jahr 1985 war David Miller Finanzvorstand der Associated Communication Corp. (ACC). Dann wurde entdeckt, dass er 1,3 Mio. US-Dollar unterschlagen hatte. Die Firma entließ ihn in aller Stille und vereinbarte, dass er an der Rückzahlung der Fehlbeträge beteiligt werden sollte. Die Trennung im beiderseitigen Einvernehmen ging sogar soweit, dass ein Kollege von ACC Miller eine neue Beschäftigung bei einem anderen Unternehmen in Boston vermittelte! Im Rahmen einer ganz anderen Untersuchung stellte sich später heraus, dass die Unterschlagung Millers bei ACC kein Einzelfall war. Im Gegenteil: Im Laufe von zwanzig Jahren hatte Miller sechs verschiedene Arbeitgeber betrogen und wurde niemals für sein Vergehen angeklagt! Jedesmal wurde er zwar entlassen, doch anschließend an neue Opfer weitergereicht. Alle seine Arbeitgeber hatten kein Interesse daran, dass ein solcher Skandal in ihrer Firma publik wurde, so dass eine wirksame Schadensbegrenzung mit einem öffentlichen Gerichtsverfahren nicht vereinbar erschien. Nach der Aufdeckung seiner persönlichen Geschichte unterzog sich Miller einer psychiatrischen Behandlung und wähnte sich später (1986) geheilt. Er war noch immer in dem Bostoner Unternehmen beschäftigt. Ironischerweise bestand sein größter Erfolg im ersten Jahr der Tätigkeit für das neue Unternehmen in der Aufdeckung einer Unterschlagung! Miller meldete seinen Vorgesetzten den Vorfall. Ob der betrügerische Mitarbeiter jemals angeklagt wurde, ist uns nicht bekannt.

---

[1] Die hier geschilderte Begebenheit findet sich im Wall Street Journal vom 19.9.1986, S. 1 f. unter dem Titel: „The Embezzler: David L. Miller Stole From His Employers And Isn't in Prison".

2. Institutionen zur Beschränkung des Wettbewerbs

Die Beschränkung des Wettbewerbs zwischen Anbietern auf einem Markt stellt ein Transaktionsproblem eigener Qualität dar und weist eine lange Theoriegeschichte auf. Im Gegensatz zur überragenden Mehrheit aller bis hier diskutierten Koordinationsprobleme stellt die Senkung von Transaktionskosten hinsichtlich der Koordination des Verhaltens von Wettbewerbern im Allgemeinen keine sozial wünschenswerte Maßnahme dar. Zwar erhöhen sich dadurch die Unternehmensgewinne, doch geht dies zu Lasten der Konsumenten, die weniger Produkte zu höheren Preisen konsumieren werden. Insofern als man eine möglichst gute Versorgung der Konsumenten mit Gütern als Ziel ansieht, kann der Wettbewerbsprozess erst durch die Existenz der Transaktionskosten der Verhaltensabstimmung seine segensreichen Wirkungen entfalten. Worin besteht nun das Transaktionsproblem zweier miteinander im Wettbewerb stehender Unternehmen? Dies sei anhand eines starkt vereinfachten Marktbeispiels erläutert.

Anbieter 2 — Tabelle 4.1

	$p^W = 68$	$p^A = 76,25$	$p^M = 101$
$p^W = 68$	**356** / **356**	287,94 / 628,25	−733 / 1445
Anbieter 1 $p^A = 76,25$	628,25 / 287,94	594,22 / 594,22	−324,63 / 1513,06
$p^M = 101$	1445 / −733	1513,06 / −324,63	900,5 / 900,5

(In jeder Zelle: oben rechts Gewinn Anbieter 2, unten links Gewinn Anbieter 1.)

Duopolmodell

Gegeben seien die Nachfragefunktionen zweier Anbieter in einem Duopol auf einem Markt mit differenzierten Produkten:[1] $x_1 = 100 - p_1 + p_2/2$ und $x_2 = 100 - p_2 + p_1/2$ sowie die Kostenfunktionen: $K_1 = 1000 + 2x_1$ sowie $K_2 = 1000 + 2x_2$. Wir unterstellen im Folgenden, beide Unternehmer setzen zunächst ihren Preis fest und verkaufen dann später die jeweiligen den Nachfragefunktionen entsprechenden Mengen. Der Übersichtlichkeit halber beschränken wir uns auf die Betrachtung dreier möglicher Preise,

---

[1] Die Darstellung lässt sich vergleichsweise einfach auf ein Oligopol (mehr als zwei Anbieter) erweitern.

$p^W = 68$, $p^M = 101$ und $p^A = 76,25$. Die jeweiligen, sich daraus ergebenden Gewinne sind Tabelle 4.1 wiedergegeben:[2]

Die Gewinne für Anbieter 1 (2) finden sich jeweils links-unten (rechts-oben) in der entsprechenden Zelle. Unterstrichene Gewinne kennzeichnen den höchsten Gewinn in der jeweiligen Spalte (Zeile). Das bedeutet zum Beispiel, dass der höchste Gewinn, den Anbieter 1 erzielen kann, wenn Anbieter 2 den Preis p^A setzt, 628,25 Geldeinheiten beträgt. Dieser wird realisiert, wenn Anbieter 1 den Preis p^W wählt. Wie man aus Tabelle 4.1 erkennen kann, gibt es nur eine Preiskombination (Zelle), in der wechselseitig höchste Gewinne vorliegen. Dieses eindeutige (Nash-) Gleichgewicht entspricht der Wahl der niedrigsten Preise durch beide Anbieter (die Wettbewerbslösung). Wählt Anbieter 1 stets den Preis p^W, so ist es auch für Anbieter 2 optimal, denselben Preis zu setzen und umgekehrt. Bei allen anderen Preiskombinationen lohnt es sich für mindestens einen der Anbieter, eine Preissenkung durchzuführen. Nutznießer von solchen Preissenkungen sind die Konsumenten, die zu geringeren Preisen vermehrt Güter konsumieren.

Wie sich jedoch ebenfalls ablesen lässt, schädigen sich die Anbieter im Gleichgewicht wechselseitig. So können sie sich beide besserstellen, wenn sie simultan den Preis von p^W auf p^A oder besser noch auf p^M erhöhen. Unglücklicherweise (aus der Sicht der Anbieter) haben in diesen Punkten *beide* Anbieter einen Anreiz, *einseitig* den Preis zu senken, um so die eigenen Gewinne auf Kosten des Konkurrenten zu erhöhen.[3] Aus diesem Grund müssen sie ihr Preissetzungsverhalten bewusst *koordinieren*, um dieser Dilemmastruktur zu entkommen. Entscheidend ist dabei, dass eine Regelung gefunden wird, bei der es für alle Beteiligten nicht mehr lohnt, einseitige Preissenkungen durchzuführen. Es muss mithin eine *glaubwürdige Bindung* an die Hochpreisstrategie erfolgen. Diese wiederum wird durch geeignete *institutionelle Regelungen* ermöglicht, wie im Folgenden gezeigt wird.

Fusion und Kartell

Die einfachste und zugleich wirksamste Form der Abstimmung besteht im Zusammenschluss der beiden Unternehmen. Horizontale Integration führt dazu, dass die beteiligten Akteure nur noch an den Gesamtgewinnen interessiert sind, die schiedlich-friedlich geteilt werden. Da eine einseitige Preissenkung bei einem der Produkte zu einer Verringerung der Gesamtgewinne führt, wird der eine verbliebene Anbieter sie nicht mehr wünschen. Aus dem Duopol wurde ein „verbundenes Monopol", das Monopol-

---

[2] Tabelle 4.1 entspricht der strategischen Form des nicht wiederholten Duopolspiels.
[3] Hier liegt offensichtlich ein Messkostenproblem vor. Könnten die beteiligten Anbieter Preisänderungen *unverzüglich* (im Sinne von unendlich schnell) erkennen und darauf reagieren, so wären einseitige Preissenkungen nicht mehr lohnend.

preise und -gewinne realisiert. Da Monopolpreise den Konsum unter das sozial wünschenswerte Niveau senken und gleichzeitig eine unerwünschte Umverteilung bewirken, versucht der Staat dem entgegenzuwirken, indem er eine Fusionskontrolle durchführt, die das Entstehen von solchen Monopolen verhindern soll. Darüber hinaus wird häufig eine *Regulierung* durchgeführt, wenn ein Monopol bereits existiert.

Horizontale Integration bis hin zur Bildung eines Monopols lässt sich dementsprechend kaum durchführen. Eine Alternative zur Integration besteht in einer vertraglichen Einigung der Anbieter in Form eines *Kartells*. Im Kartellvertrag werden bestimmte wettbewerbspolitische Parameter der Anbieter, z.B. ihre Preise, festgelegt. Bei Vertragsbruch kann die Einhaltung der Vereinbarung dann über den Gerichtsweg durchgesetzt werden, oder es werden Strafzahlungen verordnet, die ein einseitiges Abweichen unattraktiv werden lassen. Probleme entstehen jedoch häufig beim Aufbau des Kartells. Nehmen wir etwa einen Markt mit zehn nahezu identischen Anbietern. Finden sich neun Anbieter zur Kartelleinigung, so ist es für den verbleibenden zehnten Anbieter äußerst attraktiv, dem Kartell fernzubleiben! Würde er dem Kartell beitreten, so erhielte er ein Zehntel des Monopolgewinns. Bleibt er hingegen autonom, so kann er den Kartellpreis einseitig unterbieten und so einen deutlich größeren Marktanteil mit entsprechend hohen Gewinnen erlangen. Grundsätzlich ist es für alle Beteiligten erstrebenswert, die vorteilhafte Außenseiterposition einzunehmen. Wenn jedoch alle Anbieter die reizvolle Trittbrettfahrerposition einnehmen wollen, so erschwert dies das Zustandekommen des Kartells wesentlich. Hierin liegt ein Grund dafür, warum Kartelle Außenseiter häufig heftig bekämpfen.

Bildet sich jedoch ein funktionsfähiges Kartell, so stellt dies eine sehr wirksame institutionelle Regelung der Wettbewerbsbeschränkung dar. Genau aus diesem Grund werden Kartellverträge in verschiedenen Wettbewerbsgesetzen verboten oder für unwirksam erklärt.

Entfällt damit die Möglichkeit, formale Kartelle zu bilden, so können die Anbieter auch versuchen, eine informelle Kartellvereinbarung oder eine informelle Verhaltensabstimmung umzusetzen. Da in diesen Fällen das wettbewerbsbeschränkende Verhalten nicht mehr eingeklagt werden kann – schließlich ist es verboten –, muss eine solche Vereinbarung selbstdurchsetzend sein. Eine sich selbst durchsetzende Kollusion könnte gegebenenfalls durch folgende Verhaltensweisen gekennzeichnet sein: Alle Anbieter setzen ihre jeweils vereinbarten, abgestimmten Güterpreise. Sie fahren damit in der Folgeperiode fort, falls keiner der Anbieter von der Kollusionsstrategie abgewichen ist. Sollte jedoch einer der Konkurrenten den

Kollusion als selbstdurchsetzende Verhaltensabstimmung

Preis einseitig gesenkt haben, dann bricht die Kollusion unwiderruflich und für alle Zeit zusammen.[4]

Halten sich in unserem obigen Duopolbeispiel alle Anbieter an diese informelle Vereinbarung, so erzielen sie einen erwarteten Gegenwartswert der Gewinne in Höhe von $\pi^K = 900,5\cdot[1 + \delta + \delta^2 + \delta^3 + ...] = 900,5/(1-\delta)$.[5] Weicht einer der Anbieter in der ersten Periode einseitig ab und setzt den Preis p^A, so beträgt sein erwarteter Gegenwartswert der Gewinne $\pi^A = 1513,06 + 356[\delta + \delta^2 + \delta^3 + ...] = 1513,06 + \delta\cdot356/(1-\delta)$. Gilt $\pi^K \geq \pi^A$, so werden sich beide Anbieter an die kollusive Strategie halten, i.e. die Verhaltensabstimmung ist selbstdurchsetzend. Dies gilt in unserem Beispiel, wenn der Diskontierungsfaktor zur Bewertung zukünftiger Gewinne nicht zu gering ausfällt oder präziser wenn $\delta \geq 0,53$. In diesem Fall werden die sofort erzielbaren Gewinne bei einem einseitigen Abweichen geringer geschätzt als der sich anschließende dauerhafte (abgezinste) Gewinnentgang in Höhe von $900,5 - 356 = 544,5$ pro Periode. Informelle Verhaltensabstimmungen werden umso schwieriger durchführbar, je mehr Anbieter sich auf dem Markt befinden, je unterschiedlicher diese Anbieter sind und je schwieriger heimliche einseitige Preissenkungen durch einen oder mehrere Anbieter zu erkennen sind.

Die konkreten Formen der Verhaltensabstimmung können sehr unterschiedlicher Art sein. Da derartige kollusive Praktiken durch das Wettbewerbsrecht häufig verboten sind, werden dann Mechanismen gewählt, die für Kartellbehörden nur schwer durchschaubar sind. Ein besonders anschauliches Beispiel liefert ein Elektrotechnik-Kartell in den USA der fünfziger Jahre: In ihren Auktionsangeboten zum Verkauf elektrischer Schaltvorrichtungen stimmten sich die Produzenten der Schaltvorrichtungen durch eine *Mondphasen-Preisregel* ab! Alle zwei Wochen wechselte die Rangfolge der beteiligten Unternehmen, wobei das Unternehmen auf Rang 1 das niedrigste Gebot machen durfte und die anderen Firmen – entsprechend ihrer Rangfolge – Aufschläge auf dieses Angebot (in vorgegebenen Größenordnungen mit geringfügigen, unsystematischen und individuell vorgenommenen Schwankungen) zu machen hatten. Die praktische Umsetzung dieser Kartellierung erforderte keine Treffen zwischen beteiligten Unternehmen, keine Telefonate oder andere, für Außenstehende erkennbare Handlungen. Tatsächlich wurde die Mondphasen-Kollusion nur dadurch entdeckt, dass ein verunsicherter Mitarbeiter bei einer Vorladung durch die Kartellbehörde (das Department of Justice) freiwillig alle Informationen preisgab.

---

[4] Hier liegen offensichtlich Parallelen zum Reputationsmechanismus vor.
[5] Genau wie im Reputationsmodell entspricht der Parameter $\delta = 1/(1+i)$ dem Diskontierungsfaktor.

Eine andere Form der Kollusion besteht aus einem bewussten Parallelverhalten der Konkurrenten. So ergibt sich mitunter eine sogenannte Preisführerschaft, bei der ein Unternehmen (der Preisführer) als Vorreiter bestimmte Preisänderungen vornimmt, der anschließend die Konkurrenten folgen. Als Preisführer eignet sich im Allgemeinen eines der oder das größte Unternehmen im Markt oder der jeweilige Kostenführer, also der Anbieter mit den geringsten Kosten. Auf Duopolmärkten mit erheblichen Kosten- und Nachfrageunterschieden zwischen den Anbietern empfiehlt sich auch die sogenannte Politik der festen Preisrelation[6], bei der die Konkurrenten solange proportionale Preiserhöhungen durchführen, bis einer der Anbieter keine weiteren Preiserhöhungen mehr mittragen wird. Auf diese einfache Weise können alle Anbieter ihre Gewinne erhöhen, allerdings wird auf asymmetrischen heterogenen Märkten die Summe der Gesamtgewinne im Allgemeinen nicht mehr maximiert. Somit wird nicht mehr die „beste", sondern nur noch eine „gute" und „tragfähige" Lösung erzielt.

Es wurde bereits erwähnt, dass ein entscheidendes Problem der kollusiven Verhaltensabstimmung darin besteht, heimliche einseitige Preissenkungen zu verhindern. Je länger die Reaktion der Konkurrenten auf ein solches Defektiererverhalten auf sich warten lässt, desto lohnender wird es, d.h. desto unwahrscheinlicher wird die Eigenschaft der Selbstdurchsetzung der Vereinbarung. Aus diesem Grund ist es für alle Anbieter sinnvoll, institutionelle Regelungen zu treffen, die die Reaktionszeit der Konkurrenten verkürzt. Eine solche Einrichtung sind sogenannte Marktinformationssysteme. Diese beinhalten eine unverzügliche Weitergabe entscheidender Transaktionsdaten an eine Marktinformationszentrale, die diese Informationen allen Anbietern verfügbar macht. Führt nun ein Produzent eine Preissenkung durch und muss er diese Maßnahme der Zentrale bekanntgeben, so werden damit die Konkurrenten schnellstens über die Preissenkung in Kenntnis gesetzt. Einseitige Preissenkungen als wesentliches Element eines funktionierenden Wettbewerbs werden damit unrentabel und bleiben aus.

Frachtbasissysteme bilden eine weitere Möglichkeit zur Koordinierung des Anbieterverhaltens, die sich vor allem für homogene Güter mit einem großen Transportkostenanteil eignet. Die Grundidee lässt sich wie folgt skizzieren: Alle beteiligten Unternehmen fordern einen Preis, der sich nach einer einheitlichen Regel aus zwei Komponenten zusammensetzt. Zunächst einmal einigen sich die Anbieter auf einen Basispreis, der den Preis „ab Werk" repräsentiert. Auf diesen Basispreis schlagen nun alle Anbieter ei-

Frachtbasissysteme

---

6   Zur Politik der festen Preisrelation siehe HEUSS (1965), S. 92 ff. und – in einem neueren theoretischen Gewand – ERLEI (1998), S. 253 ff. sowie Erlei (2002).

nen fiktiven Transportkostenzuschlag. Dieser orientiert sich jedoch nicht an den tatsächlich anfallenden Transportkosten, sondern an fiktiven Transportkosten ab einem Frachtbasispunkt. Von dieser Frachtbasis ausgehend wird die Entfernung zum Kunden ermittelt und mit einem einheitlichen Transportkostensatz multipliziert. Auf diese Weise fordern alle Anbieter bei allen Kunden identische Preise, der Preiswettbewerb entfällt vollständig. Nachteilig an dieser Regelung ist, dass die Anbieter überflüssige Transportkosten tragen, da nicht immer der nächstliegende Anbieter den Auftrag erhält. Das System kann somit nur geringere Gewinne erzielen als ein Kartell. Vorteilhaft ist, dass einerseits eine einfache, für alle Anbieter gültige, Preisregel gefunden wurde und andererseits eine sehr wirksame Bestrafung für Abweichungen von der Vereinbarung möglich ist: Wird ein Defektierer bei einer Preisunterbietung erkannt, so legen die Anbieter die Frachtbasis an seinen Standort. Damit sinken in dem für ihn relevanten geographischen Absatzgebiet die Preise ebenso wie seine Gewinne. Der Anreiz für wettbewerbliche Preisunterbietungen wird erheblich verringert.

Potentielle Konkurrenz

Ein wesentliches Problem bei der Monopolisierung und Kartellierung von Märkten besteht in der Konkurrenz durch neue Anbieter, die durch hohe Gewinne angelockt werden. Um solche Markteintritte zu verhindern, versuchen monopolistische Anbieter und Kartelle, die Markteintrittskosten für Newcomer zu erhöhen. Möglichkeiten hierfür liefern unter anderem Ausschließlichkeits- und Kopplungsbindungen. So kann etwa ein Zulieferer dazu verpflichtet werden, ausschließlich an den Monopolisten (das Kartell) zu liefern. Insofern hierdurch der Wettbewerb auf dem Beschaffungsmarkt beschränkt wird, steigen für Newcomer die Kosten, und ein Markteintritt wird weniger attraktiv. Im Rahmen von Kopplungsverträgen wird der Bezug eines Produktes an den eines anderen gekoppelt. Das derart gekoppelte Produkt wird damit gegebenenfalls dem Wettbewerbsdruck durch Konkurrenzangebote entzogen.

In ähnlicher Weise kann auch eine vertikale Integration zu einem Marktschließungseffekt führen. Existiert etwa auf dem Beschaffungsmarkt ein Angebotsmonopol, so können durch vertikale Integration die aktuelle und die potentielle Konkurrenz vom Bezug des Zwischenprodukts ausgeschlossen werden, es erfolgt eine „Marktschließung".

Eine besonders effektive Erhöhung der Markteintrittskosten erfolgt durch regulierende Eingriffe des Staates. Qualitätsregulierungen, das sind Vorschriften über die Produktgestaltung wie zum Beispiel technische Mindestanforderungen oder Standardisierungen, engen zum einen das Produktspektrum ein und verursachen zum anderen häufig höhere Entwicklungskosten – also Markteintrittskosten. Auch Marktzugangsregulierungen werden im Allgemeinen im Rahmen eines Verbraucherschutzes legitimiert. De

facto schützen sie jedoch auch und nicht selten vor allem die aktuellen Anbieter und schrecken Newcomer ab.

Institutionen zur Beschränkung des Wettbewerbs dienen den daran beteiligten Anbietern, indem sie die Transaktionskosten kollusiven Verhaltens (insbesondere Messkosten) senken. Leidtragende dieser Verhaltensabstimmungen sind die Konsumenten, die höhere Preise für die betreffenden
Güter zahlen müssen. Es gibt eine umfangreiche Literatur zur Untersuchung solcher wettbewerbsbeschränkender Verhaltensweisen im Rahmen
der Industrieökonomik und der Wettbewerbspolitik. Wenngleich solche
Ansätze häufig *nicht unmittelbar* mit der Neuen Institutionenökonomik in
Verbindung gebracht werden, wird doch deutlich, dass die Überschneidun-
gen in der Argumentationslogik sehr beträchtlich sind. Aus diesem Grund
halten wir es für angebracht, diese Bereiche der Industrieökonomik als Bestandteil der modernen Institutionenökonomik anzusehen. Dies ist vor allem deshalb sehr nützlich, weil daran – im Gegensatz zu den üblichen Darstellungen im Rahmen der Messkosten- und der Governancekostentheorie
– deutlich wird, dass Institutionen aus gesamtwirtschaftlicher Sicht häufig
auch einen dysfunktionalen Charakter aufweisen: Zwar profitieren die *beteiligten* Unternehmen von Verhaltensabsprachen, doch führt dies typischerweise zu einer gesamtwirtschaftlichen Verschlechterung der Güterversorgung, da die hiervon *Betroffenen* (die Konsumenten) benachteiligt
werden. *Bestimmte Formen von Transaktionskosten können somit aus gesellschaftlicher Sicht erwünscht sein, da sie wettbewerbliches Verhalten
überhaupt erst ermöglichen!*

3. Institutionen und Marktphasen

Alle bis zu dieser Stelle diskutierten Ansätze gingen von statischen
Märkten aus, in denen weder der Aspekt des Wachstums noch des Niedergangs von Märkten Berücksichtigung finden. Märkte sind jedoch nicht einfach „da", sondern sie unterliegen einem eigenen Entwicklungsprozess, der
in wesentlichen Zügen nicht vollkommen vorhersehbar ist. In der deutschen Literatur zur Markttheorie hat sich ein Ansatz von Ernst Heuß
(1965) etabliert, der die Entwicklung und den Niedergang von Märkten in
fünf Phasen einteilt, die Experimentierungs-, Expansions-, Ausreifungs-,
Stagnations- und Rückbildungsphase. Die verschiedenen Phasen werden
insbesondere durch die Kriterien Größe und Wachstum des Marktes voneinander abgegrenzt, wie anhand von Abbildung 4.1 verdeutlicht wird.

In der Experimentierungsphase besteht noch kein eigentlicher Markt im   *Marktphasen*
üblichen Sinn. Es existiert lediglich ein (Pionier-) Unternehmer mit einer
neuen Produktidee, die gegebenenfalls ein entsprechendes Nachfragepoten-

tial aufweist. In der Expansionsphase erweist sich die tatsächliche Marktfähigkeit des Produktes, und das Produkt findet eine immer größere Verbreitung unter den Konsumenten. Diese Phase ist durch ein sehr hohes Wachstum, eine „Selbstentzündung der Nachfrage" (Ernst Heuß, 1965, S. 42), gekennzeichnet. In der Ausreifungsphase schwächt sich dieser Diffusionsprozess langsam ab und kommt in der Stagnationsphase zum erliegen. Tatsächlich entspricht die Stagnationsphase dem üblichen Lehrbuchbild eines sich von Periode zu Periode stets wiederholenden Marktes. Die Entwicklung vollständig neuartiger Produkte, die ihrerseits einen eigenen Markt bilden, führt schließlich irgendwann zu einer Schrumpfung und gegebenenfalls zu einem Absterben des betrachteten Marktes.

Abbildung 4.1

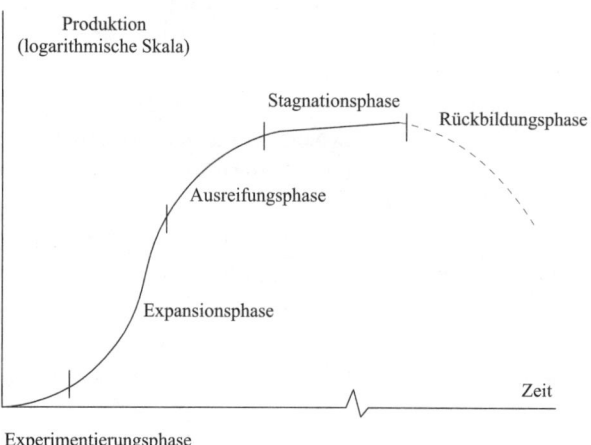

In den verschiedenen Phasen stehen zum Teil drastisch voneinander abweichende Transaktionsprobleme im Vordergrund. Dies wiederum legt nahe, dass sich in den verschiedenen Phasen typischerweise unterschiedliche institutionelle Arrangements bilden. Einige Aspekte dieses Problemkreises sollen im Folgenden skizziert werden.[1]

Experimentie-rungsphase

Die *Experimentierungsphase* wird durch drei zentrale Aufgaben gekennzeichnet. (1) Zunächst einmal muss irgendein Pionierunternehmer eine grundlegend neue Idee haben, die zugleich das Potential für die Entstehung eines neuen Marktes in sich birgt. Wir bezeichnen dies im Folgenden als *Invention*. (2) Natürlich reicht es mitnichten aus, eine Produktidee vorzustellen. Ebenso wichtig ist, dass man die Invention zu einem gebrauchsfähigen Produkt weiterentwickelt, das bestimmte Konsumentenbedürfnisse effektiv zu erfüllen in der Lage ist. Dieser Vorgang sei im Folgenden als

---

[1]   Für eine wesentlich ausführlichere Diskussion siehe die Analyse bei ERLEI (1998), Kapitel III, die die Grundlage für die in diesem Abschnitt angeführten Aspekte bildet.

Innovation bezeichnet. (3) Schließlich muss durch geeignete Maßnahmen zunächst eine Nachfrage für dieses Produkt kreiert werden. Hier ist insbesondere die Kommunikationspolitik des Unternehmens gefordert, die ein hinreichendes Interesse der Konsumenten an den neuen Produkten erzeugt.

Es lassen sich nur wenige grundsätzliche Aussagen zum Zusammenhang zwischen Institutionen und Inventionen treffen. Grundlegend neue Ideen können schlicht und einfach nicht bewusst geplant und „produziert" werden, sondern fallen im Allgemeinen zufällig und häufig als Nebenprodukt anderer Tätigkeiten an. Eine notwendige Voraussetzung für die Entfaltung von Inventionen ist natürlich die Freiheit zu experimentieren anzuführen. Natürlich suchen auch Unternehmen in ihren Forschungs- und Entwicklungsabteilungen systematisch nach solchen Inventionen. Der Erfolg solcher Aktionen ist jedoch kaum prognostizierbar. Allenfalls kann festgestellt werden, dass ein neuerungsfreundliches Klima in den Organisationen ein unverzichtbares Element der Generierung von Inventionen bildet.

Erst mit dem Vorliegen einer Invention lassen sich einigermaßen tragfähige ökonomische Kalküle durchführen. Innovation und Nachfragekreierung sind überaus aufwandsintensive Aktivitäten, die darüber hinaus in hohem Maße spezifisch im Hinblick auf die zu realisierende Innovation sind. Hinzu kommt ein extrem großes Ausmaß an Unsicherheit, das mit der Entwicklung und Einführung neuer Produkte verbunden ist. Tatsächlich erweisen sich die allermeisten solcher Vorhaben als Fehlschläge.

Die Kombination aus hoher Aufwandsintensität und hoher Unsicherheit lässt Innovationen besonders prekär erscheinen. Die *unvermeidliche Spezifität der Forschungs- und Entwicklungsausgaben* erfordert – der traditionellen transaktionskostentheoretischen Logik entsprechend – tendenziell eine vertikale Integration dieser Aktivitäten. Eine Verwendung spezifischer Faktoren in der *Produktion* bietet sich jedoch nicht an: Im Falle eines Scheiterns der innovativen Produkte büßen spezifische Faktoren wesentlich an Wert ein. Nichtspezifische Faktoren hingegen können ohne allzu großen Verlust einer alternativen Verwendung zugeführt werden. Da die Wahrscheinlichkeit, dass sich ein Innovationsprojekt als Fehlschlag erweist, sehr hoch ist, sind die Risikokosten des Einsatzes spezifischer Faktoren entsprechend hoch. Der Einsatz spezifischer Faktoren in der Produktion kann demnach nur durch extrem hohe Produktionskostenvorteile ausgeglichen werden. Folglich dürfen wir in der Experimentierungsphase vorrangig den Einsatz generischer Faktoren in der Produktion erwarten. Dies wiederum hat zur Folge, dass es sich anbietet, Transaktionen weitestgehend über den Markt abzuwickeln, das heißt die vertikale Integration in der Produktion auf einem möglichst geringen Niveau zu halten.

*Expansions-
phase*

Die meisten Innovationsversuche kommen über das Stadium der Experimentierungsphase nicht hinaus, da sich die Unwirtschaftlichkeit des Projekts abzeichnet. Die verbleibenden Neueinführungen von Gütern erleben in der sich anschließenden *Expansionsphase* eine Periode rasant steigender Absatzmengen. Durch die Diffusion am Markt werden jedoch andere Akteure auf die sich bietenden Gewinnmöglichkeiten aufmerksam. Diese versuchen nun über Imitation und eigene Weiterentwicklungen des Produkts, in den Markt einzutreten und sich eine Nische zu sichern.

Die gehandelten Produkte sind nun offensichtlich marktfähig, im Allgemeinen sind sie aber noch nicht ausgereift. Erst durch die Rückkopplung mit den Konsumenten erhalten die Produzenten wichtige Informationen über gewünschte Produkteigenschaften, die sukzessive Eingang finden in die am Markt angebotenen Produktvarianten. Gleichzeitig lernen die Anbieter, mittels Prozessinnovationen die Produktionskosten zu senken, so dass sich Preissenkungsspielräume ergeben, die – falls genutzt – zu einer weiteren Ausdehnung der Nachfrage führen. Die vielen in der Expansionphase realisierten Produkt- und Verfahrensinnovationen beinhalten für alle Konkurrenten Risiken. Da ex ante nicht abzusehen ist, welche Produktvarianten sich als besonders erfolgreich erweisen und welche Produktionsverfahren die günstigsten sind, besteht eine vergleichsweise hohe Wahrscheinlichkeit für den einzelnen Anbieter, dass sich sein Unternehmen im betrachteten Markt letztlich als nicht überlebensfähig erweisen wird. Auch in der Expansionsphase weisen damit spezifische Faktoren hohe Risikokosten auf. Darüber hinaus erfordern die Produkt- und Prozessinnovationen eine hohe Anpassungsflexibilität in der Produktion. Insoweit bestimmte Faktoren spezifisch hinsichtlich eines einmal gewählten Produktionsverfahrens oder einer bestimmten Produktvariante sind, erzeugen diese hohe erwartete Anpassungskosten an neue technische Entwicklungen, für die sie nicht mehr geeignet sind. Auch dieser Aspekt legt den Einsatz möglichst generischer Faktoren nahe, was – wie schon in der Experimentierungsphase – einen weitreichenden Fremdbezug in der Produktion zur Folge hat.

Im Zusammenhang mit der Entwicklung der dominanten Produktdesigns in der Expansionsphase stellt sich auch die Frage nach eventuellen *Kompatibilitätsstandards*. Güter sind komplementär zueinander, wenn sie in bestimmter Weise „zusammenpassen": Computer Hardware und Software, Fernsehgeräte und DVD-Recorder sowie DVD-Recorder und DVD-Medien sind Beispiele für verschiedene Produkte, die zueinander „passen" sollten, um den ganzen Nutzen der Anwendungsmöglichkeiten zu realisieren. In der Expansionsphase haben die Konsumenten im Allgemeinen die Auswahl zwischen mehreren solcher Standards, die verschiedene Produkte miteinander kompatibel machen. Gleichzeitig liegen häufig Netzwerkexternalitäten vor, das heißt der Nutzen aus der Verwendung eines bestimmten Standards steigt, wenn die Anzahl der Nutzer dieses Standards zunimmt. Entschließt man sich etwa zum Kauf eines DVD-Systems, so steigt der Nutzen aus diesem Kauf mit der Nutzung desselben Systems durch andere Konsumenten: Zum einen werden mit zunehmender Netzgröße (Anzahl der Nutzer des DVD-Systems) Skalenvorteile in der Produktion von Kauf- und Miet-DVDs realisierbar sein. Zum anderen ermöglicht die gemeinsame Nutzung eines gleichen Standards den Austausch von DVDs zwischen den Konsumenten.

Das Vorliegen von Netzwerkexternalitäten bringt spezielle Koordinationsprobleme bei der Standardwahl durch die Individuen mit sich. Insofern keine zentrale Koordinierung der Standardsetzung erfolgt, ist es nicht unwahrscheinlich, dass Wechsel auf neue, technisch überlegene Standards erschwert oder verhindert werden, da niemand als erster den Wechsel einläuten will. Umgekehrt ist es auch möglich, dass ein zu häufiger oder zu schneller Standardwechsel erfolgt, da einzelne Akteure nicht berücksichtigen, welche Folgen ein für sie vorteilhafter Standardwechsel auf andere hat. Auf diese Weise werden unter Umständen bestimmten Nutzergruppen hohe Kosten des Standardwechsels aufgebürdet, die gegebenenfalls durch geringfügige Vorteile bei anderen Nutzergruppen nicht kompensiert werden. Allgemein kann nicht davon ausgegangen werden, dass sich der effiziente Standard durchsetzen wird. Ein viel zitiertes Beispiel liefert der Markt für Videorecorder zu Beginn der achtziger Jahre. Obwohl viele Experten dem VHS-System eine technische Unterlegenheit zu anderen Systemen bescheinigten, hat es die anderen Systeme vom Markt verdrängt. Eine Ursache hierfür dürfte in der großzügigen Lizenzpolitik durch die Firma JVC gelegen haben. So konnte eine Reihe weiterer Anbieter zu moderaten Linzenzgebühren das VHS-System produzieren und verkaufen, so dass schnell eine „kritische Netzwerkgröße" erreicht wurde, die massive Netzwerkeffekte bewirkte.

In der *Ausreifungsphase* schwächt sich das Marktwachstum merklich ab, so dass die Produktionskapazitäten schnell zum Marktvolumen aufschließen. Damit steigt die Interdependenz zwischen den Unternehmen, die aufgrund der zunehmend spürbaren „Enge" des Marktes vermehrt miteinander in Konkurrenz um einzelne Kunden treten. Mit der Etablierung der wichtigsten Produkteigenschaften und Kompatibilitätsstandards erfolgt nun ein Ausleseprozess unter den in der Expansionsphase in den Markt eingetretenen Anbietern. Je größer der Selektionsdruck ist, desto höher sind auch die Risikokosten einer Verwendung spezifischer Faktoren. Im Vergleich zur Expansionsphase sinken diese Kosten jedoch, da die Bedeutung der Produkt- und Verfahrensinnovationen abnimmt. Dies hat zur Folge, dass die Firmen nicht mehr davon ausgehen müssen, binnen kürzester Zeit das Pro-

Ausreifungsphase

duktdesign oder das verwendete Verfahren anzupassen. Mit dem Fort-
schreiten der Ausreifungsphase zeichnet sich auch immer deutlicher ab,
welche der Unternehmen die größten Aussichten haben zu überleben. Damit sinken im Verlauf der Ausreifungsphase die Risikokosten des Einsatzes spezifischer Faktoren immer weiter, und ihr Einsatz wird immer wahr-
scheinlicher. Der Logik der Transaktionskostentheorie entsprechend ist in
dieser Phase eine stetige Zunahme der vertikalen Integration zu erwarten.

Mit dem Ausscheiden der unterlegenen Produzenten steigt natürlich der
Marktanteil der überlebenden Firmen, die damit einen weiteren Wachs-
tumsschub erfahren. Mit zunehmender Größe der Organisation werden ihre
internen Koordinationsprobleme immer bedeutender, was im Allgemeinen
einen Bedarf an bürokratischen Ablaufregeln erzeugt, die eine Integration
vorgelagerter Produktionsstufen sicherlich erleichtern. Die abnehmende
Anbieterzahl wiederum führt zu einer weiter ansteigenden Interdependenz
zwischen den verbleibenden Konkurrenten.

*Stagnations-
phase*

Mit zunehmender Annäherung an die *Stagnationsphase* nähert sich das
Bild der Industrie demjenigen der üblichen Lehrbuchdarstellung. Ist der
Übergang zur Stagnationsphase bereits erreicht, so dürften die verschiedenen statischen Modelle aus den vorangehenden Kapiteln den Höhepunkt
ihrer Aussagekraft erreichen. Im Vergleich zu den anderen Phasen liegt ein
Minimum an Zukunftsunsicherheit und ein Maximum an Markttransparenz
vor. Der Einsatz spezifischen Kapitals wird mit den vergleichsweise geringsten Risikokosten möglich. Demzufolge ist zu erwarten, dass der Einsatz spezifischer Faktoren in der Stagnationsphase sein Maximum erreichen wird, was wiederum auf eine im Vergleich zu den anderen Marktphasen höhere (bzw. höchste) vertikale Integration schließen lässt.

Erst in der späten Ausreifungs- und der Stagnationsphase wird ein hinreichendes Maß an Markttransparenz, Statik und Interdependenz zwischen
den Anbietern erreicht, das es sinnvoll erscheinen lässt, die herkömmlichen
Oligopolmodelle aus der Industrieökonomik anzuwenden. Dies gilt insbesondere für die Problematik der Wettbewerbsbeschränkungen. In der Ex-
pansions- und der frühen Ausreifungsphase sind kollusive Gleichgewichte
kaum vorstellbar: Zum einen wechseln durch Marktein- und -austritte die
jeweiligen „Spieler". Ein kurz vor dem Ausscheiden befindlicher Anbieter
würde sich sicher nicht an kollusive Praktiken halten, da er im Zweifel ohnehin aus dem Markt ausscheiden wird und somit alle greifbaren kurzfristigen Gewinne realisieren wird. Zum anderen kann ein einseitiges Abweichen vom abgestimmten Verhalten sehr schnell und effektiv zur Gewinnung einer kritischen Masse im Standardwettbewerb führen. Die kurzfristigen Abweichergewinne weisen in solchen Fällen über den reinen Einnah-
meneffekt noch einen gewissen Kapitalcharakter auf, der auch zukünftige
Einnahmen sichert. Damit dürfte deutlich geworden sein, dass die im vo-

rangehenden Abschnitt diskutierten Institutionen zur Beschränkung des Wettbewerbs nur in der Stagnationsphase relevant sind. Hier allerdings dürften sie in der Tat von großer Bedeutung sein.

Die mehr oder weniger kontinuierliche Schrumpfung des Marktes in der *Rückbildungsphase* erzwingt einen mittel- bis langfristigen Abbau der Angebotskapazitäten. Dieser erfolgt zum einen durch ausbleibende Reinvestitionen abgeschriebenen Kapitals sowie letztendlich durch den Marktaustritt der Unternehmen. Dabei ist von besonderer Bedeutung, dass sich auf schrumpfenden Märkten hohe Kapazitäten über die damit verbundenen (fixen) Kapazitätskosten häufig als schädlich erweisen. Falls ein gradueller Kapazitätsabbau nicht möglich sein sollte, werden „große" Firmen den Markt noch vor ihren kleineren Konkurrenten verlassen.[2] Die Ursache hierfür besteht darin, dass Unternehmen mit (unveränderbar) großen Kapazitäten bei immer weiter sinkender Nachfrage weniger lange verlustfrei produzieren können. Die Existenz von Gewinnen nach einem Marktaustritt der Großen dient den kleinen Unternehmen als glaubhafte Bindung an den Verbleib im Markt. Diese Bindung wiederum bewegt die großen Anbieter zum vorzeitigen Marktaustritt.

Bei graduell veränderbarer Produktionskapazität der einzelnen Anbieter greift die Bindung der kleinen Firmen an ihren Marktverbleib nicht mehr ganz so stark, da die großen Unternehmen zunächst ihre Kapazitäten verringern bis sie schließlich auf dem Niveau der kleinen Firmen angekommen sind. Anschließend verringern große und kleine Unternehmen ihre Kapazitäten im Gleichschritt.

Finanzierungsrestriktionen können die soeben beschriebene Austrittsreihenfolge ändern. Fällt es etwa kleinen Firmen schwerer, Finanzierungsquellen für Reinvestitionen aufzutun, so werden die Großanbieter deren Marktaustritt abwarten, um anschließend noch über einen gewissen Zeitraum profitabel zu arbeiten. Ebenso können Unterschiede in den Produktionskosten bei Verwendung unterschiedlicher Technologien die Austrittsreihenfolge umdrehen.

Einen weiteren Aspekt, der in der Rückbildungsphase von Bedeutung ist, bildet das Bemühen um und die Vergabe von Erhaltungs- und/oder Strukturanpassungssubventionen. Grundsätzlich streiten sich im Prinzip alle Interessengruppen untereinander und gegen die (im Zweifel schlechter organisierte) Mehrheit der Steuerzahler um Begünstigungen.[3] Es lassen sich jedoch eine Reihe von Ursachen dafür anführen, die es wahrscheinlich

Rückbildungs-phase

---

[2] Es wird dabei unterstellt, dass alle Firmen das homogene Produkt mit identischen Grenzkosten produzieren.

[3] Siehe hierzu insbesondere Kapitel 6 und die darin enthaltenen Ausführungen zum Wettbewerb der Interessengruppen.

erscheinen lassen, dass sich eine im Schrumpfungsprozess befindliche Industrie *besser* im Kampf um Subventionen behaupten kann. Wir wollen drei Gesichtspunkte anreißen: (1) Für die im Überlebenskampf befindlichen Unternehmen entwickelt sich das Bemühen um die Gewährung von Subventionen zu einem – wenn nicht dem – zentralen unternehmensstrategischen Aktionsparameter, dem deutlich mehr Gewicht beigemessen wird als zuvor. (2) Die Drohung von (Massen-) Entlassungen eignet sich vorzüglich, um die Aufmerksamkeit der Medien auf sich zu ziehen. Damit ergibt sich zugleich auch die Möglichkeit, den Medieneinsatz strategisch zu nutzen. Die Kosten der Erzeugung politischen Drucks durch die von Entlassungen bedrohte Industrie sinken. Auf diese Weise erhält die betroffene Industrie einen Wettbewerbsvorteil gegenüber den anderen Interessengruppen, sie wird vermehrt Maßnahmen zur Bildung politischen Drucks durchführen und kann gegebenenfalls eine Erhöhung der Unterstützungsleistungen durchsetzen. (3) Massenentlassungen und industrielle Umstrukturierungen führen häufig zu einer Belastung der breiten Öffentlichkeit: So müssen zum Beispiel Arbeitslosengelder, Sozialhilfeleistungen, Wohngeld, Umschulungen oder Arbeitsbeschaffungs-Programme finanziert werden. Diese können jedoch zum Teil eingespart werden, wenn die Strukturanpassung subventionspolitisch „abgefedert" wird. Diese Einspareffekte verringern den Widerstand der Steuerzahler und anderer Interessengruppen gegen Subventionen an die betreffende Industrie.

Anstelle von Subventionen ist auch die Bevorzugung der Industrie durch Kartellierung denkbar. Strukturkrisenkartelle stellen im Grunde nichts anderes als eine Subventionierung der Branche über die Konsumentenrente dar. Die dabei entstehende allokative Verzerrung bildet einen zusätzlichen gesellschaftlichen Verlust. Darüber hinaus ist zu bedenken, dass eine Monopolisierung/Kartellierung eines Marktes aufgrund des fehlenden Wettbewerbdrucks häufig mit steigenden Produktionskosten einhergeht, die die sozialen Kosten ein weiteres Mal erhöhen. Damit bleibt sehr zweifelhaft, ob eine großzügige Wettbewerbspolitik die durch schrumpfende Branchen verursachten wirtschaftlichen Probleme effizient beseitigen kann. In ähnlicher Form ist eine zum Schutz absterbender Industrien eingeführte protektionistische Außenhandelspolitik zu beurteilen. Diese weist neben den allokativen Verzerrungen und den höheren Produktionskosten noch eine geringere Effektivität auf. Schließlich kann durch Retorsionsmaßnahmen des Auslands und den damit verbundenen Absatzeinbußen auf ausländischen Märkten die Schutzwirkung auf die inländische Industrie zerstört werden.

4. Regulierung

Unter bestimmten Umständen, hier sind insbesondere steigende Skalenerträge in der Produktion zu nennen, tendiert der Wettbewerbsprozess auf Märkten dazu, in einem Monopol zu enden. In einem solchen „natürlichen Monopol" kann nur ein Anbieter allein die vollständigen Vorteile steigender Skalenerträge nutzen. Durch diesen Umstand wird die Produktion aller Güter durch einen einzigen Monopolisten nicht nur wahrscheinlich, sondern auch effizient. Unterstellt man, dass ein Markteintritt weder beliebig schnell noch ohne Inkaufnahme von Markteintrittskosten erfolgen kann, so lässt sich die Monopolstellung auch nicht durch drohende Markteintritte erschüttern. Als typische Beispiele für natürliche Monopole werden im Allgemeinen Industrien angeführt, in denen ein sehr hoher Fixkostenanteil vorliegt. Dies gilt insbesondere für Märkte, die auf ein teures Leitungsnetz angewiesen sind. Man denke etwa an ein Telefonleitungs-, ein Stromleitungs- oder ein Schienennetz (Bahn). Die Bereitstellung der Leitung macht dabei häufig einen großen Teil der Kosten aus, und es macht keinen ökonomischen Sinn die Leitungsnetze mehrfach zu verlegen, solange keine Kapazitätsengpässe auftreten.

„Natürliche" Monopole

Möchte man nun verhindern, dass der Monopolist auch Monopolpreise setzt, so kann man ihn regulieren, das heißt, eine staatliche Behörde engt den Spielraum des Monopolisten bei der Wahl seiner Aktionsparameter (Preis, Qualität, ...) ein. Wir wollen im Folgenden jedoch nicht die Einzelheiten einer Theorie der Regulierung, sondern nur einige institutionenökonomische Aspekte der Regulierung diskutieren. Wie zuvor können wir auch hier eine Unterscheidung in Mess- und in Governancekosten vornehmen.

Der Aspekt der Messkostenproblematik kommt besonders deutlich bei der Problematik der Regulierung eines Monopolisten, dessen Kosten nicht bekannt sind, zum Ausdruck. Ein solches Szenario ergibt natürlich nur Sinn, wenn Messkosten vorliegen: Wäre dies nicht der Fall, so könnte die Regulierungsbehörde die Kosten des Monopolisten ohne jeden Ressourcenverzehr ermitteln und einen wohlfahrtsoptimalen Regulierungtarif bestimmen. Die Behörde könnte etwa vorschreiben, dass der Preis pro genutztem Endprodukt (Nutzungsgebühr) gleich den Grenzkosten gesetzt wird und die Fixkosten über einen fixen Beitrag der Nutzer (oder durch eine Subvention) gedeckt werden.[1]

Messkosten

---

[1] Vgl. hierzu etwa BORCHERT/GROSSEKETTLER (1985), S. 53.

Liegen jedoch Messkosten vor, so lassen sich die Produktionskosten des Monopolisten nicht mehr hinreichend genau bestimmen. Der Monopolist verfügt damit über einen Informationsvorsprung, den er strategisch nutzen kann. Wir nehmen der Einfachheit halber an, die Grenzkosten des Monopolisten können nur zwei verschiedene Werte, hoch (c_2) und niedrig (c_1), annehmen und die Fixkosten (K) seien bekannt. Die Wahrscheinlichkeit, dass der Monopolist niedrige (bzw. hohe) Kosten aufweise, sei q (bzw. $(1 - q)$). Außerdem beschränke sich die Regulierungsbehörde darauf, einen einfachen Tarif zu verwenden. Dieser bestehe aus zwei Komponenten, dem Preis p pro verkauftem Endprodukt und einer fixen Transferzahlung T durch die Nutzer (nutzungsunabhängiger Beitrag) oder durch den Staat (Subvention). Sowohl p als auch T variieren mit der (möglicherweise falschen) Angabe der Kosten $c_A \in \{c_2, c_1\}$ durch den Monopolisten, so dass $p = p(c_A)$ und $T = T(c_A)$.[2] Geht man nun davon aus, dass eine Bereitstellung der Güter in jedem Fall erfolgen soll, das heißt auch ein Hochkostenmonopolist muss verlustfrei verkaufen können, so lässt sich ein Tarif ableiten, der – unter Berücksichtigung der Messkosten – zu einer maximalen Konsumentenrente führt:[3]

$$p(c_2) = c_2 + \frac{q(c_2 - c_1)}{1 - q} \, , \, p(c_1) = c_1,$$

$$T(c_2) = K - \frac{q}{1 - q}(c_2 - c_1)x(p(c_2))$$

sowie $T(c_1) = K + (c_2 - c_1)x(p(c_2)).$

Die Gewinne des Anbieters bei hohen bzw. niedrigen Kosten betragen

$\pi(c_1) = (c_2 - c_1)x(p(c_2))$ und $\pi(c_2) = 0.$

Informations-
rente

Ein Hochkostenanbieter kann also gerade seine Kosten decken, während ein Niedrigkostenanbieter einen positiven Gewinn, die sogenannte *Informationsrente*, realisieren kann. Unter einer solchen Tarifstruktur lohnt es sich für keinen der Anbieter, falsche Angaben über seine Kosten zu ma-

---

[2] Derartige Tarifstrukturen, die von den Angaben der Anbieter abhängen, bezeichnet man auch als *direkte Revelationsmechanismen*. Man kann zeigen, dass die Ergebnisse solcher Revelationsmechanismen (also ihr Zielerreichungsgrad) nicht durch andere Mechanismen übertroffen werden können (Revelationsprinzip). Für eine ausführlichere Diskussion von Revelationsmechanismen und dem Revelationsprinzip siehe zum Beispiel KREPS (1990), S. 685–697.

[3] Das zu diesen Ausführungen gehörende Modell findet sich im Anhang zu Kapitel 4. Selbstverständlich lassen sich auch andere Ziele als die Maximierung der Konsumentenrente, wie z.B. die (gewichtete) Summe aus Produzenten- und Konsumentenrente, modellieren.

chen. Würde etwa der Hochkostenanbieter behaupten, er hätte niedrige Kosten, so würde sein Gewinn $(p(c_1) - c_2)x(p(c_1)) + T_1 - K = (c_1 - c_2)[x(p(c_1)) - x(p(c_2))] < 0$ betragen. Er würde also eindeutig Verluste erzielen. Würde ein Monopolist mit niedrigen Kosten vorgeben, hohe Kosten aufzuweisen, so erhielte er genau denselben Gewinn wie bei Angabe seiner wahren Kosten. Der Niedrigkostenmonopolist kann durch falsche Angaben ebenfalls keine Vorteile erzielen, so dass beide Anbieter bei Verwendung der beschriebenen Tarife stets wahre Angaben machen werden. Da sie ebenfalls beide nichtnegative Gewinne realisieren, werden sie das Produkt auch anbieten, das heißt, eine Versorgung der Konsumenten mit Gütern ist gewährleistet.

Die Informationsrente des Niedrigkostenmonopolisten resultiert aus seinem Informationsvorsprung vor der Regulierungsbehörde: Um die Konsumentenrente zu maximieren, muss die Behörde sicherstellen, dass Niedrigkostenanbieter Grenzkostenpreise setzen. Dies ist aber nur dann möglich, wenn es sich für diese nicht lohnt, sich als Hochkostenanbieter mit entsprechend hohen Preisen auszugeben. Aus diesem Grund werden Niedrigkostenmonopolisten durch die hohe Transferzahlung T_1 für wahrheitsgetreue Angaben hinreichend entschädigt. Messkosten führen somit zu Informationsrenten bei Niedrigkostenmonopolisten und zu über den Grenzkosten liegenden Preisen für Hochkostenanbieter.

Governancekosten

Die Diskussion um die Bedeutung von *Governancekosten* entzündete sich an einer völlig anders gelagerten Fragestellung, nämlich derjenigen, ob Regulierung überhaupt sinnvoll sein könne. Führende Vertreter der sogenannten „Chicago-Schule", Demsetz (1968), Stigler (1968) und Posner (1972), bezweifelten dies. Ihre Argumentation lässt sich wie folgt skizzieren: Das eigentliche Problem bei einem nichtregulierten „natürlichen" Monopol besteht in der Ausnutzung der Marktmacht. Hat ein Anbieter erst einmal eine Monopolstellung inne und kann er die Preise frei bestimmen, so muss er – hinreichende Markteintrittskosten unterstellt – keine Markteintritte fürchten und wird Monopolpreise setzen. Es existiert demnach kein Wettbewerb innerhalb des Marktes.

Franchise Bidding

Die einfache und geniale Idee der Chicago-Schule besteht darin, den Wettbewerb *innerhalb* des Marktes durch einen Wettbewerb *um* den Markt zu ersetzen: Die Monopolstellung soll in einem Auktionsverfahren, das in der Literatur üblicherweise als „Franchise Bidding" bezeichnet wird, versteigert werden. Als Auswahlkriterium wird allerdings nicht ein an den Staat zu zahlender Geldbetrag verwendet, sondern die aus Konsumentensicht günstigste Preis-Leistungs-Kombination. Die verschiedenen potentiellen Produzenten reichen also ein Angebot in Form eines Preises und bestimmter Qualitätsmerkmale der zukünftigen Marktversorgung ein, die sie – falls sie den Zuschlag erhalten – später einhalten müssen. Im Gegensatz zum Wettbewerb innerhalb des Marktes wird der Wettbewerb um den Markt nicht durch produktionstechnische Eigenschaften beschränkt. Somit ist anzunehmen, dass der Wettbewerb um den Markt zu annähernd kompetitiven Preisen bei optimaler (nicht maximaler!) Produktqualität führt. Wurden jedoch im Auktionswettbewerb um den Markt nahezu optimale Marktergebnisse bestimmt, so erübrigt sich die Regulierung des Monopolisten. Es muss allenfalls noch eine Überwachung der Vertragseinhaltung institutionalisiert werden.

Vertreter der Neuen Institutionenökonomik, allen voran Williamson (1976, 1985) und Goldberg (1976), kritisieren, dass ein Franchise Bidding nur bei hinreichend geringen Transaktionskosten erfolgreich sein könne. Mess- und Governancekosten führen anderenfalls zu erheblichen Schwierigkeiten bei der *Durchführung* der in der Auktion übernommenen Verpflichtungen. Der Teufel steckt dabei – wie im Folgenden gezeigt werden soll – in den von der Chicago-Schule als „irrelevant" vernachlässigten Details der Transaktion.

Zunächst einmal stellt sich die Frage, welche Vertragsart in einem Franchise Biddung versteigert wird. Es lassen sich dabei zumindest drei Alternativen vorstellen: (a) vollständige Verträge mit unendlicher Laufzeit, (b) unvollständige langfristige Verträge und (c) kurzfristige Kontrakte. Die Vollständigkeit eines Vertrags beinhaltet, dass verbindliche Regelungen für *alle* denkbaren Eventualitäten getroffen werden. Wie schon in den Abschnitten zur Governancekostentheorie ausführlich besprochen, stellt ein solcher Vertrag enorm hohe Anforderungen an die Vertragsparteien. Sie müssen nicht nur alle möglichen Entwicklungspfade der Zukunft analytisch durchdringen, sondern diese auch noch in einem entsprechenden Vertragstext zum Ausdruck bringen. Wir haben ein solches Szenario zuvor für unmöglich bzw. mit prohibitiven Kosten belastet eingestuft und wollen dieser Einschätzung auch hier folgen. Soll nun ein solcher Vertrag auch noch mit einer unendlicher Laufzeit ausgestattet werden (Fall (a)), so verschärft sich das Problem nur um einen weiteren Aspekt und kann uns in unserer Auffassung nur bestätigen. Möglichkeit (a) wird mithin als undurchführbar ausgeschlossen.

Unvollständige, langfristige Verträge

Dies führt uns zur Diskussion unvollständiger Verträge mit langer Laufzeit. Auch bei dieser Option lassen sich Durchführungsprobleme ausfindig machen. Zunächst einmal gibt es erhebliche Operationalisierungsschwierigkeiten bei der Ausschreibung und Durchführung der Auktion. Bei der Ausschreibung muss deutlich werden, welche Qualitätskriterien angelegt werden und wie diese im Vergleich zu den geforderten Preisen gewichtet werden. Um willkürliche administrative Entscheidungen zu verhindern, schlägt Posner (1972) folgendes Vergabeverfahren vor: Alle Wettbewerber um das Monopol müssen in einem bestimmten Zeitraum Kunden für ihr verbindliches Angebot anwerben. Dadurch, dass die Konsumenten sich unwiderruflich an eine Annahme des Produzentenangebotes binden, bekunden sie glaubhaft ihre Zahlungsbereitschaft und Wertschätzung. Derjenige Anbieter, der die größte Nachfrage auf sich ziehen konnte, erhält anschließend den Zuschlag für den Markt. Dies sieht auf den ersten Blick sehr überzeugend aus. Bei einer genaueren Betrachtung hingegen erweist sich diese Art der Präferenzaggregation als willkürlich. Man stelle sich vor, zehn Anbieter bewerben sich um das Monopol und erhalten die in Abbildung 4.2 dargestellten Marktanteile.

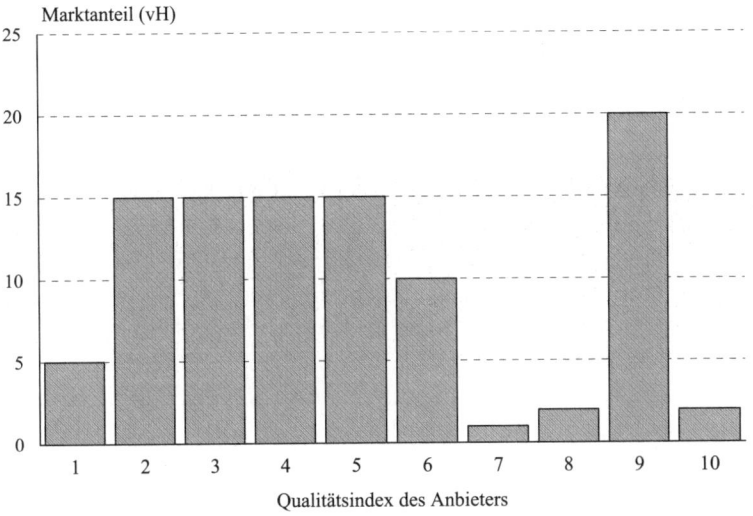

Abbildung 4.2

Anbieter 9 mit der zweithöchsten Produktqualität hat offensichtlich die größte Nachfrage auf sich vereinigen können. Damit würde ihm nach dem Posner-Kriterium das Angebotsrecht erteilt werden. Stellt seine Preis-Qualitäts-Kombination damit eindeutig die gesellschaftlich präferierte dar? Das muss nicht so sein, denn es fällt auf, dass die Anbieter 2 bis 5, die alle im unteren Qualitätsspektrum angesiedelt sind, zusammen 60 Prozent der Nachfrage erhielten. Dies deutet an, dass die Mehrheit der Konsumenten eine eher niedrige Produktqualität zu einem entsprechend günstigen Preis bevorzugen. Somit wird deutlich, dass die Preis-Qualitäts-Abschätzung mit erheblichen Problemen verbunden ist.

Weitere Schwierigkeiten ergeben sich bei der *Durchführung* der Vertragsvereinbarungen. Zum einen werden Qualitätseigenschaften in vielen Fällen ungenau umschrieben, so dass sich Spielräume für den Monopolisten ergeben, die er zu seinem Vorteil und auf Kosten der Konsumenten nutzen kann. Doch selbst wenn die Qualitätsstandards präzise definiert wurden, was passiert, wenn sich der Monopolist nach der Anlaufphase nicht an die Vereinbarung hält? Sollte ihm dann unmittelbar das Angebotsrecht entzogen werden? Diese Frage kann *nicht* allgemein bejaht werden! Dies gilt insbesondere bei Vorliegen von Zukunftsunsicherheiten. Man stelle sich vor, unvorhersehbare Kostensteigerungen träten ein, die den Monopolisten bei Einhaltung der Vereinbarungen in den Konkurs trieben. Würde ihm jetzt im Anschluss an eine Preiserhöhung der Markt entzogen, so entstünden ihm bei Verwendung zum Teil spezifischen Kapitals zumindest Verluste in Höhe der transaktionsspezifischen Quasirente. Antizipiert er dies jedoch, so wird er tendenziell zu wenig in spezifisches Kapital investieren. Ein Wechsel des Anbieters ist zudem gegebenenfalls mit beträchtlichen Umstellungskosten (z.B. durch spezifische Investitionen der Konsumenten und des öffentlichen Sektors in den Anbieter) verbunden. Außerdem ist zweifelhaft, ob alternative Anbieter in der neuen Situation überlegene Angebote unterbreiten würden.

An die Frage anschließend, ob bei einem Abweichen von den Auktionsvereinbarungen das Franchiserecht entzogen werden *soll*, muss geklärt werden, ob ein derart radikales Vorgehen – wenn es denn wünschenswert ist – durch die administrativen Behörden auch tatsächlich umgesetzt würde. Hier ist ebenfalls Skepsis angebracht. Indem die Behörde dem Franchisenehmer das Angebotsrecht entzieht, bringt sie unmittelbar und deutlich zum Ausdruck, dass sie zuvor eine Fehlentscheidung getroffen hat. Dies wiederum wird wahrscheinlich negative Auswirkungen auf die beruflichen Karrieren der beteiligten Bürokraten haben. Beförderungen könnten verzögert werden, und gegebenenfalls stünde auch die Möglichkeit der Kündigung im Raum. Damit wird ersichtlich, dass die Entscheidung für einen der Wettbewerber zugleich zur Bildung einer anbieterspezifischen Quasirente bei den Bürokraten führt. Aus einem Nachfragemonopol (Monopson) während der Versteigerung mit der Behörde als Monopsonisten entsteht ein bilaterales Monopol zwischen dem Franchisenehmer und der Behörde. Wieder findet eine fundamentale Transformation der ökonomischen Beziehung statt.

Bei Vorliegen von Zukunftsunsicherheit ist es mithin sowohl zweifelhaft, ob Abweichungen des Monopolisten vom Auktionsgebot durch Entzug des Angebotsmonopols sanktioniert werden sollen. Es ist mindestens ebenso zweifelhaft, ob die zuständigen Behörden angebrachte Sanktionen überhaupt durchführen wollen. Unterstellen wir nun weitsichtige Anbieter im Auktionsprozess, so werden sie gegebenenfalls wettbewerbliche oder vielleicht sogar noch günstigere Angebote abgeben, um den Fuß in die Tür zum Markt setzen zu können. Haben sie jedoch einmal den Zuschlag erhalten, so werden sie über kurz oder lang in Neuverhandlungen der Vertragsbedingungen einsteigen, wohl wissend, dass die beteiligten Bürokraten eine weitreichende Kompromissbereitschaft aufweisen werden. Damit verlie ren die Auktionsgebote ihre Steuerungsfunktion, und es ist fraglich, ob das resultierende Marktergebnis dem bei Regulierung überlegen sein wird.

Versucht man in Erkenntnis dieser Gefahren die Verhandlungsposition der Behörde zu verbessern, indem man ihr weitreichende Überwachungs- und Kontrollrechte zuweist sowie sie von vornherein mit einem gewissen Neuverhandlungsspielraum ausstattet, so verliert die praktische Durchführung der Transaktion im Anschluss an ein Franchise Bidding weitestgehend ihre Unterschiede gegenüber der Politik, die man unter dem Begriff der Regulierung zusammenfasst.

Damit bleibt noch Möglichkeit (c), die wiederholte Versteigerung kurzfristiger Monopolrechte. Diese weisen den Vorteil auf, dass sie den Aspekt der Zukunftsunsicherheit weitgehend zurückdrängen, da die nähere Zukunft wesentlich leichter erfass- und prognostizierbar ist. Bei der später erfolgenden Neuversteigerung werden die dann gültigen Transaktionsbedingungen zugrundegelegt, so dass eine vergleichsweise effektive Anpassung an zukünftige Umweltzustände ermöglicht wird. Grundvoraussetzung für die Funktionsfähigkeit wiederholter Auktionierungen kurzfristiger Monopolrechte ist jedoch, dass bei den späteren Neuversteigerungen gleiche Wettbewerbsbedingungen für alle Anbieter vorliegen.

Fordert eine effiziente Produktion nur den Einsatz kurzlebigen Sachkapitals, das zum Zeitpunkt der nächsten Versteigerung vollständig abgeschrieben ist, und spielen spezialisierte Kenntnisse beim Arbeitseinsatz keine nennenswerte Rolle, so bieten alle Anbieter stets aus vergleichbaren Ausgangspositionen und die wiederholte Auktion der Monopolstellung weist keine erheblichen Probleme auf. Sind diese Bedingungen hingegen nicht erfüllt, so erzeugt das Franchise Bidding einige zusätzliche Kosten.

Kurzfristige Franchise-Verträge

Beginnen wir mit dem Einsatz langlebigen spezifischen Sachkapitals. Ist ein solches für eine kostenminimale Produktion erforderlich, so bringt der Wechsel des Anbieters Übergangsprobleme mit sich. Würde jeder neu erwählte Monopolist seine eigenen langlebigen spezifischen Investitionen durchführen, so müsste sein jeweiliger Vorgänger Verluste in Höhe der Abwertung des Kapitals durch seinen Einsatz in der jeweils zweitbesten Verwendung tragen. Diese sind bei spezifischen Faktoren definitionsgemäß hoch. Folglich ist es effizient, wenn das spezifische Sachkapital von einem Franchisenehmer an seinen Nachfolger verkauft wird. Problematisch hieran ist, dass der nachfolgende Franchisenehmer um diesen Umstand weiß und daraus eine gewisse Verhandlungsmacht erhält. Bei den Verkaufsverhandlungen gibt es einen offensichtlichen Preisspielraum exakt in der Höhe der anstehenden Kapitalverluste des Alteigentümers des Kapitals. Natürlich wird der Folgemonopolist versuchen, den Preis möglichst an die untere Grenze dieses Bereichs zu senken. Treffen sich die beiden Produzenten „irgendwo in der Mitte", so realisiert der Alteigentümer zumindest einen Teil der möglichen Kapitalverluste. Unterstellen wir weitsichtige Akteure, so werden die jeweiligen Anbieter in Antizipation dieser Kapitaleinbußen tendenziell zu geringe Investitionen in spezifisches Kapital durchführen, und es wird ineffizient produziert.

Um dies zu verhindern, bietet sich die Möglichkeit, eine Übergangsregel für das spezifische Kapital festzuschreiben. So könnte man etwa den nachfolgenden Franchisenehmer dazu verpflichten, die Anlagen des Vorgängers zum um die Abschreibung korrigierten Anschaffungspreis zu übernehmen. Solche Regeln erzeugen jedoch ihre eigenen Schwierigkeiten: (1) Der adäquate Abschreibungssatz dürfte sehr umstritten sein und zu langen ressourcenverzehrenden Verhandlungen führen. (2) Wird der Abschreibungssatz vorab festgelegt, so besteht ein Anreiz für den Alteigentümer, den Ressourceneinsatz in Pflege und Wartung einzuschränken. (3) Die Orientierung an den ursprünglichen Anschaffungskosten vernachlässigt denkbare Wertänderungen durch Inflation. (4) Hat der ursprüngliche Franchisenehmer die Anlagen selbst produziert, so verfügt er über ausgezeichnete Möglichkeiten, die Herstellungskosten durch geschickte Manipulation der Buchführung künstlich zu erhöhen.

Damit haben wir nur noch die Wahl zwischen zwei Übeln: Können die beiden Franchisenehmer frei über den Kauf/Verkauf des Kapitals verhandeln, so droht eine Unterinvestition in spezifisches Kapital. Umgekehrt ermöglicht ein Kontrahierungszwang dem Altanbieter buchungstechnische oder andere Manipulationen, die potentielle Nachfolger benachteiligen. Trifft letzteres zu, so müssen die Konkurrenten des Altanbieters selbst bei gleichem technischen Know how höhere Kosten ansetzen und verlieren damit an Wettbewerbsfähigkeit im Auktionsprozess. In dem Ausmaß, in dem die Konkurrenten benachteiligt werden, erhält der ursprüngliche Franchisenehmer monopolistische Spielräume, und die Vision vom vollkommenen Wettbewerb *um* den Markt erweist sich als Illusion. Versucht man demgegenüber die Freiheitsspielräume der Franchisenehmer durch intensivere Überwachung und Kontrolle einzuschränken, und immer weiterreichende Verhaltensregeln zu etablieren, so nähert sich die Durchführung der Franchise Bidding-Konzeption auch hier immer mehr der traditionellen Regulierung an.

Ähnliche Wettbewerbsvorteile entstehen dem eingesessenen Franchisenehmer aus dem Aufbau politischer Beziehungen und einer vorteilhaften Reputation bei seinen Mitarbeitern. Besitzen etwa die Mitarbeiter spezifisches Wissen über die konkreten Produktionsumstände, so würde ein neuer Franchisenehmer mit neuer Belegschaft nur zu höheren Kosten anbieten können. Versucht er hingegen die Belegschaft seines Vorgängers abzuwerben, so wird er im Allgemeinen Lohnaufschläge bieten müssen, die ebenfalls Kostenerhöhungen beinhalten.

Damit zeigt sich, dass die an sich geniale Idee eines Franchise Bidding nur dann der Regulierung durch den Staat eindeutig überlegen ist, wenn der Einsatz spezifischer Faktoren keine große Bedeutung aufweist. Unglücklicherweise gilt dies gerade für viele natürliche Monopole nicht. Wird etwa ein Strom- oder ein Telefonleitungsnetz gelegt, so dürfte dieses im Allgemeinen als hochspezifisch und langlebig anzusehen sein, und es bleibt in höchstem Maße zweifelhaft, ob Regulierung grundsätzlich ineffizient ist.

Abschließend noch eine kleine Fallstudie zu diesem Themenbereich:[4] Im Jahr 1969 entschloss sich die kalifornische Stadt Oakland, eine langfristige Franchise-Lizenz zum Aufbau und Betrieb eines Kabelfernsehsystems zur Versteigerung auszuschreiben. Im Anschluss an eine zehnmonatige Vorbereitung der Ausschreibung wurden die wichtigsten Anforderungen an die Anbieter bekanntgegeben. Unter anderem wurden folgende Punkte gefordert: (1) Es sollte ein duales Kabelsystem eingerichtet werden. Im System A wurde die Versorgung mit den frei empfangbaren Sendern sowie zwölf weiteren Kanälen vorgesehen. System B sollte Spezialprogramme und andere Dienstleistungen bieten. (2) Die Franchisedauer wurde mit 15 Jahren angegeben. (3) Die Franchisegebühr sollte 8 % der Umsätze, mindestens jedoch 125000,- $ betragen. (4) Es wurde ein präziser Zeitplan der Systemeinführung vorgegeben. (5) Für Verzögerungen wurden konkrete Strafzahlungen festgelegt. (6) Die Anbieter mussten ein konkretes Gebot für die Gebühr des Kabelsystems A abgeben. Diejenige für System B sollte erst später bestimmt werden.

Von den fünf eingereichten Geboten wies das der Firma Focus Cable of Oakland die niedrigsten Monatsgebühren für die Abonnenten auf, nämlich 1,70 $. Das zweitniedrigste Gebot des Unternehmens Cablecom-General of Northern California forderte 3,48 $, also mehr als den doppelten Betrag. Das dritte Angebot durch die Firma Tele Promp Ter Corporation (im Folgenden: TPT) schließlich enthielt eine Monatsgebühr von 5,98 $, das ist mehr als das dreifache des Focus-Angebots. Focus Cable verfügte zwar weder über eine für das Projekt hinreichende Finanzkraft noch über anerkannte technische Kapazitäten, die es für dieses große Projekt hätten empfehlen können. Focus war jedoch ein lokal ansässiger Anbieter. Da sie zudem das mit Abstand günstigste Gebot unterbreitet hatte, wurde das Angebot nicht zurückgewiesen. Kurze Zeit später erklärte sich TPT, ein national anerkanntes Fachunternehmen mit entsprechender Finanzkraft, das zuvor

Ein Beispiel

---

4 Eine ausführlichere Darstellung dieses Falls findet sich bei WILLIAMSON (1985), S. 352 ff.

noch die dreifache Gebühr gefordert hatte (s.o.), dazu bereit, zusammen mit Focus ein Joint Venture zur Realisierung des Focus-Angebots durchzuführen. Damit schienen die letzten Zweifel am Focus-Angebot ausgeräumt, und das Unternehmen erhielt den Zuschlag. Drei Monate später einigte man sich auf eine Monatsgebühr von 4,45 $ für System B.

Schon kurze Zeit nach dem Beginn des Projekts zeigte sich, dass die Kosten weit höher lagen als von Focus vermutet[5] und dass auch der vorgeschriebene Zeitplan kaum einzuhalten war. Focus erbat schließlich Neuverhandlungen über die Vertragsbedingungen, die es so nicht einzuhalten in der Lage war. Nach Abwägung verschiedener Möglichkeiten, unter anderem auch der, das Vertragsverhältnis mit Focus aufzulösen, entschloss sich die Stadt Oakland, auf das Neuverhandlungsangebot von Focus einzugehen. Der resultierende Kompromiss entsprach im Wesentlichen den von Focus vorgegebenen Wünschen: (1) Der Zeitplan für den Systemaufbau wurde gestreckt. (2) Die Strafzahlungen für Verzögerungen wurden in Anbetracht der Konkursgefahr für Focus Cable drastisch gekürzt. (3) Die Anforderungen an die Leistungsfähigkeit des Kabelsystems wurden verringert. (4) Die Gebühren für Zweitanschlüsse innerhalb eines Haushalts wurden erheblich erhöht (von ursprünglich 0,34 $ auf 1,7 $ für System A und 3,- $ für System B). Die ursprünglichen Bedingungen des Auktionsgebots von Focus Cable waren damit in weiter Ferne.

Von den im Jahr 1974 erreichten Anschlüssen wählten 90% der Haushalte den kombinierten System A/System B-Anschluss. Dies ist vor allem deshalb von Interesse, da nur die Gebühr von System A als Kriterium der Franchisevergabe berücksichtigt wurde, während der eigentliche Reiz des Kabelangebots aus der Sicht der Konsumenten offensichtlich in der Kombination von beiden Systemen lag. Berücksichtigt man ferner, dass eine Vielzahl von Beschwerden über die Qualität der Systeme durch die Kunden einging, so lässt sich *zumindest* feststellen, dass Franchise Bidding bei Vorliegen umfangreicher spezifischer Investitionen nicht zu den erhofften Idealwerten der vollkommenen Konkurrenz führen muss, wie sie die „einfache" Theorie prognostizierte. Unklar bleibt allerdings auch, ob eine staatliche Regulierung zu besseren Ergebnissen geführt hätte. Denn für beide Alternativen, Regulierung und Franchise Bidding, gilt, dass sie nicht mit dem theoretischen First-best-Ideal verglichen werden sollten, sondern mit den real verfügbaren Möglichkeiten, und diese sind alle mit nicht vernachlässigbaren Transaktionskosten verbunden.

---

[5]   Die ursprüngliche Kalkulation von Focus veranschlagte Kosten in Höhe von $12,6 Mio, während die aktualisierte $21,4 Mio aufwies.

Literatur

Kommentierte Literaturempfehlungen

Die Wirkungsweise von *Reputationsmechanismen* wird in Klein/Leffler (1981) sowie Shapiro (1983) untersucht. Beide Beiträge lassen sich mit einem halbwegs soliden Grundstudiumswissen gut bewältigen. Beide Ansätze beschreiben, wie dauerhafte Preisprämien (Aufschläge auf die Grenzkosten) einen Anreiz zur Wahrung hoher Qualität in der Produktion liefern. Unterschiedlich ist nur, über welchen Wettbewerbsparameter der Gegenwartswert der Nettogewinne auf null gesenkt wird: Bei Klein und Leffler bilden hohe Werbungsausgaben das Signal für hohe Qualität, während es bei Shapiro anfängliche Preise unter den Grenz- und Durchschnittskosten (Penetrationspreispolitik) sind. Kreps (1990 b) verwendet Reputationsmechnismen zur Erklärung von Unternehmenskulturen.

Die Analyse unterschiedlicher Institutionen zur Beschränkung des Wettbewerbs sind ein elementarer Bestandteil der industrieökonomischen Literatur spätestens seit den fünfziger Jahren. Für einen ersten Einstieg in die Themenstellung wird Martin (1993 a) empfohlen. Dieses Lehrbuch verzichtet weitestgehend auf formale Darstellungen und deckt einen sehr breiten Anwendungsbereich (inklusive Wettbewerbspolitik und Wettbewerbsrecht in verschiedenen Ländern) ab. Hierauf aufbauend lassen sich – mit steigendem Grad des Anspruchsniveaus – Scherer/Ross (1990), Pfähler/Wiese (1998), Shy (1995), Tirole (1988) und Martin (1993 b) anführen.

Einen ersten Einstieg in die Theorie der *Regulierung* liefert das Lehrbuch von Viscusi/Vernon/Harrington (1995) sowie – wesentlich kürzer – Noll (1989). Einen Überblick über Agenturprobleme der Regulierung und sich daraus ergebende Institutionen erhält man bei Baron (1989) und, für das sehr gehobene Anspruchsniveau, Laffont/Tirole (1993). Die hier besprochene Diskussion um das Franchise Bidding lässt sich am besten durch die Lektüre von Demsetz (1968) und Williamson (1976, 1985 Kapitel 13) nachvollziehen.

Literaturverzeichnis

ALT, J.E./SHEPSLE, K.A. (1990; Hrsg.), Perspectives on positive political economy, Cambridge.

ARTHUR, W.B. (1989), „Competing Technologies, Increasing Returns, and Lock-In by Historical Events", Economic Journal 99, S. 116–131.

BARON, D.P. (1989), „Design of Regulatory Mechanisms and Institutions", SCHMALENSEE, R./WILLIG, R.D. (Hrsg.), Handbook of Industrial Organization, Bd. II, S. 1347–1447.

DEMSETZ, H. (1968), „Why Regulate Utilities?", Journal of Law and Economics 11, S. 55–66.

ERLEI, M. (1998), Institutionen, Märkte und Marktphasen. Allgemeine Transaktionskostentheorie unter spezieller Berücksichtigung der Entwicklungsphasen von Märkten, Tübingen.

ERLEI, M. (2002), „Conscious Parallelism by Fixed Relative Prices", Jahrbücher für Nationalökonomie und Statistik, Bd. 222, S. 186-209.

FARRELL, J./SALONER, G. (1985), „Standardization, Compatibility, and Innovation", RAND Journal of Economics 16, S. 70–83.

FARRELL, J./SALONER, G. (1986), „Installed Base and Compatibility: Innovation, Product Preannouncements, and Predation", American Economic Review 76, S. 940–955.

GIBBONS, R. (1992), Game Theory for Applied Economists, Princeton.

GOLDBERG, V. (1976), „Regulation and administered contracts", Bell Journal of Economics 7, S. 426–452.

HARRIS, M./RAVIV, A. (1992), „Financial Contracting Theory", LAFFONT, J.J. (Hrsg.), Advances in Economic Theory: Sixth World Congress, Bd. II, Cambridge, S. 64–150.

HEUSS, E. (1965), Allgemeine Markttheorie, Zürich–Tübingen.

HOLMSTROM, B./TIROLE, J. (1989), „The Theory of the Firm", SCHMALENSEE, R./WILLIG, R.D. (Hrsg.), Handbook of Industrial Organization, Bd. I, North-Holland u.a.O., S. 61–133.

JOSKOW, P. (1985), „Vertical Integration and Long Term Contracts: The case of Coal-Burning Electric generating Plants", Journal of Law, Economics and Organization 1, S. 33–80.

JOSKOW, P. (1987), „Contract Duration and Relationship Specific Investments: Empirical evidence from Coal Markets", American Economic Review 77, S. 168–185.

KATZ, M.L./SHAPIRO, C. (1985), „Network Externalities, Competition, and Compatibility", American Economic Review 75, S. 424–440.

KATZ, M.L./SHAPIRO, C. (1986), „Technology Adoption in the Presence of Network Externalities", Journal of Political Economy 94, S. 822–841.

KREPS, D.M. (1990 b), „Corporate Culture and Economic Theory", ALT, J.E./SHEPSLE, K.E. (Hrsg.), Perspectives on Poltical Economy, New York, S. 90–143.

KUBON-GILKE, G. (1997), Verhaltensbindung und die Evolution ökonomischer Institutionen, Marburg.

LAFFONT, J.-J./TIROLE, J. (1993), A Theory of Incentives in Procurement and Regulation, Cambridge und London.

MARTIN, ST. (1993 a), Industrial Economics. Economic Analysis and Public Policy, Englewood Cliffs.

MARTIN, ST. (1993 b), Advanced Industrial Economics, Oxford und Cambridge.

MILGROM, P./ROBERTS, J. (1992), Economics, Organization, and Management, Englewood Cliffs.

NOLL, R.G. (1989), „Economic Perspectives on the Politics of Regulation", SCHMALENSEE, R./WILLIG, R.D. (Hrsg.), Handbook of Industrial Organization, Bd. II, S. 1253–1287.

PFÄHLER, W./WIESE, H. (1998), Unternehmensstrategien im Wettbewerb, Berlin u.a.O.

POSNER, R.A. (1972), „The appropriate scope of regulation in the cable television industry", Bell Journal of Economics 3, S. 98–129.

PRAHALAD, C.K./HAMEL, G. (1994), „Strategy as a Field of Study: Why Search for a New Paradigm?", Strategic Management Journal 15, S. 5–16.

RASMUSEN, E. (1994), Games and Information. An Introduction to Game Theory, 2. Aufl., Cambridge und Oxford.

RICHTER, R./FURUBOTN, E.G. (2003), Neue Institutionenökonomik, 3. Aufl., Tübingen.

ROSENBERG, N. (1992), „Economic Experiments", Industrial and Corporate Change 1, S. 181–203.

SCHERER, F.M./ROSS, D. (1990), Industrial Market Structure and Economic Performance, Boston u.a.O.

SCHMALENSEE, R./WILLIG, R.D. (Hrsg./1989), Handbook of Industrial Organization I, North-Holland u.a.O.

SCHMALENSEE, R./WILLIG, R.D. (Hrsg./1989), Handbook of Industrial Organization II, North-Holland u.a.O.

SHAPIRO, C. (1983),"Premiums for High Quality Products as Returns to Reputations", Quarterly Journal of Economics 97, S. 659 – 679.

SHY, O. (1995), Industrial Organization, Cambridge und London.

STIGLER, G.J. (1968), The Organization of Industry, Homewood.

TEECE, D.J./PISANO, G./SHUEN, A. (1992), Dynamic Capabilities and Strategic Management, University of California at Berkeley, mimeo.

TIROLE, J. (1988), The Theory of Industrial Organization, Cambridge und London.

VISCUSI, W. KIP/VERNON, J.M./HARRINGTON, J.E. (1995), Economics of Regulation and Antitrust, Cambridge und London.

WILLIAMSON, O.E. (1976), „Franchise Bidding for natural monopolies – in general and with respect to CATV", Bell Journal of Economics 7, S. 73–104.

WILLIAMSON, O.E. (1985), The Economic Institutions of Capitalism, New York (deutsche Übersetzung: WILLIAMSON, O.E. (1990), Die ökonomischen Institutionen des Kapitalismus, Tübingen).

WILLIAMSON, O.E. (1989), „Transaction Cost Economics", SCHMALENSEE, R./WILLIG, R.D. (Hrsg.), Handbook of Industrial Organization I, North-Holland u.a.O., S. 135–182.

WILLIAMSON, O.E. (1996), Transaktionskostenökonomik, 2. Aufl., Münster und Hamburg.

Anhang
Das Modell zur Regulierung eines Monopolisten mit unbekannten Kosten

Wie im Text erläutert, unterstellen wir eine Regulierungsbehörde, deren Ziel die Maximierung der Konsumentenrente und Sicherstellung einer Güterversorgung auch bei hohen Produktionskosten ist. Zur schreibtechnischen Vereinfachung sei $p_A = p(c_A)$, $T_A = T(c_A)$ und $S(p_A)$ die Konsumentenrente bei einem Preis p_A. Mit q als Wahrscheinlichkeit dafür, dass der zu regulierende Monopolist niedrige Kosten $c_1 < c_2$ aufweist, erhält man die Zielfunktion

$$W = q[S(p_1) - T_1] + (1 - q)[S(p_2) - T_2].$$

Gesucht sei nun ein direkter Revelationsmechanismus, bei dem der Monopolist keine Anreize aufweist, unwahre Angaben über seine Kosten zu machen, und bei dem es sich sowohl für Hochkosten- als auch für Niedrigkostenmonopolisten lohnt, das Gut zu produzieren. Aus diesem Grund sind der Zielfunktion vier Nebenbedingungen hinzuzufügen. Nichtnegative Gewinne werden durch die Partizipationsbedingungen (P1) und (P2) gewährleistet:

(P1) $(p_1 - c_1)x(p_1) - K + T_1 \geq 0$ für Niedrigkostenanbieter,

(P2) $(p_2 - c_2)x(p_2) - K + T_2 \geq 0$ für Hochkostenabieter.

Es lohnt sich für den Monopolisten nicht, falsche Kostenangaben zu machen, wenn die Anreizkompatibilitätsbedingungen (A1) und (A2) erfüllt sind:

(A1) $(p_1 - c_1)x(p_1) + T_1 \geq (p_2 - c_1)x(p_2) + T_2$ für Niedrigkostenanbieter,

(A2) $(p_2 - c_2)x(p_2) + T_2 \geq (p_1 - c_2)x(p_1) + T_1$ für Hochkostenanbieter.

Bevor wir nun den Optimierungsansatz aufstellen, diskutieren wir kurz einige Eigenschaften der vier Nebenbedingungen.

Unterstellt man (P1) sei bindend, das heißt die Nebenbedingung gilt mit einem Gleichheitszeichen, dann können wir (P1) nach K auflösen und in (A1) einsetzen:

(A1') $K \geq (p_2 - c_1)x(p_2) + T_2.$

Gleichzeitig gilt wegen (P2) und $c_2 > c_1$:

$$(p_2 - c_1)x(p_2) + T_2 > (p_2 - c_2)x(p_2) + T_2 \geq K.$$

Diese letzte Ungleichung steht jedoch im Widerspruch zu (A1'). Das bedeutet, dass ein Binden der Restriktion (P1) nicht mit den Ungleichungen (P2), (A1) und $c_1 < c_2$ vereinbar ist. Hieraus folgt, dass (P1) nicht bindend ist, das heißt der Niedrigkostenmonopolist erzielt strikt positive Gewinne, und wir können (P1) im Folgenden vernachlässigen.

Darüber hinaus kann festgestellt werden, dass (P2) bindet. Würden nämlich beide Partizipationsbedingungen nicht bindend sein, so könnte der Regulierer die Konsumentenrente erhöhen, indem er sowohl T_1 als auch T_2 um einen identischen Betrag senkt, ohne dass eine der Restriktionen dadurch verletzt würde. Eine der Partizipationsbedingungen muss folglich bindend sein. Da dies nicht (P1) ist, muss es (P2) sein.

Schließlich ist es ebenfalls ausgeschlossen, dass (A1) und (A2) binden. Wäre dies der Fall, so müsste gelten:

(Ã1) $\quad (p_1 - c_1)x(p_1) + T_1 + c_1 x(p_2) = p_2 x(p_2) + T_2,$

(Ã2) $\quad p_2 x(p_2) + T_2 = (p_1 - c_2)x(p_1) + T_1 + c_2 x(p_2).$

Die rechte Seite von (Ã1) entspricht der linken von (Ã2). Durch einsetzen und umformen erhält man nun $c_1 = c_2$, was den Modellannahmen widerspricht. Folglich kann maximal eine der Anreizkompatibilitätsbedingungen bindend sein.

Mit diesem Wissen im Hintergrund lässt sich der Optimierungsansatz der Regulierungsbehörde aufstellen und lösen. Die entsprechende Lagrangefunktion (ohne (P1)) lautet:

$$L = q[S(p_1) - T_1] + (1 - q)[S(p_2) - T_2]$$

$$+ \lambda_2[(p_2 - c_2)x(p_2) - K + T_2]$$

$$+ \lambda_3[(p_1 - c_1)x(p_1) + T_1 - (p_2 - c_1)x(p_2) - T_2]$$

$$+ \lambda_4[(p_2 - c_2)x(p_2) + T_2 - (p_1 - c_2)x(p_1) - T_1],$$

der über die Variablen p_1, p_2, T_1, T_2, λ_2, λ_3 und λ_4 zu lösen ist.

Die notwendigen Bedingungen für ein Maximum lauten:[1]

(1) $\quad \dfrac{\partial L}{\partial p_1} = qS'(p_1) + \lambda_3[x(p_1) + (p_1 - c_1)x'(p_1)]$

$\qquad\qquad - \lambda_4[x(p_1) + (p_1 - c_2)x'(p_1)] \qquad\qquad = 0$

$\Leftrightarrow \quad -qx(p_1) + \lambda_3[x(p_1) + (p_1 - c_1)x'(p_1)]$

$\qquad\qquad - \lambda_4[x(p_1) + (p_1 - c_2)x'(p_1)] \qquad\qquad = 0$

---

[1] Die hinreichenden Bedingungen für ein Maximum sind ebenfalls erfüllt, was hier aber nicht dargestellt werden soll.

(wegen $S'(p_1) = -x(p_1)$);

(2) $\dfrac{\partial L}{\partial p_2} = -(1-q)x(p_2) + \lambda_2[x(p_2) + (p_2 - c_2)x'(p_2)]$

$- \lambda_3[x(p_2) + (p_2 - c_1)x'(p_2)]$

$+ \lambda_4[x(p_2) + (p_2 - c_2)x'(p_2)]$ $= 0$

(3) $\dfrac{\partial L}{\partial T_1} = -q + \lambda_3 - \lambda_4$ $= 0$

(4) $\dfrac{\partial L}{\partial T_2} = -(1 - q) + \lambda_2 - \lambda_3 + \lambda_4$ $= 0$

5) $\dfrac{\partial L}{\partial \lambda_2} = (p_2 - c_2)x(p_2) - K + T_2$ $= 0$

(6a) $\dfrac{\partial L}{\partial \lambda_3} = (p_1 - c_1)x(p_1) + T_1 - (p_2 - c_1)x(p_2) - T_2$ $\geq 0,$

für $\lambda_3 = 0$ (d.h. Restriktion (A1) bindet nicht);

(6b) $\dfrac{\partial L}{\partial \lambda_3} = (p_1 - c_1)x(p_1) + T_1 - (p_2 - c_1)x(p_2) - T_2$ $= 0,$

für $\lambda_3 > 0$ (d.h. Restriktion (A1) bindet);

(7a) $\dfrac{\partial L}{\partial \lambda_4} = (p_2 - c_2)x(p_2) + T_2 - (p_1 - c_2)x(p_1) - T_1$ $\geq 0,$

für $\lambda_4 = 0$ (d.h. Restriktion (A2) bindet nicht);

(7b) $\dfrac{\partial L}{\partial \lambda_4} = (p_2 - c_2)x(p_2) + T_2 - (p_1 - c_2)x(p_1) - T_1$ $= 0,$

für $\lambda_4 > 0$ (d.h. Restriktion (A2) bindet);

Aus Gleichung (3) kann man unmittelbar ablesen, dass $\lambda_3 > 0$. Restriktion (A1) ist somit bindend. Wir haben oben bereits gezeigt, dass für $c_1 < c_2$ nur *eine* der Anreizkompatibilitätsbedingungen bindend ist, so dass $\lambda_4 = 0$. Eliminieren von λ_4 in Gleichungen (1) bis (4) führt zu $\lambda_3 = q$ in Gleichung (3). Hieraus wiederum ergibt sich für Gleichung (4), dass $\lambda_2 = 1$. Einsetzen dieser Ergebnisse in die verbleibenden Gleichungen und Auflösen des Systems ergibt die Lösung:

$p_1 = c_1;$ $p_2 = c_2 + q(c_2 - c_1)/(1 - q);$

$$T_1 = K + (c_2 - c_1)x(p_2); \quad T_2 = K - q(c_2 - c_1)x(p_2)/(1 - q);$$

Die entsprechenden Gewinne des Hoch- und des Niedrigkostenanbieters betragen

$$\pi(c_1) = (c_2 - c_1)x(p_2); \quad \pi(c_2) = 0.$$

Teil II

Institutionen im politischen Sektor

Nach der Darstellung der Institutionen im Markt im Teil I dieses Buches gehen wir nun zu den Institutionen im politischen Sektor über. In den nächsten Kapiteln stehen solche Institutionen im Vordergrund, die früher zum Datenkranz ökonomischer Analysen (z.B. bei Walter Eucken) gezählt wurden und erst im Rahmen des „ökonomischen Imperialismus" in das Anwendungsfeld des ökonomischen Ansatzes gerieten. Bei den folgenden Analysen bleibt das bisher verwendete Untersuchungsinstrumentarium erhalten: der ökonomische Ansatz unter Berücksichtigung der Wirkung von Transaktionskosten.

Im Kapitel 5 widmen wir uns zunächst der Institution des Rechts. Dieses Kapitel ist als Bindeglied zwischen den marktlichen Akteuren und dem politischen Sektor konzipiert: Denn zum einen hat das Recht wesentlichen Einfluss auf das Verhalten der Akteure im Markt, zum anderen wird es von den Akteuren im politischen Sektor gestaltet. Grundlegend für die Analyse rechtlicher Vorschriften sind die Eigentums- bzw. Verfügungsrechte, wie sie im Rahmen der Property-Rights-Theorie und der Property-Economics diskutiert werden. Sie eröffnen den marktlichen Akteuren einen Handlungsspielraum in Bezug auf die Nutzung von Ressourcen, der für wirtschaftliche Aktivitäten wesentlich ist. Gleichzeitig lassen sich anhand der Art und Weise, wie Eigentumsrechte zugeteilt werden, auch wichtige Fragen des Problems der Internalisierung von externen Effekten diskutieren. Hier hat Ronald Coase mit seinem Aufsatz „The Problem of Social Cost" wesentliche Grundlagen für die heute noch geführte Diskussion gelegt. Anschließend geht es im Rahmen der ökonomischen Analyse des Rechts auch um die detaillierte Ausgestaltung des Haftungsrechts. Schließlich werden im Kapitel 5 noch die grundlegende Bedeutung und die Funktionsweise des Wettbewerbsrechts aufgezeigt.

Kapitel 6 beginnt mit einer kurzen Darstellung des Marktversagens bei der Bereitstellung öffentlicher Güter. Wir zeigen dann, welche Handlungsempfehlungen die ökonomische Theorie, genauer die Kollektivgütertheorie bereithält, damit eine präferenzgemäße Bereitstellung solcher nicht-privaten Güter durch staatliche Instanzen gewährleistet werden kann. Ein Blick in die Realität zeigt jedoch, dass eine präferenzgemäße Bereitstellung öffentlicher Güter oftmals nicht erfolgt und das Handeln des Staates nicht immer effizient ist: An die Stelle des Marktversagens tritt das Phänomen des Staatsversagens. Warum das so ist, wird im Rahmen der Neuen Politischen Ökonomik (NPÖ) untersucht. Anders als beim wohlfahrtsökonomischen Nirvana approach, der realem Marktversagen einen ideal funktionierenden Staat gegenüberstellt, geht die NPÖ davon aus, dass sich auch die politischen Akteure wie Homines oeconomici verhalten. Durch das eigennutzorientierte Verhalten von Regierungspolitikern und Bürokraten ist eine präferenzgemäße Versorgung nur dann sichergestellt, wenn die jeweiligen Prinzipale (Bürger bzw. Regierungen) ihre Agenten (Regierungen bzw. Bürokraten) perfekt kontrollieren könnten. Ein Mittel dazu könnte der Wettbewerb der Parteien, der Interessengruppen oder die Kontrolle der Politiker durch Wahlen innerhalb einer Gebietskörperschaft sein. Da aber eine vollständige Kontrolle aufgrund von positiven Kontrollkosten ökonomisch unsinnig wäre, muss nach weiteren Wegen gesucht werden, um das Verhalten der Politiker zu kanalisieren.

Während Kapitel 6 im Rahmen einer positiven Analyse beschreibt, welchen Anreizen die politischen Akteure unterliegen und wieso es zu ineffizientem Handeln des Staates kommen kann, zeigen die folgenden, eher normativen Kapitel, wie diese Probleme gelöst werden können. Ein Instrument, das auch in Deutschland immer wieder diskutiert wird, ist der Wettbewerb der Systeme bzw. verschiedener Gebietskörperschaften. Im Kapitel 7 gehen wir der Frage nach, wie ein solcher Wettbewerb funktionieren könnte. Auch hier stehen wieder die Kosten, die mit einer solchen institutionellen Ausgestaltung verbunden sind, im Vordergrund der Analyse. Für die Bürger, die als Nachfrager öffentlich bereitgestellter Leistungen modelliert werden, stehen zwei Mechanismen zur Verfügung, um (a) ihre Präferenzen offen zu legen und (b) die jeweilige Regierung für eine nicht präferenzgemäße oder ineffiziente Bereitstellung zu bestrafen: Exit und Voice. Aber auch mit dem Einsatz dieser Instrumente sind Kosten verbunden, die dazu führen, dass der Wettbewerb der Jurisdiktionen nicht perfekt funktionieren kann und somit auch keine perfekte Kontrolle der jeweiligen Agenten erfolgt. Im Ergebnis sind auch bei einem funktionierenden Wettbewerb der Jurisdiktionen monopolistische Spielräume für die jeweiligen Regierungen vorhanden, die sie zu ihrem eigenen Vorteil nutzen können. Eine effiziente und präferenzgemäße Bereitstellung ist weiterhin nicht sichergestellt.

Grundsätzlich können die Freiräume der Politiker durch die Verankerung entsprechender (Spiel-)Regeln auf der Ebene der Verfassung begrenzt werden. Verfassungsregeln stellen die Rechtsregeln höherer Ordnung dar und beinhalten sowohl Vorkehrungen zum Schutz individueller Freiheiten als auch die Organisationsregeln des Staatsaufbaus. Welchen Sinn Verfassungsregeln haben und welche Bestandteile eine Verfassung enthalten sollte, wird im Kapitel 8 analysiert. Welche Schwierigkeiten in der Realität mit der Gestaltung von Rahmenregeln verbunden sind, und wie die von schlecht gestalteten Rahmenregeln ausgehenden Fehlanreize zum Phänomen des Staatsversagen führen, wird anhand von zwei Fallstudien erläutert. Die erste Studie beschäftigt sich mit der Ausgestaltung der Verfassung der Bundesrepublik Deutschland. Es zeigt sich, dass hier insbesondere von der Finanzverfassung systematische Fehlanreize zu Lasten eines effizienten Verhaltens der einzelnen Gebietskörperschaften (Bund, Länder und Gemeinden) ausgehen. Die zweite Fallstudie beschäftigt sich mit der Europäischen Union und geht der Frage nach, wie die politischen Institutionen innerhalb der Union gestaltet werden sollten, um Staatsversagen – zukünftig – zu vermeiden.

Den Abschluss des Teils II und damit des Buches bildet das Kapitel 9. Hier erfolgt eine Synthese der vorangegangen Ausführungen. Im Mittelpunkt des Kapitels stehen die Fragen, wie sich (a) unterschiedliche Institutionen auf die Leistungsfähigkeit von Volkswirtschaften auswirken und wie sich (b) die Institutionen im Zeitablauf wandeln (können). Neben theoretischen Argumenten, die sich an den Arbeiten von Douglass C. North orientieren, wird auch die neuere Sozialkapitalforschung in die Betrachtung einbezogen. Sodann werden auch empirische Zusammenhänge zwischen Institutionen und Wirtschaftsleistung betrachtet. Sowohl die Heritage Foundation als auch das Fraser Institut veröffentlichen regelmäßig Länderrankings, in denen institutionenbezogene Freiheits-Indizes veröffentlicht werden. Neben einer Beschreibung des Aufbaus des „Index of Economic Freedom" vom Fraser Institute wird auch ein kurzer Blick auf empirische Zusammenhänge geworfen.

Das Buch endet mit einer zusammenfassenden Würdigung der Bedeutung von Institutionen und der Rolle der Ökonomik als Wissenschaft.

Kapitel 5

Die Institution des Rechts

Demokratische Staaten sind i.d.R. Rechtsstaaten. Die Regeln des Rechts leiten maßgeblich das Handeln der Akteure im Markt, in Organisationen und in der Politik. Das Recht moderner Gesellschaften lässt sich grundsätzlich in Privatrecht und öffentliches Recht einteilen, wobei sich das öffentliche Recht aus dem Verwaltungsrecht und dem Verfassungsrecht zusammensetzt. Da es im Folgenden um die grundsätzliche Wirkung der Regeln des Rechts geht, werden die eher spezifischen Probleme des öffentlichen Rechts ausgeklammert.[1] Im Mittelpunkt steht vielmehr die Analyse grundlegender Verfügungsrechte (Property Rights), bei der es um folgende Fragen geht:

- Was verbirgt sich eigentlich hinter dem Begriff „Verfügungsrechte"? *Leitfragen*
- Warum gibt es überhaupt Eigentums- bzw. Verfügungsrechte? Oder anders formuliert: Welchen grundsätzlichen Nutzen stiften sie den Individuen?
- Wann und wie ändern sich Verfügungsrechte?
- Mit Hilfe welcher Regelungen lassen sich unerwünschte Externalitäten beseitigen?
- Welche Funktionen erfüllen Wettbewerbsregeln?

Dies sind grundlegende Fragen, wie sie von der „Property-Rights-Theorie", der „konstitutionellen Ökonomik" und der „ökonomischen Analyse des Rechts" behandelt werden. In Abschnitt 1 werden wir die grundlegende Bedeutung von Property Rights, das Problem der optimalen Bestrafung und Fragen der Änderung von Rechtsstrukturen behandeln. Anschließend wird in Abschnitt 2 die Theorie von Ronald Coase zur rechtlichen Behandlung sozialer Kosten erörtert. Darauf aufbauend werden schließlich in Abschnitt 3 verschiedene Haftungsregeln und ihre Funktionsweise analysiert. Gegen Ende des Kapitels erfolgen im vierten Abschnitt noch einige kurze Ausführungen zum wettbewerblichen Rechtsrahmen der Marktwirtschaft. *Vorgehensweise*

---

[1] Auf Fragen des öffentlichen Rechts werden wir in den nachfolgenden Kapiteln noch zurückkommen.

1. Grundlagen der Property-Rights-Theorie

Unter Property Rights versteht man Verfügungsrechte, die innerhalb einer Gesellschaft erlaubte Handlungen von unerlaubten abgrenzen. Sofern das Recht – z.B. durch eine staatliche Instanz – durchgesetzt wird, muss ein Regelbrecher mit Sanktionen rechnen. Auf diese Weise werden bestimmte Handlungen mit zusätzlichen Kosten – genauer: Transaktionskosten – belegt. Man spricht deshalb auch davon, dass mittels des Rechts ein „impliziter Preis" für bestimmte Handlungen festgesetzt wird.

Definitionen   Verfügungsrechte betreffen

- die Nutzung (usus),

- die Veränderung (abusus),

- das Recht auf Aneignung der Erträge aus der Nutzung des Gutes (usus fructus) sowie

- das Recht auf Veräußerung des Gutes.

Der Wert eines Gutes hängt mithin maßgeblich von dem Bündel der Verfügungsrechte (bundle of Property Rights) ab, das bei einer Transaktion übertragen wird (Furubotn/Pejovich, 1972). Die grundlegende Bedeutung von Rechten lässt sich sehr anschaulich anhand der *Internalisierungsthese* von Harold Demsetz und den Ausführungen zu den *Grenzen der Freiheit* von James Buchanan erläutern.

1.1. Die grundlegende Bedeutung von Property Rights

Harold Demsetz (1967) stellt die These auf, dass sich mit Hilfe von (geeigneten) Property Rights unerwünschte reale externe Effekte[1] wirksam internalisieren lassen. Zur Illustration seiner These schildert er die Geschichte der Einführung von Eigentumsrechten unter den Montagnais-Indianern von Labrador zu Beginn des 18. Jahrhunderts.

Externe Effekte   Im Ausgangspunkt der Betrachtung war das Jagen von (Wald-)Wild je-
und Rechts-   dem Indianer uneingeschränkt erlaubt, denn der Wildbestand war so groß,
struktur   dass jeder die erwünschte Menge an Tieren erlegen konnte, ohne den Wild-
bestand zu gefährden. Mit anderen Worten: Unerwünschte externe Effekte des Jagens traten nicht auf. Das änderte sich jedoch spürbar mit dem Aufkommen des Pelzhandels. Der Wert der Pelztiere – gemeint sind hier Biber – stieg erheblich an. Folglich wurde es für die Indianer attraktiv, vermehrt zu jagen, um neben der Selbstverwertung der Tiere, Pelze gegen andere Güter tauschen zu können. Da aufgrund der vorhandenen Kollektiv-

---

[1]   Reale externe Effekte sind Handlungswirkungen eines Akteurs auf die Handlungs-
ergebnisse anderer Individuen, die (a) nicht in das Kosten-Nutzen-Kalkül des Akteurs
eingehen und (b) außerhalb des Preismechanismus angesiedelt sind.

Eigentumsrechtsstruktur niemand in die Erhaltung des Tierbestandes investierte, führte die Intensivierung der Jagd zu einem Rückgang des Tierbestandes. Die negativen externen Effekte des Jagens wurden für alle deutlich spürbar. Für den einzelnen Jäger fehlte jeglicher Anreiz, auf den bedrohlich schrumpfenden Tierbestand Rücksicht zu nehmen.

Vor diesem Hintergrund schien es mit einem positiven Nettonutzen für alle an der Jagd Beteiligten verbunden zu sein, zur Internalisierung der negativen externen Effekte die Eigentumsrechtsstruktur zu ändern. Genau dies geschah dann auch, und zwar in der Art und Weise, dass einzelnen Familien Jagdterritorien zugewiesen wurden, so dass dadurch ein Anreiz entstand, langfristig zu planen, also auf den Tierbestand im eigenen Interesse Rücksicht zu nehmen. Mit anderen Worten: Nunmehr ergab sich für die Indianerfamilien die Möglichkeit zu investieren. Die externen Effekte wurden internalisiert und dies auch noch kostengünstig, da zur Abgrenzung der Jagdterritorien noch nicht einmal Zäune errichtet werden mussten, weil das Wild nicht so stark wanderte.

Obschon Harold Demsetz ein ganz bestimmtes Ereignis ökonomisch interpretiert, lassen sich seine Ausführungen verallgemeinern: Zu einer herrschenden Rechtsstruktur R_A, unter der die Freiheitsrechte extrem weitreichend sind, existiert eine alternative Rechtsstruktur R_B, bei der die Individuen ihre Handlungsmöglichkeiten bewusst einschränken, um erwünschte – insbesondere investive – Handlungen erst rentabel und damit möglich zu machen. Unter der Rechtsstruktur R_A vollziehen die Individuen eine *kollektive Selbstschädigung*, weil erwünschte Handlungen unterbleiben. Mit anderen Worten: Die Rechtsstruktur R_A stabilisiert unerwünschte Handlungen zum Schaden der Individuen, die Rechtsstruktur R_B stabilisiert hingegen die erwünschten Handlungen zum Wohle aller.

Kollektive Selbst- schädigung

Demsetz argumentiert damit ähnlich wie der vertragstheoretisch orientierte Konstitutionenökonom James Buchanan. Buchanan (1986) erläutert den Nutzen von Regeln für die Individuen, indem er den regellosen Zustand der Anarchie mit einem Zustand geregelter Eigentumsverhältnisse vergleicht. In Anlehnung an den Gesellschaftstheoretiker Thomas Hobbes interpretiert Buchanan die Anarchie als einen Zustand maximaler Freiheit. Es existiert keine von staatlicher Seite durchgesetzte Rechtsordnung, so dass jedes Individuum bzw. jede Gruppe von Individuen stets der Gefahr ausgesetzt ist, der selbst erwirtschafteten Erträge beraubt zu werden.[2] Dies

Anarchie und Ordnung

---

2 HOBBES (1990, S. 62) beschreibt den Zustand der Anarchie mit folgenden Worten: „In such condition, there is no place for Industry; because the fruit thereof is uncertain: and consequently no culture of the Earth; no Navigation, nor use of commodities that may be imported by Sea; no commodious Building; no Instruments of moving, and removing such things as require much force; no Knowledge of the face of the Earth; no account of Time; no Arts; no Letters; no Society; and which is worst of all, continuall

hat zwei wichtige Konsequenzen: (1) Langfristige Investitionen lohnen sich nicht aufgrund des Risikos, die Erträge (nicht) „einfahren" zu können. (2) Die individuellen Aufwendungen, um das eigene „Hab und Gut" gegen andere Individuen zu verteidigen, sind enorm hoch.

Ausgehend von diesem regellosen Urzustand der Anarchie, der auch als „Hobbes'scher Dschungel" bezeichnet wird, ist es für nahezu alle Individuen vorteilhaft, (a) eine Rechtsordnung, in der die Verfügungsrechte festgelegt sind, und (b) eine Instanz, die Regelverstöße wirksam sanktioniert, zu errichten. Ist auf diese Weise sichergestellt, dass die Eigentumsrechte eingehalten werden, realisieren die Individuen eine Wohlfahrtssteigerung.

Produktive Bindungen

Zum einen sparen sie unmittelbar Verteidigungsausgaben, denn die kollektive Sicherung der Eigentumsrechte ist vergleichsweise kostengünstig. Die frei werdenden Ressourcen können nun produktiver verwendet werden. Zum anderen ist es nun möglich, auch langfristige Investitionen zu tätigen und Güter zu tauschen. Es entsteht eine fortschreitende Arbeitsteilung, der Wohlstand für alle wächst – genau wie Adam Smith es in seinem Werk „The Wealth of the Nations" beschreibt.

Regeln in Form von Verfügungsrechten (Property Rights) schränken also individuelles Handeln ein, aber sie geben den Individuen auf diese Weise erst die Möglichkeit, zu planen, zu kalkulieren, zu investieren und in arbeitsteilige Tauschprozesse einzutreten; denn sie erlauben, Erwartungen über das Verhalten anderer zu bilden. Diese produktive Funktion der Festlegung individueller Property Rights lässt sich als Zwei-Personen-Gefangenendilemma-Spiel illustrieren (vgl. Tabelle 5.1).

Tabelle 5.1

		Individuum j	
		rechtmäßige Handlung	unrechtmäßige Handlung

Individuum i	rechtmäßige Handlung	I 3
		   2
			II 4
			   0

	unrechtmäßige Handlung	III 0
		   4
			IV 1
			   1

Tabelle 5.1 zeigt, dass der individuell optimale Zustand derjenige ist, in dem der jeweils andere sich an die Regeln hält, während man selbst regellos – und damit auf Kosten des anderen – handelt (Zellen II und III). Solch eine Situation ist jedoch nicht stabil. Keiner wird sich eine permanente Ausbeutung gefallen lassen. Ein stabiles Nash-Gleichgewicht kann daher

---

feare, and danger of violent death; And the life of man, solitary, poore, nasty, brutish, and short."

nur Zelle IV sein. Hier herrscht Anarchie, ein Zustand kollektiver Selbst-schädigung gegenüber der Alternative, dass sich *jeder* an bestimmte Re-geln hält. Der wünschenswerte Übergang von der Anarchie zur Ordnung (von Zelle IV zu Zelle I) ist daher nur möglich, wenn Regelbrecher wirk-sam sanktioniert werden. Ein einzelnes Individuum wird nämlich immer dann Regeln brechen – unabhängig davon, ob es die Regeln grundsätzlich für fair und nützlich hält –, wenn der erwartete Nutzen der Regel-übertretung größer ist als die erwarteten Kosten der Regelverletzung. Die Individuen sind daher an einer wirksamen Sanktionierung von Regelbre-chern interessiert. Spontan, d.h. auf individueller Ebene, ist eine wirksame Überwachung der Regeleinhaltung nicht möglich, denn der Einzelne ist dem *Dilemma der Bestrafung* ausgesetzt (siehe Tabelle 5.2). Die Individu-en bevorzugen eine Situation der Trittbrettfahrerei, in der nur der oder die anderen Ressourcen für die Bestrafung von Regelbrechern aufwenden (Zel-len II und III). Als Ergebnis ergibt sich somit der pareto-inferiore Zustand der Nicht-Bestrafung von Regelbrechern (Zelle IV). Der demgegenüber pareto-superiore Zustand kollektiven Handelns zur Bekämpfung von Rechtsbrüchen (Zelle I), in dem *jeder* einen Teil der Kosten des Rechts-schutzes trägt, ist nur durch die Verankerung einer das Recht schützenden Organisation möglich.

Dilemma der
Bestrafung

Individuum i		Individuum j			
		sanktionieren		nicht sanktionieren	
	sanktionieren	I	3	II	5
		3		0	
	nicht sanktionieren	III	0	IV	1
		5		1	

Tabelle 5.2

In modernen Gesellschaften erfüllt der Staat diese Funktion. Der Rechtsschutzstaat setzt sich hier i.d.R. aus verschiedenen Instanzen wie Polizei, Streitkräften, Staatsanwaltschaft und Gerichtsbarkeit zusammen. Eine weitere Frage, die sich in diesem Zusammenhang ergibt, ist die der optimalen Bestrafung kriminellen Handelns. Bevor auf dieses Problem kurz eingegangen wird, soll auf die Rolle des Eigentumsrechts in moder-nen marktwirtschaftlichen Gesellschaften noch eingegangen werden.

1.2. Das Eigentumsrecht als Grundlage marktwirtschaftlicher Ordnungen

Die Sozialwissenschaftler Gunnar Heinsohn und Otto Steiger weisen in ihrer Eigentumstheorie der Wirtschaft (2004) darauf hin, dass innerhalb der Mainstream-Ökonomik einschließlich der Property-Rights-Theorie der

Unterschied zwischen Besitz auf der einen und Eigentum auf der anderen Seite nicht gesehen bzw. problematisiert wird. Somit könne es der traditionellen Wirtschaftstheorie nicht gelingen, ein tieferes Verständnis für die Funktionsweise marktwirtschaftlicher, kapitalistischer Wirtschaftssysteme zu erlangen.

Zertifiziertes Eigentum

Für Heinsohn und Steiger beginnt das Wirtschaften erst mit dem Eigentum. Hierbei ist Eigentum nicht die Aneignung von Besitz durch die Verbindung mit Arbeit, wie John Locke Eigentum noch definierte. Eine produktive Eigentumsverfassung „markiert" vielmehr eine oft übersehene Eigenschaft des Eigentums, nämlich dessen „Betitelung". Erst der Eigentumstitel schafft produktives Eigentum, das sich vom reinen Besitz abgrenzen lässt. Dies wird klar, wenn man sich einen Hauseigentümer in einem modernen Staat und einen in einem Entwicklungsland vorstellt. Der Hauseigentümer in einem modernen Staat verfügt über einen allgemein anerkannten Eigentumstitel. Somit kann er nicht nur in seinem Haus wohnen, sondern er kann auch zu einer Bank gehen und den Titel verpfänden, um einen Kredit zu erhalten. Der Hauseigentümer in einem Entwicklungsland kann dies in der Regel nicht. Damit wird Letzterem der Zugang zu einem Kredit versperrt. Zudem ist sein Eigentum vergleichsweise wenig wert, weil es diese wichtige Funktion nicht erfüllt.

Die These von Heinsohn und Steiger ist mithin, dass es zu einer wirtschaftlichen Verwendung von Eigentum erst dann kommen kann, wenn es auch Eigentumstitel gibt. Dieser Rechtstitel bildet die Grundlage für den Abschluss von Kreditkontrakten mit Banken (hierzu auch Enghofer/Knospe, 2005). Nicht Steine, Autos oder andere Dinge werden physisch

Eigentum und Verschuldung

hinterlegt, sondern Eigentumstitel werden verpfändet. Die Nutzung des Eigentums, also des Hauses, des Ackers, der Produktionsanlagen etc. ist davon unberührt. Denn das belastete Eigentum verbleibt beim Eigentümer (Besitzer). Der Kreditnehmer kann weiter in seinem Haus wohnen, seinen Acker bestellen, seine Produktionsanlagen nutzen u.s.w. Das Eigentum wird in dieser Kreditoperation vom Gläubiger nie genutzt, die Verfügungsrechte an den „Dingen" bleiben unangetastet, wenn der Kredit einschließlich Zins zu dem vereinbarten Zeitpunkt wieder zurückgezahlt wird. Das einzige, was der Schuldner nicht kann, ist, das Eigentum während der Laufzeit des Kredits erneut zu verpfänden. Er hat somit die „Eigentumsprämie", die unbelastetes Eigentum abwirft, verloren.

Die Entstehung von Banken kann man sich vor diesem Hintergrund so vorstellen, dass der „beste" Schuldner zur Bank wird, wobei er Eigentum als Eigenkapital „einschießt". Dieses kann nun nicht mehr anderweitig verpfändet werden, d.h. es verliert seine Eigentumsprämie, weshalb die Bank einen Zins verlangt. Der Zins für das durch Kreditkontrakte entstehende Geld begründet sich in der Eigentumstheorie von Heinsohn und Steiger durch den Verlust der Eigentumsprämie und nicht etwa durch die Aufgabe der Liquiditätspräferenz wie bei Keynes.

Die These von Heinsohn und Steiger „Nur mit zertifiziertem Eigentum lässt sich richtig wirtschaften!" hat der peruanische Ökonom Hernando de Soto in seinem Buch „Freiheit für das Kapital" (2002) eindrucksvoll bestätigt. Er zeigt, dass viele Entwicklungsländer u.a. wegen der fehlenden zertifizierten Eigentumsrechte gegenüber den entwickelten Marktwirtschaften wirtschaftlich nicht aufholen. Land- und Immobilienbesitz bzw. Eigentum an diesen Dingen wird vielfach aufgrund der fehlenden Eigentumstitel nicht als Sicherheit für Kreditkontrakte anerkannt. So bleibt vielen potentiellen Unternehmern der Weg zum offiziellen Bankensektor verschlossen. Nicht-zertifiziertes Eigentum stellt deshalb nach de Soto „totes Kapital" dar, das allerdings wiederbelebt werden kann, indem ein Eigentumssystem nach dem Vorbild der entwickelten Staaten errichtet wird.

Eigentum und Entwicklung

Dass das produktive Wirtschaften untrennbar mit der Entstehung bzw. mit dem Vorhandensein des Eigentums verknüpft ist, begründet sich so: Mit dem Übergang vom Besitz zum (zertifizierten) Eigentum ist der Weg frei für die Entstehung von weitreichenden Schuld- bzw. Kreditkontrakten. Damit entstehen nicht nur mehr und mehr Investitionen, sondern durch den Zins entsteht ein ungeheurer Druck, das geliehene Geld produktiv einzusetzen, denn der Zins muss schließlich verdient werden. Dieser Druck zu produktiven Investitionen ist nach Heinsohn und Steiger daher die Geburt des wirtschaftenden Menschen.

Zugleich entsteht auf das gesamte Wirtschaftssystem der Druck, immer mehr Schuldkontrakte und Investitionen hervorzubringen, wenn Konkurse, die Krisen nach sich ziehen, verhindert werden sollen. Weil ein einzelner Investor, der seine Investition (annahmegemäß) kreditfinanziert, nur soviel Nachfrage durch Faktoreinkommen generieren kann wie er Mittel aufgenommen hat, benötigt er „fremde Hilfe" damit seine produzierten Güter überhaupt vom Markt genommen, d.h. gekauft werden können (denn diese enthalten im Preis auch die Zinskosten). Diese Hilfe kann nur in neuen kreditfinanzierten Investitionen, die ihrerseits wieder Nachfrage schaffen, bestehen. Das bedeutet, wenn man einmal das eigentumsbasierte, kapitalistische Marktwirtschaft-Spiel begonnen hat, muss man (der Staat) dafür sorgen, dass durch günstige Rahmenbedingungen permanent Anreize für neue Investitionen bzw. nachfragewirksame Kreditkontrakte vorhanden sind, denn sonst muss es aufgrund der fehlenden Nachfrage zu Krisen kommen.

1.3. Die optimale Bestrafung

Die ökonomische Theorie der optimalen Bestrafung (Becker, 1968) geht davon aus, dass Individuen durchschnittlich umso weniger kriminell sind, je höher die erwarteten Kosten – das Produkt aus Sanktion S und Entdeckungswahrscheinlichkeit w – für die Regelbrecher sind. Das bedeutet: Die direkten gesellschaftlichen Kosten krimineller Handlungen K, die insbesondere aus den negativen Wirkungen der Rechts- und Vertragsunsicherheit und individuellen Aufwendungen zum Schutz vor Verbrechen bestehen, sinken ceteris paribus mit steigender Sanktion S und/oder steigender Entdeckungswahrscheinlichkeit w (überproportional). Es gilt mithin:

Kosten der Kriminalitäts-bekämpfung

$$(5.1) \qquad K = K\,(wS),\ \text{mit}\ \frac{\partial K}{\partial(wS)} < 0\,,\ \frac{\partial^2 K_K}{\partial(wS)^2} < 0\,.$$

Eine Erhöhung von w und/oder S ist jedoch mit steigenden Kosten der Kriminalitätsbekämpfung K_k für die Gesellschaftsmitglieder verbunden. Ein höheres S bedeutet z.B. längere Haftstrafen und damit bei Nicht-Unterauslastung der Kapazitäten im Status quo die Errichtung neuer Gefängnisse und die Einstellung zusätzlichen Personals. Ein höheres w bedeutet eine Aufstockung der Kapazitäten, die der Strafverfolgung dienen – z.B. mehr Polizisten oder Staatsanwälte. Mithin gilt:

$$(5.2) \qquad K_k = K_k\,(wS),\ \text{mit}\ \frac{\partial K_K}{\partial(wS)} > 0\,,\ \frac{\partial^2 K_K}{\partial(wS)} > 0\,.$$

Die Gesamtkosten KG ergeben sich nun als die Summe der Kosten K und K_k. Diese gilt es zu minimieren:

$$(5.3) \qquad KG = K\,(wS) + K_k\,(wS) \to \text{min!}$$

In Abbildung 5.1 ist die Lösung des Minimierungsproblems graphisch abgeleitet. Die optimale Strafverfolgung ergibt sich bei wS_{opt}. Dort sind die Ableitungen der beiden Kostenkurven (K und K_K) betragsgleich, es gilt:

$$(5.4) \qquad -\frac{\partial K_K}{\partial(wS)} = \frac{\partial K}{\partial(wS)}\,.$$

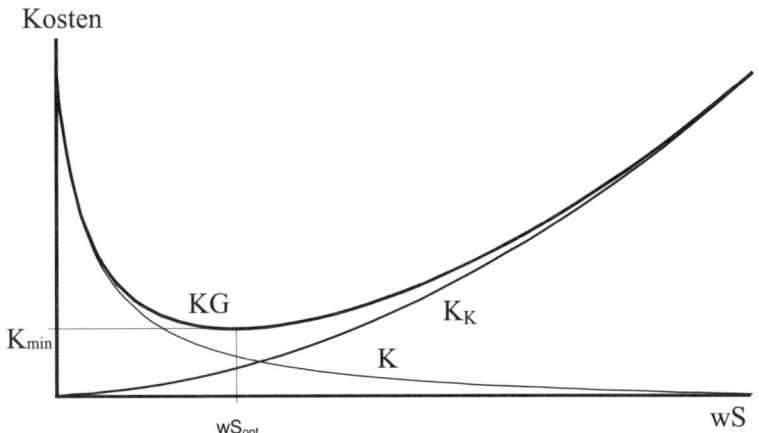

Abbildung 5.1

Daraus folgt, dass eine vollständige Verbrechensbekämpfung, also eine Strafverfolgung, die darauf abzielt, jeglichen Rechtsbruch zu verhindern, ein ökonomisch unsinniges Ziel darstellt. Unter Knappheit müssen die Opportunitätskosten der Strafverfolgung mit in das Kalkül einbezogen werden. Somit ergibt sich, dass die gesellschaftlich optimale Kriminalitätsrate nicht Null, sondern positiv ist.

Eine weitere Frage ist jedoch, ob zusätzlich zu den hier behandelten Variablen der Strafverfolgung weitere Faktoren die gesellschaftliche Kriminalitätsrate nachhaltig beeinflussen. Diese Frage muss eindeutig mit „ja" beantwortet werden. So haben etwa die Einkommensverteilung, die Bevölkerungsdichte, die Arbeitslosenquote oder das Bildungsniveau in vielen Ländern ebenfalls einen Einfluss auf die Kriminalität (Entorf, 1996). In einigen Bereichen wie beispielsweise der Steuerhinterziehung spielen zusätzlich Gerechtigkeitsurteile der Individuen, die auch deren Verhalten beeinflussen, eine wichtige Rolle. Das angeführte Grundmodell müsste bei der Behandlung realer Probleme also sicherlich erweitert werden.

Einflussfaktoren der Kriminalität

1.4. Die Änderung von Verfügungsrechten

In arbeitsteiligen international verflochtenen Volkswirtschaften entstehen ständig neue Produkte und Verfahren, die ihrerseits neue Externalitäten verursachen. Damit entsteht jedoch ein permanenter Regelungsbedarf. Verfügungsrechte sind also nicht starr, sondern unterliegen einem Wandel im Zeitablauf. Analog zu den Ausführungen im vorherigen Abschnitt lässt sich somit die folgende These formulieren: „Verfügungsrechte verändern sich im Zeitablauf, wenn sich durch diese Änderung neu entstandene bzw. neu erkannte Externalitäten internalisieren lassen *und* wenn der Nutzen der Internalisierung der Externalitäten die Kosten der Rechtsänderung über-

Internalisierungsthese

steigt."[3] Mithin muss in einer Gesellschaft in einem beliebigen Zeitpunkt t für eine bestehende Struktur von Verfügungsrechten R_t gelten:

$N(R_t) + TK_{\ddot{A}} > K(R_t)$, mit

Kosten der Änderung von Rechten

$N(R_t) =$ direkter Nutzen aus der bestehenden Eigentumsrechtsstruktur (z.B. durch Gewöhnungseffekte und Rechtssicherheit),

$TK_{\ddot{A}} =$ Transaktionskosten der Änderung der bestehenden Rechtsstruktur (z.B. Kosten der Entscheidungsfindung),

$K(R_t) =$ Kosten der bestehenden Eigentumsrechtsstruktur (z.B. Rechtsdurchsetzungskosten oder kollektive Selbstschädigungen durch die bestehende Rechtsstruktur) gegenüber einer denkbaren alternativen Rechtsstruktur; also Opportunitätskosten, die darin bestehen, dass die – aus Sicht der Individuen – beste alternative Rechtsstruktur R_{tA} nicht eingesetzt wird.

Es kommt also zu einer Änderung der Rechtsstruktur, wenn sich im Zuge technischen (oder auch wissenschaftlichen) Wandels einige oder alle Kostenkomponenten derart verändern, dass für die bestehende Struktur von Rechten die obige Ungleichung nicht mehr erfüllt ist. Im Beispiel der Montagnais-Indianer war der Fall einfach: Durch den steigenden Pelzhandel und die daraus resultierende Intensivierung der Jagd stieg $K(R_t)$ so stark, dass es zu einer Neufestlegung der Verfügungsrechte kam.

In komplexen marktwirtschaftlichen Demokratien gestaltet sich die Änderung des Rechts ungleich komplizierter. Rechtsänderungen werden hier zumeist parlamentarisch beschlossen und dürfen zudem nicht gegen verfassungsmäßig festgelegte Grundrechte verstoßen. Da sich Politiker, die der Wiederwahlrestriktion unterworfen sind, im „politischen Markt" nur behaupten können, wenn sie die Meinung der Mehrheit vertreten, wird sich das Recht insbesondere dann ändern, wenn dies mit spürbaren Vorteilen für organisierte, die öffentliche Meinung prägende Gruppen (Pressure Groups) verbunden ist. Nachteile können hierbei u.U. für nicht bzw. weniger stark organisierte Gruppen auftreten. Es kann also durchaus Verlierer bei einzelnen Rechtsänderungen geben. Die obige Ungleichung würde dann nur für die stärksten Gruppen der Gesellschaft gelten.

Rechtsände-rungen in der Demokratie

Hieraus die Schlussfolgerung abzuleiten, dass die organisierten Gruppen die Gesetzgebung so stark beeinflussen können, dass sich die Demokratie selbst zugrunde richtet, erscheint jedoch voreilig. Denn dies würde bedeuten, dass (a) die organisierten Gruppen nicht bemerken, dass dieser Prozess letztlich in einer kollektiven Selbstschädigung mündet, und dass (b) die nichtorganisierten Bürger, die ebenfalls eine sehr große Gruppe darstellen,

---

[3] Vgl. hierzu auch DEMSETZ (1967), S. 350.

diesem Prozess schweigend und tatenlos zusehen. Beides erscheint unrealistisch. Realistischer erscheint hingegen die Annahme, dass sich innerhalb der Demokratie Rechtsänderungen zu Gunsten organisierter Gruppen und zu Lasten der Allgemeinheit zwar ergeben können, dies allerdings nicht permanent und schon gar nicht bis hin zum Niedergang. In den folgenden Kapiteln werden wird hierzu detailliertere Analysen vorstellen.

Abschließend sei noch auf weitere Gründe hingewiesen, durch die eine Internalisierung neu auftretender Externalitäten mittels Rechtsänderung zumindest verzögert werden kann. Diese Gründe hängen zum einen mit der *Kapitalguteigenschaft* des Rechts (Buchanan, 1984, S. 153 ff.) und zum anderen mit der *Komplexität* des Rechts (v. Hayek, 1980, S. 133 ff.) zusammen.

Wie wir im vorherigen Abschnitt herausgestellt haben, fördert das Vorhandensein einer Rechtsstruktur die Bildung von Erwartungen über das Verhalten der Mitmenschen. Dies wiederum erleichtert den Individuen das Planen, Entscheiden und Handeln. Hierin besteht die Kapitalguteigenschaft des Rechts. Häufige Änderungen des Rechts lassen diese Kapitalguteigenschaft erodieren. Gerade Investitionen längerer Dauer bedürfen einer relativen Konstanz des Rechts. Investoren müssen sich auf die Gültigkeit der Regeln verlassen können, denn diese beeinflussen maßgeblich den Barwert der Investition. Permanente Ad-hoc-Änderungen des Rechts führen zu sklerotischen Überregulierungen. Damit steigt die Intransparenz des Rechts. Sich über erlaubte und unerlaubte Handlungen kundig zu machen, ist mit erhöhten (Transaktions-) Kosten verbunden. Dies wiederum verteuert Investitionen. Bei Rechtsänderungen muss dies bedacht werden, will man Ineffizienzen vermeiden.[4]

Recht als Kapitalgut

Neben der Kapitalguteigenschaft des Rechts gilt es, die Komplexität von Rechtsstrukturen bei der Änderung einzelner Regelungen zu beachten. Bezüglich der Komplexität scheinen zwei Punkte erwähnenswert: (1) Einzelne rechtliche Regelungen sind stets in ein Rechtssystem eingebettet, welches sich über längere Zeit entwickelt hat.[5] Bei der Änderung einzelner Regeln muss daher das „Zusammenspiel" mit denjenigen Regeln, die sich auf denselben Regelungsbereich beziehen, geprüft werden; denn Widersprüchlichkeiten innerhalb der Rechtsordnung mindern deren Kapitalguteigenschaft. (2) Bei der Änderung einzelner Regelungen, die im Zusammen-

Recht und Komplexität

---

[4] BUCHANAN (1988) bezeichnet die Regeln des Rechts daher als „relatively absolute absolutes".

[5] VON HAYEK (1969), S. 97 ff. bezeichnet das Rechtssystem daher auch als „Ergebnis menschlichen Handelns", aber nicht „menschlichen Entwurfs". Ein einzelner Geist wäre niemals im Stande, ein Rechtssystem – so wie es moderne Gesellschaften aufweisen – zu entwerfen. Solche Systeme haben sich über lange Zeit entwickelt, sie sind niemals zu einem Zeitpunkt geplant worden.

hang mit anderen Regeln stehen, ist es nicht immer einfach, die Folgewirkungen von Rechtsänderungen vollständig abzuschätzen. Dies kann u.U. sogar das Einsetzen von Expertenkommissionen und Anhörungen von unmittelbar Betroffenen notwendig erscheinen lassen, um negative nicht intendierte Folgewirkungen von Rechtsänderungen möglichst auszuschließen. Ad-hoc-Änderungen einzelner Regelungen können demgegenüber leicht den Nettonutzen einer Rechtsreform schmälern.

Aus diesen Gründen können häufige, unüberlegte Modifizierungen gegebener Rechtsstrukturen zu nicht intendierten negativen Folgewirkungen führen. Insbesondere Investoren können auf diese Weise „vertrieben" werden. Transparenz und Nachvollziehbarkeit des Rechts sind in diesem Zusammenhang zwei Prinzipien, die bei Rechtsänderungen beachtet werden müssen, um Ineffizienzen zu vermeiden.

2. Eigentumsrechte, Externalitäten und die Theorie von Coase

Die bisherige Analyse der grundlegenden Wirkung von Property Rights wurde im Paradigma des Positivsummenspiels vorgenommen. Das bedeutet: Gegenüber einem rechtlosen Zustand (bzw. dem Status quo) liegt es im *gemeinsamen Interesse* aller Gesellschaftsmitglieder, einen Rechtsrahmen (inklusive eines Rechtsschutzstaates) zu verankern; denn diese Maßnahme beendet bzw. verhindert den Zustand kollektiver Selbstschädigung, sie ist eindeutig pareto-superior. Gleiches gilt, wenn eine bestehende Rechtsstruktur ungeeignet erscheint, neu entstehende Probleme befriedigend zu regeln. Eine Änderung des Rechts kann in einem solchen Fall mittelfristig allen dienen. Wie sind jedoch Externalitäten zu behandeln, bei denen es Schädiger und Geschädigte gibt? Hierzu die folgenden Ausführungen.

2.1. Coases Kritik an dem „naiven" Verursacherprinzip

Naives Verursacherprinzip

Die Kritik an dem naiven Verursacherprinzip, legt Ronald Coase in seinem berühmten Aufsatz „The Problem of Social Cost" (1960) dar. Sie richtet sich gegen eine naive – d.h. ökonomisch vordergründige – Behandlung realer externer Effekte nach dem Motto: Wer anderen Schäden zufügt, die außerhalb des Preismechanismus' angesiedelt sind, soll durch den Staat zur Beseitigung des Schadens gezwungen werden – sei es durch Zahlung einer Entschädigung an die Betroffenen in Höhe des verursachten Schadens oder durch Untersagung der Tätigkeit.[1] Coase (1993, S. 178) kritisiert diese Einstellung, mehr noch: er weist sie als ökonomisch undifferenziert zu-

---

[1] COASE sieht das naive Verursacherprinzip als Ausfluss von Fehlentwicklungen ökonomischen Denkens in der wohlfahrtstheoretischen Tradition von ARTHUR C. PIGOUS „Economics of Welfare".

rück: „Der Glaube, es sei wünschenswert, einen Produzenten, der schädigende Wirkungen verursacht, zu zwingen, den Opfern dieser Schädigung Schadenersatz zu leisten ... rührt unzweifelhaft davon her, dass nicht verglichen worden ist, welche Gesamterträge bei alternativen sozialen Arrangements erreichbar sind." Der Gedankengang von Coase sei anhand eines einfachen Beispiels erläutert:

Im Status quo ergebe sich die folgende Situation: In einer Gegend sind eine Unternehmung U und ein Haushalt HH angesiedelt. U produziert Gut x mit der Menge x_1 und emittiert dabei keinerlei spürbare Emissionen. Der Gewinn von U betrage 100 GE. Nun erhöht sich die Nachfrage nach Gut x. U könnte zusätzlich die Menge Δx produzieren und absetzen. Dies würde einen Zusatzgewinn von 10 GE bedeuten. Allerdings fiele eine spürbare Emission z an (Rauchbelästigung bei HH). U könnte auch $2\Delta x$ zusätzlich produzieren und absetzen. Dies wäre mit einem Zusatzgewinn von 15 GE verbunden und einer Emission von 2z. U könnte allerdings die Emission durch den Einbau von Filtersystemen vermeiden. Damit würden zusätzliche Kosten anfallen. Diese belaufen sich auf 15 GE zur Vermeidung von z und 20 GE zur Vermeidung von 2z. Schadensvermeidung lohnt sich also nicht. Ausgehend von dieser Situation wollen wir nun drei Szenarien gegenüberstellen:

Wechselseitige Externalitäten und Recht

Szenario 1:

Hätte der Haushalt HH das Recht auf seiner Seite, d.h. würde das Verursacherprinzip U zwingen, die Emission zu vermeiden, so würde die zusätzliche Nachfrage *nicht* zu einer Mehrproduktion führen. Es bliebe beim Status quo. Der Unternehmung entginge aufgrund dieser Regelung verglichen mit dem Zustand des Laissez faire ein Zusatzgewinn von 15 GE. Coase kritisiert an solch einer einfachen Anwendung des Verursacherprinzips, dass diese zu pareto-inferioren Ergebnissen für alle Beteiligten führen kann. Durch eine weitere Spezifizierung des Beispiels lässt sich diese Hypothese erläutern.

Szenario 2:

Nehmen wir in einem ersten Schritt an, die Rauchbelästigung durch U sei zwar störend, aber nicht gesundheitsgefährdend. HH wäre also mit einer Kompensationszahlung von 8 GE im Falle von z und 16 GE im Falle von 2z einverstanden und würde dann auf eine Klage gegen U zur Vermeidung der Emission verzichten. Als Folge könnte U Δx produzieren. Abzüglich der Kompensationszahlung bliebe U ein zusätzlicher Gewinn von 2 GE, und HH wäre nicht schlechtergestellt. Dieses Ergebnis wäre gegenüber der Anwendung des naiven Verursacherprinzips pareto-superior. Allerdings könnte eine attraktive Kompensationszahlung weitere

Haushalte zur Ansiedlung bewegen. Da aber eine Verdoppelung der Kompensationszahlung bereits einen Verlust für die Unternehmung bedeuten würde, wäre bei der Ansiedlung nur eines weiteren Haushalts der Status quo in der Produktion wieder erreicht. Hohe Kompensationszahlungen können also ungeahnte nicht-intendierte Folgeprobleme nach sich ziehen.

Szenario 3:

Neben der einfachen Kompensationszahlung ist jedoch auch der Fall denkbar, dass U HH vorschlägt, den Wohnsitz zu verlagern und die Kosten dafür zu übernehmen. Würde HH bei einer Zahlung von 11 GE dem Vorschlag zustimmen, beliefe sich der zusätzliche Gewinn von U auf 4 GE bei einer Mehrproduktion von $2\Delta x$. Diese Lösung wäre sowohl gegenüber dem Status quo als auch gegenüber den anderen Szenarien pareto-superior.

Denken in Alternativen

Coases Kritik an der naiven Anwendung des Verursacherprinzips leitet systematisch zu einem *Denken in Alternativen* an: „Ökonomen, die Probleme der Unternehmung untersuchen, verwenden gewöhnlich ein Konzept der Opportunitätskosten und vergleichen den Ertrag aus einer gegebenen Kombination der Produktionsfaktoren mit alternativen Produktionsanordnungen. Es erscheint wünschenswert, einen ähnlichen Ansatz für die Behandlung wirtschaftspolitischer Fragen zu verwenden und die jeweils durch alternative soziale Arrangements erzielten Gesamterträge miteinander zu vergleichen" (Coase, 1993, S. 181). Hierzu wird eine streng reziproke Sichtweise eingenommen. Genauso wie in dem Beispiel das Unternehmen via Emission den Haushalt schädigt, schmälert ein vollständiges Verbot von zusätzlichen Emissionen den Gewinn der Unternehmung. Die ökonomische Ursache der Externalitäten sind somit nicht (allein) die Emissionen, sondern neu entstehende Knappheiten bei Gütern, die nicht zu Marktpreisen bewertet werden, sind für das Entstehen realer Externalitäten verantwortlich. Eine neue Nutzungsrivalität ist also der Grund. Mithin kann die einfache Durchsetzung des naiven Verursacherprinzips zu pareto-inferioren Ergebnissen führen. Andere Lösungen können allen Interessen dienlicher sein. Um zu ökonomisch sinnvollen Problemlösungen zu gelangen, sind alle denkbaren institutionellen Arrangements zu vergleichen.

In einer Welt *ohne* Transaktionskosten und ohne einseitige Machtausübung, in der die von Externalitäten betroffenen Parteien freiwillig und kostenlos verhandeln und Rechte tauschen können, würden immer Verhandlungslösungen im Interesse der Beteiligten gefunden. Unter bestimmten Bedingungen wie unendliche Teilbarkeit aller Produktions- und Kosteneinheiten und der Möglichkeit der Messung sämtlicher (Grenz-) Kosten und (Grenz-) Nutzen spielt die Verteilung der Rechte bei Abwesenheit von Transaktionskosten für die Allokation überhaupt keine Rolle. Kostenlose

Verhandlungen bewirken dann eine Allokationsneutralität der Rechts-
verteilung. Der Staat muss hier überhaupt nicht aus allokativen Gründen
eingreifen. Dies erläutert Coase (1960) anhand des – aus heutiger Sicht
schon berühmten – Farmer-Rancher-Beispiels, welches kurz erläutert
werden soll.

Das Farmer-Rancher-Beispiel

Es gebe zwei Nachbarn: einen Rancher, der eine Herde Vieh besitzt,
und einen Farmer, der ein Feld bestellt. Ist x die Futtermenge, die die Tiere
fressen, so gelte, dass bei der maximalen Fressmenge des Viehs der Farmer
geschädigt wird. Die Tiere fressen dann nämlich einen Teil der Felder des
Getreidebauern ab. $\partial U / \partial x$ ist der Grenznutzen des Viehzüchters. $\partial K / \partial x$
der Grenzschaden des Farmers, wenn die Tiere zwecks Nahrungsaufnahme
seine Felder abfressen. Beide Kurven sind in Abbildung 5.2 dargestellt.
Übersteigt die tatsächliche Fressmenge die Menge x_{min}, so entsteht für den
Farmer ein Grenzschaden entlang der eingezeichneten Funktion. Wir
können nun – basierend auf dieser Situation – mehrere Varianten der
Rechtsausgestaltung durchspielen und die Ergebnisse vergleichen.

*Coase-
Theorem*

Abbildung 5.2

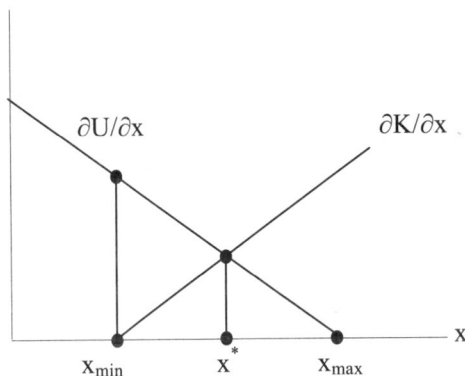

Zuerst sei angenommen, der Farmer habe das Recht, den Rancher von
seinen Feldern fern zu halten, und dieses Recht sei kostenlos durchzusetzen. Macht er von diesem Recht Gebrauch, so würde die Fressmenge
auf x_{min} absinken; der Rancher hätte gegenüber der freien Nutzung der
Fläche des Farmers eine Nutzeneinbuße. Dies würde ihn veranlassen, dem
Farmer ausgehend von x_{min} sukzessive Entschädigungszahlungen dem
Farmer anzubieten, um als Gegenleistung Zugriff auf die Felder zu
erhalten. Wie lange würde ein solcher Prozess der Ausdehnung des
Territoriums für die Herde andauern? Solange bis es sich für den Rancher
nicht mehr lohnt. Das ist genau dann der Fall, wenn sich Grenznutzen und
Grenzkosten ausgleichen. Folglich ist x* optimal.

Wie sieht die Lösung aber aus, wenn nun umgekehrt der Rancher das Recht hat, sein Territorium nach Belieben auszudehnen? Er könnte so weit gehen, dass x_{max} erreicht wird. In einem solchen Fall würde sich allerdings für den Farmer der Anreiz ergeben, den Rancher durch Kompensationszahlungen zurückzudrängen. Dieser Prozess würde ebenfalls in dem Punkt x^* zum Stillstand kommen. Das bedeutet: Unabhängig von der Ausgestaltung der Rechte kommt es zu demselben Ergebnis, der Optimalmenge x^*.

Bei Abwesenheit von Transaktionskosten und einem Verhalten der Akteure, welches den Annahmen der vollständigen Konkurrenz entspricht, erscheint die Ausgestaltung der Eigentumsrechte an knappen Faktoren keinen Einfluss auf die Allokation zu haben. Die private Verhandlungslösung führt zu einem Allokationsoptimum. Würde hingegen der Staat mittels Steuersetzung oder Verboten eingreifen, würde die optimale Allokation gestört werden.

Allokations-
neutralität der
Rechts-
strukturen

Das Coase-Theorem der Allokationsneutralität der Rechtsstrukturen fand nach seinem Erscheinen Eingang in viele Lehrbücher der Mikroökonomik und der Markttheorie. Auf diese Weise wurde und wird der Eindruck verbreitet, es sei das Anliegen von Ronald Coase, für dezentrale Verhandlungslösungen einzutreten, die – wie gezeigt – zu optimalen Ergebnissen führen. Manche Autoren dieser Bücher „brüsten" sich dann noch mit der kritischen Anmerkung, dass das Coase-Theorem – wenn überhaupt – nur unter äußerst restriktiven Annahmen gelte. Der Erklärungsgehalt der Coaseschen Analyse sei somit sehr gering. Diese verkürzten und damit verfälschenden Interpretationen der Analyse des Problems sozialer Kosten werden Ronald Coase und seiner Intention in keiner Weise gerecht.

Coase geht es „lediglich" darum, die Aufmerksamkeit auf die Notwendigkeit eines Vergleichs institutioneller Arrangements zu lenken, um eine Abkehr von der vorschnellen Anwendung des naiven Verursacherprinzips zu bewirken. In dem Farmer-Rancher-Beispiel zeigt er in diesem Sinne optimale Lösungen fernab von staatlichen Eingriffen und damit fernab von einer Anwendung des naiven Verursacherprinzips. Vor diesem Hintergrund lässt sich das Coase-Theorem folgendermaßen auslegen: Bei Abwesenheit von spürbaren Transaktionskosten kann der Fall eintreten, dass die Verteilung der Verfügungsrechte auf die Allokation keine Rolle spielt. Dann sind dezentrale Einigungen immer allokationsoptimal, denn es werden alle Kosten-Nutzen-Komponenten der Beteiligen, die gleichzeitig die Betroffenen sind, verarbeitet. Staatliche Eingriffe erscheinen unnötig, sie sind i.d.R. sogar allokationsverzerrend. Unter Berücksichtigung von Transaktionskosten – und dies scheint für die meisten realen Probleme sozialer Kosten die realistische Annahme zu sein – müssen hingegen alle denkbaren realistischen institutionellen Arrangements, angefangen von verschiedenen Gestaltungsmöglichkeiten der Verfügungsrechte bis hin zu direkten staatlichen Eingriffen in den Marktmechanismus, durchdacht und anhand der abgeschätzten Wirkungen für die Betroffenen verglichen werden.

2.2. Transaktionskosten und die Lehren der Coaseschen Theorie

Die Coasesche Theorie enthält mehrere Kerngedanken, die für wirtschaftspolitische Fragen der realen Welt (mit Transaktionskosten) bedeutend sind. Diese lassen sich folgendermaßen formulieren:

(1) Eine vollständige Reduktion externer Effekte durch staatlichen Zwang dürfte in den meisten Fällen eine pareto-inferiore Maßnahme sein.

(2) Auch bei Auftreten von Transaktionskosten lassen sich externe Effekte bisweilen ohne staatliche Regelungen internalisieren.

(3) Lassen Transaktionskosten eine staatliche Regelung notwendig erscheinen, so muss diese keinesfalls in einer einfachen Anwendung des naiven Verursacherprinzips bestehen; andere Arrangements können sich als pareto-superior erweisen.

Wir wollen abschließend auf diese drei Punkte noch etwas näher eingehen.

(Ad 1:) Die Coasesche Theorie behandelt Externalitäten-Probleme, in die mindestens zwei, zumeist auch mehrere Akteure involviert sind. Das Auftreten von Externalitäten bedeutet, dass eine Ressource, die nicht mit einem marktlichen Knappheitspreis bewertet ist, knapp(er) wird. Im obigen Beispiel wurde das Kollektivgut „saubere Luft" in einer bestimmten Gegend knapp. Ist eine staatlich erzwungene vollständige Beseitigung der Externalitäten kostengünstig – d.h. ohne die Verursachung gesellschaftlicher Opportunitätskosten – möglich, so sollte dem nichts im Wege stehen. Dies ist aber in den seltensten Fällen eine realistische Annahme. So hätte sicherlich eine vollständige Beseitigung aller – auf den ersten Blick unerwünscht erscheinenden – Umweltverschmutzungen zur Folge, dass viele nutzenstiftende Güter in ihrem heutigen Umfang nicht produziert werden könnten. Unter diesem Aspekt, dass Umweltprobleme ein unvermeidbares Kuppelprodukt darstellen, wird man sie in Kauf nehmen wollen. Vor dem Hintergrund ihrer Unvermeidbarkeit, d.h. Kuppelproduktionseigenschaft, wäre ihre Reduktion auf Null eine pareto-inferiore Maßnahme.[1] Den zahllosen Externalitäten stehen Opportunitätsgewinne gegenüber, der Abschaffung aller Externalitäten mithin exorbitant hohe Opportunitätskosten.

Opportunitätskosten der Beseitigung von Externalitäten

---

[1] Dies ist eine Analogie zu dem oben diskutierten Fall der Kosten verursachenden Kriminalitätsbekämpfung.

(Ad 2:) Eine Lösung qua freiwilliger Verhandlung ohne Transaktionskosten ist einer strikten Anwendung des einfachen Verursacherprinzips deshalb überlegen, weil die Verhandlung Anreize bietet, über Opportunitätskosten und die Rentenaufteilung alternativer Arrangements simultan zu verhandeln. Jeder beteiligte Verhandlungspartner erfährt die Sichtweise der jeweils anderen Seite und ist damit informiert, wie das eigene Verhalten die Opportunitätskosten des oder der anderen Verhandlungspartner beeinflusst. Mit anderen Worten: Wechselseitige Abhängigkeiten werden offenbar und geben den Anreiz, eine Lösung auf der Basis aller Kosten-Nutzen-Komponenten auszuhandeln. Wenn jedoch Externalitäten stark diffundieren, so dass viele Bürger betroffen sind, scheint es unmöglich zu sein, die Betroffenen „an einen Verhandlungstisch" zu bekommen. Exorbitant hohe Transaktionskosten verhindern daher oftmals eine Verhandlungslösung.

Doch auch ohne direkte Verhandlungen können wechselseitige Abhängigkeiten und Anreize zur Beseitigung von Externalitäten ohne staatliche Regulierung vorhanden sein, und zwar über Variablen wie Image oder Reputation, die für Unternehmen ein Kapitalgut darstellen. Um dies verständlich zu machen, sei von einer Situation ausgegangen, in der Unternehmen ihre Gewinne kurzfristig steigern können, indem sie ihre Emissionen erhöhen, also externe Effekte verbreiten, die sich auf sehr viele Bürger verteilen (z.B. schlechtere Wasser- und Luftqualität in einem großen Bereich). Besteht eine kritische Öffentlichkeit und folglich eine „wache Presse", die an der Berichterstattung über Umweltschäden ein Eigeninteresse hat, können die Bürger auf Externalitäten verbreitende Unternehmen reagieren, indem sie die von den betreffenden Unternehmen angebotenen Güter und Leistungen zu substituieren versuchen. Damit *Spontane* können Externalitäten verbreitende Unternehmen nicht nur kurzfristige *Selbstbin-* Nachfrageeinbußen, sondern auch mittelfristige Imageverluste erleiden. *dungs-* Unternehmen erhalten auf diese Weise einen Anreiz, sich selbst zu binden *mechanismen* und den Kunden glaubhaft zu versichern, gegen bestimmte Standards nicht zu verstoßen. Der Wettbewerb kann also auf diesem Weg zu Strategien unternehmerischer Selbstbindung führen, die eine staatliche Regulierung überflüssig machen (vgl. Homann/Blome-Drees, 1992; Aufderheide, 1995; Leschke, 1995). Diese spontanen Selbstbindungen emergieren allerdings nur, solange die Moral der Bürger nicht überfordert wird, d.h. z.B. erschwingliche Substitutionsmöglichkeiten bestehen.

(Ad 3:) Erscheint aus Transaktionskostengründen eine staatliche Regulierung zur Internalisierung externer Effekte der einzig gangbare Weg, so stellt sich die Frage nach der Art der Regulierung. Da aus der Coaseschen Theorie folgt, dass zu einem externen Effekt immer mindestens zwei Akteure gehören, muss sich die staatliche Regulierung an der

Opportunitätskostensituation der Beteiligten orientieren. Ziel muss es also sein, die Verhandlungslösung, die ohne Transaktionskosten zustande käme, zu simulieren, d.h. alle Opportunitätskosten, die bei einer dezentralen Lösung „auf den Tisch kommen" würden, zu berücksichtigen. Hierbei darf allerdings nicht nur ein Einzelfall betrachtet werden, sondern alle denkbaren ähnlich gelagerten Fälle müssen in das Kalkül einbezogen werden. Denn Regulierungen sollen schließlich auf Dauer gelten, um eine sichere Erwartungsbildung zu ermöglichen. Auch vor diesem Hintergrund dürfte eine Regulierung im Sinne des naiven Verursacherprinzips in den seltensten Fällen optimal sein (Fritsch/Wein/Ewers, 2005).

Innerhalb der Umweltökonomik werden seit Jahren eine Fülle alternativer Instrumente diskutiert. In diesem Zusammenhang erscheint für viele globale Umweltprobleme, wie z.B. die CO_2-Emissionen, die Zertifikatslösung der Coaseschen Intention recht nahe zu kommen. Hierbei werden handelbare Nutzungsrechte vom Staat ausgegeben, die die Unternehmen zu einer gewissen Emission berechtigen. Jeder potentielle Umweltverschmutzer hat nun die Alternative, sauber zu produzieren, gar nicht zu produzieren oder sich Verschmutzungsrechte zu kaufen. Auf diese Weise ist ein vergleichsweise guter Allokationsmechanismus garantiert. Durch den Handel mit Emissionsrechten können die Unternehmen auf sich ändernde Knappheiten in Folge neuer Erfindungen dezentral reagieren. Lediglich die Gesamtemission wird politisch (für eine bestimmte Region) festgelegt, diskretionäre Markteingriffe bleiben aus.

Opportunitäts-kosten alternativer Regelungen

2.3. Gesetzesfolgenabschätzung: Eine Maßnahme im Sinn der Coaseschen Theorie

Eine relativ neu entwickelte Maßnahme, die ganz im Sinne der Coaseschen Theorie mehr Rationalität in die parlamentarische Gesetzgebung bringen soll, ist die Gesetzesfolgeabschätzung (GFA). Im Grunde handelt es sich hierbei um eine Selbstbindung der Verwaltung bzw. Parlamente, die dafür Sorge tragen soll, dass die mit einer Gesetzgebung verfolgten Ziele auch tatsächlich erreicht werden. Die zukünftigen Wirkungen einer Regel sollen abgeschätzt und die gegenwärtigen erhoben werden, um bei unerwünschten nicht-intendierten Folgen nachregulieren zu können. Im Detail besteht diese aus drei Modulen:

1. der prospektiven GFA (pGFA) als vorausschauendes Verfahren der Folgenabschätzung auf der Basis von Regelungsalternativen (ex ante),
2. der begleitenden GFA (bGFA) als vorausschauendes Verfahren auf der Basis eines rechtsförmigen Entwurfs (Testphase),

3. der retrospektiven GFA (rGFA) als rückschauendes Verfahren auf der Basis einer in Kraft getretenen Rechtsvorschrift.

Die folgende Tabelle beschreibt in Kurzform wichtige Inhalte dieser drei Module.

Tabelle 5.3

Merkmal Modul	Zeitpunkt	Zentrale Fragestellungen	Erwartbares Ergebnis
pGFA	Bei beabsichtigter rechtsförmiger Regelung und zur Grobprüfung der Regelungsnotwendigkeit	Welche Regelungsalternative verspricht die bestmögliche Zielerreichung? Welche Effekte sind wo für wen und wann zu erwarten?	Auswahl einer optimalen Regelungsalternative; ggf. auch Nicht-Regelung
bGFA	Im Entwurfstadium sowie zum Test und zur Prüfung von Entwürfen oder ausgewählter Teile	Sind die geplanten Regelungen für Normadressaten geeignet, für das Regelungsfeld treffend, sind Be- und Entlastungen optimierbar?	Bestätigung, Ergänzung, Verbesserung des Entwurfs und von Entwurfsteilen
rGFA	Einige Zeit nach Inkrafttreten einer Rechtsvorschrift, wenn Anwendungserfahrungen vorliegen	Konnten Regelungsziele erreicht werden? Ist eine Novellierung ratsam?	Grad der Bewährung (z.B. Zielerreichung, Akzeptanz); erforderliche Änderungen

Quelle: http://www.staat-modern.de/Anlage/original_549866/Moderner-Staat-Moderne-Verwaltung-Leitfaden-zur-Gesetzesfolgenabschaetzung.pdf

Richtig, d.h. mit ökonomischen Sachverstand angewendet stellt die GFA eine Art Kosten-Nutzen-Analyse der Rechtssetzung dar. Allerdings müssen zwei Punkte hierbei einschränkend berücksichtigt werden. Zum einen ist eine Zieldiskussion nicht in der Analyse enthalten. Das bedeutet: Politische Ziele, denen der Gesetzgebungsakt dienen soll, werden nicht auf ihre Legitimität hin geprüft. Zum anderen ist mit der Anwendung der GFA ein Anreizproblem verbunden. Da die Verwaltung bzw. das Parlament selbst die Anwendung der GFA übernimmt, bedeutet dies, dass ein starker Anreiz besteht, bestimmte Gesetze, die politisch opportun erscheinen auch in der GFA in einem guten Licht erscheinen zu lassen. Es bestehen hier genug Ermessens- und Auslegungsspielräume, um das Instrument der GFA selbst im eigenen Interesse zu instrumentalisieren. Um dieses Problem weitgehend zu entschärfen, sind zwei Dinge wichtig: Zum einen sollten von der Tagespolitik unabhängige Organisationen wie z.B. Rechnungshöfe oder für Wettbewerbsfragen Kartellämter in die GFA-Analyse eingebunden werden.

Zum anderen muss eine hohe Transparenz gegeben sein, damit die von der Verwaltung vorgenommenen GFA von unabhängiger Seite kritisch überprüft und hinterfragt werden können.

2.4. Ein „Erbe" von Coase: Die ökonomische Analyse des Vertragsrechts

Inspiriert durch Ronald Coase entwickelte sich auf der Basis der Arbeiten von Richard Posner und Guido Calabresi eine ökonomische Analyse des Vertragsrechts. Ausgangspunkt hierbei ist die Überlegung, dass freiwillig abgeschlossene Verträge grundsätzlich für die Vertragspartner nutzenstiftende Übereinkünfte darstellen, sofern alle Vereinbarungen eingehalten werden und keine unvorhergesehenen Zwischenfälle auftreten. Dies ist aber keinesfalls sichergestellt. Zum einen können bei komplexen Vertragswerken ungeahnte Risiken auf einen der oder auf beide Vertragspartner zukommen, sei es, dass sich bestimmte Marktpreise oder Verfügbarkeiten von Ressourcen oder Gütern verändern oder sei es dass ungeahnte externe Effekte auftreten. Zum anderen kann bei einem komplexen Vertragswerk die reibungslose Vertragserfüllung durch opportunistisches Verhalten von einem oder mehreren Vertragsparteien behindert werden. Angesichts solcher Probleme versucht das Vertragsrecht, das System freiwilliger Verträge so abzusichern, dass gravierende Risiken (Schäden, Vertragsbrüche) möglichst billig, d.h. effizient vermieden werden.

Als Anhaltspunkt für die Rechtsprechung oder den Gesetzgeber gilt stets das Gedankenkonstrukt des vollständigen Vertrags. Hierbei stellt man sich die Frage: „Welche Regelung hätten die Vertragsparteien getroffen, wenn sie zum Zeitpunkt des Vertragsschlusses das entsprechende Risiko erkannt und sich darüber konsensual geeinigt hätten, d.h. einen vollständigen Vertrag geschlossen hätten?" Hierbei muss keineswegs bekannt sein, welcher Schaden bzw. welche Eventualität (also welche Vertragsstörungen) genau eintreten wird. Es reicht, wenn Risikoarten und Wahrscheinlichkeiten bekannt sind. Sind diese Dinge bekannt, so würde in einem solchen vollständigen und zugleich damit auch effizienten Kontrakt, ein Risiko derjenigen Partei zugeordnet, die ein solches mit geringeren Kosten reduzieren, bzw. tragen oder versichern kann.

Vollständiger Vertrag

Da in der realen Welt mit Transaktionskosten oft keine vollständigen Verträge geschlossen werden können,[2] bedarf es zur Generierung von Erwartungssicherheit für die Vertragsparteien und zum effizienten Umgangs mit Risiken eines Rechtsrahmens. Entsprechend dem Gedankenkonstrukt des vollständigen Vertrags soll der Gesetzgeber oder

---

2 Vgl. dazu die Erläuterungen in Kapitel 3.

Richter eine effiziente Zuordnung des (a) Vermeidungsaufwands, (b) der Schadensversicherung sowie der (c) Haftung vornehmen.

Cheapest cost avoider

Ad (a): Aus ökonomischer Sicht ist bei einem denkbaren Schaden, z.B, in Form der Lieferung einer fehlerhaften Ware oder Dienstleistung, die Schadensvermeidung derjenigen Vertragspartei zuzuordnen, die den geringsten Vermeidungsaufwand hat. Allerdings ist dies nur dann sinnvoll bzw. effizient und sollte so gehandhabt werden, wenn der Vermeidungsaufwand unter dem erwarteten Schaden liegt. Dies ist das (nach dem amerikanischen Richter Learned Hand benannte) Learned-Hand-Kriterium. Mit anderen Worten: Ein Risiko, das nicht Gegenstand vertraglicher Abmachungen geworden ist, sollte der Partei zugeordnet werden, die es mit dem geringsten Aufwand beherrschen kann. Das ist das Prinzip des „cheapest cost avoider".

Cheapest cost insurer

Ad (b): Ähnlich wie bei der Schadensvermeidung soll mit versicherbaren Risiken umgegangen werden, die von keiner Partei kostengünstig vermieden werden können. Gegeben die Situation, dass die Risiken versichert werden sollten, weil von risikoaversen Individuen auszugehen ist, soll diejenige Partei die Risiken versichern, die dies relativ kostengünstig kann und damit die geringsten Versicherungsprämien zu tragen hat. Das ist das Prinzip des „cheapest cost insurer". Doch wie soll verfahren werden, wenn die denkbaren Schäden von einer Partei relativ günstig vermieden und von der anderen Partei zu einem ähnlichen Aufwand relativ günstig versichert werden können? In einem solchen Fall ist i.d.R. die Vermeidung (cheapest cost avoider) zu bevorzugen, weil die Versicherungslösung immer mit Zusatzproblemen wie moralischen Risiken verknüpft ist.

Superior risk bearer

Ad (c): Doch wie soll verfahren werden, wenn ein Risiko weder zu einem vertretbaren Aufwand abgewendet, noch versichert werden kann, weil z.B. aufgrund von Marktversagen kein Versicherungsmarkt existiert? Hier wird nach dem Prinzip entschieden, welche Partei das Risiko am besten tragen kann. Kriterien sind aus ökonomischer Sicht nicht etwa das laufende Einkommen oder Vermögen, sondern es geht um Kriterien wie Informationsvorsprünge (Wer hat bessere Informationen über die Risiken?), Risikosteuerung (Wer hat bessere Möglichkeiten, Risiken zu beeinflussen?) oder der Selbstversicherung (Treten in einer Organisation viele Verträge mit unterschiedlichenn nicht-versicherbaren Risiken auf, die eigenversichert werden können? Oder können diese Restrisiken auf viele Geschäfte verteilt werden und fallen somit kaum ins Gewicht?). Somit steuern Risikobeherrschungsmöglichkeiten die Entscheidung und nicht die Einkommens- und Vermögensverhältnisse. Mit anderen Worten: Es gilt also das Prinzip des „superior risk bearer" und nicht der „deep pocket"-Ansatz.

Auf der Basis dieser Prinzipien haben Schäfer und Ott ein Prüfschema entwickelt, das aus sieben Prüfungsfragen besteht und zur Anwendung kommen soll, wenn ein Vertragspartner aufgrund eines ihm entstandenen Schadens aus einer Vertragsstörung Klage einreicht:[3]

Prüfschema

(1) Wurde die Haftung für die eingetretene Vertragsstörung explizit im Vertrag geregelt?

Ja: Es gelten die expliziten Regelungen im Vertrag getroffenen Abreden. Der Klage ist stattzugeben, wenn der Kläger einen vertraglich spezifizierten Anspruch hat. Ansonsten ist die Klage abzuweisen. – Ende

Nein: Es ist eine Auslegung nach den Grundsätzen der ökonomischen Analyse des Rechts vorzunehmen. – Weiter mit (2).

(2) Handelt es sich bei der eingetretenen Vertragsstörung um einen vermeidbaren Störungsfall entsprechend dem Learned-Hand-Kriterium?

Ja: Es stellt sich mithin die Frage nach dem cheapest cost avoider hinsichtlich der eingetretenen Vertragsstörung. – Weiter mit (3).

Nein: Bei unvermeidbaren Schäden ist deren Versicherbarkeit zu überprüfen. – Weiter mit (4).

(3) Ist der Kläger cheapest cost avoider?

Ja: Der Kläger hätte selbst Vorsorge gegen den Störungseintritt treffen müssen. Die Klage ist abzuweisen. – Ende.

Nein: Der Beklagte hatte die Pflicht, den Störungseintritt durch Sicherungsmaßnahmen zu verhindern. Er hat keine Vorsorgeaufwendungen getätigt, deshalb haftet er in voller Schadenshöhe. Der Klage ist stattzugegeben. – Ende.

(4) Ist der eingetretene Schaden versicherbar?

Ja: Es stellt sich die Frage nach dem cheapest insurer? – Weiter mit (5)

Nein: Bei nicht versicherbaren Schadensrisiken ist die Frage nach dem superior risk bearer zu beantworten. – Weiter mit (6)

---

3 Vgl. zu dem Prüfschema SCHÄFER, H.-B./OTT, C. (2000), S. 387 sowie WEHRT, K. (2005).

(5) Ist der Kläger cheapest insurer?

Ja: Der Kläger hätte sich selbst gegen den Störungseintritt versichern müssen. Die Klage ist abzuweisen. – Ende.

Nein: Der Beklagte hatte die Pflicht, den Kläger gegen den Störungseintritt zu versichern. Er hat keine Versicherung abgeschlossen, deshalb haftet er in voller Schadenshöhe. – Ende.

(6) Gibt es einen superior risk bearer?

Ja: Wenn es einen superior risk bearer gibt, dann bleibt zu klären, ob der Kläger oder der Beklagte der überlegene Risikoträger ist. – Weiter mit (7).

Nein: Die beteiligten Vertragspartner unterscheiden sich nicht hinsichtlich ihrer Fähigkeit, unabwälzbare Vertragsrisiken im Unternehmen zu streuen. Der eingetretene Schaden ist unter ihnen aufzuteilen. Dem Klaganspruch ist in halber Höhe stattzugeben. – Ende

(7) Ist der Kläger superior risk bearer?

Ja: Der Kläger verfügt über die besseren Möglichkeiten, unabwälzbare Risiken im Unternehmen zu streuen. Die Klage ist folglich abzuweisen.

Nein: Der Beklagte ist eher dazu in der Lage, unabwälzbare Vertragsrisiken im Geschäftsbetrieb zu streuen. Die Haftung verschafft ihm die nötigen Anreize, dieses auch zu tun. Der Klage ist stattzugeben.

Dieses Schema zeigt noch einmal deutlich, worum es bei der ökonomischen Analyse des Vertragsrechts geht. Ziel ist es, Prinzipien festzulegen, die dafür Sorge tragen, dass Verträge vergleichsweise günstig gegen Risiken abgesichert werden. Jeder Gesetzgebungsakt und jede Rechtsauslegung nach den angeführten Prinzipien soll Anreize bieten, zukünftige Vertragsabschlüsse effizienter zu gestalten. Die ökonomische Analyse sucht daher nicht nach Gerechtigkeit in einem Einzelfall, der gerade verhandelt wird, sondern ihr Ziel ist eine Eindämmung von Verschwendung bei zukünftigen Verträgen.

Effizienter Vertragsbruch

Ähnliche Effizienzüberlegungen lassen sich bei anderen Vertragsproblemen anstellen, so z.B. bei der Frage, ob der Gesetzgeber etwa Rechtsbrüche aus Effizienzgründen zulassen soll oder ob er Sanktionen strikt nach dem Grundsatz „pacte sunt servanda" festlegen soll, eben so dass Verträge einzuhalten sind. Man kann sich diesbezüglich vorstellen, dass bei einem Zielkauf der Verkäufer, der das Geld schon erhalten hat, vor Auslieferung der Ware ein höchst attraktives Angebot für dieselbe Ware von einem Dritten erhält. Aus seiner Sicht wäre es doch dann rational, wenn er an den Dritten liefert und dem ursprünglichen Käufer sein Geld zurückerstattet und ihn noch für Folgeschäden kompensiert. Dieser Vertragsbruch wird aber zum Problem, wenn der ursprüngliche Käufer sich nicht kompensieren lassen will. Soll dann an ihn dgeliefert, d.h. soll der Gesetzgeber dafür mit Sanktionsandrohung sorgen, oder soll er sich auf einen Vertragsbruch mit Kompensation einlassen? Diese Fragen zeigen, dass es noch viele Probleme gibt, die es lohnenswert erscheinen lassen, eine rein juristische Sicht um eine ökonomische zu ergänzen.

Effizienter Vertragsbruch

3. Grundlegende schadensrechtliche Haftungsregeln im Vergleich

Die allgemeinen Ausführungen in den vorherigen Abschnitten erlauben es uns nun, einige grundlegende Haftungsregeln im Schadensrecht kritisch zu vergleichen.[1] Dem Schadensrecht kommt die Aufgabe zu, Eigentumsrechtsverletzungen zu regeln, bei denen – z.B. aus Transaktionskostengründen – eine private Verhandlungslösung ausgeschlossen ist. Grundlegende Haftungsregeln im Schadensrecht sind die

- Verschuldungshaftung und die
- Gefährdungshaftung.

Die gängige Anspruchsgrundlage in der Bundesrepublik Deutschland ist die *Verschuldungshaftung*. Diese Art der Haftung bedeutet, dass ein (oder mehrere) Schädiger zum Schadensersatz verpflichtet ist (sind), wenn er (sie) nachweislich den Schaden fahrlässig oder vorsätzlich verursacht hat (haben). Daraus folgt, dass ein bestimmtes Sorgfaltsniveau definiert werden kann bzw. existiert, dessen Überschreitung erst zu einer Haftung führt. Für Schäden, die trotz Einhaltung der Sorgfaltspflicht entstehen, muss der Verursacher nicht haften.

Definitionen

Bei der *Gefährdungshaftung* muss (müssen) der (die) Schädiger hingegen jeden Schaden ersetzen, deren Verursachung ihm (ihnen) nachgewiesen wird. Diese Art der Haftung wird vor allem dann eingesetzt, wenn trotz Einhaltung der Sorgfalt, Aktivitäten als sehr *riskant* eingestuft werden. Ein Standardbeispiel bei der die Gefährdungshaftung ihre Anwendung findet, ist das Betreiben von Atomkraftwerken. Aber auch im Umwelthaftungsrecht der Bundesrepublik Deutschland finden sich für eine umfassende Zahl von umweltgefährdenden Anlagen Anwendungen der Gefährdungshaftung.

---

[1] Vgl. zu den folgenden Ausführungen KOBOLDT/LEDER/SCHMIDTCHEN (1995) sowie FEESS (1997), S. 559 ff.

Im Folgenden werden die Anreizwirkungen der Verschuldungs- auf der einen und der Gefährdungshaftung auf der anderen Seite, und zwar bei Mono- und Multikausalität untersucht.

3.1. Verschuldungs- und Gefährdungshaftung bei Monokausalität

Monokausali-
tät

Von *Monokausalität* spricht man, wenn der Schaden nachweislich von den Aktivitäten genau eines Schädigers herrührt. Der Vektor schadensstiftender Aktivitäten des Akteurs i sei hierbei mit x_i bezeichnet. Man kann sich vorstellen, dass x_i ein Aktivitätenbündel darstellt, durch welches nicht nur dem i der Nutzen U_i entsteht, sondern auch als Kuppelprodukt ein Schaden S_i gegenüber Dritten erzeugt wird. Wir wollen hierbei unterstellen, dass der Grenznutzen des verwendeten Aktivitätenbündels abnimmt, während der Grenzschaden zunimmt. Mithin gilt:

$$(5.5) \qquad U_i = U_i(x_i) \qquad \text{mit} \qquad \frac{\partial U_i}{\partial x_i} > 0, \quad \frac{\partial^2 U_i}{\partial x_i^2} < 0,$$

$$(5.6) \qquad S_i = S_i(x_i) \qquad \text{mit} \qquad \frac{\partial S_i}{\partial x_i} > 0, \quad \frac{\partial^2 S_i}{\partial x_i^2} > 0.$$

Wie unterscheiden sich nun Gefährdungs- und Verschuldungshaftung?

Bei der *Gefährdungshaftung* muss der Schädiger den gesamten eingetretenen Schaden vollständig ersetzen. Die Zielfunktion Z_i des Akteurs i lautet somit

Gefährdungs-
haftung

$$(5.7) \qquad Z_i = U_i - S_i \rightarrow \text{max!}$$

Das Optimum ergibt sich beim Ausgleich von Grenznutzen und Grenzschaden:

$$(5.8) \qquad \frac{\partial U_i}{\partial x_i} = \frac{\partial S_i}{\partial x_i}.$$

Abbildung 5.3 zeigt die Lösung graphisch.

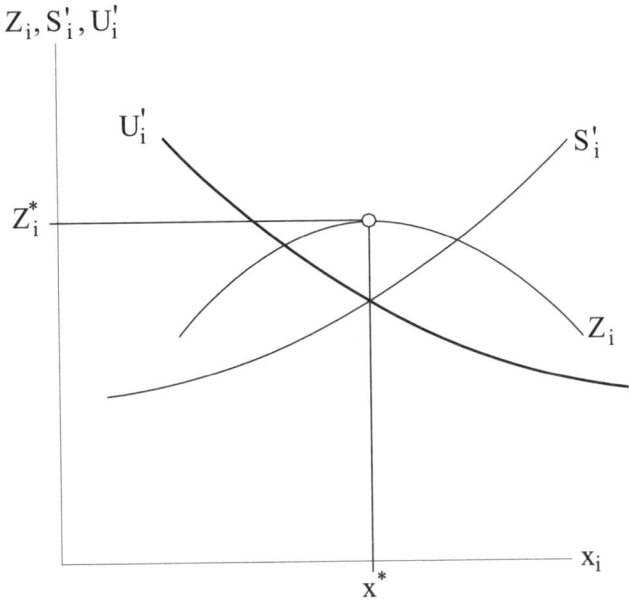

Abbildung 5.3

Das Optimum für Akteur i ergibt sich bei x^*. Hier schneiden sich die Grenznutzenkurve U_i' und die Grenzschadenskurve S_i'. Zugleich erreicht die Zielfunktion Z_i ihr Maximum bei Z_i^*. Der (potentielle) Schädiger verhält sich hier effizient – auch im volkswirtschaftlichen Sinne –, da er weiß, dass er für jeden verursachten Schaden aufkommen muss. Er internalisiert den externen Effekt vollständig. Voraussetzung hierfür ist natürlich, dass alle denkbaren Schäden bekannt und monetarisiert sind.

Im Unterschied zur Gefährdungshaftung legt bei der *Verschuldungshaftung* der Gesetzgeber oder das Gericht einen Verschuldungsstandard x_i^S für Akteur i fest, so dass der Schädiger erst bei Überschreiten dieser Schwelle für die Schäden haftbar gemacht wird. Die Zielfunktion von i weist somit eine Sprungstelle auf:

(5.9) $Z_i = U_i(x_i) - S_i(x_i)$ mit $S_i = 0$ für alle $x_i \leq x_i^S$

             und $S_i = S_i(x_i)$ für alle $x_i > x_i^S$.

Verschuldungshaftung

Entsprechend weist auch die marginale Schadenskurve eine Sprungstelle bei x_i^S auf. Für $x_i \leq x_i^S$ ist sie null, danach positiv und stark steigend. Abbildung 5.4 zeigt die entsprechenden Kurven, wenn ein Verschuldungsstandard festgelegt wurde.

Abbildung 5.4

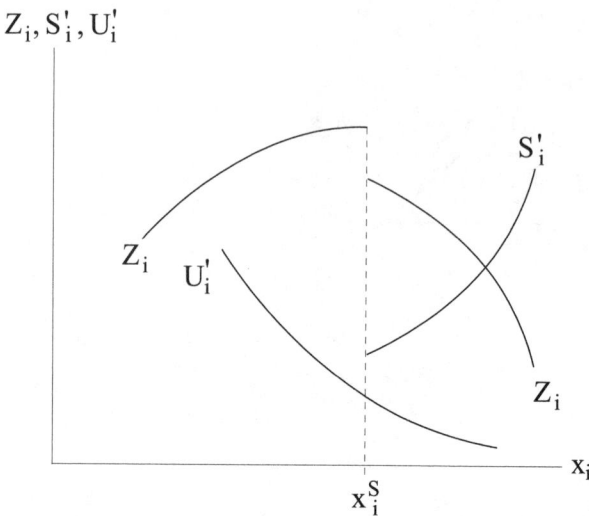

Wird x_i^S so festgelegt, dass es x_i^* in Abbildung 5.5 entspricht, so ergibt sich die gleiche Allokation wie bei der Gefährdungshaftung. Ist x_i^S größer als x_i^*, so wird Akteur i im Vergleich zur Gefährdungshaftung mehr Schadstoffe emittieren. Wird x_i^S unterhalb von x_i^* festgelegt, so verringert sich entweder der Schadstoffausstoß gegenüber der Gefährdungshaftung, oder es ergibt sich ein identisches Ergebnis. Der letzte Fall tritt ein, wenn x_i^S sehr gering ist und somit das Maximum der Zielfunktion rechts von ihrer Sprungstelle liegt. Abbildung 5.5 verdeutlicht dies.

Abbildung 5.5

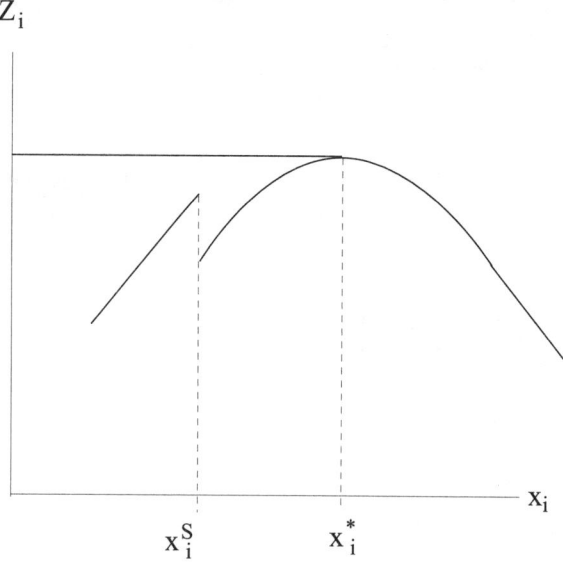

Dass die Zielfunktion Z_i rechts von x_i^S ein Maximum aufweist, muss allerdings als Sonderfall angesehen werden. Dies ist nur denkbar, wenn x_i^S sehr gering und $S_i(x_i)$ nicht sehr groß ist. – Unter welchen Bedingungen ist nun welche der beiden Haftungsregeln zu bevorzugen?

Stellt die Schadensfunktion tatsächlich ein Äquivalent zu den externen Effekten (für die Geschädigten) dar, so ist – unter Abwesenheit anderer Kostenkomponenten, wie z.B. Transaktionskosten – die Gefährdungshaftung der Verschuldungshaftung überlegen. Diese Regelung erlaubt das Auffinden des (allokativen) Optimums bei Monokausalität. Es handelt sich um eine relativ dezentrale Lösung im Sinne der Coaseschen Theorie. Stellt die Schadensfunktion allerdings lediglich eine Schadensersatzfunktion dar, die kein vollständiges Äquivalent für eingetretene Schäden ist, so sollte die Verschuldungshaftung bevorzugt werden. Mit der Verschuldungshaftung lässt sich i.d.R. die erwünschte Gefährdungsschwelle festlegen. Hierdurch wird eine Grenze gezogen, die in den allermeisten Fällen nicht überschritten wird. Das Eintreten von Schäden, für die es keinen monetären Ausgleich geben kann (wie bestimmte gesundheitliche Beeinträchtigungen oder Todesfälle), wird auf diese Weise minimiert.

Vergleich der Verschuldungs- und Gefährdungshaftung

Will man zugleich für einen bestimmten Bereich die Wahlmöglichkeit zwischen Vermeidung der Externalität und Schadensersatzleistung den Betroffenen (Schädigern und Geschädigten) überlassen und ab einer kritischen Grenze x^S weitere Externalitäten vermeiden, ist auch eine Kombination aus Gefährdungs- und Verschuldungshaftung denkbar. Bis zu der Grenze x^S gilt dann die Schadensfunktion

(5.10) $\qquad S_1 = S_1(x_i) \qquad$ für $\qquad x_i \leq x^S$.

Und auf einem höheren Niveau beginnend gilt dann ab dieser Grenze

(5.11) $\qquad S_2 = S_2(x_i) \qquad$ für $\qquad x_i > x^S$.

Wird unterhalb von x^S produziert, gilt die Gefährdungshaftung, d.h. für Schäden wird vom Verursacher ein Ausgleich bezahlt. Die Sprungstelle bei x^S soll darüber hinaus verhindern, dass über x^S hinaus (irreparable) Schäden (fahrlässig) verursacht werden.

Die bisher vorgestellten Spielarten der Verschuldungs- und Gefährdungshaftung gehen allerdings von dem selten auftretenden Fall aus, dass es genau einen Schädiger gibt. Es stellt sich daher die Frage, wie die Güte der Regelungen vor dem Hintergrund von Multikausalität zu beurteilen ist.

3.2. Haftungsregeln bei Multikausalität

In der Realität ist oftmals nicht ein einzelner Akteur Verursacher eines Schadens, sondern mehrere Akteure. Es handelt sich dann nicht um monokausale Schäden, sondern um eine multikausale Schadensverursachung.[2] Die volkswirtschaftliche Schadensfunktion S bei n Schädigern lautet dann

(5.12) $S = S(x_1, x_2, ..., x_n)$.

Die Verknüpfung der Einflussfaktoren x_1 bis x_n determiniert hierbei das Ausmaß der Grenzschädigung eines Akteurs. Normalerweise muss davon ausgegangen werden, dass der Schaden bzw. Grenzschaden eines Akteurs umso höher ist, je größer die schadensstiftenden Tätigkeiten der anderen Akteure sind. Es gilt also

Multikausalität   (5.13) $S(\overline{X}_{n-i}) < S(x_i, \overline{X}_{n-i})$ mit $x_i > 0$ und

(5.14) $\dfrac{\partial S(x_i, \overline{X}_{n-i})}{\partial x_i} < \dfrac{\partial S(x_i, \overline{\overline{X}}_{n-i})}{\partial x_i}$ mit $0 < \overline{X}_{n-i} < \overline{\overline{X}}_{n-i}$,

wobei X_{n-i} den Vektor der schadensstiftenden Tätigkeiten aller Schädiger außer i darstellt. Gleichzeitig soll wiederum die Annahme eines positiv steigenden partiellen Grenzschadens gelten:

(5.15) $\dfrac{\partial S(x_i, \overline{X}_{n-i})}{\partial x_i} > 0, \qquad \dfrac{\partial^2 S(x_i, \overline{X}_{n-i})}{\partial x_i^2} > 0$.

Zusätzlich soll der partielle Grenzschaden, d.h. der durch einen einzelnen Schädiger verursachte zusätzliche Schaden, als geringer eingestuft werden als der totale Grenzschaden, d.h. derjenige Schaden, der durch zusätzliche Aktivitäten aller Schädiger verursacht wird. Mithin gilt:

(5.16) $\dfrac{\partial S(x_i, \overline{X}_{n-i})}{\partial x_i} < \dfrac{\partial S}{\partial X_n}$.

Die gesamtwirtschaftliche Zielfunktion Z setzt sich aus dem Aggregat der individuellen Nutzenfunktionen abzüglich der gesamtwirtschaftlichen Schadensfunktion zusammen. Es gilt somit

(5.17) $Z = \displaystyle\sum_{i=1}^{n} (U_i(x_i)) - S$.

Das Problem, welches sich aus (6) ergibt, ist das der individuellen Schadenszurechnung. Intuitiv ließe sich der Schluss ziehen, dass es für den einfachen Fall identischer Nutzenfunktionen und damit identischer Aktivitäten der Akteure 1 bis n optimal wäre, den gesamtwirtschaftlichen Schaden

---

[2]   Die folgenden Ausführungen knüpfen an die Abhandlungen zum „Trittbrettfahrerproblem im Team" (Kapitel 2, Abschnitt 2.5.1) an und gehen grundlegend auf HOLMSTROM (1982) zurück.

einfach gleichmäßig aufzuteilen, so dass sich für jeden Akteur die individuelle Zielfunktion

$$(5.18) \qquad Z_i = U_i(x_i) - \frac{S}{n}$$

ergibt. Es lässt sich jedoch leicht an einem Beispiel zeigen, dass diese einfache Teilung der Schadensfunktion zu keinem optimalen Ergebnis – gemessen an dem gesamtwirtschaftlichen Optimum – führt:

Gehen wir von 2 Akteuren mit jeweils identischer Nutzenfunktion

Beispielrechnung

$$(5.19) \qquad U_i = 40 \, x^{0,5}$$

und der gesamtwirtschaftlichen Schadensfunktion

$$(5.20) \qquad S = 0{,}5(x_1 + x_2)^2$$

aus, so ergibt sich die gesamtwirtschaftliche Zielfunktion als

$$(5.21) \qquad Z = U_1 + U_2 - S = 40 \, x_1^{0,5} + 40 \, x_2^{0,5} - 0{,}5(x_1 + x_2)^2 \qquad \rightarrow \text{max!}$$

Da aufgrund der identischen Nutzenfunktionen

$$(5.22) \qquad x_1 = x_2 = x$$

gelten muss, ergibt sich vereinfacht:

$$(5.23) \qquad Z = 80x^{0,5} - 2x^2.$$

Durch Ableiten erhalten wir als Optimalbedingung erster Ordnung

$$(5.24) \qquad \frac{\partial Z}{\partial x} = 40x^{-0,5} - 4x = 0.$$

Die Ergebnisse sind somit:

$$x_1 = x_2 = x^* \approx 4{,}64, \; Z^* \approx 129{,}3 \; (Z_1 = Z_2 = 64{,}6).$$

Vergleichen wir dieses Ergebnis nun mit einem individuellen Optimierungskalkül bei aufgeteiltem Schaden. Die individuellen Zielfunktionen sind in diesem Fall:

Ergebnisse

$$(5.25a) \qquad Z_1 = 40 \, x_1^{0,5} - 0{,}25(x_1 + x_2)^2 \;,$$

$$(5.25b) \qquad Z_2 = 40 \, x_2^{0,5} - 0{,}25(x_1 + x_2)^2.$$

Als Optimalbedingungen erster Ordnung erhalten wir die folgenden Reaktionsfunktionen:

$$(5.26a) \qquad \frac{\partial Z_1}{\partial x_1} = 20x_1^{-0,5} - 0,5x_1 - 0,5x_2 = 0,$$

$$(5.26b) \qquad \frac{\partial Z_2}{\partial x_2} = 20x_2^{-0,5} - 0,5x_1 - 0,5x_2 = 0.$$

Die Ergebnisse des Nash-Gleichgewichts sind nunmehr: $x_1^* = x_2^* = 7,368$, $Z_1^* = Z_2^* = 54,3$. Gegenüber dem gesellschaftlichen Optimum ergibt sich bei individueller Optimierung eine höhere Aktivität der Akteure und ein geringerer Nettonutzen. Der Grund hierfür liegt darin, dass jeder Akteur für sich nur einen Teil der Kosten, die er verursacht, berücksichtigt. Deshalb ergibt sich eine Unterschätzung der Kostensteigerung bei Steigerung des Aktivitätsniveaus. Vor diesem Hintergrund wäre die Gefährdungshaftung für den Fall abzulehnen, dass eine deutliche Unterschätzung der Schadenskosten zu unerwünschten Folgen wie z.B. sehr niedrigen Gewinnen und damit ausbleibenden Investitionen führte, die bei einer realistischen Alternative vermieden werden könnten. Was sich bei der Gefährdungshaftung zusätzlich als problematisch erweist, ist die Zurechnung des Schadens auf einzelne Schädiger bei unterschiedlichen Nutzen- bzw. Gewinnfunktionen und somit auch verschiedenen Aktivitätsniveaus. Zudem dürfte es in vielen Fällen ein kritisches Aktivitätsniveau geben, bei dessen Überschreitung die Schadensfunktion kein monetäres Äquivalent zu eintretenden Schäden, sondern nur noch eine unvollständige Schadensersatzfunktion darstellt. In solchen Fällen kann auf die Verschuldungshaftung zurückgegriffen werden. Diese gestaltet sich bei Multikausalität folgendermaßen:

Probleme der Gefährdungshaftung

Setzt die Schadensfunktion erst bei einem bestimmten, von der Gerichtsbarkeit oder vom Gesetzgeber festgelegten Aktivitätsniveau eines einzelnen Akteurs x_i^S ein, so könnte man festlegen, dass alle Akteure, die dieses Aktivitätsniveau überschreiten, den Schaden zu gleichen Teilen tragen.[3] Es ergibt sich dann folgende individuelle Zielfunktion Z_i:

Verschuldungshaftung

$$(5.27) \qquad Z_i = U_i(x_i) - \frac{S_i(x_i, X_k)}{k}$$

mit $\qquad S_i = 0 \qquad$ für $x_i \le x_i^S$,

$$S_i = \frac{S_i(X_i, X_K)}{K} \qquad \text{für } x_i > x^S,$$

x_i dem individuellen Aktivitätsniveau des betrachteten Akteurs

---

[3] Bei sehr unterschiedlichen Aktivitätsniveaus der Akteure scheint eine outputorientierte Schlüsselung akzeptabler zu sein.

X_k dem Vektor der Aktivitätsniveaus der anderen Akteure, die über x^S liegen,

k der Anzahl der Akteure, deren Aktivitätsniveau über x^S liegt.

Die Zielfunktion weist bei x^S eine Sprungstelle auf, die (i.d.R.) das optimale Aktivitätsniveau des einzelnen Akteurs determiniert (vgl. die Ausführungen zur Gefährdungshaftung im vorherigen Abschnitt).

Es ist auch bei Multikausalität eine Kombination zwischen Gefährdungs- und Verschuldungshaftung denkbar. Die individuelle Schadensfunktion könnte dann beispielsweise folgendermaßen verlaufen:

Kombination von Verschuldungs- und Gefährdungshaftung

$$(5.28) \qquad S_i = \begin{cases} \dfrac{S}{n}, & \text{sofern kein Akteur (k = 0) sein Aktivitätsniveau} \\ & \text{über } x^S \text{ erhöht,} \\[2ex] \dfrac{S}{k}, & \text{sofern i zu denjenigen Akteuren k gehört (k > 0),} \\ & \text{die ein Aktivitätsniveau von } x^S \text{ aufweisen,} \\[2ex] 0, & \text{sofern i nicht zu k gehört und k > 0.} \end{cases}$$

Die Schadensfunktion (5.28) gibt einen starken Anreiz, das Aktivitätsniveau nicht über x^S zu erhöhen. Sofern Absprachen den Schädigern nicht möglich sind, wird x^S die (Nash-) gleichgewichtige Lösung sein. Gleichzeitig werden auch bei Aktivitätsniveaus unterhalb von x^S Schäden ersetzt.

Realiter findet die reine Gefährdungshaftung bei Multikausalität selten Anwendung. Der Grund liegt allerdings nicht so sehr in der Verfehlung des fiktiven gesamtwirtschaftlichen Optimums, sondern darin, dass multikausale Schäden sehr schnell zu echten Gefahren werden können. Die Folgeabschätzung ist hier bei nicht-linearen Zusammenhängen oft schwierig. Um die Aktivitätsniveaus besser kontrollieren zu können, bietet sich daher die Verschuldungshaftung oder eine Kombination aus Gefährdungs- und Verschuldungshaftung an.

4. Die Bedeutung des Wettbewerbsrechts

In der bisherigen Analyse in diesem Kapitel wurde herausgestellt: Ein gesellschaftlich vereinbarter – staatlicher – Schutz von Verfügungsrechten und deren Übertragung ist Voraussetzung für transaktionskostengünstige Tauschprozesse zwischen Individuen. Eine fortschreitende Arbeitsteilung und damit Wohlstandsmehrung tritt ein. Sofern unerwünschte Externalitäten durch die Zuweisung von Verfügungsrechten (oder durch andere Mechanismen) internalisiert werden, partizipieren mittelfristig alle Beteiligten von einer Zunahme der Tauschakte. Hierbei ist es i.d.R. gesellschaftlich wünschenswert, wenn die Marktakteure unter Konkurrenzdruck stehen;

Wettbewerb und Anreize

denn: Der Wettbewerb gibt den Anreiz für jeden, der etwas anzubieten hat, den oder die Konkurrenten durch höhere Qualität und/oder niedrigere Preise zu übertreffen. Wer den Konsumenten die besten Preis-Leistungs-Kombinationen offeriert, wird durch (hohe) Gewinne belohnt; wer jedoch den Verbraucherwünschen mit seinen Angeboten nicht entspricht, wird Verluste erleiden. Dies führt bei nicht-anpassungsfähigen Unternehmen sogar zu Marktaustritten (z.B. durch Konkurs). Nur dieser Mechanismus des *Drucks durch Wettbewerb*, bei dem es auch immer Verlierer gibt, führt zu günstigen Preisen und zu permanenten Produkt- und Verfahrensfortschritten. Im Folgenden wollen wir zum einen zeigen, dass die grundlegende Bedeutung des Wettbewerbsrechts darin besteht, die Konkurrenten in eine Dilemmasituation zu versetzen, die gesellschaftlich erwünscht ist. Zum anderen wollen wir daran anschließend kurz auf grundlegende Gestaltungsmöglichkeiten des Wettbewerbsrechts eingehen.

4.1. Wettbewerb als erwünschte Dilemmasituation

Der Druck des Leistungswettbewerbs ist für Anbieter von Gütern und Leistungen, kurz: Unternehmen, nicht immer angenehm.[1] Im Markt befindliche Anbieter würden u.U. eine Situation bevorzugen, in der sie den Wettbewerbsdruck durch Absprachen über Preise (oder Mengen) reduzieren. Insbesondere in regionalen Oligopolmärkten mit einer überschaubaren Anzahl von Anbietern, in denen der Eintritt neuer Wettbewerber durch natürliche Markteintrittsbarrieren erschwert ist, besteht die Gefahr, dass sich die Anbieter zu einem Kartell zusammenschließen. Als Folge ergeben sich höhere Gewinne für die Anbieter und schlechtere Preis-Leistungs-Kombinationen für die Verbraucher. Ein aus Konsumentensicht pareto-inferiores Ergebnis tritt ein. Zudem werden die hohen Gewinne zu einer Kapitaldecke bei den Kartellmitgliedern führen, die anderen Unternehmen den Markteintritt erschwert. Die Situation der aus Konsumentensicht nicht wünschenswerten Güterversorgung kann also über längere Zeit andauern. Ähnliche unerwünschte Wirkungen können von Unternehmenszusammenschlüssen ausgehen, durch die über längere Zeit eine marktbeherrschende Stellung entsteht.

Wettbewerbs-recht und Gefangenen-dilemma

Marktwirtschaftliche Demokratien reagieren zumeist auf solche denkbaren Wettbewerbsbehinderungsstrategien mit dem Setzen von Regeln, die Beschränkungen des Konkurrenzmechanismusses verhindern sollen. So sehen z.B. das deutsche und das europäische Wettbewerbsrecht ein *Kartellverbot* und eine *Fusionskontrolle* vor. Der grundlegende Zweck dieser wettbewerbsrechtlichen Regeln ist, die Unternehmen in eine Gefangenen-

---

[1] Die folgenden Ausführungen knüpfen an den Abschnitt 2 des vierten Kapitels „Institutionen zur Beschränkung des Wettbewerbs" an.

dilemmasituation zu versetzen, in der sie die Konkurrenzstrategie wählen müssen (Homann/Pies, 1991). Das sei anhand von Abbildung 5.6 erläutert.

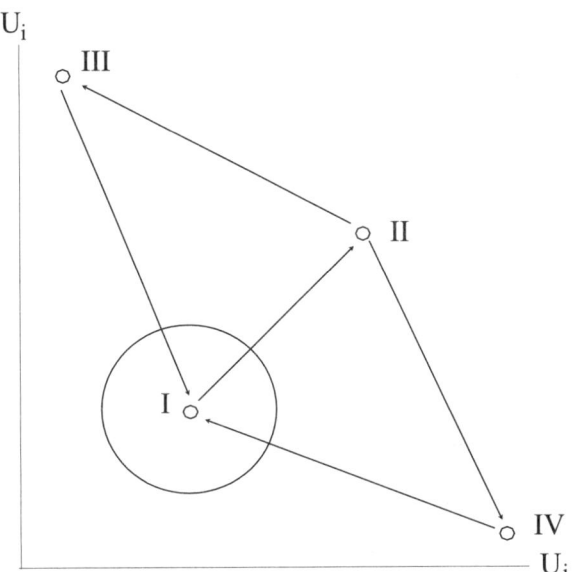

Abbildung 5.6

Abbildung 5.6 zeigt das Gefangenendilemma der Anbieter in graphischer Form. Es sind verschiedene wettbewerbliche Zustände zweier Anbieter i und j und die Auswirkungen auf deren eigenes und das gesellschaftliche Nutzenniveau abgebildet. Punkt I veranschaulicht die Situation des Wettbewerbs zwischen beiden Anbietern. Beide Anbieter wählen die Strategie K des Konkurrenzkampfes. Es handelt sich um eine gesellschaftlich wünschenswerte Situation. Punkt I liegt innerhalb des Kreises, der den geometrischen Ort funktionsfähigen Wettbewerbs darstellt. Die beiden Anbieter selbst präferieren jedoch die Situation II. Hier mindern die Anbieter den Wettbewerbsdruck durch bindende Absprachen (Kartellbildung) oder durch einen Zusammenschluss (Fusion). Ihr Ziel besteht darin, höhere Gewinne zu Ungunsten der Verbraucher (oder allgemein: Abnehmer) zu erzielen. Diese Stategie nichtwettbewerblichen Verhaltens, die gesellschaftlich unerwünscht ist, sei mit nK bezeichnet.

Strategien im Wettbewerbsspiel

Ziel des Wettbewerbsrechts ist es nun, die Gleichgewichtssituation II zu destabilisieren. Kartellabsprachen und Fusionen, die eine marktbeherrschende Stellung bedeuten, werden verboten. Zusätzlich werden Markteintrittsbarrieren möglichst gering gehalten. Diese Maßnahmen erschweren ein kollusives Verhalten der Anbieter zu Lasten der Konsumenten. Da bindende Absprachen und Fusionen nicht möglich sind – und zudem das Zuströmen neuer Anbieter in den Markt denkbar ist –, steigt für den einzelnen Unternehmer der Anreiz, von Situation II abzuweichen. Das Wechseln von kollusiver zu wettbewerblicher Verhaltensweise eines Anbieters (Punkt III oder Punkt IV) bedeutet nun aber ein Ausbeuten des anderen. Dessen Reaktion ist folglich ebenfalls ein Umschwenken zurück zur wettbewerblichen Verhaltensweise. Trägt man die Strategien in eine Zwei-Kreuz-Zwei-Matrix ein und belegt die Ergebnisse beispielhaft mit Zahlen, die den Gewinn für die beiden Anbieter i und j widerspiegeln, so erhält man die normale Darstellung des Gefangenendilemmas (siehe Tabelle 5.4).

Tabelle 5.4

		Individuum j	
		kollusives Verhalten	Konkurrenzverhalten
Individuum i	kollusives Verhalten	II 10 10	IV 15 0
	Konkurrenzverhalten	III 0 15	I 5 5

Kollusion und Konkurrenz

Quadrant II zeigt die gesellschaftlich unerwünschte Situation kollusiven Verhaltens der Anbieter. Deren Gewinne sind hoch – jeweils 10 – die Preis-Leistungs-Kombinationen sind jedoch aus Sicht der Verbraucher unattraktiv. Können die Anbieter aufgrund des Wettbewerbsrechts nun *keine* bindenden Absprachen treffen, steigt ausgehend von Quadrant II der Anreiz, zu wettbewerblichem Verhalten umzuschwenken. Letztlich kommt es auf diese Weise zu einem Gleichgewicht wechselseitiger Konkurrenz, wie sie im Quadranten I dargestellt ist. Die Unternehmensgewinne sind gegenüber der Situation kollusiven Verhaltens gesunken, jedoch ergeben sich für die Verbraucher weitaus attraktivere Preis-Leistungs-Kombinationen am Markt. Ziel des Wettbewerbsrechts ist es mithin, die Anbieter qua Verteuerung kollusiven Verhaltens in ein Gefangenendilemma zu versetzen. – Entsprechendes gilt natürlich auch für die Nachfrageseite, für die hier vereinfachend eine Konkurrenzsituation unterstellt wurde.

Was veranlasst nun aber die Marktteilnehmer, sich *nicht* „mit Händen und Füßen" gegen eine Ordnung zu wehren, durch die sie unter Konkurrenzdruck gesetzt werden? Die Antwort ist einfach: Grundsätzlich plädieren auch unter Konkurrenzdruck stehende Unternehmer für eine Wettbewerbsordnung; denn zum einen sind sie als Privatleute auch Konsumenten und wünschen sich attraktive Preis-Leistungs-Kombinationen. Zum anderen beziehen Unternehmen i.d.R. Vorprodukte von anderen Unternehmen, deren Angebote vergleichsweise günstig ausfallen, wenn die Vorlieferanten unter Wettbewerbsdruck stehen. Und drittens profitieren unter Druck stehende Unternehmen vom Wettbewerbsrecht, wenn sich auch die Konsumenten nicht zu mächtigen Organisationen zusammenschließen dürfen. Das heißt, auch die Nachfrager werden in einer gesellschaftlich wünschenswerten Dilemmasituation gefangen gehalten. Auf diese Weise fördert der Wettbewerbsdruck auf den Marktseiten (auf Seiten der Anbieter und Nachfrager) die Kooperation zwischen den Marktseiten.

Unter Konkurrenzdruck stehende Anbieter und Nachfrager haben aus diesen Gründen sicherlich kein Interesse daran, eine marktwirtschaftliche Ordnung komplett abzuschaffen, sie wünschen sich „lediglich" Ausnahmeregelungen zur Minderung des Wettbewerbs in ihrem speziellen Tätigkeitsbereich.[2] Ob ihnen dies gelingt, hängt von vielen Faktoren ab, auf die im nächsten Kapitel eingegangen wird. – Damit kann festgehalten werden, dass das Wettbewerbsrecht eine Restriktion darstellt, durch die gesellschaftlich wünschenswerte Verhaltensweisen der Anbieter stabilisiert werden. Dies wiederum kann, wie der nächste Abschnitt zeigt, auf verschiedene Art und Weise geschehen.

4.2. Grundlegende Gestaltungen des Wettbewerbsrechts

Bezüglich der Art und Weise, wie wettbewerbliche Behinderungsstrategien kontrolliert und sanktioniert werden, lassen sich folgende Dichotomien unterscheiden:[3]

Dichotomien

- per-se-rule versus rule of reason,
- Ex-ante-Kontrolle versus Ex-post-Kontrolle,
- Beweislast bei den Wettbewerbsbehörden versus Beweislast bei den Unternehmen.

Auf diese Dichotomien sei im Folgenden kurz eingegangen.

Charakteristisch für das Prinzip der *per-se-rule* ist das Vorhandensein möglichst eindeutig formulierter allgemeiner Verbotsregeln. Der Vorteil liegt in der Rechtssicherheit für die Unternehmen (und auch die anderen Marktteilnehmer); denn die Politik oder die Kartellbehörden besitzen keinen diskretionären Ermessensspielraum.[4] Der Nachteil dieses Prinzips besteht entsprechend darin, dass nur relativ schematisch entschieden werden kann: Sind im Einzelfall gesellschaftlich vorteilhafte Abweichungen von den Wettbewerbsregeln denkbar, so können diese nicht verwirklicht werden.

Per-se-rule und rule of reason

---

2   Ähnlich argumentieren auch BRENNAN/BUCHANAN (1993), S. 38 f.
3   Vgl. zu den folgenden Ausführungen beispielsweise SCHMIDT (2005).
4   Der vielleicht berühmteste Verfechter dieses Prinzips ist V. HAYEK (1980).

Eine Möglichkeit, den Nachteil starrer Regeln zu umgehen, ist die Schaffung von Ausnahmebereichen, innerhalb derer Einzelfallentscheidungen zugelassen sind. Hier kommt dann das Prinzip der *rule of reason* zum Tragen. Die Kartellbehörden haben einen diskretionären Spielraum bei der Entscheidung über wettbewerbsbehindernde Strategien. Damit können aufgrund von Kosten/Nutzen-Überlegungen Entscheidungen getroffen werden, die gesellschaftlich wünschenswert sind. Es steigt allerdings auch die Gefahr, dass kurzfristige politische Kalküle die Entscheidungsfindung dominieren und langfristig die gesellschaftliche Wohlfahrt sinkt.

Ex-ante- und Ex-post-Kontrolle

Ermessensentscheidungen können grundsätzlich mit Ex-ante-Kontrolle oder Ex-post-Kontrolle erfolgen. Bei der *Ex-ante-Kontrolle* muss entweder die Kartellbehörde im voraus – d.h. vor Eintritt einer möglichen wettbewerbsbehindernden Strategie – darlegen, inwiefern gesellschaftlich unerwünschte Ergebnisse zu erwarten sind. Oder die Unternehmen müssen plausibel machen, warum die gesellschaftlich unerwünschten Ergebnisse nicht zu erwarten sind. Im ersten Fall liegt die Beweislast bei der Kartellbehörde, im zweiten Fall bei den Unternehmen.

Bei der *Ex-post-Kontrolle* muss bzw. müssen je nach Ausgestaltung die Kartellbehörde oder die Unternehmen erst im nachhinein den Beweis der gesellschaftlichen Vor- bzw. Nachteilhaftigkeit führen. Bei der Ex-ante-Kontrolle besteht die Schwierigkeit, die Vor- bzw. Nachteilhaftigkeit unternehmerischer Strategien theoretisch im voraus abschätzen zu müssen. Dafür wird die Möglichkeit ausgeschlossen, dass getätigte Investitionen von Unternehmen rückgängig zu machen sind. Genau diese Gefahr besteht bei der Ex-post-Kontrolle. Dafür sind die Schwierigkeiten der Beurteilung von Unternehmensstrategien hier geringer.

Besteht bei bestimmten Unternehmensstrategien grundsätzlich der Verdacht, dass der gesellschaftliche Ertrag (langfristig) negativ ist, und ist dieses im Einzelfall für die Kartellbehörde nur schwer nachzuweisen, so bietet sich eine Beweislastumkehr an: Die Unternehmen müssen – je nach Ausgestaltung des Rechts ex ante oder ex post – darlegen, dass der gesellschaftliche Nutzen ihrer Strategien positiv ist.

Patentschutz

Neben diesen Formen der Verteuerung kollusiven Anbieterverhaltens gibt es aber auch wettbewerbliche Regeln, die Unternehmen vor Konkurrenz schützen. Eine bekannte Variante ist zum Beispiel der Patentschutz: Neue Ideen werden auf diese Weise für eine bestimmte Zeit vor Imitation geschützt. Warum kann so etwas gesellschaftlich sinnvoll sein? Die Antwort ist einfach: Bestimmte Innovationen bedürfen einer kostenaufwendigen Forschung und Markteinführung. Diese Kosten fallen insbesondere beim Innovator und weniger bei Imitatoren an. Ohne Patentschutz wäre ein Innovator sehr schnell der Konkurrenz der Imitatoren ausgesetzt. Seine

Möglichkeiten, Gewinne zu erzielen, um die Kosten zu überbieten, die bei der Entwicklung und Markteinführung des Produkts angefallen sind, würden stark beschnitten werden. Die Folge wäre, dass Produkte, die mit hohen Entwicklungskosten verbunden sind, kaum oder gar nicht hergestellt würden. Dies kann auch nicht im Interesse der Konsumenten sein. Folglich erscheint es gesellschaftlich sinnvoll, bei bestimmten FuE-intensiven Produkten einen Patentschutz zu gewähren, der für eine bestimmte Zeit den Innovator vor Wettbewerbsdruck schützt, damit dieser relativ hohe Gewinne erzielen kann. Dies ist notwendig, um allgemein wünschenswerte Investitionen überhaupt zu ermöglichen. Es geht also mitnichten darum, bestimmten Unternehmen Geschenke zu machen, sondern es geht auch hier um eine bessere Versorgung der Konsumenten – nur eben mit ganz anderen Mitteln als denen des Kartell- oder Fusionsverbots.

Dieser kleine „Ausflug" in das Wettbewerbsrecht zeigt, dass der Sinn dieses Rechts darin besteht, insbesondere das Anbieterverhalten auf eine Art und Weise zu kanalisieren, dass es zu einer möglichst guten Versorgung der Konsumenten mit Gütern und Dienstleistungen kommt. Dass bestehendes Wettbewerbsrecht (so z.B. das deutsche) auch Regeln enthält, die aus dieser Perspektive äußerst zweifelhaft erscheinen (beispielsweise die vielen Ausnahmen des Kartellverbots), ist ein Faktum. Grund hierfür sind in den wenigsten Fällen falsche theoretische Überzeugungen im politischen Sektor, sondern vielmehr die erfolgreiche Ausübung von Macht organisierter Gruppen auf die Entscheidungsträger in der Politik. Hierauf werden wir u.a. im nächsten Kapitel eingehen.

5. Zusammenfassung

Ziel dieses kurzen Kapitels war es, einen Überblick über die grundlegenden produktiven Funktionen des Rechts zu geben. Dies erscheint wichtig, da alle erfolgreichen Industriestaaten regelgesteuerte, marktwirtschaftliche Demokratien sind. Es wurde herausgestellt, dass erst die Einführung von Rechtsstrukturen Freiheit und Erwartungssicherheit als Voraussetzungen für produktive Tauschhandlungen schaffen. Darüber hinaus dient Recht grundsätzlich dazu, unerwünschte Externalitäten auf ein gesellschaftlich erwünschtes Maß zu reduzieren. Hierzu müssen bei einem Problem (sozialer Kosten) verschiedene denkbare rechtliche Arrangements bezüglich ihrer Wirkung verglichen werden. Eine Ad-hoc-Anwendung des naiven Verursacherprinzips greift in den meisten Fällen zu kurz und führt auf diese Weise letztlich zu volkswirtschaftlichen Ineffizienzen.

In diesem Sinn kann die Institution des Rechts als ein gesellschaftliches Kapitalgut angesehen werden. Adäquate Begrenzungen der Freiheit der

Recht als
Kapitalgut

Individuen führen zu vielfältigen Tauschmöglichkeiten und damit zu einer prosperierenden wirtschaftlichen Entwicklung. Diese Interpretation der grundlegenden Funktion des Rechts scheint jedoch – zumindest teilweise – im Widerspruch zu dem tatsächlichen Regulierungsverhalten demokratisch gewählter Regierungen zu stehen. Hier sind in vielen Bereichen ineffiziente Überregulierungen zu beobachten, die unnötigerweise Marktkräfte und folglich Wachstumschancen behindern. Warum es zu solchen Fällen von Staatsversagen kommen kann, soll in den nächsten Kapiteln geklärt werden.

Literatur

Literatur zum Abschnitt 1.1

Als einführende Literatur empfehlen wir:

ALCHIAN, A.A./DEMSETZ, H. (1982), „Das Paradigma der Eigentumsrechte", MÖLLER, H. u.a. (Hrsg.), Umweltökonomik, Beiträge zur Theorie und Politik, Königstein, S. 174–183.

RICHTER, R./FURUBOTN, E. (2003), Neue Institutionenökonomik, 3. Auflage, Tübingen, S. 82 ff.

SCHÜLLER, A. (Hrsg./1983), Property Rights und ökonomische Theorie, München.

Weitere Literatur:

BÖBEL, I. (1988), Eigentum, Eigentumsrechte und institutioneller Wandel, Berlin u.a.O.

BORCHARDT, K. (1978), „Der ‚Property Rights-Ansatz' in der Wirtschaftsgeschichte – Zeichen für eine systematische Neuorientierung des Faches?", KOCHA, J. (Hrsg.), Theorien in der Praxis des Historikers, Sonderheft 3, Göttingen, S. 140–156.

BUCHANAN, J.M. (1984), Die Grenzen der Freiheit, Tübingen.

DE ALESSI, L. (1980), „The Economics of Property Rights: A Review of the Evidence", Research in Law and Economics 2, S. 1–47.

DEMSETZ, H. (1964), „The Exchange and Enforcement of Property Rights", Journal of Law and Economics 7, S. 11–26.

DEMSETZ, H. (1966), „Some Aspects of Property Rights", Journal of Law and Economics 9, S. 61–70.

DEMSETZ, H. (1967), „Toward a Theory of Property Rights", American Economic Review 57, S. 347–359.

EGER, T. (1998), „Private und öffentliche Eigentumsrechte aus ökonomischer Sicht", HELD, M./NUTZINGER, H.G. (Hrsg.), Eigentumsrechte verpflichten. Individuum, Gesellschaft und die Institution Eigentum, Frankffurt a.M., S. 36–46.

FURUBOTN, E./PEJOVICH, S. (1972), „Property Rights and Economic Theory. A Survey of Recent Literature", Journal of Economic Literature 10, S. 1137–1162.

GÄFGEN, G. (1984), „Entwicklung und Stand der Theorie der Property Rights: Eine kritische Bestandsaufnahme", NEUMANN, M. (Hrsg.), Ansprüche, Eigentums- und Verfügungsrechte, Schriften des Vereins für Socialpolitik, NF 140, Berlin, S. 43–62.

HAYEK, F.A. (1971), Die Verfassung der Freiheit, Tübingen.

HAYEK, F.A. VON (1980), Recht, Gesetzgebung und Freiheit 1. Regeln und Ordnung, Landsberg am Lech.

HAYEK, F.A. VON (2004), Recht, Gesetz und Freiheit, Tübingen.

HOBBES, TH. (1990), Leviathan, Düsseldorf.

NORTH, D.S. (1988), Theorie des institutionellen Wandels, Tübingen.

OPP, K.-D. (1982), „Die Entstehung von Normen. Eine Diskussion einiger Thesen der ökonomischen Theorie der Eigentumsrechte", STACHOWIAK u.a. (Hrsg.), Bedürfnisse, Werte und Normen im Wandel 1, S. 181–203.

PEJOVICH, S. (1971), „Towards a General Theory of Property Rights", Zeitschrift für Nationalökonomie 31, S. 141–155.

PEJOVICH, S. (1990), The Economics of Property Rights: Towards a Theory of Comparative Systems, Boston.

SMITH, A. (1974), Der Wohlstand der Nationen, München.

Literatur zum Abschnitt 1.2

Als einführende Literatur empfehlen wir:

HEINSOHN, G./STEIGER, O. (1996), Eigentum, Zins und Geld, 3. Auflage, Marburg.

Weitere Literatur:

ENGHOFER, S./KNOSPE, M. (2004), Verschuldung, Geld und Zins – Grundlegende Kategorien einer Wirtschaftstheorie, Arbeitspapier Nr. 2 des Lehrstuhls VWL 5, Universität Bayreuth.

BETZ, K./ROY, T. (Hrsg./1999), Privateigentum und Geld. Kontroversen um den Ansatz von Heinsohn und Steiger, Marburg.

DE SOTO, H. (2002), Freiheit für das Kapital. Warum der Kapitalismus nicht weltweit funktioniert, Berlin.

Literatur zum Abschnitt 1.3

Als einführende Literatur empfehlen wir:

ENTORF, H./SPENGLER, H. (1998), „Die Ökonomik der Kriminalität", Wirtschaftswissenschaftliches Studium 7, S. 348–353.

Weitere Literatur:

BECKER, G.S. (1968), „Crime and Punishment: An Economic Approach", Journal of Political Economy 76, S. 169–217.

EHRLICH, I. (1996), „Crime, Punishment, and the Market for Offenses", Journal of Economic Perspectives 10, S. 43–67.

ENTDORF, H. (1996), „Kriminalität und Ökonomie: Übersicht und neue Evidenz", Zeitschrift für Wirtschafts- und Sozialwissenschaften 116, S. 417–450.

KOBOLDT, CH./LEDER, M./SCHMIDTCHEN, D. (1992), „Ökonomische Analyse des Rechts", Wirtschaftswissenschaftliches Studium 21, S. 334–342.

LESCHKE, M. (1997), „Das Problem der Steuerhinterziehung", LOHMANN, K.R./PRIDDAT, B. (Hrsg.), Ökonomie und Moral, München, S. 157–174.

POMMEREHNE, W./WECK-HANNEMANN, H. (1992), „Steuerhinterziehung: Einige romantische, realistische und nicht zuletzt empirische Befunde", Zeitschrift für Wirtschafts- und Sozialwissenschaften 112, S. 433–466.

Literatur zum Abschnitt 1.4

Als grundlegende Literatur empfehlen wir:

BUCHANAN, J.M. (1984), Die Grenzen der Freiheit, Tübingen.
DEMSETZ, H. (1967), „Toward a Theory of Property Rights", American Economic Review 57, S. 347–359.

Weitere Literatur:

BUCHANAN, J.M. (1988), „The Relatively Absolutes Absolutes", Essays in the Political Economy, Honolulu, S. 32–46.
HAYEK, F.A. VON (1980), Recht, Gesetzgebung und Freiheit 1. Regeln und Ordnung, Landsberg am Lech.
HESSE, G. (1982), „Die Änderung von Rechten im Property Rights Ansatz", Wirtschaftswissenschaftliches Studium 11, S. 249–257.
HESSE, G. (1983), „Zur Erklärung der Änderung von Handlungsrechten", SCHÜLLER, A. (Hrsg.), Property Rights und ökonomische Theorie, München, S. 79–109.
NORTH, D.C. (1988), Theorie des institutionellen Wandels, Tübingen.
NORTH, D.C. (1992), Institutionen, institutioneller Wandel und Wirtschaftsleistung, Tübingen.
OLSON, M. (1991), Aufstieg und Niedergang von Nationen, 2. Auflage, Tübingen.
OLSON, M. (1992), Die Logik kollektiven Handelns, 3. Auflage, Tübingen.

Literatur zum Abschnitt 2.1

Als grundlegende Literatur empfehlen wir:

COASE, R. (1960), „The Problem of Social Cost", Journal of Law and Economics 3, S. 1–44; deutsch: (1993), „Das Problem der sozialen Kosten", ASSMANN, H.D./KIRCHNER, C./SCHANZE, E. (Hrsg.), Ökonomische Analyse des Rechts, Tübingen, S. 129–183.

Weitere Literatur:

BONUS, H. (1974), „Sinn und Unsinn des Verursachungsprinzips", Zeitschrift für die gesamte Staatswissenschaft 130, S. 156–163.
BÖVENTER, E. (1987), Coase-Theorem und Eigentumsrechte, Münchener Wirtschaftswissenschaftliche Beiträge 87–16.
BÖVENTER, E./ILLING, G. (1990), „Allokation und externe Effekte", SCHULENBURG, J.M. GRAF VON/SINN, H.-W. (Hrsg.), Theorie der Wirtschaftspolitik, Tübingen, S. 131–145.
FEESS, E. (2004), Mikroökonomie. Eine spieltheoretisch- und anwendungsorientierte Einführung, 3. Auflage, Marburg.
JAQUES, ST. (1992), „The Endowment Effect and the Coase Theorem", American Journal of Agricultural Economics 74, S. 1316–1323.
KAHNEMANN, D./KNETSCH, J./THALER, R.H. (1990), „Experimental Tests of the Endowment Effect and the Coase Theorem", Journal of Political Economy 98, S. 1325–1348.
LESCHKE, M./STOECKERT, H. (2006), „Die ökonomische Analyse des Rechts: Methode und Ansätze", wisu 8-9/06, S. 1097-2003.
MEDEMA, ST.G. (Hrsg./1995), The Legacy of Ronald Coase in Economic Analysis, 2 Bände, Cambridge.
PIGOU, A.C. (1920), The Economics of Welfare, London.

SIEMER, J.PH. (1999), Das Coase-Theorem: Inhalt, Aussagewert und Bedeutung für die ökonomische Analyse des Rechts, Münster-Hamburg.

Literatur zum Abschnitt 2.2

Grundlegend für diesen Abschnitt ist:

COASE, R. (1960), „The Problem of Social Cost", Journal of Law and Economics 3, S. 1–44; deutsch: (1993), „Das Problem der sozialen Kosten", ASSMANN, H.-D./KIRCHNER, C./SCHANZE, E. (Hrsg.), Ökonomische Analyse des Rechts, Tübingen, S. 129–183.

Weitere Literatur:

AUFDERHEIDE, D. (1995), Unternehmer, Ethos und Ökonomik, Berlin.

FRITSCH, M./WEIN, TH./EWERS, H.-J. (2003), Marktversagen und Wirtschaftspolitik, 5. Auflage, München.

HOMANN, K./BLOME-DREES, F. (1992), Wirtschafts- und Unternehmensethik, Göttingen.

LESCHKE, M. (1995), „Zur ökonomischen Analyse moralkonformen Handelns", Analyse und Kritik 17, S. 209–231.

MEDEMA, ST.G. (Hrsg./1995), The Legacy of Ronald Coase in Economic Analysis, 2 Bände, Cambridge.

Literatur zum Abschnitt 2.3

Als Überblick für diesen Abschnitt empfehlen wir:

BÖHRET, C./KONZENDORF, G./INTVEEN, J. (2000), Leitfaden zur Gesetzesfolgenabschätzung, erstellt im Auftrag des Bundesministeriums des Innern und des Innenministeriums Baden-Württemberg, herausgegeben vom Bundesministerium des Innern, Stabstelle Moderner Staat – Moderne Verwaltung, Berlin.

Weitere Literatur:

BÖHRET, C./KONZENDORF, G. (1998), Rechtsoptimierung mittels Gesetzesfolgenabschätzung: Waldgesetz Rheinland-Pfalz, Speyerer Forschungsberichte 192, Speyer.

BÖHRET, C./KONZENDORF, G. (2001), Handbuch Gesetzesfolgenabschätzung (GFA): Gesetze, Verordnungen, Verwaltungsvorschriften, Baden-Baden.

Schmidchen, D./Kirstein, R. (2001), Die EU-Richtlinie zum Folgerecht. Eine ökonomische Gesetzesfolgenanalyse. Center fort he Study of Law and Economics, Discussion Paper2001-5.

Literatur zum Abschnitt 2.4

Grundlegend für diesen Abschnitt ist:

SCHÄFER, H.-B./OTT, C. (2000), Lehrbuch der ökonomischen Analyse des Zivilrechts, 3. Auflage, Berlin u.a.O.

Weitere Literatur:

ADAMS, M. (2002), Ökonomische Theorie des Rechts, Frankfurt a.M.

COOTER, R./ULEN, T. (2004), Law & Economics, 4. Auflage, Boston u.a.O.

EGER, T. (2005), „Was heißt und zu welchem Zweck studiert man ‚Ökonomische Analyse des Rechts'?", BESCHORNER, T./EGER, T. (Hrsg.), Das Ethische in der Ökonomie. Festschrift für Hans G. Nutzinger, Marburg, S. 177–197.

LESCHKE, M./STOECKERT, H. (2006), „Die ökonomische Analyse des Rechts: Methode und Ansätze", wisu 8-9/06, S. 1097-2003.

POLINSKY, A.M. (1989), Introduction to Law and Economics, 2. Auflage, Boston.

WEHRT, K. (2005), „Ökonomische Analyse des Vertragsrechts", http://bgb.jura.uni-hamburg.de/a/a--oear.htm (Juli 2005).

Literatur zum Abschnitt 3.1

Als Überblick empfehlen wir:

FEESS, E. (2004), Mikroökonomie. Eine spieltheoretisch- und anwendungsorientierte Einführung, 3. Auflage, Marburg.

Weitere Literatur:

BARNES, D.W./STOUT, L.A. (1999), The Economic Analysis of Tort Law, Cambridge, New. Octavo.

KOBOLDT, CH./LEDER, M./SCHMIDTCHEN, D. (1992), „Ökonomische Analyse des Rechts", Wirtschaftswissenschaftliches Studium 21, S. 334–342.

OTT, C./SCHÄFER, H.-B. (Hrsg./1989), Allokationseffizienz in der Rechtsordnung, Berlin u.a.O.

PANTHER, S. (1992), Haftung als Instrument einer präventiven Umweltpolitik, Frankfurt a.M.

SCHÄFER, H.-B. (1992): „Ökonomische Analyse des Rechts: Schadensvermeidung zwischen staatlicher Regulierung und zivilrechtlicher Haftung", Diskussionsbeiträge zu Ökonomie und Recht 12, Universität Hamburg, Arbeitskreis Recht und Ökonomie.

SHAVELL, S. (1987), Economic Analysis of Accident Law, Cambridge, MA.

Literatur zum Abschnitt 3.2

Als Überblick empfehlen wir:

FEESS, E. (2004), Mikroökonomie. Eine spieltheoretisch- und anwendungsorientierte Einführung, 3. Auflage, Marburg.

Weitere Literatur:

ENDRES, A. (1991): Ökonomische Grundlagen des Haftungsrechts, Berlin.

FEES, E. (1995), Haftungsregeln für multikausale Umweltschäden: eine ökonomische Analyse des Umwelthaftungsgesetzes unter besonderer Berücksichtigung multikausaler Schadensverursachung, Marburg.

HOLMSTROM, B. (1982), „Moral Hazard in Teams", Bell Journal of Economics 13, S. 324–340.

KIRCHGÄSSNER, G. (1992), „Haftungsrecht und Schadensersatzansprüche als umweltpolitische Instrumente", Zeitschrift für Umweltpolitik und Umweltrecht 15, S. 15–44.

PANTHER, S. (1992), Haftung als Instrument einer präventiven Umweltpolitik, Frankfurt a.M.

SCHWARZE, R. (1995), „Haftungsrecht und Auflagen als Policy-Mix: ein Überblick", Jahrbuch für Wirtschaftswissenschaften 46, S. 306–326.

Literatur zum Abschnitt 4.1

BRENNAN, G./BUCHANAN, J.M. (1993), Die Begründung von Regeln, Tübingen.

HOMANN, K./PIES, I. (1991), „Wirtschaftsethik und Gefangenendilemma", Wirtschaftswissenschaftliches Studium 20, S. 608–614.

Literatur zum Abschnitt 4.2

HAYEK, F.A. VON (1980), Recht, Gesetzgebung und Freiheit 1. Regeln und Ordnung, Landsberg am Lech.

SCHMIDT, I. (2005), Wettbewerbspolitik und Kartellrecht, 8. Auflage, Stuttgart u.a.O.

Kapitel 6

Neue Politische Ökonomik

1. Aufgaben des Staates: Ökonomische Theorie und politische Realität

Innerhalb jeder arbeitsteilig organisierten Volkswirtschaft gibt es drei Problembereiche, die mit adäquaten Mitteln gelöst werden müssen: das Distributionsproblem, das Stabilisierungsproblem und das Allokationsproblem. Bei der Lösung aller Problembereiche weist die Finanzwissenschaft als Lehre von den Aufgaben und vom Verhalten des Staates eben diesem Staat wichtige Aufgaben zu: Im Rahmen der ihm zugewiesenen (Re-) Distributionsfunktion soll er dafür sorgen, dass eine gerechte Verteilung von Einkommen (und Vermögen) in der Gesellschaft realisiert wird. Innerhalb einer marktwirtschaftlichen Ordnung bedeutet dies, dass aus der Primärverteilung, die aus dem reinen Marktgeschehen resultiert und die Einkommen nach dem strengen Leistungsprinzip verteilt, im Wege der Umverteilung eine Sekundärverteilung gemacht wird. Diese Sekundärverteilung sollte von allen Bevölkerungsmitgliedern als gerecht empfunden und damit akzeptiert werden.[1] Darüber hinaus hat der Staat bei der Wahrnehmung seiner Stabilisierungsaufgabe dafür zu sorgen, dass es in der Volkswirtschaft zu einer möglichst schwankungsfreien Entwicklung kommt, d. h. etwa Konjunkturschwankungen ebenso bekämpft wie inflationäre Entwicklungen.

Traditionelle Aufgaben des Staates

Im Bereich der Allokation soll der Staat schließlich helfen das Ziel einer möglichst präferenzgemäßen Versorgung mit Gütern und Dienstleistungen zu erreichen. Staatliche Aktivitäten im Bereich der Allokation werden oftmals mit dem Phänomen des Marktversagens begründet. Da der freie, unregulierte Markt (als Instrument) nicht zu erwünschten Ergebnissen bei der Güterversorgung (als Zielgröße) führt, soll der Staat, die gewünschte Güterversorgung sicherstellen.

Die im vorigen Kapitel beschriebene Möglichkeit des Staates, durch das Setzen entsprechender Rechtsregeln die Güterversorgung innerhalb einer Volkswirtschaft zu beeinflussen, gehört zum Bereich dieser Allokationsfunktion. Jedoch kann der Staat nicht nur auf die Bereitstellung der bisher

---

[1] Zur Konzeption der Konsensnorm als Legitimationskriterium vgl. die Ausführungen in Kapitel 3, Punkt 1.4 sowie in Kapitel 8.

betrachteten *privaten* Güter und Dienstleistungen Einfluss nehmen. Vielmehr kann er im Rahmen seiner Allokationsfunktion selbst als Bereitsteller *öffentlicher* Leistungen tätig werden, um damit das Problem des Marktversagens bei der Bereitstellung öffentlicher Güter zu beheben. Zur adäquaten Erfüllung der Bereitstellungsaufgabe gibt die ökonomische Theorie genauer: die Kollektivgütertheorie, eine Vielzahl von Handlungsempfehlungen. Diese Empfehlungen, die als normative „Leitlinien" staatlichen Handelns dienen können, sollen im Folgenden dargestellt werden. Am Ende dieses Abschnitts wird dann der Begriff des Staatsversagens, als Analogon zum Marktversagen, das ja durch staatliche Aktivitäten im Bereich der Allokation vermieden werden soll, eingeführt.

1.1. Die Allokation in der Theorie: Kollektivgüter und ihre Bereitstellung

Grundsätzlich steht in einer Marktwirtschaft die Freiheit, darüber zu entscheiden, ob ein Gut oder eine Dienstleistung am Markt angeboten werden soll, den privaten Wirtschaftssubjekten, d. h., den privaten Unternehmen zu. Sie bieten – bei einer gegebenen Nachfrage und aufgrund der daraus ableitbaren Absatz- und Gewinnaussichten – die entsprechenden Leistungen an. In diesem Fall sorgt der Marktmechanismus mit seinen knappheitsorientierten relativen Preisen als Steuerungsinstrument für eine präferenzgemäße Versorgung der Bevölkerung mit den betreffenden Gütern.

Effizienz

Der Begriff „präferenzgemäß" beinhaltet in diesem Kontext zwei Dimensionen und Dienstleistungen. So besteht eine *allokative Effizienz*, wenn den Präferenzen der Bevölkerung in Bezug auf die bereitgestellten Mengen an öffentlichen Gütern entsprochen wird. Eine *effiziente Bereitstellung* wird demgegenüber dann erreicht, wenn die präferierten Mengen zu minimalen Kosten bereitgestellt werden. In einer Marktwirtschaft mit vollständiger Konkurrenz ist die effiziente Allokation der knappen Ressourcen bei privaten Marktgütern ebenso sichergestellt wie die Bereitstellung zu minimalen Kosten. Die Allokationsfunktion des Staates beschränkt sich in diesem Fall auf das Setzen der Rahmenregeln. Probleme im Bereich der Allokation entstehen aber innerhalb einer solchen neoklassischen Modellwelt z.B. dann, wenn nicht private sondern öffentliche Güter betrachtet werden. Private und öffentliche Güter lassen sich anhand von zwei Eigenschaften unterscheiden: der Rivalität im Konsum und der Exkludierbarkeit zusätzlicher Nutzer.

Allokations-funktion

Rivalität im Konsum

Hinter der „Rivalität im Konsum" steht die Frage, ob durch zusätzliche Nutzer eines Gutes oder einer Dienstleistung bereits vorhandene Nutzer in ihrem Nutzenniveau eingeschränkt werden. Diese Eigenschaft lässt sich an zwei einfachen Beispielen verdeutlichen. Betrachten wir zunächst die Dienstleistung „Landesverteidigung", also die Sicherung der Grenzen nach außen. Hier tritt typischerweise keine Rivalität im Konsum auf: Ein zusätzlicher Einwohner – sei es ein neugeborenes Kind oder ein erwachsener Zuwanderer – mindert für die alten Einwohner nicht das nutzbare Potential an äußerer Sicherheit. Anders stellt sich die Situation beim Gut „Frühstücksbrötchen" dar. Hier wird der ursprüngliche Nutzer sehr wohl in seinem Nutzenniveau beschränkt, wenn ein zusätzlicher Nutzer auftritt und ihm das Brötchen ganz oder nur zum Teil wegisst. Die auftretende Rivalität im Konsum ist offensichtlich.

Die zweite für die Unterscheidung von privaten und öffentlichen Gütern relevante Eigenschaft betrifft die Möglichkeit, unerwünschte Nutzer von einer Nutzung der betreffenden Leistung auszuschließen. Ist eine Technik für diesen Ausschluss vorhanden und auch zu wirtschaftlich vertretbaren Kosten anwendbar, so ist das Kriterium „Exkludierbarkeit" erfüllt. Auch diese Eigenschaft lässt sich an den bereits genannten Beispielen verdeutlichen. Unterstellt man im Falle des Frühstücksbrötchens, dass ein Bäcker gleichzeitig Produzent und Bereitsteller ist, so ist für ihn eine Exklusion von unerwünschten Nutzern relativ leicht möglich. Unerwünschte Nutzer sind dabei solche, die das Gut „Brötchen" nutzen wollen, ohne dafür zu bezahlen. Lagert der Bäcker die zum Verkauf bestimmten Brötchen hinter der Ladentheke, sind sie relativ gut und einfach gegen Diebstahl gesichert. Eine Nutzung ist dann nur gegen Bezahlung an der Kasse möglich; dann erst gehen die Nutzungsrechte an diesem Gut legal auf einen – nunmehr erwünschten – Nutzer über. Schwieriger gestaltet sich die Exklusion beim Gut „Landesverteidigung". Um hier die nicht zahlungswilligen Nutzer wirksam exkludieren zu können, wäre theoretisch nicht nur eine flächendeckende Kontrolle der Zahlungen aller Haushalte notwendig. Darüber hinaus müsste eine Zahlungsverweigerung letztendlich auch mit einer Ausweisung sanktioniert werden. Dieses Verfahren könnte eine Exklusion tatsächlich sicherstellen, wäre aber mit hohen Kosten und massiven Eingriffen verbunden. Da es bei der Exkludierbarkeit aber auch auf das Vorhandensein einer wirtschaftlich vertretbaren Exklusionstechnik ankommt, ist hier offensichtlich keine vollständige Exklusion möglich.

Exkludierbarkeit

Auf der Basis der bisher getroffenen Unterscheidungen lassen sich Güter nun grob in zwei Kategorien einteilen. Rein private Güter sind dadurch gekennzeichnet, dass sowohl Rivalität im Konsum herrscht als auch die Exkludierbarkeit unerwünschter Nutzer möglich ist. Demgegenüber sind reine öffentliche Güter durch fehlende Rivalität und fehlende Exklusionsmöglichkeiten charakterisiert. Warum soll nun der Staat die Bereitstellung öffentlicher Güter übernehmen?

Private vs. öffentliche Güter

Wir haben oben bereits erwähnt, dass private Unternehmen nur dann Leistungen auf den Markt bringen, wenn entsprechende Gewinnaussichten vorhanden sind. Die Realisierung von Gewinnen setzt Erlöse voraus und damit die Zahlung eines entsprechenden Leistungspreises bzw. -entgelts durch die Käufer bzw. Nutzer. Gerade diese Finanzierungsseite aber ist bei öffentlichen Gütern nicht sichergestellt. Wenn nämlich keine effektive und effiziente Exklusionstechnik existiert, ist eine Nutzung auch ohne (vorherige) Zahlung möglich. Damit ergibt sich die Frage, welche Anreize ein potentieller Nutzer hat, dem potentiellen Bereitsteller gegenüber seine wahre Zahlungsbereitschaft zu offenbaren und die entsprechende Leistung gegen Zahlung eines Entgelts in Anspruch zu nehmen.

Trittbrettfahrer

Diejenigen, die tatsächlich ihre Zahlungsbereitschaft für das betreffende Gut offenbaren, werden mit einem Anteil an den Finanzierungskosten belastet. Ihr Nutzenniveau ist aber nicht höher als das derjenigen Nutzer, die aufgrund der fehlenden Exklusionsmöglichkeit die entsprechende Leistung nutzen, ohne dafür zu bezahlen. Damit würde nur ein Teil der Nutzer die Kosten tragen, während die Gesamtheit des Nutzens allen Nutzern zufallen würde. In dieser Situation ist es für jeden einzelnen potentiellen Nutzer rational, die Position des Trittbrettfahrers einzunehmen. Er legt seine Zahlungsbereitschaft nicht offen und hofft darauf, dass andere die bereitzustellende Leistung für ihn mitfinanzieren. Da diese *Trittbrettfahrer-Position* nun für alle potentiellen Nachfrager vorteilhaft ist, wird im Extremfall keine Nachfrage geäußert bzw. keine Zahlungsbereitschaft offenbart werden. Wegen der nicht vorhandenen Nachfrage kommt in einer solchen Situation kein Angebot am Markt zustande. Hier findet sich die typische Situation eines Gefangenendilemmas, in der das individuell vorteilhafte Verhalten der einzelnen Akteure zu einem Ergebnis führt, das für alle Beteiligten pareto-inferior ist. Im Fall öffentlicher Güter bedeutet dies, dass die entsprechende Leistung entweder gar nicht oder nur auf einem zu niedrigen Niveau bereitgestellt wird. Eine präferenzgemäße Versorgung allein über den freien, unregulierten Markt ist damit nicht mehr gewährleistet. Ein solches Ergebnis wird in der Ökonomik mit dem Begriff „Marktversagen" gekennzeichnet. Welche Möglichkeiten bestehen nun, um eine derartige Dilemmasituation, d.h. die Unterversorgung der Bevölkerung mit öffentlichen Leistungen zu überwinden?

Exklusions-techniken

Die Antwort auf diese Frage liegt in der Organisation der Nachfrager. Wenn es gelingt, die Gruppe der potentiellen Nachfrager so zu organisieren, dass Trittbrettfahren keine lohnende Strategie darstellt oder gar nicht mehr möglich ist, kann das Allokationsproblem gelöst werden. Eine typische Maßnahme, um eine solche Nachfrager-Organisation zu gewährleisten, ist die Anwendung öffentlichen Rechts, verbunden mit der zwangsweisen Beteiligung bestimmter Personengruppen an der Finanzierung öffentlicher Leistungen. Die Anwendung öffentlichen Rechts ist das Privileg staatlicher Instanzen. Privaten Bereitstellern steht demgegenüber nur das „schwächere" Privatrecht zur Verfügung, um Exklusionstechniken anzuwenden. So hat beispielsweise ein privater Anbieter der Leistung „Landesverteidigung" keine legale Möglichkeit, zahlungsunwillige Bürger mit Zwangsbeiträgen zu belasten. Das ihm zur Verfügung stehende Privatrecht sieht die Möglichkeit, potentiell trittbrettfahrende Nutzer zwangsweise in die Gruppe der Zahler zu inkludieren, nicht vor. Demgegenüber hat der Staat die Möglichkeit, mit Hilfe des öffentlichen Rechts eine Inklusion der Nutzer in die Gruppe der Zahler vorzunehmen. Ein typisches Beispiel für eine derartige Zwangsanwendung ist die Steuererhebung zur Finanzierung öffentlicher Leistungen.

Als Zwischenergebnis können wir festhalten, dass das Gut „Frühstücksbrötchen" durch vollständige Rivalität im Konsum und durch die Exkludierbarkeit zusätzlicher unerwünschter Nutzer gekennzeichnet ist. Es ist ein rein privates Gut, dessen Bereitstellung privaten Anbietern überlassen werden sollte, die eine präferenzgemäße Versorgung gewährleisten. Demgegenüber zeichnet sich die Dienstleistung „Landesverteidigung" durch fehlende Rivalität und fehlende Exklusionstechniken auf Basis des Privatrechts aus und stellt damit ein Beispiel für ein rein öffentliches Gut dar. Um eine Unterversorgung zu vermeiden, können solche Güter und Dienstleistungen wegen der aufgezeigten Probleme durch staatliche Instanzen im Rahmen ihrer Allokationsfunktion bereitgestellt werden. Das bedeutet jedoch nicht, dass der Staat auch als Produzent dieser Leistungen auftreten muss. Die Frage nach der *Produktion* öffentlicher Leistungen ist unabhängig von der *Bereitstellung* zu beantworten. Dies lässt sich wie folgt begründen.

Auf den Gütermärkten einer Volkswirtschaft werden Angebot und Nachfrage zusammengeführt und über den Preismechanismus koordiniert. Beide Begriffe „Bereitstellung" und „Produktion" lassen sich der Angebotsseite zuordnen. Bei der Bereitstellung von Gütern und Dienstleistungen handelt es sich um das letztendliche „auf den Markt bringen" des Angebots. Demgegenüber umfasst der Begriff Produktion lediglich die physische Erstellung eines Gutes oder einer Dienstleistung.[2] Betrachtet man die Realität mit einer Vielzahl verschiedener Distributionswege, so lässt sich beispielsweise der Einzelhandel als Bereitsteller einer breiten Palette von Leistungen identifizieren. Offensichtlich ist es also für die Bereitstellung einer Leistung nicht notwendig, dass die bereitstellende Einheit die betreffenden Leistungen auch selbst produziert. Vielmehr wird gerade der Handel häufig seine Produkte von einer Vielzahl fremder Produzenten beziehen.

Bereitstellung vs. Produktion

Die Entscheidung darüber, ob eine Leistung bereitgestellt werden soll, ist damit der Frage nach ihrer Produktion logisch vorgelagert. Ist die Be-

---

2 Vgl. ähnlich FOLDVARY (1994), S. 44: „Provision refers to the selection of goods, methods of funding and arrangements for production."

*Bereitstel-
lungskosten*

reitstellungsentscheidung gefallen, muss in der Folge entschieden werden, ob die entsprechende Leistung vom Bereitsteller selbst oder von einem externen Produzenten hergestellt wird. Diese Fragestellung wird in der finanzwissenschaftlichen Literatur unter der Überschrift „Make or Buy" diskutiert, wenn es um die Frage nach legitimierbaren Tätigkeiten öffentlicher Stellen innerhalb einer Marktwirtschaft geht. Greifen wir wieder auf die Unterscheidung zwischen Bereitstellung und Produktion zurück, lässt sich zeigen, dass für die Entscheidung zwischen Selbermachen und Fremdbezug öffentlich bereitzustellender Leistungen die gesamten Bereitstellungskosten BK relevant sind. Diese sind im Folgenden definiert als Summe der reinen Produktionskosten (PK) und der Transaktionskosten der Bereitstellung (TKB). Es gilt mithin BK = PK + TKB.[3]

Make or Buy?

Die Bereitstellungskosten umfassen neben den Kosten der reinen Produktion beispielsweise auch solche Kosten, die durch den Kauf bei fremden Produzenten oder durch die Organisation des Selbermachens entstehen. In der bisher verwendeten Terminologie handelt es sich dabei um Kosten der Marktbenutzung bzw. Kosten der Organisationsbenutzung. Die Transaktionskosten der Bereitstellung bestehen beispielsweise aus den Kosten der Vertragsverhandlungen zwischen Produzenten und Bereitstellern (Buy-Option) oder aus den Kontrollkosten der Produktion im Fall des Selbermachens. Um zu einer adäquaten Entscheidung bezüglich „Make or Buy" zu gelangen, müssen die gesamten Kosten der Bereitstellung berücksichtigt werden. Stellt sich heraus, dass der Fremdbezug der Leistungen günstiger ist als die Selbsterstellung, sollte zwar eine öffentliche Bereitstellung mit der Erhebung von Zwangsbeiträgen erfolgen, die reine Produktion sollte jedoch in den Händen eines privaten Anbieters bleiben. Diese Konstellation ist – nicht nur theoretisch – auch im Fall der Leistung „Landesverteidigung" vorstellbar, wenn etwa ein privat geführtes Söldnerheer aus Steuern finanziert würde.[4]

Kollektivgüter

Weil die polare Unterscheidung in rein öffentliche und rein private Güter für praktische Zwecke kaum anwendbar ist, hat es verschiedene Versuche gegeben, die Klassifikation der Güter zu verfeinern. Eine Systematik, mit deren Hilfe die Charakterisierung der Güter verfeinert und anhand adäquater „Kennziffern" operationalisiert werden kann, wurde von Heinz Grossekettler entwickelt. Er definiert zur feineren Unterteilung des Krite-

---

[3] Auf die Kosten der Produktion in Abhängigkeit von der Art der Produktion durch Selbermachen oder Fremdbezug gehen wir in Kapitel 7 näher ein. Dort erfolgt auch eine genauere Analyse der Transaktionskosten der Bereitstellung.

[4] Zu den Problemen, die aus dieser Konstruktion entspringen können und die letztlich dazu führen, dass die Landesverteidigung zumindest in demokratisch verfassten Staaten doch von öffentlichen Stellen produziert wird vgl. GROSSEKETTLER (2003), S. 575 ff.

riums „Rivalität im Konsum" die neue Größe „Rivalitätsgrad" und greift zur Unterscheidung von Kollektivtypen, in denen eine effiziente Exklusion zusätzlicher Nutzer möglich ist, auf die Größe „Extensionsniveau" zurück.[5] Auf Basis dieser Größen ergibt sich die folgende Gütermatrix:

Tabelle 6.1

		Rivalität im Konsum gegeben?	
		Ja	Nein
Privatrecht zur Exklusion ausreichend?	Ja	rein privates Gut	Klubkollektivgut
	Nein	Quasikollektivgut	rein öffentliches Gut

1.1.1. Das Kriterium: Rivalitätsgrad

Die Grundüberlegung zur Herleitung dieser Größen geht auf James Buchanans Aufsatz „Theory of Clubs" von 1965 zurück. Wie Buchanan zeigte, ist die Annahme des Dualismus zwischen rein privaten und rein öffentlichen Gütern unrealistisch. Bei vielen Gütern ist – bei einer gegebenen bereitgestellten Menge – der Nutzen, den der Einzelne aus ihrem Konsum zieht, von der absoluten Anzahl der Nutzer abhängig. Unterstellt man, dass jeder Nutzer einen nutzenadäquaten Anteil zur Finanzierung des entsprechenden Gutes beiträgt, so reduziert jeder zusätzliche Nutzer – bei konstanten Gesamtkosten der bereitgestellten Menge – den individuellen Finanzierungsanteil. Gleichzeitig beeinträchtigen neue Nutzer aber auch das Nutzenpotential der alten Nutzer: Wenn keine vollständige Nicht-Rivalität im Konsum gegeben ist, führt die Ausweitung des Nutzerkreises bei einem Gut mit gegebener Nutzungskapazität ab einer gewissen Nutzerzahl zu Überfüllungs- oder Verdrängungserscheinungen. Eine Ausweitung des Nutzerkreises ist daher – aus der Sicht eines einzelnen Nutzers und bei gegebener Kapazität der Leistung – nur so lange erwünscht, wie die Reduktion der individuell zu tragenden Kosten größer ist als der daraus resultierende Nutzenverzicht. Die optimale Größe eines Nutzerkollektivs ist mithin dadurch gekennzeichnet, dass sich Grenznutzen und Grenzkosten, die ein zusätzliches Kollektivmitglied für die bereits vorhandenen Mitglieder verursacht, entsprechen. Betrachtet man die Summe der Kosten, die ein einzelner Nutzer des bereitgestellten Gutes zu tragen hat, so ist die optimale Klubgröße im Minimum dieser Pro-Kopf-Kosten erreicht. Ist die Anzahl der Klubmitglieder kleiner oder größer als optimal, so wird das Gut mit höheren Pro-Kopf-Kosten bereitgestellt.

*Überfüllungs-
kosten*

Analytisch lässt sich dieser Zusammenhang zwischen den Kosten, die ein zusätzliches Kollektivmitglied verursacht, und dem Nutzen, den es den bereits vorhandenen Mitgliedern stiftet, über den Rivalitätsgrad ρ aus-

---

5   Vgl. zum folgenden GROSSEKETTLER (1985), (1991) sowie (2003).

Rivalitätsgrad   drücken. Er ist definiert als relative Änderung der Bereitstellungskosten BK bei einer relativen Änderung der Anzahl der Nutzer n, also

$$\rho := \frac{\frac{dBK}{BK}}{\frac{dn}{n}} = \frac{dBK}{dn} \frac{n}{BK}.$$

Im Fall von reinen öffentlichen Gütern oder solchen Kollektivgütern, bei denen die optimale Nutzerzahl noch nicht erreicht ist, verändern sich die Bereitstellungskosten bei zusätzlichen Nutzern nicht. Der Rivalitätsgrad ist gleich Null.

Der als Elastizität definierte Rivalitätsgrad lässt sich wiederum auf zwei Teilelastizitäten zurückführen: die Nutzungselastizität der Bereitstellungsmenge γ und die Mengenelastizität der Bereitstellungskosten δ.

Nutzungs-   Die *Nutzungselastizität der Bereitstellungsmenge* γ gibt an, wie sich die
elastizität   Menge der bereitzustellenden Güter q relativ verändert, wenn die Zahl der Nutzer variiert:[6]

$$\gamma := \frac{\frac{dq}{q}}{\frac{dn}{n}} = \frac{dq}{dn} \frac{n}{q}.$$

Die Nutzungselastizität zeigt an, ob es Gruppenvorteile beim Konsum des bereitgestellten Gutes gibt. Liegen solche Gruppenkonsumvorteile vor, ist der Wert von γ kleiner als eins. Das bedeutet, dass die zusätzlich bereitzustellende Menge im Verhältnis zu den zusätzlichen Nutzern unterproportional steigen muss. Betrachtet man wiederum den Fall rein öffentlicher Güter, so wird diese Teilelastizität ebenfalls den Wert Null annehmen, weil keine zusätzlichen Güter bereitgestellt werden müssen.

Mengen-   Analog dazu ist die *Mengenelastizität der Bereitstellungskosten* δ als
elastizität   relative Änderung der Bereitstellungskosten bei einer relativen Änderung der Bereitstellungsmenge definiert; mithin gilt:

$$\delta := \frac{\frac{dBK}{BK}}{\frac{dq}{q}} = \frac{dBK}{dq} \frac{q}{BK}.$$

Sie gibt Auskunft darüber, ob es Skalenvorteile bei der Bereitstellung des bereitzustellenden Gutes gibt. Diese existieren bei $\delta < 1$. Hier verändern sich die Bereitstellungskosten bei zusätzlich bereitzustellenden Einheiten des Gutes unterproportional zur zusätzlich benötigten Menge.

Damit lässt sich der Rivalitätsgrad ρ als Produkt der beiden Teilelastizitäten beschreiben, so dass gilt $\rho = \gamma\delta$.

---

[6]   Auch hier geht es um eine relative Veränderung der Nutzerzahl.

Tritt nun beispielsweise der Fall ein, dass beide Teilelastizitäten kleiner als eins, aber größer als Null sind, so nimmt auch der Rivalitätsgrad einen Wert zwischen Null und eins an.[7] Dieser Wert des Rivalitätsgrades kennzeichnet Kollektivgüter, bei denen innerhalb bestimmter Gruppengrößen Gruppenkonsumvorteile vorliegen. Die optimale Gruppengröße bestimmt sich dabei gemäß den oben angeführten Überlegungen. Dieser Bereich wird eingeschlossen von den beiden Extremwerten des Rivalitätsgrades von Null und eins. Wenn $\rho = 0$ ist, liegt der Fall eines reinen öffentlichen Gutes oder eines nicht-überfüllten Klubkollektivgutes vor. Hier macht das Auftreten von neuen Nutzern eine Ausweitung der bereitgestellten Menge nicht notwendig. Die neuen Konsumenten schränken die alten Konsumenten nicht in ihrem Nutzenniveau ein, mithin ist auch keine größere Menge des Gutes zur Erfüllung der Präferenzen notwendig. Im Gegensatz dazu ist ein rein privates Gut und ein Quasi-Kollektivgut durch einen Rivalitätsgrad von eins gekennzeichnet. Treten hier zusätzliche Konsumenten des Gutes auf, so verringert jeder neue Konsument das Nutzenniveau der alten Konsumenten. Um das zu vermeiden, ist zur Präferenzerfüllung der Neukonsumenten eine Ausweitung der Bereitstellungsmenge notwendig.[8]

Interpretation des Rivalitätsgrades

Mit der Klassifizierung von Gütern über den Rivalitätsgrad lassen sich beispielsweise auch Situationen darstellen, in denen ein Gut seinen Charakter verändert. Ein typisches Beispiel für ein solches Gut ist die Nutzung von Straßen. Die Straßennutzung hat – solange eine Straße nicht überfüllt ist – einen Rivalitätsgrad von Null, weil zusätzliche Nutzer keine zusätzlichen Kosten verursachen. Ab einer kritischen Nutzerzahl verändert sich jedoch der Charakter des Gutes „Straßenbenutzung": Es treten Überfüllungskosten in Form von Wartezeiten im Stau (und persönlichem Ärger) auf; analytisch gesehen wird der Wert des Rivalitätsgrades ρ größer als Null. Wollte man die Qualität des Gutes Straße erhalten, so müssten neue Fahrspuren gebaut werden, was mit tatsächlichen tangiblen Kosten verbunden wäre. Wird die Kapazität der Straße nicht erweitert, existieren wei-

Änderung des Gutscharakters

---

7 Einen Rivalitätsgrad zwischen Null und eins erhält man natürlich auch aus anderen Kombinationen der Teilelastizitäten. Der angeführte Fall, dass beide Teilelastizitäten kleiner als eins und größer als Null sind, ist jedoch der in der Realität relevante.

8 Die Definition des Rivalitätsgrads führt bei der praktischen Anwendung zu Problemen. So etwa für den Fall, dass aufgrund von natürlichen, exogen vorgegebenen Verfügbarkeiten von Produktionsfaktoren die Produktionsmenge nicht weiter ausgedehnt werden kann. Dann ist die Mengenelastizität der Bereitstellungskosten

$$\delta = \frac{dBK}{dq} \frac{q}{BK}$$

nicht definiert, da $dq = 0$ ist. In diesem Fall wird aufgrund einer Plausibilitätsüberlegung $\delta = 1$ gesetzt, und der Rivalitätsgrad ist nur von der Nutzungselastizität γ abhängig. Vgl. zu diesen Plausibilitätsüberlegungen hinsichtlich des ökonomisch richtigen Wertes von δ GROSSEKETTLER (1995), S. 503–505.

terhin Staukosten, die mit wachsender Nutzerzahl ansteigen. Aus Sicht der Nachfrager bzw. Nutzer verschlechtert sich durch die Überfüllung die Qualität des Gutes „Straße" bei gleich bleibenden tangiblen Kosten.

Am Beispiel der Straßennutzung wird deutlich, dass ein Gut seinen Charakter verändern kann, wenn die Nutzerzahl steigt. Dies gilt auch für Klubkollektivgüter, denn diese haben gemäß der Buchananschen Definition eine optimale Nutzerzahl. Wird diese überschritten, tritt wiederum gesteigerte Rivalität ein, und der Nutzen aller Nutzer sinkt. Wieder bewegt man sich in der Gütermatrix auf Seite 312 von der rechten in die linke Spalte des Rivalitätsgrads.

Optimale Kollektivgröße

In der Realität wird man die Mehrzahl der öffentlich bereitzustellenden Leistungen als Klubkollektivgüter charakterisieren können. Will der Staat im Sinne seiner Allokationsfunktion eine möglichst optimale, d.h. präferenzgemäße Versorgung der Bevölkerung mit öffentlichen Gütern bzw. Klubkollektivgütern sicherstellen, dann muss geklärt werden, wie die optimale Kollektivgröße für die jeweils bereitzustellende Leistung ermittelt werden kann, d.h. es stellt sich die Frage nach der optimalen Nutzerzahl.

1.1.2 Das Kriterium: Extensionsniveau

Bei der Lösung dieses Problems kann die zweite Dimension zur Unterscheidung verschiedener Güter Hilfe leisten: die Exkludierbarkeit. Die Frage der Exkludierbarkeit ist aus zwei Gründen relevant: Will man zum einen vermeiden, dass die optimale Größe bzw. Mitgliederzahl eines Kollektivs überschritten wird, muss man zusätzliche Nutzer von der Nutzung ausschließen können. Zum anderen muss bei der Bereitstellung von rein öffentlichen Gütern sichergestellt werden, dass alle Nutzer auch zur Finanzierung der Leistungen beitragen, so dass das Äquivalenzprinzip eingehalten wird.[9]

Die analytische Ermittlung des optimalen Nutzerkollektivs erfolgt quasi umgekehrt zur bisherigen Vorgehensweise: Wurde bisher ein gegebener Nutzerkreis unterstellt und dann nach der Klassifikation des bereitzustellenden Gutes gefragt, wird nun ein Gut betrachtet und danach gefragt, wie groß die optimale Nutzerzahl ist, damit das Gut seine Eigenschaft als Kollektivgut behält, d.h. keine Überfüllungskosten oder andere Rivalitätsausprägungen entstehen. Je nach Eigenart des bereitzustellenden Gutes ergibt sich eine unterschiedliche optimale Größe des bereitstellenden Kollektivs. Entsprechend kann man versuchen, verschiedene Exklusionstechniken und Exklusionsniveaus voneinander abzugrenzen und daraus das optimale Bereitstellungskollektiv abzuleiten.

---

[9] Zum Inhalt und zur Bedeutung des Äquivalenzprinzips vgl. die Erläuterungen in Kapitel 8.

Wie wir bereits erwähnten, stehen als Grundlage zur Exklusion von zusätzlichen, unerwünschten Nutzern das private und das öffentliche Recht zur Verfügung. Bei rein privaten Gütern ist wie bei Klubkollektivgütern i.d.R. eine Exklusion auf der Basis privatrechtlicher Vereinbarungen möglich, weil die entsprechenden Verfügungsrechte eindeutig zugeordnet sind. Ein Bäcker kann beispielsweise seine Waren gegen Diebstahl sichern und beim Kauf an der Kasse den entsprechenden Güterpreis verlangen. Mit dieser Exklusionstechnik ist auch die Einhaltung des oben angeführten Äquivalenzprinzips bei der Finanzierung sichergestellt: Jeder Nutzer muss auch zahlen, d.h. jeder, der einen Kauf im eigenen Namen tätigt, muss auch die Kosten seiner Handlung tragen. Bei rein öffentlichen Gütern, die im Extrem durch weltweiten, nicht rivalisierenden Konsum gekennzeichnet sind, ist eine Exklusion auf Basis des Privatrechts nicht möglich, weil die – im Kapitel 5 diskutierten – Eigentumsrechte an diesen Leistungen i.d.R. nicht eindeutig zugeordnet sind. Als Beispiel für ein solches Gut ließen sich Umweltschutzmaßnahmen zur Vermeidung des Ozonlochs und/oder des Treibhauseffekts anführen, die der gesamten Weltbevölkerung Nutzen stiften. In diesen Fällen muss zur Erhebung von Zwangsbeiträgen bei der Finanzierung des weltweit bereitgestellten Gutes auf Mittel des öffentlichen Rechts zurückgegriffen werden: Wenn schon niemand wirksam von der Nutzung eines solchen Gutes ausgeschlossen werden kann, so sollen – gemäß dem Äquivalenzprinzip – wenigstens *alle* Nutzer zur Finanzierung herangezogen werden. Und wenn *alle* die gesamte Weltbevölkerung umfasst, dann muss auf dieser Weltebene eine Zwangsfinanzierung erhoben werden.[10]

Privatrecht vs. öffentliches Recht

Zwischen den beiden „Kollektivgrößen" einer einzelnen Person und der Weltbevölkerung gibt es eine Vielzahl weiterer Kollektive, die entweder funktional oder räumlich abgegrenzt werden.[11] Ordnet man jeder möglichen Kollektivgröße eine Ordnungszahl zu, die mit der Größe der Kollektive wächst, folgen der Kollektivgröße 1, die einem Individuum entspricht, freiwillige Zusammenschlüsse von Individuen. Dazu gehören etwa private Vereine, deren Mitglieder einen gemeinsamen Zweck verfolgen. Sie sind in der Lage, auf der Basis des Privatrechts zusätzliche Nutzer zu exkludieren. Diesen Vereinen lässt sich die Ordnungszahl 2 zuordnen.

Kollektivgrößen

Reichen privatrechtliche Möglichkeiten zur Exklusion nicht aus, kommt man zur Ebene der Zwangskollektive, die öffentlich-rechtlichen Charakter haben. Durch die Anwendung von Zwang kann der Staat auch solche Kol-

---

10 Auf den rein theoretischen Charakter dieser Forderung, die allerdings gemäß den ökonomischen Kriterien effizient ist, muss hier nicht gesondert hingewiesen werden.

11 Die hier angeführte Gliederung folgt im wesentlichen GROSSEKETTLER (2003), S. 586 ff., der Kollektive nach dem *Extensionsniveau* unterscheidet und allein auf die funktionale bzw. räumliche Differenzierung eingeht.

lektive organisieren, für deren Gründung oftmals kein Anreiz vorhanden ist, weil die Kollektivgründung selbst schon ein öffentliches Gut darstellt. Für die Bundesrepublik Deutschland kann man hier als Beispiel die ständischen Berufsvertretungen, wie Ärzte- und Architektenkammern, anführen. Auch Industrie- und Handelskammern sowie Handwerkskammern, in denen mit der Gewerbeanmeldung eine Zwangsmitgliedschaft entsteht, sind Zwangskollektive (Kollektivgröße 3).

Funktionale vs. räumliche Gliederung

Sind die Kriterien zur Abgrenzung der Kollektivgröße 1 bis 3 rein funktional, d.h. nach dem jeweiligen Gut klassifiziert, das vom betreffenden Kollektiv bereitgestellt wird, erfolgt bei der Kollektivgröße 4 der Übergang zu einer räumlichen Abgrenzung von Nutzerkollektiven. Die Kollektive werden nun als Gebietskörperschaften bzw. Jurisdiktionen bezeichnet und verfügen über eine eigene Rechtspersönlichkeit im öffentlichen Recht. Die kleinste Gebietskörperschaft ist eine Gemeinde, die umfassendste räumliche Abgrenzungsmöglichkeit ist – bis auf Weiteres – die Erde. Dazwischen kann man unterschiedlich feine Untergliederungen einführen: Möglich ist beispielsweise eine Differenzierung in Kreise, Bezirke, Länder, Staaten und regionale Staatenbünde, die als supranationale Organisationen existieren.

Klassifikationsschema

All diesen Abgrenzungen liegt die Frage zugrunde, auf welcher Ebene ein konkretes Gut effizient bereitgestellt werden, bzw. auf welcher Ebene eine effiziente Exklusion erfolgen kann, damit die Nutzer einer Leistung die jeweiligen Kosten der Bereitstellung tragen und so eine präferenzgemäße Versorgung mit Kollektivgütern gewährleistet wird.

1.2. Staatsversagen als Analogon zum Marktversagen

Wir haben in diesem Abschnitt gezeigt, dass es Möglichkeiten gibt, das mit den Eigenschaften öffentlicher Güter verbundene Problem des Marktversagens zu überwinden: Der Staat kann im Rahmen seiner Allokationsfunktion als Bereitsteller öffentlicher Leistungen auftreten, weil er die Versorgung mit diesen Leistungen durch den Einsatz adäquater Instrumente besser sicherstellen *kann* als ein unregulierter Markt mit dem Steuerungsinstrument der relativen Preise. Jedoch liegt dieser Schlussfolgerung eine wesentliche Prämisse zugrunde: Staatliche Stellen handeln letztlich allein als ausführendes Organ des Bürgerwillens. Nur unter dieser Voraussetzung stellt der Staat eine effiziente Allokation öffentlicher Leistungen ebenso sicher wie ihre effiziente Bereitstellung. Nur dann wird das Marktversagen wirklich geheilt.

Gerade diese Vorstellung, nämlich dass der Staat als wohl wollender Diktator agiert, hat in der Theorie des Marktversagens heftige Kritik hervorgerufen. Die These lautet, dass unterschiedliche Tatbestände miteinander verglichen werden: Auf der einen Seite steht der tatsächliche Markt, der unter Berücksichtigung realistischen, individuell rationalen Verhaltens der potentiellen Nachfrager nicht in der Lage ist, eine angemessene Versorgung mit öffentlichen Gütern sicherzustellen. Diesem real existierenden Markt wird nun ein idealtypisch funktionierender Staat als Bereitsteller gegenübergestellt, den es so in der Realität aber nicht gibt. Um den Vorwurf beurteilen zu können, es handele sich bei dieser Gegenüberstellung um einen „nirvana approach", in dem die Wirklichkeit (Markt) mit einem Ideal (Staat) verglichen wird, ist es sinnvoll, das tatsächliche Handeln des Staates bzw. seiner politischen Entscheidungsträger näher zu untersuchen.

Marktversagen vs. Staatsversagen

Betrachtet man die Realität, so scheint es verschiedene Abweichungen des politischen Handelns von den oben beschriebenen ökonomisch sinnvollen „Bereitstellungsleitlinien" zu geben: Berichte des Bundesrechnungshofs und der Landesrechnungshöfe in Deutschland weisen ebenso wie die Veröffentlichungen ähnlicher Organisationen im Ausland darauf hin, dass es eine ineffiziente Verwendung von öffentlichen Mitteln gibt, die sich nicht nur auf Ausnahmefälle beschränkt. Wenn es aber systematische Verhaltensweisen der Politiker gibt, stellt sich die Frage nach der Motivation dieses Verhaltens.

Die Fragestellung, welchen Anreizen das Handeln politischer Akteure unterliegt und ob sie sich tatsächlich wie wohl wollende Diktatoren verhalten, ist Gegenstand der Analysen der Neuen Politischen Ökonomik (NPÖ), die im englischsprachigen Raum auch als Public-Choice-Theorie firmiert. Mit Hilfe der Analysen der NPÖ können im Bereich der positiven Theorie z. B. Antworten auf die Fragen „Warum funktioniert die Bereitstellung von öffentlichen Gütern durch den Staat nicht optimal? Warum gibt es Verschwendung im öffentlichen Sektor?" gefunden werden. Eine andere Fragestellung, die ebenfalls mit den Anreizen der beteiligten Akteure beantwortet werden kann, ist etwa die, warum es in der Realität eine Vielzahl an Außenhandelsbeschränkungen gibt, obwohl schon David Ricardo gezeigt hat, dass freier Außenhandel für alle beteiligten Länder vorteilhaft ist, sofern komparative Kostenunterschiede bestehen. Zum besseren Verständnis des Verhaltens von politischen Akteuren werden in den folgenden Abschnitten das *allgemeine Vorgehen* und die *grundlegenden Analyseergebnisse* der NPÖ vorgestellt.

2. Grundlagen der Neuen Politischen Ökonomik

2.1. Der Ansatz der Neuen Politischen Ökonomik

Die wesentliche Neuerung der Neuen Politischen Ökonomik besteht in der Verwendung des ökonomischen Instrumentariums zur Analyse des Verhaltens der Akteure im politischen Sektor. Sie gibt damit die „schizophrene" Vorstellung auf, Menschen verhielten sich in ihrer Rolle als Politiker oder Bürokrat anders als in ihrer Rolle als Unternehmer oder Arbeitnehmer. Wie in den anderen ökonomischen Analysen, die wir bisher betrachtet haben, agieren die im Rahmen der Neuen Politischen Ökonomik betrachteten Individuen in einer demokratisch verfassten Marktwirtschaft.

Demokratie und Marktwirtschaft

Dabei zeigen sich einige Parallelen zwischen der staatlichen Ordnung „Demokratie" und der ökonomischen Ordnung „Marktwirtschaft". So dient erstere z.B. dazu, die Freiheiten der einzelnen Bürger sicherzustellen, während letztere den einzelnen Wirtschaftssubjekten weit gehende Freiheiten überlässt. In einer Marktwirtschaft ist das Ergebnis des Wirtschaftsprozesses auf die Entscheidungen einzelner Individuen zurückzuführen, eine Eigenschaft, die sich in der ökonomischen Modellbildung in der Forderung des methodologischen Individualismus niederschlägt. Auch in einer Demokratie sind politische Entscheidungen, d.h. die Ergebnisse des politischen Prozesses, letztlich auf die individuellen Entscheidungen der einzelnen (Wahl)Bürger zurückzuführen. Eine funktionierende Marktwirtschaft koordiniert die Pläne der Individuen durch die „unsichtbare Hand" so, dass die eigennutzorientierten Einzelentscheidungen im Ergebnis für alle Beteiligten vorteilhaft sind. Auch hier zeigen sich Parallelen zur demokratischen Gesellschaftsordnung, denn auch diese soll ein Ergebnis generieren, das zum Vorteil aller ist. Beide Ordnungen, Marktwirtschaft und Demokratie, können damit – wenn sie gut funktionieren – im Ergebnis zur Erhöhung der gesamtwirtschaftlichen Wohlfahrt bzw. des Allgemeinwohls beitragen.

Präferenzerhebung

Bezogen auf den Untersuchungsgegenstand der Neuen Politischen Ökonomik ergibt sich hieraus die Frage, wie die individuellen Entscheidungen der Bürger zu einem politischen Ergebnis führen. Wir haben im letzten Abschnitt gezeigt, dass ein Problem der Bereitstellung öffentlicher Güter darin begründet liegt, dass die potentiellen Nachfrager wenig Anreize haben, ihre wahren Präferenzen und ihre wahren Zahlungsbereitschaften offen zu legen. Es gilt daher zunächst zu untersuchen, welche Möglichkeiten bestehen, innerhalb eines demokratischen Systems die Präferenzen der Bürger zu erkennen. Der in der Realität am häufigsten zu findende Mechanismus, um a) die Präferenzen der Bürger zu erheben und b) die Einzelentscheidungen der Bürger zu einem politischen Gesamtergebnis zusammenzufassen, ist der Mechanismus „Wahlen". Hier gilt es jedoch zu unterscheiden, ob Entscheidungen der Bürger in der Form der direkten oder der indirekten Demokratie getroffen werden.

2.1.1. Direkte und indirekte demokratische Verfahren

Die typische Ausprägungsform der *direkten Demokratie* ist das Plebiszit: Die Wähler stimmen über Einzelfragen ab. Diese Art der Demokratie findet man beispielsweise in der Schweiz, wo im Wege des Volksentscheids über die Durchführung konkreter Maßnahmen – wie etwa die Einführung des Wahlrechts für Frauen – abgestimmt wird. Das Gegenstück zu dieser Form der Volksbeteiligung an politischen Entscheidungen ist die *indirekte Demokratie*, wie sie z.B. in Deutschland besteht. Hier stimmen die Wahlbürger nicht über Einzelfragen ab, sondern wählen ein Parlament von Volksvertretern. In der Regel sind diese Politiker in Parteien organisiert, die wiederum bestimmte Wahlprogramme vertreten. Letztlich entscheiden die Wahlbürger dann darüber, welche der zur Wahl stehenden Parteien in der nächsten Legislaturperiode die Regierung stellt und damit ihr Wahlprogramm in wirkliche Politik umsetzen kann. Auch in Bezug auf die Häufigkeit der Entscheidungen unterscheiden sich die beiden Demokratieformen: Während bei der indirekten Demokratie meistens fest fixierte Wahltermine bzw. Legislaturperioden existieren, finden Abstimmungen in der direkten Demokratie je nach Bedarf statt.

Direkte vs. indirekte Demokratie

Betrachtet man demokratisch verfasste Staaten, so stellt man fest, dass in den meisten Ländern die indirekte Demokratie als grundlegendes Verfahren der Willensbildung genutzt wird. Es wird jedoch häufig durch Elemente der direkten Demokratie ergänzt, die nur in Einzelfällen und bei Bedarf verwendet werden. Die Frage ist nun, warum in der Mehrzahl der Staaten die indirekte Demokratie dominiert. Ohne an dieser Stelle schon auf die Kosten des Wählens[1] detailliert einzugehen, erscheinen doch einige Überlegungen zu den Vorteilen einer indirekten Demokratie aus ökonomischer Sicht angebracht.

Parteienwahl statt Sachentscheidungen

Wir haben bei der Abgrenzung der Neoklassik von den Modellen der Neuen Institutionenökonomik bereits darauf hingewiesen, dass die neoklassische Annahme der vollständigen Information in der Realität nicht haltbar ist. Die vollständige Information ist für die Individuen in einer neoklassischen Welt notwendig, um sinnvolle Entscheidungen – also auch Wahlentscheidungen – treffen zu können und so ihren Nutzen zu maximieren. Anders als in der neoklassichen Modellwelt ist die Erhebung von In-

---

[1] Die Kosten des Wählens werden in Kapitel 7 noch genau betrachtet.

formationen in der Realität jedoch mit Kosten verbunden. Um im Rahmen einer direkten Demokratie an Einzelfallentscheidungen teilnehmen zu können, müssen die Wahlbürger über die relevanten Sachinformationen, wie z.B. die mit einer Maßnahme verbundenen Kosten und Nutzen, verfügen. Wegen der Existenz positiver Informationskosten ist es für den einzelnen Bürger unmöglich oder ineffizient, den Wissensstand der vollständigen Information zu erreichen. Es ist dann rational, nicht vollständig informiert zu sein, sondern lediglich über ein gewisses Informationsniveau zu verfügen. Dieser Zustand der „rationalen Ignoranz" reicht aus, um zu sinnvollen Entscheidungen zu gelangen, jedoch nicht notwendigerweise zu Entscheidungen, die das Optimum optimorum in der jeweiligen Entscheidungssituation darstellen.

Bedeutung von Parteien

Vor dem Hintergrund der existierenden Informationskosten auf Seiten der Bürger ist es ökonomisch vorteilhaft, wenn politische Parteien als Informationsmittler auftreten. Sie senken in ihrer Funktion als Intermediär die Informationskosten insbesondere dann, wenn sie mit ihrem Wahlprogramm eine bestimmte politische Ideologie verkörpern. Ist das der Fall, muss der Wähler sich nur noch für eine Ideologie entscheiden und nicht mehr die einzelnen Bestandteile der Wahlprogramme kennen. Zwar muss er sich immer noch über die zur Auswahl stehenden Ideologien informieren. Jedoch sind hier die Informationskosten aufgrund der leichteren Erkennbarkeit der zu erhebenden Eigenschaften deutlich niedriger als bei komplexen Einzelentscheidungen. Findet der Wähler eine Partei seiner Wahl, kann er diese Partei wählen, ohne sich über einzelne Sachfragen informieren zu müssen. Allgemein formuliert sorgt die Existenz von Parteien als Informationsmittler im politischen Prozess dafür, dass die Transaktionskosten, die mit der Nutzung des Wahlmechanismus verbunden sind, sinken. Hier liegen – ökonomisch gesehen – Kostenvorteile bei der indirekten Demokratie.

Feste Legislaturperiode statt bedarfsweiser Einzelentscheidung

Auch in dieser Hinsicht lässt sich ein Vorteil der indirekten Demokratie feststellen, und auch hier sind wieder die direkten Kosten des Wählens ausschlaggebend. Diese bestehen aus den bereits erwähnten Informationskosten und den Kosten der eigentlichen Wahlteilnahme. Letztere lassen sich als Opportunitätskosten der Zeit interpretieren, die zur Wahlteilnahme notwendig ist. Zusätzlich zu den Überlegungen bezüglich der rationalen Ignoranz müssen nun noch die aus einer höheren Wahlfrequenz resultierenden Kosten berücksichtigt werden. Letztendlich relevant sind nämlich nicht die Kosten einer einzigen Wahlteilnahme (inklusive der Informationskosten), sondern die Summe dieser Kosten, die in einem bestimmten Zeitraum entstehen. Nimmt man der Einfachheit halber eine normale Legislaturperiode von 4 bis 5 Jahren in einer indirekten Demokratie als Referenzgröße, so ist es nicht unplausibel anzunehmen, dass in einem solchen Zeitraum bei einer direkten Demokratie mehr als ein Volksentscheid zur Abstimmung stünde. Damit ist die Summe der direkten Wahlkosten im Fall der direkten Demokratie höher als bei Parlamentswahlen. Folglich gibt es auch in dieser Hinsicht Kostenvorteile. Weiterhin ist es möglich, dass bei der indirekten Demokratie – auf die Gesamtheit aller Wahlen bezogen – eine höhere durchschnittliche Wahlbeteiligung festzustellen ist, weil keine oder weniger „Abstumpfungserscheinungen" hinsichtlich einer häufigeren Wahlteilnahme auftreten. Das Ausmaß dieses möglichen Vorteils ist jedoch abhängig von der tatsächlich auftretenden Häufigkeit von Plebisziten in der direkten Demokratie und der Einschätzung der Relevanz der zur Entscheidung stehenden Fragen.

Bedeutung der Entscheidungshäufigkeit

Im Ergebnis lässt sich feststellen, dass die institutionelle Ausgestaltung der indirekten Demokratie mit festen Legislaturperioden die Transaktionskosten des Wahlmechanismus tendenziell senkt. Dies ist jedoch nur dann ein Effizienzgewinn, wenn beide Ausprägungen der Demokratie gleich gute Ergebnisse hervorbringen. Andernfalls ist ein einfacher Vergleich der Kosten – wie wir ihn hier angeführt haben – nicht aussagefähig. Bringen beide Verfahren unterschiedliche Ergebnisse hervor, so müssen die Bürger das „Preis-Leistungs-Verhältnis" beider Formen vergleichen, um das angemessene Verfahren auszuwählen. Aus diesem Grund ist es plausibel, dass auch in Ländern, die grundsätzlich nach dem Prinzip der indirekten Demokratie organisiert sind, plebiszitäre Elemente – wie etwa Volksabstimmungen – vorgesehen und verankert sind. Diese werden i.d.R. dann genutzt, wenn es um Entscheidungen von besonderer Relevanz für die betroffenen Bürger geht. Werden solche Volksentscheidungen von den Wahlbürgern initiiert, so zeigt das die Bedeutung der Entscheidung: Aus Sicht der Bürger sind dann offensichtlich die oben angeführten, mit dem Plebiszit verbundenen Kosten, niedriger als diejenigen, die für sie aus einer parlamentarischen Entscheidung resultieren können.

Da die indirekte Demokratie aber auch in Deutschland das vorherrschende Verfahren zur Offenlegung der Bürgerpräferenzen ist, soll nun ihre Funktionsweise näher betrachtet werden. Für eine Analyse im Rahmen des ökonomischen Ansatzes bietet es sich an, zunächst die relevanten Akteure innerhalb einer indirekten Demokratie zu identifizieren, um dann die Beziehungen zwischen diesen Akteuren aufzeigen zu können. Die Logik des ökonomischen Ansatzes erfordert es auch, die Ziele der Beteiligten und die Restriktionen, denen sie bei der Verfolgung ihrer Ziele unterliegen, zu beschreiben. Aus der Trennung von Zielen bzw. Präferenzen und Restriktionen kann anschließend mit Hilfe des Homo-oeconomicus-Modells das

Funktionsweise der indirekten Demokratie

Verhalten der Akteure im politischen Prozess beschrieben und analysiert werden.

2.1.2. Die Akteure im politischen Prozess

Der Grundgedanke der im Folgenden vorzustellenden Ansätze der Neuen Politischen Ökonomik besteht darin, den politischen Prozess als Markt für politische Maßnahmen bzw. Leistungen zu modellieren. Gemäß der traditionellen ökonomischen Modellstruktur lassen sich dann die *beteiligten Akteure* in Anbieter und Nachfrager politischer Leistungen unterscheiden. Die Nachfragerseite nach politischen Leistungen setzt sich aus unorganisierten und organisierten Interessen(-gruppen) zusammen. Die unorganisierten Interessen repräsentieren die breite Masse der Bevölkerung; organisierte Interessengruppen sind hingegen solche, in denen nur die Präferenzen bestimmter Teile der Bevölkerung vertreten sind. Beispiele für solche Interessenvertretungen sind Lobbyisten von Wirtschaftsbranchen und Wirtschaftsverbände. So gibt es etwa Nachfrager von speziellen öffentlichen Leistungen für Unternehmen ebenso wie Nachfrager von protektionistischen Maßnahmen im Bereich des Außenhandels. Der Gesamtheit der politischen Nachfrager steht der Staat, d.h. der gesamte politisch-administrative Sektor, als Anbieter gegenüber. Der Staat besteht typischerweise aus einer – aus Politikern gebildeten – Regierung, die die Politik gestaltet, und einer Verwaltung bzw. Bürokratie, die diese Politik als Exekutive umsetzt. Hier lässt sich wieder die weiter oben erwähnte Unterscheidung zwischen der Bereitstellung und der Produktion von Leistungen verwenden: Während die Regierung aus Sicht der Wähler als Bereitsteller bestimmter Politikmaßnahmen auftritt, wird von der Bürokratie die eigentliche Produktion der Maßnahmen durchgeführt, wenn die Make-Option gewählt wird. Wird hingegen die Buy-Option gewählt, tritt auch die Bürokratie nur als Bereitsteller auf, und die eigentliche Produktion bleibt dem externen Produzenten überlassen. Diese Feststellung leitet über zum zweiten Punkt, den es auf der oben genannten „Problemliste" zu klären gilt: Wie sehen die Beziehungen zwischen den beteiligten Akteuren aus?

Politische Akteure ...

Die Gesamtheit der Interdependenzen aller politischen Akteure bzw. der am politischen Prozess Beteiligten lässt sich als Kette von Prinzipal-Agent-Beziehungen darstellen. Erstes Glied in dieser Kette sind die Nachfrager nach politischen Leistungen, also organisierte und unorganisierte Interessengruppen. Sie beauftragen im Wege der Wahl – oder über andere Einflusskanäle – eine Partei bzw. die entsprechenden Politiker mit der Bildung der Regierung und der Bereitstellung einer Politik, die ihren Präferenzen entspricht. Mithin beauftragen die Bürger als Prinzipale die Regierung als Agenten mit der Wahrnehmung ihrer Interessen. Diese „Auftragskette" setzt sich im politisch-administrativen Sektor fort. Hier beauftragt

... als Prinzipale und Agenten

im Falle des „Selbermachens" die bereitstellende Instanz, d.h. die Regierung als Prinzipal, die Bürokratie als produzierende Instanz mit der Durchführung der von ihr gewünschten Maßnahmen. Die vollständige Prinzipal-Agent-Kette lautet daher: *Nachfrager-Bürger → Bereitsteller-Regierung → Produzenten-Bürokratie.* Wird bei der bereitzustellenden Leistung hingegen der Fremdbezug als Produktionsmethode gewählt, verlängert sich diese Prinzipal-Agent-Kette: Dann nämlich tritt die Bürokratie als Bereitsteller zweiter Ordnung dem letztlich produzierenden Agenten als Prinzipal gegenüber. Beispielhaft für diese Beziehung sind in Deutschland Bauaufträge des Bundes, bei denen die Bundesbaudirektion private Unternehmen mit der Erstellung von Bauleistungen für die Regierung beauftragt.

Wie wir bereits im zweiten Kapitel gezeigt haben, ist es für solche Beziehungen charakteristisch, dass von den Agenten in der Regel nicht unbedingt die Leistungen erbracht werden, die von den Prinzipalen gewünscht werden, weil die Agenten beispielsweise einen Informationsvorsprung vor den Prinzipalen haben und diesen für sich nutzen. In der ökonomischen Rezeption des politischen Sektors *vor* der Entwicklung der Public-Choice-Theorie wurden solche Probleme weitestgehend vernachlässigt. Hier existierte das Bild des Staates als wohl wollender Diktator: Sowohl die Regierung als auch die Bürokratie wurden lediglich als ausführende Organe betrachtet, die den Willen der Bürger ohne Verzerrung umsetzen und allein das Wohl der Bevölkerung mehren wollen. Interessenkonflikte nach Art der oben aufgezeigten Prinzipal-Agent-Beziehungen existieren dann nicht. Die wesentliche Erkenntnis der Neuen Politischen Ökonomik besteht nunmehr darin, diese heroischen Annahmen aufzuheben und durch andere, realistischere Verhaltensannahmen zu ersetzen. Wenn aber die Regierung, die Politiker, die Bürokraten und die Bürger auch im politischen Prozess als Homines oeconomici modelliert werden, stellt sich unmittelbar die Frage, welche *Ziele* sie verfolgen. Das grundsätzliche Ziel aller betrachteten Akteure liegt gemäß dem ökonomischen Ansatz in der Maximierung des eigenen, individuellen Nutzens. Dieses generelle Ziel manifestiert sich bei den am politischen Prozess beteiligten Akteuren in unterschiedlichen Ausprägungen. Betrachten wir zunächst die Seite der Nachfrager.

Public-Choice-Perspektive

2.1.2.1. Ziele der politischen Akteure

Als *Ziel aller Nachfrager* von politischen Maßnahmen lässt sich eine präferenzgemäße Versorgung mit öffentlichen Leistungen zu minimalen Kosten unterstellen. Wenn wir davon ausgehen, dass die Organisation der Nachfrager in entsprechenden Bereitstellungskollektiven gelungen ist, können die Nachfrager ihre Präferenzen in Bezug auf die bereitzustellenden Leistungen – im folgenden B – offen legen. Zur Finanzierung der gesamten Bereitstellungskosten soll ein Zwangsbeitrag in Form einer Steuer T erhoben werden. Der Nutzen U, den die einzelnen Bürger aus der Bereitstellung öffentlicher Leistungen (z. B. der Landesverteidigung) ziehen, ist dann eine Funktion von T und B. Es gilt mithin

Nutzenfunktion der Allgemein-heit

$$U = U(B,T) \qquad \text{mit } \frac{\partial U}{\partial B} > 0 \text{ und } \frac{\partial U}{\partial T} < 0.$$

Diese Nutzenfunktion gilt für einen repräsentativen „Durchschnittsbürger", so dass kein Aggregationsproblem der Nutzenfunktionen entsteht, um die unorganisierten Interessen einer Gesellschaft abzubilden. Je nachdem, welchen (Budget-)Restriktionen die Bürger unterliegen, präferieren sie mehr oder weniger öffentliche Leistungen und sind bereit, dafür eine höhere oder niedrigere Steuerbelastung zu akzeptieren. Vereinfachend unterstellen wir im folgenden, dass die politische Umsetzung unorganisierter Interessen prinzipiell im Sinne aller Bürger ist, die Maximierung der Nutzenfunktion U(B,T) mithin zur Förderung des Gemeinwohls beiträgt. Hier lassen sich nun anschaulich die unorganisierten von den organisierten unterscheiden.

Auch die in *Interessengruppen organisierten Bürger* haben das Ziel, eine präferenzgemäße Versorgung mit öffentlichen Gütern zu genießen. Ihren Nutzen maximieren sie aber nicht, indem sie die allgemeine Bereitstellung und die allgemeinen Steuersätze zu beeinflussen suchen, sondern nur solche, die in ihren speziellen Partialinteressen liegen (z. B. Außenhandelsbeschränkungen). Ihre Nutzenfunktion U^p lässt sich damit in Abhängigkeit eines speziellen Subventionssatzes für organisierte Partialinteressen Z und der Bereitstellung entsprechender Leistungen B^p beschreiben. Eine Subventionierung organisierter Interessengruppen kann beispielsweise auch in Form einer Senkung ihrer spezifischen Steuersätze T^p erfolgen. In diesem Fall gilt $Z = -T^p$. Wir behalten im Folgenden die allgemeinere Formulierung mit Z als Subvention bei, so dass sich für die Nutzenfunktion der organisierten Interessen $U^p = U^p(B^p, Z)$ ergibt.[2] Auch

Nutzenfunktion der organisier-ten Interessen

hier ist

$$\frac{\partial U^p}{\partial B^p} > 0 \text{ und } \frac{\partial U^p}{\partial Z} > 0.$$

Weiterhin gilt, dass eine Erhöhung der Subvention Z und/oder eine Erhöhung der Partialbereitstellung B^p c.p. zu einer Erhöhung des allgemeinen Steuersatzes T oder zu einer Reduktion von B führt. Da diese Steuern von allen Bürgern, d.h. auch von denen, die in Interessengruppen organisiert sind, getragen werden müssen, tritt ein Nutzen-Trade-off zwischen der Erhöhung von Z und der Erhöhung von T auf. Es erscheint plausibel, anzu-

---

[2] Auch hier unterstellen wir wieder einen repräsentativen Bürger, um die Aggregationsproblematik zu vermeiden.

nehmen, dass in einem solchen Fall der Nutzenzuwachs aus einer Subventionserhöhung die Nutzeneinbuße aus einer allgemeinen Steuererhöhung überkompensiert. Das bedeutet, dass

$$\left|\frac{\partial U^p}{\partial Z}\right| > \left|\frac{\partial U^p}{\partial T}\right| \text{ und}$$

$$\left|\frac{\partial U^p}{\partial B^p}\right| > \left|\frac{\partial U^p}{\partial B}\right|$$

ist. Es reicht daher für die folgenden Analysen aus, nur die Größen B^p und Z in der Nutzenfunktion der Klientel organisierter Interessengruppen zu betrachten.

Die Beziehung zwischen allgemeinen, unorganisierten Interessen und speziellen, organisierten Interessen lässt sich anschaulich am Beispiel der Diskussion um die „Große Steuerreform 2007" in Deutschland demonstrieren. Die in diesem Zusammenhang geplante allgemeine Senkung der Einkommensteuersätze bei einer gleich bleibenden Versorgung mit öffentlichen Leistungen dürfte nach unserer Definition im Sinne aller Bürger gewesen sein. Die für die teilweise Gegenfinanzierung der Steuersenkungen vorgesehene Verbreiterung der Bemessungsgrundlage und die Verringerung der Ausnahmetatbestände lassen jedoch organisierte Partialinteressen deutlich zutage treten. So sollen bei der Verbreiterung der Bemessungsgrundlage zahlreiche Ausnahmen gemacht werden. Hierzu zählen die Beibehaltung der Steuerfreiheit für Nacht- und Sonntagsarbeit sowie die Kilometerpauschale für Fahrten zwischen Wohnort und Arbeitsstätte. An diesem Beispiel zeigt sich deutlich der Versuch verschiedener Interessengruppen, die politischen Entscheidungsträger in ihrem Sinne zu beeinflussen, um auf diese Weise „Partialvorteile" zu erhalten. Die Reaktion der Anbieter politischer Leistungen auf derartige Aktivitäten der organisierten Nachfrager zeigt gleichzeitig, welche Ziele sie selbst verfolgen.

Interessen-konflikte

Bestünden *Regierungen* aus wohl wollenden Diktatoren, so versuchten sie, die Wünsche der Bevölkerung zu erfüllen. Ihre eigene Nutzenfunktion wäre dann identisch mit der Nutzenfunktion der unorganisierten Bürger. Wir gehen hier jedoch davon aus, dass Politiker – also auch die Mitglieder der Regierungen – ihren eigenen Nutzen verfolgen wollen. Dies können sie beispielsweise dadurch realisieren, dass sie Steuern in einer Höhe erheben, die über die notwendigen Bereitstellungskosten hinausgehen. Die somit durch Regierungsaktivitäten entstandene finanzielle disponible Masse D^r können sie dann nutzen, um z.B. über höhere Diäten, höhere Einkommen, größere Dienstwagen oder die Nutzung der Flugbereitschaft der Bundeswehr ihren Nutzen direkt zu erhöhen. Möglicherweise nutzen sie den entstehenden finanziellen Spielraum auch für prestigeträchtige Projekte, um sich so einen Platz in den Geschichtsbüchern zu sichern. Um aber überhaupt in die Situation zu gelangen, eine solche disponible Masse produzieren zu können, müssen Politiker zunächst in das Regierungsamt gewählt werden, d.h. sie müssen Wahlen gewinnen. Die Erringung einer Mehrheit bei Wahlen ist für Politiker das Mittel zum Zweck der Erlangung gestalterischen Spielraums. Damit stellt der Erfolg im politischen Wettbewerb quasi das „Zwischenziel" der Politiker dar.

Nutzenfunktion der Regierung

Auch für Politiker gilt, dass sie gleichzeitig „normale" Bürger sind, die von den Parametern B und T betroffen werden. Wir gehen im Folgenden davon aus, dass Regierungspolitiker eine Nutzenfunktion aufweisen, die die Elemente B und D^r enthält. Es gilt mithin

$$U^r = U^r(B, \ D^r) \qquad \text{mit } \frac{\partial U^r}{\partial B} > 0 \text{ und } \frac{\partial U^r}{\partial D^r} > 0.$$

Da bei einer Vergrößerung des Budgetüberschusses D^r der allgemeine Steuersatz T c.p. steigen muss, gehen wir wiederum davon aus, dass der Nutzenzuwachs durch den erhöhten Budgetüberschuss den Nutzenverzicht aus der allgemeinen Steuererhöhung überkompensiert. Dann gilt

$$\left| \frac{\partial U^r}{\partial D^r} \right| > \left| \frac{\partial U^r}{\partial T} \right|,$$

und wir können daher die Größe T innerhalb der Nutzenfunktion der Regierungspolitiker vernachlässigen. Damit fehlt nur noch die Beschreibung des Verhaltens der Bürokraten.

In der traditionellen Wohlfahrtsökonomik stimmt die Nutzenfunktion der „wohl wollenden Beamten" mit derjenigen der unorganisierten, allgemeinen Interessen überein. Realiter sind die *Ziele der Bürokratie,* insbesondere der leitenden Bürokraten, jedoch ähnlich strukturiert wie die der Regierungen. Unterstellt man also eigennutzorientiertes Verhalten der Bürokraten, so sind diese ebenfalls an hohen persönlichen Einkommen sowie Einfluss und Prestige interessiert. Letztere Komponenten spiegeln sich für die Chefbürokraten innerhalb von Bürokratien beispielsweise in der Anzahl der Mitarbeiter und der Größe des Dienstwagens wider. Die genannten nutzenstiftenden Komponenten lassen sich für Chefbürokraten näherungsweise in der Größe des zu verwaltenden Budgets ausdrücken. Wenn wir unterstellten, dass die Bürokratie die von den Nachfragern präferierten Leistungen zu minimalen Bereitstellungskosten anbietet, wäre die Größe des Budgets ebenso determiniert wie der individuelle Nutzen der Bürokraten. Realistischer aber ist wieder die Annahme, dass auch Bürokraten versuchen, ihren eigenen Nutzen zu maximieren.

Wir gehen daher im Folgenden davon aus, dass auch die Bürokraten versuchen, ein Budget zu erlangen, das über die notwendigen Bereitstellungskosten hinausgeht. Die disponible Finanzmasse der Bürokratie nennen wir D^b. Es tritt erneut das Problem auf, dass auch Bürokraten gleichzeitig normale Steuerzahler sind. Wir unterstellen daher wieder, dass der Nutzenzuwachs aus einer Erhöhung von D^b größer ist als die Nutzenreduktion durch die notwendige Erhöhung der Steuern T. Es gilt für den Nutzen der Bürokraten dann

Nutzenfunktion der Bürokratie

$$U^b = U^b\,(B, D^b)$$

$$\text{mit } \frac{\partial U^b}{\partial B} > 0 \text{ und } \frac{\partial U^b}{\partial D^b} > 0 \text{ sowie } \left|\frac{\partial U^b}{\partial D^b}\right| > \left|\frac{\partial U^b}{\partial T}\right|.$$

Wichtig ist in diesem Zusammenhang das Ausmaß der Nutzensteigerung für Bürokraten bei einer Erhöhung der Bereitstellungsmenge. Diese ist c.p. größer als für die normalen Bürger: Neben dem direkten Nutzenzuwachs aus einer besseren Versorgung mit öffentlichen Leistungen kommt hier noch ein indirekter Nutzen hinzu, der sich aus der Größe der Abteilung ergibt, die für die betreffende Leistung zuständig ist: Steigt die bereitzustellende Menge B so steigt c.p. das Budget der Abteilung und möglicherweise auch die Zahl ihrer Mitarbeiter. Damit aber steigt letztlich – wie oben unterstellt – auch der Nutzen der Bürokraten.

2.1.2.2. Restriktionen der politischen Akteure

Wenden wir uns nun der Frage zu, welchen *Restriktionen* die einzelnen Akteure bzw. Akteursgruppen in ihrem Handeln unterworfen sind. Grundsätzlich ist jedes Handeln, also auch das im politischen Sektor, mit Beschränkungen versehen. Diese Restriktionen werden in Form von zwingend zu erfüllenden Nebenbedingungen in die jeweilige Modellierung eingebracht. Die im politischen Sektor bestehenden, grundlegenden Restriktionen existieren in dem per Gesetz vorgegebenen Rahmen, der z.B. das Wahlrecht oder die Verfassung eines Staates umfasst. An dieser Stelle soll noch nicht auf den genauen Inhalt und die Wirkung dieser Rahmenregeln eingegangen werden.[3] Vielmehr sei nur angenommen, dass solche Regeln in Demokratien existieren und dass sie – mehr oder weniger gut – funktionieren.

(Regierungs-)Politiker unterliegen in ihrem Handeln offensichtlich der (Wieder-)Wahlrestriktion. Um ein politisches Mandat zu erlangen, müssen sie Wahlen gewinnen. Da in indirekten Demokratien typischerweise mehr

Restriktionen der Regierung

---

[3] Auf die Ausgestaltung und Wirkung von Verfassungsregeln für den Staat gehen wir in Kapitel 8 detailliert ein.

als nur eine Partei existiert, entsteht ein Wettbewerb der Parteien um den Wahlsieg und damit um die Stimmen der organisierten und unorganisierten Bürger. Die jeweilige Regierung steht dabei unter einem unmittelbaren Wettbewerbsdruck von innen und einem mittelbaren von außen. Zum einen können die Bürger nämlich für ihre Wahlentscheidung die Performance der tatsächlichen Regierungspolitik mit der potentiellen Performance der inländischen Opposition vergleichen. Zum anderen können sie aber auch die Performance ausländischer Regierungen als Referenzmaßstab für die Güte der inländischen Politik heranziehen. Neben den gesetzlichen Verhaltensbeschränkungen bildet daher die potentielle Abwahl durch die Bürger die wesentliche Restriktion für das Handeln der regierenden Politiker.

Restriktionen der Bürokratie

Obwohl die Bürokratie der jeweiligen Regierung in der Regel als Angebotsmonopolist für die bereitzustellenden Leistungen gegenübertritt, ist auch ihr Handeln Restriktionen unterworfen. Dazu gehört zunächst die Kontrolle durch die Regierung, die wegen ihrer eigenen Wiederwahlrestriktion ein vitales Interesse an einer effizienten Bereitstellung hat. Zur Kontrolle der eigenen Bürokratie kann die inländische Regierung wiederum die Effizienz der Verwaltungen in anderen Ländern heranziehen. Damit stehen auch Bürokraten im indirekten internationalen Wettbewerb. Bei auffällig ineffizientem Handeln der Bürokratie sind die Chefbürokraten dann zwar nicht von einer Abwahl, jedoch von einer Entlassung bzw. vom vorzeitigen Ruhestand bedroht. Zusätzlich dazu gibt es einen innerbürokratischen Wettbewerb der einzelnen Abteilungen. Unterstellen wir, dass die Regierung der gesamten Bürokratie ein gegebenes Budget zuweist, so konkurrieren die einzelnen Abteilungen um ihren relativen Anteil am Gesamtbudget, indem sie beispielsweise Beeinflussungsaktivitäten entwickeln und entsprechende Kosten verursachen.

Restriktionen der organisierten Interessen

Auch auf der Nachfragerseite nach politischen Leistungen finden sich Wettbewerbselemente, die das Handeln der Akteure begrenzen. Die leitenden Funktionäre in Interessengruppen agieren unter einer ähnlichen Wiederwahlrestriktion wie Regierungspolitiker. Sie behalten ihren Posten nur dann, wenn sie die Interessen der von ihnen repräsentierten Mitglieder nachdrücklich vertreten. Eine weitere wesentliche Restriktion der Aktivitäten organisierter Interessengruppen ist ihre Konkurrenz um Vergünstigungen von der Regierung. Darüber hinaus konkurrieren die organisierten aber auch mit den unorganisierten Interessen um niedrige Steuersätze und hohe Bereitstellungsmengen. Der Wettbewerb der Interessengruppen bildet insbesondere dann eine Handlungsrestriktion, wenn ein gesamtwirtschaftlich vorgegebenes Subventionsvolumen zur Verteilung steht. Hingegen setzt eine spürbare Rivalität mit den unorganisierten Interessen in der Regel erst dann ein, wenn die Last für die unorganisierten Bürger so hoch wird, dass sie die Abwahl der amtierenden Regierung anstreben. Der dann einsetzende Druck auf die Regierung kann die Vorteile der organisierten Interessen beschränken und damit eine Restriktion für die Aktivitäten der Interessengruppen darstellen.

Die härteste Restriktion der unorganisieren Nachfrager-Bürger ist ihr Budget, aus dem sie die gewünschten privaten und öffentlichen Leistungen finanzieren müssen. Die unorganisierten Interessen unterliegen darüber hinaus der Beschränkung, dass sie aufgrund der Heterogenität ihrer potentiellen Mitglieder schwer organisierbar sind. Die unorganisierten Bürger haben dennoch drei Instrumente zur Verfügung, mit denen sie ihre Präferenzen offen legen und ihre Zufriedenheit mit der aktuellen Politik ausdrücken können: im Regelfall die allgemeinen Wahlen, in besonderen Situationen bei Bedarf Volksentscheide und zusätzlich auch die Abwanderung aus dem entsprechenden Staat. Allerdings bestehen weitere Restriktionen bei der Durchsetzung ihrer Interessen, d.h. bei der Maximierung ihres Nutzens: die Konkurrenz mit den organisierten Interessen, den Interessen der Regierungspolitiker und denen der Bürokraten. Diese Konkurrenzbeziehungen bzw. Interessenkonflikte werden offensichtlich, wenn man die Determinanten der allgemeinen Steuer betrachtet, die von den unorganisierten Bürgern zu tragen ist. Unter der Prämisse, dass keine Verschuldung des Staates zugelassen ist, d.h. alle staatlichen Ausgaben über Steuern finanziert werden, sieht die Funktion der allgemeinen Steuerlast T wie folgt aus:

Restriktionen der Allgemeinheit

$$T = T[BK(B), Z, B^p, D^r, D^b] \text{ mit } \frac{\partial T}{\partial BK, B, Z, B^p, D^r, D^b} > 0.$$

Dabei steht BK für die Bereitstellungskosten, die bei einer effizienten Bereitstellung der Menge B anfallen würden.

Nimmt man diese Funktion als Grundlage und unterstellt, dass die staatliche Ordnung „Demokratie" eine Veranstaltung zum Wohle *aller* Bürger sein soll, so ist die Steuer T bei gegebener Bereitstellungsmenge zu minimieren. In einem Staat, dessen Regierung und Bürokratie aus wohl wollenden Diktatoren bestehen, die keine Partialinteressen unterstützen, ist dieses Ziel gleichzusetzen mit einer effizienten Bereitstellung, d.h. der Minimierung der Bereitstellungskosten bei gegebener Bereitstellungsmenge: Die Größen T^p, B^p, D^r und D^b wären – bei unterstellter Abwesenheit von internalisierungsbedürftigen externen Effekten – gleich Null. Da diese Idealvorstellung eines Staates nicht realistisch ist, gilt es den Einfluss der organisierten Interessengruppen, der (Regierungs-)Politiker sowie der Bürokratie auf diese Größen zu untersuchen. Dazu werden im Folgenden drei Modelle vorgestellt: Der Ansatz von Anthony Downs zur Analyse des Politikerverhaltens in einer indirekten Demokratie geht der Frage nach, wie die Größe D^r möglichst klein gehalten werden kann, während das Modell der Bürokratie in der Tradition von William Niskanen aufzeigt, wie die Größe

Zielfunktion wohlwollender Diktatoren

D^b zustande kommt. Schließlich werden Modelle zum Wettbewerb der Interessengruppen von Mancur Olson und Gary S. Becker vorgestellt, die die Determinanten von Z und B^p analysieren.

2.2. Eine Theorie der indirekten Demokratie

Die ersten Versuche, das Handeln politischer Akteure mit Hilfe des ökonomischen Instrumentariums zu untersuchen, gehen auf Downs (1957) und Herder-Dorneich (1958) zurück. Seitdem sind eine Vielzahl von Modellen entwickelt worden, die das Verhalten von Parteien bzw. der in ihnen organisierten Politiker analysieren. Wegen seiner zentralen Bedeutung skizzieren wir im Folgenden zunächst die Grundlogik des Downs-Modells. Anschließend wollen wir noch kurz in Form eines Exkurses auf den „politischen Konjunkturzyklus" eingehen.

2.2.1. Einige Modellvarianten im Überblick

Das offensichtlichste Kriterium zur Differenzierung ist die Anzahl der betrachteten Parteien, die miteinander in Wettbewerb um Wählerstimmen stehen: Den einfachsten und anschaulichsten Fall liefern 2-Parteien-Modelle, kompliziertere Lösungen bieten Modelle mit drei oder mehr Parteien. Auch ist relevant ob Parteien-Newcomer als Konkurrenten in den Markt eintreten können oder die Marktform festgeschrieben ist. Diese Unterscheidungen sind denen in der normalen ökonomischen Preis- und Markttheorie sehr ähnlich. Gleiches gilt für die Bestimmung der Zielfunktion: So, wie es in der Preistheorie Preis- und Mengenstrategien gibt, die auf die Erzielung von Gewinn- oder Umsatzmaximierung abstellen, findet man auch in den Modellen zum Parteienwettbewerb unterschiedlich definierte Ziele und Strategien. Neben dem Ziel, eine Wahl zu gewinnen, gibt es beispielsweise auch die Annahme, Politiker versuchten sich auf Kosten der Bevölkerung zu bereichern. Um das Zwischenziel „Wahlsieg" zu erreichen, kann die Maximierung der Stimmzahl oder nur der Sieg über den oder die Konkurrenten angestrebt werden. Um die Verknüpfung von Angebot und Nachfrage sinnvoll herstellen zu können, ist eine genaue Spezifizierung der jeweils bereitzustellenden Leistung notwendig. Hier ist insbesondere zu unterscheiden, ob annahmegemäß nur ein öffentliches Gut bereitgestellt werden soll oder ein ganzes Bündel. Während im ersten Fall eine eindimensionale Darstellung des Problems ausreicht, sind in letzterem Fall mehrdimensionale Bereitstellungsentscheidungen von den Nachfragern zu fällen.

Auch die Nachfragerseite lässt sich unterschiedlich modellieren. So gibt es neben Modellen, die den Nachfragern eine vollständige Informiertheit über die von den Parteien vertretenen Programme unterstellen, auch solche, die das oben beschriebene Phänomen der rationalen Ignoranz explizit

Kriterien der Anbieterseite

Kriterien der Nachfragerseite

mit berücksichtigen. Das Wahlrecht stellt eine weitere wichtige Prämisse der Analyse dar: Das Mehrheitswahlrecht, in der die Partei mit der höchsten Stimmenzahl allein die Regierung stellt, erleichtert die Analyse. Im Gegensatz dazu sind beim Verhältniswahlrecht auch noch mögliche Parteien-Koalitionen, die zur Erreichung einer Mehrheit der Sitze im Parlament notwendig werden können, mit zu berücksichtigen.

Darüber hinaus lassen sich Modelle zum Parteienwettbewerb beispielsweise auch noch danach unterscheiden,

– ob die Parteien über die Präferenzen der Wähler informiert sind oder nicht,
– ob die (potentielle) Regierung sich an ihre Wahlversprechen glaubhaft binden kann oder nicht,
– ob eine einmalige Wahl betrachtet wird oder eine Serie von Wahlen und
– ob die Aufstellung der Wahlprogramme durch die Parteien simultan oder sequentiell erfolgt.

Die beiden letztgenannten Kriterien zeigen, dass die Modelle zum Parteienwettbewerb auch spieltheoretisch formuliert werden können. In diesen Analysen wird untersucht, ob Wahlen als einmaliges oder wiederholtes Spiel stattfinden und ob eine Partei die Rolle eines Stackelberg-Führers innerhalb des Spiels einnimmt. Wir wollen uns hier darauf beschränken, anhand eines einfachen Modells die Grundstruktur und die Wirkung des Parteienwettbewerbs in einer indirekten Demokratie deutlich zu machen. Dazu betrachten wir nur zwei der oben vorgestellten Akteursgruppen im politischen Prozess: die unorganisierten Bürger als Nachfrager und die Politiker der Regierung und der Opposition als potentielle Anbieter öffentlicher Leistungen. Wir verwenden in Bezug auf die Versorgung mit öffentlichen Leistungen die im vorigen Abschnitt hergeleiteten Nutzenfunktionen, $U = U(B, T)$ sowie $U^r = U^r(B, D^r)$, aus denen sich ein Prinzipal-Agent-Problem zwischen Anbietern und Nachfragern ergibt. Wie nun verhalten sich Politiker in einem solchen Modellrahmen, wenn der Wettbewerb der Parteien um die knappen Wählerstimmen funktioniert?

2.2.2. Ein einfaches 2-Parteien-Modell

Zur Erinnerung: Ausgangspunkt unserer Untersuchungen war die Frage, ob die Bereitstellung öffentlicher Güter durch staatliche Stellen tatsächlich in der Lage ist, das Marktversagen zu heilen. Die Norm zur Beurteilung der staatlichen Bereitstellung ist daher wieder die eingangs definierte präferenzgemäße Versorgung in zwei Dimensionen: die allokative Effizienz als Versorgung mit den präferierten Güter*mengen* und die Bereitstellungseffizienz, die sicherstellt, dass die präferierten Mengen zu minimalen *Kos-*

ten bereitgestellt werden. Für die folgende Analyse setzen wir folgende Prämissen:

Es gibt nur 2 Parteien, die um den Wahlsieg konkurrieren und die wir als Linkspartei und Rechtspartei bezeichnen. Sieger ist die Partei mit der einfachen Mehrheit der abgegebenen Stimmen, d.h. 50 Prozent plus eine Stimme reichen für den Wahlsieg aus. Es geht nur darum, eine öffentliche Leistung bereitzustellen, bei der keine Rivalität im Konsum auftritt. Dazu entwickeln die beiden Parteien aufgrund ihrer ideologischen Ausrichtung unterschiedliche Wahlprogramme. Der Einfachheit halber gehen wir davon aus, dass die Linkspartei eine größere Menge der entsprechenden öffentlichen Leistung bereitstellen will als die Rechtspartei. Die öffentlich bereitgestellte Leistung wird von einem privaten Produzenten zu einem festen Stückpreis bezogen (Buy-Option), die Transaktionskosten der Bereitstellung sind pro bereitgestellter Einheit ebenfalls konstant. Um das Trittbrettfahrerproblem auszuschließen, nehmen wir an, alle Nutzer werden durch eine Kopfsteuer an der Finanzierung beteiligt. Bezüglich des Steueraufkommens sei angenommen, dass es mindestens zur Deckung der gesamten Bereitstellungskosten ausreicht. Budgetdefizite sind mithin ausgeschlossen, Überschüsse aber grundsätzlich möglich. Daraus ergibt sich, dass die Linkspartei durch ein Wahlprogramm mit der höheren Leistungsmenge auch eine höhere Steuerbelastung „bereitstellt", während umgekehrt das Programm der Rechtspartei mit einer geringeren Bereitstellungsmenge auch eine niedrigere Steuerlast hervorruft.

Modell-prämissen

In Bezug auf die Nachfrager nehmen wir an, dass es nur 1-Personen-Haushalte gibt, so dass die Zahl der Wähler und Haushalte identisch ist. Die Nachfrager legen ihre Präferenzen für öffentliche Leistungen ohne strategische Überlegungen bei den Wahlen offen, die Parteien sind also über die Präferenzen vollständig informiert. Weiterhin sei angenommen, dass auch die Nachfrager über die Wahlprogramme der einzelnen Parteien vollständig informiert sind. Neben der öffentlich bereitgestellten Leistung konsumieren die Nachfrager-Haushalte ein privates Gut.

Formal stellen sich diese Zusammenhänge wie folgt dar: Den n Nachfrager-Haushalten steht jeweils ein Einkommen in Höhe von Y_n zur Verfügung, das sie zum Kauf des privaten Gutes X und der öffentlichen Leistung B verwenden. Der Preis für das private Gut beträgt p_1. Die Bereitstellungskosten für das öffentliche Gut werden durch eine Kopfsteuer T abgegolten. Wenn wir unterstellen, dass die privaten Haushalte zwar sparen können, jedoch keine Kreditaufnahme zugelassen ist, ergibt sich als Budgetrestriktion eines Haushalts

Budget-restriktion eines Haushalts

(6.1) $Y_n - T - p_1 x_n \geq 0.$

Betrachten wir nun, welche Nachfrage nach öffentlichen Leistungen sich für einen einzelnen Haushalt ergeben würde. Dazu verwenden wir die aus der Mikroökonomik bekannte Darstellung des optimalen Haushaltsplans mit einer Budgetgeraden und einer Indifferenzkurvenschar. Auf der Abszisse in Abbildung 6.1 ist die Menge des privaten Gutes X abgetragen, auf der Ordinate die Bereitstellungsmenge der öffentlichen Leistung B. Die Schnittpunkte der Budgetgeraden mit den Achsen ergeben sich, wenn jeweils das gesamte Haushaltseinkommen Y allein für B oder X ausgegeben wird. Für das öffentliche Gut wird unterstellt, dass der zu zahlende Preis, der in Form einer Kopfsteuer erhoben wird, genau den minimalen Bereitstellungskosten entspricht. Da sich der „Stückpreis" als Summe aus dem Preis p_2 – den der private Produzent erhält – und den Transaktionskosten der Bereitstellung tkb ergibt, ist folglich die in Abbildung 6.1 abgetragene maximale individuell nachfragbare Menge von B durch den Wert $Y/(p_2 + tkb)$ charakterisiert. Die Budgetgerade spiegelt dann alle möglichen effizienten Haushaltspläne wider. Das Haushaltsoptimum, in dem die Mengen B* und X* nachgefragt werden, ergibt sich dann im Tangentialpunkt der höchsten erreichbaren Indifferenzkurve mit der Budgetgeraden.

Budgetgerade eines Haushalts

Wenn – wie angenommen – der „Kopfsteuer-Preis" den minimalen Bereitstellungskosten entspricht, wird damit die Fiktion hergestellt, die Regierung handele ausschließlich als wohlwollender Diktator. In diesem Fall gibt es keine Budgetüberschüsse der Regierung, weil das gesamte Steueraufkommen für die Finanzierung der bereitzustellenden Leistung verwendet wird: Eine effiziente, d.h. kostenminimierende, Bereitstellung wäre sichergestellt. Wir werden im nächsten Schritt prüfen, ob diese Fiktion unter den gegebenen Modellprämissen und der Annahme eigennutzorientierter Politiker plausibel ist. Dazu betrachten wir nun das Verhalten der Anbieter, d.h. der politischen Parteien.

Abbildung 6.1

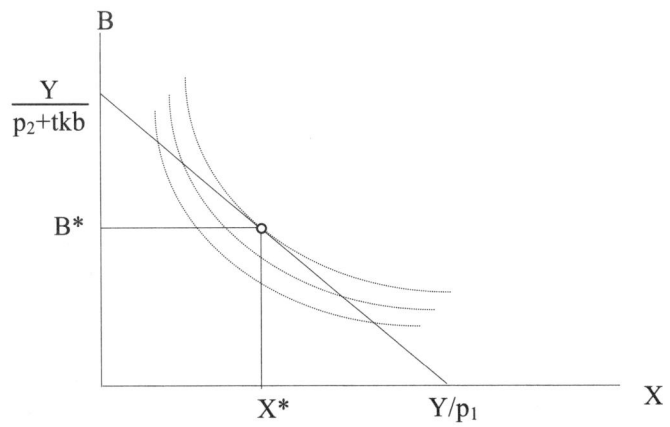

*Wahlpro-
gramme*

In unserem Modell gibt es bekanntlich zwei Parteien: die Linkspartei L und die Rechtspartei R. Die Wahlprogramme beider Parteien seien zunächst durch zwei Bestandteile gekennzeichnet: die bereitzustellende Leistungsmenge B und die zur Finanzierung erhobene Kopfsteuer T. Annahmegemäß beabsichtigt die Linkspartei aufgrund ihrer ideologischen Ausrichtung, mehr Leistungen bereitzustellen und muss daher höhere Steuern erheben als die Rechtspartei; das bedeutet, $B_L > B_R$ und $T_L > T_R$. Die Wahlprogramme P_j lassen sich dann wie folgt charakterisieren: $P_L = P_L$ (B_L, T_L) und $P_R = P_R (B_R, T_R)$. Das Steueraufkommen soll jeweils ausreichen, um den Kauf der bereitzustellenden Leistungen vom privaten Produzenten zu gewährleisten – eine staatliche Kreditaufnahme ist nicht zugelassen. Neben ihrer ideologischen Ausrichtung, die Bereitstellungsmenge möglichst auszudehnen bzw. möglichst klein zu halten, versuchen die eigennutzorientierten Politiker eine disponible Finanzmasse zu erhalten, um diese zu ihrem individuellen Vorteil zu nutzen. Dies kann etwa durch Verteilung von „Wahlgeschenken" zur Sicherung der eigenen Wiederwahl geschehen.

*Budget-
restriktion der
Regierung*

Bezeichnen wir den Preis der öffentlichen Leistung, den die Regierung an den privaten Produzenten zu zahlen hat, mit p_2 und unterstellen wir konstante Transaktionskosten der Bereitstellung in Höhe von tkb pro Einheit B sowie eine potenzielle disponible Masse D^r, so ergibt sich als Budgetrestriktion der Regierung

$$(6.2) \qquad T \cdot n - (p_2 + tkb) \, B - D^r = 0.$$

Weil Politiker bzw. Parteien nur dann über eine disponible Gestaltungsmasse verfügen können, wenn sie die Regierung bilden, greift als Nebenbedingung die (Wieder-)Wahlrestriktion. Ein Wahlsieg soll bei einer einfachen Mehrheit der abgegebenen Stimmen erreicht sein. Wenn wir unterstellen, dass es n abstimmungsberechtigte Ein-Personen-Haushalte bzw. Wähler gibt, sind für den Wahlsieg $n/2 + 1$ Stimmen erforderlich. Was passiert nun, wenn unter dieser Restriktion eine Partei ein Programm zur Wahl stellt, in dem ein Steuersatz vorgesehen ist, der über die minimalen Bereitstellungskosten der vorgesehenen Bereitstellungsmenge hinausgeht und somit tatsächlich disponible Finanzmittel generiert?

2.2.2.1. Ergebnisse des idealen Parteienwettbewerbs

Angenommen, die Linkspartei plane eine Menge B_L bereitzustellen und dafür eine Kopfsteuer T_L zu erheben, die zu einer disponiblen Masse D^r führt. Unter Berücksichtigung dieser Steuer verbleibt dem Haushalt ein verfügbares Einkommen in Höhe von $Y - T_{L1}$, das er für den Kauf des privaten Gutes verwenden kann. Als realisierbarer Verbrauchsplan ergeben sich dann in Abbildung 6.2 die Mengen B_L für das öffentliche und $(Y - T_{L1})/p_1$ für das private Gut.

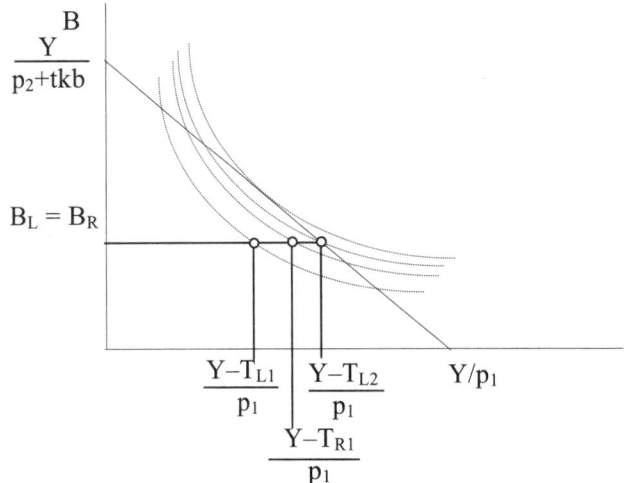

Abbildung 6.2

Wir haben weiter oben angenommen, dass das Ziel der Rechtspartei darin besteht, eine möglichst geringe Steuerlast für die Bürger zu erreichen. Unter dieser Voraussetzung ist die Rechtspartei nun in der Lage ein Wahlprogramm zu entwerfen, in dem die Bereitstellungsmenge B_L zu einem geringeren Steuerbetrag als T_{L1} angeboten wird. Da die eigentlichen Bereitstellungskosten der Menge B_L gegeben sind, kann sie die Steuer nur zu Lasten der möglichen disponiblen Finanzmasse D^r senken. Wenn sie das tut, wird sie Wählerstimmen gewinnen: Da die Güterversorgung konstant bleibt – B_R entspricht B_L – ist es für alle Wähler rational die Rechtspartei zu wählen. Offensichtlich verbessert sich nämlich bei einer sinkenden Kopfsteuer die auf der Abszisse abgetragene, zu konsumierende Menge des privaten Gutes X. Die beim Steuerbetrag T_{R1} zu realisierende Menge von X ergibt sich zu $(Y-T_{R1})/p_1$. Unter der Annahme nutzenmaximierenden Verhaltens ist für alle Haushalte die mit der Rechtsregierung erreichbare Güterversorgung der einer Linksregierung vorzuziehen.

Programmwahl der Parteien

Da in unserem Beispiel auch die Steuer T_{R1} noch einen disponiblen Finanzspielraum für die Rechtspartei ermöglichen würde, kann nun die Linkspartei nochmals ein neues „Angebot" unterbreiten: Dieses besteht in Abbildung 6.2 aus der gegebenen Bereitstellungsmenge B_L und dem Steuersatz T_{L2}. Wieder sinkt die potentielle disponible Masse. Man erkennt unmittelbar, dass der skizzierte Unterbietungsprozess erst dann zum Erliegen kommt, wenn sich die Parteien auf einen Steuersatz – hier T_{L2} – herunterkonkurriert haben, der keine disponible Finanzmasse mehr ermöglicht.

Damit wird deutlich, dass der in unserem Modellkontext ideal funktionierende Wettbewerb der Parteien dazu führt, dass keine Partei versuchen wird, über eine zu hohe Steuer disponible Mittel zu generieren: Die Gegenpartei kann dann nämlich immer eine niedrigere Steuer bei gleichbleibender Versorgung mit öffentlichen Leistungen anbieten und damit die Wahl für sich entscheiden. Unter den gegebenen Prämissen werden die Parteien also immer die Steuer so festlegen, dass genau die minimalen Bereitstellungskosten gedeckt werden und die Haushalte effiziente Konsumpläne auf ihrer Budgetgeraden realisieren können. Ein ideal funktionierender politischer Wettbewerb führt folglich zu frei disponiblen Finanzmitteln der Regierung (D^r) in Höhe von Null. Damit lässt sich auch die oben verwendete Annahme bestätigen, für die Herleitung der Budgetgeraden des Haushalts bzw. der Schnittpunkte mit den Achsen die Preise p_1 und (p_2+tkb) zu verwenden.

Wirkung von Parteienwettbewerb

Eine erste – gesellschaftliche erwünschte – Wirkung politischen Wettbewerbs konnte somit schon hergeleitet werden: Die effiziente Bereitstellung öffentlicher Leistungen ist sichergestellt. Wir können nunmehr auch die Inhalte der zur Wahl stehenden Parteiprogramme vereinfachen. Letztendlich geht es allein darum, welche Bereitstellungsmenge im Programm enthalten ist, denn die dazugehörige Steuer ist – wie gerade gezeigt wurde – für alle Parteien durch die minimalen Bereitstellungskosten determiniert. Die Steuerhöhe ist – unter den hier gesetzten Modellprämissen – somit keine strategische Variable innerhalb der Wahlprogramme, die sich nun allein als Funktion der Bereitstellungsmenge mit $P_j=P(B_j)$ beschreiben lassen. Es stellt sich allerdings noch die Frage, wie die Parteien Wahlen gewinnen können. Oder mit anderen Worten: Welche Bereitstellungsmenge muss in einem Wahlprogramm „versprochen" werden, um eine Wahl zu gewinnen?

Orientierung der Wahlprogramme

Eine Regierung, die an der Macht bleiben will, unterliegt ebenso wie die Opposition, die an die Macht kommen will, zwei Restriktionen: Zum einen ist eine Mehrheit der Wählerstimmen zwingend erforderlich, d.h. n/2+1 Stimmen werden für einen Wahlsieg benötigt. Darüber hinaus gilt die Budgetrestriktion der Regierung, jetzt jedoch – aufgrund des politischen Wettbewerbs – in der Formulierung $T \cdot n - (p_2 + t\,kb) \cdot B = 0$. Die Parteien sind folglich gezwungen, mit ihren Wahlprogrammen auf die Präferenzen der Wähler einzugehen, wenn sie tatsächlich die Wahl gewinnen wollen. Ideologische Aspekte, die wir bisher unterstellt hatten, können nur dann sinnvoll in ein Wahlprogramm integriert werden, wenn dadurch der Wahlsieg nicht gefährdet wird. Für die nachfolgenden Überlegungen ist es daher vorteilhaft, die Präferenzen der Nachfrager in Bezug auf die öffentliche Leistung genauer zu betrachten. Dazu verwenden wir wie in Abbildung 6.1 die Darstellung des Haushaltsplans.

Offensichtlich erreicht der betrachtete Haushalt in Abbildung 6.3 sein Nutzenmaximum U* bei einer Bereitstellungsmenge von B*. Wird von der öffentlichen Leistung mehr bereitgestellt, erleidet der Haushalt eine Nutzeneinbuße. So kann er bei einer Bereitstellung in Höhe von B^3 nur noch die niedrigere Indifferenzkurve U^1 erreichen.

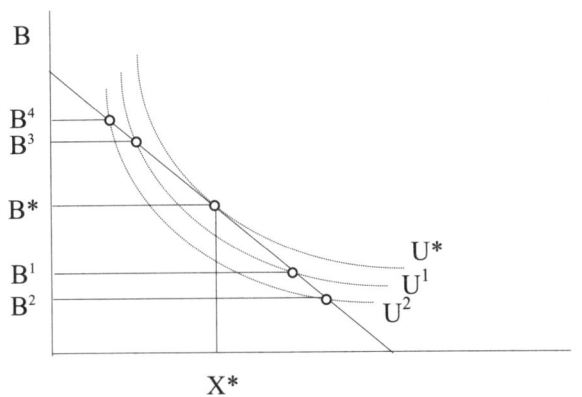

Abbildung 6.3

Hier sinkt der Nutzen für den Haushalt, weil er eigentlich mehr vom privaten Gut X konsumieren möchte. Analoges gilt für eine Versorgung mit der öffentlichen Leistung, die kleiner als B* ist. Auch bei der Menge B^1 sinkt das Nutzenniveau, weil der Haushalt nun zu viel vom privaten Gut konsumieren muss. Wie die Abbildung auch zeigt, sinkt der Nutzen des Haushalts umso stärker, je größer die Abweichung der bereitgestellten von der präferierten Menge ist. Diese Überlegungen lassen sich nun in eine Darstellung übertragen, in der der Haushaltsnutzen U in Abhängigkeit von der bereitgestellten Menge B abgetragen ist.

Nutzenniveau eines Haushalts

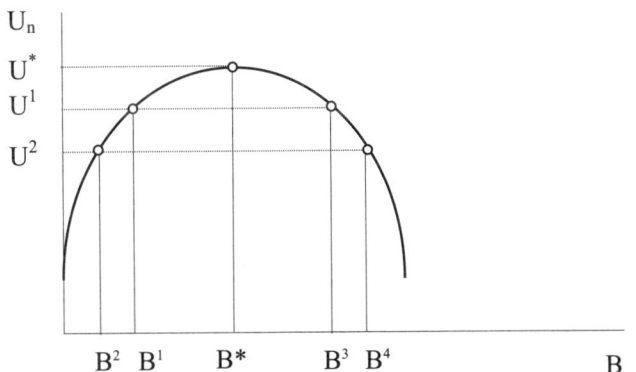

Abbildung 6.4

In Abbildung 6.4 sind die Bereitstellungsmengen aus Abbildung 6.3 übernommen. Für den betrachteten Haushalt ergibt sich eine konkave Nutzenfunktion – in Abhängigkeit von der Versorgung mit der öffentlichen Leistung. Gleichzeitig wird deutlich, dass im Falle einer Nicht-

Bereitstellung der öffentlichen Leistung der Nutzen des Haushalts nur aus dem Konsum des privaten Gutes resultiert.

Eine solche Nutzenfunktion lässt sich analog für jeden einzelnen Haushalt bzw. Wahlbürger herleiten. Da die Präferenzen der Haushalte in Bezug auf die bereitzustellende Menge der öffentlichen Leistung nicht homogen sind, kann man nunmehr die Nutzenfunktionen aller Haushalte bzw. Wähler in Abhängigkeit von der Bereitstellungsmenge darstellen. Das ist in Abbildung 6.5 geschehen. Um die Annahme beibehalten zu können, dass links orientierte Parteien eine größere Menge der öffentlichen Leistung bereitstellen wollen als rechte, ist der Nullpunkt der Bereitstellungsmenge rechts auf der Abszisse eingetragen. Je weiter man nach links geht, desto höher wird die bereitgestellte Menge. Die Haushalte sind entsprechend ihrer optimalen Bereitstellungswünsche auf der Abszisse angeordnet. Haushalt 1 habe annahmegemäß die höchste, nutzenmaximierende Bereitstellungsmenge B_1, Haushalt n demgegenüber die geringste Menge B_n. Unterstellen wir weiterhin, dass es eine ungerade Zahl von Haushalten gibt, so existiert ein Median-Haushalt M, der genau die (n+1)/2-ste Stimme repräsentiert, die zur Gewinnung der einfachen Mehrheit notwendig ist und der die Menge B_M präferiert. Wie werden sich nun in diesem Kontext die beiden Parteien verhalten, wenn sie die Wahl gewinnen wollen?

Bereitstellungsmenge und Nutzenniveau

Abbildung 6.5

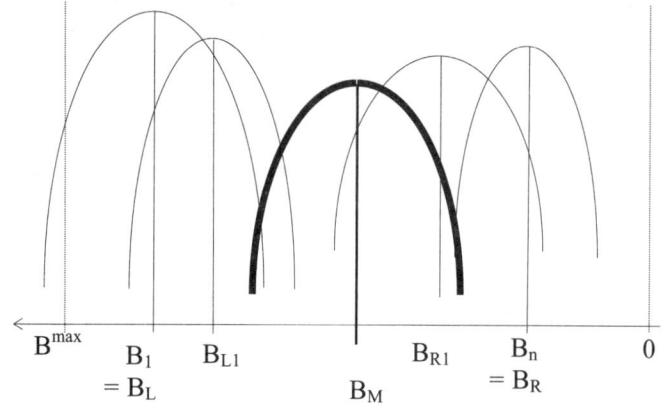

B^{max} B_1 B_{L1} B_{R1} B_n 0
            $= B_L$ B_M $= B_R$

Um diese Frage zu beantworten, gehen wir zunächst davon aus, dass die Linkspartei L ein ihrer Ideologie entsprechendes Programm zur Wahl stellt, in dem die Bereitstellungsmenge B_L offeriert wird, während die Rechtspartei R ein Programm mit der Menge B_R zur Abstimmung stellt. Unterstellen wir nun, dass L mit ihrem Programm die Wahl gewinnt. Wie wird R darauf reagieren? Dehnt R die offerierte Menge B_R auf B_{R1} aus, so gewinnt die Partei diejenigen Wähler dazu, die eine größere Menge als B_R präferieren. Gleichzeitig behält sie alle Wähler, die eine geringere Menge

Anpassung der Parteiprogramme

als B_R wünschen. Deren Alternative, nämlich B_L, ist offensichtlich noch weiter von ihren Präferenzen entfernt als die neue Menge B_{R1}. Unterstellen wir, dass R mit dem neuen Programm die Wahl gewinnt, so wird nun L auf das neue Programm von R in der genannten Weise reagieren: L schränkt die offerierte Menge auf B_{L1} ein, gewinnt damit Wähler hinzu, die eine geringere Menge als B_L präferieren, und behält ihre „Stammwähler". Diese Reaktion auf vorhergehende Aktionen der Konkurrenzpartei setzt sich in der nächsten Runde fort. Offensichtlich müssen sich beide Parteien mit ihren Programmen aufeinander zu bewegen, um neue Wähler gewinnen zu können.

In Abbildung 6.5 kann man erkennen, an welchem Wähler die Parteien ihr Wahlprogramm letztendlich ausrichten werden. Es ist genau der Wähler, der nötig ist, um die letzte zur Mehrheit notwendige Stimme zu erlangen: der Medianwähler. Wenn also eine Partei in einer indirekten Demokratie mit einer einfachen Mehrheitswahl die Regierungsgewalt erringen will, muss sie ihr Wahlprogramm an den Präferenzen des Medianwählers ausrichten. Die Erfüllung der Medianwähler-Präferenzen stellt damit auch das Nash-Gleichgewicht des oben beschriebenen „Wahlspiels" dar. Unterstellt man, dass im betrachteten 2-Parteien-Modell beide Parteien um die Mehrheit konkurrieren, lösen sich die ideologischen Ausrichtungen beider Parteien auf. Im vorliegenden Modellkontext gibt es keine Links- und keine Rechtspartei, sondern vielmehr zwei Median(Wähler)Parteien, die identische Wahlprogramme zur Wahl stellen. In der realen Politik wird dieses Verhalten beim Kampf um die sogenannte „politische Mitte" erkennbar, die z. B. die Wahl von „New Labour" in Großbritannien und die Wahl der Regierung Schröder in Deutschland geprägt hat.

Bedeutung des Medianwählers

Damit lassen sich aus unserem Modell zwei Wirkungen eines ideal funktionierenden politischen Wettbewerbs ableiten: Erstens führt der Wettbewerb der Parteien dazu, dass die jeweilige Regierung keine Budgetüberschüsse produziert, sondern eine effiziente Bereitstellung durchführt. Zweitens nähern sich die Wahlprogramme unter Konkurrenz um den Medianwähler aneinander an, werden im Extremfall sogar deckungsgleich. Hinsichtlich der bereitgestellten Menge bedeutet dies, dass allein den Präferenzen des Medianwählers entsprochen wird. Eine effiziente Allokation ist damit nur in dem Fall gewährleistet, dass *alle* Bürger homogene Präferenzen in Bezug auf die bereitgestellten Leistungen aufweisen. Nur in diesem Fall kann eine durch Parteienkonkurrenz „gezähmte" Bereitstellung durch staatliche Stellen das bei öffentlichen Gütern auftretende Marktversagen vollständig heilen.

2.2.2.2. Relativierung der Modellergebnisse

Die Gültigkeit dieser Aussagen wird dann eingeschränkt, wenn man eine der wesentlichen Prämissen unserer Modellierung aufhebt. Im beschriebenen Modellkontext betreiben die Wähler eine perfekte Nutzenarbitrage, d.h. sie wählen dann die Linkspartei, wenn der Nutzen, den sie sich aus ihrem Wahlprogramm versprechen, größer ist als der aus dem Programm der Rechtspartei und vice versa. Es gilt mithin immer die Regel: Wähle die Linkspartei, wenn $U(P_L) > U(P_R)$ ist. Voraussetzung für diese Reaktion der Bürger auf die entsprechenden Wahlprogramme ist die vollständige *und* kostenlose Information über alle Steuer-Mengen-Relationen, die von den Parteien offeriert werden. Ist diese vollständige Transparenz nicht gegeben, so verändert sich das Kalkül der Bürger. Eine Regierung wird nur dann abgewählt, wenn der erwartete Nutzen aus dem Programm der Opposition beispielsweise auch die Kosten der Informationsbeschaffung über *Bedeutung von* das Alternativprogramm überkompensiert. Die modifizierte Entscheidungs-*Transaktions-* regel unter Berücksichtigung solcher Kosten der politischen Betätigung *kosten* KpB lautet dann: wähle die Linkspartei erst dann, wenn $U(P_L) > U(P_R) + KpB$ ist.

Unter Berücksichtigung dieser Kosten bleibt das Prinzipal-Agent-Problem zwischen Wählern und Regierungen zwar nicht ungelöst, die Kontrollkosten verhindern jedoch eine vollständige Überwachung. Eine vollständige Beschränkung des Handelns der Regierung auf eine effiziente – und zumindest für den Medianwähler präferenzgemäße – Bereitstellung öffentlicher Leistungen ist dann nicht möglich. Sie wäre auch gar nicht sinnvoll oder erwünscht, wenn die zusätzlichen Kontrollkosten höher wären als der zusätzliche Nutzen aus einer verbesserten Bereitstellung wäre. In diesem Fall existiert ein monopolistischer Spielraum für die Regierung, der durch die Höhe der Kosten der politischen Betätigung determiniert ist. Diese Kontrollkosten verhindern gleichzeitig ein perfektes Funktionieren des politischen Wettbewerbs und ermöglichen der Regierung die Erzielung eines Budgetüberschusses D^r, *ohne* dafür mit Abwahl bestraft zu werden. Im Ergebnis wird also aufgrund der für die Prinzipal-Bürger existierenden Kosten der politischen Betätigung den Agenten-Regierungen ein – ökonomisch sinnvoller – Freiraum eingeräumt. Ökonomisch sinnvoll ist dieser Freiraum, weil die vollständige Kontrolle höhere Kosten verursachen würde als durch die Ineffizienzen entstehen.

Nimmt man die vorhandenen positiven Informations- und Kontrollkosten mit in die Überlegung auf, muss man feststellen, dass die eingangs angeführte Kritik am Nirvana Approach durchaus gerechtfertigt ist. Das reale Marktversagen wird bei einer staatlichen Bereitstellung öffentlicher Güter und nicht perfekt funktionierendem politischen Wettbewerb durch ein reales Staatsversagen ersetzt. Eine effiziente Allokation und eine effiziente Bereitstellung sind beim Vorhandensein eines monopolistischen Spielraums auf Seiten der politischen Anbieter nicht sichergestellt. Der monopolistische Spielraum der bereitstellenden Instanzen kann allerdings verkleinert werden, wenn es gelingt, die Kosten der politischen Betätigung zu senken. Bevor wir auf diese Problematik im Abschnitt 3.3 näher eingehen, stellen wir im nächsten Abschnitt ein Grundmodell zum Verhalten von Bürokraten in Demokratien vor. Vorher jedoch wollen wir in einem kurzen Exkurs ein anderes Problem der Ausnutzung monopolistischer Spielräume der Regierung betrachten: das Problem der Erzeugung eines politischen Konjunkturzyklus'.

Mono-
polistische
Spielräume
für politische
Anbieter

Exkurs: Der politische Konjunkturzyklus

Unter Konjunktur versteht man gängiger Weise regelmäßige Schwankungen des Auslastungsgrads der gesamtwirtschaftlichen Kapazitäten, die bisweilen auch mit Veränderungen des realen Bruttoinlandsprodukts gleich gesetzt werden. Nicht verwechseln sollte man das Konjunkturphänomen mit dem Wachstum. Letzteres ist die Veränderung des realen Produktionspotentials. Es stellt somit eine Art Trendfigur der Entwicklung des realen BIP dar. – In der Literatur findet man nun seit den 1970er Jahren die Hypothese eines politischen Konjunkturzyklus. Damit ist gemeint, dass der Wettbewerb in der Demokratie Anreize generiert, die Konjunktur vor Wahlen zu beeinflussen.

Konjunktur
und Wahl

Eine einfache Hypothese von Nordhaus (1975) lautet diesbezüglich: Eine Regierung, die fiskal- oder geldpolitische Instrumente einsetzen kann, wird dies vor Wahlen tun, um ihre Wiederwahlchancen zu erhöhen. Geht man davon aus, dass fiskal- und geldpolitische Instrumente relativ schnell auf den gesamtwirtschaftlichen Output und damit auf die Beschäftigung wirken und erst zeitverzögert auf die Inflation, so ergibt sich folgendes Muster: Vor Wahlen steigen Output und Beschäftigung an, die Arbeitslosenquote sinkt und nach der Wahl steigt dann die Inflationsrate, was zur Folge hat, dass der reale Output und die Beschäftigung wieder sinken. Kurz ausgedrückt bedeutet das: gute Konjunktur vor der Wahl, abflauende mit steigender Inflation danach. Voraussetzung für das Funktionieren eines solchen Zyklus' ist allerdings, dass die Wirtschaftsakteure die staatliche Konjunkturpolitik des Staates nicht durchschauen und antizipieren. Andernfalls würden die Tarifparteien relativ schnell die Löhne erhöhen, die Inflation würde unmittelbar steigen und der erhoffte reale Effekt blieb aus.

Nordhaus-
These

Verfeinert wurde die einfache Nordhaus-Hypothese von Hibbs (1977), der die Parteiideologien berücksichtigt. Seinem Partisan-Zyklus liegt folgende Hypothese zu Grunde: Die Linkspartei gibt dem Ziel der Vollbeschäftigung ein größeres Gewicht als dem Inflationsziel, während die

Partisanzyklus
von Hibbs

Rechtspartei umgekehrt dem Inflationsziel Vorrang vor dem Beschäftigungsziel einräumt. Ein Regierungswechsel von Rechts nach Links lässt folglich Inflation und Beschäftigung ansteigen während umgekehrt bei einem Regierungswechsel von Links nach Rechts die Inflation sinkt und die Arbeitslosigkeit ansteigt. Dieser Mechanismus funktioniert allerdings nur, wenn die Tariflöhne über den Wahltermin unveränderlich sind, sie müssen also vor der Wahl festgelegt werden. Auch bei rationalen Erwartungen (Alesina, 1987) würde der Zyklus dann nicht verschwinden, wenn – wovon auszugehen ist – der Wahlausgang ex ante nicht antizipiert werden kann.

Der politische Konjunkturzyklus kann in der Realität kaum regelmäßig beobachtet werden. Warum sollten die privaten Akteure sich auch permanent täuschen lassen? Lohnverhandlungen würden nicht mehr vor, sondern vor allem nach Wahlen stattfinden. Zum anderen ist die Geldpolitik in entwickelten Staaten zumeist in den Händen einer unabhängigen Zentralbank, so dass der Regierung die Hände gebunden sind, eine kurzfristige Inflationspolitik zu betreiben. Somit erscheint die These von Buchanan und Wagner (1977) zutreffender, dass die Regierung dazu neigt, bestimmte Gruppen mit Privilegien vor Wahlen zu „kaufen". Weil Steuererhöhungen relativ unbeliebt sind, wird die Vergünstigungspolitik kreditfinanziert, was zur Folge hat, dass die der staatliche Schuldenstand im Zeitverlauf immer stärker ansteigt. Wird auch die Verschuldungsmöglichkeit verfassungsmäßig eingeengt, müssen bzw. werden die staatlichen Privilegien an bestimmte Gruppen über Sonderregulierungen (z.B. Ausnahmen vom Wettbewerb) gewährt. – Nun zum Modell der Bürokratie.

Demokratie und Verschuldung

2.3. Eine Theorie der Bürokratie

Das Verhalten der Bürokratie bzw. der Bürokraten ist nicht nur in verschiedenen Untersuchungen – z.B. von Parkinson (1957) – beschrieben worden, sondern auch Gegenstand einer Vielzahl von ökonomischen Analysen (z.B. Tullock, 1965). Eines der bekanntesten Modelle des Bürokratieverhaltens stammt von Niskanen (1971 und 1978). Wir werden hier wiederum nur ein einfaches aber instruktives Grundmodell der Bürokratie darstellen, in dem sich u.a. die Ergebnisse von Niskanen als Spezialfall nachzeichnen lassen. Wie schon im einfachen Modell der indirekten Demokratie steht auch in diesem Abschnitt eine Prinzipal-Agent-Beziehung im Mittelpunkt der Analyse. Der unter 2.1 beschriebenen Kette folgend stehen sich im nächsten „Glied" die Regierung als nachfragender Prinzipal und die Bürokratie als anbietender Agent öffentlicher Leistungen gegenüber. Unter der Prämisse, dass der oben diskutierte Wettbewerb zwischen den Parteien perfekt funktioniert und damit keine frei disponiblen Mittel D^r für die Regierung realisierbar sind, stellt sich die Nutzenfunktion der Regierung in Bezug auf die öffentlichen Leistungen als $U^r = U^r(B,T)$ dar. Die

Bürokraten als Agenten

Regierung handelt dann als wohlwollender Diktator. Demgegenüber unterstellen wir der Bürokratie die oben hergeleitete Nutzenfunktion $U^b = U^b(B, D^b)$. Offensichtlich entsteht ein Konflikt, da die Funktionen auf unterschiedliche Größen abstellen.

Bei der folgenden Darstellung greifen wir auf früher abgeleitete Ergebnisse zurück und unterstellen, dass es bei der Existenz von positiven Kontrollkosten ökonomisch nicht sinnvoll ist, eine perfekte Kontrolle der Agenten-Bürokratie durchzuführen. Wir nehmen daher die Existenz eines nicht sanktionierten monopolistischen Spielraums als gegeben an. Diesen Spielraum können nun die Bürokraten nutzen, um über eine Erhöhung von B und/oder die Erzielung einer disponiblen Finanzierung D^b ihren eigenen Nutzen zu maximieren. Wir fragen nun nach den möglichen Auswirkungen dieser monopolistischen Spielräume auf die Allokations- und die Bereitstellungseffizienz.

2.3.1. Ein einfaches Bürokratiemodell

Auf der Nachfragerseite gehen wir weiterhin davon aus, dass die von den Bürgern aufgrund ihrer Zahlungsbereitschaft präferierte Bereitstellungsmenge über eine Kopfsteuer finanziert ist. Als Finanzierungsgleichung bedeutet das, dass die Summe der marginalen Zahlungsbereitschaften MZB dem Produkt aus der Zahl der Steuerzahler und Höhe der Kopfsteuer entspricht, wobei letztere von der Bereitstellungsmenge abhängig ist.

$$(6.3) \qquad \int_0^B MZB(\beta)\,d\beta = T(B) \cdot n.$$

Wir unterstellen wieder, dass die Bürokratie zur Bereitstellung die Buy-Option wählt. Die gesamten Bereitstellungskosten ergeben sich entsprechend zu

$$(6.4) \qquad BK = (p + tkb) \cdot B.$$

Die Gleichungen (6.3) und (6.4) geben die Nachfrage- und die Angebotsfunktion für die bereitzustellende öffentliche Leistung an. Sie lassen sich graphisch wie in Abbildung 6.6 darstellen. Während wir für die Nachfragefunktion N einen typischen, fallenden Verlauf unterstellen, verläuft die Angebotsfunktion wegen der Annahme konstanter Grenzkosten der Bereitstellung parallel zur Abszisse.

Abbildung 6.6

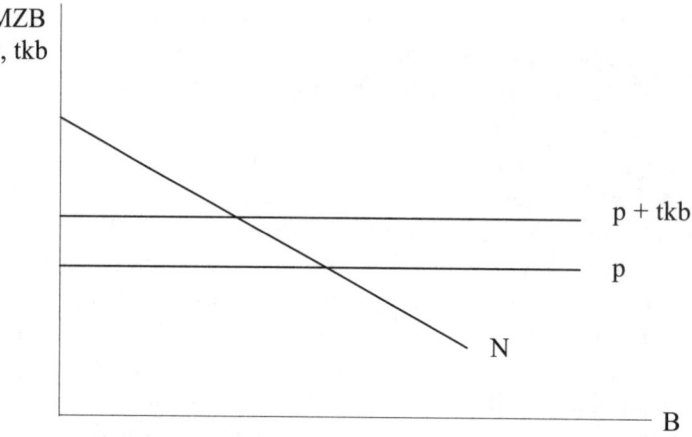

Unter der Voraussetzung, dass das gesamte Steueraufkommen die Bereitstellungskosten übersteigt, ergibt sich die potentielle disponible Masse der Bürokratie

$$(6.5) \qquad D^b = \int_0^B MZB(\beta)d\beta - (p + tkb) \cdot B.$$

Disponible Finanzmasse der Bürokraten

Die disponible Finanzmasse soll keine negativen Werte annehmen dürfen, so dass gilt

$$(6.6) \qquad D^b \geq 0.$$

Optimierungsansatz

Unter diesen Nebenbedingungen soll nun analysiert werden, wie die Bürokraten ihren Nutzen in Abhängigkeit vom Budgetüberschuss D^b und der Bereitstellungsmenge B maximieren können. Das entsprechende Optimierungskalkül lässt sich anhand eines Lagrange-Ansatzes lösen, in den neben der Nutzenfunktion der Bürokraten die Gleichungen (6.5) und (6.6) als Nebenbedingungen eingehen. Der zu optimierende Ansatz lautet dann

$$(6.7) \qquad L = U^b(B, D^b) + \lambda_1 \left(\int_0^B MZB(\beta)d\beta - (p + tkb) \cdot B - D^b \right) + \lambda_2 D^b.$$

Die Ableitungen nach der Bereitstellungsmenge und der disponiblen Finanzmasse werden zur Ermittlung der Optimalbedingungen gleich Null gesetzt und lauten

$$(6.8) \qquad \frac{\partial L}{\partial B} = \frac{\partial U^b}{\partial B} + \lambda_1(MZB(B) - p - tkb) = 0 \text{ sowie}$$

$$(6.9) \qquad \frac{\partial L}{\partial D^b} = \frac{\partial U^b}{\partial D^b} - \lambda_1 + \lambda_2 = 0$$

2.3.2. *Ergebnisse des Modells*

Betrachten wir nun die Lösungen dieses Ansatzes, wenn wir die beiden extremen Verhaltensweisen unterstellen, bei der die Bürokraten ihren Nutzen (a) allein aus der disponiblen Finanzmasse D^b ziehen und (b) allein aus einer Ausweitung der Bereitstellungsmenge B.

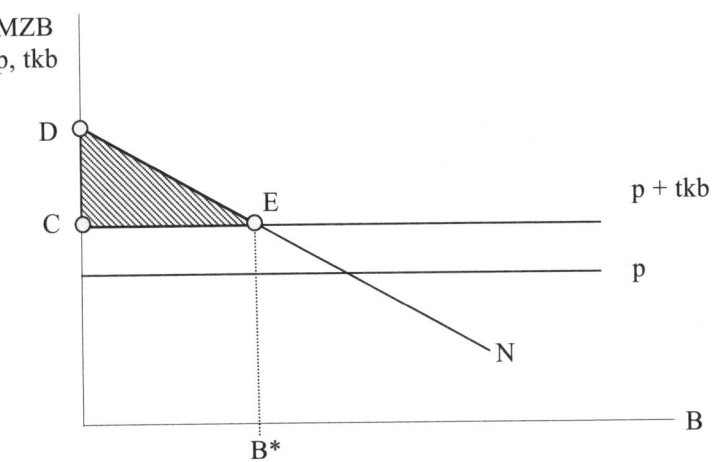

Abbildung 6.7

Im Fall (a) folgt, dass $\partial U^b / \partial B = 0$ ist. Weiterhin gilt für $D^b > 0$ aufgrund der Kuhn-Tucker-Bedingung $\lambda_2 = 0$. Aus Gleichung (6.8) folgen dann

(6.10a) $\quad \lambda_1 (MZB(B) - p - tkb) = 0 \quad$ und

(6.11a) $\quad MZB(B) = p + tkb$.

In diesem Fall wird die Bereitstellungsmenge durch die Bürokratie solange ausgedehnt, bis die marginale Zahlungsbereitschaft den konstanten Grenzkosten der Bereitstellung entspricht. Dieses Ergebnis lässt sich anhand der Darstellung aus Abbildung 6.7 auch graphisch interpretieren.

Bei der Menge B* entsprechen sich die marginale Zahlungsbereitschaft und die Grenzkosten der Bereitstellung. Wie in der Marktform der vollständigen Konkurrenz bei privaten Gütern wird auch hier die gesamtwirtschaftlich optimale Bereitstellungsmenge erreicht. Aus Sicht der Bürokratie ist diese Menge optimal, weil dort die Produzentenrente als Differenz zwischen Grenzkosten- und Nachfragefunktion maximal ist. Diese Rente, die durch die Fläche des Dreiecks CDE dargestellt ist, fällt der Bürokratie als disponible Masse D^b zu. Im Fall (a), in dem die Bürokraten ihren Nutzen allein aus der Maximierung der Größe D^b ziehen, wird damit die volkswirtschaftlich optimale Menge bereitgestellt; es wird eine effiziente Allokation realisiert, jedoch erfolgt eine ineffiziente Bereitstellung. Betrachten wir nun Fall (b).

Disponible Finanzmasse als Ziel

Abbildung 6.8

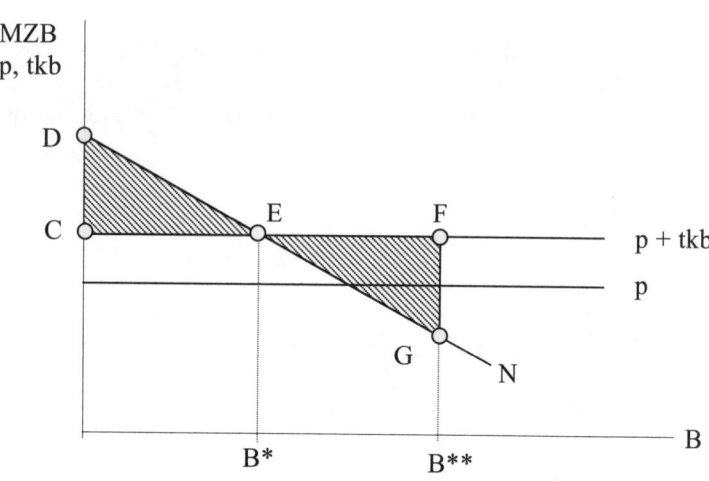

Bereitstel-
lungsmenge
als Ziel

Ziehen die Bürokraten ihren Nutzen allein aus der Erhöhung der Bereitstellungsmenge, so gilt $\partial U^b/\partial D^b = 0$. Aus Gleichung (6.9) folgt, dass
$\lambda_1 = \lambda_2$ ist, was gemäß Gleichung (6.7) zu einer Finanzmasse $D^b = 0$ führt.
Für die aus Sicht der Bürokraten optimale Bereitstellungsmenge folgt aus
Gleichung (6.5)

$$(6.10b)\qquad 0 = \int_0^B MZB(\beta)d\beta - (p + tkb) \cdot B \text{ und damit}$$

$$(6.11b)\qquad \int_0^B MZB(\beta)d\beta = (p + tkb) \cdot B.$$

In diesem Fall wird die Bereitstellungsmenge so weit ausgedehnt, bis
die Gesamtkosten der Bereitstellung der gesamten Zahlungsbereitschaft der
Regierung entsprechen. Auch dieses Ergebnis lässt sich anhand der Darstellung in Abbildung 6.8 graphisch interpretieren.

Monopolisti-
sche Spielräu-
me für die Bü-
rokratie

Verwenden die Bürokraten ihren monopolistischen, nicht sanktionierten
Spielraum, um über die bereitgestellte Menge ihren Nutzen zu maximieren,
wird die Mengen B** bereitgestellt. Bei dieser Menge entsprechen sich –
wie analytisch hergeleitet – die gesamte Zahlungsbereitschaft der Regierung und die gesamten Bereitstellungskosten. Im Vergleich zum Fall (a)
steigt die bereitgestellte Menge. Jedoch existiert hier keine Produzentenrente, die sich die Bürokratie aneignen könnte. Vielmehr wird der Betrag
dieser im Fall (a) dargestellten Rente für die Bereitstellung zusätzlicher
Leistungen verwendet. In Abbildung 6.8 fällt die Rente in Höhe der Fläche
CDE für die Bürokraten weg und wird zur Abgeltung der nicht durch die
Zahlungsbereitschaft gedeckten Kosten für die Menge B** verwendet.
Diese Kosten werden durch die Fläche EFG beschrieben. Im Fall (b) wird

die Menge B** zwar effizient bereitgestellt, jedoch ist diese Menge größer als die volkswirtschaftlich optimale.

Bei den beiden betrachteten Extrema der Verhaltensweisen kommt es somit entweder zu einer ineffizienten Allokation, da die Bereitstellungsmenge zu hoch ist, oder zu einer ineffizienten Bereitstellung, weil die Bereitstellungskosten zu hoch sind. In der Realität sind diese extremen Verhaltensweisen der Bürokratie eher unwahrscheinlich. Das plausiblere Optimierungskalkül der Bürokraten liegt in einer partiellen Maximierung der Bereitstellungsmenge *und* der disponiblen Finanzmasse. In der obigen Darstellung ergibt sich aus einem solchen Verhalten eine Bereitstellungsmenge zwischen B* und B**, die mit Ineffizienzen bei der Bereitstellung *und* der Allokation verbunden ist.

Mischstrategie

Nachdem wir nun in diesem Abschnitt gezeigt haben, wie das Verhalten der Bürokratie das Angebot öffentlicher Leistungen und damit die Performance des Staates in einer Demokratie beeinflussen kann, betrachten wir im folgenden Abschnitt das Verhalten der organisierten Interessengruppen, die – wie oben gezeigt – als Nachfrager öffentlicher Leistungen über die Größen B^P und Z Einfluss auf die staatlichen Bereitstellungsaktivitäten nehmen können.

2.4. Eine Theorie der politischen Interessengruppen

Interessengruppen sind Zusammenschlüsse von Individuen zu organisierten Gruppen mit dem Zweck der besseren individuellen Zielerreichung. Unterstellt man, dass kein gesetzlicher Zwang zur Mitgliedschaft in einer organisierten Gruppe besteht, so ist davon auszugehen, dass für jedes Mitglied der Nutzen der Mitgliedschaft die Kosten der Mitgliedschaft übersteigt.[4] Ansonsten käme es zu einer Aufkündigung der Mitgliedschaft. Ein Zusammenschluss von Individuen zu einer organisierten Gruppe ist dann sinnvoll, wenn aufgrund der Organisiertheit die Mitglieder in den Genuss einer vergleichsweise günstigen Preis-Leistungs-Kombination kommen. Beispiele für solche kollektiven Güter sind Lohnforderungen durch Gewerkschaften, Forderungen nach Außenhandelsbeschränkungen durch organisierte Arbeitgeber- oder Arbeitnehmerverbände aus importkonkurrierenden Industrien sowie Subventionsforderungen der Kohle- und Agrarlobby. Nahezu täglich lassen sich Forderungen der verschiedensten Gruppen in den Medien verfolgen.

Eine Richtung der ökonomischen Gruppentheorie vertritt nun die Ansicht, dass bestimmte organisierte Gruppen die Gesetzgebung und das Verwaltungshandeln des Staates so zu ihren Gunsten beeinflussen, dass

---

4   Kosten sind hierbei nicht rein monetär zu verstehen.

spürbare Kosten für alle – also Schädigungen des Gemeinwohls – die Folge sind. In unserer Terminologie fragen die organisierten Interessengruppen die Größe B^P und/oder die Größe Z nach. Befriedigen die Regierungsmitglieder als Anbieter solcher Maßnahmen die geäußerte Nachfrage, führt dies zu einer Belastung der Allgemeinheit z.B. über eine Erhöhung der allgemeinen Steuern T. Anreize, auf die Nachfrage von organisierten Interessengruppen einzugehen, haben Politiker immer dann, wenn sie zur Sicherung ihrer (Wieder-) Wahlchancen darauf angewiesen sind, sich das Wählerstimmenpotential einer gut organisierten Gruppe zu sichern. In solchen Situationen sind die Chancen der Interessensgruppen besonders groß, öffentliche Vergünstigungen in Form einer „Rente" zu erhalten.

Olson vs.
Becker

Ein berühmter Vertreter dieser Theorie des erfolgreichen Strebens nach Renten organisierter Gruppen (Rent-seeking-Theorie) war Mancur Olson. Seine These lautet, dass das Schachern der Gruppen letztlich sogar zum Niedergang von Nationen führen kann. Ein Staat kann durch den Druck organisierter Interessen seine internationale Führerschaft – den Wohlstand und die Technologie betreffend – verlieren. Eine gegenteilige Ansicht vertritt der Chicago-Ökonom Gary S. Becker. Er behauptet, dass die Kosten des Rent-seekings in Demokratien nicht ausufern werden. Der Niedergang demokratischer Nationen tritt folglich nicht ein. Beide Theorien sollen im folgenden dargestellt und kritisch beleuchtet werden. Wir beginnen mit Olson.

2.4.1. Die Logik kollektiven Handelns und der Niedergang von Nationen

Ausgangs-
hypothesen

Die Argumentation Mancur Olsons, dass das egoistische Handeln organisierter Interessengruppen letztlich sogar zum Niedergang von Demokratien führen kann, fußt auf zwei zentralen Thesen. These (1) besagt, dass sich kleine Gruppen besser organisieren lassen als große. Folglich wird deren Einfluss auf die Politik auch verhältnismäßig groß sein. These (2) zieht hieraus die Schlussfolgerung: Die Beeinflussung der Politik durch die relativ kleinen, gut organisierten Gruppen führt zu Ineffizienzen bei der Güterallokation im staatlichen Sektor und auf den Märkten. Letztlich kann dies zum Niedergang von Nationen führen: Ehemals erfolgreiche Staaten fallen im internationalen Vergleich zurück. Betrachten wir die beiden Thesen genauer.

Ad (1): Olsons Gruppentheorie

Mancur Olsons Gruppentheorie basiert auf seinen im Jahre 1965 veröffentlichten Überlegungen zur „Logik des kollektiven Handelns" (deutsch: 5. Aufl. 2004). Hier legt Olson dar, warum sich kleinere Gruppen besser organisieren lassen als große. Er beginnt mit einer Analogie zur Marktform der vollkommenen Konkurrenz. Betrachten wir auf einem solchen Konkurrenzmarkt die Anbieterseite, so ist klar, dass sich alle Anbieter besser stellen würden, wenn sie alle den Preis heraufsetzen würden. Ideal für sie wäre es, den Preis bis zu dem Cournotschen Punkt anzuheben. Dies verschaffte ihnen maximale Gewinne. Warum tun sie dies nun nicht? Die Antwort ist einfach und wurde bereits zum Ende des Kapitels gegeben. Würde der Cournotpreis oder irgendein Preis über dem Konkurrenzpreis tatsächlich realisiert, so wäre dies kein Gleichgewichtspreis, der längere Zeit stabil bliebe. Ein einzelner Anbieter auf dem Markt könnte nämlich unmittelbar seinen Gewinn erhöhen, indem er den (Quasi-) Monopolpreis unterbietet und die Menge ausdehnt. Da dieser Anreiz für jeden Anbieter vorhanden ist, erodiert der Preis, und zwar so lange bis wieder der Konkurrenzpreis erreicht ist. Die Unmöglichkeit, bindende Absprachen zu treffen, versetzt jeden einzelnen Anbieter in eine Gefangenendilemma-Situation. Egal ob die übrigen Anbieter hohe oder niedrige Preise setzen, es ist für das einzelne Unternehmen stets die überlegene Strategie, sich wettbewerblich zu verhalten. Diese Marktüberlegung lässt sich nun auch auf die Organisation von Gruppen anwenden.

Der Sinn organisierten Handelns kann – wie oben erwähnt – nur darin bestehen, die Nachfrage einer Gruppe von Individuen zu organisieren. Gelingt dies, können für die Mitglieder Kollektivgüter bereitgestellt werden, die durch unorganisiertes individuelles Handeln nicht im gewünschten Maße verfügbar wären. Bei dem Versuch, die Nachfrage einer Gruppe zu organisieren, kann für die einzelnen Mitglieder unter Umständen genau dieselbe Dilemmastruktur auftreten wie im obigen Konkurrenzspiel.

Organisiertes Handeln verursacht für jedes Gruppenmitglied Kosten. Diese Kosten können zum einen in Mitgliedsbeiträgen bestehen, zum anderen aber auch in der Aufwendung von Zeit und anderen Mühen. Nehmen wir weiterhin an, es bestehe ein optimales Aufwands-Leistungs-Verhältnis, das für alle potentiellen Gruppenmitglieder identisch ist. Dies führe zur Gruppenleistung Y^*, die mit dem individuellen Aufwand x_i^* verbunden ist. Der Gesamtaufwand einer aus n Mitgliedern bestehenden Gruppe ist dann $n \cdot x_i^* = X^*$. Gehen wir nun davon aus, es bestehe eine optimale Versorgung Y^* bei diesem optimalen Gesamtaufwand X^*. Wäre solch ein Versorgungsniveau stabil? Um diese Frage zu beantworten, müssen wir erneut danach fragen, ob es individuell rational ist, von X^* bzw. Y^* abzuweichen. Das wird genau dann der Fall sein, wenn die individuelle Nutzeneinbuße aus der kleiner werdenden Versorgung mit dem Kollektivgut ($-\Delta Uy$), die dadurch entsteht, dass das Individuum i seinen Beitrag reduziert, geringer ist als der Nutzenzuwachs durch die Beitragskürzung (ΔUx). Es gilt dann: $\Delta Ux - \Delta Uy > 0$.

Tragen viele Individuen mit relativ geringen Pro-Kopf-Beiträgen zur Finanzierung eines Kollektivguts bei, so wird die Versorgungsmenge nur unwesentlich sinken, während die individuelle Beitragseinsparung nutzensteigernd in eine andere Verwendung gelenkt werden kann. Das optimale

Trittbrettfahrer   Versorgungsniveau Y^* wird somit kein Gleichgewicht sein. Es ist individuell rational, eine sogenannte *Trittbrettfahrerposition* einzunehmen, d.h. die individuellen Aufwendungen im Extremfall auf Null zurückzufahren. Wenn jedes Mitglied so handelt, löst sich die Organisation der Nachfrager auf, und es kommt zu einer Unterversorgung mit dem Kollektivgut. Abbildung 6.9 veranschaulicht noch einmal diese spezielle Gefangenendilemmasituation anhand zweier Individuen i und j, die die Alternativen Beitragszahlung b oder Trittbrettfahrerei t haben.

Abbildung 6.9

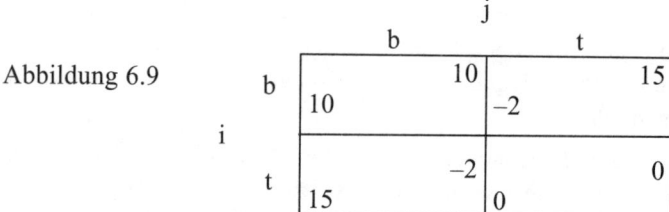

Die Individuen i und j hätten als Gruppe den höchsten Nutzen, wenn sie beide ihre Beiträge entrichten würden und das Kollektivgut in befriedigendem Umfang bereitgestellt würde. Der höchste individuelle Nutzen wird allerdings durch die Trittbrettfahrerstrategie erzielt: der andere zahlt ausschließlich, man selbst konsumiert zum Preis von Null. Solch ein Zustand der Ausbeutung kann jedoch nicht stabil sein. Folglich kommt es zu allseitiger Trittbrettfahrerei. In diesem (Nash-)Gleichgewicht zahlt keiner, und es wird auch keine Einheit des Kollektivguts bereitgestellt. Es kommt zu einem pareto-inferioren Ergebnis. Alle Individuen – hier i und j – würden sich besserstellen, wenn sie Beiträge für das Kollektivgut leisten würden. Welchen Gruppen könnte nun trotz dieser schlechten Anreize eine Bereitstellung des Kollektivguts gelingen? Olson erläutert drei Mechanismen, die – wenn eine Zwangsmitgliedschaft ausgeschlossen ist – zur Überwindung der Dilemmastruktur beitragen: (a) wechselseitige Kontrolle in kleinen Gruppen, (b) Gruppen, die über ein Individuum verfügen, das ein starkes Interesse an dem Kollektivgut hat und zahlungskräftig ist, und (c) selektive Anreize. Betrachten wir nun die Argumente im Einzelnen.

Ad (a): Kleingruppen

Wechselseitige   Kleine Gruppen zeichnen sich dadurch aus, dass ein überschaubarer
Kontrolle   Kreis von Mitgliedern existiert. Im Extremfall kennt jeder jeden. Letzteres ist allerdings keine zwingende Voraussetzung; es reicht aus, wenn eine

starke Kette von Beziehungen vorherrscht. In solchen Kleingruppen besteht i.d.R. eine starke soziale Kontrolle durch wechselseitige Überwachung.[5] Trittbrettfahrerei kann auf diese Weise spontan, d.h. ohne einen Staatsapparat, sanktioniert werden – z.B. durch soziale Ächtung. Damit verändern sich für die Spieler i und j die Anreize. Trittbrettfahrerei wird mit sozialen Sanktionen belegt, so dass beispielsweise 6 Nutzeneinheiten bei der Wahl dieser Strategie abgezogen werden. Es ergibt sich die folgende Auszahlungsmatrix:

Abbildung 6.10

		J: b	J: t
i	b	10 / 10	9(=15–6) / –2
i	t	–2 / 9(=15–6)	–6 / –6

Durch wechselseitige Sanktionen wird das soziale Optimum erreicht; es ergibt sich kein Dilemma mehr. Voraussetzung hierfür ist allerdings, dass die sozialen Sanktionen stark genug sind, um die schlechte äußere Anreizstruktur aufzubrechen. Gelingt dies, ist Trittbrettfahren keine sinnvolle Strategie mehr, und die Organisation der Nachfrager kommt zustande.

Ad (b): Gruppen mit einem starken Mitglied

Verfügen Gruppen über ein starkes Mitglied, das zum einen zahlungskräftig ist und zum anderen an dem Kollektivgut stark interessiert ist, so kann es auch zu einer Bereitstellung im gewissen Umfang kommen, wenn viele der Gruppenmitglieder – im Extremfall alle bis auf den „Großen" – Trittbrett fahren. Nehmen wir mit Bezug auf unser Beispiel an, j wäre der Große. Es ergibt sich dann die in Abbildung 6.11 dargelegte Struktur.

Abbildung 6.11

		j: b	j: t
i	b	10 / 10	15 / –2
i	t	5 / 15	0 / 0

Ausgehend von wechselseitiger Beitragszahlung (beide spielen b) ist es für beide Individuen wiederum vorteilhaft, die Trittbrettfahrer-Strategie zu wählen. Der daraufhin eintretende Zustand der Nicht-Bereitstellung des

---

[5] Vgl. dazu auch die Ausführungen zur Teamproduktion in Kapitel 2.

Kollektivguts ist für j jedoch denkbar schlecht. Für ihn ist es vorteilhaft, allein die Mittel aufzubringen, um das Gut bereitzustellen. Für i ergibt sich dadurch die äußerst günstige Situation, ohne Beitragszahlungen in den Genuss des Gutes zu kommen. Ein solches Gleichgewicht kann allerdings nur stabil sein, wenn das zahlungskräftige Gruppenmitglied ein sehr starkes Interesse an dem Gut hat und nicht glaubhaft damit drohen kann, seine Zahlungen einzustellen. Olson bezeichnet solche Gruppen als „privilegierte" Gruppen. Sind privilegierte Gruppen kleine Gruppen, so kann es durchaus zu einer für alle Gruppenmitglieder befriedigenden Versorgung mit dem Gut kommen, bei großen privilegierten Gruppen ist dies hingegen unwahrscheinlich.

Ad (c): Selektive Anreize

Selektive Anreize sind bestimmte Privatgüter oder Zusatzleistungen, die nur den Beitragszahlern zu einem günstigen Preis angeboten werden. Bezogen auf unser Beispiel wird dadurch die Strategie „Beitragszahlung" relativ zur Strategie „Trittbrettfahrerei" aufgewertet. Abbildung 6.12 illustriert dies.

Abbildung 6.12

		j	
		b	t
i	b	16(= 10+6) / 16(= 10+6)	4(= −2+6) / 15
	t	4(= −2+6) / 15	0 / 0

Zahlen beide den Beitrag, so kommen sie in den Genuss des Kollektivguts und bestimmter Zusatzleistungen. Letztere stellen den selektiven Anreiz dar. Ein typisches Beispiel für einen selektiven Anreiz sind die günstigen Versicherungen und Schutzbriefe, die Automobilclubs ihren Mitgliedern exklusiv anbieten. Um in den Genuss dieser „Sonderangebote" zu kommen, muss man erst Clubmitglied werden. Bei der Wahl der Trittbrettfahrerei fällt der selektive Anreiz weg, deshalb lohnt sich diese Strategie nicht mehr. Beidseitige Beitragszahlung stellt hier das (Nash-) Gleichgewicht dar. Voraussetzung für die Funktionsfähigkeit dieses Mechanismus' der Implementierung selektiver Anreize ist allerdings, dass kein anderer Privater als Anbieter der Güter, die als selektive Anreize eingesetzt werden, in den Markt eintritt und diese günstiger anbietet. In einem solchen Fall entfällt diese Möglichkeit der Akquirierung von Gruppenmitgliedern. Hier kann nur noch ein „weicher" selektiver Anreiz in Form einer Vermittlung positiver Kognitionen (z.B. Zugehörigkeitsbewusstsein) oder Emotionen (z.B. Geborgenheit) „produziert" werden. Dies wiederum gelingt vor allem kleinen Gruppen.

Gruppen, die keinen der dargestellten Mechanismen besitzen, um Mitglieder zu akquirieren, bezeichnet Olson als *latente Gruppen*. Dies sind große Gruppen, die (aus gesellschaftlicher Sicht) umfassendere Ziele verfolgen und über keine zahlenden Mitglieder verfügen. Zu dominant ist hier der Anreiz für viele Individuen, die Strategie der Trittbrettfahrerei zu wählen.

Latente Gruppen

Dass sich bestimmte Gruppenwünsche überhaupt nicht organisieren lassen, dürfte jedoch eher selten sein. So existiert selbst ein Bund der Steuerzahler, und es gibt Konsumentenverbände oder auch Schutzvereinigungen für Sparer. Kleingruppen lösen i.d.R. jedoch das Problem der Trittbrettfahrerei besser als Großgruppen. Sie können folglich einen stärkeren politischen Druck ausüben als große Gruppen. Kommen wir nun zur Erörterung von These (2), um die nach Olsons Logik eintretenden Folgen zu betrachten.

Ad (2): Der Niedergang von Nationen

Kleine Gruppen verfolgen bestimmte konkrete Ziele, wie z.B. der Bauernverband das Ziel „Schutz bestimmter Agrarprodukte vor ausländischer Konkurrenz" verfolgt. Große Gruppen verfolgen hingegen oftmals umfassendere, abstraktere Ziele, wie z.B. der Bund der Steuerzahler den „Abbau von Verschwendungen, Subventionen und Ineffizienzen im Steuersystem zwecks Senkung der Steuerlast" verfolgt. Während die Ziele kleiner Gruppen mit unmittelbaren Vorteilen für die Mitglieder verbunden sind, bewirken die abstrakten Ziele großer Gruppen nicht selten Vorteile für alle Gesellschaftsmitglieder, die erst in der Zukunft anfallen und mit Aufwendungen in der Gegenwart verbunden sind. So fallen beim Umbau von Steuer- oder Sozialsystemen erst einmal Leistungskürzungen für alle oder zumindest weite Teile der Bevölkerung an, bevor später der Nutzen für alle eintritt. Die relative Stärke kleiner Gruppen bewirkt nun ein permanentes Zurückdrängen der gesellschaftlich wichtigen Ziele großer Gruppen. Dies wiederum erhöht nicht nur die allokativen Verzerrungen, die durch das Rent-seeking ausgelöst werden, auch technischer Fortschritt, der eine teilweise Entwertung des Humankapitals der Mitglieder kleiner Gruppen bedeutet, wird bekämpft. Gelingt es beispielsweise den Unternehmen bestimmter Branchen, sich in Gruppen zu organisieren, so werden diese dazu neigen, nicht nur Marktbarrieren zu errichten, sondern auch Preiskartelle zu bilden. Dies führt zu Preisstarrheiten, die den Marktmechanismus – und damit auch die dynamischen Marktfunktionen des Produkt- und Verfahrensfortschritts – stetig mehr außer Kraft setzen (hierzu auch Erlei, 1997).

Eine Zunahme kleiner Gruppen mit Sonderinteressen führt also nach Olson zu steigenden Rent-seeking-Kosten, weil (a) die allokativen Verzerrungen stetig steigen und (b) immer mehr Ressourcen (im Staat und bei den Rent seekern) produktiven Verwendungen entzogen werden und zu Rent-seeking-Zwecken eingesetzt werden. Die Regierung, die sich starken Kleingruppen mit konkreten Ansprüchen und schwachen Großgruppen mit abstrakten Zielen gegenübersieht, wird letztlich dem Druck der Partikularinteressen soweit nachgeben, dass es zu einer „institutionellen Sklerose" und schließlich zum Niedergang der Nation kommt (Olson, 2000). Dies liegt – wohlgemerkt – nicht in der primären Absicht der Rent seeker, son-

Niedergang
der Nationen

dern es ist der nichtintendierte negative Effekt, der letztlich daher rührt, dass sich kleine Gruppen, die Partikularinteressen verfolgen, besser organisieren lassen als große. Eine Regierung, die diesem asymmetrischen Gruppendruck ausgesetzt ist, wird „zum Spielball der Gruppeninteressen" (v. Hayek, 1981, S. 23 ff. und 137 ff.). Der Zerfall oder Niedergang der Gesellschaft tritt somit als unintendiertes Resultat ein. Um dieser Entwicklung zu entgehen, schlagen Olson und andere i.d.R. vor, mächtige Gruppen zu zerschlagen oder durch bestimmte Regulierungen zu entmachten. Der starke Staat ist gefordert, sich bereits im Stadium des Entstehens von Gruppen dem Druck zur Wehr zu setzen. Insgesamt wird diesen Vorschlägen allerdings wenig Erfolg zugesprochen, weil der Konkurrenzkampf zwischen Politikern innerhalb der Mehrheitsdemokratie gerade die Förderung der Partialinteressen gut organisierter kleiner Gruppen stärkt. Dem „Niedergang von Nationen" qua Rent-seeking kommt damit in der Olsonschen Analyse die Rolle eines unausweichlichen Entwicklungsgesetzes zu.

Gegen diesen Argumentationsstrang richtet sich u.a. die Theorie der Interessengruppen von Gary S. Becker. Becker kommt zu dem Schluss, dass die Ineffizienzen des Rent-seekings von den meisten Public-Choice-Ökonomen übertrieben dargestellt werden. Seinem theoretischen Gegenentwurf ist der nächste Abschnitt gewidmet.

2.4.2. Die Theorie des Wettbewerbs zwischen Interessengruppen

Gary S. Becker übernimmt von Olson das Argument, dass kleine Gruppen i.d.R. das Organisationsproblem besser lösen können als große Gruppen. Folglich besitzen die kleinen eine verhältnismäßig große Durchschlagskraft. Deren Rent-seeking-Erfolg wird von Becker nicht bestritten; jedoch tritt er entschieden Olsons These des „Niedergangs der Nationen" entgegen: „Zu den fast ausnahmslos negativen Urteilen über Interessengruppen gehört auch die Behauptung von Olson ..., dass diese für das schleppende Wachstum und den allmählichen Niedergang von Nationen verantwortlich seien. Nun kennen aber politische Systeme der Wirklichkeit keine gesellschaftlichen Wohlfahrtsfunktionen, keine wohlwollenden Diktatoren oder andere politische Verfahren, die *automatisch* die optimale Produktion (genauer: die optimale *Bereitstellung*, d.Verf.) öffentlicher Güter ... wählen. Daher ist die Verteufelung von Interessengruppen übertrieben, denn der Wettbewerb zwischen diesen Gruppen trägt zu politischen Maßnahmen bei, die den gesellschaftlichen Erfolg erhöhen" (Becker, 1996a, S. 192).

Effizienzthese des Wettbewerbs zwischen Interessengruppen

Becker (1996a und 1996b) sieht den Wettbewerb zwischen Interessengruppen als Regulativ einseitiger Druckausübung. Voraussetzung für sein Funktionieren ist folglich, dass ein (relativ) freier Zutritt zum politischen Markt besteht. Der Wettbewerbsprozess gewinnt an Effizienz, wenn die Markteintrittsbarrieren niedrig sind und sich viele Gruppen an dem Wettbewerbsspiel beteiligen. Damit belebt Becker eine schon auf Bentley (1908) zurückgehende These wieder, die der Olsonschen Behauptung genau entgegensteht: Nach Olson bedeutet eine Zunahme von Interessengruppen stets eine Zunahme ineffizienten Rent-seekings, nach Becker hingegen führt eine Zunahme von Interessengruppen zu einem erhöhten Wettbewerb und zu mehr Chancen für effizienzsteigernde politische Maßnahmen. Wir wollen nun im folgenden das Becker-Modell vorstellen.

Becker geht bei seiner Modellierung von zwei Interessengruppen aus. Sie seien mit o und a bezeichnet. Zur Veranschaulichung möge man sich vorstellen, dass es sich bei der Gruppe o um einen typischen „Rent-seeking-Verein" handelt. Den Mitgliedern ist daran gelegen, Sondervergünstigungen (z.B. in Form von Subventionen) zu erhalten. Sie üben deshalb Druck auf den politischen Sektor aus. Die Gruppe a sei hingegen eine relativ schwach organisierte Großgruppe. Man kann sich vorstellen, es handele sich um den Bund der Steuerzahler. Diese Gruppe tritt für möglichst niedrige Steuern aller Bürger ein. Sieht sich der Staat der einfachen Budgetbeschränkung „Gesamtausgaben gleich Steuereinnahmen" ausgesetzt, so muss eine Subventionszahlung an die Gruppe o mit einer höheren Steuerbelastung der Bürger, d.h. mit einer Zielverfehlung der Gruppe a, verbunden sein. Bezeichnen wir die Subventionszahlung mit Z und die dadurch verursachte Steuerbelastung für die Allgemeinheit mit T, so soll als Budgetbeschränkung gelten:

$$(6.12) \quad Z = T.$$

Modell zum Wettbewerb der Interessengruppen

Die Höhe von Z bzw. von T hängt davon ab, wieviel Druck die jeweiligen Gruppen auf die Politiker ausüben. Bezeichnen wir den politischen Druck der Gruppen mit p^o bzw. p^a, so gelten:

$$(6.13a) \quad Z = Z(p^o, p^a)$$

$$\text{mit} \quad \frac{\partial Z}{\partial p^o} > 0, \quad \frac{\partial^2 Z}{\partial p^{o^2}} \leq 0, \quad \frac{\partial Z}{\partial p^a} < 0, \quad \frac{\partial^2 Z}{\partial p^{a^2}} \geq 0,$$

(6.13b) $T = T(p^a, p^o)$

$$\text{mit} \quad \frac{\partial T}{\partial p^a} < 0, \quad \frac{\partial^2 T}{\partial p^{a^2}} \geq 0, \quad \frac{\partial T}{\partial p^o} > 0, \quad \frac{\partial^2 T}{\partial p^{o^2}} \leq 0.$$

Die Ausübung politischen Drucks ist für beide Gruppen allerdings mit Aktivitäten, die Kosten verursachen, verbunden. Neben den Beeinflussungskosten erscheinen insbesondere die Kosten der Eindämmung des Trittbrettfahrens, d.h. die Kosten der Organisation der eigenen Gruppe, erwähnenswert. Werden diese Kosten der Gruppen mit k^o und k^a bezeichnet, so gilt:

(6.14a) $k^o = k^o(p^o)$ mit $\dfrac{\partial k^o}{\partial p^o} > 0, \quad \dfrac{\partial^2 k^o}{\partial p^{o^2}} > 0,$

(6.14b) $k^a = k^a(p^a)$ mit $\dfrac{\partial k^a}{\partial p^a} > 0 \quad \dfrac{\partial^2 k^a}{\partial p^{a^2}} > 0.$

Zusätzlich dazu fallen Kosten des Rent-seekings aufgrund von Verzerrungen der relativen Preise oder Minderung von Leistungsanreizen durch steigende Umverteilung (u.ä.) an, die mit V bezeichnet werden und als gesellschaftliche Wohlfahrtsverluste die Mitglieder beider Gruppen gleichermaßen treffen, so dass gilt:

(6.15) $V = V(Z)$ mit $\dfrac{\partial V}{\partial Z} > 0, \quad \dfrac{\partial^2 V}{\partial Z^2} > 0.$

Aufgrund der genannten Kategorien lassen sich nun die Gewinnfunktionen G^o und G^a für beide Gruppen aufstellen:

Zielfunktionen   (6.16a) $G^o = Z(p^o, p^a) - k^o(p^o) - V(Z(p^o, p^a)) \quad \rightarrow \max,$

(6.16b) $G^a = - T(p^a, p^o) - k^a(p^a) - V(Z(p^o, p^a)) \quad \rightarrow \max.$

Mit steigendem Druck der Gruppe o steigen die Subventionen an diese Gruppe. Gleichzeitig steigen jedoch die Kosten für die Organisation der Gruppe, und auch die volkswirtschaftlichen Ineffizienzen V nehmen zu. Gruppe o wird solange zusätzlichen Druck ausüben, wie die zusätzlichen Subventionszahlungen die zusätzlich entstehenden Kosten übersteigen. Für das Optimalverhalten muss daher gelten:

Optimal-bedingungen

(6.17a) $\dfrac{\partial G^o}{\partial p^o} = 0 \Leftrightarrow \dfrac{\partial Z}{\partial p^o} = \dfrac{\partial k^o}{\partial p^o} + \dfrac{\partial V}{\partial Z} \cdot \dfrac{\partial Z}{\partial p^o}.$

Analog ergibt sich für Gruppe a, dass sie solange zusätzlichen politischen Druck ausüben wird, wie die dadurch bewirkte Steuerlastsenkung höher ist als die zusätzlichen Kosten. Auch hier gilt:

$$(6.17b) \qquad \frac{\partial G^a}{\partial p^a} = 0 \Leftrightarrow \frac{-\partial T}{\partial p^a} = \frac{\partial k^a}{\partial p^a} + \frac{\partial V}{\partial Z} \cdot \frac{\partial Z}{\partial p^a}.$$

Diesen Optimalbedingungen liegt die Annahme des Cournot-Nash-Verhaltens zugrunde. Jede Gruppe betrachtet nur die durch eigene Aktionen verursachten Kosten und Nutzen. Wie ergibt sich nun aufgrund dieser Optimalbedingungen das Gleichgewicht? Gehen wir der Einfachheit halber davon aus, im Ausgangspunkt hätten wir Subventionszahlungen von Null. Damit sind auch alle angesprochenen Kostenarten Null. Gruppe o beginnt nun Kosten aufzuwenden, um politischen Druck auszuüben. Das bedeutet, dass Z steigt und damit auch T; gleichzeitig steigen auch k^o und V. Das hohe Niveau der Subventionszahlung und die daraus resultierende eigene Belastung macht es nun für Gruppe a lohnend, Gegendruck zu erzeugen. Mit steigendem Gegendruck p^a nehmen die Subventionszahlungen Z ab und auch V geht zurück. Diese Aktion der Gruppe a kann es nun wiederum für Gruppe o lohnenswert erscheinen lassen, den politischen Druck zu verändern. Das Spiel der wechselseitigen Veränderung politischen Drucks hat ein Ende, wenn ein Punkt erreicht ist, indem *beide* Optimalbedingungen (6.17a) und (6.17b) erfüllt sind. Dies ist das Cournot-Nash-Gleichgewicht. Graphisch lässt sich dieses Gleichgewicht als Schnittpunkt der Reaktionsfunktionen politischer Druckausübung der beiden Gruppen (Ro für Gruppe o und Ra für Gruppe a) bestimmen. Wenn zusätzlicher Druck Gegendruck erzeugt, gilt für die Reaktionsfunktionen:[6]

---

[6] Analytisch ist dies mit weiteren Annahmen verbunden. So lässt sich durch Bildung der zweiten Ableitung mittels totaler Differenzierung zeigen, dass für Gruppe o (6.18a) erfüllt ist, wenn gilt:

$$dp^o \left[\frac{\partial^2 G^o}{\partial p^{o2}} \right] + dp^a \left[\frac{\partial^2 G^o}{\partial p^o \partial p^a} \right] > 0 \text{ und damit}$$

$$\frac{\partial^2 Z}{\partial p^{o2}} \leq 0; \quad \frac{\partial^2 V}{\partial p^{o2}} > 0; \quad \frac{\partial^2 k^o}{\partial p^{o2}} > 0 \text{ und}$$

$$\frac{\partial^2 Z}{\partial p^o \partial p^a} \geq 0; \quad \frac{\partial Z}{\partial p^o} \frac{\partial Z}{\partial p^a} \frac{\partial^2 V}{\partial Z^2} + \frac{\partial V}{\partial Z} \frac{\partial Z}{\partial p^o \partial p^a} < 0.$$

Entsprechend ist für Gruppe a (6.18b) erfüllt, wenn gilt:

$$dp^a \left[\frac{\partial^2 G^a}{\partial p^{a2}} \right] + dp^o \left[\frac{\partial^2 G^a}{\partial p^a \partial p^o} \right] > 0 \text{ und damit}$$

Reaktionsfunk-
tionen

$$(6.18a) \qquad p^o = p^o(p^a) \text{ mit } \frac{\partial p^o}{\partial p^a} > 0,$$

$$(6.18b) \qquad p^a = p^a(p^o) \text{ mit } \frac{\partial p^a}{\partial p^o} > 0.$$

Abbildung 6.13 zeigt die Reaktionsfunktionen der Gruppen und das Cournot-Nash-Gleichgewicht im Punkt G.

Abbildung 6.13

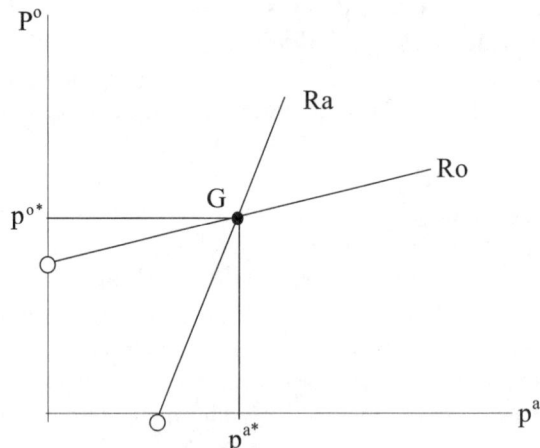

Die Subventionen, die die organisierte Gruppe o im Gleichgewichtspunkt G erhält, ist durch den politischen Druck *beider* Gruppen determiniert. Der Gegendruck der unorganisierten Gruppe a verhindert höhere Subventionszahlungen, die aus Sicht der organisierten Gruppe wünschenswert wären. Bevor auf weitere Implikationen des Becker-Modells eingegangen wird, sollen die Modellstruktur und die Ergebnisse noch einmal anhand eines Zahlenbeispiels verdeutlicht werden. Wir wollen von folgenden konkretisierten Zielfunktionen ausgehen. Für die organisierte Gruppe o gilt:

Zahlenbeispiel
zum Wettbe-
werb der Inte-
ressengruppen

$$(6.19) \qquad G^o \quad = Z - k^o - V \qquad\qquad \text{mit}$$

$$(6.19a) \qquad Z \quad = 10p^o - 5p^a,$$

$$-\frac{\partial^2 T}{\partial p^{a^2}} \leq 0; \quad \frac{\partial^2 V}{\partial p^{a^2}} > 0; \quad \frac{\partial^2 k^a}{\partial p^{a^2}} > 0 \quad \text{und}$$

$$-\frac{\partial^2 T}{\partial p^a \partial p^o} \geq 0; \quad \frac{\partial T}{\partial p^a} \frac{\partial T}{\partial p^o} \frac{\partial^2 V}{\partial T^2} + \frac{\partial V}{-\partial T} \frac{-\partial T}{\partial p^a \partial p^o} < 0.$$

(6.19b) $k^o = 0{,}05(p^o)^2$,

(6.19c) $V = 0{,}001(10p^o - 5p^a)^2$.

Entsprechend gilt für Gruppe a:

(6.20) $G^a = -T - k^a - V$ mit

(6.20a) $-T = 5p^a - 10p^o$,

(6.20b) $k^a = 0{,}05(p^a)^3$,

(6.20c) $V = 0{,}001(10p^o - 5p^a)^2$.

Damit lauten die Gewinnfunktionen für die Gruppen:

(6.21a) $G^o = 10p^o - 5p^a - 0{,}05(p^o)^2 - 0{,}001(10p^o - 5p^a)^2 \to \max$,

(6.21b) $G^a = 5p^a - 10p^o - 0{,}05(p^a)^3 - 0{,}001(10p^o - 5p^a)^2 \to \max$.

Es ist hier unterstellt, dass sowohl die gruppenspezifischen Kosten als auch die gesellschaftlichen Ineffizienzen überproportional ansteigen. Die gruppenspezifischen Kosten der schlecht organisierten Gruppe a steigen aus den oben erläuterten Gründen aber stärker an (3. Potenz) als die der gut organisierten Gruppe o (2. Potenz). Die Reaktionsgeraden für beide Gruppen R^o und R^a erhalten wir durch Nullsetzen der ersten Ableitungen der beiden Zielfunktionen:

(6.22a) $\dfrac{\partial G^o}{\partial p^o} = 0 \quad \Leftrightarrow \quad p^o = \dfrac{1}{3}p^a + 33{,}33$,

(6.22b) $\dfrac{\partial G^a}{\partial p^a} = 0 \quad \Leftrightarrow \quad p^o = 1{,}5(p^a)^2 + 0{,}5p^a - 50$.

Gleichung (6.22a) stellt die Reaktionsgerade der Gruppe o (R^o) bei gegebener, alternativer Druckausübung der Gruppe a dar. Analog beinhaltet Gleichung (6.22b) die optimale Druckausübung der Gruppe a (R^a) bei alternativer Ausübung politischen Drucks von Gruppe o. Abbildung 6.14 zeigt die Verläufe der Reaktionsgeraden für das Beispiel.

Abbildung 6.14

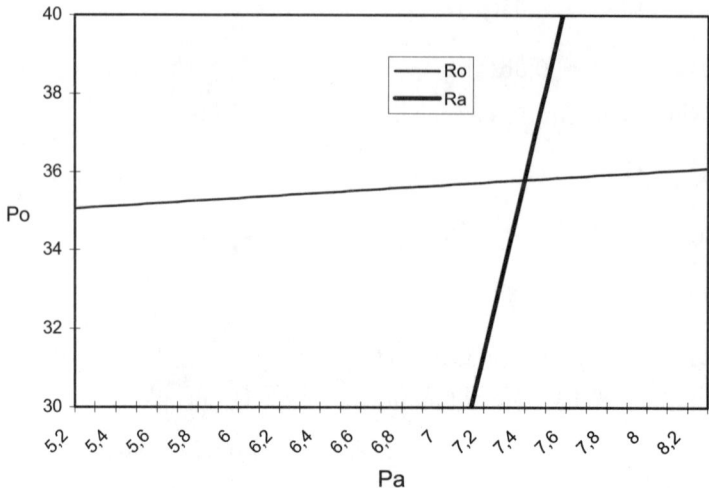

Das Gleichgewicht der politischen Aktivitäten ergibt sich analytisch aus dem Gleichsetzen der beiden Reaktionsgeraden:

$$p^{o*} = 35,8; \quad p^{a*} = 7,4.$$

Um die Wirkung des Gegendrucks der großen Gruppe zu dokumentieren, sind in der folgenden Tabelle die Gleichgewichtswerte angegeben, die sich mit und ohne Gegendruck ($p^a = 0$) ergeben.

Tabelle 6.2

	mit Gegendruck	ohne Gegendruck
p^a	7,4	0
P^o	35,8	33,3
$Z = T$	321	333,3
k^o	64,1	55,6
k^a	20,2	0
V	103,0	111,1
G^o	153,9	166,7
G^a	– 444,2	– 444,4

Die Subventionsgewährung führt zu einer Erhöhung der Steuerlast und zu volkswirtschaftlichen Kosten in Form von Verzerrungen relativer Preise und von negativen Leistungsanreizen. Gruppe a – hier der Bund der Steuerzahler – kann nicht mehr erreichen als eine Schadensbegrenzung. Würde diese Gruppe jedoch überhaupt nicht tätig, so wären die Subventionen und volkswirtschaftlichen Ineffizienzen noch höher. In diesem Fall würden sich nicht nur die Mitglieder der Gruppe a schlechter stellen, sondern alle Bürger bis auf die Mitglieder der stark organisierten Gruppe o.

Die allgemeinen Ausführungen und die Beispiel-Illustration belegen Beckers Sichtweise der Rent-seeking-Problematik. Er schließt sich zwar Olsons Ausführungen zur Logik kollektiven Handelns insofern an, als dass er kleinen Gruppen eine höhere Durchschlagskraft bei der politischen Druckausübung zutraut, er ist jedoch bei weitem nicht so pessimistisch, was die Auswirkungen angeht. Schließlich haben auch große Gruppen die Möglichkeit, Druck auszuüben. Sie haben zwar Probleme aufgrund des Anreizes zur Trittbrettfahrerei, treten aber auf der anderen Seite für Belange ein, von denen viele Bürger langfristig Vorteile haben. In dem Maße, wie die großen Gruppen viele Bürger auf negative Auswirkungen des Rent-seekings kleiner Gruppen aufmerksam machen können, steigen ihr Gewicht im politischen Markt und ihre Fähigkeit, sich dem ausufernden Rent-seeking zu widersetzen.

Aber nicht nur aus diesem Grund erscheint Becker das Bild des Niedergangs demokratischer Nationen zu düster. Becker sieht den Wettbewerb der Interessengruppen auch als Entdeckungsverfahren, um die volkswirtschaftlichen Ineffizienzen des Rent-seekings (V) zu senken. Beide Gruppen o und a werden bestrebt sein, Maßnahmen zu implementieren, um V zu senken; denn die Gewinne beider Gruppen (G^o und G^a) nehmen dadurch zu. Zudem muss unter Knappheit und Wettbewerb eine im Status quo erfolgreiche Rent-seeking-Gruppe, die hohe Verzerrungen (volkswirtschaftliche Kosten) verursacht, damit rechnen, von einer anderen Rent-seeking-Gruppe, die unter sonst gleichen Bedingungen weniger volkswirtschaftliche Kosten verursacht, verdrängt zu werden. Es entsteht auf diese Weise ein Druck, Verzerrungen möglichst zu reduzieren. Interessengruppen treten weiterhin dafür ein, dass der Staat abseits der Sondervergünstigungen, die er an sie selbst gewährt, effizient handelt. Denn dies erhöht das Bruttoinlandsprodukt, die Steuereinnahmen und damit den „Rent-seeking-Kuchen".

Wettbewerb der Interessengruppen als Entdeckungsverfahren

Becker nimmt damit eine optimistischere Sichtweise des Rent-seeking-Prozesses ein als die meisten der Public-Choice-Ökonomen, bei denen die aussichtslos negative Betrachtungsweise der Druckausübung politischer Interessengruppen dominiert. Wir wollen nun abschließend ein Resümee aus institutionenökonomischer Sicht liefern.

2.4.3. Becker versus Olson – ein Resümee

Sowohl Olson als auch Becker klammern bei ihrer Analyse des Verhaltens von Interessengruppen weiterführende Untersuchungen zur Zielfunktion der Politiker aus der Betrachtung aus. Olson stellt bei seiner Analyse fast ausschließlich auf die organisatorischen Vorteile kleiner Gruppen ab, die zu einem relativ großen politischen Einfluss zwecks Erlangung von Privilegien führen. Da er darüber hinaus das wettbewerbliche Verhalten der Gruppen untereinander völlig ausklammert und auch die unorganisierten Wähler nicht betrachtet, kommt er zu seiner pessimistischen Schlußfolgerung, dass das Rent-seeking der kleinen Gruppen letztlich sogar zum Niedergang eines demokratischen Staates führt: Unaufhaltsam bremsen die steigenden Rent-seeking-Kosten das Wirtschaftswachstum. Becker geht bei seiner Analyse einen Schritt weiter als Olson. Er entfernt sich von der Olsonschen „Logik" insoweit, als dass die Interessengruppen wettbewerblich *interagieren*.[7] Während bei Olson jede Gruppe isoliert agiert und als Folgewirkung (negativer externer Effekt) der Niedergang des Wachstums über alle Bürger hereinbricht, wird im Becker-Modell auch großen Gruppen die Möglichkeit eingeräumt, Gegendruck zu erzeugen. Darüber hinaus generiert der Wettbewerb zwischen den Gruppen Ideen zu institutionellen Reformen, die letztlich allen nützen; denn wohlfahrtsmindernde Verzerrungen relativer Preise und schlechte Anreizwirkungen werden abgebaut. Ein Sinken von V ist im *gemeinsamen Interesse* aller Gruppen.

Beispiele im Lichte der Theorien

In der Realität finden sich Beispiele, die sowohl Olsons Sichtweise als auch Beckers Sicht stützen. Für Olson sprechen etwa die Subventionen, die an Branchen wie z.B. die Steinkohle oder den Agrarsektor gezahlt werden. Für Olson sprechen auch die zahllosen Schlupflöcher im deutschen Steuersystem. Gegen Olson und für Becker sprechen allerdings die Reformen, zu denen demokratische Länder durchaus fähig sind, um Ineffizienzen zu mindern. Als Beispiel seien die Reformbemühungen demokratischer Staaten zum Abbau von Ineffizienzen im Steuersystem, innerhalb der Arbeitsmarktverfassung und in den sozialen Sicherungssystemen genannt. In England und den Niederlanden wurden bereits gegen Mitte/Ende der 80er Jahre Schritte zur Flexibilisierung des Arbeitsmarktes eingeführt, um die Arbeitslosigkeit zu reduzieren. Schweden begann Anfang der 90er Jahre mit dem Umbau des ausufernden Wohlfahrtsstaates. Diese und andere Beispiele sprechen eindeutig für Becker: Letztlich erzeugen offensichtliche Ineffizienzen, die durch Rent-seeking-Aktivitäten verschiedener Gruppen ausgelöst werden, Gegendruck, der wiederum Reformen initiiert.

---

[7] Vgl. zu diesem Kritikpunkt der Olsonschen Theorie ausführlich SUCHANEK (1997).

Gegen Becker sprechen jedoch unzweifelhaft die Wege, auf denen die Rent seeker ihre partiellen Vergünstigungen erhalten. In den seltensten Fällen sind dies direkte Transfers, sondern i.d.R. Ausnahmeregelungen im Steuersystem, Wettbewerbsrecht und anderen Gesetzeswerken sowie Objektförderungen, die zu erheblichen allokativen Fehllenkungen führen. So werden aufgrund der Objektförderung im deutschen Bergbau noch immer „Kumpel" ausgebildet, obwohl die Chancen, dort dauerhaft einen Arbeitsplatz zu erhalten, äußerst gering sind. Doch eine Subvention von über 100.000 DM pro Jahr und Arbeitsplatz sorgt eben für relativ hohe Einkommen, und das wiederum lockt Auszubildende an. Angesichts solcher volkswirtschaftlichen Ineffizienzen stellt sich die Frage nach den Ursachen. Warum wird bei der Subventionspraxis z.B. nicht auf direkte Transfers umgestellt, wovon doch nach der Becker-Theorie letztlich alle organisierten und unorganisierten Bürger profitieren würden?

Diese Beispiele zeigen, das keine der beiden erläuterten Theorien vollständig ist. Beide fokussieren auf unterschiedliche Aspekte des Rentseeking-Problems; folglich werden manchmal ihre Vorhersagen bestätigt und manchmal eben nicht. Wir versuchen nun abschließend, einen umfassenderen Blickwinkel zu geben.[8]

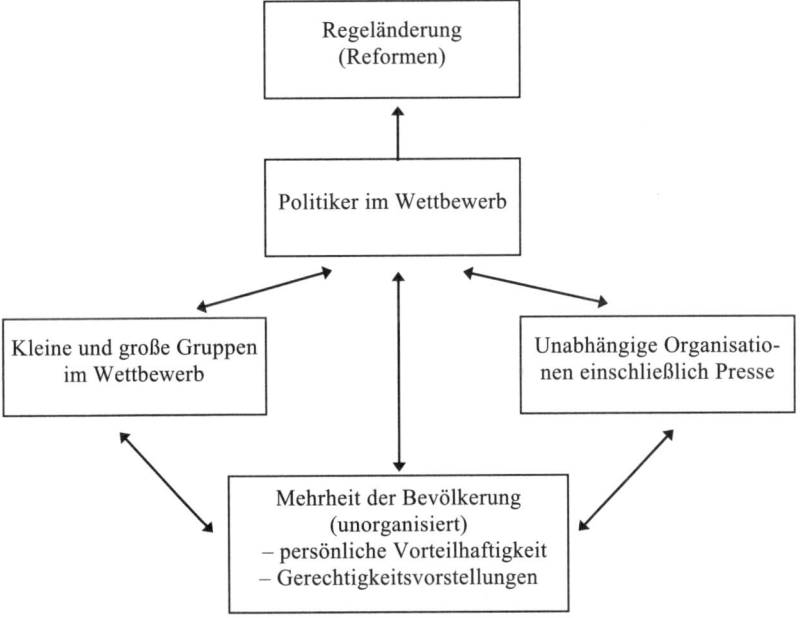

Abbildung 6.15

---

8 Vgl. hierzu auch den Beitrag von FOLKERS (1998) sowie die Kommentare von DÖRING (1998) und FREYTAG (1998). Neuere, umfassendere Modellierungen bieten DENZAU/MUNGER (1986) sowie DIXIT/GROSSMAN/HELPMAN (1997).

Abbildung 6.15 erweitert den bisherigen Analyserahmen insofern, als nun neben den kleinen stark organisierten und großen schwach organisierten Gruppen unorganisierte Wähler, Politiker und von der Tagespolitik unabhängige Institutionen in die Betrachtung einbezogen werden. Übernimmt man von Downs das Medianwählermodell, das oben bereits dargestellt wurde, so ergibt sich als Restriktion für den Politiker die „Meinung der Mehrheit". Subventionsgeschenke an Partikularinteressen werden nicht vergeben, wenn dies eindeutig der Meinung der Mehrheit widerspricht. Üblicherweise wird aber der Durchschnittswähler als nur wenig informiert dargestellt: Er ist rational, d.h. knappheitsbedingt, ignorant. Unter dieser Bedingung haben die stark organisierten Interessengruppen gute Chancen, Rent-seeking-Erfolge zu Lasten der unorganisierten Bürger zu erringen.

Informationen und Werte

In modernen Demokratien erscheint jedoch das Bild des kaum informierten Bürgers verfehlt. Von der Tagespolitik unabhängige Organisationen analysieren die Politik in regelmäßigen Abständen und verbreiten ihre Ergebnisse über die freie Presse. Zu nennen sind in diesem Zusammenhang die Stellungnahmen von Sachverständigenräten, universitären und außeruniversitären Instituten, der Bundesbank, von Wettbewerbsbehörden oder z.B. auch der Kirche. Informationen zur Bewertung der Politik werden auf diese Weise an den Bürger herangetragen, und zwar relativ transaktionskostengünstig. Ein Feedback vom Bürger selbst erhält die Politik nicht nur an Wahltagen, sondern auch die in kurzen Zeitabständen stattfindende Meinungsumfragen zeigen die Einstellung der Bürger zur aktuellen Politik an. Politische Maßnahmen müssen daher begründet werden. Diese Tatsache erschwert es den Politikern, dem Rent-seeking-Druck kleiner stark organisierter Gruppen unmittelbar nachzugeben. Das ist gesamtwirtschaftlich positiv zu bewerten. Es führt aber auch dazu, dass diesen Gruppen tendenziell keine (vergleichsweise) allokationsneutralen direkten Transfers gewährt werden können, da diese Praxis i.d.R. nicht mit den moralischen Vorstellungen (Werten) der Bürger kompatibel ist. Obschon es volkswirtschaftlich billiger ist, akzeptiert die breite Mehrheit die Vergabe direkter Transfers zumeist nicht. Folglich werden Rent-seeking-Aktivitäten mit (Schein-)Begründungen versehen und an bestimmte Objekte geknüpft.

Genau dies lässt sich auch in aktuellen politischen Diskussionen beobachten. So ist in den subventionierten Bereichen stets von unfairen Wettbewerbsbedingungen (Stichworte: Lohndumping, Kinderarbeit, blutige Kohle) die Rede. Die Diskussion wird auf diese Weise mit Werten beladen. Dies wird von den begünstigten Gruppen initiiert, um ihre Privilegien zu legitimieren und von den negativen Folgen des Rent-seekings abzulenken. Die Diskussion wird so auf einen Nebenschauplatz verlagert. In dem Maße, wie es den Rent-seeking-Gruppen gelingt, überzeugende (Schein-) Begründungen zu liefern, stehen ihre Chancen gut, (weiterhin) staatliche Zuwendungen zu erhalten.

Neben diesem Punkt spricht aber noch ein weiterer Grund gegen Beckers Optimismus, dass die Interessengruppen selbst möglichst allokationsneutrale Vergünstigungen präferieren. Der Grund liegt in den Transaktionskosten der Abschaffung der Sondervergünstigungen. Sind Sondervergünstigungen im Steuersystem, im Sozialsystem oder in ähnlichen Gesetzeswerken verankert, d.h. werden sie nicht als direkte Transfers gewährt, so sind die negativen Wirkungen des Rent-seekings nur schwer zu quantifizieren. Insbesondere die geringen Wachstumseinbußen, die durch die Rentensuche einer einzelnen organisierten Gruppe verursacht werden, dürften kaum feststellbar sein. Genau dies liegt im Interesse des Rent seekers. Die Kosten, die er der Gesellschaft aufbürdet, sollen nicht sichtbar werden. Direkte Transfers sind hingegen unmittelbar als volkswirtschaftliche Kosten zu identifizieren. Folglich ist die Gefahr viel größer, dass gegen solche Art von Vergünstigungen Widerstand mobilisiert wird, was letztlich zur Reduzierung oder Abschaffung der Privilegien führt. Im Wettbewerb stehende Interessengruppen sind somit zwar daran interessiert, dass andere Interessengruppen möglichst geringe volkswirtschaftliche Kosten verursachen, für sich selbst präferieren sie jedoch Privilegien, die nur schwer erkennbar und reduzierbar sind, auch wenn dadurch höhere volkswirtschaftliche Verzerrungen entstehen. Ähnliches gilt bei Unsicherheit über die Verteilung der Kosten einer anstehenden Reform. Hier kann die Reform durch sogenannte „Zermürbungskriege" so lange aufgeschoben werden, bis die Kosten einer weiteren Verzögerung für eine Gruppe größer sind als die Kosten, als erste in die Reform einzusteigen. Zu Reformverzögerungen kann es auch kommen, wenn risikoaverse Gruppen bei Unsicherheit über die Kosten-Nutzen-Verteilung eine bewusst abwartende Haltung einnehmen.

Nach diesen Ausführungen können wir nun einige resümierende Aussagen liefern: (1) Organisierte Gruppen haben ein starkes Interesse daran, Sondervergünstigungen auf Dauer zu erhalten. Daher vermeiden sie direkte Transfers und bevorzugen eine Kopplung an die Allokation. Dies erleichtert es ihnen, die Sondervergünstigungen zu begründen (Scheinlegitimation) und erhöht die Intransparenz über die volkswirtschaftlichen Kosten des Rent-seekings. (2) Erfolgreiches Rent-seeking einer Gruppe auf Kosten der Allgemeinheit ist nur möglich, solange die Mehrheit der Wähler dies entweder nicht bemerkt oder aufgrund der von den Begünstigten gelieferten Begründungen akzeptiert. In solchen Fällen kommt es zu dem Olson-Phänomen der Ausbeutung der Mehrheit durch eine stark organisierte Minderheit. (3) In dem Maße allerdings, wie durch Aufklärung die negativen Folgen des Rent-seekings den Bürgern bekannt werden und sie Großgruppen und unabhängige Organisationen bei ihrem Kampf gegen das

*Transaktions-
kosten der Be-
seitigung von
Sonderver-
günstigungen*

*Abschließende
Aussagen*

Rent-seeking unterstützen, besteht die Chance, politische Reformen zu initiieren. In einem solchen Fall würde Beckers optimistischere Theorie zur Geltung kommen, wenn auch über Becker hinaus die Unorganisierten eine entscheidende Rolle spielen.

Letztlich hängt es also vom Grad der Aufgeklärtheit der Bürger ab, ob der Weg in eine „Rent-seeking-Gesellschaft" verhindert werden kann und (institutionelle) Reformen zugunsten der Allgemeinheit wahrscheinlich sind. Der Grad der Aufgeklärtheit seinerseits hängt u.a. von Organisationen ab, die vom tagespolitischen Sektor unabhängig sind und kritische Informationen zur Politik des Status quo verbreiten.

Aufklärung

Schließt man sich dieser Diagnose an, so ist Aufklärung das beste Mittel gegen unproduktives Rent seeking. Radikale Vorschläge wie die Zerschlagung oder das Verbot von bestimmten Interessengruppen erscheinen demgegenüber sehr ineffizient, denn Interessengruppen kommt im politischen Prozess die für Demokratien grundlegend wichtige Aufgabe zu, Präferenzen zu ermitteln, zu verdichten und in umsetzbare Politikvorschläge zu transformieren. Interessengruppen vermitteln auf diese Weise den Politikern transaktionskostengünstig Informationen über den Willen der Bürger. Gleichzeitig schaffen sie Netzwerke, innerhalb derer die Bürger politische Meinungen austauschen. Auf diese Weise werden Bürger motiviert, sich für politische Belange zu interessieren und einzusetzen (hierzu auch Putnam, 1993a sowie Panther, 1997). So gesehen generieren Interessengruppen ein Kapitalgut, welches maßgeblich zur Funktionsfähigkeit demokratischer Gesellschaften beiträgt. Interessengruppen zu zerschlagen hieße daher ein Kapitalgut zu vernichten. Genau wie in Märkten kann es daher nur darum gehen, (a) Monopolstellungen einzelner Interessengruppen zu verhindern und (b) den politischen Markt mit Spielregeln zu versehen, die es den Politikern schwer machen, partikularen Interessen auf Kosten der Allgemeinheit nachzugeben.

3. Zusammenfassung

Am Anfang diese Kapitels stand die Frage nach legitimen staatlichen Aktivitäten in einer demokratisch verfassten Marktwirtschaft, die über das Setzen von Regeln im Privatrecht hinausgehen. Es zeigte sich, dass bestimmte Güter und Dienstleistungen nicht von privaten Unternehmen angeboten werden. Bei diesen öffentlichen Gütern, die durch fehlende Rivalität im Konsum und durch fehlende wirtschaftlich vertretbare Exklusionstechniken gekennzeichnet sind, tritt der Fall des Marktversagens ein. Um die Versorgung der Bevölkerung mit solchen Leistungen sicherzustellen, können staatliche Instanzen als Bereitsteller auftreten. Das heißt allerdings nicht, dass sie auch als Produzenten dieser Leistungen fungieren müssen. Vielmehr reicht es aus, die Nachfrage zu organisieren und die Finanzierung über das Erheben von Zwangsbeiträgen oder Steuern sicherzustellen. Die eigentliche Produktion kann privaten Unternehmen überlassen bleiben. Während im letzteren Fall Kosten der Marktbenutzung anfallen, sind es bei der Make-Option Kosten der Organisationsbenutzung.

Die mögliche „Heilung" des Marktversagens bei öffentlichen Gütern durch eine staatliche Bereitstellung ist allerdings mit dem Problem behaftet, einen realen Markt mit einem ideal funktionierenden Staat zu vergleichen. Letzterer ist gekennzeichnet durch ein wohlwollendes Diktatorverhalten der politischen Entscheidungsträger. Aus diesem Blickwinkel handelt der Staat ausschließlich als Treuhänder der Bürger und stellt die Leistungen präferenzgemäß und effizient bereit. Realistischer ist allerdings die Annahme, dass sich auch die Akteure im politischen Sektor eigennutzorientiert verhalten. Die Neue Politische Ökonomik modelliert daher die von ihr betrachteten Akteure als Homines oeconomici, die unter den gegebenen Restriktionen versuchen, ihren Nutzen zu maximieren. Damit entsteht eine Kette von Prinzipal-Agent-Beziehungen und -Problemen zwischen den Bürgern als Nachfrager öffentlicher Leistungen, den Regierungspolitikern als Bereitsteller und den Bürokraten. Wie jede Prinzipal-Agent-Beziehung sind auch diese durch positive Kontrollkosten gekennzeichnet, die eine vollständige Überwachung der Agenten durch die Prinzipale verhindern. Entsprechend existieren monopolistische Spielräume für Regierungspolitiker und Bürokraten, die diese für ihre Interessen nutzen können und die zu Ineffizienzen bei der Allokation und bei der Bereitstellung öffentlicher Leistungen führen. In der Literatur wird häufig ein Instrument genannt, das diese Ineffizienzen eingrenzen soll: der Wettbewerb unterschiedlicher Jurisdiktionen. An welche Voraussetzungen sein Funktionieren gekoppelt ist, wollen wir im nächsten Kapitel untersuchen.

Literatur

Literatur zu den Abschnitten 1. bis 2.3

Als Grundlagen empfehlen wir:

BERNHOLZ, P./BREYER, F. (1994), Grundlagen der Politischen Ökonomie, Band 2. Ökonomische Theorie der Politik, 3. Aufl., Tübingen.

FREY, B.S./KIRCHGÄSSNER, G. (2002), Demokratische Wirtschaftspolitik: Theorie und Anwendung, 3. Auflage, München.

FREY, B.S/MUELLER, D.C. (1993), The Public Choice Approach to Politics, Aldershot u.a.O.

GROSSEKETTLER, H. (2003), „Öffentliche Finanzen", Vahlens Kompendium der Wirtschaftstheorie und Wirtschaftspolitik 1, 8. Auflage, München, S. 561–717.

KIRSCH, G. (2004), Neue Politische Ökonomie, 5. Auflage, Stuttgart.

MUELLER, D.C. (2003), Public Choice III, Cambridge.

MUELLER, D.C. (Hrsg./1997), Perspectives on Public Choice: A Handbook, Cambridge.

Weitere Literatur:

ALESINA, A. (1987), „Macroeconomic Policy in a Two-Party System as a Repeated Game", Quarterly Journal of Economics 102, S. 651–678.

BELKE, A. (1996), Theorie und Empirie Politischer Konjunkturzyklen – Eine kritische Analyse der Zeitreihendynamik in Partisan-Ansätzen, Tübingen.

BRÜMMERHOFF, D. (1996), Finanzwissenschaft, 7. Auflage, München.

BUCHANAN, J.M. (1965), „An Economic Theory of Clubs", Economica 32, S. 1–14.

BUCHANAN, J.M. (1971), „Marginal Notes in Reading Political Philosophy", BUCHANAN, J.M./TULLOCK, G: (1971), The Calculus of Consent, 4. Auflage, Ann Arbor, S. 307–322.

BUCHANAN, J.M./TOLLISON, R.D. (Hrsg./1984), Theory of Public Choice – II, Ann Arbor.

CAPORASO, J.A./LEVINE, D.P. (1992), Theories of Political Economy, Cambridge.

DOWNS, A. (1957), An Economic Theory of Democracy, New York.

FOLDVARY, F.(1994), Public Goods and Private Communities: The Market Provision of Social Services, Aldershot.

GROSSEKETTLER, H. (1985), „Options- und Grenzkostenpreise für Kollektivgüter unterschiedlicher Art und Ordnung", Finanzarchiv NF 43, S. 211–252.

GROSSEKETTLER, H. (1991), „Die Versorgung mit Kollektivgütern als ordnungspolitisches Problem", ORDO 42, S. 69–89.

HIBBS, D.A. (1977), „Political Parties and Macroeconomic Policy", American Political Science Review 71, S. 1467–1487.

MUELLER, D.C./MURRELL, P. (1986), „Interest groups and the size of government", Public Choice 48, S. 125–145.

MUSGRAVE, R.A./MUSGRAVE P.B./KULLMER, L. (1990), Die öffentlichen Finanzen in Theorie und Praxis 1, 5. Aufl., Tübingen.

NISKANEN, W.A. (1971), Bureaucracy and Representative Government, Chicago.

NISKANEN, W.A. (1978), Competition Among Government Bureaus, New York.

NORDHAUS, W. (1975), „The political business cycle", Review of Economic Studies 42, S. 169–190.

OSTROM, V./OSTROM, E. (1977), „Public Goods and Public Choices", SAVAS, E.S. (Hrsg./1977), Alternatives for Delivering Public Services, Boulder, S. 7–50.

POMMEREHNE, W.W./SCHNEIDER, F. (1983), „Does Government in a Representative Democracy Follow a Majority of Voters' Preferences? An Empirical Examination", HANUSCH, H. (Hrsg./1983), Anatomy of Government Deficiencies, Berlin-Heidelberg, S. 61–84.

SALISBURY, R.H. (1975), Interest Groups, in: GREENSTEIN, F.I./POLSBY, N.W. (Hrsg./1975), Nongovernmental Politics, Reading, S. 171–228.

STIGLITZ, J.E. (1977), „The Theory of Local Public Goods", Economics of Public Services, S. 274–333.

TULLOCK, G. (1965), The Politics of Bureaucracy, Washington, D.C.

Literatur zum Abschnitt 2.4

Als grundlegende Literaturquellen empfehlen wir:

BECKER, G.S. (1996a), Interessengruppen und politisches Verhalten, in: ders., Familie, Gesellschaft und Politik, Tübingen, S. 163–184.

BECKER, G.S. (1996b): Politischer Wettbewerb zwischen Interessengruppen, in: ders., Familie, Gesellschaft und Politik, Tübingen, S. 185–196.

OLSON, M. (2000), Aufstieg und Niedergang von Nationen, 2. Auflage, Tübingen.

OLSON, M. (2004), Die Logik des kollektiven Handelns, 5. Auflage, Tübingen.

Weitere Literatur:

ALESINA, A./DRAZEN, A. (1991), „Why are stabilizations delayed?", in: American Economic Review 81, S. 1170–1188.

ARNIM, H.H. VON (1977), Gemeinwohl und Gruppeninteressen, Frankfurt a.M.

BECKER, G.S. (1983), „A Theory of Competition Among Pressure Groups for Political Influence", in: Quarterly Journal of Economics 98, S. 371–400.

BECKER, G.S. (1985), „Public Policies, Pressure Groups, and Dead Weight Costs", in: Journal of Public Economics 38, S. 329–347.

BELKE, A. (1997), „Zur Politischen Ökonomie der Arbeitslosigkeit: Mancur Olson versus Insider-Outsider-Theorie", in: Zeitschrift für Wirtschaftspolitik 46, S. 243–274.

BENTLEY, A.F. (1908), The Process of Government, Chicago.

BUCHANAN, J.M./TOLLISON, R.D./TULLOCK, G. (Hrsg./1980), Toward a Theory of the Rent-seeking Society, College Station.

COATE, ST./MORRIS, ST. (1995), "On the Form of Transfers to Special Interests", in: Journal of Political Economy 103, S. 1210–1235.

CUKIERMAN, A. / TOMMASI, M. (1998), „When Does It Take Nixon to Go to China? ", in: American Economic Review 88, S. 180–197.

DAXHAMMER, R. (1995), Special Interest Groups and Economic Policy in Democratic Societies, Frankfurt a.M.

DENZAU, A.T./MUNGER, M.C. (1986), „Legislators and Interest Groups: How Unorganized Interest Get Represented", in: American Political Science Review 80, S. 89–106.

DIXIT, A./GROSSMAN, G./HELPMAN, E. (1997), „Common Agency and Coordination: General Theory and Application to Government Policy Making", in: Journal of Political Economy 105, S. 752–769.

DÖRING, TH. (1998), „Politischer Wettbewerb zwischen Interessengruppen und die Effizienz demokratischer Systeme", Kommentar zu C. Folkers, in: PIES, I./LESCHKE, M. (Hrsg.), Gary Beckers ökonomischer Imperialismus, Tübingen, S. 217–231.

DOWNS, A. (1968), Ökonomische Theorie der Demokratie, Tübingen.

DRAZEN, A./GRILLI, V. (1993), „The Benefit of Crises for Economic Reforms, in: American Economic Review 83, S. 598–607.

ERLEI, M. (1997), „Rent-Seeking und Arbeitslosigkeit: Mancur Olson und die Insider-Outsider-Theorie", in: PIES, I./LESCHKE, M. (Hrsg.), Mancur Olsons Logik kollektiven Handelns, Tübingen, S. 105–134.

ERLEI, M. (1998), Institutionen, Märkte und Marktphase, Tübingen, S. 269–281.

ESCHENBURG, TH. (1989), Das Jahrhundert der Verbände, Berlin.

FERNANDEZ, R. / RODRIK, D. (1991), „Resistance to Reform: Status Quo Bias in the Presence of individual-specific Uncertainty, in: American Economic Review 81, S. 1146–1155.

FOLKERS, C. (1998), „Wettbewerb zwischen Pressure groups und Verteilungskampf im politischen Prozeß – Zur Bedeutung von Institutionen und Informationsstrukturen für die Interessenpolitik", in: PIES, I./LESCHKE, M. (Hrsg.), Gary Beckers ökonomischer Imperialismus, Tübingen, S. 185–216.

FREYTAG, A. (1998), „Fluch oder Segen von Interessengruppen?", Kommentar zu C. Folkers, in: PIES, I./LESCHKE, M. (Hrsg.), Gary Beckers ökonomischer Imperialismus, Tübingen, S. 232–237.

GROSSMAN, G./HELPMAN, E. (1996), „Electorial Competition and Special Interest Politics", in: Review of Economic Studies 63, S. 265–286.

HARTWIG, K.H. (1997), „Wirtschaftsverbände und soziale Marktwirtschaft", in: ORDO Jahrbuch für die Ordnung von Wirtschaft und Gesellschaft 48, S. 655–675.

HAYEK, F.A. VON (1981), Recht, Gesetzgebung und Freiheit 3: Die Verfassung einer Gesellschaft freier Menschen, Landsberg am Lech.

HODLER, R. (2004), Rent Seeking, Windfall Gains and Economic Development, dissertation.de.

KIRSCH, G. (2004), Neue Politische Ökonomie, 5. Auflage, Düsseldorf.

KRUEGER, A.O. (1974), „The Political Economy of the Rent-seeking Society", in: American Economic Review 64, S. 291–303.

OLSON, M. (1989), „A Microeconomic Approach to Macroeconomic Policy", in: American Economic Review, Papers and Proceedings 79, S. 377–381.

OLSON, M. (204), Die Logik des kollektiven Handelns, 5. Auflage, Tübingen.

OLSON, M. (1993), „A Collective Choice and Microeconomic Approach to Macroeconomics: From Sticky Prices and Lags to Incentives", in: EL AGRAA, A.M. (Hrsg.), Public and International Economics. Essays in Honor of Professor Hirofumi Skibata, Houndmills–London, S. 201–224.

PANTHER, ST. (1997), „Soziale Netze und die Logik kollektiven Handelns", in: PIES, I./LESCHKE, M. (Hrsg.), Mancur Olsons Logik kollektiven Handelns, Tübingen, S. 71–93.

PIES, I. (1997), „Theoretische Grundlagen demokratischer Wirtschafts- und Gesellschaftspolitik – Der Beitrag Mancur Olsons", in: PIES, I./LESCHKE, M. (Hrsg.), Mancur Olsons Logik kollektiven Handelns, S. 1–26.

PUTNAM, R. (1993a), Making Democracy Work, Princeton.

PUTNAM, R. (1993b), „The Prosperous Community: Social Capital and Public Life", in: The American Prospect 13, S. 35–42.

QUIGGIN, J. (1992), „Testing the Implications of the Olson Hypothesis", in: Economica 59, S. 261–277.

SCHUBERT, K. (Hrsg./1992), Leistungen und Grenzen polit-ökonomischer Theorie. Eine kritische Bestandsaufnahme zu Mancur Olson, Darmstadt.

STRAUCH, M. (1993), Lobbying – Wirtschaft und Politik im Wechselspiel, Frankfurt a.M.

SUCHANEK, A. (1997), „Anreize, Interaktionen und Institutionen: eine konstruktive Kritik der Konzeption Mancur Olsons", in: PIES, I./LESCHKE, M. (Hrsg.), Mancur Olsons Logik kollektiven Handelns, Tübingen, S. 27–55.

TULLOCK, G. (1993), Rent seeking, Cambridge.

TULLOCK, G./TOLLISON, R.D./ROWLEY, CH.K. (Hrsg./1988), The Political Economy of Rent seeking, Boston.

VIELER, A. (1986), Interessen, Gruppen und Demokratie, Tübingen.

WEEDE, E. (1986), „Verteilungskoalitionen, Staatstätigkeit und Stagnation", in: Politische Vierteljahresschrift 27, S. 222–236.

Kapitel 7

Wettbewerb und Kooperation in politischen Systemen

1. Charakteristika dezentralisierter Systeme

Wir haben in den vorangegangenen Abschnitten das Verhalten *der* Politiker, *der* Bürokraten, *der* Interessengruppen und *der* unorganisierten Bürger betrachtet. Dabei haben wir implizit unterstellt, dass diese Akteure innerhalb *einer* gegebenen Gebietskörperschaft handeln. Bei der Analyse des Verhaltens der Politiker haben wir aber auch schon darauf hingewiesen, dass die Performance anderer Regierungen außerhalb der betrachteten Gebietskörperschaft als Maßstab für die Beurteilung der Leistung einer Regierung herangezogen werden kann. Wir erweitern daher im folgenden Abschnitt unsere Analyse, in dem wir explizit mehrere Gebietskörperschaften berücksichtigen, die als Bereitsteller öffentlicher Leistungen miteinander in Konkurrenz stehen aber auch miteinander kooperieren können. Diese Art von Beziehungen findet man auf der *inter*nationalen Ebene. Prominente Beispiele dafür sind die Kooperation von Nationalstaaten in den Vereinten Nationen (UN) und in der Europäischen Union (EU). Obwohl die Teilnehmerstaaten in bestimmten Bereichen kooperieren, stehen sie gleichzeitig im – intensiven – internationalen Standortwettbewerb. Ähnliche Formen der Zusammenarbeit gibt es auch auf der *intra*nationalen Ebene und zwar dann, wenn der betrachtete Nationalstaat nicht als unitärer Zentralstaat organisiert ist, sondern als dezentralisiertes politisches System. Hier ist die Staatsform des Föderalismus eine besonders häufig zu findende Organisationsform. Die Beispiele der USA, der Schweiz aber auch der Bundesrepublik Deutschland, in der die Diskussion um eine Reform des Föderalismus so aktuell ist wie lange nicht mehr, zeigen, dass auch hier Kooperationen und Wettbewerb der Gebietskörperschaften gleichzeitig stattfinden.

Kennzeichnend für die dezentralisierte Aufbauorganisation eines Staates ist die Verteilung der gesamten Staatsaufgaben auf unterschiedliche, rechtlich selbständige Körperschaften, wie sie auch schon aus der in Kapitel 6 vorgestellten Kollektivgütertheorie hergeleitet wurde. In einem dezentralisierten politischen System – also etwa in Deutschland – gibt es dann bei-

Fragestellung

spielsweise eine Vielzahl von Gemeinden und Kreisen, einige Länder sowie eine einzige zentrale Gebietskörperschaft, die alle auch als Bereitsteller öffentlicher Leistungen auftreten können. Gemäß der vorgenannten Unterscheidung gibt es in der Literatur zwei Arten von Modellen und empirischen Analysen, die sich sowohl auf die Konkurrenz als auch auf die Zusammenarbeit zwischen unterschiedlichen Jurisdiktionen konzentrieren: Die eine Gruppe beschäftigt sich mit den Problemen der internationalen Politischen Ökonomik, die andere mit dem Verhalten der Akteure aus dem Blickwinkel der intranationalen Politischen Ökonomik. Während sich die erste Gruppe hauptsächlich mit Fragen der Zusammenarbeit in internationalen Organisationen oder über Verträge auseinandersetzt (Frey, 1996), stehen im Mittelpunkt der zweiten Gruppe die Probleme, die sich intranational in dezentralisierten Systemen ergeben (z.B. Sauerland, 1997).

Aufbauorgani-
sationen

Die in der Realität existierenden institutionellen Ausprägungen politischer Systeme zur Organisation eines gegebenen, räumlich abgegrenzten Gebiets lassen sich anhand von zwei Kriterien unterscheiden. Zum einen anhand der Frage, wie die Koordination der verschiedenen Teilgebiete organisiert ist, zum anderen anhand der Bedeutung der übergreifenden, das Gesamtgebiet umfassenden, zentralen Körperschaft – falls eine solche vorhanden ist. Mit Hilfe dieser Kriterien kann ein Spektrum verschiedener institutioneller Aufbauorganisationen zwischen den beiden Extrema einer vollkommen dezentralen Organisation (Partikularismus) und einer vollkommen zentralen Organisation (Unitarismus) – wie in Tabelle 7.1 – voneinander abgegrenzt werden.[1]

Tabelle 7.1

Aufbauprinzip	Unitarismus	Föderalismus		Partikularismus
Ausgestaltung	Zentralstaat	Föderation	Konföderation	autonome (Teil-) Staaten
Koordination der Teile über ...	Anweisungen der Zentrale	Föderations-Verfassung	Konföderations-vertrag	Teilverträge
Bedeutung der Zentrale	dominierend	mittel	gering	nicht vorhanden

Eine *vollkommen dezentrale Organisation* zeichnet sich durch völlige Unabhängigkeit der Teilgebiete aus. Es existiert keine zentrale Instanz, die gegenüber den Teilgebieten in irgendeiner Art und Weise weisungsbefugt wäre. Für den Fall, dass eine Kooperation zwischen den Teilgebieten zustande kommen soll, wird diese in der Regel über bi- oder multilaterale Verträge vereinbart. Dabei steht zumeist nur ein politischer Teilbereich zur

---

[1] Eine ähnliche Systematisierung findet man bei SCHULTZE (1983), S. 93 sowie bei ELAZAR (1987), S. 38–64.

Koordination bzw. zur Zusammenarbeit zur Debatte. Die kooperierenden Teilgebiete bleiben auch nach Abschluss der entsprechenden Verträge vollkommen unabhängig, es wird keine zentrale Koordinierungsinstanz eingerichtet, und es werden keine Kompetenzen auf andere Stellen übertragen. Betrachtet man an dieser Stelle exemplarisch den Werdegang der europäischen Integration, so lassen sich hier die ersten Teilverträge über die EGKS, die EWG und das EURATOM aus den Jahren 1951 bis 1957 einordnen. Generell lassen sich unter diese Rubrik auch viele internationale Abkommen zwischen unabhängigen Nationalstaaten (wie etwa Klimaschutzabkommen) subsumieren.

Erste Tendenzen zur Zentralisierung von Aufgaben zeichnen sich ab, wenn die Kooperation bzw. Koordination zwischen unabhängigen Teilgebieten in Form eines *Staatenbundes* organisiert wird. Der organisatorische Aufbau wird dann im Wesentlichen durch die ständige Zusammenarbeit unter einem festen institutionellen Dach bestimmt, während bei der rein dezentralen Lösung weder dieses gemeinsame Dach vorhanden ist noch die Konsultationen regelmäßig bzw. ständig stattfinden. Die gemeinsame institutionelle Dachorganisation ist aber nicht mit eigenen Kompetenzen gegenüber den Teilnehmerstaaten ausgestattet. Vielmehr dient sie nur zur Erleichterung der langfristigen Zusammenarbeit: Entscheidungen werden immer noch von den unabhängigen Teilstaaten getroffen. Zu den so definierten Konföderationen zählen beispielsweise internationale Organisationen wie die Vereinten Nationen mit ihrem Sicherheitsrat und die NATO.

Staatenbund

Noch stärkere institutionelle Bindungen werden bei einer Föderation bzw. bei einem *Bundesstaat* benutzt: Die Stellung der zentralen Instanz, die ebenso wie bei einer Konföderation eingerichtet wird, wird durch die Übertragung von Kompetenzen der unabhängigen Teilgebiete auf diese Zentrale gestärkt. Sie erhält als zentrale Koordinierungs- und Kooperationsinstanz nicht nur eigene Kompetenzen, sondern auch eine eigene Rechtspersönlichkeit. Damit entsteht für die Zentrale nicht nur eine Staatlichkeit, sondern auch ein Staatsvolk, das diese Staatlichkeit abbildet. Die Teilgebiete geben mit der Errichtung einer Föderation einen Teil ihrer Unabhängigkeit auf, bleiben aber in wesentlichen Teilen ihrer Politik unabhängig. Anhand dieser Differenzierung lässt sich die bestehende Europäische Union als Zwischenform von Bundesstaat und Staatenbund ansehen, da zwar schon Kompetenzen von den Nationalstaaten auf die zentrale Ebene der EU übergegangen sind, die EU an sich aber noch nicht über ein eigenes Staatsvolk verfügt. Die geplante (und im Jahr 2005 vorerst gescheiterte) EU-Verfassung würde die Organisationsform in Richtung Bundesstaat verschieben. Generell erfolgt mit der Übertragung von Kompetenzen auf die zentrale Instanz ein Übergang von einer internationalen Zusammenarbeit zu einer quasi intranationalen Kooperation zwischen unter-

Bundesstaat

schiedlichen Jurisdiktionen. Daher fallen bestehende Föderationen wie die USA oder Deutschland in diese Rubrik, da dort die einzelnen Teilstaaten bzw. Bundesländer unter Beteiligung einer zentralen föderalen Ebene miteinander kooperieren.

Unterscheiden lassen sich die verschiedenen Formen der dezentralen Staatsgliederung im Wesentlichen durch die Stellung der Zentrale in diesem System. Ist keine Zentrale vorhanden, existieren nur völlig unabhängige Staaten oder andere Teilgebiete. Gibt es hingegen eine Zentrale, so verringert sich der Grad der Unabhängigkeit der Teilgebiete. Nimmt man die letztgenannte föderale Struktur, in der zentrale und dezentrale Elemente kombiniert sind, als Mittelpunkt dieser Abgrenzung, so lassen sich zwei vom Föderalismus wegführende Tendenzen ausmachen: Dominieren die zentrifugalen Kräfte in einer Staatsgliederung, so nimmt die Bedeutung der dezentralen Einheiten zu, und es kommt zu einer Entwicklung zum Partikularismus, wie er sich z.B. in der früheren UdSSR oder der früheren CSFR zeigte. Dominieren hingegen die zentripetalen Kräfte im Staat, so kommt es zu einer zentralistischen Tendenz, wie sie in der Bundesrepublik Deutschland teilweise beklagt und für die Europäische Union befürchtet wird. Am Ende beider Entwicklungen steht die faktische Auflösung einer Ebene.[2]

Abbildung 7.1

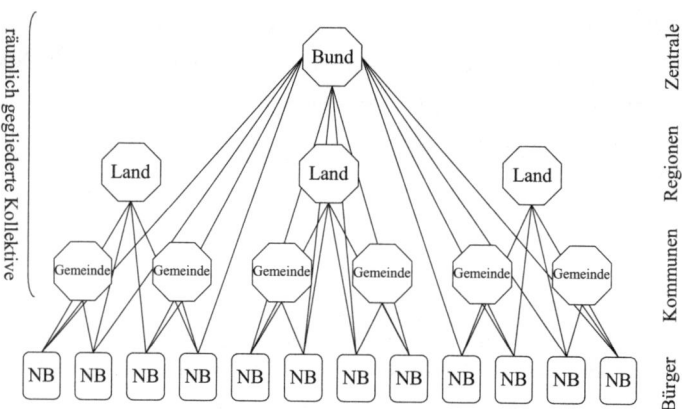

Förderale Struktur

In Abbildung 7.1 ist der typische föderale Staatsaufbau dargestellt, so wie er etwa in Deutschland existiert. Mit Blick auf die in Kapitel 6 dargestellte Kollektivgütertheorie bedeutet dies, dass jeder Nachfrager-Bürger (NB) hier jeweils von der Gemeinde und von dem Bundesland, in dem er

[2] Eine ähnliche Föderalismusauffassung vertritt beispielsweise KIRSCH (1987), S. 28, der vom Föderalismus als einem „homöostatischen System" zwischen zentrifugalen und zentripetalen Kräften spricht.

lebt, sowie von der zentralen Körperschaft, dem Bund, mit öffentlichen Leistungen versorgt wird.

Grundsätzlich haben dezentralisierte politische Systeme, die eine Verteilung von staatlichen Aufgaben auf unterschiedliche Jurisdiktionen beinhalten, aus der Sicht der Ökonomik drei wesentliche Vorteile: Zum einen können die dezentralen Einheiten die Nachfrage der Bürger in Bezug auf die bereitzustellenden öffentlichen Leistungen besser und differenzierter erheben und abdecken. Zum anderen können die vorhandenen Jurisdiktionen – insbesondere auf einer (horizontalen) Ebene – bei der Bereitstellung von Leistungen kooperieren und so mögliche Größenvorteile bei der Produktion ausnutzen. Schließlich – und eng mit dem ersten Vorteil verbunden – kann es bei der Bereitstellung öffentlicher Leistungen zu einer wettbewerblichen Lösung kommen, wenn z.B. Gemeinden um die Ansiedlung mobiler Haushalte und Unternehmen *durch* eine präferenzgemäße Bereitstellung von öffentlichen Leistungen konkurrieren. In einem solchen Umfeld ist das Potential für neue, innovative Bereitstellungslösungen größer, da der Wettbewerb der Jurisdiktionen als Entdeckungsverfahren fungiert (Schnellenbach, 2004).

Wettbewerb kann dabei potentiell in zwei Dimensionen auftreten. Zum einen konkurrieren in der *vertikalen Dimension* die Regierungen unterschiedlicher jurisdiktioneller Ebenen miteinander. Innerhalb eines gegebenen Staatsgebietes stellt diese vertikale Gewaltenteilung eine Ergänzung der traditionellen horizontalen Teilung der Staatsgewalt in Legislative, Exekutive und Judikative dar. Gegenstand der Konkurrenzbeziehung zwischen den Regierungen sind Kompetenzen für verschiedene Politikbereiche, die sowohl Legislativ- als auch Exekutiv- und insbesondere Finanzierungserhebungskompetenzen umfassen. Die zweite mögliche Dimension des Wettbewerbs zwischen Jurisdiktionen ist die *horizontale*. Hier konkurrieren die Regierungen gleichartiger Gebietskörperschaften miteinander. Gegenstand des Wettbewerbs sind dabei die steuerzahlenden Nachfrager nach öffentlichen Gütern, die sowohl aus privaten Haushalten als auch aus Unternehmen bestehen.

Wettbewerbs-dimensionen

Wie im „normalen" marktlichen Umfeld eröffnet der Wettbewerb von Jurisdiktionen den Nachfragern Alternativen in Bezug auf den wählbaren Anbieter. Die Konkurrenz der Anbieter diszipliniert ihr Handeln. Befürworter des Wettbewerbs von Jurisdiktionen führen dementsprechend als wesentlichen Vorteil dieser Konkurrenzbeziehung an, dass damit auch im Bereich der öffentlichen Güter eine marktanaloge, präferenzgemäße Versorgung der Bevölkerung sichergestellt wird.

Aus dem bisher Gesagten folgt, dass eine Grundvoraussetzung für das Vorhandensein dezentraler Strukturen die Existenz von selbständigen Teileinheiten ist. Diese Teileinheiten müssen über eine eigene Rechtspersönlichkeit und eigene Kompetenzbereiche verfügen, wenn sie nicht zu bloßen Befehlsempfängern der Zentrale degenerieren sollen. Haben sie aber eigene Kompetenzen, gibt es auch Gestaltungsspielräume für die politischen Akteure auf jeder Ebene. Damit tun sich Probleme auf, die es in zentralisierten Systemen nicht gibt: Interessenkonflikte zwischen den Akteuren auf unterschiedlichen Ebenen. Wie können sich diese nun auswirken?

Wir werden im folgenden Abschnitt nur die Wirkungsweise des horizontalen Wettbewerbs von Jurisdiktionen – sowohl im inter- als auch im intranationalen Zusammenhang – analysieren. Die vertikale Konkurrenz um Kompetenzen bleibt zunächst ausgeklammert.

2. Wettbewerb zwischen Jurisdiktionen

In der Literatur gibt es eine Vielzahl von Modellen, die den horizontalen Wettbewerb zwischen Jurisdiktionen untersuchen (als Überblick z.B. Kenyon, 1997). Die betrachteten Akteure sind typischerweise die unorganisierten Nachfrager-Bürger und die Regierungen der Anbieter-Jurisdiktionen.

2.1. Grundstruktur der Modelle

Allen Ansätzen, die hier angeführt werden, ist gemeinsam, dass sie die Nachfrager-Bürger als nutzenmaximierende Homines oeconomici modellieren. Für sie gilt weiterhin die in Kapitel 6 hergeleitete Nutzenfunktion $U = U(B, T)$. Die als Bereitsteller der öffentlichen Güter auftretenden Anbieter-Jurisdiktionen bzw. ihre Entscheidungsträger versuchen – je nach Modell –, entweder nur die Wohlfahrt ihrer jeweiligen Einwohner zu maximieren (wohlwollendes Diktatorverhalten der Politiker) oder auch eigene Interessen zu verfolgen (Public-Choice-Sicht). Im ersten Fall ist ihre Nutzenfunktion identisch mit der der Nachfrager-Bürger; im zweiten Fall lässt sich ihr Nutzen wieder gemäß der Funktion $U^r = U^r(B, D^r)$ bestimmen. Implizit sind in dieser Formulierung zwei wesentliche Voraussetzungen für das Zustandekommen eines Wettbewerbs zwischen den Jurisdiktionen enthalten. Zum einen müssen die jeweiligen Gebietskörperschaften beide Wettbewerbsparameter B und T autonom festsetzen können. Zum anderen muss eine weitestgehende räumliche Äquivalenz zwischen Nutzern und Zahlern gewährleistet sein.

Stimmen nun die bereitgestellten Steuer-Leistungs-Pakete nicht mit den präferierten überein, so haben die Nachfrager-Bürger – wie bei privaten Gütern – zwei Instrumente zur Verfügung, um die „schlechten" Anbieter-Jurisdiktionen zu bestrafen und die „guten" zu belohnen: Exit und Voice

(Hirschman, 1970). Nutzen sie die Exit-Option, so wandern sie aus einer Jurisdiktion X ab und lassen sich in Jurisdiktion Y nieder, wenn sie dort ein höheres Nutzenniveau erreichen können. Bei der Voice-Option üben die Nachfrager Druck auf die eigene Regierung in X aus, um sie zu einer – aus Sicht der Nachfrager – präferenzgemäßeren Versorgung mit öffentlichen Leistungen zu veranlassen. Verursacht wird diese Reaktion durch die Erkenntnis, dass die Regierung in Jurisdiktion Y ihre Bürger besser versorgt. Auslösendes Moment für die Ergreifung politischer Aktivitäten ist mithin immer ein erkennbarer Unterschied zwischen den realisierbaren Nutzenniveaus in den Jurisdiktionen X und Y. Die Handlungsmaxime der Nachfrager lautet dann unter Vernachlässigung von Kosten der Exit- und/oder Voice-Nutzung: Ergreife politische Aktivitäten in Form von Exit oder Voice, wenn $U_X < U_Y$. Dabei stellen U_X und U_Y die Gegenwartswerte des zukünftig erwarteten Nutzens dar.

Exit und Voice

Betrachtet man die Entwicklung der ökonomischen Modelle zum Föderalismus, so lässt sich eine Verschiebung des Analysefokus feststellen (Srinivasan/Wallack, 2004). Die ersten Modelle hatten eine rein ökonomisch, wohlfahrtstheoretische Perspektive und modellierten etwa die Festlegung der Steuersätze in miteinander konkurrierenden Jurisdiktionen als Entscheidungen wohlwollender Diktatoren (Oates, 1999). Die neueren Modell haben diese wohlfahrtstheoretische Tradition verlassen und untersuchen aus einer politökonomischen Perspektive die Verahndlungen und Tauschprozesse, die bei politischen Entscheidungsträgern in den Jurisdiktionen zu beobachten sind, die nicht allein das Ziel der Gemeinwohlmaximierung verfolgen. Im Folgenden werden wir sowohl einige wohlfahrtsökonomisch als auch einige politökonomisch geprägte Modelle darstellen. Diese lassen sich auch danach unterscheiden, welchen Sanktionsmechanismus sie in ihrer Analyse betrachten.

2.2. Einige Wettbewerbsmodelle im Überblick

Das Grundmodell zum horizontalen Wettbewerb von Jurisdiktionen, in dem die vorgestellte Logik zum Tragen kommt, wurde von Charles M. Tiebout (1956) entwickelt. Er versuchte – in einem wohlfahrtökonomischen Modellrahmen – einen Mechanismus herzuleiten, der auf der *Ebene der Gemeinden* eine marktanaloge effiziente Versorgung mit öffentlichen Leistungen sicherstellt. Tiebout fand diesen Mechanismus in der „Abstimmung mit den Füßen", also dem Exit.

wohlfahrts-ökonomische Modelle

Die wesentlichen Prämissen des Tiebout-Modells lassen sich wie folgt beschreiben: Die wandernden Akteure sind die Haushalte als steuerzahlende Bürger. Die alleinige Determinante der Standortwahl ist die Versorgung mit öffentlichen Leistungen in einer Gemeinde. Um andere Einflüsse auf die Standortwahl auszuschließen, greift Tiebout auf eine Reihe restriktiver

Prämissen zurück. So unterstellt er beispielsweise, dass alle Bürger mit einem ausreichend großen Vermögen ausgestattet sind. Sie können daher ihren gesamten Lebensunterhalt aus Zins- und Dividendeneinkommen bestreiten und sind in ihrer Standortwahl nicht abhängig von der Verfügbarkeit von Arbeitsplätzen. Auch das Wohnraumangebot wird als ausreichend groß angenommen, so dass Zuwanderungen keine Preissteigerungen auf diesem Markt hervorrufen. Die Abwanderung ist für die Nachfrager nicht mit Kosten verbunden, die Mobilität mithin perfekt. Die Nachfrager sind über alle Jurisdiktionen und die dort herrschende Versorgungssituation in Bezug auf Mengen und Steuerlasten vollständig informiert. Auf der Anbieterseite wird eine polypolistische Marktstruktur unterstellt. Annahmegemäß versuchen die Anbieter-Jurisdiktionen, die als wohlwollende Diktatoren modelliert sind, die Wohlfahrt ihrer Einwohner zu maximieren. Zu diesem Zweck bietet jede Jurisdiktion zunächst ein gegebenes Paket an öffentlichen Leistungen an, das im Tiebout-Modell von den Gemeinden selbst produziert wird. Bei der Produktion der Leistungen lässt sich für eine gegebene Bereitstellungsmenge ein Kostenminimum bestimmen, das gleichzeitig – bei einer Finanzierung über eine Kopfsteuer – auch die steuerlastminimierende, optimale Einwohnerzahl determiniert.

Das Ziel der Gemeindemanager ist es folglich, die optimale Einwohnerzahl zu realisieren und damit die Präferenzen der Einwohner zu minimalen Kosten zu befriedigen. Unter diesen Prämissen werden sich in den einzelnen Gemeinden jeweils Nachfrager mit homogenen Präferenzen in Bezug auf die bereitgestellten Leistungen zusammenfinden. Da die Nachfrager aus einer Vielzahl von Anbietern ihren optimalen Versorger auswählen, ist die allokative Effizienz sichergestellt. Die Nachfrager-Haushalte werden sich in einer Anfangsverteilung dort niederlassen, wo sie die von ihnen präferierte Leistung erhalten. In einer Wanderung der „zweiten Runde" werden sie dann von ihrem ursprünglichen Standort abwandern, wenn eine andere Jurisdiktion ein besseres Preis-Leistungs-Verhältnis offeriert. Durch die Abwanderung sinkt in der ursprünglichen Gemeinde die Einwohnerzahl unter die optimale. Die Abwanderung einer Gruppe von Bürgern verursacht für die zurückbleibenden Einwohner sogenannte negative Steuerexternalitäten, da bei gegebener Bereitstellungsmenge, d.h. gegebenen Kosten, die Pro-Kopf-Belastung der verbliebenen Einwohner steigt (Buchanan/Goetz, 1974). Diese Externalitäten führen dann zu Abwanderungen der „dritten Runde". Die „wohlwollenden" Gemeindemanager werden daher versuchen, die öffentlich bereitgestellten Leistungen im Kostenminimum zu produzieren, um so Abwanderungen zu vermeiden und die optimale Einwohnerzahl zu erhalten. Bei dieser Einwohnerzahl wird die Pro-Kopf-Belastung mit Steuern minimal und damit auch die Bereitstellungseffizienz sichergestellt. Im Tiebout-Modell wird letztlich die von den

Nachfrager-Bürgern erhobene Kopfsteuer aufgrund der Homogenität ihrer Präferenzen zu einer Nutzensteuer.

Ganz in der Tradition von Tiebout befindet sich das Modell von Oates/Schwab (1991). Auch hier wird den Anbieter-Jurisdiktionen als Ziel die Maximierung der Wohlfahrt ihrer Einwohner unterstellt. Die Kosten der Wanderung werden ebenfalls ausgeklammert. Im Gegensatz zum Tiebout-Modell sind es jedoch nicht die Haushalte, die als vollkommen mobil modelliert werden, sondern die Unternehmen. Bei der Abwanderung von Unternehmen sind die erwähnten negativen Steuerexternalitäten auf die verbliebenen Einwohner größer als bei der Abwanderung von Haushalten. Nicht nur das Aufkommen aus den Unternehmenssteuern sinkt, sondern auch die Zahl der vorhandenen Arbeitsplätze in der betroffenen Jurisdiktion und damit verbunden auch das Einkommensteueraufkommen. Umgekehrt kommt es bei der Zuwanderung von Unternehmen zu positiven Steuerexternalitäten.

Oates/Schwab-Modell

Unter der Annahme, dass die einzelnen Jurisdiktionen vollständig über das Ausmaß der auftretenden positiven Steuerexternalitäten eines Unternehmens informiert sind und die Unternehmen gleichzeitig die Steuer-Leistungs-Pakete an allen möglichen Standorten kennen, setzt ein interjurisdiktioneller Wettbewerb um den mobilen Faktor Kapital ein. Die Anbieter-Jurisdiktionen werden die Unternehmenssteuersätze senken, um neue Unternehmen anzulocken. Sie werden das allerdings im gewählten Modellkontext nur solange tun, wie die positiven Steuerexternalitäten den Rückgang des Steueraufkommens, der aus der Senkung der Steuersätze resultiert, überkompensiert. Ein Optimum für die Wohlfahrt der Jurisdiktion bzw. ihrer Einwohner ist dann erreicht, wenn sich die positive Steuerexternalität und der Rückgang des Steueraufkommens bei der letzten Unternehmensneuansiedlung ausgleichen. In diesem Optimum werden sowohl die allokative Effizienz als auch die Bereitstellungseffizienz realisiert. Auch hier führt der Wettbewerb der Jurisdiktionen um den mobilen Faktor Kapital dazu, dass die erhobenen Steuern sowohl für die Haushalte als auch für die Unternehmen zu Nutzensteuern werden.

Da die beiden erstgenannten Modelle lediglich mit Nutzensteuern und der Bereitstellung öffentlicher Leistungen wie z.B. Parkanlagen, Straßen und öffentlicher Sicherheit argumentieren, bleibt die Distribution von Einkommen als Aufgabe staatlicher Instanzen (Musgrave) ausgeklammert. Dieses Problem greift McGuire (1991) in ihrem Modell interjurisdiktionellen Wettbewerbs auf. Sie unterscheidet zwischen einem positiven, wohlfahrtsfördernden Wettbewerb in der Tradition des Tiebout-Modells und einem potentiell destruktiven Wettbewerb im Sinne ruinöser Jurisdiktionenkonkurrenz, der zu einem suboptimalen Wohlfahrtsniveau führt. Ausgangspunkt der Herleitung des negativen Ergebnisses ist die Annahme,

McGuire-Modell

dass es im Gesamtgebiet gegebene Präferenzen der Einwohner für redistributive Maßnahmen gibt. Dementsprechend werden sie keine reine Besteuerung nach dem Nutzen, sondern eine nach der Leistungsfähigkeit präferieren. Im theoretisch herleitbaren Wohlfahrtsoptimum für das Gesamtgebiet werden dann in allen Jurisdiktionen öffentliche Leistungen bereitgestellt und Redistributionsmaßnahmen auf einem einheitlichen Niveau durchgeführt.

McGuire geht zusätzlich davon aus, dass die Bevölkerung, d.h. Haushalte und Unternehmen, in Hinsicht auf ihr Einkommen bzw. Vermögen und in Bezug auf ihre Mobilität heterogen ist. Unter dieser Voraussetzung wird das theoretische Wohlfahrtsoptimum nicht realisiert, da nun eine ruinöse Konkurrenz der Jurisdiktionen um die Ansiedlung erfolgreicher mobiler Unternehmen einsetzt.[1] In der Hoffnung auf positive Steuerexternalitäten, die schon im Oates/Schwarz-Modell zum Wettbewerb führten, werden die Jurisdiktionen die Steuersätze für mobile erfolgreiche Unternehmen senken. Da aber alle Jurisdiktionen gleich handeln werden, sinkt das gesamte Steueraufkommen unter das Aufkommen im theoretischen Wohlfahrtsoptimum. Im Gleichgewicht ergibt sich eine Situation, die der im vorher betrachteten Modell ähnelt: Die erfolgreichen mobilen Unternehmen werden nach dem Nutzen besteuert, den sie aus den bereitgestellten öffentlichen Leistungen ziehen. Die erfolglosen immobilen Unternehmen hingegen werden weiterhin nach der Leistungsfähigkeit besteuert. Da die Steuersätze für mobile und reiche Unternehmen unter denen im Optimum liegen, kommt es im Ergebnis im betrachteten Gesamtgebiet zu einer suboptimalen Bereitstellung öffentlicher Leistungen, zu einer suboptimalen Umverteilung oder zu einer Kombination dieser beiden Effekte. Während im McGuire-Modell die effiziente Bereitstellung der öffentlichen Leistungen weiterhin gewährleistet ist, wird die allokative Effizienz aufgrund der Unterversorgung nicht erreicht. Das Ergebnis dieses Modells wird plausibel, wenn man sich vergegenwärtigt, dass sich die beteiligten Jurisdiktionen in der Situation des Gefangenendilemmas befinden. Das gesamtgesellschaftliche optimale Ergebnis kommt nicht zustande, wohl aber das unter den gegebenen Restriktionen mögliche individuelle Optimum für die einzelnen Jurisdiktionen.

Das Modell von McGuire weist auf ein wichtiges Ergebnis hin, das in den beiden vorgenannten Analysen ausgeblendet blieb: Wettbewerb kommt nur unter bestimmten Rahmenbedingungen zustande und kann auch nur unter bestimmten Rahmenbedingungen zu den erwünschten Ergebnissen führen. Damit wird deutlich, dass die Spielregeln, die das Handeln der Jurisdiktionen begrenzen, relevant für die Ergebnisse sind. Für föderale Strukturen bedeutet dies, dass zum einen die Spielregeln möglichst in einer

---

[1]   Die gleiche Argumentation gilt für den Wettbewerb um mobile reiche Haushalte.

Verfassung verankert werden und zum anderen höhere föderale Ebenen als Schiedsrichter bzw. Hüter des Wettbewerbs auf nachgelagerten Ebenen auftreten können. Neuere Modell in der Tradition von Tiebout sind etwa die von Hansen/Kessler (2001) sowie Janeba/Wilson (2003).

Der Ansatz von Besley/Case (1995) unterscheidet sich in vielerlei Hinsicht von den bisher vorgestellten Modellen und ist charakteristisch für die Verschiebung der Untersuchungsperspektive von der wohlfahrtsökonomisch geprägten Analyse des Abwanderungsmodells in der Tiebout-Tradition,[2] hin zu einer politökonomisch geprägten Analyse der Verhaltensweisen von politischen Entscheidungsträgern und Wählern.[3] Gemäß der Public-Choice-Sicht werden die Entscheidungsträger der Jurisdiktionen nicht nur als eigennutzorientierte Agenten dargestellt.

polit-ökonomische Modelle

Vielmehr unterscheiden Besley/Case zwischen „guten" Politikern, die sich mit ihrem Handeln allein am Wohl der Bürger orientieren und daher die Steuerhöhe nur so setzen, dass die Bereitstellungskosten gedeckt werden, sowie „schlechten" Politikern, die auch eigennützige Ziele verfolgen und somit versuchen, Budgetüberschüsse zu realisieren. Grundsätzlich verfügen alle Politiker über einen Informationsvorsprung gegenüber den Nachfrager-Bürgern in Bezug auf die Bereitstellungskosten. Somit entsteht ein Prinzipal-Agent-Problem mit hidden information. Dieses Problem wird im Modell elegant gelöst. In Analogie zum optimalen Vergleichsmarktkonzept aus der Wettbewerbstheorie können die Nachfrager-Bürger die Performance einer Nachbargemeinde als Referenz heranziehen, um die Performance der eigenen Regierung zu beurteilen. Stellen sie fest, dass die Leistung der eigenen Regierung relativ schlecht ist, werden sie politische Aktivitäten ergreifen. Diese Aktivität besteht allerdings nicht in einer „Abstimmung mit den Füßen", sondern in einer Abstimmung mit den Händen. Die Voice-Option wird damit zum Sanktionsmechanismus für die Politiker und führt zum Wettbewerb der Jurisdiktionen.

Besley/Case-Modell

Besley/Case unterstellen, dass die Gefahr als „schlechter" Politiker entdeckt zu werden, durch die Informationen steigt, die die Wähler über alternative Regierungen besitzen. Sie gehen in ihrer Argumentation von einer gegebenen Bereitstellungsmenge und -qualität aus und analysieren allein die Wirkung unterschiedlicher Steuersätze auf die Aktivitäten der Nachfrager bei zwei Jurisdiktionen und zwei Planungsperioden. Ausgehend von einem Gleichgewicht tritt im Modell ein Kostenschock auf, der die Bereit-

---

2 Zu einer Kritik an den wohlfahrtsökonomischen Föderalismustheorien aus Sicht der evolutorischen Ökonomik vgl. KERBER (2004), S. 68ff.

3 Einen Überblick über die Entwicklung von den reinen ökonomischen Föderalismustheorien hin zu den politökonomischen Modellen findet man, wie auch verschiedene Länderstudien, bei SRINIVASAN/WALLACK (2004).

stellung der öffentlichen Leistungen verteuert und damit eine Erhöhung der Steuern erzwingt. Es existieren dann drei Fälle, die in Bezug auf die disziplinierende Wirkung von Wahlen zu unterscheiden sind: Bestehen die Regierungen in beiden Jurisdiktionen aus „guten" Politikern, werden diese eine effiziente Bereitstellung zu zwar erhöhten, aber weiterhin minimalen Steuersätzen realisieren. Regieren hingegen jeweils „schlechte" Politiker, so setzen beide Regierungen zu hohe Steuern fest. Gibt es schließlich eine gute und eine schlechte Regierung, so wird die schlechte, die zu hohe Steuern erhebt, entdeckt und für die nächste Periode abgewählt.

Wegen dieser differenzierten Fallunterscheidung können hinsichtlich der Bereitstellungseffizienz keine eindeutigen Aussagen getroffen werden. Es sind im Modellaufriss jedoch – wie erwähnt – effiziente Lösungen möglich, und das Ausmaß der möglichen Ineffizienzen nimmt durch den Wettbewerb der Jurisdiktionen tendenziell ab. Allokative Effizienz wäre bei exogen gegebenen Bereitstellungsmengen zufällig – aber möglich. Weitere Arbeiten mit diesem poltiökonomischen Fokus sind etwa die von Besley/Coates (2000) sowie Arzaghi/Henderson (2002).

Ein sehr umfassendes Modell zum Wettbewerb der Jurisdiktionen ist das von Breton (1996). In der Tradition von Breton/Scott (1978 und 1980) mo-
Breton-Modell   delliert er nicht nur den in den bisher angeführten Modellen analysierten horizontalen Wettbewerb, sondern auch den vertikalen Wettbewerb zwischen Jurisdiktionen auf unterschiedlichen föderalen Ebenen. Dabei greift er nicht nur auf einen Sanktionsmechanismus zurück, sondern betrachtet explizit – wie Sauerland (1997) – sowohl die Exit- als auch die Voice-Option sowie die mit dem dezentralisierten Staatsaufbau verbundenen Transaktionskosten. Diese Optionen stehen gleichermaßen den Unternehmen und privaten Haushalten zur Verfügung; im Modell werden beide Akteursgruppen jedoch nicht differenziert betrachtet, sondern als Nachfrager-Bürger zusammengefasst.

Obwohl Breton explizit herausstellt, dass die Nutzung beider Optionen für die Nachfrager-Bürger Kosten verursacht, sieht er generell ein effizientes Ergebnis des interjurisdiktionellen Wettbewerbs. Jedoch weist auch er auf mögliche negative Effekte in Form ruinöser Konkurrenz hin. Diese treten – wie schon bei McGuire – nur dann auf, wenn entsprechende Wettbewerbsregeln fehlen, die von höheren Jurisdiktionen aufgestellt und überwacht werden. Gleiches gilt für den Fall, dass die Distributionsfunktion nicht von einer zentralen Instanz wahrgenommen wird. Im Breton-Modell kann es zu einer effizienten Bereitstellung der öffentlichen Leistungen kommen; sie ist aber aufgrund der Anreize zum Rent-seeking, denen die politischen Akteure unterliegen, sowie der Kosten der Nutzung von Exit und Voice nicht sichergestellt. Gleiches gilt für die Erreichung allokativer Effizienz.

2.3. Ergebnisse des (idealen) Wettbewerbs der Jurisdiktionen

Die angeführten Modelle lassen sich in verschiedener Hinsicht interpretieren. Betrachtet man zunächst die Art der Jurisdiktionen, die miteinander in Konkurrenz treten, lassen sich zwei Modell-Gruppen unterscheiden. Diejenigen Modelle, die allein auf die Allokationsfunktion staatlicher Bereitstellungsinstanzen abstellen (z.B. Tiebout, Oates/Schwarz), modellieren eher den Wettbewerb zwischen Gemeinden.[4] Dabei ist unterstellt, dass Gemeinden in der Realität in erster Linie Allokations- und keine Redistributionskompetenzen besitzen (Kenyon, 1997, S. 22.). Entsprechend bilden die erwähnten Modelle von McGuire, Besley/Case sowie Besley/Coates mit ihren redistributiven Elementen eher den Wettbewerb auf der Ebene von Bundesländern ab. Unterscheidet man diese Modelle zusätzlich anhand des verwendeten Kontroll- bzw. Sanktionsmechanismus, lassen sich wiederum zwei Gruppen identifizieren. Diejenigen Modelle, die den Voice-Mechanismus beinhalten, bilden i.d.R. den Wettbewerb zwischen Bundesländern ab, während der Exit-Mechanismus sowohl auf Gemeinde- als auch auf Länderebene Verwendung findet.

Auch hinsichtlich der Ergebnisse des Wettbewerbs lassen sich zwei Gruppen von Modellen unterscheiden. In den ersten drei Modellen ist sowohl über Exit- als auch Voice-Aktivitäten eine sehr effiziente Kontrolle der bereitstellenden Politiker möglich. Dieses Ergebnis liegt in den Modellprämissen begründet. Alle Ansätze dieser Gruppe wählen eine traditionell neoklassische Modellierung, die durch eine vollständige Vernachlässigung von Transaktionskosten gekennzeichnet ist. So sind die Akteure in der Lage, die Leistungen ihrer Regierung perfekt und kostenlos zu beurteilen. Die Nachfrager-Bürger sind entweder vollständig über die entscheidungsrelevanten Fakten informiert oder zumindest in der Lage, einfach an die zur Beurteilung notwendigen Informationen zu gelangen. Ebenso verursachen weder Exit noch Voice Kosten auf Seiten der Nachfrager-Bürger. Unter dieser Voraussetzung herrscht eine hohe Wettbewerbsintensität zwischen den Jurisdiktionen: Das potentielle Prinzipal-Agent-Problem zwischen Wählern und Regierungen wird (wie im Medianwähler-Modell zum Parteienwettbewerb von Downs) effizient gelöst; die Anbieter-Jurisdiktionen sind gezwungen, Steuern allein zur Deckung des Bereitstellungskostenminimums zu erheben, da sie bei der kleinsten Verfehlung unmittelbar sanktioniert werden. Dementsprechend ist eine effiziente Bereit-

*Wettbewerbs-
ergebnisse*

---

4   Eine Ausnahme bilden dabei etwa JANEBA/WILSON (2003), die explizit einen internationalen Steuerwettbewerb modellieren.

stellung sichergestellt, während die effiziente Allokation zum Teil durch einen Steuerwettbewerb als „race to the bottom" verfehlt wird.[5]

Die Ergebnisse der zweiten Gruppe von Modellen (z.B. Besley/Case und Breton) unterscheiden sich davon deutlich. Beide Modelle zeigen, dass selbst eine effiziente Bereitstellung in einem potentiell wettbewerblichen Umfeld nicht notwendigerweise realisiert wird. Auch hier sind die Prämissen für das Ergebnis ausschlaggebend. So ist im Besley/Case-Modell eine effiziente Bereitstellung nicht sichergestellt, weil die Kontrolle der Politiker nur eingeschränkt möglich ist. Informationsasymmetrien zwischen Bürgern und Regierungen bleiben bestehen, das Prinzipal-Agent-Problem wird virulent. Dies wird offensichtlich, wenn der Fall mit zwei „schlechten" Regierungen betrachtet wird, der implizit ein kollusives Verhalten der beteiligten Politiker unterstellt. Bei Breton werden explizit die Kosten der Kontrolle durch die Nutzung von Exit- und Voice-Aktivitäten berücksichtigt. Bei positiven Kontrollkosten ist eine vollständige Kontrolle nicht sinnvoll, weil ineffizient. Es ergeben sich monopolistische Spielräume, die „echte" Politiker zu ihrem eigenen Vorteil nutzen werden. In den Modellen der zweiten Gruppe führen die positiven Kontrollkosten letztlich zu einer ineffizienten Bereitstellung. Damit unterscheiden sich die beiden letztgenannten Modelle ganz grundsätzlich von der ersten Modellgruppe. Während die eher neoklassisch formulierten Modelle tendenziell ein „zuviel" an Wettbewerb konstatieren, das in einem ruinösen Unterbietungswettbewerb mit ineffizienter Allokation endet, zeigen die letztgenannten Modelle die Gefahr eines zu „geringen" Wettbewerbs auf. Wenig Wettbewerbsdruck oder gar kollusives Verhalten führt dann zu Ineffizienzen bei der Bereitstellung, d.h. zu Verschwendung im öffentlichen Sektor.

2.4. Relativierung der Modellergebnisse

Um der Frage, wann eine zu geringe Wettbewerbsintensität zu erwarten ist, detaillierter nachgehen zu können, betrachten wir im folgenden weiterhin zwei Gruppen von Akteuren: die unorganisierten Nachfrager-Bürger und die Jurisdiktionen – als Gesamtheit von Regierung und Bürokratie – als Anbieter öffentlicher Leistungen. Die Ausgangsthese der Betrachtung lautet, dass die unorganisierten Nachfrager-Bürger letztlich *alle* Kosten tragen müssen, die aus der Bereitstellung öffentlicher Güter resultieren. Aufgrund der bisherigen Ausführungen lassen sich dabei zwei „Blöcke" von Kosten unterscheiden: die Kontrollkosten und die eigentlichen Bereitstellungskosten.

---

[5]   Zu einem anderen Ergebnis kommen JANEBA/WILSON (2003), die bei einer dezentralisierten Güterbereitstellung und -finanzierung mögliche Wohlfahrtssteigerungen aufzeigen.

Die *Kontrollkosten* müssen von den Nachfrager-Bürgern direkt getragen werden. Sie entstehen unmittelbar *durch politische Aktivitäten* der Bürger, die notwendig sind, um die monopolistischen Spielräume der Anbieter-Jurisdiktionen einzuengen und lassen sich als individuell zu tragende Kosten der Nutzung von Exit- und Voice-Aktivitäten definieren. Die *Bereitstellungskosten* setzen sich aus den Produktionskosten und den Transaktionskosten der Bereitstellung[6] zusammen. Beide Komponenten wurden bisher als konstante Kosten pro Stück unterstellt. Die Summe dieser Bereitstellungskosten wird ebenfalls von den Bürgern getragen, und zwar über die zur Finanzierung der öffentlichen Leistungen erhobenen Steuern und Beiträge.

Kontroll- und Bereitstellungskosten

Bei der Darstellung der Prinzipal-Agent-Theorie in Kapitel 2 ist deutlich geworden, dass ein enger Zusammenhang zwischen den durch den Prinzipal aufzuwendenden Kontrollkosten und der Leistung des Agenten besteht. Entsprechendes gilt auch bei der Bereitstellung öffentlicher Leistungen durch Jurisdiktionen: Je besser die Kontrolle der Regierung durch die Bürger, desto höher die direkt von den Bürgern zu tragenden Kontrollkosten und desto geringer die Ineffizienzen bei der Bereitstellung, die sich in der Höhe der Bereitstellungskosten niederschlagen. Um diesen Trade-off zwischen den direkt und den indirekt von den Bürgern zu tragenden Kosten genauer aufzeigen zu können, ist es sinnvoll, zunächst die Determinanten dieser Kosten zu untersuchen. Daher werden im Abschnitt 3. zunächst die Kosten der politischen Kontrolle durch Exit und Voice analysiert, bevor dann im Abschnitt 4. die wichtigsten Determinanten der Bereitstellungskosten näher betrachtet werden. In beiden Abschnitten wird explizit die Größe der bereitstellenden Jurisdiktion berücksichtigt.

3. Die Kosten der Kontrolle politischer Anbieter

Wir haben schon im Kapitel 6 bei der Analyse des Downs-Modells darauf hingewiesen, dass die Kosten der politischen Kontrolle im wesentlichen das Ausmaß des monopolistischen Spielraums einer Regierung determinieren. Als Beispiel für die Kontrollkosten haben wir die Kosten der Informationserhebung angeführt. Wir werden die Analyse der Kontrollkosten im nächsten Abschnitt differenzierter gestalten und der Frage nachgehen, ob die Kontrollkosten von der Kollektivgröße abhängig sind, d.h. ob diese Kosten beispielsweise in Gemeinden höher sind als in Ländern. Dabei unterscheiden wir zusätzlich die in den obigen Modellen verwandten

---

6 Diese bestehen, wie schon in Kapitel 3 erläutert, aus den Kosten der Organisations- und der Marktbenutzung.

Kontrollmechanismen Exit und Voice. Die einzelnen Kostenkomponenten, auf die wir im folgenden näher eingehen, sind in Abbildung 7.2 dargestellt.

Abbildung 7.2

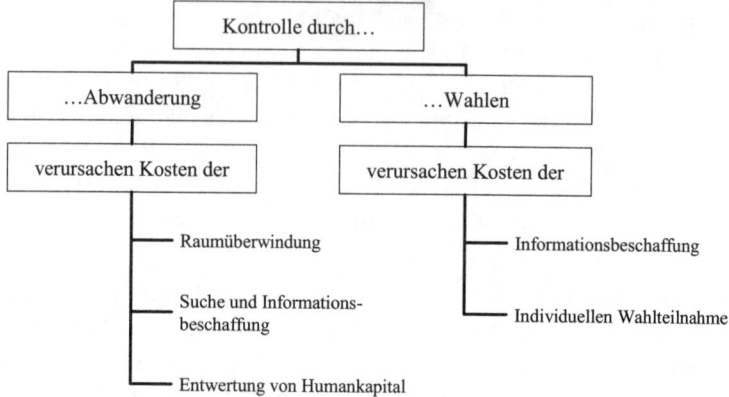

3.1. Die Kosten des Exit

Neben den traditionellen Migrationskosten, die im wesentlichen aus Kosten der Raumüberwindung bestehen, verursacht eine Abwanderung für den betreffenden Bürger noch andere Kosten, die allerdings weniger tangibel sind. Im einzelnen handelt es sich dabei um Such- und Informationskosten sowie Kosten, die aus der Entwertung spezifischer Investitionen resultieren.

3.1.1. Kosten der Raumüberwindung

Kosten der Raumüberwindung können bei einer Standortverlagerung sowohl für Haushalte als auch für Unternehmen entstehen. Während private Hauhalte typischerweise mit ihrem Hausrat umziehen – der entsprechend transportiert werden muss –, treten Kosten der Raumüberwindung für Un-

Umzugskosten ternehmen insbesondere dort auf, wo im Rahmen von Unternehmenserweiterungen Teile der Produktion verlagert werden und Zwischenprodukte zwischen den Standorten transportiert werden müssen. Sind auch die Höhe der Raumüberwindungskosten für Unternehmen und Haushalte unterschiedlich hoch, so steigen die Kosten in jedem Fall mit der Entfernung zwischen den Standorten an. Bevor aber überhaupt Raumüberwindungskosten entstehen können, müssen Informationen über den möglichen neuen Standort eingeholt werden.

3.1.2. Such- und Informationskosten

Die daraus resultierenden Such- und Informationskosten existieren sowohl für Haushalte als auch für Unternehmen. Gehen wir davon aus, dass jeweils Informationen über den am potentiellen neuen Standort herrschenden Steuersatz T als auch über die bereitgestellten Leistungen B erhoben werden müssen. Für die Haushalte in Deutschland besteht der relevante Steuersatz auf lokaler Ebene im wesentlichen aus den kommunalen Gebühren für Müllentsorgung, Straßenreinigung, Entwässerung etc. Die Bedeutung dieses Standortfaktors als „zweite Miete" ist in den letzten Jahren deutlich gestiegen. Gleichwohl sind die Informationen über diese Abgaben für die Haushalte relativ einfach – und damit kostengünstig – zu erhalten. Für Unternehmen gelten unter Umständen und auch je nach der eigenen Verhandlungsmacht sehr unterschiedliche Steuer- und Subventionskombinationen an den jeweiligen Standorten, so dass ihre Informationskosten in dieser Hinsicht höher liegen. Bei den bereitzustellenden Leistungen ist die Höhe der entstehenden Kosten abhängig von den Eigenschaften der Leistungen. Hier lassen sich sinnvoll Inspektions-, Erfahrungs- und Vertrauensgüter unterscheiden. Für einen Haushalt ist es beispielsweise leichter, Informationen über die Qualität von Hallenbädern in einer Gemeinde zu erlangen, als über die Qualität von Schulen oder der medizinischen Versorgung. Relevante Informationen für die Unternehmen sind in Analogie dazu beispielsweise solche über die örtliche Infrastruktur sowie die Geschwindigkeit und Verlässlichkeit von behördlichen Genehmigungsverfahren. Auch hier sind erstere leichter zu erhalten als letztere.

Relevante Steuersätze

Für die Such- und Informationskosten gilt ebenfalls, dass sie mit zunehmender Entfernung zwischen den Standorten anwachsen. So kann man bei direkt an den alten Standort angrenzenden Gemeinden noch relativ leicht an die relevanten Informationen gelangen, während das bei weiter entfernten nur mit sehr viel mehr Aufwand möglich ist. Beispielsweise kann ein Unternehmen bei der Suche nach geeigneten Grundstücken diese in einer Nachbargemeinde noch leicht in Augenschein nehmen; bei weiter entfernten Standorten ist dies allein deshalb teurer, weil höhere Raumüberwindungskosten für die optische Inspektion aufgewendet oder – alternativ – teure Makler eingeschaltet werden müssen. Die Such- und Informationskosten steigen damit c.p. ebenfalls mit der Entfernung zwischen altem und neuem Standort an (Greenwood, 1997, S. 666); sie sind für Unternehmen tendenziell höher als für Haushalte.

Determinanten der Kosten

3.1.3. Kosten aus der Entwertung spezifischen Humankapitals

Eine dritte wichtige Kostenart, die bisher in den Modellen zum Wettbewerb von Jurisdiktionen völlig vernachlässigt wurde, ist die Entwertung spezifischen Humankapitals, das nur am jeweiligen Standort produktiv zu nutzen ist. Auch hier lassen sich verschiedene Komponenten unterscheiden. Zum einen wird jeder Bürger durch das Leben in einer Jurisdiktion Teil eines Umfelds, das nicht nur aus vielfältigen sozialen Kontakten be-

*Ortsgebunde-
nes Kapital*

steht. Neuansiedler müssen sich daher erst mit den örtlichen Gegebenheiten bekannt machen. So muss ein neuer Einwohner im einfachsten Fall zunächst erlernen bzw. erfahren, wo z.B. günstige und gute Einkaufsmöglichkeiten vorhanden sind, wo eine angenehme Gastronomie zu finden ist und wo gute Ärzte niedergelassen sind. Diese Dinge herauszufinden kostet Zeit; der Zeiteinsatz verursacht zunächst Kosten, stiftet aber in der Zukunft weiterhin Nutzen. Mit anderen Worten: Man investiert in Kenntnisse der spezifischen Gegebenheiten eines Wohnortes, die langfristig produktiv sind, da sie Suchkosten senken. Diese Kenntnisse sind allerdings nur im jeweiligen Wohnort wertvoll. Verlässt man diesen Ort, so werden die getätigten Investitionen entwertet: Das erworbene Wissen um die Besonderheiten am alten Wohnort sind in der neuen Umgebung weitgehend wertlos. In der Terminologie der Transaktionskostenökonomik lassen sich die genannten *Ortskenntnisse* mithin als spezifische Investitionen interpretieren, die durch eine Abwanderung entwertet werden. Diese Kosten aus der Entwertung spezifischer Kenntnisse wurden offensichtlich in den oben vorgestellten Modellen zum Wettbewerb der Jurisdiktionen vernachlässigt. Sie sind jedoch Gegenstand der Literatur zur Analyse von Migration. So nennt beispielsweise Greenwood (1997, S. 690) diese spezifischen Ortskenntnisse „local capital". Er zeigt außerdem, dass die potentielle Entwertung dieses Kapitals ein Migrationshindernis darstellt.

*Regelkennt-
nisse*

Neben solchen Ortskenntnissen ist auch das *Wissen um die handlungskanalisierenden Regeln*, die in einer Jurisdiktion gelten, für die Einwohner produktiv nutzbar. Hier lassen sich formelle Regeln, die typischerweise schriftlich fixiert sind (z.B. Gesetze) und zur Organisation großer Gruppen (wie z.B. Jurisdiktionen) sinnvoll sind, von informellen Regeln unterscheiden. Letztere, z.B. Sitten und Gebräuche, werden entsprechend nur mündlich überliefert und dienen eher zur Organisation von kleinen Gruppen wie beispielsweise Familien, Nachbarschaften und Freundeskreisen. Beide Arten von Regeln schränken den möglichen Handlungsraum der Individuen ein und tragen damit dazu bei, die Interaktionen zwischen den Gruppenmitgliedern zu stabilisieren. Halten sich nämlich alle Mitglieder an die Regeln, wird ihr Handeln gewisse, für die übrigen Individuen antizipierbare Regelmäßigkeiten aufweisen. Bei wiederholt und ähnlich auftretenden Entscheidungssituationen innerhalb der gegebenen Rahmenregeln werden die Regelunterworfenen ein Set mit Handlungsmustern entwickeln, das diejenigen Verhaltensweisen enthält, die in der Vergangenheit zu guten Ergebnissen geführt haben. Offensichtlich setzt die Herausbildung eines solchen Sets einen Lernprozess voraus. Haben sich erkennbare Verhaltensmuster in einer Gruppe entwickelt, wird die Erwartungsunsicherheit in Bezug auf das Verhalten potentieller (Tausch-)Partner reduziert und kostspielige Überwachungs- oder Absicherungsmaßnahmen können entfallen. Wenn sich alle Gruppenmitglieder regelkonform verhalten, ist die Befolgung bzw. Nutzung von Regeln für jedes einzelne Mitglied rational, da die Vorteile in Form der besseren Erwartungsbildungsmöglichkeit die Nachteile einer Einschränkung der individuellen Handlungsmöglichkeiten i.d.R. überkompensieren.

Formelle Regeln

Geht man davon aus, dass eine Jurisdiktion durch ein gegebenes formelles Regelset gekennzeichnet ist und nicht alle Jurisdiktionen über dasselbe Regelset verfügen, so ist mit dem Wechsel zwischen zwei Jurisdiktionen eine Entwertung dieser *spezifischen formellen Regelkenntnisse* verbunden.[1] Solche Kosten werden in der Regel dann auftreten, wenn ein Wechsel zwischen zwei Nationalstaaten erfolgt. Unternehmen sind von solchen Regeländerungen betroffen, wenn etwa das Steuerrecht zwischen den Staaten differiert. Möglicherweise liegt aber auch genau in diesem Punkt die Ursache für die Abwanderung begründet. Bei der Wanderung zwischen zwei Nationalstaaten wird neben der Kenntnis formeller Gesetzesregeln aber auch anderes Humankapital von Entwertung bedroht, wie z.B. Sprachkenntnisse beim Verlassen des ursprünglichen Sprachraums. So kann die geringere Mobilität der Bürger innerhalb des Wirtschaftsraums der Europäischen Union im Vergleich zu lange bestehenden Föderationen wie etwa den USA oder Deutschland, auf die z.B. Wellisch (1994, S. 169) verweist, auf Sprachbarrieren bzw. hohe notwendige Neuinvestitionen in Sozialkapital zurückgeführt werden.[2] Da makroökonomische Rahmendaten das Handeln der wirtschaftlichen Akteure ebenfalls beeinflussen, ist auch beim Wechsel aus einer hoch inflationären Wirtschaft in eine mit niedrigen Inflationsraten und vice versa eine Anpassung der erlernten Verhaltensmuster an die neuen Restriktionen notwendig. Wieder wird bestehendes Humankapital entwertet, und es werden Neuinvestitionen in Humankapital notwendig.

Sprache

Auch beim Wechsel innerhalb eines Nationalstaats, der eine dezentralisierte politische Struktur aufweist, können formelle Regelkenntnisse entwertet werden, wenn die Länder über entsprechende Legislativkompetenzen verfügen.[3] Wie das Beispiel der USA zeigt, können schon zwischen Bundesstaaten formelle Regeln unterschiedlichster Wertigkeit differieren. Die Bandbreite der unterschiedlichen Gesetzesregeln reicht dort von der

---

[1] Auch diese Kostenkomponente findet in der Analyse des interjurisdiktionellen Wettbewerbs keine Berücksichtigung. Die Rolle spezifischer Investitionen in interpersonelle Beziehungen wird aber teilweise im Rahmen der Theorie der Firma untersucht.

[2] Ähnlich z.B. NIJKAMP/SPIESS (1993), S. 238.

[3] Diese Voraussetzung für den Wettbewerb zwischen Ländern ist beispielsweise in Deutschland nicht gegeben. Hier hat der Bund im Rahmen der konkurrierenden Gesetzgebung fast alle wesentlichen Gesetzgebungskompetenzen an sich gezogen. Vgl. dazu auch die Ausführungen in Kapitel 8.

erlaubten Höchstgeschwindigkeit auf Highways bis zur Höchststrafe im Strafrecht, also der Frage, ob die Todesstrafe verhängt werden kann oder nicht. Solche gravierenden Unterschiede werden bei einem Ortswechsel zwischen zwei Gemeinden hingegen nicht auftreten, es sei denn, diese Abwanderung ist gleichzeitig auch mit der Abwanderung aus einem Bundesland oder gar einem Nationalstaat verbunden.

Informelle Regeln

Selbst wenn eine Abwanderung aus einer Gemeinde in eine andere erfolgt, ohne dabei den Sprachraum, den Nationalstaat oder das Bundesland zu wechseln, sind spezifische Investitionen in Regelkenntnisse von Entwertung bedroht. Hier allerdings sind es die *Kenntnisse informeller Regeln*, die insbesondere für Haushalte relevant sind. Durch einen Umzug von einer Gemeinde in eine andere verlässt ein Haushalt das gewohnte soziale Umfeld, das sich aus vielfältigen sozialen Netzwerken zusammensetzt (Panther, 1997). Soziale Netzwerke lassen sich als informelle Regelwerke charakterisieren, die die Interaktion der Beteiligten stabilisieren. Diese Netzwerke müssen erst aufgebaut werden und auch dieser Aufbau kostet Zeit, d.h. er ist mit hohen Investitionen verbunden. Verlässt man nun das gewohnte soziale Umfeld, so werden die in dieses Umfeld getätigten Investitionen bedroht. Da die Mitgliedschaft in einem Netzwerk jedoch in der Regel aus Sicht des Abwanderers wertvoller ist als die weiter oben erwähnten Ortskenntnisse, werden diese sozialen Kontakte oft auch über größere Entfernungen hinweg gepflegt – und unter hohen Kosten (Schwartz, 1973). Im Gegensatz zu den spezifischen Orts- und Regelkenntnissen lassen sich soziale Kontakte über die heutigen Kommunikationstechnologien relativ gut erhalten. Dennoch gehen die sozialen Bindungen mit zunehmender Entfernung zum bisherigen Standort zurück (Glaeser/Laibson/Sacerdote, 2001).

Sowohl der Erwerb der eingangs erwähnten Ortskenntnisse als auch die Prozesse, die dem Erlernen von Regeln und der Herausbildung von Handlungsmustern zugrundeliegen, lassen sich als spezifische, ortsgebundene Investitionen in Humankapital interpretieren. Gemäß der obigen Unterscheidung lässt sich dieses Humankapital wiederum in zwei Kategorien differenzieren (Sauerland, 2003, S. 14): Das ‚technische' Humankapital ist produktiv, weil es direkt in die Produktion von Gütern und Dienstleistungen eingeht. Zu dieser Art von Humankapital zählen das technische Wissen oder die Ortskenntnisse der Individuen. Das ‚soziale' Humankapital ist produktiv, weil es die Interaktionen zwischen den Individuen verbessert. Es umfasst die Kenntnis der geltenden Regeln ebenso wie die aus der Regelanwendung resultierenden Verhaltensmuster[4] (Sobel, 2002, S. 147 f.)

---

[4]   Zur Unterscheidung zwischen formellen und informellen Regeln sowie Verhaltensmustern vgl. auch die Ausführungen in Kapitel 9.

und lässt sich auch als *Sozialkapital* interpretieren. Der Begriff des Sozialkapitals wird in Kapitel 9 noch genauer erläutert. In Colemans (1990,
S. 301 ff.) Definition ist dieses Kapital produktiv, weil es dem jeweiligen
Nutzer Erwartungssicherheit über das Verhalten der anderen Gemein-
schaftsmitglieder gibt. Der hier skizzierte Ansatz ist ähnlich, betrachtet
aber den Aufbau und die Erhaltung dieses Kapitals als *individuelle* Investitionsentscheidung.

Sozialkapital

Als Zwischenergebnis zeigt sich damit, dass die Entwertung spezifischen Humankapitals insbesondere für Haushalte eine erhebliche
Kostenkomponente bei der Abwanderung darstellt. Diese Kosten stellen
einen Grund dafür dar, dass Unternehmen respektive der Produktionsfaktor
Kapital in der Regel mobiler ist als der Faktor Arbeit bzw. die arbeitsan-
bietenden Haushalte. Aber auch innerhalb der Mobilität der Haushalte sind
Differenzierungen notwendig, wenn man die Determinanten der Höhe der
potentiell zu entwertenden Investitionen in spezifisches (orts)gebundenen
Humankapital betrachtet.

Die Höhe der bedrohten Investitionen lässt sich im wesentlichen auf
zwei Teilaspekte zurückführen. Zum einen ist das Lebensalter der Betroffenen entscheidend, zum anderen deren Verweildauer am zu verlassenden
Standort. Ist diese Verweildauer kurz, so bestehen i.d.R. nur relativ geringe
spezifische Investitionen, die bei einer Abwanderung entwertet werden.
Mit längerer Verweildauer an einem Ort wächst das potentiell zu entwer-
tende Humankapital an. Das bedeutet, dass insbesondere bei älteren
Menschen, die lange an einem Ort gewohnt haben, die Abwanderungskosten sehr hoch – wenn nicht gar prohibitiv – sein werden. Im Gegensatz
dazu weisen allein aus diesem Grund junge Leute einen höheren Mobili-
tätsgrad auf.[5] Jüngere Menschen sind auch deshalb mobiler, weil sie nach
einer Abwanderung die am neuen Standort getätigten Investitionen in ein
soziales Umfeld noch über einen längeren Zeitraum nutzen können als ältere. Somit sinken die Kosten der Abwanderung, während gleichzeitig der
abdiskontierte Nutzen der Neuinvestitionen in Abhängigkeit vom Lebensalter steigt. Das gilt insbesondere dann, wenn ein Ortswechsel nicht
erstmalig erfolgt. Menschen, die schon mehr als einmal abgewandert sind,
haben nämlich bereits Erfahrungen mit der Abwanderung und somit spezifische Investitionen in Abwanderungsaktivitäten gebildet. Für diese
Personen ist eine Abwanderung leichter als für solche, die erstmalig abwandern, da sie gelernt haben, soziale Kontakte neu aufzubauen. Es

*Determinanten
der Kosten*

---

5 Eine Untersuchung dieses Zusammenhangs für Deutschland findet man bei BÖLT-
KEN (1992), S. 746 ff. Studien aus den USA zeigen, dass die Mobilität bei den 20 bis 25-
jährigen am größten ist und danach stetig abnimmt. Vgl. dazu GREENWOOD (1997),
S. 655 f. sowie die dort angeführte Literatur.

bestehen also Lerneffekte bei der Abwanderung. Im Extremfall haben „Nomaden" sogar den Anreiz, weiterhin umzuziehen, da ansonsten ihre spezifischen Investitionen in Abwanderungs-know-How entwertet würden. Letztlich werden aber die sozialen Bindungen innerhalb einer Gesellschaft durch eine höhere Mobilität tendenziell geschwächt (Zak/Knack, 2001).

3.1.4. Folgen für den Wettbewerb der Jurisdiktionen

Monopolistische Spielräume der Anbieter

Aggregiert man die angeführten einzelnen Kostenkomponenten zu den gesamten Kosten der Nutzung des Kontroll- und Sanktionsmechanismus Migration, so steigen diese mit der räumlichen Größe der betrachteten Jurisdiktion und mit steigender Entfernung zwischen dem alten und dem neuen Standort. Die gerade skizzierten Kosten, die mit der Nutzung des Abwanderungsmechanismus verbunden sind, führen dazu, dass die Abwanderung als Sanktionsmechanismus nicht perfekt funktioniert. Insbesondere durch die spezifischen Investitionen der Nachfrager-Bürger in Orts- und Regelkenntnisse sowie in soziale Kontakte entstehen für die Anbieter-Jurisdiktionen öffentlicher Leistungen monopolistische Spielräume, die eine Abschöpfung von vorhandenen Nachfrager-Renten möglich machen (Klein/Crawford/Alchian, 1978). Eine weitere Differenzierung ist notwendig: Eine Abwanderung ist – wie gezeigt – umso kostengünstiger, je kleiner die Jurisdiktion ist, die man verlässt. Die Migration über Gemeindegrenzen hinweg ist leichter als die über Ländergrenzen. So lässt sich beispielsweise für die USA eine deutlich höhere Mobilität innerhalb von und zwischen Bezirken feststellen als zwischen Bundesstaaten (Greenwood, 1997, S. 654). Die Mobilität zwischen Bundesstaaten ist wiederum deutlich höher als die zwischen den USA und Drittländern (Dye, 1990, S. 178 f.). Das heißt, die monopolistischen Spielräume, die sich den politischen Entscheidungsträgern bieten und innerhalb derer sie nicht mit Sanktionen durch Abwanderung zu rechnen haben, sind auf der lokalen Ebene kleiner als auf der nationalen Ebene (Zax, 1989, S. 561): Um eine Abwanderung aus einem Nationalstaat zu initiieren, muss die Abweichung der öffentlichen Leistungen von den Präferenzen schon ein erhebliches Ausmaß annehmen.

Mobilitätshemmnisse

Vor diesem Hintergrund kann die 1989 einsetzende massive Abwanderung aus der DDR in die Bundesrepublik zum einen auf die extrem hohe Unzufriedenheit zurückgeführt werden, zum anderen auf niedrig erscheinende soziale Abwanderungskosten, da beispielsweise der deutsche Sprachraum nicht verlassen wurde. So gesehen spricht dieses Beispiel nicht generell für die Wirksamkeit des Abwanderungsmechanismus, wie teilweise angenommen wird (z.B. Eichenberger/Frey 1994, S. 781). Auch kann man vermuten, dass die Abwanderung nicht so massiv ausgefallen wäre, wenn allen Beteiligten die tatsächliche Höhe des entwerteten Sozialkapitals bewusst gewesen wäre. Die Nichtberücksichtigung dieser Größe führte ex post bisweilen zu großer Enttäuschung über die Verhältnisse im „goldenen Westen". Generell lässt sich dennoch festhalten, dass der Wettbewerb, der durch Abwanderungen ausgelöst wird, zwischen Gemeinden potentiell intensiver ist als zwischen Ländern und Staaten und dass Unternehmen auch unter Berücksichtigung der intangiblen Wanderungskosten mobiler sind als Haushalte.

3.2. Die Kosten des Voice

Wie die Nutzung des Exit sind auch mit der Nutzung von Wahlen als Kontroll- und Sanktionsmechanismus Kosten[6] verbunden, die in erster Linie aus Informations-, Beteiligungs- und Überzeugungskosten sowie aus Kosten des potentiellen Überstimmtwerdens bestehen. Breton/Scott (1978, S. 32) subsumieren unter den Kosten des Wählens z.B. auch solche, die aus der Einflussnahme von Interessengruppen direkt auf Politiker entstehen, solche aus der Organisation der privaten Bereitstellung von Kollektivgütern (Klubgründungen etc.) und die der Teilnahme an Bürgerbewegungen sowie aus der Verhaltensbeschränkung des eigenen (privat-) wirtschaftlichen Verhaltens.

3.2.1. Informationskosten

Betrachten wir zunächst die Informationskosten, die im Vorfeld von Wahlen entstehen. Wenn die Parteien unterschiedliche Programme mit unterschiedlichen Steuer-Leistungs-Paketen zur Wahl stellen, sind die Kosten, die für einen Wahlbürger entstehen, um sich selbst über die zur Wahl stehenden Alternativen zu informieren, abhängig von der Komplexität der Leistungsbündel und der Transparenz der Besteuerung (Barzel/Sass, 1990, S. 750 sowie Thöni 1986, S. 107 f. und S. 116). Hier spielt wieder die Eigenschaft der zur Abstimmung stehenden Leistungen als Inspektions-, Erfahrungs- oder Vertrauensgüter eine Rolle.

Komplexität von Entscheidungen

Der Grad der Komplexität von Entscheidungen ist vielfach abhängig von der Größe des bereitstellenden Kollektivs. Auf der Gemeindeebene werden tendenziell einfachere Entscheidungen getroffen, auf nationaler Ebene eher komplexere. Das bedeutet zum einen, dass auf der Ebene der Gemeinden die relevanten Informationen schneller und einfacher zu erhalten sind. Zum anderen sind möglicherweise wegen der direkten

---

[6] Eine auch aus heutiger Sicht gelungene Analyse der Kosten und Nutzen von Wahlen findet man bei RIKER/ORDESHOOK (1968). Da es hier hauptsächlich um Wahlen als Sanktionsmechanismus geht, steht der direkte Nutzen aus dem Wahl*ergebnis*, der darin besteht, dass die Präferenzen des Wahlbürgers in der Politik der Regierung Berücksichtigung finden, im Vordergrund. Andere Nutzenkomponenten werden vernachlässigt.

Betroffenheit der Bürger vor Ort auch die Anreize zu einer Wahlbeteiligung oder Informationsbeschaffung höher (Barzel/Sass, 1990, S. 749 f.). Beide Komponenten deuten darauf hin, dass die Erlangung eines vergleichbaren Informationsniveaus auf Gemeindeebene tendenziell mit geringeren Informationskosten verbunden ist als beispielsweise auf nationaler Ebene.

3.2.2. Individuelle Kosten der Wahlteilnahme

Auch mit der Teilnahme an Wahlen oder Abstimmungen sind Kosten verbunden. Diese Beteiligungskosten bestehen in erster Linie aus Zeitopportunitäten und dürften für den einzelnen Bürger unabhängig von der Kollektivgröße sein. Sowohl die Informations- als auch die Beteiligungskosten sind ausschlaggebend dafür, dass Wahlen in der Regel nur periodisch stattfinden, wobei eine typische Wahlperiode relativ lang ist. Hier zeigt sich ein wichtiger Unterschied zwischen den Mechanismen Voice und Exit: Während Wahlen in der Regel nur zu bestimmten Terminen genutzt werden können, um die politischen Entscheidungsträger zu sanktionieren, ist eine Sanktionierung durch Abwanderung zu jedem Zeitpunkt möglich.

3.2.3. Kollektive Kosten des Wählens

Ein weiterer wesentlicher Unterschied resultiert aus der Tatsache, dass Wahlen immer im Kollektiv stattfinden. Bei Nutzung des Abwanderungsmechanismus kann jeder einzelne Bürger für sich entscheiden, ob er abwandern möchte oder nicht. Diese individuelle Entscheidung ist bei Wahlen nicht ausreichend. An dieser Stelle ist wieder ein Hinweis auf das Verhalten der Unternehmen notwendig: Unternehmen selbst haben kein Wahlrecht; allenfalls können ihre Inhaber wählen. Daraus folgt, dass die Teilnahme an Wahlen zur Veränderung der Versorgungssituation mit öffentlichen Leistungen für Unternehmen wenig aussichtsreich ist. Aus diesem Grund müssen sie andere Formen der Einflussnahme auf den politischen Prozess nutzen, wenn sie nicht direkt die Exit-Option wählen wollen. Wirksam wird eine einzelne Stimme erst dann, wenn sie im Rahmen einer Mehrheit für oder gegen eine Entscheidung bzw. eine Partei abgegeben wird. Um also die Zufriedenheit mit der Bereitstellung öffentlicher Leistungen zu dokumentieren, kann eine individuelle Stimme abgegeben werden; um tatsächlich eine Änderung der Bereitstellung gemäß der Präferenzen zu erreichen, ist der einzelne aber auf andere Bürger angewiesen, die seine Präferenzen teilen (ähnlich Coleman, 1988, S. 368). So entstehen wechselseitige Abhängigkeiten der einzelnen Kollektivmitglieder. Diese Interdependenzen lassen sich anhand von zwei Kostenarten abbilden, die

Wahlen als kollektive Entscheidung

von Buchanan/Tullock (1962) entwickelt wurden: Entscheidungsfindungskosten und Diskriminierungskosten.

Will ein Bürger eine Mehrheit für eine bestimmte Entscheidung gewinnen, d.h. will er die Zustimmung anderer für seine Präferenzen erhalten, so muss er Überzeugungsarbeit leisten, wenn nicht die Missstände schon von einer Mehrheit der Bevölkerung als Belastung empfunden werden. Diese Überzeugungsarbeit ist mit *Entscheidungsfindungskosten* verbunden: Zeitkosten und gegebenenfalls Kosten zur Erstellung von Informationsmaterialien sowie zur Durchführung von Informationsveranstaltungen sind hierbei die dominierenden Komponenten.[7] Als Beispiel lassen sich die typischen Wahlkampfaktivitäten von Parteien anführen, die versuchen, eine Mehrheit bei Wahlen zu erringen. Die für eine Mehrheit notwendigen Stimmen lassen sich auch über Seitenzahlungen hinzukaufen. Kennen die „Besitzer" der fehlenden Stimmen ihre Position, so können sie diese strategisch nutzen, um ihren „Marktwert" zu erhöhen. Damit steigen die Entscheidungsfindungskosten zusätzlich an.

Kosten der Entscheidungsfindung

Gelingt es trotz des Einsatzes von Überzeugungsarbeit nicht, eine Mehrheit für die eigene Meinung zu finden, so gehört der betreffende Bürger zur unterlegenen Minderheit. Aus dieser Niederlage entstehen für den Betroffenen Kosten in Form von Nutzenverzicht, da die Abstimmung nicht zur Durchsetzung seiner Präferenzen geführt hat. Diese Kosten kann man als *Diskriminierungskosten* der Entscheidungsfindung charakterisieren, da sie von der jeweils unterlegenen Gruppe getragen werden müssen. Beide Kostenkomponenten – Entscheidungsfindungskosten und Diskriminierungskosten – sind von der Anzahl der Abstimmungsberechtigten und der zur Entscheidungsfindung notwendigen Mehrheit abhängig.

Kosten des Überstimmtwerdens

Üblicherweise verlaufen die kollektiven Diskriminierungskosten – wie in Abbildung 7.3 dargestellt – fallend: Bei einem Abstimmungsmodus, in dem ein einzelner Bürger für alle anderen entscheidet, sind die Diskriminierungskosten maximal; sie sind bei einer hundertprozentigen Zustimmung gleich Null, da in einer Konsenssituation niemand überstimmt wird, die Präferenzen aller Abstimmungsbeteiligten mithin erfüllt werden. Hingegen sind bei einem erforderlichen Konsens in der Regel die Entscheidungsfindungskosten prohibitiv hoch, während sie bei einer Entscheidungssituation, in der „einer für alle" entscheidet, minimal sind, so dass sich ein steigender Verlauf der Kurve der Entscheidungsfindungskosten ergibt (Buchanan/Tullock, 1971, S. 45 ff.).

Beide Kostenkurven verlaufen nicht linear. Die Begründung hierfür liegt in der Annahme heterogener Präferenzen der Wähler hinsichtlich der

---

[7] Man beachte den Unterschied zu den weiter oben angeführten Kosten, um *sich selbst* zu informieren.

zur Abstimmung stehenden Entscheidung. In Bezug auf die Entscheidungs-findungskosten erscheint die Annahme plausibel, dass beispielsweise die ersten 10 Prozent der Befürworter einer Entscheidung relativ leicht – und damit günstig – zu finden sind, weil sie auch ähnliche Präferenzen in Bezug auf die Entscheidung haben. Hingegen müssen für eine konsensuale Zustimmung auch diejenigen Abstimmungsberechtigten überzeugt werden, die eher andere Lösungen präferieren. Die Zustimmung der letzten 10 Prozent dieser Stimmberechtigten wird entsprechend nur unter Aufwendung deutlich höherer Kosten zu erreichen sein. Weiterhin erscheint die Annahme plausibel, dass die Entscheidungsfindungskosten umso höher sein werden, je weiter die Präferenzen der zu „Überzeugenden" von der herbeizuführenden Entscheidung abweichen. Die dann aufzuwendenden Kosten lassen sich als Kompensationszahlungen für diejenigen interpretieren, die durch die Entscheidung, der sie nun zustimmen, eigentlich eine Nutzenein-buße erleiden würden. Daher verlaufen die Entscheidungsfindungskosten nicht linear. Analoge Überlegungen lassen sich auch für den nicht-linearen Verlauf der Diskriminierungskosten anführen.[8]

Die Verläufe beider Kostenfunktionen – der Entscheidungsfindungs-und der Diskriminierungskosten – unterscheiden sich je nach konkreter Entscheidungssituation. Aggregiert man beide Kostenkurven, erhält man die Gesamtkosten der kollektiven Abstimmung. Das Minimum dieser Gesamtkosten wird in der Literatur typischerweise dazu genutzt, für eine gegebene Entscheidung die jeweils optimale, notwendige Mehrheit und damit 1die kostenminimierende Abstimmungsregel herzuleiten (z.B. Frey/ Kirchgässner, 1994, S. 48–51). Aufgrund der gerade beschriebenen Überlegungen ergeben sich die – in der Literatur typischen – Verläufe der Entscheidungsfindungs- und Diskriminierungskosten, wie sie in Abbildung 7.3 dargestellt sind.

---

[8] Zur Kritik bzw. Verallgemeinerung der genannten Überlegungen vgl. KIRSCH/ THEILER (1976)

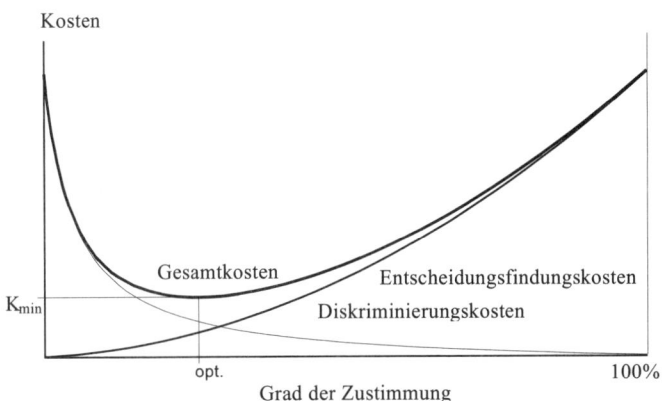

Abbildung 7.3

*Optimale Ent-
scheidungs-
regel...*

Bei einer gegebenen Abstimmungsregel lässt sich zeigen, dass unter der Annahme steigender Heterogenität der Präferenzen bei wachsender Zahl der wahlberechtigten Bürger auch die Summe der gesamten Entscheidungsfindungs- und Diskriminierungskosten ansteigt (Sauerland, 1997, S. 150 ff.).

*...und Größe
des Kollektivs*

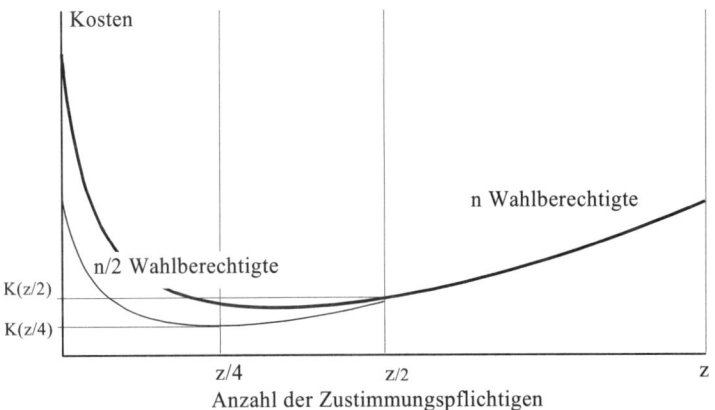

Abbildung 7.4

In Abbildung 7.4 sind exemplarisch die Gesamtkosten des Wählens für eine kleine Jurisdiktion mit n/2 wahlberechtigten Einwohnern und für eine große Jurisdiktion mit n Wahlberechtigten dargestellt. Unterstellt man, dass für Entscheidungen in beiden Jurisdiktionen jeweils eine einfache Mehrheit ausreicht, bedeutet dies, dass in der kleinen Jurisdiktion (z/4) + 1 Stimme zustimmen müssen, während in der großen (z/2) + 1 zustimmungspflichtig sind. Es lässt sich unmittelbar erkennen, dass die gesamtwirtschaftlichen Kosten zur Erreichung einer Mehrheit in der kleinen Jurisdiktion mit K(z/4) niedriger sind als in der großen, wo sie K(z/2) betragen. Das bedeutet, dass die gesamten Kosten des Wählens in einer Gemeinde tendenziell niedriger sind als in einem Bundesland und insbesondere als auf der zentralen Ebene einer Föderation. Relevant für die Nutzung des Sanktionsmechanismus Wahlen sind aber die individuell zu tragenden Kosten des Wählens. Aus Sicht eines einzelnen Wählers wird die Tatsache relevant, dass Wahlen eine kollektive Entscheidung sind. Das Ergebnis von Wahlen hat Eigenschaften eines Kollektivguts: auch diejenigen, die nicht aktiv an einer Wahl teilgenommen haben, profitieren von dem Wahlergebnis – wenn es ihren Vorstellungen entspricht.

3.2.4. Individuelle Anreize zur Wahlteilnahme

Erwartungen über das Wahlergebnis

Für den einzelnen Bürger ergeben sich daher z.T. Anreize, als Trittbrettfahrer aufzutreten. Das Ausmaß dieser Anreize ist ganz wesentlich von zwei Wahrscheinlichkeiten abhängig: a) wie sicher das voraussichtliche Wahlergebnis ist und b) ob der jeweilige Bürger voraussichtlich zu den Gewinnern oder Verlierern der Wahl gehört.

Ist der *Ausgang* einer Wahl *sicher* vorauszusehen und ist der Wahlberechtigte mit dem voraussichtlichen *Ergebnis zufrieden,* so ist es aus seiner Sicht vorteilhaft, auf die Wahlteilnahme zu verzichten. Er hat dann den Nutzen aus dem Wahlergebnis, ohne dass er individuelle Kosten zu tragen hätte. Ist hingegen das *Wahlergebnis unsicher,* besteht für jeden Wahlberechtigten die Gefahr, zu den Verlierern zu gehören und die Diskriminierungskosten der Wahlentscheidung tragen zu müssen. Hier hat jeder Wahlberechtigte einen individuellen Anreiz, an den Wahlen teilzunehmen und möglichst auch andere von seiner Meinung zu überzeugen, um so die Wahl zu „gewinnen" und nicht mit Diskriminierungskosten belastet zu werden (Riker/Ordeshook, 1968, S. 35). Der Anreiz, aktiv an Wahlen teilzunehmen, ist auch abhängig von der Höhe der zu erwartenden Diskriminierungskosten: Sind diese hoch, besteht ein starker Anreiz zur Wahlteilnahme und zur Übernahme von Überzeugungsaktivitäten. Sind hingegen die erwarteten Diskriminierungskosten niedrig, so sinken auch die Anreize zur Wahlteilnahme.

Aus diesem Zusammenhang lässt sich eine weitere Folgerung ableiten: Aufgrund der sich räumlich überlappenden Jurisdiktionen in einer föderalen Struktur ergibt sich, dass jeder Staatsbürger gleichzeitig Bürger unterschiedlicher Jurisdiktionen ist. Eine Beteiligung an Wahlentscheidungen in allen Jurisdiktionen ist für den einzelnen Bürger mit hohen Kosten verbunden. Rational handelnde Bürger werden daher ihre Wahlaktivitäten auf solche Abstimmungen beschränken, die aus ihrer Sicht die größte Relevanz haben. Die Relevanz einer Abstimmung lässt sich übersetzen in potentiell hohe Diskriminierungskosten, die aus einem Überstimmtwerden resultieren. In Deutschland mag diese selektive Wahlteilnahme ein Grund dafür sein, dass die Wahlbeteiligung bei den – wohl für relevanter gehaltenen – Bundestagswahlen in der Regel höher ausfällt als bei Landtagswahlen. Diese haben für die Wähler offensichtlich eine geringere Bedeutung. Die Kosten des Wählens erklären auch, warum in der Realität häufig eine gleichzeitige Terminierung unterschiedlicher Wahlen – z.B. Kommunalwahlen zeitgleich mit Landtagswahlen – zu finden ist: Durch die Wahl der Termine können die jeweiligen Regierungen die Wahlkosten senken. Auch lässt sich mit den angeführten Kostenkomponenten eine höhere Wahlbeteiligung bei Wahlkämpfen mit stark polarisierenden Programmen begründen. Sind die Wahlprogramme sehr stark polarisierend, so steigen die potentiellen Kosten des Überstimmtwerdens, und der Anreiz, an der Wahl teilzunehmen, wird aufgrund der drohenden Opportunitätskosten größer.[9]

Terminierung von Wahlen

Gänzlich verschwinden die individuellen Anreize, an Wahlen teilzunehmen, wenn der *Wahlausgang sicher* scheint und darüber hinaus der betrachtete Wahlberechtigte *sicher* zu den „*Verlierern*" der Wahl gehören wird. Hier ergibt sich folgendes Kalkül: Der Bürger hat die voraussichtlichen Diskriminierungskosten, die er aus seiner Minderheitenrolle tragen muss, abzuwägen gegen die Kosten des Exit. Die Entscheidungsfindungskosten werden für „sichere" Minderheiten bei Wahlen irrelevant. Für sie ist es rational, auf eine Wahlteilnahme zu verzichten, um nicht mit Wahlteilnahmekosten *und* Diskriminierungskosten belastet zu werden. Als Alternative zum Verbleib am Standort und dem Tragen der Diskriminierungskosten bleibt dem Bürger dann nur die Exit-Option. Auch hier hängt die tatsächliche Ausübung der Option von den andernfalls zu tragenden Diskriminierungskosten ab. Sind diese Diskriminierungskosten hoch, so ist eine Abwanderung vorteilhaft, sind die Diskriminierungskosten hingegen niedrig, bestehen weniger Anreize zur Abwanderung.

3.3. Die Entscheidung: Exit oder Voice?

Mit dieser Abschätzung der relevanten Kosten lassen sich nun auch Fragen nach der Nutzbarkeit von Exit und Voice in Abhängigkeit von der Art der betrachteten Jurisdiktionen beantworten. Um in den Genuss einer bestimmten präferierten Leistungen zu gelangen, ist eine Migration nur dann zwingend notwendig, wenn die Bereitstellung dieser Leistung an spezifische räumliche Faktoren geknüpft ist. Einen Mittelmeerstrand kann man in Deutschland beispielsweise nicht nutzen. Für eine dauerhafte Nutzung dieses Gutes ist eine Abwanderung aus Deutschland daher unvermeidlich. Es

---

[9]   Zur tatsächlichen Wahlbeteiligung in Deutschland vgl. FISCHER (Hrsg./1990) sowie WOYKE (1994).

ist jedoch theoretisch nicht notwendig, den Standort zu verlagern, um beispielsweise ein anderes Sozialversicherungssystem zu nutzen. Hier kann auch – wie etwa im Modell von Besley/Case – über Wahlen die Einführung eines entsprechenden Systems am jeweiligen Wohnort initiiert werden. In einer Tiebout-Welt, in der die Mitglieder innerhalb jeder Gemeinde homogene Präferenzen aufweisen und in denen eine präferenzgemäße Bereitstellung existiert, sind Wahlen, bei denen die Performance einer anderen Gemeinde als Referenzgröße herangezogen werden kann, nicht vorstellbar. Wegen der Heterogenität der Bereitstellungspakete in den unterschiedlichen Gemeinden gibt es keinen Referenzmaßstab für mögliche Leistungsvergleiche (Breton, 1996, S. 234). Geht man hingegen davon aus, dass die Präferenzen der Einwohner innerhalb einer Jurisdiktion heterogen sind, stellt sich das individuelle Kalkül eines Bürgers in Bezug auf die Nutzung von Exit oder Voice wie folgt dar:

In kleinen Gemeinden mit relativ homogenen Präferenzen der Einwohner ist die Wahrscheinlichkeit, dass ein Bürger zur wahlgewinnenden Mehrheit gehört, groß. Mithin ist der Anreiz, selbst zur Wahl zu gehen, gering. Die potentielle Mehrheit der Wähler befindet sich allerdings wieder in einem Gefangenendilemma. Wenn sich tatsächlich alle Wähler für die individuell beste Alternative – das bewusste Nichtwählen – entscheiden, schwindet die sicher geglaubte Mehrheit, und das Wahlergebnis wird unsicher. Da mit steigender Größe der Jurisdiktionen auch die Heterogenität der Bevölkerung und somit ihrer Präferenzen zunimmt, wird die Wahrscheinlichkeit, zu den Gewinnern zu gehören, geringer. Damit werden die möglicherweise zu tragenden Diskriminierungskosten entscheidungsrelevant. Der Anreiz, sich an Wahlen aktiv zu beteiligen, steigt daher mit der Größe der Jurisdiktion an. Gleichzeitig steigen die individuellen Kosten der Wahlbeteiligung ebenso wie die Diskriminierungskosten der Wahlunterlegenen. Trotz dieser steigenden Kosten der politischen Beteiligung via Wahlen ist der Wahlgang in der Regel günstiger als die Abwanderung.

Das gilt insbesondere bei großen Jurisdiktionen, also bei Ländern und Staaten, da dort – wie gezeigt – besonders hohe spezifische Investitionen in Humankapital durch eine Abwanderung bedroht werden. Hingegen ist die Wanderung zwischen Gemeinden relativ günstig und wird damit auch schon bei relativ niedrigen zu erwartenden Diskriminierungskosten bei einer „Wahlniederlage" zu einer denkbaren Alternative (ähnlich Oates, 1989, S. 580). Daraus folgt, dass bei kleinen Jurisdiktionen eher glaubhaft Druck auf die Entscheidungsberechtigten ausgeübt werden kann, indem man mit Abwanderung droht, als das bei großen Jurisdiktionen der Fall ist. Glaubhaft wird die Drohung mit Abwanderung aus Gemeinden auch deshalb, weil die Zahl der möglichen Alternativen deutlich größer ist als bei der

Wahl zwischen verschiedenen Ländern. Wie Abbildung 7.1 am Anfang des Kapitels schon anschaulich zeigte, gilt generell, dass die Anzahl der Alternativen sinkt, je höher die Ebene der Jurisdiktionen und je größer die Jurisdiktionen sind.

Damit ergeben sich auch unterschiedliche Marktformen, in denen die Jurisdiktionen potentiell konkurrieren. Während die Gemeinden – auch unter Berücksichtigung der Kosten des Exit – in der Marktform des Polypols agieren, ist es bei den Ländern innerhalb eines Nationalstaats schon eher ein (weites) Oligopol, das die Anbieterstruktur charakterisiert. Die Nationalstaaten befinden sich schließlich innerhalb eines integrierten Wirtschaftsraums wie der EU in der Marktform des (engen) Oligopols. Betrachtet man den internationalen Standortwettbewerb um Unternehmensansiedlungen so kann dieses Oligopol auch sehr weit werden. Entsprechend der unterschiedlichen Marktformen ergeben sich zum einen unterschiedliche Wettbewerbsintensitäten. Zum anderen variieren aber auch die Möglichkeiten, über ein abgestimmtes Verhalten oder Gentlemen Agreements den potentiellen Wettbewerb weiter einzuschränken (Heuss, 1965 sowie Borchert, 1985).

Marktformen des Wettbewerbs

Letztlich lässt sich feststellen, dass von Seiten der Nachfrager-Bürger umso eher kostenintensive Maßnahmen ergriffen werden, um ihre Unzufriedenheit zu dokumentieren und um Verbesserungen ihres Nutzenniveaus zu erreichen, je größer die Abweichungen der bereitgestellten Leistungen von den Präferenzen der Bürger sind. Es lässt sich folgern, dass die Abwanderung quasi als „letztes Mittel" gewählt wird – und zwar dann, wenn eine Verbesserung der eigenen Situation über Wahlen auf lange Sicht unmöglich erscheint. Dies gilt auch für Unternehmen als Nachfrager spezieller Leistungen der Jurisdiktionen.

Aus den Überlegungen zur Höhe der Kontroll- und Sanktionskosten in Abhängigkeit von der Größe der bereitstellenden Jurisdiktion ließe sich nun der Schluss ziehen, auf einer Ebene möglichst viele kleine Bereitstellungsjurisdiktionen zu bilden, um so die Kontrolle möglichst günstig zu gestalten, eine effizientere Bereitstellung zu gewährleisten und so den staatlichen Leviathan zu zähmen. Da aber die Kontrollkosten nur einen Teil der relevanten Kosten für die Nachfrager-Bürger darstellen, werden wir im nächsten Abschnitt die Bereitstellungskosten näher betrachten.

4. Die Kosten der dezentralisierten Bereitstellung

In Kapitel 6.1 sind die Bereitstellungskosten als Summe der Produktionskosten und der Transaktionskosten der Bereitstellung definiert worden. Beide Kostenkomponenten sollen nun noch näher betrachtet werden. Auch hier sind die einzelnen Kostenarten zunächst im Überblick der Abbildung 7.5 dargestellt.

Abbildung 7.5

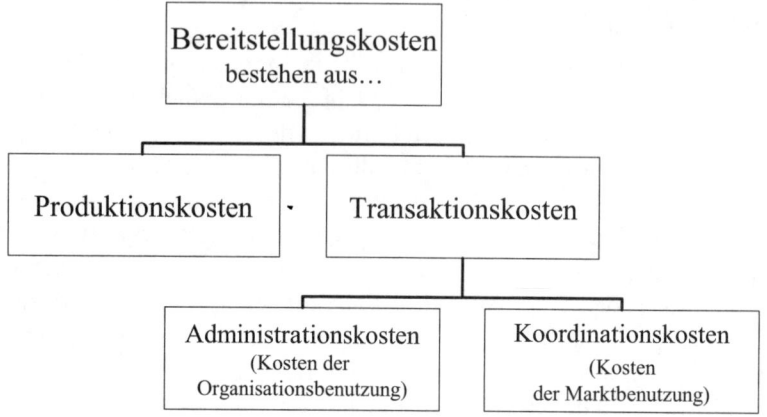

4.1. Die Kosten der Produktion

Bei der Produktion von öffentlich bereitzustellenden Leistungen lässt sich die Produktion durch die bereitstellende Jurisdiktion selbst (Make-Option) von der durch externe Produzenten (Buy-Option) unterscheiden. Bisher haben wir der Einfachheit halber unterstellt, der Fremdbezug einer

Kostendegression

Leistung erfolge zu einem konstanten Stückpreis. Damit wird aber die Nutzung und Weitergabe möglicher Kostendegressionsvorteile durch eine Produktion großer Mengen aus der Analyse ausgeblendet. Um solche economies of scale und scope realisieren zu können, wird häufig gefordert, bestimmte Bereitstellungsleistungen auf große Jurisdiktionen zu übertragen.

Innerhalb von föderal gegliederten Staaten werden economies of scale bei der Produktion als Argument herangezogen, um eine Kompetenzverlagerung von unten (z.B. der Gemeindeebene) nach oben (z.B. auf die Länderebene) zu begründen. Dabei wird zusätzlich implizit unterstellt, die Kostendegression sei nur bei der jeweils betreffenden Jurisdiktion als Produzent zu realisieren (Make-Option) und nicht bei privaten Unternehmen. Diese Argumentation ist allerdings nicht schlüssig, weil dabei die Bereiche „Bereitstellung" und „Produktion" nicht differenziert betrachtet werden. Dass die Realisierung von economies of scale bei der Produktion unabhängig von der Größe der bereitstellenden Jurisdiktion ist, lässt sich anschaulich an einem einfachen Beispiel zeigen.

Betrachten wir zunächst eine einzige Gemeinde, die die Leistung „Müllabfuhr" öffentlich bereitstellen möchte. Die Gemeinde beschränkt sich dann auf die Lösung des Exklusions- bzw. Finanzierungsproblems. Entscheidet sie sich, diese Leistung von einem privaten Anbieter produzieren zu lassen, so ist die Realisierung von economies of scale unwahrscheinlich, solange nur diese eine Gemeinde den entsprechenden Anbieter beauftragt. Wenn jedoch nicht nur eine, sondern mehrere (kleine) Gemeinden bei einem Produzenten nachfragen, sind economies of scale durchaus realisierbar. Dabei ist es irrelevant, ob die betreffenden Gemeinden einzeln, d.h. jede für sich einen Vertrag mit dem Produzenten abschließen, oder ob sie das in Form eines kollektiven Vertrags tun: Die nachgefragte Menge, die allein ausschlaggebend für das Ausnutzen von Kostendegressionsvorteilen ist, bleibt in beiden Fällen gleich. Schließen sich die bereitstellenden Gemeinden zusätzlich etwa zu einer Einkaufsgenossenschaft zusammen, ergeben sich allerdings weitere Vorteile, die einen positiven Einfluss auf den Preis, der an den Produzenten zu entrichten ist, haben können. Während nämlich vorher die Marktmacht eher auf Seiten des Produzenten liegt, entsteht durch die Kooperation ein Gegengewicht auf der Nachfragerseite. Dies eröffnet den Gemeinden möglicherweise einen größeren Spielraum für Preisverhandlungen, wie sie beispielsweise die traditionelle Preistheorie für die Marktform des bilateralen Monopols hergeleitet hat.

Bündelung der Nachfrage

Tatsächliche Senkungen der Produktionskosten über die Realisierung von economies of scale und damit implizit des Preises der bereitzustellenden Leistungen lassen sich auch bei einer Produktion durch die bereitstellenden Jurisdiktionen selbst darstellen. Hier wäre dann nicht ein Einkaufskollektiv zu gründen, sondern eine Betreibergesellschaft. Beispielhaft dafür ist das Betreiben einer Mülldeponie oder einer Müllverbrennungsanlage durch mehrere kleine Gemeinden. In diesem Fall entstehen die Kostendegressionsvorteile im Gegensatz zum oben genannten Fremdbezug allein aufgrund der kollektiven Organisation der Produktion. Erst durch diese gemeinsame Produktion steigt die produzierte Menge in der jeweiligen Produktionseinheit an, so dass economies of scale nutzbar werden. Dieser Zusammenhang wird auch an der Größe der Betreibergesellschaften in Abbildung 7.6 deutlich.

Gemeinsame Produktion

Abbildung 7.6

Die Make-Option

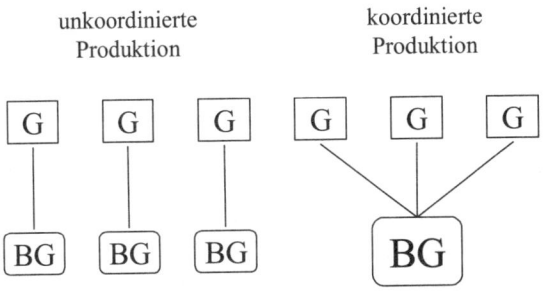

G = Gemeinde, BG = Betreibergesellschaft

Die Buy-Option

Abbildung 7.7

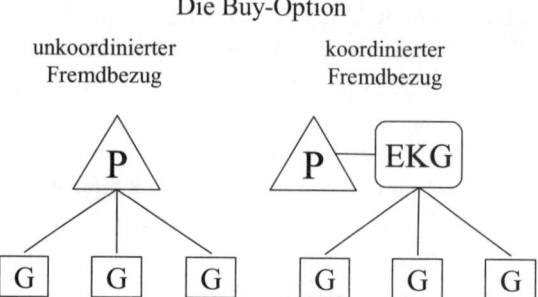

G = Gemeinde, EKG = Einkaufsgenossenschaft,
P = Produzent

Grundsätzlich können solche Kooperationen von Gemeinden auch länder- oder staatenübergreifend sein, sind also nicht beschränkt auf die Gemeinden eines Landes oder eines Nationalstaates. Ein Beispiel für die grenzübergreifende Zusammenarbeit von Gemeinden sind die auch von der Europäischen Union geförderten EUREGIO-Projekte. Die institutionellen Ausgestaltungen der gerade beschriebenen Modi zum Fremdbezug und zur eigenen Produktion von öffentlichen Leistungen sind in den Abbildungen 7.6 und 7.7 dargestellt.

Durch eine adäquate Organisation der Nachfrage, d.h. über eine Kooperation der Jurisdiktionen auf einer Ebene, lassen sich also Kostenvorteile bei der Produktion realisieren. Wie es sich dabei mit den Transaktionskosten der Bereitstellung verhält, lässt sich ebenfalls anhand der Abbildungen 7.6 und 7.7 exemplarisch beantworten.

4.2. Die Transaktionskosten der Bereitstellung

Auf die Relevanz solcher Transaktionskosten bei der Bereitstellung öffentlicher Leistungen weist beispielsweise Schuppert (1994, S. 668) hin. Eine Arbeit von Ferris/Graddy (1994) stellt explizit auf die gesamten Bereitstellungskosten, d.h. auf Transaktionskosten *und* Produktionskosten, ab und kommt anhand von Schätzungen zu dem Ergebnis, dass beide Kostengrößen in die Entscheidungen der politischen Entscheidungsträger eingehen. In den obigen Beispielen lassen sich die Transaktionskosten der Bereitstellung danach unterscheiden, ob sie aus der Kooperation *zwischen* Bereitsteller und Produzenten resultieren oder ob sie *innerhalb* der bereitstellenden oder produzierenden Organisation entstehen. Zur ersteren Kategorie, d.h. zu den Kosten der Marktbenutzung, zählen die Kosten der Anbahnung, des Abschlusses und der Überwachung von Verträgen; die Kosten der Organisationsbenutzung beinhalten hingegen die reinen Verwaltungskosten innerhalb einer Bürokratie.

Die Einführung der vorhin betrachteten Einkaufsgenossenschaft verringert zunächst die Vertragskosten. Wie in Abbildung 7.7 zu sehen ist, muss im Fall der unkoordinierten Beschaffung jede einzelne Gemeinde einen Vertrag mit dem externen Produzenten schließen. Bei einer koordinierten Beschaffung ist hingegen nur noch ein Vertrag zwischen der Genossenschaft und dem Produzenten notwendig. Gleichzeitig entstehen aber neue Kosten, nämlich die des Betreibens der neu eingerichteten Genossenschaft. Innerhalb dieser Kooperation müssen die beteiligten Gemeinden erst ihre Vorstellungen hinsichtlich der bereitzustellenden Mengen abstimmen, bevor in Verhandlungen mit dem Produzenten eingetreten werden kann. Wie die im Abschnitt 3.2. eingeführten Entscheidungsfindungskosten zeigen, ist eine solche Ex-ante-Abstimmung umso schwieriger und kostspieliger, je mehr Gemeinden beteiligt sind und je heterogener die Präferenzen der Bevölkerung in den beteiligten Jurisdiktionen sind. Die internen Administrationskosten der Genossenschaft lassen sich auch als externe Koordinationskosten der Jurisdiktionen untereinander interpretieren. Sie entstehen unabhängig von der Form der konkreten Ausgestaltung des Nachfragemittlers, und sie sind umso höher, je heterogener die Präferenzen der einzelnen Jurisdiktionen bzw. ihrer Einwohner sind. Im Extremfall scheitert an der Heterogenität der Präferenzen, wie sie beispielsweise in einer Tiebout-Welt zwischen den Gemeinden existiert, die Durchführung einer koordinierten Beschaffung.

Transaktions- und Organisationskosten

Transaktionskosten der Bereitstellung fallen jedoch nicht nur im Beispiel der Einkaufsgenossenschaft an. Sie resultieren vielmehr aus der Existenz unterschiedlicher Jurisdiktionen und lassen sich mit Breton/Scott (1978, S. 32 f.) in die internen Kosten der Administration und die Kosten der externen Koordination aufgliedern. Wie schon erwähnt stellen die Administrationskosten eine spezielle Ausprägung der Kosten der Organisationsbenutzung dar, während die Koordinationskosten nichts anderes sind als Kosten der Marktbenutzung.

4.2.1. Kosten der Administration

Zu den Administrationskosten gehören sowohl solche, die durch das Einsetzen von Fachausschüssen und Verwaltungsabteilungen verursacht werden, als auch die Kosten der Errichtung und der Erhaltung von Verwaltungsgebäuden. Weiterhin gehören die Beeinflussungskosten[1] der einzelnen Abteilungen in einer Verwaltung in diese Kategorie. Während auch die Auswahl der richtigen Instrumente zur Umsetzung politischer Maßnahmen

---

[1] Zu den Beeinflussungskosten vgl. Kapitel 3, Punkt 2.3.

Administrationskosten verursacht, zählt der Werteverzehr bei der Produktion der jeweiligen Leistung nicht dazu. Zu den Administrationskosten zählen hingegen die Kosten zur Ermittlung und Implementierung von Verfahren zur Formulierung und Umsetzung politischer Maßnahmen, wie beispielsweise standardisierte Verfahren zur Prüfung der Frage, ob bereitzustellende Leistungen selbst erstellt werden sollen oder nicht. Ein ganz wesentlicher Bestandteil der Administrationskosten sind die Kosten der Präferenzerhebung, die aufzuwenden sind, um die Vorstellungen der Nachfrager-Bürger hinsichtlich der bereitzustellenden Leistungen zu ermitteln. Diese resultieren nicht nur aus der Durchführung regelmäßiger Wahlen, sondern z.B. auch aus der Durchführung von Meinungsumfragen sowie Diskussionen mit Wählern.

Präferenz-
erhebung

Hinsichtlich der Präferenzerhebungskosten lassen sich wieder kleine und große Jurisdiktionen voneinander unterscheiden. Wenn die Präferenzen der Wähler relativ ähnlich sind, ist ihre Erhebung relativ einfach und günstig. Dies gilt insbesondere für kleine Jurisdiktionen, bei denen im Extremfall der Tiebout-Welt völlig homogene Präferenzen der Bürger unterstellt werden können. Mit zunehmender Anzahl der Einwohner, d.h. mit steigender Größe der Jurisdiktion, werden die Präferenzen heterogener und damit schwieriger zu erheben. Unterstellt man zusätzlich, dass größere Jurisdiktionen auch mehr Leistungen bereitstellen als kleine, bedeutet das allerdings nicht, dass die Kosten der Präferenzerhebung proportional zur Anzahl der zu erhebenden Präferenzen steigen. Vielmehr wird man hier Erhebungsverbundvorteile realisieren können, indem z.B. in einer Meinungsumfrage die Präferenzen für verschiedene Leistungen abgefragt werden. Folglich kann man davon ausgehen, dass die Präferenzerhebungskosten nur unterproportional zur Zahl der zu erhebenden Präferenzen ansteigen. Daraus lässt sich jedoch nicht folgern, dass eine Verlagerung der Aufgabendurchführung von kleineren Jurisdiktionen auf größere notwendig ist.

Verwaltungs-
verbundvortei-
le

Die angeführten Verwaltungsverbundvorteile lassen sich wie die Senkung der Produktionskosten über eine koordinierte oder zentrale Präferenzerhebung realisieren, ohne dass auch die Bereitstellungskompetenz auf eine höhere Instanz übergehen müsste. Aufgrund dieser Überlegungen lassen sich auch Gründe dafür ableiten, dass die Steuererhebung auf einer anderen jurisdiktionellen Ebene erfolgen kann als die Steuerverwendung. Das bedeutet, es kann aus Gründen der Erhebungseffizienz sinnvoll sein, dass beispielsweise die Gemeinden die Länder oder den Bund mit der Erhebung der ihnen zustehenden Steuern beauftragen.

Damit lässt sich in Bezug auf die Höhe der anfallenden Administrationskosten in kleinen und großen Jurisdiktionen folgendes Zwischenergebnis festhalten: Unter der Prämisse, dass kleine Jurisdiktionen wie Gemeinden tendenziell nicht nur weniger, sondern auch weniger komplexe Bereitstellungsaufgaben haben als große Jurisdiktionen, gibt es in einer Gemeinde weniger Gremien und Verwaltungsabteilungen, kleinere Gebäude, kürzere Entscheidungswege sowie weniger zur Verfügung stehende Instrumente zur Politikdurchführung. Die daraus resultierenden Kosten sind somit in Gemeinden absolut geringer als beispielsweise in (Bundes-) Ländern. Obwohl auch die Präferenzerhebungskosten einer Gemeinde *absolut* niedriger sind als die eines Landes, sind sie aber dann *relativ* höher als in einem Land, wenn es nicht gelingt, die erwähnten Verwaltungsverbundvorteile zu nutzen. Relevant für das Gesamtdesign eines dezentral organisierten Staates ist allerdings nicht nur die Betrachtung der Kostenentwicklung bei den einzelnen Gemeinden beziehungsweise Jurisdiktionen. Eine Gliederung des Gemeinwesens ist erst dann transaktionskostenoptimal, wenn für die Summe aller Gemeinwesen die aggregierten Kosten den o.g. Verlauf nehmen. Das wiederum bedingt, dass die Reduktion der Administrationskosten (ΔAK) in der einzelnen Gemeinde nicht überkompensiert wird durch das Anwachsen der Gemeindezahl (Δg). Anders formuliert: Die Elastizität der Kosten in Bezug auf die Anzahl der Jurisdiktionen $\Delta AK/\Delta g \cdot g/AK$) muss bei den Administrationskosten kleiner als eins sein. Bei den Koordinationskosten taucht dieses analytische Problem nicht auf.

Determinanten der Administrationskosten

4.2.2. Kosten der Koordination

Zu den eben beschriebenen internen Administrationskosten kommen in einer dezentralisierten Staatsgliederung externe Koordinationskosten hinzu. Diese bestehen in erster Linie aus den Kosten, die durch Verhandlungen zwischen den einzelnen Jurisdiktionen entstehen – beispielsweise um Spillovers zu internalisieren oder um eine gemeinsame Produktion, Beschaffung oder Verwaltung zu koordinieren und so Größenvorteile zu realisieren. Die Höhe der Kosten, die aus Koordinationsaktivitäten resultieren, wird im wesentlichen von der Zahl der Jurisdiktionen determiniert, in die ein gegebenes Gesamtgebiet gegliedert ist. Ausgehend von einer ebenfalls gegebenen Heterogenität der Präferenzen der gesamten Bevölkerung lässt sich folgender Zusammenhang herleiten: Je kleiner die Jurisdiktionen sind, umso mehr Jurisdiktionen gibt es im Gesamtgebiet. Gleichzeitig steigt der Grad der Homogenität der Präferenzen innerhalb der kleinen Jurisdiktionen.[2] Als Extremfall kann hier wieder das Tiebout-Modell mit homogenen Präferenzen der Bürger in den einzelnen Gemeinden gelten.

Intra- vs. interjurisdiktionelle Homogenität

---

2   Zur Annahme, dass die Präferenzen der Einwohner in kleinen Jurisdiktionen eher homogen, hingegen in großen Jurisdiktionen eher heterogen sind vgl. z.B. BRETON/ SCOTT (1978), S. 56 mit Verweis auf STIGLER (1957), PENNOCK (1959) sowie OATES (1972).

Mit der Gliederung des Gebiets in viele kleine Jurisdiktionen sinkt aber nicht die Heterogenität der Präferenzen insgesamt. Vielmehr wird das Heterogenitätsproblem bei der Bereitstellung öffentlicher Leistungen nur verlagert. In dem Maß, wie die Homogenität der Präferenzen *innerhalb* einer Jurisdiktion zunimmt, nimmt die Homogenität *zwischen* den Jurisdiktion ab. Es besteht mithin ein Trade-off zwischen *intra*jurisdiktioneller und *inter*jurisdiktioneller Homogenität der Präferenzen (Kirsch, 1978 und 1980).

Determinanten der Koordinationskosten

Folglich steigen die Koordinationskosten mit sinkender Größe der Einzeljurisdiktionen aus zwei Gründen: Zum einen steigt die Zahl der an einer Abstimmung beteiligten Jurisdiktionen an, was, wie die Ausführungen im Abschnitt 3.2.3 zeigen, auch zu höheren Entscheidungsfindungskosten führt. Zum anderen nimmt der Grad der Heterogenität der an der Koordination beteiligten Jurisdiktionen zu. Auch hier gelten wieder analog die Überlegungen zu den Kosten von Wahlen bzw. von Abstimmungen. Nehmen wir an, dass bei der Bereitstellung der öffentlichen Leistungen der Nutzen nicht vollständig in der bereitstellenden Jurisdiktion anfällt, so entstehen Nutzenspillovers zwischen den Gebietskörperschaften. Es ist wohl plausibel anzunehmen, dass das Ausmaß der internalisierungsbedürftigen Spillovers umso höher ist, je heterogener die Präferenzen der Bevölkerungen in den beteiligten Gebietskörperschaften sind. Im Ergebnis sind damit die Koordinationskosten für kleine Jurisdiktionen höher als für große.

Zentrale vs. dezentrale Bereitstellung

Betrachten wir die Gesamtheit der von den Nachfrager-Bürgern zu tragenden Kosten, so sinken die Kontrollkosten, wenn die Jurisdiktionen kleiner werden, während – wie gerade gezeigt – die Koordinationskosten steigen. Bezüglich der Produktions- und Administrationskosten haben wir festgestellt, dass diese dann relativ unabhängig von der Größe der bereitstellenden Jurisdiktion sind, wenn es gelingt, durch eine adäquate Wahl der Organisation von Produktion und Verwaltung Größenvorteile auszunutzen. Jedoch haben diese Ergebnisse nur den Charakter allgemeiner Tendenzaussagen. Um die kostengünstigste Kompetenzzuordnung und Organisation für *konkrete* Bereitstellungsprobleme zu finden, ist eine Analyse der *konkreten* Fakten notwendig. Dabei kann sich herausstellen, dass aufgrund der angeführten Koordinationskosten möglicherweise sogar eine Zentralisierung von Kompetenzen und Bereitstellungsaufgaben vorteilhaft ist. Allerdings ist eine solche Empfehlung mit großer Vorsicht zu betrachten, denn durch eine Zentralisierung fallen drei wesentliche Vorteile dezentralisierter politischer Systeme weg. Zum einen ist bei einer zentralen Bereitstellung eine differenzierte Befriedigung der Präferenzen der Bevölkerung nicht mehr möglich. Zum anderen entfällt der disziplinierende Wettbewerb der Jurisdiktionen auf horizontaler Ebene, und last but not least kann der Wettbewerb auch nicht mehr als Entdeckungsverfahren fungieren und neue, innovative Bereitstellungslösungen hervorbringen.

5. Der Zusammenhang zwischen Kontroll- und Bereitstellungskosten

Nachdem wir bisher die direkt von den Bürgern zu tragenden Kontrollkosten und die indirekt über Steuern zu finanzierenden Bereitstellungskosten getrennt dargestellt haben, werden wir in diesem Abschnitt anhand eines einfachen Modells die „optimalen" Gesamtkosten einer – unter den Unvollkommenheiten des politischen Systems – präferenzgemäßen und effizienten Bereitstellung von öffentlichen Leistungen herleiten.

Wir haben in den vorangegangenen Abschnitten immer darauf hingewiesen, dass die Nachfrager-Bürger letztendlich *alle* Kosten zu tragen haben, die durch die Bereitstellung öffentlicher Güter verursacht werden. Fraglich ist, wie hoch diese Kosten sind, wenn es einen Zusammenhang zwischen den Kosten der Bereitstellung durch eine Jurisdiktion und den Kosten der politischen Kontrolle durch die Bürger gibt. Unterstellt man, dass die Bürgeraktivitäten erfolgreich sind, mithin zu einer präferenzgemäßen Politik führen, so stellt sich dieser Zusammenhang folgendermaßen dar. Ein niedriges Niveau von Kontroll- und Sanktionsaktivitäten durch Exit und Voice ist für die Bürger mit niedrigen, direkt zu tragenden Kontrollkosten verbunden. Es führt jedoch c.p. zu einem geringeren Aktivitätsniveau der bereitstellenden Regierung, was wiederum niedrige Koordinations- und Administrationskosten der Bereitstellung hervorruft. Letztlich führt das geringe Aktivitätsniveau auf Seiten der Nachfrager *und* der Anbieter aber zu einem hohen Nutzenverzicht der Nachfrager, da die Bereitstellung der jeweiligen öffentlichen Leistung aufgrund großer monopolistischer Spielräume der Regierung nicht den Präferenzen der Bürger entspricht und/oder ineffizient erfolgt.

Anreize für Regierungen und Wähler

Umgekehrt haben hohe und erfolgreiche Kontrollaktivitäten der Bürger ein hohes Aktivitätsniveau der Regierung zur Folge. In diesem Fall sind sowohl die Kontrollkosten als auch die Administrations- und Koordinationskosten hoch; die Bereitstellung erfolgt nun effizient, und das Nutzenniveau der Bürger steigt. Aus Sicht der Nachfrager-Bürger lassen sich daher die Kontrollaktivitäten als Investition für die Nutzung einer zukünftig präferenzgemäßen Bereitstellung öffentlicher Leistungen interpretieren. Das Investitionskalkül der Nachfrager lässt sich graphisch anhand von Reaktionsfunktionen der Anbieter-Regierung (I^R) und der Nachfrager-Bürger (I^B) darstellen.

Reaktionsfunktionen

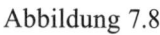

Abbildung 7.8

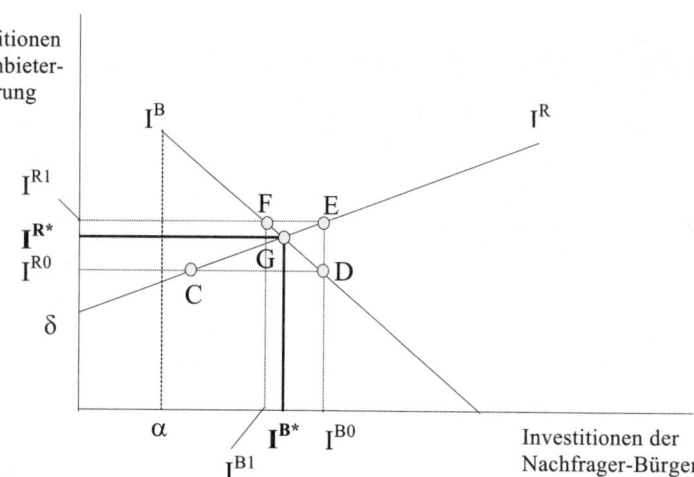

Die Darstellung in Abbildung 7.8 geht von folgenden funktionalen Zusammenhängen aus:

1) Die Investitionen der Bürger in politische Aktivitäten (I^B) resultieren aus ihren Migrationsaktivitäten (MA) und ihren Wahlaktivitäten (WA).

2) Die Bürger investieren umso mehr in politische Kontroll- und Sanktionsaktivitäten, je schlechter aus ihrer Sicht die Politik der Regierungen ausfällt.

3) Die Güte der Regierungspolitik – im Sinne einer präferenzgemäßen und effizienten Bereitstellung – steigt mit höheren Investitionen der Regierung in politische Aktivitäten.

4) Je mehr die Bürger in politische Aktivitäten investieren, umso höher sind die Investitionen der Regierungspolitiker (I^R) in Koordinationsaktivitäten (KA) und in Administrationsaktivitäten (AA). Sie tun dies, um ihre Politik zu verbessern und so ihre Wiederwahl zu sichern.

Formal lassen sich diese Zusammenhänge wie folgt darstellen:

$$(7.1) \qquad I^B = f(\beta\, I^R(KA, AA)) \qquad \text{mit} \qquad \frac{\partial I^B}{\partial I^R} < 0,$$

$$(7.2) \qquad I^R = g(\gamma\, I^B(MA, WA)) \qquad \text{mit} \qquad \frac{\partial I^R}{\partial I^B} > 0.$$

Die Reaktionsparameter β und γ geben die Stärke der Reaktionen von Bürgern und Regierung auf politische Aktivitäten der jeweils anderen Gruppe an. Dabei gilt $\beta, \gamma > 0$.

Unterstellen wir einen linearen Verlauf der Investitionsfunktionen I^B und I^R sowie ein Mindestmaß an Aktivitäten und damit an Investitionen der Bürger in Höhe von α und der Regierung in Höhe von δ, das *ohne* Aktivitäten der „Gegenseite" realisiert wird, ergeben sich

$$(7.3) \qquad I^B = \alpha - \beta\, I^R \qquad \text{und}$$

$$(7.4) \qquad I^R = \delta - \gamma\, I^B \qquad \alpha \text{ sowie } \delta > 0.$$

Gleichgewichtiges Aktivitätsniveau...

Setzen wir konkret $\alpha = 20$, $\beta = 0,8$ sowie $\gamma = 10$ und $\delta = 0,6$; dann erhalten wir

$$(7.3a) \qquad I^B = 20 - 0,8\, I^R \qquad \text{und}$$

$$(7.4a) \qquad I^R = 10 - 0,6\, I^B.$$

Umformen von (7.3a) nach I^R ergibt

$$(7.3b) \qquad I^R = 25 - 1,25\, I^B.$$

Das gleichgewichtige Investitionsniveau von Bürgern und Regierung erhält man durch einfaches Gleichsetzen von (7.4a) und (7.3b). In unserem Beispiel ergibt sich $I^{B*} = 8,11$ und $I^{R*} = 14,86$. Die Investitionen, die notwendig sind, um eine aus Sicht der Bürger zufriedenstellende Bereitstellung öffentlicher Leistungen zu erhalten, belaufen sich damit auf 22,97 Geldeinheiten.

...als Trial-and-Error-Prozess

Die Interdependenz der Investitionen, die durch Aktivitäten der jeweiligen „Gegenseite" verursacht werden, lässt sich anhand der Reaktionsgeraden in Abbildung 7.8 auch graphisch verdeutlichen. Dabei ist unterstellt, dass sich das gleichgewichtige Aktivitätsniveau nicht unmittelbar, sondern erst in einem Trial-and-error-Prozess ergibt, der dem aus der Mikroökonomik bekannten Cobweb-Anpassungsprozess entspricht: Der Ausgangspunkt C ist gekennzeichnet durch eine suboptimale Bereitstellung öffentlicher Leistungen in der betreffenden Jurisdiktion X. Diese Ineffizienz wird für die Nachfrager-Bürger beispielsweise dadurch erkennbar, dass in X ein niedrigeres Nutzenniveau als in Jurisdiktion Y existiert, d.h. in der bekannten Schreibweise $U_X < U_Y$ ist. Wenn die Nutzendifferenz genügend groß ist, werden die Bürger mit einer Verstärkung der politischen Kontrolle der Regierung über Migrations- und/oder Wahl-Aktivitäten reagieren. Auf das niedrige Aktivitätsniveau der Regierung, das für diese nur Investitionen in Höhe von I^{R0} verursacht, werden die Bürger nun mit erhöhten Kontrollaktivitäten reagieren, die ihrerseits im Punkt D die Investitionen I^{B0} hervorrufen. Um ihre Wiederwahl nicht zu gefährden, werden die Regierungspolitiker auf diese Aktionen mit einer Ausweitung ihrer politischen Investitionen reagieren. Sie werden ihr Aktivitätsniveau erhöhen und daher Investitionen in Höhe von I^{R1} durchführen (Punkt E). Jedoch erfolgt die Bereitstellung nun präferenzgemäßer, so dass die Nutzeneinbuße der Wähler im Vergleich zur Jurisdiktion Y verschwindet. Folglich werden die Nachfrager-Bürger ihre Aktivitäten einschränken und im Punkt F nur noch I^{B1} an direkten Investitionen durchführen.

Das gleichgewichtige Niveau von Kontrollaktivitäten der Bürger und Koordinations- sowie Administrationsaktivitäten der Regierung ist schließlich im Punkt G erreicht. Es ist gekennzeichnet durch Investitionen der Anbieter-Jurisdiktion in Höhe von I^{R*} und durch Investitionen der Nachfrager-Bürger im Umfang von I^{B*}. Im Gleichgewichtspunkt G gilt, dass der Grenznutzen der Bürger aus den politischen Aktivitäten genau den Grenzkosten dieser Aktivitäten entspricht. Gleiches gilt für den Grenznutzen, den die Politiker aus ihren Aktivitäten ziehen, und die Grenzkosten der entsprechenden Politik. Die gesellschaftlichen Gesamtausgaben für ein solchermaßen optimales Bereitstellungsverhalten der Regierung addieren sich zu I^{R*} plus I^{B*}.

Größe der Jurisdiktionen

Weitere Folgerungen in Hinblick auf die Bereitstellungskosten lassen sich ableiten, wenn man zusätzlich die Exit- und Voice-Aktivitäten als Determinanten der Investition der Bürger betrachtet. Wie wir oben gezeigt haben, ist es für den einzelnen Bürger relativ teuer, durch politische Aktivitäten eine ihm genehme Ausgestaltung der Politik zu erreichen, wenn die Jurisdiktion, in der er wohnt, groß ist. Diese Erhöhung der „Überzeugungskosten" könnte vermieden werden, wenn die Größe der Jurisdiktionen entsprechend angepasst wird. Der Leitsatz für eine solche Aufteilung könnte lauten: Bilde so kleine Jurisdiktionen, dass die Bewohner relativ homogen bezüglich ihrer Präferenzen sind. Damit sinken die Kosten der Politikbeteiligung der Bürger: Mehrheiten sind einfacher zu finden, Abstimmungen fallen leichter.

Dieser Kunstgriff der feineren Gliederung verschleiert das Problem der Entscheidungsfindung: Es wird nicht gelöst sondern nur verlagert, weil zwar die Konflikte auf der intrakollektiven Ebene gemindert, die auf der interkollektiven Ebene jedoch verstärkt werden (Kirsch, 1980). Verfolgt innerhalb dieser feinen räumlichen Gliederung beispielsweise die Gemeinde X eine Politik, die in den Gemeinden X und Y zusammen nicht durchzusetzen gewesen wäre, und treten bei der Bereitstellung der fraglichen Leistung in X negative Spillovers nach Y auf, so entsteht ein neuer Koordinationsbedarf. Dieser ist zwischen heterogenen Jurisdiktionen schwieriger, mithin teurer zu befriedigen als zwischen Jurisdiktionen, deren Einwohner homogene Präferenzen aufweisen. So wie die Kosten der politischen Betätigung für die Bürger sinken, steigen die externen Koordinationskosten der Regierungen, da die intrakollektiven Koordinationskosten (in Form von Konsensfindungskosten) zwar sinken, gleichzeitig aber die interkollektiven Koordinationskosten steigen. Die gesellschaftlichen Gesamtkosten, die – über Steuern – von den Gesellschaftsmitgliedern getragen werden, bleiben im Extremfall gleich oder steigen gar. Die Homogenisierung der Gebietskörperschaften gerät unter diesen Voraussetzungen zum gesellschaftlichen Nullsummenspiel.

Damit ist nochmals gezeigt, dass der Versuch, eine Kostenart isoliert zu minimieren, aufgrund der Interdependenzen dieser Kostenkomponenten scheitert. Es ist folglich notwendig, sowohl die Kosten, die den Bürgern aus einer politischen Betätigung entstehen, als auch die Kosten der Regierungen in die Überlegungen zu einer transaktionskostenoptimalen Gliederung eines Staaatswesens einzubeziehen. Allerdings muss auch bei diesen Überlegungen wieder auf die Annahmen hingewiesen werden, die implizit enthalten sind: Wiederum sind die rational handelnden Bürger im Gleichgewichtsmodell über die Politik der Regierungen informiert. Sie reagieren daher auf Soll-Ist-Abweichungen bezüglich ihrer Politikpräferenzen mit dem Einsatz ihrer Kontroll- und Sanktionsinstrumente. In der Realität wird man diese Annahme dahingehend modifizieren müssen, dass die Bürger nicht vollständig informiert sind und es für sie daher durchaus rational ist, innerhalb gewisser Abweichungsgrenzen auf eine aus ihrer Sicht unbefriedigende Politik nicht zu reagieren. Entsprechend ergeben sich monopolistische Aktivitätsbereiche für die Regierungen.

Interdependenz der Kosten

Mit diesen Überlegungen haben wir gezeigt, dass a) bestimmte politische Aktivitäten Kosten verursachen, dass b) diese Kosten mit in die Überlegungen zur Bestimmung der Bereitstellungskosten öffentlicher Leistungen einbezogen werden müssen und dass c) diese Kosten abhängig sind von der Größe der Jurisdiktionen beziehungsweise dem Grad der Dezentralisierung des politischen Systems.

Nach dieser Analyse des staatlichen Bereitstellungsverhaltens lässt sich nun auch die Frage nach dem nirvana approach, die in Kapitel 6.1 aufgeworfen wurde, abschließend beantworten. Es ist tatsächlich nicht statthaft, bei der Bereitstellung öffentlicher Leistungen einem real „versagenden" Markt einen ideal funktionierenden Staat gegenüberzustellen. Die Analyse des Verhaltens der politischen Akteure im Ansatz der Neuen Politischen Ökonomik hat in Verbindung mit der Analyse der Kosten des politischen Handelns der Nachfrager-Bürger gezeigt, dass sich real existierende Politiker *nicht* wie wohlwollende Diktatoren verhalten (müssen). Daraus folgt, dass sie i.d.R. nicht ausschließlich als ausführendes Organ des Bürgerwillens tätig werden. Unterstellt man den politischen Akteuren ein eigennutzorientiertes Verhalten, so kommt es auch bei der Bereitstellung öffentlicher Leistungen durch staatliche Stellen zu Ineffizienzen. Es ist also bei der Bereitstellung öffentlicher Leistungen darauf zu achten, dass ein reales Marktversagen nicht nur durch ein reales Staatsversagen ersetzt wird.

Staatsversagen

In den Ausführungen zum Parteienwettbewerb und insbesondere zum Wettbewerb der Jurisdiktionen wurde deutlich, dass die Ergebnisse des politischen Prozesses ganz wesentlich von den Rahmenregeln beeinflusst werden, die das Handeln der Akteure kanalisieren. Damit lässt sich die These aufstellen, dass mit einer entsprechenden Gestaltung der Rahmenregeln im politischen Sektor ein mögliches Staatsversagen bei der Bereitstellung öffentlicher Leistungen reduziert oder gar verhindert werden kann. Wir werden dieser These im folgenden Kapitel 8 nachgehen, in dem das Zustandekommen und die Wirkung von Rahmenregeln mit Verfassungscharakter für den Staat ebenso untersucht werden wie für den Markt.

6. Zusammenfassung

Am Ende von Kapitel 6 stand die Erkenntnis, dass bei der Annahme politischer Akteure als Homines oeconomici nicht zwangsläufig eine effiziente Bereitstellung öffentlicher Güter erfolgt. Relativ wahrscheinlich kommt es im Gegenteil zu Ineffizienzen, die sich darin niederschlagen, dass die Bevölkerung mit höheren Steuern belastet wird, als zur Finanzierung bzw. Deckung der minimalen Bereitstellungskosten nötig wäre. Ein Mittel, um *Wettbewerb* diese potentiellen Ineffizienzen zumindest zu begrenzen, ist der Wettbewerb verschiedener Jurisdiktionen innerhalb eines dezentralisierten politischen Systems. Die Funktionsweise dieses Instruments stand im Mittelpunkt der vorangegangenen Analyse. Auf der horizontalen Ebene konkurrieren beispielsweise Gemeinden um den Zuzug bzw. die Ansiedlung von steuerzahlenden Haushalten bzw. Unternehmen. Die Modelle zum Wettbewerb der Jurisdiktionen leiten im wesentlichen effiziente Bereitstellungsergebnisse her, während eine effiziente Allokation durch eine ruinöse Steuerkonkurrenz der Standorte wenig wahrscheinlich erscheint. Jedoch stellen sich diese Ergebnisse nur unter der Prämisse ein, dass die den Nachfrager-Bürgern zur Verfügung stehenden Kontroll- und Sanktionsmechanismen kostenlos zu nutzen sind.

*Monopolisti-
sche Spiel-
räume*
Eine Analyse der monopolistischen Spielräume der bereitstellenden Regierung zeigt, dass diese abhängig sind von der Höhe der Kosten von Exit und Voice. Diese sind wiederum abhängig von der Größe der bereitstellenden Jurisdiktion: Kleinere Jurisdiktionen implizieren niedrigere Kontrollkosten für die Nachfrager-Bürger. Jedoch sind diese Kontrollkosten nicht die einzigen von den Bürgern zu tragenden Kosten. Über Steuern und Zwangsbeiträge müssen sie auch die gesamten Bereitstellungskosten der öffentlichen Leistungen finanzieren. Die Bereitstellungskosten setzen sich zusammen aus den Produktionskosten und den Transaktionskosten der Bereitstellung. Erstere sind abhängig von der Organisation der Nachfrager

beim Bereitsteller. Gelingt es, die Jurisdiktionen als Nachfrager zu organisieren, d.h. zu Kooperationen der Jurisdiktionen zu gelangen, lassen sich Kostendegressionsvorteile bei der Produktion realisieren, die den Bürgern zu Gute kommen. Die Organisation der Nachfrager selbst verursacht aber Koordinations- und Administrationskosten, die zusammen die Transaktionskosten der Bereitstellung darstellen. Auch diese sind abhängig von der Größe der bereitstellenden Jurisdiktion; jedoch ist für eine Aussage in Bezug auf die richtungsmäßige Abhängigkeit der Kosten von der Jurisdiktionsgröße die konkrete Analyse eines konkreten Bereitstellungsproblems notwendig.

Führt man beide Kostenkomponenten, die sich für die Nachfrager-Bürger aus der staatlichen Bereitstellung öffentlicher Güter ergeben, zusammen, lässt sich mit Hilfe von Reaktionsfunktionen der Anbieter-Jurisdiktion und der Nachfrager-Bürger ein gleichgewichtiges Aktivitätsniveau herleiten. Die gleichgewichtigen Investitionen in politische Aktivitäten gewährleisten unter den Unvollkommenheiten des Wettbewerbs im politischen Sektor eine präferenzgemäße und effiziente Bereitstellung. Jedoch zeigen insbesondere die Analysen des Verhaltens der Akteure im Rahmen der Neuen Politischen Ökonomik sowie die Implikationen des Wettbewerbs der Jurisdiktionen, dass für ein effizientes Ergebnis des politischen Prozesses Restriktionen in Form adäquater Rahmenregeln notwendig sind. Sind die Rahmenregeln nicht entsprechend gesetzt, wird das Marktversagen im Bereich der öffentlichen Leistungen durch ein Staatsversagen substituiert. – Im nächsten Abschnitt wird daher zu zeigen sein, welche (positiven und negativen) Wirkungen Rahmenregeln für demokratisch verfasste Marktwirtschaften entfalten (können).

Kosten der Aufbauorganisation

Literatur

Als Grundlagen empfehlen wir:

BRETON, A. (1996), Competitive Governments: An Economic Theory of Politics and Public Finance, Cambridge.

BRETON, A./SCOTT, A. (1978), The Economic Constitution of Federal States, Canberra.

BRETON, A./SCOTT, A. (1980), The Design of Federations, Montreal.

KENYON, D.A. (1997), „Theories of Interjurisdictional Competition", New England Economic Review, S. 13–28.

Weitere Literatur:

ARZAGHI, M./HENDERSON, V. (2002), „Why Countries are Fiscally Decentralizing",Working Paper, Brown University, April.

BAILEY, A. (1993), „Migration history, migration behaviour and selectivity", The Annals of Regional Science 27, S. 315–326.

BARZEL, Y./SASS, T.R. (1990), „The Allocation of Resources by Voting", Quarterly Journal of Economics 90, S. 745–771.

BESLEY, T./CASE, A. (1995), „Incumbent Behavior: Vote Seeking, Tax-Setting, and Yardstick Competition", The American Economic Review 85, S. 25–45.

BESLEY, T./CASE, A. (2000), „Centralized versus Decentralized Provision of Local Public Goods: A Political Economy Analysis", NBER Working Paper 7084.

BÖLTKEN, F. (1992), „Mobilitätspotentiale in den alten und neuen Ländern", Informationen zur Raumentwicklung, S. 745–768.

BORCHERT, M. (1985), „Preistheorie", in: BORCHERT, M./GROSSEKETTLER, H., Preis- und Wettbewerbstheorie, Stuttgart u.a.O., S. 11–111.

BRETON, A. (1978), „Economics of Representative Democracy + Comments", Institute of Economic Affairs (Hrsg.), The Economics of Politics, London, S. 53–69.

BUCHANAN, J.M./GOETZ, Ch.J. (1972), „Efficiency Limits of Fiscal Mobility. An Assessment of the Tiebout Model", Journal of Public Economics 1, S. 25–43.

BUCHANAN, J.M./TULLOCK, G. (1962), The Calculus of Consent, Ann Arbor.

COASE, Ronald H. (1937), „The Nature of the Firm", Economica, N.S. 4, S. 386–405. Wiederabdruck in: WILLIAMSON, O.E./WINTER, S.G. (Hrsg./1993), The Nature of the Firm – Origins, Evolution, and Development, New York, S. 18–33.

COLEMAN, J.S. (1988), „The Problem of Order: Where Are Rights to Act Located", JITE – Journal of Institutional and Theoretical Economics 144, S. 367–373.

COLEMAN, J.S. (1990), Foundations of Social Theory, Cambridge.

DAY, K.M. (1992), „Interprovincial migration and local public goods", Canadian Journal of Economics 25, S. 123–144.

DYE, T.R. (1990), American Federalism – Competition among Governments, New York.

EICHENBERGER, R./FREY, B.S. (1994), „Bessere Politik durch Föderalismus und direkte Demokratie", HERRMANN-PILLATH, C. et al. (Hrsg.), Grundtexte zur Sozialen Marktwirtschaft, Band 3, Marktwirtschaft als Aufgabe, Stuttgart u.a.O., S. 773–787.

ELAZAR, D.J. (1987), Exploring Federalism, Tuscaloosa.

FERRIS, J.M./GRADDY, E. (1994), „Organizational Choices for Public Service Supply", The Journal of Law, Economics, & Organization 10, S. 126–141.

FISCHER, C.A.K. (Hrsg./1990), Wahlhandbuch für die Bundesrepublik Deutschland, Paderborn.

FREY, B.S. (1997), „The Public Choice of International Organizations", MUELLER, D.C. (Hrsg./1997), Perspectives on Public Choice : A Handbook, Cambridge, S. 106–123.

FREY, B.S./KIRCHGÄSSNER, G. (1994), Demokratische Wirtschaftspolitik, München.

GLAESER, E.L./LAIBSON, D./SACERDOTE, B. (2001), „The Economic Approach to Social Capital",Harvard Institute of Economic Reserch Working Paper Series, Discussion Paper 1916.

GREENWOOD, M.J. (1997), „Internal Migration in Developed Countries", ROSENZWEIG, M.R./STARK, O. (Hrsg.), Handbook of Population and Family Economics, Volume 1B, Amsterdam u.a.O., S. 647–720.

GUTENBERG, E. (1976), Grundlagen der Betriebswirtschaftslehre, 2. Band: Der Absatz, 15., neu bearb. und erw. Aufl., Berlin u.a.O.

HANSEN, N.A./KESSLER, A.S. (2001), „The Political Geography of Tax H(e)avens and Tax Hells", American Economic Review 91, 1103–1115.

HERZOG, H.W., Jr./HOFLER, R.A./SCHLOTTMANN, A.M. (1985), „Life on the frontier: migrant information, earnings and past mobility", Review of Economics and Statistics 67, S. 373–382.

HEUSS, E. (1965), Allgemeine Markttheorie, Tübingen-Zürich.

HIRSCHMAN, A.O. (1970), Exit, Voice and Loyalty, Cambridge, Mass.

KERBER, W. (2004), „Evolutorische Ökonomik und Wirtschaftspolitik: Probleme und Perspektiven am Beispiel des Wettbewerbsföderalismus", Dopfer, K. (Hrsg.), Studien zur Evolutorischen Ökonomik VIII, Berlin, S. 67–97.

KIRSCH, G. (1978) „Föderalismus - Die Wahl zwischen intrakollektiver Konsenssuche und interkollektiver Auseinandersetzung", DREIßIG, W. (Hrsg.), Probleme des Finanzausgleichs I, Schriften des Vereins für Socialpolitik NF 96, Berlin, S. 9–43.

KIRSCH, G. (1980), „International versus Intranational Conflicts", The Jerusalem Journal of International Relations 4, S. 82–104.

KIRSCH, G. (1987), „Über zentrifugale und zentripetale Kräfte im Föderalismus", SCHMIDT, K. (Hrsg.), Beträge zu ökonomischen Problemen des Föderalismus, Schriften des Vereins für Socialpolitik NF 166, Berlin, S. 13–34.

KIRSCH, G./THEILER, J. (1976), Zur Verallgemeinerung von Buchanan-Tullocks allgemeiner ökonomischer Verfassungstheorie, in: Finanzarchiv N.F. 35, S. 36–65.

KLEIN, B.R./CRAWFORD, A./ALCHIAN, A.A. (1978), „Vertical Integration, Appropriable Rents, and the Competitive Contracting Process", Journal of Law and Economics 21, S. 297–326.

LESCHKE, M./SAUERLAND, D. (1997), Staatsversagen als Verfassungsversagen, Volkswirtschaftlicher Diskussionsbeitrag Nr. 245 der Westfälischen Wilhelms-Universität Münster.

MARLOW, M.L. (1992), „Intergovernmental Competition, Voice and Exit Options and the Design of Fiscal Structure", Constitutional Political Economy 3, S. 73–88.

MCGUIRE, T.J. (1991), „Federal Aid to States and Localities and the Appropriate Competitive Framework", KENYON, D.A./KINCAID, J. (Hrsg.), Competition among States and Local Governments: Efficiency and Equity in American Federalism, Washington, DC, S. 153–166.

MUSGRAVE, R.A./ MUSGRAVE, P.B./KULLMER, L. (1990), Die öffentlichen Finanzen in Theorie und Praxis 1, 5. Aufl., Tübingen.

NELSON, Ph. (1970), „Information and Consumer Behaviour", Journal of Political Economy 78, S. 311–329.

NIJKAMP, P./SPIESS, K. (1993), „International Migration in Western Europe: Macro Trends in the Past, the Present and the Future", Current Politics and Economics of Europe 3, S. 237–262.

NORTH, D.C. (1992), Institutionen, institutioneller Wandel und Wirtschaftsleistung, Tübingen.

OATES, W.E. (1972), Fiscal Federalism, New York.

OATES, W.E. (1989), „Searching for Leviathan: A Reply and some further Reflections", American Economic Review 79, S. 578–593. Wiederabdruck in: OATES, W.E. (1991), Studies in Fiscal Federalism, Aldershot, S. 425–443.

OATES, W.E. (1999), „An Essay on Fiscal Federalism", Journal of Economic Literature 37, S. 1120–1149.

OATES, W.E./SCHWAB, R.M. (1991), „The Allocative and Distributive Implications of Local Fiscal Competition", KENYON, D.A./KINCAID, J. (Hrsg.), Competition among States and Local Governments: Efficiency and Equity in American Federalism, Washington, DC, S. 127–145.

PANTHER, St. (1997), „Soziale Netzwerke und die Logik kollektiven Handelns", LESCHKE, M./PIES, I. (Hrsg.), Mancur Olsons Logik kollektiven Handelns, Tübingen, S. 71–93.

PENNOCK, J.R. (1959), „ Federal and Unitary Government – Disharmony and Frustration", Behavioral Science 4, S. 147–157.

PERLMANN, M. (1976), "Party Policies and Bureaucracy in Economic Policy", Institute of Economic Affairs (Hrsg.), Hobart Paperbacks 9, London, S. 61–79.

RIKER, W.H./ORDESHOOK, P.C. (1968), "The Calculus of Voting", American Political Science Review 62, S. 25–42.

SAUERLAND, D. (1997), Föderalismus zwischen Freiheit und Effizienz – Der Beitrag der ökonomischen Theorie zur Gestaltung dezentralisierter politischer Systeme, Berlin.

SAUERLAND, D. (1998), „Sozialkapital: Individueller Vermögensbestand oder gesellschaftliches Institutionensystem?", Kommentar zu A. Habisch, LESCHKE, M./PIES, I. (Hrsg.), Gary Beckers ökonomischer Imperialismus, Tübingen, S. 51–56.

SAUERLAND, D. (2003), „Sozialkapital: Stand der Forschung und offene Fragen", Boerner, S./Sauerland, D./Seeber, G. (Hrsg.), Sozialkapital als Voraussetzung für Lernen und Innovation, Lahrer Hochschulschrift Nr. 4, Lahr.

SCHNELLENBACH, J. (2004), Dezentrale Finanzpolitik und Modellunsicherheit, Tübingen.

SCHULTZE, R.-O. (1993), „Föderalismus", EVERS, T. (Hrsg.), Chancen des Föderalismus in Deutschland und Europa, Baden-Baden, S. 33–44.

SCHUPPERT, G.F. (1994), „Institutional Choice im öffentlichen Sektor", GRIMM, D. (Hrsg.), Staatsaufgaben, Baden-Baden, S. 647–683.

SCHWARTZ, A. (1973), „Interpreting the effect of distance on migration", Journal of Political Economy 81, S. 1153–1169.

SOBEL, J. (2002), „Can We Trust Social Capital?", Journal of Economic Literature, American Economic Association, Vol. 40(1), S. 139–154.

SRINIVASAN, T.N./WALLACK, J. (2004), „Federalism, Economic Reform, and Globalization: Conclusions and Lessons for Future Study", Stanford Center for International Development, Working Paper 221.

STIGLER, G.J. (1957), „The Tenable Range of Functions of Local Government", JOINT ECONOMIC COMMITTEE (Hrsg.), Federal Expenditure Policy for Economic Growth and Stability, Washington, D:C., S. 213–219.

THÖNI, E. (1986), Politökonomische Theorie des Föderalismus, Baden-Baden.

TIEBOUT, Ch.M. (1956), „A pure theory of local expenditures", The Journal of Political Economy 64, S. 416–424.

WELLISCH, D. (1994), „Interregional spillovers in the presence of perfect and imperfect household mobility", Journal of Public Economics 55, S. 167–184.

WELLISCH, D. (1995), Dezentrale Finanzpolitik bei hoher Mobilität, Tübingen.

WILSON, J./JANEBA, E. (2003), „Decentralization and International Tax Competition", CESifo Working Paper 854, February.

WILLIAMSON, O.E. (1987), Transaktionskostenökonomik, 2. Aufl., Münster-Hamburg.

WOYKE, W. (1994), Stichwort Wahlen, Bonn.

ZAK, P.J./KNACK, S. (2001), „Trust and growth", Economic Journal 111, S. 295–321

ZAX, J.S. (1989), „Is There a Leviathan in Your Neighborhood", American Economic Review 79, S. 560–567.

Kapitel 8

Ökonomische Theorie der Verfassung

Gegenstand der ökonomischen Theorie sind die grundlegenden Regeln und Prinzipien – allgemein: Institutionen –, welche zur Funktionsfähigkeit moderner, freiheitlicher Demokratien beitragen. Da die ökonomische Verfassungstheorie u.a. Vorschläge für institutionelle – genauer: konstitutionelle – Reformen ableitet, wird sie auch als *normative Konstitutionenökonomik* bezeichnet. Der Begriff „normativ" bedeutet hierbei keineswegs, dass innerhalb der Analysen auf externe Werte zurückgegriffen wird. Im Gegenteil: Es stellt sich die Frage nach derjenigen Ordnung, die es den mit unterschiedlichen Fähigkeiten und Bedürfnissen ausgestatteten Individuen ermöglicht, soweit wie möglich ihre persönlichen Ziele zu erreichen. Ausgangspunkt der Analyse sind also die Werte der Individuen. Das Kriterium zur Bewertung alternativer gesellschaftlicher Institutionen steht somit fest: Ein institutionelles Arrangement A ist einem institutionellen Arrangement B vorzuziehen, wenn A die individuellen Handlungen besser koordiniert; wobei „besser" bedeutet, dass die Individuen eine höhere Bedürfnisbefriedigung erzielen. Wir sprechen deshalb davon, dass bezüglich der beiden institutionellen Alternativen A die *konsensfähige* ist. Denn: Würden die Individuen zwischen den Alternativen A und B frei wählen, so würde die Wahl *einstimmig* für das überlegene Institutionensystem A ausfallen.

Normative Konstitutionenökonomik

Konsens

Eine zweite Frage, die in diesem Zusammenhang wichtig erscheint, ist: Wann erwarten die Individuen, dass ein Institutionensystem A einer Alternative B überlegen ist? Die Antwort muss lauten: Wenn eine *Folgeabschätzung* beider institutioneller Arrangements – also positive Theorie – zeigt, dass das Institutionensystem A die gesellschaftlich wünschenswerten Handlungen besser stabilisiert als B. Umgekehrt formuliert: Unter B würden vergleichsweise mehr oder gravierendere unerwünschte Verhaltensweisen eintreten als unter A.

Normative Ordnungstheorie, verstanden als die Suche nach paretosuperioren gesellschaftlichen Institutionensystemen, basiert also zwingend auf positiver Theorie. Es reicht nicht aus, Regeln und Prinzipien zu nennen, die den Menschen ein besseres Leben ermöglichen, man – und hier ist insbesondere der Ökonom als Wissenschaftler angesprochen – muss begründen wie und warum bestimmte Institutionen dazu führen. Die Frage nach dem Zweck und dem Funktionieren grundlegender Regeln und Prinzipien steht daher im Mittelpunkt der Betrachtung. Im Detail ergibt sich

Normative und positive Theorie

die folgende Vorgehensweise: Ausgehend von einer Mehrheitsdemokratie ohne weitreichenden Verfassungsschutz wird nach jenen Verfassungsgrundsätzen gefragt, deren Einführung die Funktionsfähigkeit der gesellschaftlichen Koordination verbessert. In diesem Zusammenhang werden grundlegende Regeln und Prinzipien der Politik und des Marktes analysiert. Wir beginnen mit den Kosten des demokratischen Abstimmungsmechanismus', dem sogenannten Interdependenzkostenkalkül von Buchanan und Tullock.

1. Das Interdependenzkostenkalkül

Kollektives Handeln

Der Mensch ist an einer Fülle von Gütern und Leistungen interessiert, die er individuell – d.h. ohne die Existenz von Gesellschaften – weder herstellen noch sich sonst wie beschaffen könnte. Erst durch kollektives Handeln wird ein arbeitsteiliges Wirtschaften möglich. Kollektives Handeln, d.h. gesellschaftliches Handeln mittels eines Gemeinwesens, schafft erst die Voraussetzungen für individuelle Produktivität. Ohne Rechtsstaatlichkeit, Sozialstaatlichkeit und eine Fülle staatlich bereitgestellter Kollektivgüter ist heutzutage ein hohes Wohlstandsniveau undenkbar.[1] Damit stellt sich allerdings das grundlegende Problem, wie über kollektive Belange abgestimmt werden soll. Ökonomisch formuliert: Mit welchen Kosten ist der Allokationsmechanismus „Abstimmung" (voice) verbunden und wie lässt sich in Abhängigkeit von den Kosten die optimale Entscheidungsregel ermitteln?

Transaktionskosten

Kosten entstehen beim Mechanismus Abstimmung (bzw. Wahl) bereits im Vorfeld in Form von individuellen Informationskosten und Beteiligungskosten sowie in Form von Transaktionskosten. Informationskosten sind die Kosten des „Sich-kundig-machens" über die zur Wahl stehenden Alternativen und deren Folgewirkungen. Diese Kosten sind bei komplexen Fragestellungen vergleichsweise hoch. Unabhängig von der Art der Fragestellung sind dagegen die Beteiligungskosten. Diese Kosten entstehen allein aus der Teilnahme an Wahlen. Neben direkten Aufwendungen im Zusammenhang mit der Stimmabgabe – z.B. Fahrten zum Wahllokal – fallen hierunter vor allem Zeitopportunitäten. Neben diesen beiden Kostenarten entstehen Transaktionskosten, d.h. Kosten der Durchführung von Wahlen, die insbesondere in Großgesellschaften nicht zu vernachlässigen sind. So müssen Wahllokale bereitgestellt werden, Wahlhelfer beauftragt und bezahlt werden etc. Diese Kosten hat letztlich der Steuerzahler zu tragen.

---

[1] In der Anarchie fehlen die Rahmenbedingungen, die Planungssicherheit schaffen und damit Investitionen ermöglichen. Wir haben auf diesen Punkt bereits in Kapitel 9 mit Bezug auf Hobbes und Buchanan hingewiesen.

Wie wir im Kapitel 7 schon erwähnt haben, ist es aufgrund dieser angesprochenen Kostenkategorien vorteilhaft, Wahlen nur periodisch durchzuführen. Würde über aktuelle Fragen stets unmittelbar abgestimmt, stiegen die Kosten des Wählens untragbar hoch an.

Damit ist jedoch noch nicht die Frage geklärt, mit welcher Mehrheit abgestimmt werden soll. Zur Beantwortung dieser Fragen führen Buchanan und Tullock (1962) zwei Kostenarten an: die Diskriminierungskosten (expected external costs) und die Entscheidungsfindungskosten (decision making costs).

Diskriminierungskosten

Die Diskriminierungskosten sind die (erwarteten) Kosten des Überstimmtwerdens, was bedeutet, dass man sich mit seinen Ansichten nicht durchsetzen wird. Diese Kosten sind Null, und nur dann Null, wenn die Einstimmigkeitsregel gilt. Der Konsens verhindert, dass man zu den Wahlverlierern gehören kann. Mit dem Abrücken vom Konsens beginnen die Diskriminierungskosten zu steigen. Je geringer die Anzahl der erforderlichen „Ja-Stimmen" ist, desto größer wird für den einzelnen die Gefahr, zu den Wahlverlierern zu gehören. Entscheidet „einer für alle", so erscheint die Gefahr des Diskriminiertwerdens am größten. Zugleich sind die Kosten, alle Individuen zum „Befolgen" der politischen Vorgaben zu bewegen extrem hoch. Der Verlauf der Diskriminierungskosten (DK) ist in Abbildung 8.1a wiedergegeben. Ausgehend vom Konsens steigt die Kurve überproportional an. Dieser Anstieg erscheint in Großgesellschaften – zumindest im relevanten Bereich – plausibel, weil die Individuen sich durch unterschiedliche Präferenzen und Wertvorstellungen auszeichnen.

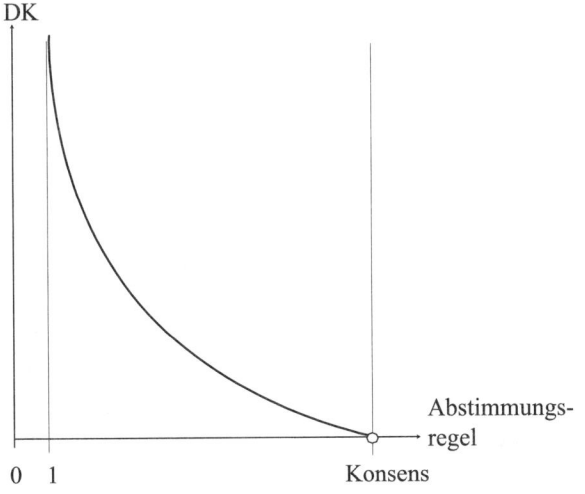

Abbildung 8.1a

Entscheidungs-
findungskosten

Den Diskriminierungskosten entgegengesetzt verlaufen die Entscheidungsfindungskosten. Da Individuen nicht zu den Wahlverlierern gehören möchten, nehmen sie Kosten auf sich, um andere von ihrer Meinung zu überzeugen. Gilt als Entscheidungsregel Konsens, so müssen alle Gesellschaftsmitglieder von der Richtigkeit einer bestimmten Entscheidung überzeugt werden, was mit exorbitant hohen Kosten verbunden ist. Entscheidet hingegen „einer für alle", so sind die Entscheidungsfindungskosten denkbar gering. Abbildung 8.1b zeigt den Verlauf der Entscheidungsfindungskosten (EK).

Abbildung 8.1b

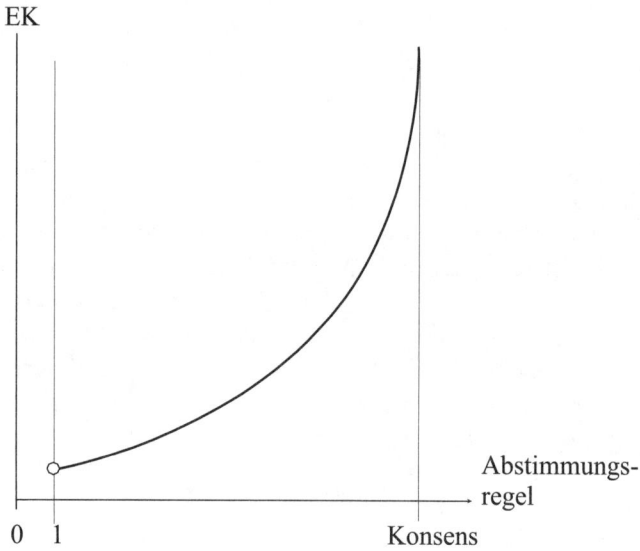

Ausgehend von der Regel „einer für alle" steigen auch diese Kosten überproportional an. Die Begründung hierfür liegt erneut in der Heterogenitätsannahme der Bevölkerung, die für die großen Gesellschaften eine realistische Prämisse darstellt. Je näher wir an den Konsens als Entscheidungsregel rücken, desto schwieriger wird eine Einigung. Im Extremfall, dass sich Millionen von Menschen einigen müssen, um kollektiv handeln zu können, wird ein abgestimmtes Agieren unmöglich. Die Konsensfindungskosten verhindern dies und zementieren auf diese Weise den Status quo. Bereits in viel kleineren Entscheidungseinheiten sind Entscheidungsregeln nahe der Einstimmigkeit nicht selten mit hohen Kosten verbunden, denn sie schaffen Anreize zu strategischem Verhalten: Selbst wenn jemand eine bestimmte Maßnahme präferiert, kann es für ihn vorteilhaft sein, sich seine Zustimmung von Dritten, die die Verabschiedung der Maßnahme stark präferieren, abkaufen zu lassen. Das heißt, er boykottiert erst einmal die Entscheidungsfindung.

Beide Kostenkurven, EK und DK, verlaufen nichtlinear. Aus der Aggregation der beiden Kostenfunktionen (EK, DK) ergeben sich die Gesamtkosten, von Buchanan und Tullock (1962) Interdependenzkosten (IK) genannt (siehe Abbildung 8.1c).

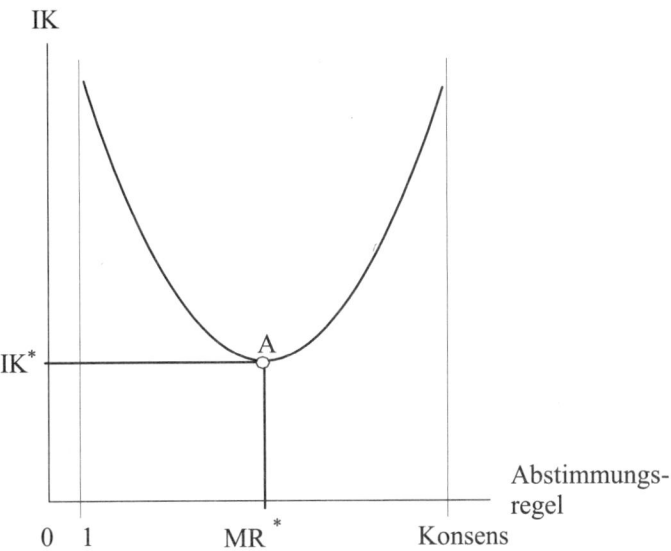

Abbildung 8.1c

Die optimale Mehrheitsregel MR[*] ist dort, wo die Interdependenzkosten ihr Minimum IK[*] aufweisen. Punkt A stellt das Optimum dar. Die Interdependenzkosten veranschaulichen, dass es für eine Gesellschaft weder optimal sein kann, Entscheidungen konsensual zu treffen, noch „einen für alle" entscheiden zu lassen. „Irgendwo dazwischen" wird das Optimum liegen. In modernen Demokratien wird es zumeist als kostengünstig angesehen, politische Vertreter, die Parteien angehören, turnusmäßig zu wählen. Diese treffen ihre Entscheidungen dann auch nicht konsensual, sondern nach Regeln unterhalb der Einstimmigkeit; die einfache, die qualifizierte oder die Zweidrittel-Mehrheit sind hier gängige Entscheidungsregeln. Es ist unmittelbar einsichtig, dass die Diskriminierungskosten bei solch einem starken Abweichen vom Konsens sehr hoch sind. Es stellt sich daher die Frage, ob sich zusätzlich zu der Verankerung eines bestimmten Wahlmodus Verfassungsregeln finden lassen, die die Kostensituation der Gesellschaftsmitglieder verbessern. *Gibt es grundlegende Verfassungsregeln, durch deren Verankerung die Diskriminierungskosten gesenkt werden können, ohne dass die Entscheidungsfindungskosten in demselben Umfang ansteigen?* Die Beantwortung dieser Frage erfolgt im folgenden Abschnitt.

Interdependenzkosten

2. Verfassungsregeln

Da aus Kostengründen bei kollektivem Handeln in der Realität vom Konsens abgewichen werden muss, entstehen hohe Diskriminierungskosten. Der Einzelne kann überstimmt werden, es können Beschlüsse gegen seinen Willen durchgeführt werden. Unter Knappheit kann dem einzelnen Individuum kein uneingeschränktes Vetorecht zugestanden werden. Die beim Abrücken vom Konsens entstehenden Diskriminierungskosten können jedoch durch die Verankerung von grundlegenden Verfassungsregeln gesenkt werden, ohne dass die Entscheidungsfindungskosten im gleichen Umfang steigen. Diese grundlegenden Verfassungsregeln lassen sich in drei Bereiche untergliedern:

(1) Grundrechte,

(2) Gemeinwohlprinzipien politischen Handelns und

(3) Prinzipien der Trennung der Staatsgewalt.

Zu den Grundrechten zählen insbesondere individuelle Freiheitsrechte. Zu den Gemeinwohlprinzipien zählen (a) das Prinzip der fiskalischen Äquivalenz, (b) das Subsidiaritätsprinzip, (c) der Gleichheitsgrundsatz, (d) das Wirtschaftlichkeitsprinzip, und (e) das Prinzip der sozialverfassten Marktwirtschaft mit flankierenden konstitutionellen und regulierenden Prinzipien der Marktverfassung. Zu der Trennung der Staatsgewalt zählt nicht nur das Prinzip der horizontalen Gewaltenteilung, sondern auch das mit zunehmender europäischer und weltwirtschaftlicher Integration wichtiger werdende Prinzip der vertikalen Gewaltenteilung, welches auch Föderalismusprinzip genannt wird. Im folgenden werden nun die Rolle und Aufgaben dieser Prinzipien analysiert.

2.1. Die Grundrechte

Bedingte Veto-rechte

Eine in allen Demokratien praktizierte Möglichkeit, die Diskriminierungskosten zu senken, ist die Gewährung individueller Grundrechte. Solche grundlegenden Rechte schützen das einzelne Individuum vor denkbaren Diskriminierungen der Mehrheitsmeinung. Grundrechte stellen somit weiterhin gültige – nunmehr allerdings bedingte – Vetorechte dar, wenn aus Kostengründen vom Konsens weit abgerückt werden muss (Homann, 1988, S. 176). Welches sind nun aber essentielle grundlegende Rechte, deren Gewährung die Funktionsfähigkeit der Ordnung erhöht, indem sie wirksam die Diskriminierungskosten senken?

Da der einzelne in jeder real existierenden Gesellschaft aus Kostengründen sein unbedingtes Vetorecht gegen kollektive Beschlüsse verlieren muss, muss ihm im Gegenzug – damit er dem Abrücken vom Konsens zustimmt – das *Recht zum Verlassen der Gesellschaft (Exit)* eingeräumt werden. Ist ein Individuum mit wesentlichen kollektiv vereinbarten Beschlüssen nicht einverstanden, steht ihm der Weg frei, die Gesellschaft zu verlassen. Exit erfüllt damit auch eine disziplinierende Funktion. Ist der freie Austritt grundsätzlich möglich, so kann ein Staat sein Humankapital verlieren. Ein Abwandern – insbesondere der „Intelligenz" – führt jedoch mittelfristig zu Wachstumseinbußen und Wohlstandsminderungen. Ein Staat muss daher daran interessiert sein, das Humankapital nicht durch „schlechte Politik" zu vertreiben. Auf diese Weise übt die Gewährung des Exit eine disziplinierende Wirkung auf kollektive Entscheidungen aus. Aus dieser Sicht ist es nur verständlich, dass alle ehemaligen sozialistischen Staaten, deren Charakteristikum ineffiziente Beschlüsse zum langfristigen Schaden der Bürger waren, den freien Austritt verwehren mussten. Die Humankapitalabwanderung hätte diese Gesellschaftssysteme sehr schnell zerstört.

Exit

Demokratische Entscheidungsprozesse (unterhalb der Einstimmigkeit) bedürfen einer vorhergehenden öffentlichen Diskussion. Ein solches Verfahren beleuchtet Kosten und Nutzen anstehender Beschlüsse aus verschiedenen Blickwinkeln. Präferenzen und Opportunitätskosten werden offengelegt. Voraussetzung hierfür ist allerdings, dass den Bürgern *Grundrechte zur freien Meinungsäußerung (Voice)* gewährt werden. Zu nennen sind in diesem Zusammenhang die Meinungsfreiheit, die Vereinigungs- und Koalitionsfreiheit, die Versammlungsfreiheit, die Pressefreiheit oder das Petitionsrecht. Auch muss es dem Bürger möglich sein, sich über öffentliche Probleme zu informieren. Staatliche Stellen müssen daher verpflichtet sein, Informationen über ihr Handeln den Bürgern zur Verfügung zu stellen. Der Grundsatz transparenten staatlichen Entscheidens muss gewahrt sein. Darüber hinaus muss das Wahlrecht, d.h. die individuelle Einflussnahme auf kollektive Entscheidungen via Abstimmung, vor grundsätzlichen Abänderungen oder sogar einer Abschaffung durch die gewählte Mehrheit geschützt sein. – Zusammengefasst ist es die Funktion der Grundrechte zur freien Meinungsäußerung, die Basis eines funktionierenden Rückkoppelungssystemes zwischen Bevölkerung und Staatsführung zu bilden.

Voice

Eine dritte Kategorie von Grundrechten, die beim Abrücken vom Konsens dem einzelnen zum Schutz gegen Willkürmaßnahmen der Mehrheit gewährt werden müssen, sind *Persönlichkeitsrechte* des einzelnen Individuums. Zu nennen sind hier u.a. der Schutz der Intimsphäre, das Recht auf körperliche Unversehrtheit und insbesondere das Recht auf Leben, aber auch die Religionsfreiheit. Diese Rechte schaffen die Voraussetzung, dass sich Individuen individuell entfalten können.

Persönlich-keitsrechte

Sind diese genannten Rechte Bestandteil einer Gesellschaftsordnung, so erhöht sich die Zustimmung zu der Ordnung erheblich; denn rationale Individuen werden nur dann einem Abrücken vom Konsens zustimmen, wenn die Diskriminierungskosten durch die Gewährung bedingter Vetorechte, die den Entscheidungsspielraum der Mehrheit begrenzen, wirksam gesenkt werden. Durch die Einschränkung der Entscheidungsgewalt der gewählten Mehrheit wird die Gesellschaftsordnung erst konsensfähig. Dem widerspricht nicht, dass es im Sinne des Gemeinwohls erforderlich sein kann, einige Grundrechte mittels Mehrheitsgesetzgebung einzuschränken. Es muss jedoch ein Kernbereich der grundlegenden Rechte für Entscheidungen der Mehrheit unantastbar sein. Dies zeigt sich auch innerhalb des Grundrechtsschutzes der Bundesrepublik Deutschland, auf den an späterer Stelle noch eingegangen wird. Zunächst sollen jedoch weitere Prinzipien zur Reduzierung der Diskriminierungskosten erörtert werden.

2.2. Gemeinwohlprinzipien politischen Handelns

Gemeinwohlprinzipien stellen Leitlinien politischen Handelns dar. Die Befolgung dieser Prinzipien gibt den Individuen mittelfristig mehr Möglichkeiten, ihre Interessen zu verwirklichen. Missachtungen der Prinzipien führen demgegenüber zu Wohlfahrtsverlusten, d.h. den Individuen wird die Basis für mögliche Wohlstandsgewinne entzogen. Wie oben bereits erwähnt, sollen im folgenden als Basisprinzipien das Äquivalenzprinzip, das Subsidiaritätsprinzip, der Gleichheitsgrundsatz und das Wirtschaftlichkeitsprinzip diskutiert werden, bevor anschließend auf die Prinzipien der sozialen Marktwirtschaft eingegangen wird.

2.2.1. Die ökonomischen Basisprinzipien

Das Prinzip der *fiskalischen Äquivalenz* (kurz: Äquivalenzprinzip) hat seinen Ursprung in freiwillig durchgeführten Tauschprozessen zwischen Individuen. Hier herrscht eine strikte Verbindung zwischen Nutzern, Zahlern und Entscheidungsberechtigten. Mancur Olson (1969) überträgt dieses Prinzip nun auf den Bereich der Bereitstellung öffentlicher Leistungen.

Äquivalenzprinzip

Auch hier soll es zur Deckung von (a) den durch die öffentliche Leistung Begünstigten, (b) den zur Finanzierung der Leistung herangezogenen Bürgern und (c) den Individuen, die Umfang und Qualität der Leistung festlegen, kommen.[1] Der Sinn dieser Forderung leuchtet unmittelbar ein: Nur wer als Begünstigter einer Leistung mit den entsprechenden Kosten konfrontiert wird, kann rational abwägend entscheiden, ob diese Maßnahme für das Gemeinwesen notwendig und sinnvoll ist. Wer nicht mit den Kos-

---

[1] Vgl. auch die anschaulichen Ausführungen zu diesem Prinzip von HANSJÜRGENS (1997) und (1998).

ten einer Maßnahme konfrontiert wird, neigt tendenziell zur Verschwendung, d.h. zu einer Missachtung vorhandener Knappheiten. Die Free-rider-Position führt zu Externalitäten, die in einem Prozess gravierender kollektiver Selbstschädigung münden. Ähnlich wird es zu einer aus der Sicht der Individuen unerwünschten öffentlichen Leistungserstellung kommen, wenn sich die Kreise der Nutzer/Zahler und der Entscheidungsberechtigten immer mehr voneinander entfernen. Durch das Äquivalenzprinzip soll also erreicht werden, dass Prozesse kollektiver Selbstschädigungen soweit wie möglich vermieden werden.

Eng mit dem Äquivalenzprinzip hängt das *Subsidiaritätsprinzip* zusammen. Die heutzutage wohl bekanntesten Ausführungen zum Subsidiaritätsprinzip befinden sich in der Enzyklika Quadragesimo anno 1931 von Papst Pius XI. Die charakteristische Passage lautet: „Wie dasjenige, was der einzelne aus eigener Initiative und mit seinen eigenen Kräften leisten kann ihm nicht entzogen und der Gesellschaft zugewiesen werden darf, so verstößt es gegen die Gerechtigkeit, das, was die kleineren untergeordneten Gemeinwesen leisten und zum guten Ende führen können, für die weitere und übergeordnete Gemeinschaft in Anspruch zu nehmen. Jede Gesellschaftsfähigkeit ist ihrem Wesen nach subsidiär, sie soll die Glieder des Sozialkörpers unterstützen, darf sie aber niemals zerschlagen oder aufsaugen." Ähnliche Gedanken lassen sich sogar bis ins Mittelalter zurückverfolgen. Bereits Thomas von Aquin und Dante äußerten sich im Sinne des Subsidiaritätsprinzips. In Bezug auf moderne föderal gegliederte Staaten oder Staatengemeinschaften besagt das Prinzip, dass Kompetenzen dann – und nur dann – auf einer bestimmten Entscheidungsebene angesiedelt werden dürfen, wenn sichergestellt ist, dass untere Ebenen mit der Kompetenzausübung überfordert sind. Der gesellschaftliche Zweck des Subsidiaritätsprinzips leuchtet unmittelbar ein: Auf unterer Entscheidungsebenen können (a) die Präferenzen der Bürger besser wahrgenommen werden, ist (b) eine Kontrolle der Entscheidungsberechtigten durch die betroffenen Bürger einfacher, d.h. kostengünstiger, möglich und kann (c) effektiver aus Fehlern gelernt werden, weil mehr parallel experimentiert wird.[2]

Der *Gleichheitsgrundsatz* besagt, dass (a) der Staat seine Bürger grundsätzlich rechtlich gleich zu behandeln hat – willkürliche Diskriminierungen sollen ausgeschlossen sein[3] – und (b) Grundsatz (a) einzuschränken ist,

Subsidiaritätsprinzip

---

[2] Zu diesem letzten Punkt (c) noch eine Erläuterung: Werden Kompetenzen nach dem Subsidiaritätsprinzip verteilt, so erhalten gegenüber einer Zentralstaatslösung untere Entscheidungseinheiten weit mehr Aufgaben. Damit kommt es automatisch dazu, dass Entscheidungseinheiten parallel an ähnlichen Problemen arbeiten.

[3] v. HAYEK (1980) betont in diesem Zusammenhang die Wichtigkeit der Verwirklichung des Gleichheitsgrundsatzes in der Marktverfassung. Eine Marktwirtschaft kann nur

Gleichheits-grundsatz

wenn Diskriminierungen notwendig sind, um die Funktionsfähigkeit der Ordnung und damit mittelfristig den Wohlstand für alle zu erhöhen.[4] Grundsatz (a) ist hierbei keinesfalls so zu verstehen, dass der Staat für eine gleiche materielle Ausstattung mit Gütern zu sorgen hat, die Betonung liegt hier auf der *rechtlichen* Gleichbehandlung. Grundsatz (b) erlaubt sicherlich weitgehende Einschränkungen des Grundsatzes (a). Allein eine progressive Einkommensteuer bedeutet eine Diskriminierung; genauso verhält es sich, wenn an bestimmte Tätigkeiten im öffentlichen Dienst besondere Anforderungen gestellt werden oder wenn das Recht zwischen Jugendlichen und Erwachsenen unterscheidet. Viele solcher Diskriminierungen sind notwendig, weil sie die Effizienz der Ordnung erhöhen.

Tabelle 8.1

Politik unter Beachtung des Diskriminierungsverbots (Gleichbehandlung)	Politik der Verfolgung von Partikularinteressen (Diskriminierung)
Einnahmenseite (Besteuerung)	
– weite Besteuerungsgrundlage – einheitlicher Steuersatz für alle – keinerlei Ausnahmeregelungen	– Steuerprivilegien für bestimmte Wählergruppen – unüberschaubar ausdifferenzierte Steuerbemessungsgrundlage, um Privilegien durch Ausnahmeregelungen zu gewährleisten – unterschiedliche Steuersätze je nach Person, Unternehmen, Berufsgruppe, Ort, Produkt oder anderer Klassifikation
Ausgabenseite (Aufgaben)	
– Bereitstellung kollektiver Güter und Leistungen nach dem Grundsatz „wer nutzt, der zahlt" (Äquivalenzprinzip) – dementsprechend notwendig ist eine nach dem Subsidiaritätsprinzip gegliederte föderative Struktur – einheitliche Subventionen und/oder Lenkungssteuern (branchenunabhängige Regulierung) – einheitliche Zuwendungen an Bedürftige in Form von Transfers	– zentrale Bereitstellung nahezu aller wichtigen kollektiven Güter und Leistungen, ohne Beachtung des Äquivalenzprinzips – hohe Differenzierung bei der Subventionierung – Festlegung von Lenkungssteuern (nach Branchen, Produkten, Territorien u.v.a.m.)

In marktwirtschaftlichen Demokratien sind jedoch auch stets willkürliche Diskriminierungen zu beobachten; besonders auffällig sind hier Vergünstigungen der Politiker gegenüber organisierten Gruppen, die mittel-

---

dann funktionsfähig sein, wenn sie auf allgemeinen Regeln beruht, durch die ungleiche Individuen gleich behandelt werden. Dies ist die Essenz des „rule of law".

[4] Vgl. in diesem Zusammenhang auch die Arbeiten von JOHN RAWLS (1975) und (1993).

fristig Wohlstandseinbußen für alle bedeuten. Um auf dieses Problem aufmerksam zu machen, hat Buchanan (1993) eine Politik der Gleichbehandlung einer Politik der ineffizienten Diskriminierung beispielhaft gegenübergestellt, siehe Tabelle 8.1.[5] Sicherlich sollte vor allem im Grundrechtsbereich die strikte Anwendung des Gleichheitsgrundsatzes sichergestellt sein, da hier willkürliche Diskriminierungen besonders negative Folgen hätten.

Das *Wirtschaftlichkeitsprinzip* fordert, dass kollektive Ziel kostengünstig zu verwirklichen sind. Es geht also um den Grundsatz des Wirtschaftens, gesellschaftliche Ziele mit einem möglichst geringen Mitteleinsatz zu erfüllen. So einfach sich dieser Grundsatz formulieren lässt, so schwer ist er zu operationalisieren; denn neben unmittelbar messbaren Kosten, die mit staatlichen Maßnahmen verbunden sind, können schwer messbare externe Effekte auftreten. Kosten in Form solcher Nebenwirkungen, die nichts anderes als Verstöße gegen bisher ausgesprochene Prinzipien darstellen, sind daher mit zu berücksichtigen. Grossekettler (1995, S. 548 f.) hat ein Prüfschema zur wirtschaftlichen Auswahl von Instrumenten entwickelt, in dem wichtige Kostenkategorien enthalten sind. Nach der zwingend notwendigen Operationalisierung und Legitimation des politischen Ziels – handelt es sich um ein operational vormuliertes Gemeinwohlziel? – sind die folgenden Schritte zu prüfen:

Wirtschaftlich-keitsprinzip

(1) *Instrumentenvektor:* Ermittlung und Konkretisierung denkbarer Instrumente zur Zielrealisation.

(2) *Instrumentenweise Prüfung auf Effektivität:* Unterstützt eine Maßnahme x die Erreichung des gesetzten Ziels richtungsmäßig (Richtungsforderung) und ist sie in quantitativer Hinsicht so geartet, dass wenigstens das Mindestzielniveau realisiert werden kann (Dosierungsforderung)?

(3) *Aussonderungsschritt 1:* Ineffektive Mittel von der weiteren Prüfung ausschließen.

(4) *Prüfung der verschiedenen Instrumente auf Erforderlichkeit:* Beantworten folgender Teilfragen zur Konformität der Maßnahme mit einer vorrangig dezentralen Ordnung:

- Wird stärker in die Entscheidungskompetenzen von nachgeordneten Verbänden und letztlich der Individuen eingegriffen, als es zur Sicherstellung der Effektivität der Maßnahmen unabdingbar ist?
  - Sind mit der Maßnahme Effekte verbunden, welche marktwirtschaftliche Koordinationsmechanismen stören, insbesondere das

---

5 Ausführlicher und mit weiteren Beispielen BUCHANAN/CONGLETON (1998). Der Grundsatz der Gleichbehandlung wird hier als „principle of generality" bezeichnet.

Funktionieren von Marktprozessen (Folge: Koordinationsmängel auf Märkten)?

- Verstößt die Maßnahme gegen Prinzipien der sozial verfassten Marktwirtschaft oder andere grundlegende Ordnungsprinzipien?

- Ist das Ausmaß einer eventuellen Ordnungsinkonformität im Vergleich zu Alternativinstrumenten auf das zur Zielerreichung erforderliche Minimum beschränkt? Kann es durch ein Justieren des vorgesehenen Instruments zusätzlich verringert werden?

(5) *Aussonderungsschritt 2:* Bilden einer Rangfolge für die übriggebliebenen Instrumente und Aussondern aller Instrumente mit einer offensichtlich inakzeptablen Intensität der Ordnungsstörung.

(6) *Prüfung auf Verhältnismäßigkeit (= Wirtschaftlichkeit):* Steht der Nutzen der Zielrealisation der verbliebenden Maßnahmen in einem vernünftigen Verhältnis zu den Zweck- und Transaktionskosten aller Art, die mit dem Einsatz des jeweiligen Instruments verbunden sind? In schwierigen Fällen muss diese Prüfung mit Hilfe einer Kosten-Nutzen- oder einer Kostenwirksamkeitsanalyse durchgeführt werden. Bilden einer Rangfolge für die geprüften Instrumente und Aussondern aller Instrumente, bei denen die Gesamtkosten den Gesamtnutzen übersteigen.

(7) *Teilergebnis 2:* Formulieren einer Handlungsempfehlung derart,

- dass entweder das Instrument ausgewählt wird, das in den beiden Teilprüfungen auf Erforderlichkeit und Verhältnismäßigkeit der erste Rang belegt, oder

- dass die Instrumente gegeneinander abgewogen werden, die in den jeweiligen Einzelprüfungen einen besonders guten Rangplatz errungen haben (wobei man sich i.d.R. auf die beiden Instrumente beschränken kann, die Platz 1 in einer der Teilprüfungen belegen).

Eine Beachtung dieser Prüfschritte verhindert wirksam das permanente Auftreten von Verschwendungen und unerwünschten Nebenwirkungen beim Einsatz von staatlichen Maßnahmen. Die Diskriminierungskosten werden also insofern gesenkt, als dass die Mittel, die der einzelne für das Gemeinwesen aufbringt, nicht ineffizient verbraucht werden. Als Folge ergibt sich ceteris paribus eine geringere Steuerquote gegenüber einer Situation der (permanenten) Missachtung des Wirtschaftlichkeitsprinzips. Das Preis-Leistungs-Verhältnis der öffentlichen Güter ist vergleichsweise günstig.

2.2.2. Die Prinzipien der sozialen Marktwirtschaft

Für Bürger einer Gesellschaft erscheint diejenige Gesellschaftsordnung akzeptabel, die es ihnen erlaubt, ihre individuellen (unterschiedlichen) Ziele soweit wie möglich zu verfolgen und zu erreichen. Nach heutigem Kenntnisstand ist davon auszugehen, dass eine solche Ordnung eine Marktwirtschaft ist. Die Gewährung von Eigentum ermöglicht eine weitgehende freiheitliche Verfügung über Ressourcen und Güter. Zudem erhöht Eigentum als Sicherheit die Kreditwürdigkeit, und der Zins setzt Anreize zu wirtschaften. Die freie Preisbildung koordiniert die dezentral aufgestellten Pläne, signalisiert Gewinnchancen und Verlustrisiken und gibt durch die Einheit von Handlung und Haftung Anreize, Innovationen und Investitionen wohlüberlegt zu tätigen. In einer freiheitlichen marktwirtschaftlichen Ordnung kann das Wissen von Millionen – mit Blick auf die Globalisierung Milliarden – von Marktteilnehmern verwertet werden; der Wettbewerb fungiert durch das rivalisierende Parallelexperimentieren als Entdeckungsverfahren (v. Hayek, 1976, S. 103 ff.; 1969a, S. 249 ff.). Jede planwirtschaftliche Ordnung führt demgegenüber zu einer weitaus geringeren Bedürfnisbefriedigung der Bürger, weil das Anreiz- und Wissensproblem ungelöst bleiben. Es gibt kein dem Wettbewerb vergleichbares Entdeckungsverfahren.

Eine marktwirtschaftliche Ordnung ist jedoch nicht per se funktionsfähig in dem Sinne, dass sie den Bürgern eine weitestgehende Bedürfnisbefriedigung erlaubt. Wie schon an verschiedenen Stellen dieses Buches angesprochen, hängt dies von den institutionellen Rahmenbedingungen, der Marktverfassung, ab. Es sind die Spielregeln des Marktes, die die Freiheit der Individuen – je nach Ausgestaltung – mehr oder weniger produktiv kanalisieren. „Produktiv" bedeutet hierbei, dass durch die Gestaltung der Rahmenregeln Spielzüge, d.h. Handlungen der Individuen, vermieden werden, die zu „Prozessen kollektiver Selbstschädigung" führen, wie sie im fünften Kapitel bereits angesprochen wurden. Eine maximale Freiheit, wie sie im regellosen Zustand der Anarchie vorliegt, ist genauso unproduktiv wie die weitgehende Einschränkung individueller Freiheit in sozialistischen Planwirtschaften. Wie aber kann man sich eine adäquate Ausgestaltung der Spielregeln des Marktes vorstellen?

Wettbewerb und Rahmenordnung

Der Versuch, die wichtigen Prinzipien einer Marktverfassung herauszuarbeiten, geht auf die Ökonomen der Freiburger Schule, deren „Kopf" Walter Eucken war, zurück. Diese Schule setzte sich in den 30er und 40er Jahren zum Ziel, die Rahmenbedingungen für eine funktionierende Marktordnung zu entwerfen. Nach Beendigung des 2. Weltkriegs ergab sich dann für diese Gruppe von Ökonomen und Juristen die Möglichkeit, auf die Errichtung der sozialen Marktwirtschaft in Deutschland beratend Einfluss zu

Freiburger Schule

nehmen. Insbesondere zwei Probleme waren es, die Eucken mit seinem Ordnungsentwurf lösen wollte: das Lenkungsproblem und das Problem der sozialen Sicherheit. Mit dem Lenkungsproblem verbindet Eucken die Frage, wie die individuellen Pläne koordiniert werden sollen, um den Menschen eine möglichst hohe Bedürfnisbefriedigung zu ermöglichen. Konkret formuliert: Wie muss die Wirtschaft verfasst sein, um diese Aufgabe zu erfüllen? Mit dem Problem der sozialen Sicherheit verbindet Eucken die Frage, wie eine Wirtschaftsordnung ausgestaltet sein sollte, um materielle Not weitgehend zu mildern. Auf beide Fragen gibt Eucken dieselbe Antwort: Diejenige Ordnung, die beiden Grundproblemen gerecht wird, ist die soziale Marktwirtschaft, wobei „sozial" – und das ist entscheidend – bedeutet, dass die Wirtschaftspolitik sich an sogenannten konstituierenden, regulierenden und weiteren staatspolitischen Prinzipien orientiert (vgl. Eucken, 1952; Grossekettler, 1997).

Abbildung 8.2

Ordoliberales Grundprinzip:

• Herstellung der sozialen Marktwirtschaft, d.h. einer funktionsfähigen Wettbewerbsordnung

Konstituierende Prinzipien (KP):

• Privateigentum und Vertragsfreiheit
• Offenhaltung von Märkten
• Vermeidung von Haftungsbeschränkungen
• Konstanz der Wirtschaftspolitik
• Preisniveaustabilität

Regulierende Prinzipien (RP):

• Eindämmung von Marktmacht
• Internalisierung externer Effekte

Staatspolitische Prinzipien (SP):

• Konjunkturpolitik für den Markt
• Sozialpolitik für den Markt
• Industriepolitik für den Markt

Unter den konstituierenden Prinzipien versteht Eucken grundlegende Prinzipien der Wettbewerbsordnung. Die regulierenden Prinzipien dienen der Beseitigung zeitweilig auftretender Koordinationsmängel in der marktwirtschaftlichen Ordnung. Die staatspolitischen Prinzipien enthalten Regeln für politische Maßnahmen, die gewährleisten sollen, dass die Anreizmechanismen im Markt nicht unnötig außer Kraft gesetzt werden. Hier geht es darum, die Funktionsfähigkeit der Gesamtordnung ins Zentrum der Betrachtung zu rücken. Im folgenden sollen diese Prinzipien erläutert werden. Hierbei ist es das Ziel, den Sinn der Prinzipien nicht nur vor dem Hintergrund der damaligen Zeit, sondern auch aktuell für die heutige Zeit zu erläutern. Abbildung 8.2 zeigt einen Gesamtüberblick über die zu diskutierenden Prinzipien.

Wie bereits erwähnt, ist das Ziel der Ordoliberalen, eine dauerhaft funktionsfähige Wettbewerbsordnung zu errichten. Um dieses Ziel zu erreichen, hat die Gesetzgebung bestimmte konstituierende Prinzipien (KP) zu beachten:

Konstituierende Prinzipien

KP1: Das Prinzip der Gewährung von Privateigentum und Vertragsfreiheit

Während Kollektiveigentum die Verfügungsmacht über Faktoren, Güter und Leistungen in der Hand eines oder weniger Zentralplaner vorsieht, bedeutet die Gewährung von Privateigentum, dass einzelne Individuen, also Haushalte und Unternehmen, das Recht haben, innerhalb bestimmter Rahmenregeln, nach ihren Vorstellungen über die Verwendung von Faktoren, Gütern und Leistungen zu entscheiden. Auch Gewinne aus dem Einsatz dieser Assets dürfen sie sich – zum Teil – aneignen. Zudem können sie ihr Eigentum als Sicherheit einsetzen, um Kredite für Investitionen (vom Bankensektor) zu erhalten. Mit den Krediten können sie Ideen verwirklichen, weil Faktoreinkommen bezahlt werden können, weit bevor das erste Gut am Markt verkauft ist. Allerdings muss der Investor für die aufgenommenen Mittel Zinsen zahlen, d.h. er muss produktiv wirtschaften. Erst dadurch entsteht letztlich für den Menschen der Anreiz, ständig nach produktiveren Verwendungen der Assets zu suchen. Mithin können die Marktprozesse nur dann zufriedenstellend funktionieren, wenn den Individuen weitgehende Eigentumsrechte gewährt werden. Hierzu gehört auch, dass die Individuen innerhalb bestimmter Grenzen Verträge aushandeln dürfen.

Wie der erste Teil des Buches über die Institutionen im Markt zeigt, sind es gerade bindende Verträge, die erst bestimmte Investitionen rentabel und damit möglich machen. Vertragsfreiheit und Verfügungsrechte sollten allerdings dann eingeschränkt werden, wenn sie nicht wettbewerbskonform eingesetzt werden. Insbesondere die Errichtung marktbeherrschender Stellungen soll die Politik verhindern.

KP2: Das Prinzip der Offenhaltung von Märkten

Offene Märkte – auch über nationalstaatliche Grenzen hinaus – erschweren die Etablierung von marktbeherrschenden Stellungen weniger Unternehmen. Insbesondere die dynamischen Marktfunktionen des Produkt- und Verfahrensfortschritts kommen besser zum Tragen. Zwar kann ein Unternehmen durch Innovationen Vorsprungsgewinne erzielen, diese werden jedoch durch Imitationen anderer Unternehmen wieder abgebaut. Monopolstellungen können folglich nur temporär auftreten. Dies setzt allerdings voraus, dass dem Drängen bestimmter Unternehmen oder ganzer Branchen nach Schutz vor nationaler und/oder ausländischer Konkurrenz nicht nachgegeben wird. Erhaltungshilfen für nichtwettbewerbsfähige Anbieter zu gewähren, führt nämlich langfristig zu keinem Zuwachs an Wohlstand, sondern zu einer gesellschaftlich unerwünschten Aushebelung der Marktfunktionen. Unter Opportunitätskostengesichtspunkten ist eine derartige Politik letztlich immer kontraproduktiv. Sie behindert den Strukturwandel und gibt den Marktakteuren Anreize, sich um Subventionen zu bemühen (d.h. Rent-seeking-Aktivitäten zu entfalten).

KP3: Das Prinzip der Vermeidung von Haftungsbeschränkungen

Derjenige Wirtschaftsakteur, dem mittels Zuteilung von Verfügungsrechten die Chance gegeben wird, Gewinne zu erzielen, sollte auch für Schäden haften. Es sollte eine Einheit zwischen Gestaltungsmacht und Haftung bestehen. Dieser Grundsatz soll den Investor dazu anhalten, alle gesellschaftlich relevanten Opportunitätskostenkomponenten in sein Kalkül einzubeziehen. Geschieht dies nicht, so werden bestimmte Kosten nicht in die Investitionsrechnung des Wirtschaftsakteurs einbezogen mit der Folge, dass aus gesellschaftlicher Sicht nicht rentable Projekte realisiert werden. Im ersten Teil des Buches wurde im Rahmen der Prinzipal-Agent-Theorie gezeigt, dass ein Investor vergleichsweise risikobehaftete Projekte wählt, wenn er einen Teil des Risikos auf die Kapitalgeber abwälzen kann. Analog verhält sich ein Investor, der Kosten auf die Allgemeinheit abwälzen kann. Die Einheit von Gestaltungsmacht und Haftung soll zu gesellschaftlich verantwortlichem Handeln zwingen und damit der Verschwendung volkswirtschaftlicher Ressourcen vorbeugen.

KP4: Das Prinzip der Konstanz der Wirtschaftspolitik

Investitionen amortisieren sich i.d.R. nicht unmittelbar, sondern u.U. erst nach Jahrzehnten. Aber auch bei kürzeren Zeithorizonten treten Investitionsrisiken auf, weil viele Determinanten zum Zeitpunkt der Investitionsentscheidung mit starker Unsicherheit behaftet sind. Investoren kalkulieren daher weitgehend auf der Basis subjektiver Wahrscheinlichkeiten. Je unwahrscheinlicher der Eintritt einer die Investitionsentscheidung positiv beeinflussenden Determinante ist, desto geringer fällt der Erwartungswert (z.B. der erwartete Kapitalwert) der Investition aus. Eine wichtige Determinante in Bezug auf Investitionsentscheidungen besteht aus dem Vektor wirtschaftspolitischer Entscheidungen; angefangen von Steuer-, Haftungs- und Arbeitsmarktregelungen bis hin zu Subventionsvergaben und anderen binnen- und außenwirtschaftlichen Bestimmungen. Alle diese Komponenten wirken auf das Gros gesellschaftlich wichtiger Investitionsentscheidungen der Wirtschaftsakteure ein. Je unsicherer nun die für die Investition positiv anzusehenden Komponenten sind, desto geringer ist der Erwartungswert der entsprechenden Investitionsobjekte und desto geringer ist die Höhe der gesamtwirtschaftlichen Investitionen. Unterstellen wir zusätzlich ein gewisse Risikoaversion der Kapitalgeber, so ist unmittelbar einsichtig, dass die Vorhersehbarkeit, d.h. Stetigkeit, der Wirtschaftspolitik eine wichtige Voraussetzung für die Investitionsentscheidungen in einer Volkswirtschaft darstellt. Stetigkeit und damit auch Verlässlichkeit der Wirtschaftspolitik ist somit selbst als ein Kapitalgut anzusehen. Damit ist keinesfalls gemeint, dass bestimmte Regeln für alle Zeiten konstant bleiben müssen. Sondern es ist gemeint, dass die Politik die Regeln in einer vorhersehbaren Weise an neue Gegebenheiten anpasst.

KP5: Das Prinzip der Preisniveaustabilität

Inflation stellt ein kollektives Übel dar, und zwar nicht nur weil einzelne Gruppen einen Teil ihrer realen Ersparnis verlieren, sondern weil durch Inflation letztlich die Investitionen, das Wachstum und die Beschäftigung gehemmt werden. Langfristig gesehen gibt es keinen Trade-off zwischen Arbeitslosigkeit und Inflation wie ihn die keynesianische Theorie unterstellt. Die Kosten der Inflation (Fischer/Modigliani, 1978) umfassen z.B. (a) Transaktionskosten aufgrund von Anpassungen der Kassenhaltung (Schuhlederkosten), der Neuauszeichnungen von Preisen oder Änderungen von Verträgen (menu costs), (b) Kosten durch kalte Progression (Steuerlast erhöht sich), (c) Verzerrungen von relativen Preisen, wenn die Inflation nicht genau antizipierbar ist und (d) Kosten nicht kalkulierbarer Politik zur Bekämpfung der Inflation. Vor diesem Hintergrund erscheint es ratsam, die Geldpolitik mit der Aufgabe zu betrauen, die volkswirtschaftliche Liquidität im Gleichschritt mit dem langfristigen Wachstumspfad expandieren zu lassen. Dies führt zu niedrigen und relativ stabilen Inflationsraten.[6]

Um eine solche langfristig ausgerichtete Stabilitätspolitik möglich zu machen, wird von den meisten Ökonomen die ordnungspolitische Empfehlung gegeben, die geldpolitischen Befugnisse an eine von der Tagespolitik

---

6   Die Erfahrung lehrt, dass hohe Inflationsraten (a) auf eine zu hohe Liquidität zurückzuführen sind und (b) viel volatiler sind als niedrige Inflationsraten.

unabhängige Zentralbank zu übertragen. Einer Regierung, die der Wiederwahlrestriktion unterworfenen ist, wird eine Stabilitätspolitik nicht zuget-
raut. Besonders vor Wahlen ist der Anreiz für die Regierenden sehr stark,
entgegen der Ankündigung stabiler Politik eine Politik des leichten Geldes
zur Ankurbelung der Konjunktur zu betreiben. Da die Privaten jedoch mittelfristig ihre Erwartungen an das Regierungsverhalten anpassen werden,
ist das einzige Resultat eine höhere Inflation mit den entsprechenden Kosten. Ein Konjunktureffekt tritt – wenn überhaupt – nur temporär auf. Eine
unabhängige Zentralbank, deren gesetzlicher Auftrag in der Generierung
niedriger, stabiler Inflationsraten besteht, hat hingegen die Möglichkeit,
der angesprochenen *Zeitinkonsistenzproblematik* (Barro/Gordon, 1983) zu
entgehen, indem sie nicht nur das „heute", sondern auch das „morgen" in
ihr Kalkül einbezieht. Um dies glaubhaft zu machen, verfolgen Zentralbanken i.d.R. eine „Konzeption" (z.B. Geldmengensteuerung oder Inflati-
onssteuerung), die sie den Bürgern zu vermitteln versuchen. Transparenz
ist hierzu eine wichtige Voraussetzung.

Neben den konstituierenden Prinzipien sieht Eucken (1952, S. 291 ff.)
die Notwendigkeit, Politik gemäß regulierender Prinzipien zu betreiben.
Selbst wenn die konstituierenden Prinzipien vollständig in das Recht und
die Gesetzgebung einfließen, d.h. streng befolgt werden, kann die Marktordnung unerwünschte Ergebnisse generieren. Diese gilt es durch die regulierenden Prinzipien zu beheben. Eucken nennt vier regulierende Prinzipien (RP): die Eindämmung von Marktmacht, die Internalisierung externer
Effekte, die Korrektur anomalen Angebotsverhaltens und die Schaffung
einer gerechten Einkommensbesteuerung. Im folgenden sollen nur die ers-

*Regulierende
Prinzipien*

ten zwei regulierenden Prinzipien diskutiert werden. Anomales Angebots-
verhalten stellt heutzutage kein gesellschaftlich relevantes Problem dar,
und die Frage der progressiven Einkommensbesteuerung soll im Rahmen
der Konjunktur- und Sozialpolitik behandelt werden.

RP1: Das Prinzip der Eindämmung von Marktmacht

Marktmacht bedeutet, dass ein Wirtschaftsakteur, z.B. ein Unternehmen,
monopolistische Spielräume besitzt, die zuungunsten der Konsumenten
ausgenutzt werden können. Dem Akteur fehlt aufgrund des zu schwachen
Konkurrenzdrucks der Anreiz, nach Kosten- und Preissenkungen oder Pro-
dukt- und Verfahrensverbesserungen zu suchen. Vor diesem Hintergrund
sind Marktmachtstellungen – insbesondere Kartelle und Fusionen – zu be-
gutachten und gegebenenfalls zu unterbinden. In funktionierenden Demokratien werden solche Aufgaben zumeist an eine von der Tagespolitik unabhängige Wettbewerbsbehörde (Kartellamt, Monopolkommission) übertragen. Allerdings darf nicht jede Kooperation zwischen Anbieter oder
Nachfragern nur einseitig unter Marktmachtaspekten betrachtet werden.

Wie im Rahmen der Transaktionskostentheorie gezeigt wurde, sind bestimmte institutionelle Arrangements notwendig, um spezifische Investitionen überhaupt erst zu ermöglichen. Dieser Aspekt muss bei der Beurteilung von Kooperationsformen mitbeachtet werden. Darüber hinaus existieren sogenannte „natürliche Monopole", die sich durch einen hohen Fixkostenblock bei der Leistungserstellung auszeichnen. Hier kommt es zu dem Phänomen sinkender Durchschnittskosten, mit der Folge, dass ein Anbieter immer kostengünstiger die Leistung erstellen kann als zwei oder mehrere. Solch eine Problematik tritt insbesondere bei Netzen (Telekommunikation, Strom, Gas etc.) auf. Die wettbewerbspolitische Aufgabe besteht hier darin, die Leistungserstellung in diesen Bereichen so zu separieren, dass in möglichst vielen Teilbereichen Wettbewerb entsteht (Essential Facility Doktrin).

RP2: Das Prinzip der Internalisierung externer Effekte

Selbst wenn bei der Gesetzgebung die konstituierenden Prinzipien stets beachtet würden, würden unerwünschte externe Effekte im Zeitablauf immer wieder auftreten. Jede Marktordnung ist unvollständig, d.h. es können nicht alle Auswirkungen der individuellen Tauschhandlungen vorausgesehen werden. Daher werden immer wieder unerwünschte externe Effekte emergieren, die auf neu entstandenen Knappheiten beruhen. Mit anderen Worten: Die Marktordnung weist Lücken auf, die durch geeignete Maßnahmen zu schließen sind. Auf diese Weise werden die Externalitäten internalisiert. In diesem Zusammenhang ist darauf hinzuweisen, dass Externalitäten immer durch neu auftretende Knappheiten entstehen, die konfligierende Interessen zu Tage treten lassen. Es wurde bei der Behandlung der Theorie von Ronald Coase deutlich hervorgehoben, dass (a) der physische Verursacher einer Externalität nicht zugleich auch als der Verursacher im ökonomischen Sinn angesehen werden muss und (b) der Frage der Internalisierung von Externalitäten nicht an dem naiven Verursacherprinzip angeknüpft werden sollte, sondern vielmehr alternative institutionelle Arrangements mit Blick auf ihre gesellschaftlichen Folgewirkungen miteinander verglichen werden müssen.

Entscheidet sich eine Gesellschaft für eine marktwirtschaftliche Ordnung, die auf dem diskutierten konstituierenden und regulierenden Prinzipien beruht, so werden die Marktprozesse nur dann störungsfrei verlaufen, wenn die marktwirtschaftlichen Anreizmechanismen nicht durch die Politik des Staates in verschiedenen Bereichen konterkariert werden. Eucken (1952, S. 304 ff.) fordert deshalb, als staatspolitische Maxime die „Interdependenz der Ordnung" zu beachten. Entscheidungen in verschiedenen Politikfeldern wirken auf die Wettbewerbsordnung. Daher müssen diese

Politiken jeweils als „Politik für den Markt" und nicht gegen die Wettbewerbsmechanismen konzipiert werden.

Für die Allokationspolitik bedeutet dies, dass bei der öffentlichen Bereitstellung von Kollektivgütern die Prinzipien der Subsidiarität, der Äquivalenz und der Wirtschaftlichkeit zur Anwendung kommen müssen. Ansonsten treten Verschwendungen von Ressourcen auf. Diese führen zu einer vergleichsweise hohen Besteuerung. Dies wiederum schmälert die verdienten Nettoeinkommen der Individuen und somit ihre Leistungsbereitschaft. Das veringert erneut die Steuermindereinnahmen und führt so abermals zu Steuersatzanhebungen, um die staatlichen Leistungen weiter finanzieren zu können. Dadurch wird wiederum die Leistungsbereitschaft zurückgedrängt usw. Letztlich kann ein Teufelskreis in Gang gesetzt werden, der zu starken Wohlstandseinbußen führt.[7] Eben dies kann durch eine prinzipiengetreue Allokationspolitik, auf die bereits zu Anfang des zweiten Teils dieses Buches eingegangen wurde, verhindert werden. Wie aber können eine „Konjunkturpolitik für den Markt", eine „Sozialpolitik für den Markt" und eine „Industriepolitik für den Markt" als staatspolitische Prinzipien (SP) sinnvoll gestaltet werden?

SP1: Das Prinzip der „Konjunkturpolitik für den Markt"

Staatspolitische Prinzipien

Konjunkturschwankungen sind Schwankungen des Auslastungsgrads der volkswirtschaftlichen Kapazitäten. Veränderungen der gesamtwirtschaftlichen Nachfrage sind volatiler als Veränderungen der Kapazitäten (des Produktionspotentials). So kommt es zu Phasen des Auf- und Abschwungs. Dies wäre nicht tragisch, wenn nicht regelmäßig in Phasen des Abschwungs die Arbeitslosenrate steigen würde. Bis eine neue Aufschwungphase eintritt, ist es wahrscheinlich, dass die Arbeitslosen einen Teil ihres Humankapitals verlieren. Das „Training on the Job" entfällt, was dazu führt, dass in einer dynamischen Welt ihre Fähigkeiten mehr und mehr entwertet werden. Gleichzeitig kann auch die Sozialkompetenz (Pünktlichkeit, Disziplin etc.) erodieren. Die arbeitenden Insider werden sich natürlich weiterhin um Lohnerhöhungen bemühen. Die Folge ist, dass im neuen Aufschwung die Arbeitslosen nur dann wieder eingestellt werden, wenn die Einstiegslöhne extrem gering sind. Bestehen Lohninflexibilitäten nach unten – z.B. aufgrund von gewerkschaftlich durchgesetzten Mindestlöhnen –, wird die Arbeitslosenquote in Folge von Konjunkturkrisen im Trend ansteigen. Eine hohe Arbeitslosigkeit wiederum erfordert hohe Sozialausgaben und zieht soziale Spannungen nach sich. Die wirkt negativ auf die Investitionen und die weitere gesamtwirtschaftliche Entwick

---

[7]   Vgl. in diesem Zusammenhang auch die oben behandelte Theorie der Interessengruppen.

lung. Als Folge baut sich das Ungleichgewicht auf dem Arbeitsmarkt – die Unterbeschäftigung – *nicht* ab.

Insbesondere vor diesem Hintergrund entstand die keynesianische Konjunkturtheorie. Keynes sah es als verantwortungslos an, angesichts einschneidender Krisen wie der Weltwirtschaftskrise (1929 – 1931) dem Staat die Rolle des Zuschauers zu überlassen. Statt dessen forderte er eine antizyklische Fiskalpolitik: Im Abschwung sollen Staatsausgaben und Verschuldung ausgedehnt und im Aufschwung dann wieder eingeschränkt werden. Auf diese Weise tritt eine Verstetigung der gesamtwirtschaftlichen Entwicklung ein, und die negativen Wirkungen auf den Arbeitsmarkt, die privaten Investitionen und den Wachstumspfad bleiben aus.

Eucken, v. Hayek, Buchanan und andere Ordnungstheoretiker waren bzw. sind eher skeptisch gegenüber einer aktiven keynesianischen Konjunkturpolitik.[8] Vor allem drei Punkte lassen sich gegen den Keynesianismus anführen: (1) Veränderungen der staatlichen Nachfrage stellen direkte Eingriffe in den Marktmechanismus dar. Relative Preise und verdiente Einkommen verändern sich, obschon sich die Knappheiten im realen Sektor nicht verändert haben. Zudem ist ungewiss, wie lange die staatliche Mehrnachfrage anhält. Diese Unsicherheit und die Verzerrungen der Preisstruktur werden nun ihrerseits negativ auf die privaten Investitionen wirken. (2) Eine zusätzlich Verschuldung des Staates bewirkt einen Anstieg des Zinses. Dadurch können private Investitionen verdrängt werden (Crowding-out-Effekt). Die Wirkung zusätzlicher Staatsverschuldung zur Stimulierung der Nachfrage kann auch in ihrer Wirkung beeinträchtigt werden, wenn die Bürger erwarten, dass zu späterer Zeit die Verschuldung wieder zurückgeführt wird und zu diesem Zweck die Steuern erhöht werden. Die Antizipation dieser Steuererhöhung kann sie dazu veranlassen, bereits in der Gegenwart ihren Konsum einzuschränken. (3) Es erscheint sehr zweifelhaft, ob eine unter der Wiederwahlrestriktion agierende Regierung eine keynesianische Politik mit Weitsicht überhaupt betreiben kann. Zwar erscheint es nicht schwer, die Staatsverschuldung und die staatlichen Ausgaben in Zeiten schlechter Konjunktur zu erhöhen. Vergleichsweise schwierig gestaltet sich hingegen eine Rückführung der staatlichen Schulden und Ausgaben in Aufschwungzeiten. Interessengruppen werden Druck ausüben, um Besitzstände zu bewahren. Auf diese Weise verringern sich die Anreize der Regierung, Schulden und Ausgaben wieder zurückzuführen. Als Folge ergibt sich eine steigende öffentliche Zinslast am Budget, die den Spielraum für produktive investive Ausgaben einengt. Dies wiederum bremst das volkswirtschaftliche Wachstum.

---

8 Vgl. beispielsweise EUCKEN (1952, S. 308 ff.), V. HAYEK (1969b), BUCHANAN/WAGNER (1977).

Vor dem Hintergrund dieser Probleme besagt das Prinzip der „Konjunkturpolitik für den Markt", dass eine Konjunkturglättung so zu gestalten ist, dass die negativen Folgen diskretionärer Verschuldungs- und Ausgabenpolitik nicht eintreten können. Dies kann durch eine regelgeleitete Konjunkturpolitik erreicht werden. Solche Regeln können beispielsweise darin bestehen, dass auf eine aktive fiskalische Konjunktursteuerung ganz verzichtet wird und man statt dessen einer progressiven Einkommensteuer und einer am Produktionspotential ausgerichteten Geldpolitik einer unabhängigen Notenbank die Konjunkturglättung überlässt. Eine andere Möglichkeit besteht darin, die diskretionären Spielräume der Fiskalpolitik durch verfassungsmäßig verankerte Verschuldungs- und/oder Ausgabengrenzen der Gebietskörperschaften wirksam zu begrenzen.

Eine regelgeleitete Konjunkturpolitik verhindert bei adäquater Ausgestaltung die negativen Wirkungen einer diskretionären, nicht beherrschbaren Fiskalpolitik ohne auf den Vorteil einer gewissen Antizyklik verzichten zu müssen. Eine regelgeleitete Konjunkturpolitik ist daher eine „Konjunkturpolitik für den Markt".

SP2: Das Prinzip der „Sozialpolitik für den Markt"

In einer Marktwirtschaft ohne soziale Absicherung und damit Redistribution von Einkommen wären viele Individuen, die (temporär) von Arbeitslosigkeit betroffen sind, vor Armut ungeschützt. Möglicherweise können sie sich noch nicht einmal mehr einen zum Leben notwendigen Lebensstandard leisten. Auf der anderen Seite nutzen andere die Marktchancen und mehren ihren Reichtum. Ausgehend von einer solchen Situation ist es nachvollziehbar, dass Marktverlierer Hilfe erbitten. Das ist trivial, denn es handelt sich hier um eine Ex-post-Situation, die bestimmte Individuen mit schmerzhaften Nachteilen konfrontiert. Nachvollziehbar ist auch, dass – vor allem risikoaversive – Individuen in einer Ex-ante-Situation aus Angst vor Armut für die staatliche Garantie gewisser sozialer Mindeststandards via Redistribution plädieren. Eine echte Akzeptanz eines sozialen Netzes ist jedoch erst gewährleistet, wenn die übrigen Individuen, die potentiellen und tatsächlichen Zahler dieses Guts, der Sozialstaatlichkeit zustimmen. Es stellt sich daher die Frage: Warum sollten sie das tun?

Auch diejenigen, die sich in einer Ex-ante-Situation für potentielle Marktgewinner halten, oder diejenigen, die bereits Marktgewinner sind, werden einen Sozialstaat befürworten, da sie genau wissen, dass die Marktverlierer eine Gefahr für die Rahmenordnung der Marktwirtschaft darstellen. Individuen, deren Lebensstandard bei Erwerbslosigkeit rapide (möglicherweise bis unter das Existenzminimum) sinkt, werden aus Unzufriedenheit über die Ergebnisse des Marktes die bestehenden Regeln brechen. Dies äußert sich nicht nur in Protestmärschen, sondern auch in einem Anstieg krimineller Handlungen (Einbrüche, Diskriminierung und Verfolgung von Randgruppen, Vandalismus). Als weitere Folge kommt es zu Verelendungen bestimmter Stadtviertel, die allmählich – wie in den USA zum Teil beobachtbar – zu Slums werden.

Sozialstaatlichkeit erscheint daher nicht nur aufgrund der Gefahr, Marktverlierer zu werden, oder aufgrund von Mitmenschlichkeit sinnvoll. Auch potentielle und tatsächlich Marktgewinner haben ein Interesse an einem sozialen Netz, weil es die Ordnung des Marktes stützt. Sozialstaatlichkeit generiert das gesellschaftliche Kapitalgut „sozialer Frieden". Die Akzeptanz der Marktordnung steigt, Regelverletzungen werden auf diese Weise relativ kostengünstig bereits im Vorfeld bekämpft.[9]

Diese Ausführungen belegen, dass eine Redistributionspolitik nicht ein „Wegnehmen" von Markteinkommen darstellt, sondern die Bezahlung für das Kollektivgut „sozialer Frieden" ist. Dies ist die investive Funktion einer progressiven Einkommensteuer oder einer sozialen Sicherung. Diese investive Funktion kann die Sozialpolitik jedoch nur erfüllen, wenn durch die Umverteilungen nicht Leistungsanreize unnötig „zerstört" werden. Solche Leistungsanreize betreffen zum einen diejenigen, die Bezieher von Markteinkommen sind. Ihnen darf nicht der Anreiz gegeben werden, sich in das soziale Netz fallen zu lassen. Zum anderen betreffen sie diejenigen, die bereits von der Sozialstaatlichkeit profitieren. Ihnen müssen weiterhin Anreize gegeben werden, ins reguläre marktwirtschaftliche Arbeitsleben zurückzukehren.

Eine „Sozialpolitik für den Markt", die Fehlanreize vermeidet, unterstützt also nicht nur Marktverlierer, sondern erfüllt auch eine produktive Funktion. Die volkswirtschaftliche Entwicklung wird durch eine adäquate Ausgestaltung des sozialen Netzes nicht behindert, sondern gefördert.

SP3: Das Prinzip der „Industriepolitik für den Markt"

Industriepolitik stellt im Grunde jegliche Politik des Staates dar, die spürbar auf das Verhalten von Unternehmen wirkt. Um eine Abgrenzung zur Konjunkturpolitik vorzunehmen, sollen hier unter Industriepolitik jedoch nur angebotsseitige Maßnahmen des Staates betrachtet werden. Industriepolitiker, also Politiker, die für Industriepolitik eintreten, haben noch ein engeres Verständnis dieser Art von Politik. Ihnen geht es um die direkte Förderung bestimmter Schlüsselindustrien, die ihnen für die zukünftige Wettbewerbsposition des Landes wichtig erscheinen. Als Beispiel für den Erfolg einer solchen Politik wird zumeist die japanische Politik des „Ministry of International Trade and Industry" (MITI) herangezogen. Be-

---

[9] Dieses Argument ist bei BUCHANAN (1984) angelegt und wurde insbesondere von HOMANN/PIES (1996) „ausgebaut".

kanntlich ist die Wettbewerbsfähigkeit der japanischen Wirtschaft nach dem zweiten Weltkrieg bis heute insbesondere im Bereich der Hochtechnologien beträchtlich gestiegen. Dieser Erfolg wird dem MITI zugesprochen. Folglich wird auch für europäische Staaten eine ähnlich Politik erfordert.

Ökonomische Studien zu der japanischen „Erfolgsgeschichte" führen jedoch andere Faktoren als die MITI-Politik an. Hier werden vor allem die starke Wettbewerbsintensität innerhalb des japanischen Marktes sowie die vergleichsweise hohe Sparquote der Japaner genannt. Die Wahrscheinlichkeit, dass eine Industriepolitik als Industrielenkungspolitik langfristig erfolgreich ist, muss nämlich „aus guten Gründen" bezweifelt werden:

(1) Der dynamische Marktwettbewerb stellt die stetige Suche der Anbieter nach neuen Preis-Leistungs-Kombinationen für die Nachfrager dar. Die Belohnung erfolgt dann durch überdurchschnittlich hohe Vorsprungsgewinne. Weniger erfolgreiche Unternehmen verschwinden hingegen nach einiger Zeit wieder vom Markt. Durch diesen Trial-and-Error-Prozess im Markt, der durch eine dezentrale Informationssuche und Informationsverarbeitung gekennzeichnet ist, fungiert der Wettbewerb als Entdeckungsverfahren. Der Marktprozess (letztlich die Konsumenten) entscheidet (entscheiden) über Gewinner und Verlierer. Eine Lenkungspolitik durch einen MITI-Beamten stellt im Grunde den Versuch dar, das Ergebnis eines solchen Prozesses vorwegzunehmen. Dieser Versuch der Ex-ante-Analyse ist jedoch eine „Anmaßung von Wissen" (v. Hayek, 1975). Wie das Experiment der Planwirtschaft zeigt(e), ist er zum Scheitern verurteilt.

(2) Unterstützungszahlungen an bestimmte Branchen oder einzelne Unternehmungen stellen nicht nur Diskriminierungen gegenüber nicht geförderten Unternehmen dar, sondern sie ändern auch das Verhalten des Unternehmens in einer volkswirtschaftlich unproduktiven Art und Weise: Unternehmen suchen nicht mehr (nur) nach besseren Preis-Leistungs-Kombinationen für die Abnehmer, sondern nach Tätigkeiten, die staatlich gefördert werden. Diese Rent-seeking-Aktivitäten vermitteln wiederum dem Industriepolitiker den Eindruck, dass seine Programme erfolgreich sind. Auf diese Weise wird der Lenkungsprozess zusätzlich gestützt, und die Missachtung von Marktknappheiten nimmt weiter zu.

(3) Eine Politik der Förderung von Schlüsselindustrien zur Verbesserung der internationalen Wettbewerbsposition wird eine ähnliche politische Maßnahme im Ausland nach sich ziehen. So kann es zu Subventions- und Interventionswettläufen kommen, die zu Marktergebnissen führen, die sich immer weiter von den Wünschen der Nachfrager entfernen.

Diese Punkte verdeutlichen, dass eine interventionistische Industriepolitik langfristig zu Nettonachteilen für die Bürger führt. Eine „Industriepolitik für den Markt" stellt demgegenüber eine Politik dar, die im Zuge der Globalisierung gute Rahmenbedingungen für Investoren schafft. Hierzu zählen z.B. eine Steuerpolitik, die transparent ist und die Steuerbelastung an den staatlichen Leistungen ausrichtet, eine Bereitstellung öffentlicher Güter nach den Prinzipien der Äquivalenz, Subsidiarität und Wirtschaftlichkeit, eine Konjunktur- und Sozialpolitik für den Markt, die sichere Erwartungen und sozialen Frieden generieren oder eine nichtdiskriminierende Wettbewerbspolitik im Sinne der konstituierenden Prinzipien. Wettbewerbliche Annahmebereiche z.B. aufgrund positiver Externalitäten (Patentrecht, Schutz neuer Industrien bei hohen Markteintrittsbarrieren) sollten über internationale Organisationen (World Trade Organization) mit ausländischen Konkurrenzstaaten abgestimmt werden, um Interventionswettläufe zu verhinden.

Damit ist der Überblick über das ordoliberale Programm zur Etablierung der sozialen Marktwirtschaft abgeschlossen. Das „Soziale" innerhalb dieses Ordnungsentwurfs besteht nicht allein in dem Prinzip der Sozialstaatlichkeit, sondern in der Funktionsfähigkeit der Wettbewerbsordnung, die allen Bürgern Vorteile bringt. Mithin „steckt" das Soziale in allen Prinzipien. Damit bleibt allerdings noch die Frage offen, wie der Staatsaufbau organisiert sein muss, damit Anreize für eine prinzipiengeleietete Politik im Sinne des Gemeinwohls entstehen. Buchanan (1993, S. 1) drückt es mit folgenden Worten aus: „How should constitutions be designed so that politicians who seek to surve public interest could survive and prosper?"

2.3. Die Trennung der Staatsgewalt

In großen Gesellschaften sind die Individuen aus Entscheidungskostengründen gezwungen, weit vom Konsens abzurücken. Die parlamentarische Demokratie stellt in diesem Zusammenhang ein gängiges Verfahren dar, durch welches ein kostengünstiges kollektives Entscheiden möglich wird. Turnusmäßig werden Volksvertreter gewählt, die bestimmten Parteien zugehören. Diese wiederum treffen nach festgelegten Regeln Entscheidungen für das Volk. Ein solches Abrücken vom Konsens ist mit hohen Diskriminierungskosten verbunden. Eine nicht durch adäquate Regeln kanalisierte Konkurrenz zwischen Politikern unterschiedlicher Parteien kann dazu führen, dass – zumindest temporär – organisierte Partikularinteressen auf Kosten der Allgemeinheit Vergünstigungen erhalten. Prozesse des „Rentseeking" sind wahrscheinlich; und dies insbesondere dann, wenn die staatlichen Entscheidungen so vielfältig und komplex sind, dass es dem Gros der Bürger nicht möglich ist, sich problemadäquat zu informieren. Es kommt zu „rationaler Ignoranz", die Informationskosten sind unter Knappheit so hoch, dass eine hinreichende Kontrolle der Politiker durch die Bürger nicht (immer) möglich ist. Argumente können kaum mehr sachlich beurteilt werden, die Gefahr steigt, dass Wahlgeschenke – ökonomisch: inef-

Gemeinwohl, Rent-seeking und rationale Ignoranz

fiziente Diskriminierungen – unter dem „Deckmantel" einer Gemeinwohlpolitik vergeben werden. Angesichts dieser Gefahren einer Politik, die gegen die erläuterten Gemeinwohlprinzipien systematisch verstößt, werden
die Individuen einem weitreichenden Abrücken vom Konsens nur zustimmen, wenn (a) die Gewährung grundlegender Rechte garantiert ist, (b) Institutionen existieren, die eine Aufnahme und Verdichtung ihrer Präferenzen sicherstellen, und (c) Institutionen existieren, die für eine Beachtung
der Gemeinwohlprinzipien bei politischen Entscheidungen eintreten. Verfahren, durch welche versucht wird, allen drei Anforderungen gerecht zu
werden, sind die horizontale und die vertikale Gewaltenteilung.

2.3.1. Die horizontale Gewaltenteilung

Das Prinzip der horizontalen Gewaltenteilung in der Demokratie geht
insbesondere auf das Gedankengut von John Locke (1632 – 1704) und
Charles de Montesquieu (1689 – 1755) zurück. Innerhalb der Ökonomik
war es insbesondere Friedrich A. v. Hayek (1899 – 1992), der sich mit diesem Prinzip intensiv auseinandersetzte. Auf der Basis der Arbeiten dieser
drei Protagonisten[10] lassen sich folgende Grundsätze der horizontalen Gewaltenteilung in Bezug auf unsere bisherigen Ausführungen formulieren:

(1) Damit Grundrechte und andere von der gewählten Mehrheit be-
schlossene Regelungen (Gesetze, Verordnungen) als verlässlich angesehen
werden können, müssen Rechtsstreitigkeiten zwischen Bürgern untereinander als auch zwischen Bürgern und der öffentlichen Hand von einer *unabhängigen Gerichtsbarkeit* entschieden werden. „Unabhängig" bedeutet
hierbei, dass die Richter in ihrer Entscheidung nicht dem Druck der öffentlichen Hand oder anderer Organisationen ausgesetzt sind. Sie müssen per-
sonell und materiell unabhängig sein und ihre Wahl sollte nach Qualifikation und nicht nach Parteizugehörigkeit erfolgen. Ist dies erfüllt, so sinken
die Diskriminierungskosten gegenüber einem Zustand der unbeschränkten
Mehrheitsdemokratie. Die Zustimmungsfähigkeit der Ordnung ist dementsprechend höher.

Unabhängige Gerichtsbar- keit

(2) Auch bei einem wirksamen Grundrechtsschutz können in einer
Mehrheitsdemokratie noch beträchtliche Diskriminierungskosten dadurch
entstehen, dass (a) die Präferenzen der Individuen zuwenig Beachtung bei
der Bereitstellung von Kollektivgütern finden und (b) bei der Art und Weise der Bereitstellung von öffentlichen Gütern und Leistungen gegen die
Gemeinwohlprinzipien verstoßen wird. Die Individuen werden deshalb
Mechanismen verlangen, die eine Entschärfung des Präferenzproblems und
des Effizienzproblems weitgehend sicherstellen. Mit anderen Worten: Die
Funktionsfähigkeit zweier unterschiedlicher gesellschaftlicher Diskurse

---

[10] Vgl. LOCKE (1967), MONTESQUIEU (1965) und v. HAYEK (1981).

muss qua „institutioneller Unterstützung" gewährleistet sein. Der erste Diskurs befasst sich mit der Frage, *was* der Staat alles tun soll, d.h. welche Kollektivgüter er in welchem Umfang bereitstellen soll. Der zweite Diskurs befasst sich mit der Frage, *wie* der Staat öffentliche Güter bereitstellen soll. Dies ist die Frage nach geeigneten Regeln und Prinzipien zur effizienten Bereitstellung staatlicher Leistungen, wodurch langfristig die Funktionsfähigkeit der Ordnung gewährleistet ist. Abbildung 8.3 fasst beide Diskurse zusammen.

Präferenz- und Effizienzproblem

Kollektive (Partikular-)Interessen	Konstitutionelle Präferenzen
(Interessen organisierter und unorganisierter Gruppen)	(Gemeinwohl –Funktionsfähigkeit der Ordnung)
↓↑	↓↑
Institutionen	Institutionen
↓↑	↓↑
Prozess demokratischer Rückkopplung	Prozess demokratischer Rückkopplung
↓↑	↓↑
Präferenzproblem:	Effizienzproblem:
Angebot an kollektiven Gütern	Angebot an Regeln und Prinzipien
(Ökologie-, Sicherheits-, Kultur-, Bildungs-, Sozialpolitik, u.v.a.m.)	(Äquivalenzprinzip, Subsidiaritätsprinzip, Gleichheitsgrundsatz, Wirtschaftlichkeitsprinzip, Prinzipien der sozialen Marktwirtschaft)

Abbildung 8.3

Gemäß der klassischen Demokratieanschauung sind Verbände, Parteien und schließlich die Regierung für die Bereitstellung der öffentlichen Leistungen zuständig. Verbände – oder allgemein: organisierte Gruppen – nehmen die Präferenzen der Individuen auf, Parteien verdichten sie und die Regierung erarbeitet auf dieser Basis Programme für „Leistungspakete". Dies ist die Tätigkeit des *Leistungsstaates*. Von dieser Tätigkeit unterscheidet sich die Aufgabe des *Rechtsstaates*. Der Rechtsstaat hat die Funktion, den Leistungsstaat danach zu kontrollieren, ob bei der Bereitstellung öffentlicher Leistungen Verstöße gegen Gemeinwohlprinzipien, wie sie in den vorherigen Abschnitten diskutiert wurden, vorliegen, die in Zukunft zu korrigieren sind. Entsprechend dieser unterschiedlichen Aufgaben sind Leistungs- und Rechtsstaat zu trennen, d.h. unterschiedlich zu wählen. F.A. von Hayek sieht für den Leistungsstaat eine Wahl mediatisiert durch Parteien vor – ähnlich wie in Deutschland und anderen demokratischen Staaten das Parlament und die Regierung gewählt werden. Für den Rechtsstaat befürwortet er hingegen eine Personenwahl unabhängig von den Parteien, wobei – um ein kontinuierliches Arbeiten sicherzustellen – stets nur ein Teil des Rechtsstaates in Zeitabständen neu gewählt wird. Er präferiert also ein revolvierendes Wahlsystem.

Rechts- und Leistungsstaat

Auch der Rechtsstaat kann bei seiner Arbeit auf Informationen verschiedener Organisationen zurückgreifen. Zu nennen sind hier beispielsweise Rechnungshöfe, Wettbewerbsbehörden, unabhängige Zentralbanken etc. Treten Streitigkeiten zwischen Leistungs- und Rechtsstaat auf, so sollte zwecks Schlichtung eine Schiedsstelle eingerichtet werden. Bei unüberbrückbaren Differenzen zwischen den Staatsgewalten muss das Verfassungsgericht entscheiden. Tabelle 8.2 zeigt noch einmal das System der Gewaltenteilung nach F.A. von Hayek.

Tabelle 8.2

Gewaltenteilung im Sinne F.A. von Hayeks			
Ordnungspolitische Gesetzgebungs- kammer (Legislative I)	Regierungs- versammlung (Legislative II)	Regierung (Exekutive)	Gerichtsbarkeit (Judikative)
Aufgabe: (1) (Weiter-) Entwicklung der Gemeinwohl- prinzipien, (2) Überwachung der Gesetzgebung und der Regierungs- tätigkeit	Aufgabe: (1) Gesetzgebung, (2) Einsetzen und Kontrolle der Regie- rung (3) Kontrolle der Verwaltung	Aufgabe: (1) Politik innerhalb des Regelrahmens – insbesondere leis- tungsstaatliches Handeln (2) Kontrolle der Verwaltung	Aufgabe: (1) Schiedsrichter- staat, (2) Kontrolle der Gesetzgebung und Regierung
Wahl: direkte Personen- wahl	Wahl: mediatisiert durch Parteien	Wahl: durch die Regie- rungsversammlung	Wahl: durch die beiden Gesetzgebungs- kammern

Ziel des sogenannten Hayekschen Zweikammersystems ist es, eine ineffiziente Bereitstellung öffentlicher Leistungen wirksam zu verhindern. Neben den originären Präferenzen sollen auch die konstitutionellen Präferenzen der Bürger im demokratischen Rückkoppelungsprozess berücksichtigt werden. So erklärt sich die Aufteilung der Legislative in zwei Gesetzgebungskammern. Insbesondere die ordnungspolitische Gesetzgebungskammer soll die konstitutionellen Präferenzen der Bürger berücksichtigen.

Zweikammer-
system

V. Hayeks Idee des Zweikammersystems basiert auf der klassischen Vorstellung der Trennung der Staatsgewalt, wie sie von John Locke und Charles de Montesquieu ausformuliert wurde. In seiner Darstellung der englischen Verfassung aus dem Jahre 1748 verlangte Montesquieu, dass die Staatsgewalt in die gesetzgebende, die ausführende und die richterliche Gewalt aufgeteilt werde. Dies sollte nicht nur formell gewährleistet sein, sondern die jeweiligen Vertreter der getrennten Staatsgewalten sollten verschiedene Personen sein. „Sobald in ein und derselben Person oder derselben Beamtenschaft die legislative Befugnis mit der exekutiven verbunden ist, gibt es keine Freiheit. Es wäre nämlich zu befürchten, dass derselbe Monarch oder derselbe Senat tyrannische Gesetze erließe und dann tyrannisch durchführte. Freiheit gibt es auch nicht, wenn die richterliche Befugnis nicht von der legislativen und von der exekutiven Befugnis geschieden wird. Die Macht über Leben und Freiheit der Bürger würde unumschränkt sein, wenn jene mit der legislativen Befugnis gekoppelt wäre, denn der Richter wäre Gesetzgeber. Der Richter hätte die Zwangsgewalt eines Unterdrückers, wenn jene mit der exekutiven Gewalt gekoppelt wäre."[11]

Nach der klassischen Demokratietheorie ist die Legislative, die gesetzgebende Körperschaft, für den Erlass der allgemeinen Regeln des Zusammenlebens zuständig. Diese „Regeln gerechten Verhaltens" binden sowohl die Handlungen der Bürger als auch diejenigen der Regierung. Politik vollzieht sich unter dem Recht.[12] In modernen Gesellschaften umfasst das Recht jedoch nicht nur allgemeine Regeln gerechten Verhaltens. Sämtliche Politikbereiche sind durchzogen von mannigfaltigen Regeln des Privatrechts und Regulierungen des Verwaltungsrechts. Dementsprechend bedeutet das „Regieren" heutzutage nicht einfach das „Ausführen von Gesetzen", sondern die Gestaltung gesellschaftlicher Bereiche, in denen Probleme auftreten. Zu diesen Zwecken werden laufend Rechtsakte erlassen. Um diese Steuerung der gesellschaftlichen Verhältnisse mittels des Rechts nicht zu erschweren, arbeiten Legislative und Exekutive in modernen Demokratien eng zusammen. Sie fußen auf denselben Parteien, und viele Parlamentarier sind gleichzeitig Mitglieder der Regierung. Darin sieht z.B. Posner (1987, S. 11) einen Transaktionskostenvorteil.

Klassische Demokratietheorie

Diese Verschmelzung von Legislative und Exekutive führt allerdings zu einer Überforderung der gesetzgebenden Körperschaft. Eine einzelne Körperschaft kann nicht zur gleichen Zeit (a) die politische Gestaltungsaufgabe erfüllen und (b) kontrollieren, ob bei der Vielzahl der zwecks Steuerung erlassener Rechtsakte die grundlegenden Verfassungsregeln und Prinzipien verletzt werden. In der Realität zeigt sich dieses Problem allzu deutlich. In vielen Politikbereichen wird gegen die konstitutionellen Präferenzen der Bürger verstoßen. Es findet – von der Mehrheit der Bevölkerung unbemerkt und daher nicht geahndet – eine Erfüllung von Partialinteressen auf Kosten des Gemeinwohls statt. Der Druck der Interessengruppen macht in

Verschmelzung von Legislative und Exekutive

---

11 Montesquieu (1965), S. 212 f.

12 Dies ist nach Locke (1967) auch eine Garantie dafür, dass die Parlamentarier bemüht sind, tatsächlich gerechte Regeln, die dem Gemeinwohl dienen, zu erlassen. Die Parlamentarier müssen schließlich selbst unter diesen Regeln leben. Dieser Anreizmechanismus funktioniert allerdings nur in wenig komplexen Rechtsordnungen; denn die Parlamentarier müssen erwarten, von den Rechtsregeln betroffen zu sein. Dies ist umso unwahrscheinlicher, je komplexer und differenzierter sich das Recht gestaltet.

Verbindung mit der Wiederwahlrestriktion und der rationalen Ignoranz der Bürger eine solche Politik attraktiv.

Vor diesem Hintergrund erklärt sich v. Hayeks Forderung, ein Zweikammersystem zu bilden, um zu dem Ideal der klassischen Demokratie, der „Regierung unter dem Recht"[13], zurückzukehren. Bisher hat jedoch kein Staat die Hayeksche Idee der Gewaltenteilung umgesetzt. Ansätze produktiver Bindungen von Parlament und Regierung finden sich jedoch über den reinen Grundrechtsschutz hinaus in vielen existierenden Demokratien. So gibt es eine Fülle von Staaten, die die Zentralbank in die Unabhängigkeit „entlassen" haben. Viele Staaten haben neben der Geldpolitik weitere Aufgaben an von der Tagespolitik unabhängige Institutionen übertragen. So existieren Wettbewerbsbehörden, die die Einhaltung der Wettbewerbsregeln überwachen, Rechnungshöfe, die das Wirtschaften des Staates kritisch betrachten, Sachverständigenräte, die die Güte der Politik in bestimmten Bereichen kritisch prüfen, oder kritische Aufklärungsbeiträge aus dem Bereich der Wissenschaft. Auf diese Weise werden nicht nur bestimmte Politikbereiche von tagespolitischen Zwängen befreit, sondern es wird auch ein kritischer Diskurs institutionell verankert. Sofern eine politisch interessierte Öffentlichkeit besteht, die diese Informationen aufnimmt, können auch in einem politischen System, in dem keine strikte Trennung zwischen Rechts- und Leistungsstaat besteht, institutionelle Reformen zur stärkeren Erfüllung der konstitutionellen Präferenzen der Bürger durchgesetzt werden.

Die rationale Ignoranz der Bürger verhindert jedoch, dass Verstöße gegen die Funktionsbedingungen moderner Gesellschaften stets und in sämtlichen Politikbereichen geahndet werden (können). Es treten daher in allen existierenden Demokratien Verstöße gegen den Gleichheitsgrundsatz sowie gegen die Prinzipien der Subsidiarität, der Äquivalenz, der Wirtschaftlichkeit und der sozial verfassten Marktwirtschaft auf, die sich als *Staatsversagen* definieren lassen. Staatsversagen tritt immer auf, wenn den Politikern zu wenig Anreize gegeben werden, eine prinzipiengeleitete Politik im Sinne des Gemeinwohls zu betreiben. *Staatsversagen ist daher immer ein Verfassungsversagen!* Zur Beseitigung von Auswüchsen dieses Problems wurden und werden von Ökonomen eine Reihe von Vorschlägen entwickelt. Ziel ist es hierbei, das Anreizsystem der Politiker so zu verbessern, dass die Funktionsprinzipien marktwirtschaftlicher Ordnungen stärker beachtet werden.

Staatsversagen

---

13 Recht umfasst in diesem Zusammenhang „lediglich" die grundlegenden Rechte und Prinzipien des Funktionierens marktwirtschaftlicher Gesellschaften, wie sie oben diskutiert wurden.

Vorschläge dieser Art setzen zum einen bei den unabhängigen Institutionen an. So fordert z.B. Grossekettler (1985) eine Stärkung der Wettbewerbsbehörden. Sein Vorschlag zielt darauf ab, dass eindeutig und nach einem einheitlichen Verfahren identifizierte Marktstörungen durch die Wettbewerbsbehörde soweit wie möglich zu beseitigen sind, auch wenn staatliche Stellen die Verursacher sind. Dies setzt voraus, dass der Wettbewerbsbehörde bedingte Klagerechte gegen die öffentliche Hand zugestanden werden. Analog fordert Funke (1995) zur Eindämmung des Staatsverschuldungsproblems die Spezifizierung eindeutiger Verschuldungsrichtlinien und zur Überwachung der Verschuldungsgrenzen eine unabhängige Kommission mit bedingten Klagerechten. Entsprechendes verlangt Nieder-Eichholz (1995) zur Beseitigung des Subventionsproblems. Genauso ließe sich fordern, die Kompetenzen und Sanktionsmöglichkeiten von Rechnungshöfen zu erweitern. Leschke (1993) integriert diese (u.ä.) Vorschläge zu dem Gesamtkonzept der Errichtung eines Parlamentarischen Kontrollorgans (PKO), das eine Art Dachorganisation der unabhängigen Institutionen darstellt und dementsprechend bedingte Klagerechte i.V.m. den oben diskutierten Prinzipien zugewiesen bekommt.

Vorschläge zur Behebung von Staatsversagen

Kruse (1995 und 1997), Teutemann (1992) und Wehner (1992) schlagen demgegenüber vor, die politische Gestaltungsmacht auf mehrere Fachparlamente zu verteilen, deren Mitglieder von den Bürgern direkt gewählt werden. Damit wird es den Bürgern möglich, bei „schlechter Politik" differenzierter von der Abwahlmöglichkeit Gebrauch zu machen. Politik gestaltet sich als Folge effizienter, weil „Paketlösungen" weit weniger auftreten. Allerdings steigen bei diesem Vorschlag die Informationskosten für die Bürger. Gleichzeitig könnte jedoch gleichzeitig die Motivation der Bürger steigen, sich für bestimmte politische Belange einzusetzen, weil ihr Einfluss auf politische Entscheidungen steigt.

Andere Autoren – z.B. Frey (1994), Kirchgässner/Frey (1990) oder Pommerehne (1990) – befürworten die Einführung direkt-demokratischer Elemente zur Eindämmung von Staatsversagen. Auch bei diesem Vorschlag steigen die Transaktionskosten für die Bürger, allerdings auch deren Motivation und damit die individuelle Bereitschaft, sich zu informieren. Rationale Ignoranz könnte also auf diese Weise abgebaut werden. Damit Referenden tatsächlich zu einer besseren Politik im Sinne der Bürger führen, bedarf es allerdings geeigneter Spielregeln. Es muss klar definiert sein, wer auf welche Weise bestimmte Fragen zur Abstimmung stellen darf. Zusätzlich bietet es sich an festzulegen, dass die widerstreitenden Meinungen argumentativ fundiert in einer Zeitung oder Zeitschrift im Vorfeld abgedruckt werden, damit die Bürger genügend Zeit haben, sich zu informieren.

Weitere, mehr technik-orientierte Vorschläge aus dem Bereich der Finanzwissenschaft haben zum Ziel, das Verwaltungshandeln effizienter zu gestalten (vgl. Grossekettler, 1995, S. 624 ff.). So sieht etwa das *Zerobase-budgeting* vor, dass jede Ausgabenstelle in der Verwaltung periodisch auf ein Null-Budget gestellt wird. Ausgehend von dieser Basis müssen dann alle geplanten Ausgaben „Stück für Stück" einer volkswirtschaftlichen Kosten-Nutzen-Analyse unterzogen werden. Damit lässt sich ein Anhaltspunkt gewinnen, welche volkswirtschaftliche Wirkung einträte, wenn man bestimmte Programme streichen würde. Sparvorhaben können dann volkswirtschaftlich sinnvoll durchgeführt werden. Ganz ähnlich gestaltet sich der Vorschlag der *Sunset-legislation*. Hiernach werden die Verwaltungsausgaben in regelmäßigen Abständen Kosten-Nutzen-Analysen unterzogen, um volkswirtschaftlich unsinnige Programme zu streichen. – Problematisch ist an diesen Vorschlägen jedoch, dass die öffentliche Hand selbst prüft, welche Programme volkswirtschaftlich vernünftig erscheinen und welche nicht. Damit besteht die Gefahr, dass „durch die Hintertür" andere Kriterien als die volkswirtschaftliche Effizienz einbezogen werden.

Neben diesen eher verfahrensorientierten Vorschlägen zur Bindung staatlichen Handelns existieren Vorschläge zur verfassungsmäßigen Verankerung strikter Begrenzungen der staatlichen Ausgaben (z.B. durch Festschreibung einer bestimmten Staatsquote, die nicht überschritten werden darf), der staatlichen Einnahmen (z.B. durch Festschreibung einer Einnahmenquote als Höchstgrenze oder durch Festlegung enger Bemessungsgrundlagen) oder der Staatsverschuldung (z.B. mittels Festschreibung einer nicht zu überschreitenden Verschuldungsquote).[14] Solche Regeln beschränken die Finanzautonomie des Staates, und es sind durchaus Situationen vorstellbar, in denen sie kontraproduktiv wirken. Die Befürworter dieser Vorschläge gehen jedoch davon aus, dass sie über die Zeit eine produktive Wirkung entfalten. Nachteilig an solchen einfachen Schranken ist jedoch, dass die Gefahr entsteht, das Problem des Staatsversagens nur von einem Bereich in den anderen zu verschieben. So kann die Implementierung von Einnahme- oder Ausgabebegrenzungen dazu führen, dass gerade volkswirtschaftlich sinnvolle Programme zurückgeführt werden. Insofern sind breiter angelegte Verfahrensvorschläge den „Deckellösungen" vorzuziehen. Allerdings scheinen diese wiederum relativ schwer im politischen Prozess durchsetzbar zu sein.

Trotz vieler Vorschläge zur Heilung von Staatsversagen, welches letztlich aus einer Durchbrechung der klassischen Trennung zwischen Rechts- und Leistungsstaat resultiert, konnte bisher das Problem in kaum einer

---

[14] Vgl. Brennan/Buchanan (1980), Folkers (1983), Schemmel/Borell (1992) sowie Neumärker (1995).

existierenden Demokratie befriedigend gelöst werden. Neben zum Teil berechtigten Kritikpunkten an einzelnen Vorschlägen spielt hierbei sicherlich auch eine Rolle, dass Politiker nur ungern selbst ihre Gestaltungsmacht begrenzen. Abschließend ist daher zu prüfen, ob der Standortwettbewerb, der auf dem Prinzip der vertikalen Gewaltenteilung beruht, in der Lage ist, Staatsversagen zu begrenzen.

2.3.2. Die vertikale Gewaltenteilung: Der Föderalismus

Die eben beschriebene horizontale Gewaltenteilung bezieht sich auf die Verteilung der Staatsgewalt innerhalb einer gegebenen Gebietskörperschaft. Staaten sind aber in der Realität fast nie in der Form des Unitarismus organisiert, in der faktisch nur eine Jurisdiktion – der Zentralstaat – existiert. Vielmehr bestehen Staaten in der Regel aus einer Vielzahl von Jurisdiktionen, die sich wiederum zu Gruppen gleichartiger Körperschaften zusammenfassen lassen. Die Verteilung der gesamten Staatsgewalt auf unterschiedliche Jurisdiktionen bzw. jurisdiktionelle Ebenen ist Gegenstand der vertikalen Gewaltenteilung.

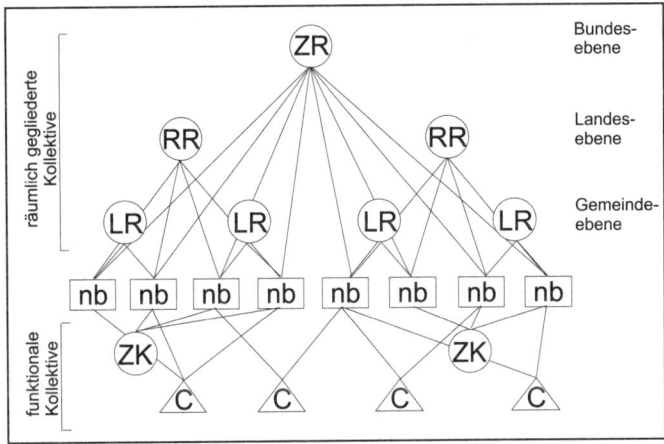

Abbildung 8.4

Eine in der Realität häufig anzutreffende Form, die Staatsgewalt auf unterschiedliche Jurisdiktionen zu verteilen, ist der Föderalismus. Er ist in seiner typischen Ausprägung (vgl. Sauerland, 1997, S. 56) – wie in der oberen Hälfte von Abbildung 8.4 dargestellt – dreistufig gestaltet und umfasst in Deutschland den Bund, die Länder und die Gemeinden. Diese räumlich gegliederten Kollektive werden in der Realität durch eine Vielzahl von funktionalen Kollektiven in Form freiwillig gegründeter Klubs (C) und staatlich induzierter Zwangskollektive (ZK) ergänzt. Letztere sind in der unteren Hälfte von Abbildung 8.4 aufgeführt und lassen sich mit Hilfe der in Kapitel 6 beschriebenen Kollektivgütertheorie begründen.

Offensichtlich ist in diesem Staatsaufbau jeder Bürger (nb) als Nachfrager politischer Leistungen gleichzeitig „Mitglied" in drei Jurisdiktionen, die von ihren jeweiligen Regierungen repräsentiert werden: einer lokalen (LR), einer regionalen (RR) und einer zentralen Regierung (ZR). Als Mitglied dieser Jurisdiktionen kann der jeweilige Nachfrager-Bürger das Verhalten der Regierung über das Ergreifen politischer Aktivitäten mitbeeinflussen. Die Jurisdiktionen wiederum haben – ebenso wie die funktional gegliederten Kollektive – als Anbieter politischer Leistungen die Aufgabe, Kollektivgüter bereitzustellen.

Föderaler Staatsaufbau

Der föderale Staatsaufbau – als spezielle Ausprägung dezentralisierter politischer Systeme – wird nun in der Literatur als eine Möglichkeit genannt, den Staat als Leviathan, der als Ziel weniger das Gemeinwohl aller Bürger als vielmehr die Befriedigung von (seinen eigenen) Partialinteressen verfolgt, zu zähmen (z.B. Brennan/Buchanan, 1980, S. 184) und so eine effiziente Bereitstellung öffentlicher Leistungen zu gewährleisten. Wie aber kann dieses Ziel in föderalen Strukturen erreicht werden?

Der Grundgedanke zur Beantwortung dieser Frage ist der Wettbewerbstheorie entlehnt. Auch dort stellen wir fest, dass ein Angebotsmonopol weniger zum Vorteil der Nachfrager als vielmehr zur Rentenmaximierung des Anbieters führt. Dementsprechend ist Wettbewerb, d.h. eine Marktform, in der mehrere Anbieter um die Nachfrager konkurrieren, die vorzuziehende Alternative. Durch die Möglichkeit, zwischen verschiedenen Anbietern zu wechseln, werden die Anbieter von den Nachfragern diszipliniert. Sie sind gezwungen, (a) die Präferenzen der Nachfrager hinsichtlich Qualität und Menge der bereitzustellenden Leistungen zu berücksichtigen und (b) die Bereitstellung auch effizient, d.h. zu möglichst geringen Kosten, durchzuführen. Dieser Wettbewerbsgedanke ist in dezentral – also auch in föderal – gegliederten Staaten durch die Verteilung der Staatsgewalt auf unterschiedliche Träger verwirklicht.

Aus Abbildung 8.6 lässt sich erkennen, dass ein derart disziplinierender Wettbewerb innerhalb föderaler Strukturen in zwei Ausprägungen stattfinden kann: Neben dem in Kapitel 7 schon ausführlich diskutierten Wettbewerb zwischen gleichartigen Jurisdiktionen auf jeweils einer föderalen Ebene ist in föderalen Strukturen auch der vertikale Wettbewerb zwischen verschiedenen föderalen Ebenen möglich. Das effektive Zustandekommen des jeweiligen Wettbewerbs ist nun wiederum an bestimmte Voraussetzungen geknüpft, die wir kurz anführen wollen.

Im *vertikalen Wettbewerb* können die föderalen Ebenen um zu verteilende Aufgaben bzw. Kompetenzen konkurrieren (Oates, 1989, S. 579). Die „Objekte der Begierde" sind dabei die Gesetzgebungs- bzw. Legislativkompetenz, die Durchführungs- oder Exekutivkompetenz und die Finanzierungskompetenz, die zur Erhebung der zur Durchführung von politischen Maßnahmen notwendigen Mittel ermächtigt. Damit wird offensichtlich, dass die Grundvoraussetzung für diese Art von Wettbewerb das Vorhandensein von eigenen Kompetenzen und Aufgabenbereichen auf jeder Ebene sein muss. Nehmen wir an, dass die Verteilung der Kompetenzen zwischen zwei Ebenen in der Verfassung der jeweils übergeordneten Ebene verankert ist, so darf diese Kompetenzzuordnung nicht unveränderlich fixiert sein. Nur dann, wenn alternative Zuordnungen erlaubt sind, besteht Spielraum für einen Wettbewerb zwischen den unterschiedlichen Ebenen von föderal gegliederten Staaten.

Vertikaler
Wettbewerb

Dieser vertikale Wettbewerb kann jedoch zu einem gravierenden Problem führen: Aufgrund der kurzfristigen Kalküle der verantwortlichen Politiker können Kompetenzen auf eine höhere Ebene verschoben werden, deren Verbleib auf einer unteren Ebene langfristig im Interesse der Bürger wäre. So ist es etwa vorstellbar, dass die im Wettbewerb stehenden Jurisdiktionen auf der Länderebene ein Interesse daran haben, den horizontalen Wettbewerb etwa dadurch einzuschränken, dass sie eigene Steuererhebungskompetenzen auf die höhere Ebene verschieben. Damit wird ein potentielles intrajurisdiktionelles Konfliktpotential verlagert und die eigene Wiederwahl weniger gefährdet. Die höhere Ebene fungiert dann als „Sündenbock" bei notwendig werdenden Steuererhöhungen. Im Gegenzug können Ausgleichszahlungen von „oben nach unten" vereinbart werden. Auf diese Weise wird ein produktiver Wettbewerbsprozess auf der unteren Ebene stark eingeschränkt.

Aus der Wettbewerbstheorie wissen wir, dass Wettbewerb nur dann zu guten Ergebnissen führt, wenn die Rahmenregeln, d.h. die Wettbewerbsordnung adäquat gestaltet ist. Bereits Popitz (1927) hat darauf hingewiesen, dass ein unbeschränkter vertikaler Wettbewerb zwischen Jurisdiktionen zu einer Aufblähung der oberen Ebene zu Lasten der kleineren unteren Einheiten führt.

Im Sinne der oben beschriebenen Konzeption der Ordoliberalen sind generell Machtkonzentrationen zu vermeiden, die dann entstehen können, wenn (a) ein großer Akteur die kleinen Akteure dominiert oder (b) sich mehrere ähnlich große Akteure kollusiv verhalten. Zur Vermeidung einer Machtkonzentration des Typs (a) sollte das Subsidiaritätsprinzip bei der Verteilung der Kompetenzen zwischen den föderalen Ebenen beachtet werden. Es sollte in der Verfassung der höchsten Ebene verankert werden und dient somit als Rahmenregel des vertikalen Wettbewerbs. Um die oben skizzierten Verstöße gegen das Subsidiaritätsprinzip zu vermeiden, erscheint es sinnvoll, eine von der Tagespolitik unabhängige Schiedsstelle einzurichten, die den fortlaufenden Zentralisierungstendenzen entgegenwirkt. Um Zentralisierungstendenzen zu verhindern, die von den oberen

Ebenen ausgehen, sollten den unterer Einheiten Klagerechte zur Rückverlagerung von Kompetenzen eingeräumt werden.

Machkonzentrationen des Typs (b) finden sich eher auf der Ebene des *horizontalen Wettbewerbs* innerhalb von Föderationen. Gegenstand dieses Wettbewerbs sind nicht die knappen Kompetenzen, sondern die (steuerzahlenden) Einwohner, d.h. Bürger und/oder Unternehmen, die die Einnahmen der Jurisdiktionen erhöhen. In der aktuellen Diskussion wird diese Konkurrenzbeziehung unter dem Stichwort „Standortwettbewerb" oder „Systemwettbewerb" zwischen Gemeinden, Bundesländern, aber auch insbesondere zwischen Staaten diskutiert. Die meisten ökonomischen Modelle, die einen solchen Wettbewerb innerhalb föderaler Strukturen beschreiben, gehen – wie in Kapitel 7 bereits erwähnt – auf das Grundmodell zum Föderalismus von Tiebout (1956) zurück. Betrachtet man die beiden möglichen Sanktionsmechanismen Voice und insbesondere Exit genauer, so ist für deren Wirksamkeit die Erfüllung dreier Grundvoraussetzungen zwingend notwendig.

Horizontaler Wettbewerb

Auf der Finanzierungsseite muss das Äquivalenzprinzip zumindest in räumlicher Hinsicht erfüllt sein. Das bedeutet, dass die in einer Jurisdiktion bereitgestellten öffentlichen Leistungen auch von den Mitgliedern dieser Jurisdiktion bezahlt werden sollen. Ergänzt werden sollte diese räumliche Äquivalenz nur durch die Internalisierung von Nutzen- und/oder Kostenspillovers auf andere Jurisdiktionen. Im ersten Fall sinkt dadurch die innerhalb der Jurisdiktion zu tragende Finanzierungslast, in letzterem steigt sie. Nur wenn das Äquivalenzprinzip erfüllt ist, kann ein produktiver Wettbewerb zwischen den Jurisdiktionen stattfinden, denn es gilt der Grundsatz, der „Einheit von Handlung und Haftung" auf der Ebene der Jurisdiktion.

Äquivalenzprinzip

Werden beispielsweise in Jurisdiktion X Leistungen ineffizient bereitgestellt, lässt sich die „unbefriedigende" Situation aus Sicht der Nachfrager als schlechtes Preis-Leistungs-Verhältnis der bereitgestellten öffentlichen Leistungen charakterisieren. Dieses wird aber nur spürbar, wenn die Nachfrager (a) die Last der relativ teuren Leistung auch zu tragen haben und (b) bessere Situationen in anderen Jurisdiktionen erkennen. Ist beides nicht der Fall, werden keine Maßnahmen ergriffen, um die aktuelle Regierung abzulösen und die eigene Situation zu verbessern. Wird die betreffende Leistung beispielsweise nur in Jurisdiktion X bereitgestellt aber von der Gesamtheit der Bürger in X und Y finanziert, können für die Bürger in X die Kosten der Sanktionsaktivitäten höher sein als die Belastung durch die ineffiziente Bereitstellung. Die Sanktionierung unterbleibt dann. Möglicherweise fehlt in einer solchen Situation der Opposition sogar der Anreiz, objektiv bessere Alternativen in ihrem Wahlprogramm zu verankern, weil diese subjektiv nicht als Verbesserung wahrgenommen werden.

Ist räumliche Äquivalenz gegeben, so sinkt bei einer Abwanderung von Einwohnern unmittelbar das Finanzierungs- bzw. Steueraufkommen in der betroffenen Jurisdiktion. Bleibt die Versorgung der verbliebenen Bevölkerung mit öffentlichen Leistungen mengenmäßig konstant, so erhöht sich ceteris paribus durch das Auftreten von Steuerexternalitäten gleichzeitig deren individuelle Steuerlast. Bei gleicher Versorgung und höheren Steuern wird nun auch für die zunächst verbliebenen Einwohner die Wahrscheinlichkeit größer, einen besseren Standort zu finden und diesen über eine Abwanderung auch zu wählen. Mit dieser drohenden „Abwanderung der zweiten Runde" wächst der Druck auf die jeweilige Anbieter-Jurisdiktion, die Situation der eigenen Bevölkerung zu verbessern und so eine Abwanderung zu vermeiden. Ist hingegen keine räumliche Äquivalenz gegeben, muss die Abwanderung keine Erhöhung der Steuerlast in der Jurisdiktion zur Folge haben. Dementsprechend geringer ist der Druck auf die Anbieter, ihre tatsächliche Bereitstellung entweder den Präferenzen der Nachfrager anzupassen und/oder ihre Bereitstellung effizienter zu gestalten.

Eng mit der räumlichen Äquivalenz verbunden ist die zweite Voraussetzung für einen funktionierenden Wettbewerb zwischen Jurisdiktionen auf einer Ebene. Oben ist unterstellt worden, dass aufgrund der Abwanderung die Steuerlast der verbliebenen Einwohner in der Abwanderungsjurisdiktion steigt. Das impliziert die Möglichkeit, die Steuerhöhe in der Jurisdiktion autonom anpassen zu können. Grundsätzlich muss für einen Wettbewerb zwischen Leistungsanbietern daher die Möglichkeit bestehen, dass diese Anbieter sich voneinander differenzieren können. Dazu werden verschiedene Wettbewerbsparameter eingesetzt, wie z.B. die Menge und die Qualität der bereitzustellenden Leistungen. Mindestens ebenso wichtig ist aber – wie gezeigt – auch der Wettbewerbsparameter „Preis", der in unserem Fall als Höhe des Steuersatzes definiert werden kann. Nur wenn die Jurisdiktionen über eine eigene ausbeutbare Steuerbasis *und* über das Recht verfügen, die Höhe der Steuern – zumindest teilweise – autonom festzulegen, kann der Preis als Wettbewerbsparameter eingesetzt werden und ein horizontaler Wettbewerb zustande kommen.[15]

Steuerbasis

Die dritte relevante Voraussetzung für einen funktionierenden Wettbewerb auf horizontaler Ebene ist die Fähigkeit der Nachfrage, die Anbieter wirkungsvoll zu disziplinieren. Wir haben im Kapitel 7 gezeigt, dass die Effektivität der Kontrolle und Disziplinierung der Anbieter-Jurisdiktionen von den Kosten der politischen Aktivitäten der Nachfrager-Bürger abhän-

---

[15] Die Möglichkeit, Subventionen zu vergeben, lässt sich in die Festlegung der Steuerhöhe integrieren, wenn man akzeptiert, dass Subventionen im Prinzip wie Steuersenkungen wirken.

Nachfrager-
Verhalten

gig ist. Eine vollständige Disziplinierung der Anbieter-Jurisdiktionen wäre nur im Fall der kostenlosen Nutzung von Wahlen (Voice) oder Abwanderung (Exit) als Sanktionsmechanismen möglich. Da diese Voraussetzungen in der Realität nicht gegeben sind, ergeben sich für die Anbieter monopolistische Spielräume, die durch die Höhe der Kontrollkosten determiniert sind und innerhalb derer sie nicht mit Sanktionen durch die Nachfrager zu rechnen haben.

Ein weiteres Problem wird in diesem Zusammenhang darin gesehen, dass die Faktoren Arbeit und Kapital eine unterschiedlich hohe Mobilität aufweisen. Weil die Staatsausgaben zum großen Teil über Steuern finanziert werden, können Unternehmen mittels der glaubhaften Drohung der Standortverlagerung ihre Steuerlast drücken. Arbeitnehmer, die dieses Drohpotential nur eingeschränkt besitzen, werden hingegen mit höheren Steuern belastet, oder es werden ihnen Leistungen z.B. im Bereich der So-

Mobilität

zialpolitik gekürzt. Aus dieser Sicht führt der horizontale Wettbewerb zwischen Jurisdiktionen zu unerwünschten Diskriminierungen der nur wenig mobilen Bürger. Es scheint sich um ein Nullsummenspiel zu handeln: Die Unternehmen gewinnen, die immobilen Bürger verlieren.

Diese Argumentationslinie vernachlässigt jedoch, dass auch immobile Faktoren Sanktionsmöglichkeiten besitzen, die auf die Qualität eines Standorts einwirken. Zufriedene Arbeitnehmer sind weniger streikbereit, weisen geringere Fehlzeiten auf und sind stärker motiviert. Mit zunehmender Unzufriedenheit erodieren diese Standortvorteile. Darüber hinaus dürften starke Einschnitte in das soziale Netz letztlich sogar die Kriminalität erhöhen. Starke Belastungen der immobilen Faktoren werden auf diese Weise zu Kostenkomponenten für die mobilen Faktoren.

Vor diesem Hintergrund erscheint die Befürchtung, dass immobile Faktoren durch den Standortwettbewerb einseitig belastet werden, übertrieben. Denn dies kann weder im Interesse potentieller Investoren noch der Politiker sein. Auch können mobile Faktoren im Standortwettbewerb durchaus mit Steuern und anderen staatlichen Abgaben belastet werden. Entscheidend ist letztlich – wie auf anderen Märkten auch – die Preis-Leistungs-Kombination im Vergleich zu alternativen Standorten. Einer Steuerbelastung mobiler Faktoren muss eine adäquate Standortqualität gegenüberstehen. Dennoch kann es ratsam sein, den Juruisdiktionen den Einsatz bestimmter shr schnell und kurzfristig ausgerichteter Instrumente wie Subventionen oder bestimmte Möglichkeiten Marktakteure mit unterschiedlichen Steuersätzen zu belasten (Steuerdiskriminierung) zu untersagen, damit der Standortwettbewerb als langfristig ausgerichteter Leistungswettbewerb und nicht als kurzfristig ausgerichteter Subventionswettlauf fungiert.

Vernachlässigen wir im folgenden die Kosten der politischen Betätigung in Form von Wanderung, Protest und Wahlen, so ergeben sich aus der Theorie im wesentlichen drei Voraussetzungen für die disziplinierende Wirkung der vertikalen Gewaltenteilung:

1) Für einen funktionierenden   vertikalen Wettbewerb zwischen den föderalen Ebenen sind eine flexible Kompetenzzuordnung notwendig, die sich am Subsidiaritätsprinzip orientiert,

2) für einen funktionsfähigen horizontalen Wettbewerb muss das Äquivalenzprinzip in räumlicher Hinsicht gelten, und

3) die Jurisdiktionen müssen die Wettbewerbsparameter Menge und Preis einsetzen können.

Existieren keine Institutionen, die eine Beschränkung des Wettbewerbs zwischen den Jurisdiktionen im Sinne des Subsidiaritäts- und Äquivalenzprinzips sowie des Gleichheitsgrundsatzes verhindern, so werden die Wettbewerber im Laufe der Zeit Verstöße gegen diese Prinzipien vornehmen, um den Wettbewerbsdruck zu mildern.[17] Als Folge würden die produktiven Wettbewerbsprozesse zwischen Jurisdiktionen sowohl auf der horizontalen als auch auf der vertikalen Ebene außer Kraft gesetzt. Es kommt dann zum Problem des Staatsversagens.

3. Konstitutionelle Demokratie als Legitimationskonzept

Wollen Individuen produktiv interagieren, d.h. miteinander komplexe Tauschprozesse initiieren, so bedarf es hierfür eines Staates, der konsensfähige Regeln schafft, überwacht und der bestimmte kollektive Leistungen bereitstellt. Mit Hilfe eines solchen Gesellschaftsvertrags lassen sich Dilemmasituationen überwinden, die als Trittbrettfahrerprobleme bei Kollektivgütern auftreten und als Gefangenendilemmasituationen bei der Schaffung und Durchsetzung der Rechtsregeln. Zugleich können mittels eines Staates Wettbewerbsprozesse in Form sozial erwünschter Dilemmasituationen zwischen Marktakteuren auf horizontaler Ebene verankert werden. Dies alles setzt zahlreiche Entscheidungen unter den Individuen voraus. Nur wenn diese Entscheidungen konsensual getroffen werden, ist sichergestellt, dass kein Individuum diskriminiert wird.

---

[17] Es wäre daher viel gewonnen, wenn innerhalb einer demokratischen Ordnung irgendeine von der Tagespolitik unabhängige Schiedsstelle existierte, die nur die eine Aufgabe hätte, nämlich Verstöße gegen die beiden Prinzipien zu sanktionieren. – Man kann sich auch vorstellen, dass die Bürger selbst die Schiedsinstanz darstellen. Das würde bedeuten: Über Fragen der Kompetenzverlagerung stimmen die Bürger per Referendum ab.

In der Realität kann jedoch aus Kostengründen nicht im Konsens über kollektive Belange entschieden werden. In einer Welt mit Transaktionskosten würde mit einer solchen Abstimmungsregel jeder beliebige Status quo zementiert. Mit dem Abrücken vom Konsens hin zu Mehrheitsregeln steigen nun aber die Diskriminierungskosten stark an. Um diese zu senken, empfiehlt es sich, Verfassungsregeln zu verankern. Diese erhöhen zwar die Entscheidungsfindungskosten, senken jedoch die Diskriminierungskosten beträchtlich. Hierbei lassen sich Grundrechte des einzelnen Bürgers und Gemeinwohlprinzipien staatlichen Handelns unterscheiden. Viele Grundrechte stellen bedingte Vetorechte der Bürger dar, deren Gewährung die Zustimmung zu einer Ordnung erhöht, wenn wie erwähnt vom Konsens als Entscheidungsregel abgerückt werden muss. Gemeinwohlprinzipien begründen bestimmte Regeln, die bei der Rechtsetzung (Regulierung) und Bereitstellung öffentlicher Güter und Leistungen beachtet werden sollten bz. müssen, um langfristig die Funktionsfähigkeit der Gesamtordnung zu erhöhen.

Politiker, die (a) der Wiederwahlrestriktion unterworfen sind, (b) im Wettbewerb stehen und (c) deren Wähler zum Teil organisiert und zum Teil aber auch unorganisiert und rational ignorant sind, können jedoch u.U. dazu verleitet werden, Entscheidungen gerade *nicht* langfristig gemäß der Gemeinwohlprinzipien treffen. Der politische Wettbewerb versetzt sie in solchen Fällen in eine Gefangenendilemmasituation, die politische Entscheidungen zugunsten von organisierten Sonderinteressen attraktiv machen, siehe Tabelle 8.3:

Tabelle 8.3

		Politiker B	
		Gemeinwohlpolitik	Vergünstigungspolitik
Politiker A	Gemeinwohlpolitik	8 / 8	-1 / 12
	Vergünstigungspolitik	12 / -1	0 / 0

Die Tabelle 8.3 verdeutlicht, dass eine Gemeinwohlpolitik stets gefährdet ist. Denn es besteht bei den unter der Wiederwahlrestriktion agierenden Politikern der Anreiz, Sondervergünstigungen für organisierte zu gewähren, was wiederum zu einer pareto-inferioren Situation führt. Zugleich wird aber auch deutlich, dass die Politiker – sofern sie diese Situation erkennen – ein gemeinsames Interesse haben: nämlich die Vermeidung des pareto-inferioren Nash-Gleichgewichts einer allseitig ausufernden Vergünstigungspolitik. Dieses gemeinsame Interesse kann aber nur zur Geltung gebracht werden, wenn die Verfassung Anreize für eine Gemeinwohl-

bzw. gegen eine Vergünstigungspolitik generiert. Gängige Verfahren, um diese Dilemmasituationen aufzubrechen bzw. gar nicht erst entstehen zu lassen, sind die horizontale und vertikale Gewaltenteilung sowie die Verankerung vom Tagesgeschehen unabhängiger Institutionen. Dadurch entstehen komplexe Kontrollmechanismen, die die Lernfähigkeit der Gesellschaft erhöhen.

Vor diesem Hintergrund sind Bindungen der Mehrheit, sofern sie adäquat gestaltet sind, als hochproduktiv anzusehen. Demokratie sollte daher nicht verkürzt als „Partizipationskonzept" aufgefasst werden. Dies führt nämlich intuitiv zu dem normativen Fehlschluss, es sei gesellschaftlich wünschenswert, das Prinzip der Mehrheitsabstimmung in möglichst vielen Bereichen durchzusetzen. Vielmehr sollte Demokratie als Legitimationskonzept verstanden werden, innerhalb dessen die Gesamtheit der institutionell verankerten Anreizmechanismen im politischen Sektor analysiert und bewertet wird (hierzu Homann, 1988). Aus dieser Perspektive sind Bindungen der Mehrheitsmeinung zu befürworten, weil sie gegenüber einer unbeschränkten Mehrheitsmeinung zu gesellschaftlich besseren Ergebnissen führen. So verstößt es beispielsweise gegen das demokratische Partizipationskonzept, die geldpolitischen Befugnisse an eine unabhängige Zentralbank zu übertragen. Aus der Sicht des demokratischen Legitimationskonzepts ist jedoch gerade die Abschwächung der Wiederwahlrestriktion in diesem Bereich zu befürworten, weil dies produktiv ist. Folgt man dieser Logik, so ist gerade die Unabhängigkeit der Notenbank demokratisch.

Bindungen der Mehrheit

Genauso wie der Marktmechanismus nur dann für die Konsumenten gute Ergebnisse liefert, wenn die Regeln der Marktverfassung adäquat ausgestaltet sind, generiert der Wettbewerb im politischen Sektor nur dann für die Bürger gute Ergebnisse, wenn auch hier die Wettbewerbsregeln, die in der Verfassung (i.w.S.) verankerten Spielregeln für die Politiker, vernünftig gestaltet sind. Aus dieser Sicht ist Demokratie stets als konstitutionelle Demokratie zu verstehen. Die Konstitution (Verfassung) ist hierbei als ein Vertrag aufzufassen, der kollektives Handeln qua Kanalisierung der Handlungen der Politiker soweit wie möglich stabilisiert und der in der Realität, d.h. unter Knappheit, immer unvollkommen ist. Das bedeutet: Es werden stets auch Fehlanreize in bestimmten Politikbereichen produziert. Aufgabe des Ökonomen ist es in diesem Zusammenhang, konstitutionell bedingte Fehlanreize aufzudecken, transparent zu machen, und Vorschläge zur Verbesserung der Verfassung zu unterbreiten. Addressat dieser Aufklärungsarbeit sollten allerdings nicht primär die Politiker, sondern die Bürger als Träger der demokratischen Ordnung sein.

Konstitutionelle Demokratie

4. Fallstudie Deutschland: Staatsversagen als Verfassungsversagen

In Deutschland ist die Unzufriedenheit mit der Politik – nicht nur als Folge der Wiedervereinigung – groß. Politik- und Parteiverdrossenheit sind Modeworte, die die aktuelle Einstellung vieler Bürger zum politischen System beschreiben. Während ein Großteil der Bevölkerung den Grund für „schlechte Politik" nicht selten in den regierenden Personen (einschließlich den Oppositionspolitikern) sieht, versuchen wir hier zu zeigen, dass institutionell bedingte Fehlanreize im politischen System der Bundesrepublik Deutschland der Grund für das negative Erscheinungsbild sind. Das Ergebnis dieser Fehlanreize wird in der Ökonomik als *Staatsversagen* bezeichnet. Gemeint ist hiermit eine Politik, die zwar einige Partikularinteressen berücksichtigt, jedoch nicht die (konstitutionellen) Präferenzen der Mehrheit der Bürger. Aus diesem Blickwinkel ergibt sich die folgende Vorgehensweise: Im nächsten Abschnitt gehen wir allgemein auf die im Grundgesetz verankerte Staatsform der Bundesrepublik Deutschland ein. Danach analysieren wir diejenigen Mängel, von denen Fehlanreize ausgehen, die schließlich zu Staatsversagen führen.

4.1. Das Grundgesetz und die Staatsform der Bundesrepublik Deutschland

Am 24. Mai 1949 trat das Grundgesetz für die Bundesrepublik Deutschland in Kraft. Es sollte nach dem verlorenen Zweiten Weltkrieg nur ein Provisorium sein, das ausschließlich für Westdeutschland Geltungskraft hat. Eine „richtige" Verfassung sollte einer gesamtdeutschen Lösung vorbehalten bleiben. Ab 1990 gilt mit der Wiedervereinigung das Grundgesetz für Gesamtdeutschland. Die DDR ist der Bundesrepublik nach Art. 23 GG beigetreten, worauf dieser Artikel seine Gültigkeit verlor und durch Art. 4 des Einigungsvertrags aufgehoben wurde. Die Anerkennung der Stellung des Grundgesetzes kann in einem freien, demokratischen Rechtsstaat wie der Bundesrepublik Deutschland nur auf einem (weitgehenden, impliziten) Basiskonsens der Bevölkerung beruhen. Die verfassungsgebende Gewalt liegt damit letztlich beim Staatsvolk, auch wenn es eine explizite Volksabstimmung über das Grundgesetz nie gab.[1]

---

[1]　Die Schlußabstimmung über das Grundgesetz erfolgte am 8.5.1949 zwischen den Mitgliedern des „Parlamentarischen Rats" – ein Gremium bestehend aus 65 von den damaligen elf Landtagen gewählten Mitgliedern. Bis auf Bayern wurde es von allen deutschen Landtagen angenommen. Die erforderliche Zweidrittelmehrheit der beteiligten Deutschen Länder war damit erreicht.

4.1.1. Der Aufbau des Grundgesetzes und die staatlichen Prinzipien

Die Rechtsregeln innerhalb des Grundgesetzes lassen sich in *materielle* und *organisatorische* Rechtssätze einteilen. Erstere sind inhaltliche Bindungen der Staatsgewalt und umfassen die Grundrechte. Letztere regeln die Organisation des Staates, mithin die Bildung der Staatsorgane, die Frage der Verteilung von Kompetenzen auf die Organe und die Verfahren zur Entscheidungsfindung. Die organisatorischen Regeln lassen sich wiederum unterteilen: Und zwar in *institutionelle, funktionelle* und *sonstige* Regelungen. Institutionelle Regelungen beziehen sich auf die Fragen, wie Staatsorgane zu bilden (bzw. aufzulösen) und wie die Personen als Träger der Institutionen zu wählen (bzw. zu entlassen) sind. Funktionelle Regelungen hingegen treffen Aussagen über den Zuständigkeitsbereich der staatlichen Organe sowie über Verfahren ihrer Entscheidungsfindung. Gemäß der getroffenen Unterscheidungen ergibt sich die in Abbildung 8.5 dargestellte Gliederung des Grundgesetzes.

Die Normen des Grundgesetzes sind an vielen Stellen sehr allgemein gehalten. Dies ist notwendig, will man das Grundgesetz nicht permanent ändern, was zu einer erheblichen Rechtsunsicherheit führen würde. Daraus folgt aber unmittelbar, dass die allgemeinen Normen einer Auslegung bedürfen.

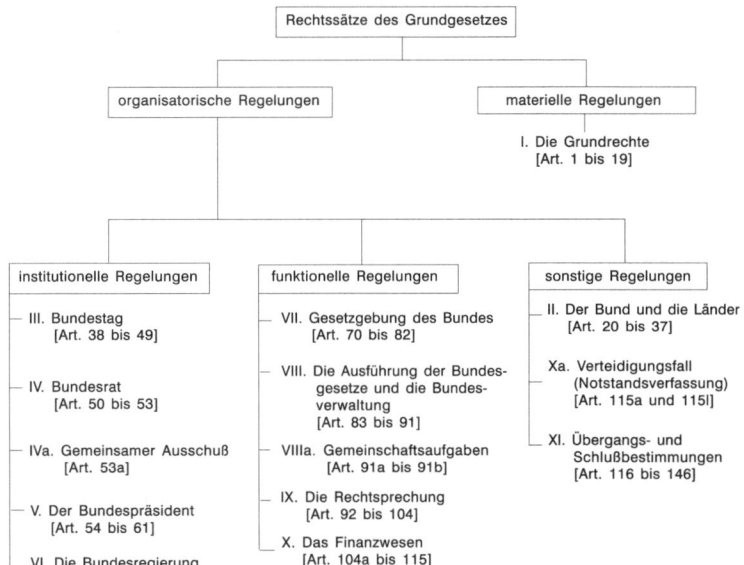

Abbildung 8.5

Die Grundrechtskonkretisierung geschieht in der Rechtswirklichkeit durch die Rechtsprechung, speziell durch das Bundesverfassungsgericht, wenn dieses im Wege der Verfassungsbeschwerde angerufen wird (Art. 93 Abs. 1 Nr. 4a GG i.V.m. §§ 13 Nr. 8a, 90 ff. BVerfGG). Es haben sich im wesentlichen vier Kriterien zur Auslegung von Gesetzen herausgebildet, die auch vom Bundesverfassungsgericht und den übrigen Gerichten zur Konkretisierung der Grundrechte anerkannt sind: Einmal die *grammatische Auslegung* nach dem Wortlaut der Norm, zum anderen die *systematische Auslegung*, bei welcher der Zusammenhang der Norm berücksichtigt wird, ferner die *teleologische Auslegung* nach dem verfolgten Zweck der Norm und zuletzt die *historische Auslegung*, bei welcher der (geschichtliche) Zeitgeist bei der Entstehung der Norm betrachtet wird und damit die Regelungsabsicht des Gesetzgebers. Nur eine Betrachtung verschiedener möglicher Auslegungsformen und nicht die Überbewertung einer einzigen Interpretationsmöglichkeit schafft die Voraussetzung einer (möglichst) objektiven Auslegung. Besonders bei den Grundrechten zeigt sich die Notwendigkeit, diese durch Auslegung zu sozialer Realität werden zu lassen. Aufgrund der zwingenden Notwendigkeit der Auslegung binden die Entscheidungen des Bundesverfassungsgerichts alle Verfassungsorgane, Gerichte und Behörden von Bund und Ländern.

*Staats-
prinzipien*

Das Grundgesetz lässt dem einfachen Gesetzgeber nicht die Freiheit, die Staatsform der Bundesrepublik festzulegen oder zu ändern. Es ist vielmehr durchzogen von staatlichen Prinzipien, die einen Auftrag an den Gesetzgeber darstellen, die Gesellschaft im Sinne der normativen Leitlinie dieser Prinzipien zu gestalten. Wichtige tragende Staatsprinzipien sind in diesem Zusammenhang

- das Bundesstaatsprinzip,

- das Demokratieprinzip,

- das Rechtsstaatsprinzip (einschließlich der Gewaltenteilung) und

- das Sozialstaatsprinzip.

*Bundesstaats-
prinzip*

Der *bundesstaatliche Aufbau* hat in Deutschland eine verfassungsrechtliche Tradition. Das Grundgesetz geht einen Mittelweg zwischen der föderalistischen Struktur des Zweiten Deutschen Reichs (1871) und der Weimarer Republik (1919). Auch die Besatzungsmächte hatten nach dem Zweiten Weltkrieg ein Interesse, durch eine föderalistische Struktur der Entwicklung eines neuen mächtigen deutschen Zentralstaates entgegenzuwirken. Die Organisationsform der Bundesrepublik als *Bundesstaat* ist in Art. 20 Abs. 1 des Grundgesetzes festgelegt. Diese Norm erhält in Art. 79 Abs. 3 GG eine Bestands- und Unantastbarkeitsgarantie, wie es sie nur für wenige Verfassungsnormen gibt. Damit ist die generelle Existenz von Bund *und* Ländern gesichert. Ziel der bundesstaatlichen Aufgliederung ist, einen allmächtigen Zentralstaat zu vermeiden und eine effizientere Politik im Sinne der Präferenzen der Bürger zu ermöglichen.

Das Grundgesetz, welches in Art. 20 Abs. 1 GG die Bundesrepublik als einen demokratischen Staat bezeichnet, konkretisiert das *Demokratieprinzip* in Abs. 2 mit dem Satz: „Alle Staatsgewalt geht vom Volke aus." Um die Interessen und Meinungen der Millionen von Bürgern zu einem einheitlichen Volkswillen zu integrieren, legten sich die Verfassungsväter auf eine repräsentative Demokratie (Art. 38 ff. GG) und das Mehrheitsprinzip (Art. 29 Abs. 3, 42 Abs. 2, 54 Abs. 6, 63 u. 121 GG) fest. Plebiszitäre Elemente sind zwar nicht ausgeklammert, haben jedoch nur eine untergeordnete Bedeutung.[2] Auch gestattete das Bundesverfassungsgericht die in Deutschland bekannte 5 %-Klausel, um einer Zersplitterung des Parlaments in eine Unzahl kleiner Gruppen – was unter dem praktizierten Verhältniswahlrecht möglich erscheint – vorzubeugen.

Das *Rechtsstaatsprinzip* ist vor allem in Deutschland in der ersten Hälfte des vorigen Jahrhunderts entstanden. Es resultierte aus der Forderung nach einer Verfassung zum Schutz der Freiheit beim Kampf gegen den Absolutismus. Im Grundgesetz ist das Rechtsstaatsprinzip vorwiegend in Art. 20 Abs. 2 Satz 2 und Abs. 3 GG verankert.[3] Nach dem Rechtsstaatsprinzip ergibt sich vor allem der *Grundsatz der Gewaltenteilung*. Bezüglich dieses Grundsatzes unterscheidet man in Deutschland zwischen der Legislative, der Exekutive und der Judikative. Das entscheidende Organ der *Legislative* auf Bundesebene ist das Bundesparlament, bestehend aus dem Bundestag und dem Bundesrat; wobei die erste Kammer vom Volk direkt gewählt wird und die Vertreter der zweiten Kammer von den Landesregierungen bestellt und abgerufen werden (Art. 51 GG). Bis auf die Gesetzgebung führt der Bundestag die übrigen Parlamentsfunktionen – vor allem die Kontrolle von Regierung und Verwaltung – alleine aus. An der Spitze der *Exekutive* steht die Regierung. Sie hat die Aufgabe, gesellschaftlich erwünschte Zustände innerhalb des in der Verfassung festgelegten Rahmens herbeizuführen. Aufgabe der *rechtsprechenden Gewalt* ist es, Streitigkeiten im Sinne des Rechts zu schlichten. Diese Gewalt ist den Richtern anvertraut, die im Verhältnis zu den übrigen Gewalten unabhängig sind (Art. 97 GG), d.h. sie sind nur dem Gesetz unterworfen. Das Grundgesetz spricht in Art. 20 Abs. 1 GG von der Bundesrepublik Deutschland als einem *sozialen* Bundesstaat. Allerdings konkretisiert das Grundgesetz nicht, was unter sozialer Gerechtigkeit zu verstehen ist. Dies bedarf vielmehr der Auslegung.

Demokratie-
prinzip

---

2   Vgl. Art. 29 GG (Neugliederung des Bundesgebietes) und Art. 118 GG (Neugliederung der badischen und württembergischen Länder).

3   Der Begriff „Rechtsstaat" taucht zwar in Art. 20 GG nicht auf, dafür aber in Art. 28 Abs. 1 Satz 1 GG. Dort werden die verfassungsmäßigen Ordnungen der Länder an das Grundgesetz gebunden. Es wäre paradox, eine rechtsstaatliche Ordnung auf die Länder übertragen zu wollen, würde dieses Prinzip nicht für den Bund selbst gelten.

4.1.2. Der Schutz durch die Grundrechte

Grundrecht bedeutet grundsätzliches Recht. Grundrechte sind somit Grundlage für die übrige Rechtsordnung.[4] Die Grundrechte des Grundgesetzes haben unmittelbare Geltungskraft. Der Gesetzgeber muss die Grundrechte nicht erst anwendbar machen; im Gegenteil: Sie begrenzen die Tätigkeit des Gesetzgebers. Die Verankerung eines materiellen Rechtsschutzes im Grundgesetz ist besonders auch eine Folge der Erfahrung grausamer Willkürherrschaft zur Zeit des Nationalsozialismus in Deutschland. Die Grundrechte sichern daher in erster Linie Freiräume des einzelnen und binden nach Art. 1 Abs. 3 GG Gesetzgebung, Verwaltung und Rechtsprechung. Sie sind vor allem Abwehrrechte gegen den Staat, stellen aber insgesamt eine Wertordnung dar, die auch Schutz vor privaten Willkürakten gewährleistet.

Wesensgehalt und Unantastbarkeit

Die Grundrechtswertordnung kann jedoch nur den Gesetzgeber wirksam binden, wenn sie nicht durch selbigen nach Belieben abgeändert werden kann. Art. 19 Abs. 2 GG besagt, dass kein Grundrecht in seinem Wesensgehalt angetastet werden darf, sofern das Grundgesetz selbst nicht derartiges vorsieht. Art. 79 Abs. 3 GG erklärt darüber hinaus eine Änderung der in den Art. 1 und 20 GG niedergelegten Grundsätze für unzulässig, genauso wie die Aufhebung der Gliederung des Bundes in Länder und die Abschaffung der Beteiligung der Länder an der Gesetzgebung. Damit ergibt sich, dass kein Grundrecht abgeschafft werden kann, welches zwingend mit den in Art. 20 GG niedergelegten Staatsprinzipien (Rechtsstaats-, Demokratie-, Sozialstaatsprinzip) verbunden ist oder welches nach Art. 1 GG zwingend zur Menschenwürde zu rechnen ist.[5]

Ein Verständnis für die Reichweite der Grundrechte kann man nur gewinnen, wenn man deren Auslegung betrachtet. Diese Auslegung richtet

---

[4] Der erste Katalog von Grundrechten war die Virginia Bill of Rights aus dem Jahr 1776, gefolgt von der „Erklärung der Menschen- und Bürgerrechte" während der Französischen Revolution 1789. In Deutschland bekannt sind die Grundrechte des Verfassungsentwurfs in der Frankfurter Paulskirche 1848 und die Grundrechte der Weimarer Verfassung vom 11.8.1919. Letztere waren aber nur Programmsätze, die zwingend einer Ausfüllung durch den Gesetzgeber bedurften.

[5] Nach dem Rechtsstaatsprinzip ist eine Abschaffung des gesamten Grundrechtkatalogs ausgeschlossen; denn die Grundrechte dokumentieren die Rechtsstaatlichkeit im materiellen Sinne. In besonderem Maße mit dem Rechtsstaatsprinzip verbunden sind im einzelnen Art. 13, 14 Abs. 3 GG und Art. 19 Abs. 4 GG. Artikel, die Freiheitsrechte – wie z.B. die Meinungsfreiheit (Art. 5 GG) – darstellen, sind untrennbar mit dem Demokratieprinzip verknüpft. Art. 3 Abs. 1 GG (Gleichheit vor dem Gesetz) ist unabdingbar mit der menschlichen Natur verknüpft und daher unabänderbar. Die genaue Grenze, welche Grundrechte nun tatsächlich im wesentlichen unabänderbar sind und welche nicht, kann jedoch immer nur unter Berücksichtigung der gerade herrschenden allgemeinen Meinung festgelegt werden.

sich vor allem nach drei der bereits besprochenen Staatsprinzipien: nach dem Demokratie-, dem Rechtsstaats- und dem Sozialstaatsprinzip. Da es hier um die Bindungen der Entscheidungen der Mehrheit geht, spielen die Grundrechte, die das Demokratieprinzip flankieren, im folgenden keine Rolle (das wären vor allem Meinungs- und Pressefreiheit nach Art. 5 GG, Versammlungsfreiheit nach Art. 8 GG und die Vereinigungsfreiheit nach Art. 9 GG). Im Blickpunkt steht hingegen der grundrechtliche Schutz im Sinne materieller Rechtsstaatlichkeit und im Sinne des Sozialstaatsprinzips.

Die Grundrechte als Schutzrechte der Freiheit des einzelnen Individuums in der Gesellschaft richteten sich ursprünglich gegen mögliche Willküreingriffe der Exekutive. Parlamente wurden eher als Garanten der Freiheit angesehen. Nach den grausamen Erfahrungen zur Zeit des Nationalsozialismus wurde nach dem Zweiten Weltkrieg beschlossen, im Grundgesetz ausdrücklich auch die Bindung des Gesetzgebers an die verfassungsmäßige Ordnung vorzunehmen.

Der Mensch ist höchster Bezugspunkt der verfassungsmäßigen Ordnung, nicht der Staat. Die Würde des Menschen ist nach Art. 1 Abs. 1 Satz 1 GG unantastbar. Damit ist der Mensch der oberste Wert und diese Tatsache gehört mithin zu den tragenden Konstitutionsprinzipien des Grundgesetzes. Daher ergibt sich auch in Abs. 2 das Bekenntnis zu den Menschenrechten. Art. 1 Abs. 1 Satz 2 GG verlangt vom Staat ein Unterlassen von Eingriffen in die Menschenwürde sowie auch eine Verteidigung der Würde des Menschen gegen mögliche Beeinträchtigung durch Erniedrigung, Verfolgung und/oder Ächtung. Dennoch wird durch Art. 1 Abs. 1 GG nicht ein Individualismus um jeden Preis gepredigt. Das Menschenbild wird geprägt von der Gemeinschaftsbezogenheit und Gemeinschaftsgebundenheit des Individuums. Der Staat wird als Gemeinschaft von Menschen angesehen, die aufgrund der (kollektiven) Interessen der einzelnen Individuen fungiert. Art. 1 Abs. 1 GG gibt aber keine Anhaltspunkte darüber, wie Entscheidungen zu treffen sind, wenn sich individuelle und öffentliche Interessen von Menschen gegenüberstehen. In diesem Sinne ist Art. 1 Abs. 1 GG kein Grundrecht. Diese Aufgabe ist den übrigen Artikeln vorbehalten.

Art. 2 GG behandelt das Persönlichkeitsrecht des einzelnen Gesellschaftsmitglieds. Nach Abs. 1 (i.V.m. Art. 1 Abs. 1 GG) hat jedes Individuum das Recht auf freie Entfaltung seiner Persönlichkeit. Das setzt einen Schutz der Persönlichkeitssphäre, insbesondere des intimen Bereichs eines jeden voraus. Als besondere Schutzgüter nennt das Bundesverfassungsgericht in diesem Zusammenhang die Privat-, Geheim- und Intimsphäre, die persönliche Ehre und das Verfügungsrecht über die Darstellung der eigenen Person sowie das Recht am eigenen Bild und am gesprochenen Wort. Einschränkungen sind nur bei überwiegendem Allgemeininteresse zulässig.

Der Schutz der freien Entfaltung der Persönlichkeit in einem intimen Bereich bedeutet nicht, dass das einzelne Individuum tun und lassen kann, was es will. Art. 2 Abs. 1 GG stellt deutlich auch die Grenzen der Freiheit des einzelnen heraus. Als Schranken sind hier die verfassungsmäßige Ordnung, das Sittengesetz und die Rechte anderer genannt. Unzulässig ist damit jedes Verhalten, das gegen diese Grenzen verstößt. Zu diesen Einschränkungen der Freiheit des einzelnen zählen alle verfassungsmäßigen Gesetze. Damit bestimmt der Gesetzgeber letztlich im wesentlichen den Inhalt der Entfaltungsfreiheit. Nur die Intimsphäre als Kernbereich des Grundrechts ist besonders geschützt. Ansonsten gilt für den Gestaltungsspielraum des Gesetzgebers als Grenze lediglich das Übermaßverbot. Das Grundgesetz enthält jedoch weitere, speziellere Freiheits- und Schutzrechte. Diese finden sich in der Verfassung, weil sie den Verfassungsvätern aufgrund geschichtlicher Erfahrungen besonders schutzbedürftig erschienen. Zu nennen sind hier vor allem:

Individueller Grundrechtsschutz

– Art. 2   Recht auf Leben und körperliche Unversehrtheit,

– Art. 4   Glaubens- und Bekenntnisfreiheit,

– Art. 6   Schutz von Ehe, Familie und nicht-ehelichen Kindern,

– Art. 10   Brief-, Post- und Fernmeldegeheimnis,

– Art. 11   Recht auf Freizügigkeit,

– Art. 12   Freiheit der Berufswahl,

– Art. 13   Unverletzlichkeit der Wohnung,

– Art. 14   Schutz des Eigentums und Erbrechts und Möglichkeit der Enteignung,

– Art. 16   Schutz vor Ausbürgerung und Auslieferung, Gewährung von Asyl und

– Art. 17   Petitionsrecht.

Die meisten dieser Freiheitsrechte enthalten allerdings Regelungs- oder Gesetzesvorbehalte und überlassen dem Gesetzgeber somit die Konkretisierung, wobei dieser allerdings an das Übermaßverbot gebunden ist. Die Frage, die sich angesichts grundgesetzlich garantierter Freiheitsrechte stellt, ist, ob daraus auch eine bestimmte Wirtschaftsordnung – z.B. die soziale Marktwirtschaft – ableitbar ist.

Bei der Gestaltung des Grundgesetzes war man darauf bedacht, ein Regelungswerk zu schaffen, das von den gesellschaftlichen Kräften, insbesondere den großen Parteien, bejaht werden würde. Nach dem Zweiten Weltkrieg war die FDP die einzige Partei, die sich klar für die Marktwirtschaft aussprach, die SPD nahm eine genaue Gegenposition ein und trat z.B. für die Vergesellschaftung der Produktionsmittel ein. Auch die CDU war anfangs eher marktfeindlich eingestellt.[6] Um den verschiedenen Interessenrichtungen gerecht zu werden, wurde die explizite Gestaltung der Wirtschaft nicht in die Verfassung aufgenommen. Jedoch wird verschiedentlich die Meinung vertreten, besonders die Freiheitsgarantien der Art. 2 Abs. 1 GG (Entfaltungsfreiheit), Art. 12 (Berufsfreiheit) sowie Art. 14 Abs. 1 GG (Eigentumsfreiheit und Erbrecht) enthielten eine systembildende Funktion dergestalt, dass nur eine soziale Marktwirtschaft mit ihnen verträglich sei. Durch die erwähnten Artikel werde schließlich die Vertragsfreiheit, das Prinzip des Privateigentums an Produktionsmitteln und allgemein die Freiheit zu wirtschaftlicher Entfaltung festgelegt. Vertreter dieser Meinung übersehen jedoch die Gestaltungsfreiheit des Gesetzgebers bezüglich Art. 2 Abs. 1 GG sowie die nach Art. 14 Abs. 3 GG mögliche Enteignung von Privateigentum zum Wohle der Allgemeinheit durch den Gesetzgeber. Darüber hinaus können nach Art. 15 GG Grund und Boden, Naturschätze und Produktionsmittel per Gesetz zum Zwecke der Vergesellschaftung in Gemeineigentum überführt werden.

Grundgesetz und Wirtschaftsordnung

Das Bundesverfassungsgericht schließt sich der Intention der Verfassungsväter an und hebt die Neutralität des Grundgesetzes hinsichtlich Fragen der Wirtschaftsordnung hervor. Dem Gesetzgeber kommt es damit zu, die Wirtschaftsordnung zu gestalten. Die Grundrechte verhindern jedoch in jedem Fall eine reine Planwirtschaft ohne jegliche individuelle Entfaltungsfreiheit genauso wie eine reine Marktwirtschaft ohne jegliche soziale Abfederung.

Neben den erwähnten Freiheitsrechten, die das Grundgesetz enthält, ist der *Gleichheitsgrundsatz* noch von zentraler Bedeutung. Er ist in Art. 3 GG enthalten. Hierbei enthält Absatz 1 den allgemeinen Gleichheitsgrundsatz, Absatz 2 die Gleichberechtigung von Mann und Frau, und Absatz 3 enthält einen Katalog von Differenzierungskriterien, auf deren Basis niemand diskriminiert werden darf. Der Gleichheitsgrundsatz gebietet, wesentlich Gleiches gleich zu behandeln und wesentlich Ungleiches ungleich zu behandeln. Jede Differenzierung, die der Gesetzgeber vornimmt, muss einem bestimmten Ziel dienen, welches im öffentlichen Interesse liegt. Bei der Wahl der Differenzierungsziele sind dem Gesetzgeber Grenzen gesetzt. Das Differenzierungsziel darf einmal keine Selbstbegünstigung des Gesetzgebers darstellen; zum anderen darf es nicht gegen die in

---

6 Das Ahlener Programm der CDU der britischen Besatzungszone von 1947 enthielt noch eine klare Absage an den Kapitalismus. Ein eindeutiges Bekenntnis zur Marktwirtschaft legte die CDU erst in den „Düsseldorfer Leitsätzen", die 1949 als neues Programm verabschiedet wurden, fest.

Art. 20 GG verankerten Staatsprinzipien (Demokratie-, Sozialstaats- sowie Rechtsstaatsprinzip) verstoßen, genauso wenig wie gegen die grundlegenden Freiheitsrechte des Grundgesetzes und gegen Art. 1 GG. Innerhalb dieser Schranken steht dem Gesetzgeber Gestaltungsfreiheit zu.

Gleichheits-grundsatz

Neben der Frage der Verfassungsmäßigkeit des Differenzierungsziels ist gleiches auch für das Differenzierungskriterium zu prüfen. Auch hier existieren Schranken für den Gesetzgeber. Ein Negativkatalog ist in Art. 3 Abs. 3 GG enthalten. Hiernach darf niemand aufgrund von Merkmalen wie Rasse, Herkunft, Glauben etc. vom Gesetzgeber bevorzugt oder benachteiligt werden. Daneben gibt es sogenannte stillschweigende Differenzierungsverbote, die sich aus den Staatsprinzipien ergeben. So hat das Bundesverfassungsgericht aus dem Demokratieprinzip ein Verbot jeder Differenzierung bezüglich des Zählwerts der Stimmen bei staatlichen Wahlen hergeleitet. Darüber hinaus leitet das Bundesverfassungsgericht aus Art. 3 GG ein *Willkürverbot* hinsichtlich der Auswahl des Differenzierungskriteriums ab. Hiernach besteht bei der Auswahl des Differenzierungskriteriums Willkür im objektiven Sinn, wenn das Differenzierungskriterium im Verhältnis zum Differenzierungsziel tatsächlich und eindeutig unangemessen ist. Der Ermessensspielraum des Gesetzgebers ist jedoch auch hier weit, da nur geprüft wird, ob das Mittel überhaupt geeignet ist, nicht jedoch ob es optimal erscheint. Der Nachweis, dass es bessere Mittel gibt, berührt Art. 3 GG nicht.[7]

Eine andere wichtige Frage ist, ob sich aus Art. 3 GG auch materielle Ansprüche ableiten lassen. So wird ja immer wieder von verschiedenen Seiten eine gerechtere Verteilung in der Gesellschaft gefordert, womit häufig eine Gleichverteilung als Idealzustand gemeint ist. Hierzu ist zu sagen, dass sich für den einzelnen kein einklagbarer Anspruch auf einen „gerechten" Anteil an Gütern ableiten lässt. Wohl aber ist der Staat verpflichtet, in den Bereichen, wo er aus anderen Gründen in der Gesellschaft tätig wird, für Chancengleichheit zu sorgen.[8] Die zur Zeit gültige Rechtsprechung zeigt, dass sich aus Art. 3 GG kein Auftrag an den Gesetzgeber ergibt, in

---

[7] Ähnliche Grundsätze zur Differenzierung müssen auch von Behörden bei der Ausführung von Gesetzen beachtet werden. Eine Behörde muss gleiche Fälle gleich behandeln. Jede Behörde darf jedoch von der Praxis anderer Behörden abweichen. Nur innerhalb einer bestimmten Behörde müssen alle Mitarbeiter nach denselben Grundsätzen entscheiden. Damit ergibt sich auch bei den Behörden analog zur Gesetzgebung ein Ermessensspielraum. Zu beachten ist hier jedoch, dass für wesentliche Dinge der Grundsatz des Gesetzesvorbehalts gilt.

[8] Hierbei kann sich bei Mißachtung der Chancengleichheit durch den Gesetzgeber auch ein einklagbarer Anspruch ergeben. So hat das Bundesverwaltungsgericht herausgestellt, dass als Ersatzschulen anerkannte Privatschulen unter bestimmten Bedingungen auch ein Recht auf staatliche Subventionierung haben, damit die Chancengleichheit im Verhältnis zu öffentlich-rechtlichen Konkurrenten gewahrt wird.

allen gesellschaftlichen Bereichen für mehr Gleichverteilung zu sorgen. Nur in den Bereichen, wo der Staat ohnehin gesellschaftlich gestaltend tätig ist, hat er für Chancengleichheit zu sorgen. Eine Gefahr für eine freiheitliche Marktordnung, die Lohn- und Preisunterschiede zu ihrem Funktionieren benötigt, ergibt sich damit aus Art. 3 GG zur Zeit nicht.

4.1.3. Zwischenergebnis

Die durch die deutsche Verfassung garantierten Freiheitsrechte, die soziale Rechtsstaatlichkeit und das Prinzip der demokratischen Wahlen trugen mit zum Wohlstand der (West-) Deutschen bei. Eine totale Willkürherrschaft eines Souveräns ist innerhalb der Grenzen des Grundgesetzes unmöglich. Im Gegenteil: Durch das Demokratieprinzip ist es möglich, jeden potentiellen Tyrannen abzuwählen, und jede Minderheitsmeinung kann durch Überzeugung zur Meinung der Mehrheit werden. Das Bundesstaatsprinzip verhindert darüber hinaus, dass sich die politische Macht vollständig auf die Bundesebene verlagert, und die Grundrechte schützen zusammen mit dem Rechtsstaatsprinzip die Freiheitsbereiche des einzelnen, während das Sozialstaatsprinzip dafür sorgt, dass nicht nur formelle Freiheit, sondern auch materielle Freiheit gewährleistet wird. Indem die Verfassungsväter diese Ideen in das Grundgesetz aufnahmen, zogen sie die Lehren aus der Geschichte. Willkürherrschaft und Missachtung der Würde des Menschen sollten verhindert werden. Dies ist die *Schutzaufgabe des Grundgesetzes.*

Weiterhin sollte der Gesetzgeber angehalten werden, die Gesellschaft im Sinne des Gemeinwohls zu gestalten. Dies ist die Gestaltungsfunktion des Grundgesetzes. Letztere Funktion glaubte man durch das Sozialstaatsprinzip und vor allem durch das Demokratieprinzip gewährleisten zu können. Ein gewählter, zu sozialem Handeln qua Verfassung aufgeforderter Gesetzgeber kann eigentlich auch nur den Willen der Allgemeinheit (volonté générale) verkörpern (Rousseau, 1977). Weitgehenden Bindungen sollte der Gesetzgeber daher nicht unterliegen, denn eine Bindung der Gestaltungsfreiheit des Gesetzgebers ist nach der dargestellten Auffassung immer eine Beschränkung des Volkswillens. So erklären sich die weiten Ermessens- und Entscheidungsspielräume der gewählten Mehrheit. Zusätzlich sind dann die Entscheidungsfindungskosten vergleichsweise gering.

Ermessens-spielräume

Trotz der Schutzmechanismen des Grundgesetzes gegen Willkürakte des Staates sind Begriffe wie „Politikverdrossenheit", „Schacherdemokratie", „Staatsversagen" oder der internationale Ausdruck „Rent-seeking-Society" in Mode gekommen. Vor diesem Hintergrund stellt sich für den Ökonomen die Frage nach den Fehlanreizen unserer Staatsordnung und den daraus resultierenden Auswirkungen.

4.2. Die Fehlanreize der Gewaltenteilung in Deutschland

Im folgenden wird detailliert auf die von der Gewaltenteilung in der Bundesrepublik Deutschland ausgehenden Fehlanreize und deren Auswirkungen eingegangen. Betrachtet werden die horizontale und die vertikale Aufteilung der staatlichen Kompetenzen. Doch zunächst zur horizontalen Gewaltenteilung.

4.2.1. Zur horizontalen Gewaltenteilung

Die Gewaltenteilung in Deutschland[9] ist ein tragendes Prinzip des Grundgesetzes und in Art. 20 GG verankert. Hier wird festgelegt, dass die Staatsgewalt unter anderem durch besondere Organe der Gesetzgebung, der vollziehenden Gewalt und der Rechtsprechung ausgeübt werden soll (Art. 20 Abs. 2 Satz 2 GG) und dass die vollziehende Gewalt sowie die Rechtsprechung an Gesetz und Recht gebunden sind (Art. 20 Abs. 3 GG).

Das entscheidende Organ der *Legislative* auf Bundesebene ist das Bundesparlament, bestehend aus dem Bundestag und dem Bundesrat. Die erste Kammer wird vom Volk direkt gewählt, während die Vertreter der zweiten Kammer von den Landesregierungen bestellt und abgerufen werden (Art. 51 GG). Bis auf die Gesetzgebung führt der Bundestag die übrigen Parlamentsfunktionen – insbesondere die Kontrolle von Regierung und Verwaltung – alleine aus. Doch die ohne Zweifel dominierende Funktion des Parlaments ist natürlich die Gesetzgebung.

Gesetzgebungsverfahren

Das Gesetzgebungsverfahren beginnt mit der Gesetzesinitiative. In der Regel werden die Gesetzentwürfe von der Bundesregierung ausgearbeitet und eingereicht. Nach Art. 76 Abs. 1 GG haben auch Mitglieder des Bundesrats und des Bundestags in Fraktionsstärke das Recht dazu. Bei Vorlagen durch die Bundesregierung müssen diese vor Verabschiedung dem Bundesrat zugeleitet werden, der innerhalb von 6 Wochen Stellung nimmt. In eiligen Fällen kann die Regierung dies umgehen, indem der Gesetzesentwurf durch Abgeordnete der Regierungsparteien eingebracht wird. Um Meinungsverschiedenheiten zwischen Bundestag und Bundesrat zu begleichen, kann aus Mitgliedern beider Versammlungen ein Vermittlungsausschuss gebildet werden (Art. 77 Abs. 2 GG). Bei Zustimmungsgesetzen (d.h. das Grundgesetz schreibt vor, dass das Gesetz der Zustimmung des Bundesrats bedarf) können Bundestag, -rat oder -regierung den Vermittlungsausschuss anrufen, bei Einspruchsgesetzen kann dies nur der Bundesrat innerhalb einer 3-Wochen-Frist. Den Beschluss von Einspruchsgesetzen kann der Bundesrat in der Regel nur verzögern; denn lehnt er eine Vorlage nach dem Vermittlungsausschuss erneut ab, so kann der Bundestag diese

---

[9]   Vgl. zu den folgenden Ausführungen auch LESCHKE (1993), S. 166 ff.

Ablehnung wiederum überstimmen. Der Bundestag muss allerdings hierbei eine Mehrheit aufbringen, die (mindestens) der im Bundesrat entspricht. Zustimmungsgesetze – entsprechende Vorschriften finden sich im Grundgesetz (Art. 84 Abs. 1 und 5, Art. 85 Abs. 1, Art. 87 Abs. 3 sowie Art. 106 Abs. 3 bis 6 GG) – kann der Bundesrat allerdings wirksam blockieren.

Der starke Einfluss des Bundesrates auf die Gesetzgebung erklärt sich durch eine Anwendung des Äquivalenzprinzips. Weil der Bund über keine eigene hinreichend große Bundesverwaltung verfügt, muss er bei der Ausführung der Gesetze vielfach auf die Länderverwaltungen zurückgreifen (im nächsten Abschnitt dazu mehr). Im Gegenzug sollen die Länder bei solchen Gesetzen, die zu einer Inanspruchnahme „ihrer" Verwaltung führen, bei der Gesetzgebung mitbestimmen.

An der Spitze der *Exekutive* steht die Regierung. Sie hat die Aufgabe, gesellschaftlich erwünschte Zustände innerhalb des in der Verfassung festgelegten Rahmens herbeizuführen. Aufgrund dieser Verantwortung ergeben sich für die Regierung bestimmte Funktionen. Als erstes ist hier die *Koordinationsfunktion* zu nennen, d.h. die notwendige Arbeitsteilung auf Verwaltungs- und vor allem Regierungsebene. Diese ist „von oben nach unten" zu gestalten (Art. 65 GG). Damit eng verbunden ist die *Haushaltsplanungsfunktion*, d.h. die Verteilung der verfügbaren Finanzmittel auf die verschiedenen Staatsaufgaben (Art. 109 – 115 GG). Des weiteren muss die Bundesregierung eine *Organisationsfunktion* erfüllen: Dazu gehört die Errichtung erforderlicher Bundesbehörden und die Verteilung der Aufgaben auf diese Behörden (Art. 86 GG). Hinzu kommt die Sicherstellung der Rechtmäßigkeit und Zweckmäßigkeit der Verwaltung, welche als *Weisungs- und Aufsichtsfunktion* bezeichnet wird (Art. 84 Abs. 3 – 5, Art. 85 Abs. 3 und 4 GG).

Exekutive

Aufgabe der *rechtsprechenden Gewalt* ist es, Streitigkeiten im Sinne des geltenden Rechts zu schlichten. Diese Gewalt ist den Richtern anvertraut, die im Verhältnis zu den übrigen Gewalten unabhängig sind (Art. 97 GG), d.h. sie sind nur dem Gesetz unterworfen und ansonsten vom tagespolitischen Druck weitgehend befreit. In diesem Zusammenhang ist besonders auf die in Art. 19 Abs. 4 Satz 1 GG gewährleistete Rechtsweggarantie für den Fall von Rechtsverletzungen durch die öffentliche Hand hinzuweisen. Dabei besteht nämlich ein erhöhtes Rechtsschutzbedürfnis des einzelnen Bürgers. Da die Rechtsweggarantie Ausfluss des Rechtsstaatsprinzips ist, kann sie in ihrem Wesensgehalt nicht geändert werden, obwohl die Vorschrift selbst nicht zu den (in Art. 79 Abs. 3 GG genannten) unveränderbaren Verfassungsnormen zählt. – Das Bundesverfassungsgericht als oberstes deutsches Gericht besteht aus sechzehn Richterinnen und Richtern. Die eine Hälfte wählt der Bundestag, die andere der Bundesrat, jeweils mit Zweidrittelmehrheit. Die Amtszeit beträgt zwölf Jahre. Eine Wiederwahl

Judikative

Bundesverfassungsgericht

ist ausgeschlossen. Das Gericht setzt sich aus zwei Senaten mit jeweils acht Mitgliedern zusammen. Die Zuständigkeit für Verfassungsbeschwerden und Normenkontrollen ist auf beide Senate verteilt. In allen übrigen Verfahren entscheidet ausschließlich der Zweite Senat. In den beiden Senaten gibt es je drei Kammern mit jeweils drei Mitgliedern. Die Kammern befinden vor allem darüber, ob eine Verfassungsbeschwerde zur Entscheidung angenommen wird. Im Falle der Nichtannahme ist das Verfahren beendet. Die Kammer kann einer Verfassungsbeschwerde stattgeben, wenn sie offensichtlich begründet ist. In Verfahren von grundsätzlicher Bedeutung entscheidet jedoch stets der Senat.

Gewaltenteilung

Das Prinzip der horizontalen Trennung der Gewalten, genauer: die Trennung zwischen Legislative und Exekutive, stellt in Deutschland jedoch nur eine Fiktion dar, da dieselben Parteien, die im Bundestag die Mehrheit haben, auch die Regierung bilden. Abgeordnete des Bundestages behalten bei ihrer Ernennung zu Bundesministern ihr Mandat und gehören damit gleichzeitig der Legislative und der Exekutive an. Der Bundeskanzler als Regierungschef ist häufig zugleich Vorsitzender der stärksten Partei des Bundestags und hat damit großen Einfluss auf die Beschlüsse des Parlaments. Diese Verquickung von Bundesregierung und Parlament wird u.a. damit begründet, dass die Tätigkeit der Regierung nicht eine primär ausführende ist bzw. sein soll, sondern eine politisch planende, die Gesellschaft gestaltende Aufgabe, die nicht durch rechtliche Schranken unnötig gehemmt werden dürfe. Sicherlich sind die Transaktionskosten – genauer: die Entscheidungsfindungskosten – der Regierenden geringer, wenn das Parlament (der Bundestag) und die Bundesregierung auf derselben Parteienmehrheit basieren und wichtige Parteimitglieder beiden Staatsgewalten angehören. Doch diese Transaktionskosten sind nur eine für die Bürger relevante Kostenkategorie. Die andere wichtige Kostenkategorie sind die Diskriminierungskosten. Diese dürften beträchtlich ansteigen, wenn auch das Parlament mehr und mehr mit einer Gesetzgebung für die Tagespolitik betraut ist und die Regierung nicht dahingehend kontrolliert, ob die Gemeinwohlprinzipien, die oben erörtert wurden, verletzt werden. Hinzu kommt, dass die Einflussnahme des Bundesrates auf die parlamentarische Gesetzgebung nicht selten als Blockadeinstrument missbraucht wird, wenn die Regierung bzw. die Bundestagsmehrheit auf anderen Parteien fußt als die Mehrheit im Bundesrat.

Kontrolle der Regierung

Eine Kontrolle der Regierung findet also weniger durch die Parlamentsmehrheit als durch die Oppositionsparteien statt, die beispielsweise durch Beeinflussung der öffentlichen Meinung versuchen können, die Regierungsarbeit zu kritisieren. Bei der Werbung um Stimmen (rational ignoranter Bürger) setzt die Opposition allerdings einer kurzfristig ausgerichteten Ad-hoc-Politik der Regierung in den seltensten Fällen langfristig durchdachte Konzeptionen im Sinne des Allgemeinwohls entgegen. Vielmehr bietet auch sie eher ähnliche wahltaktische, kurzfristige Partialkonzepte an. Die untereinander im Wettbewerb stehenden Politiker befinden sich in einer Dilemmasituation. Es erscheint für sie nicht lohnend, mit relativ komplexen, langfristig ausgerichteten Konzeptionen Wahlkampf zu betreiben. Eine solche Strategie würde durch den politischen Gegner ausgebeutet. Eine gemeinwohlorientierte, prinzipiengeleitete, langfristig orientierte, nachhaltige Politik kann also durch die in Deutschland praktizierte Form der horizontalen Gewaltentrennung nicht erwartet werden.

Die Gefahren, die durch die Durchbrechung des Grundsatzes der Gewaltenteilung entstehen, könnten jedoch durch eine funktionierende vertikale Gewaltenteilung – zum Teil wenigstens – entschärft werden. Im folgenden ist daher zu untersuchen, ob die deutsche Spielart des Föderalismus als funktionsfähig anzusehen ist.

4.2.2. Zur vertikalen Gewaltenteilung

Die Organisationsform des Bundesstaates hat in Deutschland eine lange verfassungsrechtliche Tradition. Wie schon die Verfassung, die 1848 in der Frankfurter Paulskirche entwickelt wurde, ist auch die föderale Nachkriegsordnung durch das Vorbild der US-amerikanischen Bundesverfassung und den Federalist Papers von Hamilton, Madison und Jay beeinflusst worden. Unbestritten ist auch, dass die Besatzungsmächte nach dem Zweiten Weltkrieg ein starkes Interesse daran hatten, durch die Errichtung einer föderalen Struktur der Entwicklung eines neuen mächtigen deutschen Zentralstaates entgegenzuwirken. Wie aber sieht die Verteilung der Staatsgewalt auf die verschiedenen föderalen Ebenen in der Bundesrepublik konkret aus, und welche Probleme ergeben sich aus dieser Anordnung im Hinblick auf die oben abgeleiteten Voraussetzungen für einen funktionierenden Wettbewerb der Regierungen? Um diese Fragen zu beantworten, werden wir zunächst die allgemeine Aufgabenverteilung beschreiben, wie sie im Grundgesetz verankert ist. Danach gehen wir speziell auf die Finanzverfassung in Deutschland ein.[10] Die Analyse bezieht noch nicht die Föderalismusreform des Jahres 2006 mit ein.

Föderale Ebenen

Die Organisationsform der Bundesrepublik als *Bundesstaat* ist in Art. 20 Abs. 1 des Grundgesetzes festgelegt. Diese Norm erhält in Art. 79 Abs. 3 GG eine Bestands- und Unantastbarkeitsgarantie, wie es sie nur für wenige Verfassungsnormen gibt. Damit ist die generelle Existenz von Bund und Ländern gesichert; das bedeutet aber nicht, dass auch die Zahl und die Grenzen der einzelnen Bundesländer verfassungsmäßig fixiert sind. Ledig-

---

[10] Vgl. zu den folgenden Ausführungen auch ISENSEE (1990a) und (1990b) sowie LESCHKE (1993), S. 159 ff. und LESCHKE/SAUERLAND (1999).

lich die Existenz beider föderaler Ebenen ist festgeschrieben. In Bezug auf die Aufgaben- und Kompetenzverteilung zwischen Bund und Ländern haben die Verfassungsväter in Art. 30 GG die *grundsätzliche Alleinzuständigkeit der Länder* verankert. Ausgenommen sind lediglich solche Bereiche, in denen das Grundgesetz explizit andere Regelungen vorsieht. Unter Berücksichtigung dieser „anderen Regelungen" lässt sich die allgemeine Verteilung der *Legislativkompetenzen zwischen Bund und Ländern* in vier Bereiche einteilen.

*Legislativ-
kompetenzen*

Sachgebiete, die nur einheitlich für das ganze Bundesgebiet geregelt werden können, fallen gemäß Art. 73 GG unter die sogenannte *ausschließliche Gesetzgebung des Bundes*. Hier sind z.B. das Währungswesen sowie die Einheit des Zoll- und Handelsgebietes genannt.

Die zweite und umfangreichste Gruppe von Sachgebieten umfasst diejenigen, welche sowohl durch Bund als auch durch die Länder geregelt werden können. Die Gegenstände dieser *konkurrierenden Gesetzgebung* sind in Art. 74 GG aufgezählt und umfassen beispielsweise das Bürgerliche Recht und das Strafrecht. Die Kompetenz für diese Rechtsgebiete soll der Bund nur dann übernehmen, wenn ein Bedürfnis nach bundesgesetzlicher Regelung besteht (Art. 72 GG), weil die entsprechenden Aufgaben von den Ländern nicht im Sinne des Gemeinwohls erfüllt werden können. Grundsätzlich gilt damit in Verbindung mit Art. 30 GG das Subsidiaritätsprinzip. Die Einhaltung dieses Prinzips wird allerdings dadurch erschwert, wenn nicht sogar verhindert, dass der Gesetzgeber selbst, also hier der Bund, darüber entscheiden kann, ob bundeseinheitliches Recht notwendig ist oder nicht. Da nach Art. 31 GG das Bundesrecht das Landesrecht dominiert, hebt jeder Erlass eines Bundesgesetzes auf dem Gebiet der konkurrierenden Gesetzgebung die Landesgesetze dieses Bereichs auf. Als Ergebnis dieser unklar definierten „Spielregel" ist es faktisch so, dass die Länder nur noch in denjenigen Bereichen Gesetze erlassen dürfen, die der Bund im Laufe der Zeit noch nicht an sich gezogen hat wie z.B. im Bereich der Krankenhausgesetze, der Nachbarrechtsgesetze und der Mittelstandsförderungsgesetze.

Die dritte Gruppe von Aufgaben fällt unter die sogenannte *Rahmengesetzgebung des Bundes* (Art. 75 GG). Hiernach gibt der Bund per Gesetz einen Rahmen vor, der durch Rechtsvorschriften der Länder ausgefüllt werden kann (z.B. Hochschulrahmengesetz und Naturschutzgesetz). Die Rahmenvorschriften müssen so gestaltet sein, dass dem Landesgesetzgeber ausreichend Raum für Willensentscheidungen in der sachlichen Rechtsgestaltung übrig bleibt.

Alle verbleibenden Bereiche, die nicht dem Bund zufallen, werden nach Art. 70 Abs. 1 GG durch die *ausschließliche Landesgesetzgebung* geregelt.

Dies sind verwaltungsrechtliche Dinge wie z.B. das Polizeiaufgabengesetz, das Schulgesetz, die Gemeindeordnung und die Landesrundfunkgesetze.

Auch die *Verteilung der Verwaltungskompetenzen* lässt sich in vier Bereiche unterscheiden, und zwar in die Bundeseigenverwaltung, die Gemeinschaftsaufgaben sowie die Landeseigenverwaltung und die Auftragsverwaltung. *Eigene Verwaltungskompetenzen des Bundes* ergeben sich für die in Art. 87 ff. GG aufgezählten Bereiche wie die Bundeswehrverwaltung oder die Deutsche Bundesbank. Darüber hinaus kann der Bund nach Art. 87 Abs. 3 GG für Angelegenheiten, für die ihm die Gesetzgebung zusteht, selbständige Bundesoberbehörden, bundesmittelbare Körperschaften sowie Anstalten des öffentlichen Rechts einrichten. Bei dringendem Bedarf kann er mit Zustimmung von Bundestag und Bundesrat auch Mittel- und Unterbehörden errichten. Von dieser Möglichkeit hat der Bund bisher allerdings noch keinen Gebrauch gemacht.

In Bereichen, in denen Bund und Länder zusammenwirken (z.B. Hochschulen, regionale Wirtschaftsstruktur, Raumordnung, Kriminalpolizei), spricht man bezüglich der Verwaltungtätigkeit von *Gemeinschaftsaufgaben* (Art. 91a und 91b GG). Die Verwaltung als *Landeseigenverwaltung* ergibt sich zunächst wieder aus Art. 30 GG, der festlegt, dass die Landesverwaltung immer zuständig ist, sofern keine andere Regel des Grundgesetzes dem entgegensteht. Dementsprechend werden auch fast alle Bundesgesetze von den Ländern als eigene Angelegenheiten in eigener Verantwortung ausgeführt, wie es in Art. 83, 84 GG vorgesehen ist. Allerdings steht der Bundesregierung (mit Zustimmung des Bundesrates) das Recht zu, allgemeine Verwaltungsvorschriften zu erlassen (Art. 84 Abs. 5 GG). Gegenstand dieser Verwaltungsvorschriften sind hauptsächlich organisatorische Regelungen, wie z.B. der Aufbau und die innere Ordnung der Verwaltung.

Auf einigen Gebieten kann der Bund die Landesverwaltung explizit mit der Ausführung von Bundesgesetzen beauftragen. Man spricht dann von der *Bundesauftragsverwaltung* (Art. 85 GG). Dies gilt z.B. für Teile der Finanzverwaltung (Art. 108 Abs. 3 GG) aber auch für die Verwaltung von Bundesautobahnen, Bundesstraßen und Bundeswasserstraßen.

Betrachtet man diese allgemeine Kompetenzverteilung, so stellt man fest, dass von der de jure Alleinzuständigkeit der Länder faktisch wenig übriggeblieben ist. In Bezug auf die oben hergeleitete Voraussetzung für den vertikalen Wettbewerb zwischen den föderalen Ebenen Bund und Länder gibt es mit der konkurrierenden Gesetzgebung zwar ein potentielles Wettbewerbsfeld. Jedoch ist dieses aufgrund der unklaren Definition, der leichten Begründbarkeit der Notwendigkeit von bundeseinheitlichen Regelungen und der fehlenden Durchsetzbarkeit des Subsidiaritätsprinzips de

Verwaltungs-kompetenzen

facto nicht mehr vorhanden. Während die Verlagerung von Kompetenzen von unten nach oben relativ leicht ist, haben die Länder keine verfassungsmäßig verankerte Möglichkeit, eine (Rück)Verlagerung von oben nach unten zu erstreiten.[11] Die Voraussetzungen für einen funktionierenden vertikalen Wettbewerb der Regierungen sind mithin in Deutschland weitgehend *nicht* gegeben. Wie aber ist es um die Möglichkeit eines potentiellen horizontalen Wettbewerbs zwischen den Ländern bestellt? Zur Beantwortung dieser Frage betrachten wir nun die Verteilung der Kompetenzen innerhalb der Finanzverfassung, die im Grundgesetz in den Artikeln 104a bis 115 verankert ist.

Kompetenzen im Finanzwesen

Auch bei der *Verteilung der Kompetenzen im Finanzwesen* innerhalb der Bundesrepublik ist es sinnvoll, verschiedene Teilkompetenzen zu unterscheiden. Im einzelnen geht es hier um Fragen der Gesetzgebungskompetenzen im Finanzwesen, der Verwaltungskompetenzen sowie der Ertrags- und der Ausgabenkompetenzen für die Steuereinnahmen. Beginnen wir mit letzteren:

Die *Ausgabenkompetenzen* sind in Art. 104a GG geregelt. Hiernach ist die Ausgabenkompetenz grundsätzlich an die jeweils durchzuführende Aufgabe gekoppelt. Der erst 1969 ins Grundgesetz aufgenommene Art. 104a GG sollte damit verhindern, dass der Bund im Laufe der Zeit immer mehr Ausgabenkompetenzen an sich zieht. Allerdings darf der Bund nach Art. 104a Abs. 4 GG zur Abwehr einer Störung des gesamtwirtschaftlichen Gleichgewichts (§ 1 StabWG) sowie zum Ausgleich unterschiedlicher Wirtschaftskraft im Bundesgebiet den Ländern und Gemeinden Finanzhilfen für Investitionen gewähren. Dies sollte aber nach der Rechtsprechung des Bundesverfassungsgerichts die Ausnahme bleiben. Darüber hinaus kann der Bund nach Art. 109 Abs. 4 GG zur Abwehr einer Störung des gesamtwirtschaftlichen Gleichgewichts Gebietskörperschaften und Zweckverbände per Bundesgesetz ermächtigen, Kredite aufzunehmen. Allerdings dürfen nach Art. 115 Abs. 1 Satz 2 Halbsatz 1 GG die Einnahmen aus Krediten nicht die Summe der im Haushaltsplan veranschlagten Ausgaben für Investitionen überschreiten. Eine Ausnahme gegen diese Regelung liegt jedoch nach Halbsatz 2 gerade wieder bei einer Störung des gesamtwirtschaftlichen Gleichgewichts vor. Auch ist hier der Ermessensspielraum der gewählten Mehrheit groß; denn sie legt ja schließlich selbst fest, wann gesamtwirtschaftliche Erfordernisse Kreditaufnahme und zusätzliche Ausga-

---

[11] Auch die mit der Grundgesetzänderung von 1994 eingeführte Rückübertragungsbefugnis in Art. 72 Abs. 3 GG konnte das angeführte Problem nur scheinbar mildern. Da eine Rückübertragung von Kompetenzen auf die Länder nur durch ein nichtzustimmungspflichtiges Bundesgesetz erfolgen kann, bleibt die Entscheidung über eine solche Rückverlagerung im Ermessen des Bundes.

ben rechtfertigen. Absoluten Willkürentscheidungen wird jedoch ein Riegel vorgeschoben.

Hinsichtlich der *Verteilung der Gesetzgebungskompetenzen im Finanzwesen* kann man von einer umfassenden Kompetenz des Bundes sprechen. Zwar hat er nach Art. 105 GG die ausschließliche Kompetenz nur für Zölle und Finanzmonopole, doch kann er für den Fall der konkurrierenden Gesetzgebungskompetenz über die Steuern das Gesetzgebungsrecht an sich ziehen, wenn dies die Wahrung der Rechts- und Wirtschaftseinheit, insbesondere die Einheit der Lebensverhältnisse, erfordert (Art. 105 Abs. 2 GG in Verbindung mit Art. 72 Abs. 2 GG). Da der Bund von dieser Möglichkeit sehr stark Gebrauch gemacht hat, steht den Ländern faktisch nur die ihnen ausdrücklich und allein zugeordnete Gesetzgebungskompetenz über örtliche Verbrauch- und Aufwandsteuern zu (Art. 105 Abs. 2a GG). Die Länder können jedoch über den Bundesrat Einfluss auf die Steuergesetzgebung des Bundes nehmen, weil Bundesgesetze über Steuern, deren Aufkommen ganz oder teilweise Ländern oder Gemeinden zufließt, der Zustimmung des Bundesrates bedürfen (Art. 105 Abs. 3 GG).

Die Verteilung der Verwaltungskompetenzen weicht teilweise von der Verteilung der Gesetzgebungskompetenzen ab. Die Bundesbehörden verwalten die Zölle, Finanzmonopole, bundesgesetzlich geregelte Verbrauchsteuern und EU-Abgaben; die Landesfinanzbehörden verwalten alle anderen Steuern (Art. 108 GG).

Neben der Verteilung der Gesetzgebungskompetenzen ist die Verteilung der Ertragskompetenzen das wichtigste Problem des Finanzwesens der Bundesrepublik Deutschland. Ein Teil dieses Problems entsteht daraus, dass in Deutschland eine Mischung aus Trenn- und Verbundsteuern existiert: Während die Trennsteuern jeweils einer föderalen Ebene allein zustehen, d.h. entweder dem Bund oder den Ländern oder den Gemeinden, wird das Aufkommen aus den Verbundsteuern auf verschiedene Ebenen verteilt (BMF, 1996, S. 44 ff.). Unter Einbeziehung von Trenn- und Verbundsteuern ergeben sich gemäß Art. 106 GG die in Tabelle 8.4 zusammengefassten Ertragskompetenzen.

Tabelle 8.4

Ertragskompetenz nach Art. 106 GG		
Bund	*Länder*	*Gemeinden*
Bundessteuern	*Ländersteuern*	*Gemeindesteuern*
• Zölle • Kapitalverkehrsteuer • Versicherungsteuer • Wechselsteuer • Solidaritätszuschlag • Abgaben im Rahmen der EU • Verbrauchsteuern außer: Biersteuer	• Erbschaftsteuer • Grunderwerbsteuer • Kraftfahrzeugsteuer • Biersteuer • Rennwett- und Lotteriesteuer • Feuerschutzsteuer • Spielbankabgabe	• Gewerbesteuer * • Grundsteuer • Örtliche Verbrauch- und Aufwandsteuern, z.B. Hundesteuer
Anteil an Gemeinschaftsteuern	*Anteil an Gemeinschaftsteuern*	*Anteil an der Einkommensteuer*
• Einkommensteuer • Körperschaftsteuer • Umsatzsteuer	• Einkommensteuer • Körperschaftsteuer • Umsatzsteuer	
Anteil an der Gewerbesteuerumlage*	*Anteil an der Gewerbesteuerumlage**	*Steuerzuweisungen durch Landesgesetzgebung*
* Bund und Länder werden durch eine Umlage am Aufkommen der Gewerbesteuer beteiligt. Diese Umlage ist in Art. 106 Abs. 6 Sätze 4 und 5 GG verankert und beträgt zur Zeit ca. 15 Prozent.		

Von großer Bedeutung sind als Verbundsteuern die Einkommen-, die Umsatz- und die Körperschaftsteuer, deren Aufkommen im Jahr 1994 einen Anteil von ca. 70 % des gesamten Steueraufkommens in Deutschland darstellte. Während die Einkommensteuer auf alle drei föderalen Ebenen verteilt wird, stehen die Körperschaft- und Umsatzsteuer nur Bund und Ländern zu. Die Anteile an der Umsatzsteuer werden jeweils durch Bundesgesetz – mit Zustimmung des Bundesrates – festgesetzt. Da der Bundesrat zustimmen muss, findet das Tauziehen um die Verteilung dieser Steuer in regelmäßigen Zeitabständen statt. Hierdurch können jeweils die Relationen „Gesamteinnahmen zu Ausgabevolumen" von Bund und Ländern angepasst werden, wobei sich der Anteil der Länder in den letzten Jahren systematisch erhöht hat. So standen dem Bund 1993 noch 63 Prozent des Aufkommens zu (Länder 37 Prozent), während es 1995 nur noch 56 Prozent waren (Länder 44 Prozent).

Für die Frage der Wirksamkeit des horizontalen Wettbewerbs zwischen den Jurisdiktionen ist die weitere Verteilung des Länderanteils an der Umsatzsteuer von herausragender Bedeutung. Während die Einkommen- und die Körperschaftsteuer nach dem Ort des Wohnsitzes bzw. der Betriebsstätte der jeweiligen Steuerzahler auf die einzelnen Länder verteilt werden und damit weitgehend dem Prinzip der räumlichen Äquivalenz Rechnung getragen wird, wird dieses Prinzip bei der Verteilung der Umsatzsteuer auf die einzelnen Länder durchbrochen.

Wie ist nun die Verteilung der Steuererhebungskompetenzen aus Sicht der oben aufgestellten ordnungsökonomischen Anforderungen zu beurteilen?

Offensichtlich ist sofort die Tatsache, dass die Bundesländer wenig Spielraum im Bereich der Steuererhebung haben. Da fast alle wesentlichen Steuern im Rahmen der konkurrierenden Gesetzgebung bundeseinheitlich geregelt sind, fällt dieser „Preis" für öffentliche Leistungen der Länder als Wettbewerbsparameter im möglichen Standortwettbewerb auf Länderebene aus. Besonders offensichtlich wird der geringe Spielraum, wenn man die Tatsache betrachtet, dass der Bund z.B. ein Hebesatzrecht auf die Einkommensteuer hat.[12] Der Solidaritätszuschlag ist eine solche Möglichkeit des Bundes, zwecks eigener zusätzlicher Einnahmeerzielung einen Zuschlag auf die Einkommensteuer zu erheben. Obwohl beispielsweise vom Wissenschaftlichen Beirat beim Bundesministerium der Finanzen immer wieder gefordert (z.B. BMF, 1995, S. 47), steht den Ländern ein solches Recht nicht zu. Während sich also die Länder als Gruppe bei der Neufestsetzung des Länderanteils an der Umsatzsteuer gegenüber dem Bund schadlos halten können, gibt es eine Möglichkeit zur Differenzierung der wesentlichen Steuerlast zwischen den Ländern nicht.

Beurteilung der Steuererhebungs- kompetenzen

Somit lässt sich festhalten, dass sowohl der vertikale Wettbewerb zwischen Bund und Ländern um Kompetenzen als auch der horizontale Wettbewerb der Länder um Einwohner bzw. Neuansiedlungen von Unternehmen durch die Verfassungsregeln der konkurrierenden Gesetzgebung und die Finanzverfassung relativ schlechte Voraussetzungen finden. Die vielfach angeführte Begründung für die Übernahme von Gesetzgebungskompetenzen durch den Bund, nämlich die Vereinheitlichung der Lebensverhältnisse, verwischt die dem Föderalismus wesentliche Eigenschaft, eine regionale Differenzierung der Bereitstellung öffentlicher Leistungen vornehmen zu können. Der horizontale Wettbewerb zwischen den Ländern wird damit wenig lohnend. In Bezug auf den vertikalen Wettbewerb geben weder das Grundgesetz noch das Bundesverfassungsgericht eine durchdachte Konzeption für die Aufgabenverteilung zwischen Bund und Ländern (und Gemeinden) vor.

Den Ländern verbleibt als wichtige Einflussmöglichkeit damit vor allem die Mitwirkung an der Gesetzgebung über den Bundesrat. Hierdurch wird

---

12 Den Gemeinden steht bekanntlich das Hebesatzrecht im Bereich der Gewerbesteuer zu, so dass die Steuersätze letztlich zwischen den einzelnen Gemeinden differieren können.

allerdings kein Anreizmechanismus geschaffen, der zu einer stärker gemeinwohlorientierten Politik führt. Im Gegenteil: Durch die Institution „Bundesrat" wird den Ländern verstärkt die Möglichkeit gegeben, in den politischen Bargaining-Prozess einzutreten, um Kompetenzen gegen finanzielle Mittel zu tauschen. Auf diese Weise mindern sie den für sie unangenehmen Wettbewerbsdruck ohne finanzielle Einbußen (in der kurzen Frist) zu erleiden. Indem die Politiker ihren eigenen Wettbewerbsdruck entschärfen, werden die Bürger langfristig zu den Verlierern einer immer weniger am Gemeinwohl orientierten Politik.

Durch den Föderalismus, wie er in Deutschland institutionell ausgestaltet ist, wird zwar das wichtige Minimalziel, die Vermeidung eines übermächtigen Zentralstaats, der letztlich alle Kompetenzen an sich zieht, erreicht; der Preis dafür sind allerdings konzeptionslose Verteilungskämpfe und Blockaden zwischen Bund und Ländern.

Interdependenz von horizontaler und vertikaler Gewaltenteilung

Der Föderalismus, so wie er sich heute (vor der Reform 2006) zeigt, ist ganz und gar nicht ein intendiertes Resultat des deutschen Grundgesetzes. Vielmehr sind es die Fehlanreize, die aus der horizontalen Gewaltenteilung resultieren, die dann auch zu einer Fehlkonzeption der vertikalen Gewaltenteilung geführt haben. Die Verquickung von Exekutive und Legislative sowie der große Einfluss der Länder über den Bundesrat auf die Gesetzgebung mussten zwangsläufig dazu führen, dass der Wettbewerbsföderalismus aufgeweicht wurde und ein wenig funktionsfähiger Konsens-Korporatismus das Land reformunfähig macht. So entwickelte sich das Steuersystem von einem Trennsystem, das stärker auf dem Äquivalenzprinzip fußte, zu einem Verbundsystem, und im Namen der konkurrierenden Gesetzgebung wuchsen die Kompetenzen des Parlaments (Bundestag und Bundesrat) immer stärker an. Als Folge ergaben und ergeben sich vielfältige Fälle von Staatsversagen, auf die im Folgenden Abschnitt eingegangen wird.

4.2.3. Ergebnis: Staatsversagen als Verfassungsversagen

Staatsversagen

Sowohl die horizontale und (als Folge) auch die vertikale Gewaltenteilung in Deutschland weisen Schwächen auf, Den Politikern werden (zu) wenig Anreize gegeben, eine langfristig orientierte, prinzipiengeleitete Politik zu betreiben. Dies führt zu dem Problem des *Staatsversagens*. Staatsversagen, verstanden als eklatante Verstöße gegen die Grundprinzipien des Funktionierens marktwirtschaftlicher Demokratien, tritt genau dann auf, wenn die Kosten einer an bestimmten Gruppeninteressen ausgerichteten Politik von der Mehrheit der Bevölkerung nicht erkannt werden. Entsprechend wird Staatsversagen zurückgedrängt, wenn die Kosten dieser Politik transparent gemacht werden und die Bevölkerung diese Politik nicht länger gutheißt. Möglicherweise lassen sich in bestimmten Bereichen sogar Regeln finden, deren gesetzliche Verankerung die Gefahr des Staatsversagens in diesen Bereichen sogar dauerhaft mindern. Sachverständigenräte, Forschungsinstitute, Rechnungshöfe, die Zentralbank und andere von der Tagespolitik unabhängige Organisationen wirken in diesem Sinne oftmals auf die Politik ein. Vor diesem Hintergrund wird klar, dass zwar gravierende Fälle von Staatsversagen im Laufe der Zeit erfolgreich bekämpft werden können. Die rationale Ignoranz der Bürger ermöglicht jedoch permanent das Entstehen neuer Staatsversagensprobleme. So kommt es zwar nicht zum „Niedergang der deutschen Nation" (Mancur Olson), aber zu einer Politik des „Staatsversagens als Verfassungsversagen", die einer prinzipiengeleiteten Gemeinwohlpolitik entgegensteht. Zahlreiche Beispiele lassen sich hier anführen. Beispielhaft seien die Folgenden erwähnt:

- Das System des Länderfinanzausgleichs (Umsatzsteuervorwegausgleich, Länderfinanzausgleich i.e.S., Bundesergänzungszuweisungen) vermindert den Anreiz der Bundesländer, eine wohlüberlegte Politik „für Investitionen" zu machen. Dieser Verstoß gegen die „Einheit von Handlung und Haftung" (Äquivalenzprinzip) höhlt den Wettbewerbsföderalismus stark aus.

- Das Steuersystem in Deutschland vollzog eine immer stärkere Abkehr vom Äquivalenzprinzip. Zudem sorgte die Abkehr vom Gleichheitsgrundsatz (einfache Steuerregeln für alle) zu Gunsten einer Suche nach Sozialverträglichkeit und Einzelfallgerechtigkeit dafür, dass (insb. ausländische) Investoren von hohen marginalen Steuersätzen und vor allem von hohen Transaktionskosten abgeschreckt wurden und werden.

- Erhaltungssubventionen für marode Unternehmen (Fall Holzmann) und Branchen (Kohle, Agrar) sind Verstöße gegen den Gleichheitsgrundsatz und gegen den Grundsatz der „Einheit von Handlung und Haftung". Sie führen dazu, dass Mittel anderen Bereichen entzogen werden, dass nötige strukturelle Anpassungen unterbleiben oder zumindest verlangsamt werden und dass Anreize in den Unternehmen generiert werden, sich zu schlagkräftigen Interessengruppen zusammenzuschließen und Rent-seeking- Aktivitäten zu entfalten. Als Folge sind Investitionen, Wachstum und Beschäftigung gering.

- Aufgrund nur unzureichender Verschuldungsgrenzen im Grundgesetz (Art. 115 Abs. 1 GG: Die Einnahmen aus Krediten dürfen die Summe der im Haushaltsplan veranschlagten Ausgaben des Bundes für Investitionen *nicht* überschreiten; Art 109 II GG schreibt Bund und Ländern vor, bei ihrer Haushaltswirtschaft den Erfordernissen des gesamtwirtschaftlichen Gleichgewichts Rechnung zu tragen) und auf der EU-Ebene (der Stabilitäts- und Wachstumspakt sieht vor, dass die Mitgliedstaaten sich maximal in Höhe von 3 % des BIP ver-

Beispiele für Staatsversagen

schulden dürfen, es sei denn, eine überraschende, starke Rezession tritt ein) wächst der Schuldenstand des deutschen Staates in Relation zum BIP immer stärker an. Dieser eklatante Verstoß gegen das Äquivalenzprinzip in zeitlicher Hinsicht hat zur Folge, dass zukünftige Generationen über Gebühr belastet werden und der Staat zukünftig seinen Handlungsspielraum immer mehr einengt, weil die Zinslast immer stärker ansteigt. Schulden führen mithin zu neuen Schulden, treiben die Staatsquote hoch und verdrängen immer mehr private Investitionen. Wachstum und Beschäftigung werden gehemmt.

- Jährlich mahnt der Bundesrechnungshof zahlreiche Verstöße gegen das Wirtschaftlichkeitsprinzip an, ohne dass geeignete Maßnahmen zur Eindämmung solcher Verschwendungen von Seiten der Politik ergriffen werden.

- Die Systeme des Sozialen Netzes (Gesetzliche Kranken- und Pflegeversicherung, Arbeitslosenversicherung) arbeiteten lange Zeit sehr ineffizient und wirkten sich zudem negativ auf die Arbeitskosten aus, bevor langsam und zögerlich in der jüngsten Vergangenheit erste Reformschritte (Gesundheitsreform, Hartz-Gesetze) eingeleitet wurden, die allerdings nach überwiegender Meinung der Fachleute bei weitem nicht ausreichen, um alle Ineffizienzen, d.h. Verstöße gegen das Wirtschaftlichkeitsprinzip, zu beseitigen.

- Auch das deutsche Bildungssystem – hier vor allem die Schulbildung – schneidet im internationalen Vergleich (Pisa-Studien) eher schlecht ab. Die ineffiziente Struktur des dreigliedrigen Schulsystems verlangt zu früh (schon nach dem vierten Schuljahr) eine Selektion und gewährt eine vergleichsweise geringe Chancengleichheit: Kinder aus Elternhäusern, die nur wenig schulische Unterstützung leisten können, haben kaum die Chance auf einen guten Abschluss und damit sehr schlechte Aussichten auf einen attraktiven Arbeitsplatz.

- Regulierungen des Arbeitsmarktes (Arbeitsrecht) und der Gütermärkte sind zum Schutz der Arbeitnehmer und Konsumenten konzipiert worden und erscheinen aus dieser Perspektive sinnvoll. Zugleich erhöhen sie jedoch vielfach die Transaktionskosten für Unternehmen und wirken auf diese Weise investitionshemmend. Statt ähnlich wie im Umweltbereich Kosten-Nutzen-Analysen oder Gesetzesfolgeabschätzungen durchzuführen, werden Deregulierungsdiskussionen in der Politik fast immer ideologisch geführt, so dass selten effiziente Reregulierungen vorgeschlagen und umgesetzt werden. Es besteht geradezu eine Abneigung Regulierungen zu ökonomisieren, ein Versäumnis, das volkswirtschaftlich teuer ist.

Weitere Beispiele für Staatsversagen in Deutschland ließen sich anführen. Aus der hier vorgestellten Perspektive lassen solche Prozesse kollektiver Selbstschädigung nur bekämpfen, wenn die Verfassung so geändert wird, dass Politiker, die für eine kurzfristig ausgerichtete Ad-hoc-Politik plädieren, die für einzelne Gruppen Privilegien schafft, nicht gegenüber solchen Politikern, die für eine prinzipiengeleitete Politik zur Etablierung von Markt und Wettbwerb eintreten, belohnt werden. Als zentrale erste Schritte sind diesbezüglich eine Zurückdrängung der Macht des Bundesrates (bzw. der Anzahl der zustimmungspflichtigen Gesetze) und eine Wiederbelebung des Wettbewerbsföderalismus (klare Aufgaben für die Länder und eigene Steuererhebungskompetenzen) zu nennen.

5. Fallstudie Europa: Zur institutionellen Gestaltung der Europäischen Union

In komplexen Politikbereichen, die für die meisten Bürger nur wenig durchschaubar sind, ist immer dann mit Staatsversagen zu rechnen, wenn keine klar definierten Regeln staatliches Handeln sinnvoll leiten. Den Politikern werden dadurch Anreize gegeben, Wahlgeschenke an organisierte Gruppen zu verteilen und die entstehenden Kosten auf alle Bürger oder in die Zukunft zu verlagern. *Eine „Kraft"*, die solchen Ineffizienzen des Staatsversagens entgegenwirkt, ist der *internationale Standortwettbewerb*; denn die Faktoren Kapital und mit Einschränkungen auch Arbeit können bei vorhandenem Standortwettbewerb dorthin wandern, wo ihnen die Preis-Leistungskombinationen am günstigsten erscheinen. Zugleich wirkt der Standortwettbewerb damit als ein Entdeckungsverfahren für bessere Regelsysteme und Verfahren der Bereitstellung öffentlicher Güter. Er wird deshalb auch als *Systemwettbewerb* bezeichnet. Ob es zu einem für die Bürger produktiven Systemwettbewerb kommt, hängt – wie bei marktlichen Wettbewerbsprozessen auch – maßgeblich von den Rahmenregeln des Wettbewerbs ab. Diesbezüglich nimmt die fortschreitende Integration in Europa einen wichtigen Stellenwert ein. Die Qualität der Regeln des Standortwettbewerbs in Europa entscheidet maßgeblich darüber, ob in (naher) Zukunft durch den Konkurrenzdruck Staatsversagen in den Nationalstaaten abgebaut wird oder nicht. Es stellt sich somit die Frage: Welche institutionellen Voraussetzungen benötigt ein produktiver Standortwettbewerb in Europa?

Standort- oder Systemwettbewerb

5.1. Grundlegende Voraussetzungen eines Standortwettbewerbs in Europa

Die grundlegenden Voraussetzungen eines produktiven Standortwettbewerbs in Europa sind die gleichen, die für einen horizontalen Wettbe-

werb von Jurisdiktionen oben bereits abgeleitet wurden: Geltung des Äquivalenzprinzips in räumlicher Hinsicht und eigene Steuererhebungskompetenzen. Diese Grundvoraussetzungen sind innerhalb der Europäischen Union auf der Ebene der Nationalstaaten vorhanden. Die Möglichkeit der Abwanderung von Bürgern und Unternehmen zur Sanktionierung der Anbie-

Grundfreihei-
ten

ter-Jurisdiktionen ist durch die vier Grundfreiheiten (Art. 23 f. u. 39 ff.
EGV):

- freier Warenverkehr,

- freier Personenverkehr,

- freier Dienstleistungsverkehr,

- freier Kapitalverkehr,

verbunden mit dem Bekenntnis zum Abbau von Handelsbeschränkungen
(Art. 3 (1) a EGV) gegeben. Zudem wurde zwecks Eindämmung des Ver-
schuldungsproblems – bzw. um eklatante Durchbrechungen des Äquivalenzprinzips in zeitlicher Hinsicht zu verhindern – der sogenannte Stabili-
täts- und Wachstumspakt zwischen den Mitgliedstaaten geschlossen. Dieser Pakt enthält nach heftiger Diskussion und Überarbeitung Anfang des
Jahres 2005 im Einzelnen folgende Kernpunkte:

1. Die im EG-Vertrag festgelegte Obergrenze für das öffentliche Haus-
   haltsdefizit eines Jahres von 3 % des Bruttoinlandsprodukts (BIP) ist
   von den Teilnehmerländern möglichst auch in wirtschaftlich ungünsti-

Stabilitäts- und
Wachstums-
pakt

   gen Lagen einzuhalten. Dies bedeutet, dass das Defizit in konjunkturel-
   len Normallagen die 3 %-Grenze mittelfristig deutlich unterschreiten
   muss.

2. Ausnahmen von der strikten 3 %-Regel werden bei außergewöhnlichen
   Ereignissen (Naturkatastrophen und schweren Rezessionen) gewährt.
   Wenn der Wachstumseinbruch bei einer Rezession so stark ist, dass das
   Bruttoinlandsprodukt um mindestens 2 % schrumpft, wird dem betroffenen Land eine Ausnahme zugestanden. Ist die Schrumpfung geringer
   als 2 %, kann der Rat dann eine Ausnahme gewähren, wenn das Land
   zusätzliche Nachweise für die Schwere der Rezession erbringt. So können die Geschwindigkeit des Abschwungs oder das Verhältnis zum
   Trendwachstum berücksichtigt werden. Die Mitgliedstaaten haben sich
   verpflichtet, die Ausnahmeregelung nicht in Anspruch zu nehmen,
   wenn ihre Wachstumsrate günstiger als -0,75 % ist.

3. Weiterhin können Mitgliedstaaten, die den Referenzwert von 3 % nur
   vorübergehend überschreiten oder sich ihm (wieder) nähern, eine Reihe
   von „einschlägigen Faktoren" geltend machen, um ein Defizitverfahren
   zu verhindern. Zu diesen Faktoren gehören das potentielle Wachstum,
   der Wirtschaftszyklus, Strukturreformen (Reform der Renten- und So-

zialsysteme), Umsetzung von Maßnahmen im Rahmen der Lissabonner Agenda sowie zur Förderung von Forschung & Entwicklung und Innovation, aber auch die mittelfristige Wirtschafts- und Haushaltslage (Konsolidierung während guter wirtschaftlicher Zeiten, Schuldenniveau, öffentliche Ausgaben für Investitionen). Insbesondere sollen auch solche haushaltspolitischen Anstrengungen berücksichtigt werden, die darauf abzielen Finanzbeiträge zugunsten der internationalen Solidarität aufzustocken oder auf einem hohen Niveau zu halten (um Ziele der europäischen Politik zu verwirklichen, insbesondere den Prozess der Einigung Europas).

4. Wird trotz dieser möglichen Ausnahmen ein „übermäßiges Defizit" von der Kommission festgestellt, so kann diese dem Rat empfehlen, bestimmte Schritte zum Abbau des Defizits in dem entsprechenden Land einzuleiten. Den Defizitsündern werden dann zwei Jahre Zeit gegeben werden (vorher lediglich ein Jahr), ein übermäßiges Defizit zu korrigieren. Dieser Zeitraum kann verlängert werden, wenn „nachteilige wirtschaftliche Ereignisse" eintreten, die sich sehr ungünstig auf den Haushalt auswirken. Ihnen wird allerdings nur dann Rechnung getragen, wenn ein Land belegen kann, dass es die ihm empfohlenen Korrekturmaßnahmen auch tatsächlich umgesetzt hat.

5. Sind keine hinreichenden Umsetzungen der vorgeschlagenen Konsolidierungsbemühungen erkennbar und kann das Defizitland auch keine Ausnahme(n) geltend machen, so werden Sanktionen verhängt. Als Grundbetrag ist eine unverzinsliche Stabilitätseinlage von 0,2 % des BIP vorgesehen. Diese steigt mit jedem Prozentpunkt der Defizitverfehlung um 0,1 % des BIP bis zu einer Obergrenze von 0,5 % des BIP. Diese Einlage wird in eine nicht rückzahlbare Geldstrafe umgewandelt, wenn das übermäßige Defizit nicht innerhalb von zwei Jahren korrigiert wird. Die Erlöse aus diesen Sanktionen dürfen nur denjenigen Teilnehmerländern zugutekommen, die selbst kein übermäßiges Defizit aufweisen.

Auf den Stabilitäts- und Wachstumspakt haben sich die Staats- und Regierungschefs der Europäischen Union im Dezember 1996 in Dublin geeinigt. Grundlage für den Stabilitäts- und Wachstumspakt war der von Bundesfinanzminister Dr. Theo Waigel im November 1995 vorgeschlagene „Stabilitätspakt für Europa". Diese Verschuldungsgrenzen sind vor dem Hintergrund zu sehen, dass innerhalb einer Währungsunion der Anreiz für ein Mitgliedsstaat, sich zu verschulden, steigt. Die Kosten der Zinserhöhung tragen schließlich alle Mitgliedstaaten. Damit entsteht eine Gefangenendilemmasituation, die es zu entschärfen gilt.

Der „Pakt" ist jedoch nach seiner Novellierung im Jahr 2005 so stark aufgeweicht worden, dass von einer tatsächlichen Schuldenbegrenzung kaum mehr die Rede sein kann. Insbesondere relativ reiche Staaten mit niedrigem Potenzialwachstum können immer irgendeine Ausnahme geltend machen.

EU-Politiken

Neben der unwirksamen Begrenzung der Verschuldung existieren eine Fülle weiterer Artikel im EG-Vertrag, die der Idee eines produktiven Standortwettbewerbs entgegenstehen bzw. diesen gefährden können. Zu nennen sind hier beispielhaft die Ausführungen zur

- Industrie-, Forschungs- und Technologiepolitik (Art. 157 u. 163 ff. EGV): Weitreichende Marktinterventionen durch die Politik sind möglich; mittel- bis langfristig wird darunter die internationale Wettbewerbsfähigkeit nicht gefördert, sondern leiden, und der Wachstumspfad wird absinken;

- Kohäsions-, Struktur- und Regionalpolitik (Art. 146 ff. u. 154 ff. EGV): Weitreichende Umverteilungen zur Vereinheitlichung der Lebensverhältnisse können die Eigeninitiative der Regionen und Staaten lähmen, ihre Strukturprobleme zu beheben und eine „offensive Standortpolitik" zu betreiben;

- Sozialpolitik (Art. 136 ff. EGV): Maßnahmen zur Vereinheitlichung der Sozialpolitik können zu Arbeitslosigkeit führen, wenn unterschiedliche Produktivitätsunterschiede in den Mitgliedstaaten nicht beachtet werden.

- Beschäftigungspolitik (Art. 125 ff. EGV): EU-Maßnahmen zur Senkung der Beschäftigung können in Arbeitsbeschaffungsmaßnahmen münden, die nur die Symptome der Arbeitslosigkeit bekämpfen, nicht jedoch die Ursachen; Initiativen der Mitgliedstaaten, selbst problemadäquate Lösungen zu suchen, werden so abgeschwächt.

- Angleichung der Rechtsvorschriften (Art. 94 ff. EGV): Vereinheitlichungen der Rechts- und Verwaltungsvorschriften mit dem Ziel, die Funktionsfähigkeit des Binnenmarktes zu erhöhen, können zu unnötigen Regulierungen führen, so dass das institutionelle Lernen durch den Systemwettbewerb unerwünscht stark unterbunden wird.

Dass im Rahmen dieser Politiken keine nicht-legitimierbaren Marktinterventionen durchgeführt und Kompetenzen unnötigerweise auf die europäische Entscheidungsebene verlagert werden, sollen das

- Subsidiaritätsprinzip (Art. 5 Abs. 2 EGV)

- der Grundsatz der Verhältnismäßigkeit (Art. 5 Abs. 3 EGV) und das

- Prinzip der begrenzten Einzelermächtigung (Art. 5 Abs. 1 EGV)

sicherstellen. Da diese Prinzipien (bisher) jedoch nicht hinreichend justiti-
abel ausgestaltet sind, dürften sie kaum in der Lage sein, ineffizienten und
allgemein unerwünschten Zentralisierungstendenzen wirksam entgegenzuwirken. Mithin ist es durchaus vorstellbar, dass die EU-Politik *nicht* zu einer allgemeinen Wohlstandserhöhung führt; vielmehr können auch Fälle
gemeinwohlschädlicher Politikmaßnahmen auftreten. Ein produktiver
Standortwettbewerb kann durch weitreichende Maßnahmen der Vereinheitlichung und Zentralisierung ausgehebelt werden. Eine dezentrale Suche
nach Lösungen für Probleme wie Arbeitslosigkeit, Wachstumsschwäche
oder Strukturwandel wird dann abgelöst durch Symptombehandlungen auf
der europäischen Ebene. Interventionsspiralen, die zunehmend die Marktkräfte behindern sind dann die Folge. Befürchtungen dieser Art verbergen
sich hinter den Begriffen „Zentralstaat", „Festung", „Subventionsgemein-
schaft" oder „Leviathan", die für die EU kreiert wurden.

*Nicht-
legitimierbare
Marktinterven-
tionen*

Solche Gefahren, die in der ökonomischen Terminologie als Diskriminierungskosten bezeichnet werden, können jedoch durch die wirksame
Verankerung von Schutz- oder Verfassungsregeln reduziert werden. Vor
diesem Hintergrund stellt sich – ausgehend vom Status quo – die Frage
nach der adäquaten institutionellen Ausgestaltung der Europäischen Union.
Beginnen wir die Analyse mit dem institutionellen Status quo in Europa.

5.2. Der institutionelle Status quo in Europa

Im folgenden sollen die wichtigsten Organe der EU vorgestellt und das
Anreizsystem der ziel- und gesetzgebenden Institutionen untersucht werden.

5.2.1. Die wichtigsten Organe der EU

Die zentralen Institutionen, die auf den Gesetzgebungsprozess und die
Politik in Europa Einfluss ausüben, sind: (1) der Europäische Rat, (2) der
Ministerrat, (3) die Kommission, (4) das Europäische Parlament, (5) der
Europäische Gerichtshof, (6) der Europäische Rechnungshof, (7) die Wirt-
schafts- und Sozialausschüsse, (8) der Ausschuss der Regionen und (9) das
Europäische System der Zentralbanken. Auf diese Institutionen sei im fol-
genden eingegangen.

Seit 1974 treten die Staats- bzw. Regierungschefs der Europäischen U-
nion mindestens zweimal jährlich im *Europäischen Rat* (Art. 4 EUV) zusammen. An diesen Europagipfeln nimmt auch der Präsident der Europäischen Kommission teil. Der Präsident des Europäischen Parlaments wird
eingeladen, in der Eröffnungssitzung seine Angelegenheiten vorzutragen.
Der Europäische Rat setzt die Prioritäten für die weiteren wichtigen Integ-
rationsschritte. Zudem befasst er sich mit strittigen Fragen, die auf Minis-

*Europäischer
Rat*

terebene nicht geklärt werden können. Er berichtet nach jeder seiner Tagungen dem Europäischen Parlament und veröffentlicht jährlich einen Bericht über die in der Unionspolitik erzielten Fortschritte.

Ministerrat

Im Rat der Europäischen Union, auch bekannt als *Ministerrat* (Art. 202 ff. EGV), erlassen die (Minister der) Mitgliedstaaten Rechtsvorschriften für die Union, setzen ihr politische Ziele, koordinieren ihre nationalen Politiken und regeln Konflikte. Der Vorsitz im Rat wechselt alle 6 Monate. In den meisten Bereichen (u.a. Landwirtschaft, Fischerei, Binnenmarkt, Umwelt und Verkehr) beschließt der Rat mit qualifizierter Mehrheit. Dabei haben die Mitgliedstaaten (z.Z.) folgende Stimmen: Deutschland, Frankreich, Italien, Vereinigtes Königreich je 29; Polen, Spanien je 27; Niederlande 13; Belgien, Griechenland, Portugal, Tschechien, Ungarn je 12; Österreich, Schweden je 10; Irland, Dänemark, Finnland, Litauen, Slowakei je 7; Estland, Lettland, Lxemburg, Slowenien, Zypern je 4 und Malta 3. Eine qualifizierte Mehrheit ist erreicht, wenn die Mehrheit der Mitgliedstaaten zustimmt und wenn mindestens 232 Stimmen für einen Beschluss zusammenkommen. Darüber hinaus kann ein Mitgliedsstaat fordern, dass überprüft wird, ob durch die befürwortenden Stimmen mindestens 62 Prozent der Gesamtbevölkerung der EU vertreten sind. Kann dies nicht bestätigt werden, gilt der Beschluss als abgelehnt.

Einstimmigkeit ist in der Ersten Säule (Europäische Gemeinschaft) für einige wichtige Angelegenheiten, vor allem hinsichtlich des Beitritts neuer Mitgliedstaaten und Vertragsänderungen vorgesehen. In der 2. (Außen- und Sicherheitspolitik) und 3. Säule (Innen- und Justizpolitik) dagegen ist grundsätzlich für die meisten Beschlüsse Einstimmigkeit erforderlich.

Abstimmungen des Rates über Rechtsakte und die Begründungen dieser Abstimmungen werden aufgrund massiver Kritik in der Vergangenheit nun regelmäßig veröffentlicht. Die Öffentlichkeit hat jetzt auch Zugang zu bestimmten Dokumenten des Rates, und einige Debatten des Rates werden audiovisuell übertragen.

Kommission

Die *Europäische Kommission* (Art. 211 ff. EGV) umfasst neben dem Präsidenten 24 Mitglieder[1]: Jeder Mitgliedsstaat stellt einen Kommissar. Ab dem 27. Mitgliedsstaat wird ein Rotationsverfahren eingeführt, so dass die Anzahl der Kommissare zwingend unter der Anzahl der Mitgliedstaaten liegt (die genaue Anzahl legt der Rat einstimmig fest). Die Amtszeit der Kommisare beträgt fünf Jahre. Der Kommissionspräsident wird nach Anhörung des Europäischen Parlaments von den im Europäischen Rat versammelten Staats- bzw. Regierungschefs ernannt. Die Mitgliedstaaten ernennen die übrigen Mitglieder der Kommission im Einvernehmen mit dem

---

[1]   Weitere 15 000 Bedienstete arbeiten den Kommissaren zu.

ernannten Präsidenten. Der Rat und das Europäische Parlament können ihre Gesetzgebungsbefugnisse nur auf Initiative der Kommission ausüben. Die Kommission wacht über die Anwendung des Gemeinschaftsrechts. Sie tritt wöchentlich zusammen, um ihre Aufgaben zu erledigen. Hierbei lassen sich drei klassische Felder unterscheiden:

(1) Sie macht Vorschläge für EU-Rechtsvorschriften.

(2) Sie ist die Hüterin der Verträge.

(3) Sie führt die Unionspolitik durch und beschließt im Namen der Union internationale Übereinkommen.

Eine neue Kommission kann ihr Amt erst antreten, wenn alle ihre Mitglieder vom Europäischen Parlament bestätigt worden sind. Die Kommission muss geschlossen zurücktreten, wenn das Europäische Parlament ihr das Misstrauen ausspricht.

Das *Europäische Parlament* (Art. 189 ff. EGV) besteht aus 732 Abgeordneten (Deutschland 99; Frankreich, Italien, Vereinigtes Königreich je 78; Polen, Spanien: 54; Niederlande 27; Belgien, Griechenland, Portugal, Tschechien, Ungarn je 24; Schweden 19, Österreich 18; Dänemark, Finnland, Slowakei je 14; Irland, Littauen je 13; Lettland 9; Slowenien 7; Estland, Zypern, Luxemburg je 6; Malta 5) und wird von den Bürgern der Europäischen Union direkt gewählt. Die Sitzungen des Europäischen Parlaments sind öffentlich. Seine wichtigsten Befugnisse lassen sich in drei Gruppen unterteilen:

Europäisches Parlament

1. Gesetzgebungsbefugnisse,

2. Haushaltsbefugnisse,

3. Kontrolle der Exekutive.

(Ad 1:) Nach den Römischen Verträgen von 1957 war das Parlament lediglich ein beratendes Organ. Rechtsakte wurden ohne den Einfluss des Parlaments von der Kommission ausgearbeitet und vom Rat verabschiedet. In späteren Verträgen wurden die Befugnisse des Parlaments erweitert. Es kann jetzt Rechtsakte abändern und in manchen Fällen sogar selbst verabschieden und teilt in vielen Bereichen die Entscheidungsbefugnis mit dem Rat:

– Beim *Anhörungsverfahren,* muss das Parlament zu dem von der Kommission vorgeschlagenen Rechtsakt Stellung nehmen, ehe er vom Rat verabschiedet werden kann. Dieses Verfahren gilt beispielsweise für die Bereiche Landwirtschaft, Verkehr, Wettbewerbsregeln, steurliche Vorschriften, Unionsbürgerschaft, polizeiliche und justizielle Zusammenarbeit bei Strafsachen, Änderung der Verträge.

– Beim *Zustimmugsverfahren* kann das Parlament an dem vorgeschlagenen Rechtsakt keine Änderungen vornehmen, der Rat muss aber die

Zustimmung des Parlaments einholen. Es kommt u.a. in den Bereichen Aufgaben der EZB, Struktur- und Kohäsionsfonds, internationale Übereinkünfte und Beitritt neuer Mitgliedstaaten zur Anwendung.

– Beim *Mitentscheidungsverfahren* sind die Entscheidungsbefugnisse auf Parlament und Rat gleich verteilt. Können beide sich nicht einigen, wird der Vermittlungsausschuss einberufen. Er besteht aus Mitgliedern des Rates und ebensovielen Vertretern des Parlaments (unter Teilnahme der Kommission) und bemüht sich um einen Kompromiss. Kommt es trotzdem zu keiner Einigung, gilt der Vorschlag als endgültig abgelehnt. Das Mitentscheidungsverfahren kommt u.a in den Bereichen Freizügigkeit, Niederlassujngsrecht, Verbraucherschutz, Binnenmarkt, Beschäftigung, Bildung, Kultur, Gesundheit, Forschung, Umwelt, Transparenz und transeuropäische Netze zur Anwendung.

(Ad 2:) Das Europäische Parlament stellt jährlich den Haushaltsplan der Union fest. Im Rahmen des Haushaltsverfahrens kann es Änderungen am Vorentwurf der Kommission und am Entwurf des Rates vorschlagen. Bei Ausgaben für die gemeinsame Agrarpolitik und zur Erfüllung internationaler Verpflichtungen hat der Rat das letzte Wort; über andere Ausgaben (z.B. Bildungs- und Sozialprogramme, Regionalfonds, Umwelt- und Kulturprojekte) entscheidet das Parlament in enger Zusammenarbeit mit dem Rat. Bei seiner Arbeit stützt sich das Parlament auch auf den Jahresbericht des Rechnungshofes.

(Ad 3:) Das Parlament übt die politische Kontrolle über die gesamte Tätigkeit der Union aus. Es kontrolliert die Kommission, indem es deren zahlreiche Berichte prüft. Parlamentsabgeordnete können auch schriftliche und mündliche Anfragen an die Kommission richten. Im schlimmsten Fall kann das Parlament durch ein Misstrauensvotum die Kommission zum Rücktritt zwingen. Der amtierende Ratspräsident muss dem Parlament zu Beginn seiner Amtszeit sein Programm vorlegen. Er berichtet ihm auch über die Ergebnisse jeder Tagung des Europäischen Rates und über die Entwicklung in der Außen- und Sicherheitspolitik. Die Ratsmitglieder nehmen an den Plenartagungen, der Fragestunde und wichtigen Debatten des Parlaments teil, und sie müssen an sie gerichtete (schriftliche) Anfragen beantworten. Seit einigen Jahren nimmt der Präsident des Parlaments auch an den Gipfeltreffen der Staats- bzw. Regierungschefs teil.

Europäischer Gerichtshof

Der *Europäische Gerichtshof* (Art. 220 ff. EGV) besteht aus einem Richter je Mitgliedstaat und acht Generalanwälten. Die Richter und Generalanwälte werden von den Regierungen der Mitgliedstaaten in gegenseitigem Einvernehmen auf sechs Jahre ernannt; Wiederernennung ist zulässig. Sie sind unter Persönlichkeiten auszuwählen, die jede Gewähr für Unabhängigkeit bieten und in ihrem Staat die für die höchsten richterlichen Ämter erforderlichen Voraussetzungen erfüllen. Die Richter wählen aus ihrer Mitte den Präsidenten des Gerichtshofes für die Dauer von drei Jahren; Wiederwahl ist zulässig. Der Präsident leitet die rechtsprechende Tätigkeit und die Verwaltung des Gerichtshofes; er führt den Vorsitz in den mündlichen Verhandlungen und bei den Beratungen. Die Generalanwälte unterstützen den Gerichtshof bei der Erfüllung seiner Aufgaben. Es obliegt ihnen, in voller Unparteilichkeit und Unabhängigkeit öffentlich Schlussanträge zu den Rechtssachen, mit denen der Gerichtshof befasst ist, zu stellen und zu begründen.

Der unabhängige *Europäische Rechnungshof* (Art. 246 ff. EGV) besteht aus einem Staatsangehörigen je Mitgliedstaat. Diese werden vom Rat nach vorheriger Anhörung des Europäischen Parlaments einstimmig ernannt. Der Europäische Rechnungshof wacht darüber, dass die Europäische Union ihre Mittel nach den Regeln der Haushaltsordnung und für die vorgesehenen Zwecke verwendet. Die Berichte des Rechnungshofes informieren die Öffentlichkeit darüber, in welchen Bereichen die Union Mittel in welcher Höhe verschwendet.

Europäischer Rechnungshof

Der *Wirtschafts- und Sozialausschuss* (Art. 257 ff. EGV) wurde durch die Römischen Verträge (1957) mit dem Ziel eingesetzt, die verschiedenen Interessengruppen des wirtschaftlichen und sozialen Lebens an der Verwirklichung des gemeinsamen Binnenmarktes zu beteiligen und ihnen institutionell die Möglichkeit zu geben, der Kommission und dem Rat der Europäischen Union ihren Standpunkt zu allen Fragen von gemeinschaftlichem Interesse zur Kenntnis zu bringen. Der Ausschuss besteht z.Z. aus 317 Mitgliedern, die auf Vorschlag der Einzelstaaten vom Rat der Europäischen Union auf vier Jahre ernannt werden. Ihre Wiederernennung ist zulässig. Die Mitglieder sind in drei Gruppen organisiert: Arbeitgeber (Gruppe I), Arbeitnehmer (Gruppe II) und Verschiedene Interessen (Gruppe III). Sie verteilen sich wie folgt auf die Mitgliedstaaten: Deutschland, Frankreich, Italien, Vereinigtes Königreich: 24; Polen, Spanien: 21; Belgien, Griechenland, Niederlande, Österreich, Portugal, Schweden, Tschechische Republik, Ungarn: 12; Dänemark, Irland, Finnland, Litauen, Slowakei: 9; Estland, Lettland, Slowenien: 7; Luxemburg, Zypern: 6 und Malta: 5. Die Stellungnahmen des Ausschusses werden den Gemeinschaftsorganen übermittelt und sodann im Amtsblatt der Europäischen Gemeinschaften veröffentlicht.

Wirtschafts- und Sozialausschuss

Der *Ausschuss der Regionen* (Art. 263 ff. EGV) wurde eingesetzt, weil die Mitgliedstaaten zum einen ihre regionalen und lokalen Eigenheiten respektiert wissen und zum anderen an der Entwicklung und Durchführung der EU-Politik beteiligt werden wollen. Der Ausschuss muss in Fragen des wirtschaftlichen und sozialen Zusammenhalts, der transeuropäischen Netze, des Gesundheitswesens, der Bildung, Jugend und Kultur angehört wer-

Ausschuss der Regionen

den. Der Ausschuss kann aber auch von sich aus zu anderen politischen Angelegenheiten Stellung nehmen, die die lokalen und regionalen Gebietskörperschaften betreffen (z.B. Fragen der Landwirtschaft und des Umweltschutzes). Er setzt sich z.Z. ebenso wie der Wirtschafts- und Sozialausschuss aus 317 Mitgliedern zusammen.

Europäisches System der Zentralbanken

Das *Europäische System der Zentralbanken* (ESZB) (Art. 105 ff. EGV) besteht aus der Europäischen Zentralbank (EZB) und 15 Nationalen Zentralbanken (NZB). Die Beschlussorgane des ESZB sind der EZB-Rat, das Direktorium der EZB und der Erweiterte Rat. Das Direktorium der EZB umfasst neben dem Präsidenten und dem Vize-Präsidenten vier weitere Mitglieder. Sie werden von den Regierungen der Mitgliedstaaten auf der Ebene der Staats- und Regierungschefs auf Empfehlung des Rates, der zuvor das Europäische Parlament und den EZB-Rat anhört, einvernehmlich ernannt. Die Hauptaufgaben des Direktoriums bestehen in der Ausführung der Geldpolitik gemäß den Leitlinien des EZB-Rates. Der EZB-Rat besteht aus den Mitgliedern des Direktoriums und den Präsidenten der nationalen Zentralbanken, die zur Euro-Zone gehören. Die Hauptaufgabe des EZB-Rates besteht in der Festlegung der Geldpolitik (geldpolitisches Zwischenziel, Leitzinsen, Bereitstellung von Zentralbankgeld). Zum Erweiterten Rat der EZB zählen der Präsident und der Vize-Präsident der EZB sowie die Präsidenten der nationalen Zentralbanken der Euro-Zone und der EWS-II-Zone. Die weiteren Mitglieder des EZB-Direktoriums können an den Sitzungen des Erweiterten Rats teilnehmen, besitzen aber kein Stimmrecht. Der Erweiterte Rat übernimmt zum einen eine wichtige Koordinationsfunktion zwischen den Mitgleidern der Euro-Zone und den Noch-Nicht-Mitgliedern. Zum anderen leistet er wichtige Vorarbeiten zur Durchführung einer reibungslosen Geldpolitik (z.B. Erhebung von Statistiken, Erstellung von Berichten, Standardisierungen und buchmäßige Erfassung der Geschäfte der nationalen Notenbanken).

Das vorrangige Ziel des ESZB ist, Preisniveaustabilität zu gewährleisten. Soweit dieses Zeil nicht beeinträchtigt wird, unterstützt das ESZB die allgemeine Wirtschaftspolitik in der Gemeinschaft. Darüber hinaus nehmen die EZB und die nationalen Zentralbanken in ihren Berichten auch zur Wirtschaftspolitik der Mitgliedstaaten und der Gemeinschaft Stellung. Auf diese Weise wirkt das ESZB gegen mögliche wirtschaftspolitische Ad-hoc-Maßnahmen, insbesondere wenn dadurch mittelfristig die Preisniveaustabilität gefährdet werden könnte.

Nach diesem Überblick über die wichtigen Institutionen der Europäischen Union stellt sich nun die Frage, welche Gefahr dieser institutionelle Status quo in sich birgt. Oder plakativ formuliert: Ensteht ein europäischer Leviathan?

Die Verbreitung des Begriffs „Leviathan" – ein Fabeltier, das nach der Bibel den Inbegriff des Bösen darstellt[2] – geht u.a. auf den Vertragstheoretiker Thomas Hobbes zurück, der ausufernde Staaten bereits 1651 so bezeichnete. In Bezug auf die europäische Integration umschreibt dieser Ausdruck die Befürchtung der Bürger, dass die Entscheidungen auf der europäischen Ebene gegen ihre Präferenzen verstoßen, weil ein nicht mehr zu bändigender europäischer Zentralstaat entsteht. Zurückgeführt wird diese Befürchtung zumeist auf ein Demokratiedefizit auf der Gemeinschaftsebene: Die Entscheidungsfindung in Brüssel erscheint vielen Bürgern intransparent und zudem wird bemängelt, dass das von den Bürgern gewählte Europäischen Parlament bisher nicht die Gesetzgebungskompetenz besitzt, sondern der Ministerrat, der aus den Exekutiven der Mitgliedstaaten hervorgeht.

Europäischer Leviathan

Wir wollen im folgenden die Anreiz- und Kontrollmechanismen der europäischen Organe etwas näher untersuchen, um das Demokratiedefizit auf der europäischen Ebene genauer lokalisieren zu können.

5.2.2. Die Anreize der ziel- und gesetzgebenden Organe

Die entscheidenden Organe sind natürlich diejenigen, die die politischen Ziele auf der EU-Ebene konkretisieren. Dies sind der Europäische Rat und die am laufenden europäischen Gesetzgebungsprozess beteiligten Organe: die Kommission, der Ministerrat, das Parlament und der Gerichtshof. Auf diese Organe wirken unzählige Interessengruppen und die übrigen angesprochenen Institutionen ein. Hierbei ist es das Anliegen der Europäischen Zentralbank, die Mitgliedstaaten zu einer stabilitätsorientierten Fiskalpolitik zu bewegen. Der Europäische Rechnungshof drängt die Politiker, Verschwendungen einzudämmen. Der Wirtschafts- und Sozialausschuss koordiniert die Ansprüche verschiedener Interessengruppen, die an einer stärkeren Beachtung ihrer Sonderinteressen wünschen. Ähnlich agiert der Ausschuss der Regionen, allerdings unter der besonderen Berücksichtigung regionaler Interessen. – Mit anderen Worten: An die ziel- und gesetzgebenden Organe der EU werden zahlreiche Ansprüche gestellt. Einige davon sind sicherlich gemeinwohlförderlich, andere hingegen dürften nur im Interesse einzelner Gruppen sein und das Gemeinwohl langfristig schädigen. Wie die ziel- und gesetzgebenden Organe zwischen diesen Ansprüchen selektieren, d.h. welche Forderungen sie in politische Programme transfor-

---

[2] Der Leviathan erscheint in der Bibel (vgl. Jesaja 27,1 und Hiob 40, 41) als Sinnbild des Teufels in Gestalt der Schlange, des Krokodils oder des Drachens. Ausgestattet mit übermenschlicher Allmacht kann er nur durch Gott, jedoch nicht durch den Menschen gezügelt werden.

mieren und welche nicht, hängt maßgeblich von den Anreizen ab, denen sie unterliegen. Hierauf sei nun eingegangen:[3]

Europäischer Rat

Der *Europäische Rat* erarbeitet die allgemeinen Ziele der Union und gibt so der europäischen Integration politische Impulse. Eine Kontrolle erfolgt insbesondere durch die Oppositionsparteien und die Öffentlichkeit in den jeweiligen Mitgliedstaaten. Die Diskussion über Zielsetzungen des Europäischen Rates dürfte maßgeblich von der politischen Opposition in den Nationalstaaten initiiert werden. Aus dem journalistischen Bereich, aus Bereichen, die unabhängig vom tagespolitischem Geschehen sind (wie Sachverständigenräte, Rechnungshöfe, Zentralbanken, Wettbewerbsbehörden), sowie von Interessengruppen erfolgen gegebenenfalls auch Stellungnahmen. Aufgrund dieser Kontrolle besteht für die Staats- und Regierungschefs der Anreiz, bei den Entscheidungen im Europäischen Rat nationalstaatliche Interessen zu verfolgen. Fehlentscheidungen des Europäischen Rates, d.h. Entscheidungen gegen die Interessen der Bürger, sind allerdings dann zu erwarten, wenn die demokratische Kontrolle in den Mitgliedstaaten versagt oder die Entscheidungsfindung auf verzerrten Informationen bzw. falschen theoretischen Vorstellungen beruht.

Ministerrat

Die Zieloperationalisierung qua Gesetzgebung obliegt dem *Ministerrat*. Dieses Organ befindet über Gesetzgebungsvorschläge der Kommission. Es setzt sich je nach zu erörterndem Problem aus den Fachministern der Regierungen der Mitgliedstaaten zusammen. Sofern der Ministerrat nichts gegenteiliges beschließt, können Kommissionsmitglieder an Ratstagungen teilnehmen. Die Sitzungen des Rates sind öffentlich. Sie finden nur dann unter Ausschluss der Öffentlichkeit statt, wenn die Mehrheit der Mitglieder es verlangt. Jedenfalls ist die De-facto-Kontrolle durch Opposition und Öffentlichkeit weitaus geringer als in den nationalstaatlichen Parlamenten. Da die Ratsmitglieder in den Mitgliedstaaten im Grunde derselben Kontrolle unterliegen wie die Mitglieder des Europäischen Rates, werden sie bei wichtigen Entscheidungen, die in der Öffentlichkeit diskutiert werden, bemüht sein, möglichst die nationalstaatlichen Interessen zu verfolgen. Da jedoch zum einen nicht alle Entscheidungen von der Öffentlichkeit wahrgenommen werden und zum anderen viele Entscheidungen erst durch Kompromisse, die Meinungsverschiedenheiten zwischen den Mitgliedstaaten glätten, möglich werden, können in Einzelfällen auch Nachteile für einzelne Staaten entstehen. Daneben besteht für die Minister die Möglichkeit, Entscheidungen, die auf nationalstaatlicher Ebene strittig erscheinen und der Regierung Popularität kosten, auf die europäische Ebene zu verla-

---

[3] Vgl. zu den folgenden Ausführungen Vaubel (1995), Witte (1995) oder Bohnet-Joschko (1996).

gern. So lassen sich z.B. Mehrwertsteuererhöhungen leichter (schein-) legitimieren.

Die *Kommission* kann als Art europäische Regierung bezeichnet werden. Die wichtigsten Aufgaben der Kommission bestehen in der Ausübung der Exekutivbefugnisse, die auch den Erlass von Durchführungsbestimmungen umfasst, der Überwachung der Einhaltung der Vertragsvorschriften (insbesondere durch die Mitgliedstaaten), der Vorbereitung des Haushaltsplans, der Erstellung des jährlichen Gesamtberichts über die rechtliche, wirtschaftliche und soziale Situation der Gemeinschaft und in der Ausübung des Gesetzesinitiativrechts. Die Kommission ist der Motor europäischer Politik. Dementsprechend steht sie permanent im Kreuzfeuer der Kritik. Pressure Groups, Regierungen in den Mitgliedstaaten oder eingerichtete Ausschüsse äußern laufend ihre Meinung zu aus ihrer Sicht notwendig erscheinenden Maßnahmen. Angesichts der Ansprüche, die ununterbrochen an die Kommissionsarbeit gestellt werden, ist es verständlich, dass dieses Organ in bestimmten Aufgabenfeldern, die inhaltlich nicht klar abgesteckt werden können, dazu neigt, möglichst viele Gestaltungsmittel zu aquirieren. Delors viel zitierter Ausspruch aus dem Jahr 1988 „In 10 Jahren werden 80 % der Wirtschaftsgesetzgebung, vielleicht auch der steuerlichen und sozialen, gemeinschaftlichen Ursprungs sein!" unterstreicht diese These. Auswüchse einer an den Wünschen stark organisierter Pressure Groups ausgerichteten Europapolitik sind die Agrarmarktordnung sowie die Stahl-, Industrie- und Fischereipolitik. Die Kommissionsarbeit wird also – sofern keine Gegenkräfte vorhanden sind – langfristig in einigen Gebieten zu unerwünschten Zentralisierungstendenzen führen. Diese Einschätzung übersieht keinesfalls, dass die Kommission in Bereichen, wo ihr Aufgabenfeld klar umrissen ist, hervorragende Arbeit leistet. So sind z.B. einige Tätigkeiten im Bereich „Wettbewerb", hier insbesondere bei der Durchsetzung des Beihilfeverbots, sicher sehr lobenswert. Dies ändert aber nichts an den erwähnten Gefahren, und es sei auch erwähnt, dass selbst auf dem Feld der Wettbewerbspolitik die Möglichkeit besteht, dass eine konzeptionelle Politik von einer Industriepolitik, die zu einem eklektischen Einzelfallinterventionismus führt, abgelöst wird.

Kommission

Das wichtigste Kontrollorgan der Union ist das von den EU-Bürgern direkt gewählte *Europäische Parlament*. Die Parlamentarier haben nicht nur die Aufgabe, die Arbeit der Kommission zu überwachen und ihr möglicherweise mit einer Zweidrittelmehrheit das Misstrauen auszusprechen, sondern sie sind auch seit 1994 an der Ernennung der Kommission und ihres Präsidenten beteiligt, und sie wirken seit dem Maastricht-Vertrag stärker auf die Gesetzgebung des Rates ein. Dieses Einwirken erstreckt sich nicht nur auf das Anfertigen bloßer Stellungnahmen, sondern es besteht wie oben ausgeführt ein aktives Mitentscheidungsrecht in den Bereichen

Europäisches Parlament

Binnenmarkt, Freizügigkeit der Arbeitnehmer, Niederlassungsfreiheit, gegenseitige Anerkennung von Zeugnissen, Aufnahme nicht-selbständiger Tätigkeiten u.v.a.m. Daneben existiert seit der Einheitlichen Europäischen Akte das Verfahren der Zusammenarbeit. Auch hier kann das Parlament aktiv Einfluss ausüben, indem es ihm zugeleitete Gesetzesvorschläge abändert. Stimmt die Kommission diesen Abänderungswünschen zu, so beschließt der Rat mit qualifizierter Mehrheit. Stimmt die Kommission nicht zu, muss der Rat einstimmig entscheiden. Das Verfahren der Zusammenarbeit gilt in wichtigen Bereichen wie der Sozialpolitik, Bildung, Wirtschafts- und Währungsunion, Strukturfonds und transeuropäische Netze. Die im Zeitverlauf steigende Einflussnahme des Europäischen Parlaments auf die Gesetzgebung hat jedoch nicht zu dem Eindruck geführt, dass damit möglichen Zentralisierungs- und Bürokratisierungsprozessen entschlossen entgegengewirkt würde, auch scheinen Unwirtschaftlichkeiten und einer Abschottung der EU nach außen kein Riegel vorgeschoben zu werden. Der Grund für die teilweise unentschlossene Kontrolle des Europäischen Parlaments liegt vor allem in der Tatsache begründet, dass die Parlamentarier ihr Hauptanliegen darin sehen, ihren Einfluss auf die europäische Gesetzgebung zu vergrößern. Dieser Wunsch des Parlaments lähmt natürlich eine effiziente Kontrolle; denn die Parlamentarier müssen bestrebt sein, vor den anderen Organen und den Interessengruppen in einem „guten Licht" zu stehen, um die Chancen der erweiterten Gesetzgebungsbefugnis nicht zu verringern.

Europäischer Gerichtshof

Der *Europäische Gerichtshof* ist die Schiedsrichterinstanz auf der europäischen Ebene. Er hat bei zulässigen Klagen einzelner natürlicher oder juristischer Personen, der Mitgliedstaaten oder anderer Organe der EU darüber zu befinden, ob Vertragsverletzungen vorliegen. Hierbei entstehen natürlich Ermessensspielräume für die Richter. Geht man davon aus, dass der Einfluss von Sonderinteressen auf die Richter aufgrund ihrer Unabhängigkeitsstellung vergleichsweise gering ist, so werden sie auf der Basis gängiger Theorien und Überzeugungen, die im Zusammenhang mit dem jeweiligen Problem stehen, entscheiden. Dies kann je nach Güte der herrschenden Meinung gemeinwohlförderlich oder gemeinwohlschädlich sein. In jedem Fall sind die Richter an den Vertragstext der EU-Verträge gebunden. Insofern haben sie nur einen begrenzten Einfluss auf die Entwicklung der europäischen Integration. Es darf aber nicht übersehen werden, dass die Wichtigkeit des EuGH mit der Fülle der Aufgaben auf europäischer Ebene steigt. Die grundlegende Anreizstruktur geht bei Ermessensspielräumen eher in Richtung Zentralisierung.

Damit lässt sich zusammenfassend feststellen:

(1) Die Kommission neigt wie jede Regierung, die unter „Gruppendruck" steht, dazu, in vielen Feldern Gestaltungsmittel zur (kurzfristigen) Be-

friedigung der zahlreichen Wünsche zu aquirieren. Hierbei können legitime Grenzen der Verhältnismäßigkeit, der Subsidiarität, der Wirtschaftlichkeit und/oder des Prinzips offener Märkte verletzt werden.

(2) Die Mitglieder des Europäischen Rates und des Ministerrates unterliegen zwar demokratischer Kontrolle in den jeweiligen Mitgliedstaaten, jedoch kann gerade dadurch der Anreiz entstehen, „ungeliebte Probleme", mit deren Behandlung auf nationalstaatlicher Ebene keine Popularität gewonnen werden kann, auf die europäische Entscheidungsebene abzuschieben. Auch können nicht alle wichtigen Probleme immer in einem hinreichenden Umfang öffentlich diskutiert werden.[4] Dies gilt insbesondere für die laufenden Entscheidungen des Ministerrates.

(3) Das Europäische Parlament wird die ihm zugedachte Kontrollfunktion nicht zufriedenstellend wahrnehmen, solange die Parlamentarier um eine Erweiterung ihrer Kompetenzen kämpfen und die Kontrollaufgaben nicht hinreichend spezifiziert sind. Andere Kontrollorgane wie z.B. der Europäische Rechnungshof haben wiederum keine wirkungsvollen Sanktionsmöglichkeiten.

(4) Der gesamte Gesetzgebungsprozess ist nicht nur aufgrund seiner Kompliziertheit von den Bürgern kaum nachzuvollziehen, sondern auch sehr intransparent, weil der Rat immer noch zu oft hinter verschlossenen Türen tagt – auch wenn die Berichtspflicht zugenommen hat und zu einigen Sitzungen die Presse zugelassen ist. Zudem ist der Gesetzgebungsprozess sehr zeitkostenintensiv und wird angesichts zukünftiger Erweiterungen der EU vereinfacht werden müssen. Ein zunehmendes Abrücken vom Einstimmigkeitsprinzip ist zu erwarten.

Diese Punkte unterstützen die These, dass die Ängste der Bürger bezüglich der Europäischen Integration keinesfalls unberechtigt sind. Aufgrund der Freiheitsgrade und Anreize ist eine kurzfristig ausgerichtete europäische Politik zugunsten der Befriedigung von Partialinteressen, die zu Lasten der Allgemeinheit geht, nicht nur denkbar, sondern teilweise bereits ein Faktum. Es wäre jedoch falsch, daraus den Schluss zu ziehen, das „Rad der Integration" zurückzudrehen. Zum einen weisen die politischen Wettbewerbsprozesse auch auf nationalstaatlicher Ebene Ineffizienzen auf. Zum anderen könnten die ohne Zweifel vorhandenen Integrationsvorteile nicht (mehr) genutzt werden. Es stellt sich deshalb nicht die Frage der Desintegration, sondern die Frage nach institutionellen Reformen zur Senkung der

---

4 Die Ökonomik spricht hier von dem Problem „rationaler Ignoranz": Unter Knappheit kann der Bürger sich nicht um alle politischen Belange kümmern (Downs, 1968), 239 ff.

Diskriminierungs- und wenn möglich auch der Entscheidungsfindungskosten.

5.3. *Vorschläge zur institutionellen Ausgestaltung der Europäischen Union*

Nicht wenige Europäer glauben, die Gefahr eines europäischen Leviathans dadurch bannen zu können, dass das direkt gewählte Europäische Parlament an der gesetzgebenden Funktion aktiv beteiligt wird. Diese Ansicht fußt auf der Vorstellung, dass turnusmäßig gewählte Volksvertreter am ehesten geeignet erscheinen, politische Maßnahmen im Sinne der Präferenzen der Bürger durchzusetzen (Welcker/Nerge, 1992; Lambrecht, 1996). Ein Transfer der Legislativfunktion auf das Europäische Parlament läge aus dieser Perspektive nahe und entspräche damit etwa der Demokratiepraxis in Deutschland: das Europäische Parlament wäre dann das Pendent zum Bundestag, der Ministerrat das Pendant zum Bundesrat.

Der Nettonutzen dieses Vorschlags, der intuitiv auf eine größere Bürgernähe europäischen Entscheidens abstellt, dürfte jedoch (ohne Weiteres) negativ sein (hierzu Leschke, 1995; Pies, 1995). Zu groß erscheinen in einem solchen Fall die Anreize für die Europaparlamentarier, statt einer konzeptionellen Gemeinwohlpolitik eine kurzfristige Politik zugunsten organisierter Gruppen zu betreiben: Die Wiederwahlrestriktion gibt den Parlamentariern den Anreiz, insbesondere vor Wahlen schnell wirkende Maßnahmen zur Verbesserung der Situation gerade im Blickfeld stehender Gruppen einzuleiten. Hierzu werden sie versuchen, Möglichkeiten im Rahmen der Haushalts- sowie Industrie- und Strukturpolitik auszunutzen als auch Kompetenzen von nationalstaatlicher Ebene auf die europäische Ebene zu verlagern. Nationalstaatliche Kritik lässt sich durch Log-rolling-Prozesse abmildern. Letztlich tritt zu dem Schachern der Gruppen ein Schachern der Regionen und Staaten.

Diskriminierungskosten

Gegen solche Rent-seeking-Prozesse existieren auf europäischer Ebene kaum wirksame Kontrollkräfte. Es gibt nur ein sehr heterogenes Staatsvolk. Von der Tagespolitik unabhängige Organisationen wie Sachverständigenräte, die Europäische Zentralbank, Rechnungshöfe oder Wettbewerbsbehörden werden es auf europäischer Ebene schwer haben, ausreichend Reputation zu erlangen, um europäische Politik, die gegen konsensfähige Gemeinwohlprinzipien verstößt, zu sanktionieren. Die Aussicht, dass mehr demokratische Legitimation in Europa durch eine stärkere aktive Beteiligung des Europäischen Parlaments an der Legislativfunktion erreicht werden könnte, ist folglich verkürzt. Verstöße gegen das Subsidiaritätsprinzip oder das Prinzip einer funktionierenden Marktordnung werden die Konsequenz sein. Der Machtzuwachs auf europäischer Ebene würde zu einer verstärkten Bedienung von Sonderinteressen zu Lasten des Gemeinwohls führen. Ein zunehmendes Staatsversagen auf europäischer Ebene wäre die Folge.

Diese Gefahren – in ökonomischer Terminologie: Diskriminierungskosten –, die durch einen allmächtigen „Zweikammergesetzgeber" Europäische Parlament/Ministerrat entstehen würden, ließen sich nur durch die Verankerung von strengen Verfassungsregeln, die die Beachtung der Gemeinwohlprinzipien (Subsidiarität, Wirtschaftlichkeit, offener Markt u.ä.) im Gesetzgebungsprozess weitgehend garantieren, wirksam abmildern. Allerdings ist darauf hinzuweisen, dass dies bisher keinem Staat in einem befriedigenden Umfang gelungen ist. Aus diesem Grund sind wir sehr skeptisch gegenüber Vorschlägen, die ohne Weiteres eine Ausweitung der Gestaltungsmacht des Europäischen Parlaments vorsehen.

Diese Ausführungen bedeuten jedoch keinesfalls, dass die Stellung des Europäischen Parlaments nicht gestärkt werden könnte bzw. sollte. Eine Ausweitung des Einflusses des Europäischen Parlaments auf die Beschlussfassung erscheint durchaus vernünftig, jedoch nicht im Bereich der aktiven Gestaltungsgesetzgebung, sondern im Bereich der Kontrollaufgaben. Es sollte kein Gesetz mehr ohne Zustimmung des EU-Parlaments verabschiedet werden können sollen. Jedoch sollte im zuge dieser Machtausweitung das Europäische Parlament vertrags- bzw. verfassungsmäßig darauf verpflichtet, die Gesetzgebung des Rates und die Regierungtätigkeit der Kommission dahingehend zu überprüfen, ob konsensfähige Gemeinwohlprinzipien durch die Tagespolitik verletzt werden. Hierzu bietet es sich an, einen Prinzipienkatalog in die europäische Verfassung aufzunehmen. Unter Berücksichtigung der oben diskutierten und in den europäischen Verträgen bereits verankerten Prinzipien könnte solch ein Katalog

Stärkung der parlamentarischen Kontrolle

- das Prinzip einer offenen Marktwirtschaft, die auf allgemeinen Regeln fußt, durch die Marktteilnehmer im Wettbewerb inner- und außerhalb der EU nicht diskriminiert werden dürfen,
- den Gleichheitsgrundsatz, der willkürliche Diskriminierungen innerhalb des politischen Sektors bzw. durch den politischen Sektor verhindern soll,
- das Prinzip des Föderalismus, das durch folgende Unterprinzipien gewährleistet werden soll: (a) das Prinzip der begrenzten Einzelzuständigkeit der Staatengemeinschaft[5] und (b) das Subsidiaritätsprinzip,
- den Verhältnismäßigkeitsgrundsatz und
- das Wirtschaftlichkeitsprinzip

---

5 Dieses Prinzip impliziert, dass die Aufgabenbereiche der EU-Ebene spezifiziert und gesetzlich (ggf. verfassungsmäßig) verankert werden. Neue Aufgabenbereiche dürfen der Gemeinschaft nur mit Zustimmung der nationalen Parlamente übertragen werden.

enthalten. Das Europäische Parlament hätte dann die Aufgabe, diese Prinzipien im Lichte vorhandener Probleme zu konkretisieren und die Arbeit des Ministerrates und der Kommission von dieser Perspektive aus zu kontrollieren. Bei offensichtlicher Verletzung der Prinzipien müsste das Europäische Parlament die Möglichkeit haben, ein Veto gegen Beschlüsse des Rates oder der Kommission einzusetzen. Man kann sich ein nicht-suspensives Vetorecht vorstellen, das bei einer 60%-Mehrheit wirksam wird. Um diese Kontrollaufgabe wirksam erfüllen zu können, böte sich eine enge Zusammenarbeit mit vom politischen Tagesgeschehen unabhängigen Institutionen wie Sachverständigenräten, Wettbewerbsbehörden, den Zentralbanken und den Rechnungshöfen an. Streitfälle zwischen dem Europäischen Parlament und anderen Organen der Europäischen Union, die nicht beigelegt werden können, müssten dann einem Vermittlungsausschuss vorgelegt werden. Würde auch mit dessen Hilfe keine Einigung erzielt, so könnte der Fall entweder dem Europäischen Gerichtshof oder der Bevölkerung Europas zur Entscheidung vorgelegt werden. Man könnte das Verfahren je nach Verletzung der Prinzipien festlegen.

Solch eine Kontrolle erschwerte für die Mitglieder von Kommission und Ministerrat die Möglichkeit, sukzessive Gruppeninteressen auf Kosten der Allgemeinheit zu unterstützen. Zudem würde auch die Bevölkerung stärker an grundlegenden konstitutionellen Entscheidungen beteiligt. Dadurch wird das allgemeine Interesse der Bürger an politischen Fragen gestärkt, d.h. rationale Ignoranz abgebaut. Da in Zukunft – im Zuge der nächsten Erweiterungen der Gemeinschaft – aus Kostengründen zunehmend von dem Konsensprinzip bei Ratsentscheidungen abgewichen werden muss, gewinnt die parlamentarischen Kontrolle an Gewicht, um die Einhaltung der konstitutionellen Präferenzen der Bürger weitgehend zu gewährleisten. Nur so können denkbare Diskriminierungen bereits im Vorfeld verhindert werden.

Der Ministerrat behält bei dem unterbreiteten Vorschlag seine legislative Funktion. Um den Einfluss oppositioneller Kräfte auf europäischer Ebene zu stärken, erscheint es jedoch geboten, für die Ratsbeschlüsse mehr Transparenz zu fordern. Oppositionelle Kräfte und die Öffentlichkeit müssen stets Zutritt zu den Sitzungen haben. Das schafft mehr „Öffentlichkeit" und belebt die Diskussion, die Basis demokratischer Rückkopplung.

Das vorgestellte System der Aufgabenverteilung auf europäischer Entscheidungsebene würde dem Europäischen Parlament tatsächlich einen größeren Einfluss auf die Beschlussfassung zugestehen, jedoch würde kein allmächtiger, relativ unbeschränkt agierender Gesetzgeber geschaffen. Gleichzeitig würde der Gesetzgebungsprozess vereinfacht. Die Entscheidungsfindungs- und die Diskriminierungskosten würden u.E. sinken.

Einen ähnlichen – jedoch weitaus komplizierteren – Vorschlag hat die European Constitutional Group (1993) unterbreitet: Im Gegensatz zum heutigen Institutionengefüge soll das Europäische Parlament aus zwei Kammern bestehen: Einer Unionskammer und einer Länderkammer. Die Mitglieder der Unionskammer (Chamber of Union) werden – wie heute bereits das Europäische Parlament – direkt vom Volk gewählt. Die Mitglieder der Länderkammer werden hingegen zwecks Stärkung nationalstaatlicher Interessen von den Parlamenten der Mitgliedsländer aus deren eigenen Reihen gewählt. Der Unionskammer kommt insbesondere die Aufgabe zu, den Nettonutzen europäischer Regeln kritisch zu hinterfragen.[6]

Weitere Kontrollaufgaben sollen von einer Europäischen Wettbewerbsbehörde (Competition Authority) wahrgenommen werden. Aufgabe dieser Behörde ist es, die Einhaltung des europäischen Wettbewerbsrechts von seiten der Mitgliedstaaten, Unternehmen und Einzelpersonen zu überwachen. Bei Regelverstößen besitzt die Wettbewerbsbehörde ein Klagerecht. Darüber hinaus werden Kontrollaufgaben – wie im Status quo – von einem Europäischen Rechnungshof und dem Ausschuss der Regionen ausgeübt.

Vorschlag der European Constitutional Group

Der Europäische Rat, der Ministerrat und die Kommission bleiben als Institutionen relativ unverändert. Verändert werden soll jedoch die Judikative. Neben dem European Court of Human Rights, der die Einhaltung der Menschenrechte in Europa überwacht, setzt sie sich nunmehr aus zwei Organen, nämlich dem Court of Review und dem Court of Justice, zusammen. Den Richtern des Courts of Review, die von den Mitgliedstaaten und dem Europäischen Rat ernannt werden und gleichzeitig Richter der obersten Gerichtshöfe der Mitgliedstaaten sind, kommt die Aufgabe zu, über Fragen der Kompetenzüberschreitung der EU-Organe und über Streitigkeiten zwischen EU-Recht und nationalem Recht zu urteilen. Die Richter des Court of Justice, die vom Europäischen Rat ernannt werden, haben die Aufgabe zu entscheiden, ob die EU-Organe Verträge einhalten und ob sich Einzelpersonen, Mitgliedstaaten oder EU-Organe an die Wettbewerbsregeln halten.

Der Gesetzgebungsprozess wird von der European Constitutional Group folgendermaßen gedacht: Das Initiativrecht haben beide Kammern des Parlaments, die Kommission, der Ministerrat sowie in bestimmten Fällen die Wettbewerbsbehörde. Jeder Gesetzesentwurf wird zuerst dem Ministerrat und dann der Kammer der Parlamentarier zugeleitet. Beide Kammern können den Entwurf annehmen, ablehnen oder ändern. Bei einer Ablehnung ist die Initiative gescheitert. Bei Änderungen pendelt der Entwurf zwischen beiden Organen bis eine Zustimmung erreicht wird. Sodann wird der Ge-

---

6 Um diese Kontrollaufgabe zu konkretisieren, sollte ein Prüfkatalog aufgestellt werden, ähnlich wie wir ihn oben formuliert haben.

setzesentwurf den Legislativorganen der Mitgliedstaaten zugeleitet, die innerhalb einer vorgegebenen Frist Stellung nehmen können. Der Ministerrat hat daraufhin erneut über den Entwurf – unter Berücksichtigung der Stellungnahmen – abzustimmen. Erfolgt keine Ablehnung, die ein Scheitern der Initiative bedeutete, so wird der Entwurf der parlamentarischen Unionskammer übergeben. Nimmt diese Kammer die Gesetzesinitiative an, so wird sie erneut der Kammer der Parlamentarier zur Abstimmung zugeleitet. Stimmt auch diese Kammer zu, so steht einem Inkrafttreten nichts mehr im Wege. Lehnt die Unionskammer jedoch den Entwurf ab, so ist er gescheitert, ändert sie ihn, so wird er erneut dem Ministerrat vorgelegt. Dieser kann den Entwurf annehmen – dann wird er wie gerade beschrieben der Kammer der Parlamentarier zugeleitet – oder ablehnen. Im Fall der Ablehnung wird ein Komitee aus je acht Mitgliedern des Ministerrats bzw. der Unionskammer gebildet, um einen Konsens zu schaffen. Gelingt dies, so wird der Entwurf an die Kammer der Parlamentarier weitergeleitet. Gelingt es nicht, so wird der Ministerrat den Entwurf scheitern lassen.

Je nach Art der Gesetzesinitiative, d.h. gemäß der Wichtigkeit des Gesetzesvorschlags, sind unterschiedliche Mehrheiten der Kammern notwendig, um die Initiative nicht scheitern zu lassen. Ist Inhalt einer Gesetzesinitiative die Änderung der Verfassung, so bedarf es neben dem beschriebenen Prozedere der Zustimmung aller Mitgliedstaaten sowie einer Vierfünftelmehrheitsentscheidung in der Kammer der Parlamentarier.

Weiterhin sieht der Vorschlag der European Constitutional Group vor, dass Mitgliedstaaten, die der Verfassung der Europäischen Union *nicht* zustimmen, stets das Recht haben, die Union zu verlassen (Exit-Klausel).

Mit ihrem Verfassungsentwurf versucht die European Constitutional Group, die mit der Europäischen Union verbundenen Diskriminierungskosten zu senken. Hierbei schlägt sie zwei Wege ein: Zum einen die Einbeziehung möglichst vieler Organe an dem Gesetzgebungsverfahren und zum anderen die verfassungsmäßige Begrenzung der Macht der Union, die nur einstimmig zu verändern ist. Dies ist jedoch als wenig kostengünstig zu bewerten: Das Gesetzgebungsverfahren wird gegenüber dem Status quo noch komplizierter, d.h. die Entscheidungsfindungskosten steigen. Zusätzlich wird die Entscheidungsprozedur für europäische „Normalbürger" noch weniger nachvollziehbar. Dies wiederum erhöht die Gefahr, dass gegen Verfassungsprinzipien relativ unbemerkt verstoßen wird (Leschke, 1995).

Weiterer Vorschlag

Teutemann (1992) und Kruse (1997) folgend lässt sich abschließend noch ein weiterer Vorschlag für die institutionelle Gestaltung der Europäischen Union formulieren. Diese Vorschlag besteht im Kern darin, die Gestaltungsmacht in Europa auf mehrere Fachparlamente zu verteilen. Deren Mitglieder sollen von den Bürgern direkt gewählt werden. Damit wird es den Bürgern in einem viel größeren Umfang als bisher möglich, bei „schlechter Politik" differenziert von der Abwahlmöglichkeit Gebrauch zu machen. Dies wiederum steigert die Motivation der Bürger, sich für bestimmte politische Belange einzusetzen; denn ihr Einfluss wird größer. Als Folge der direkteren Kontrolle könnte sich die EU-Politik effizienter gestalten. Allerdings steigen bei diesem Vorschlag die Informationskosten für die Bürger stark an. Ein weiterer Nachteil dieses interessanten Vorschlags ist, dass er bisher noch nicht in einem befriedigenden Umfang von der Wissenschaft und von der Politik diskutiert wurde. Seine Implementationschancen sind daher sehr gering.

5.4. Resümee

Ob der Prozess der europäischen Integration den Einwohnern der Mitgliedstaaten zu einem höheren Wohlstand verhelfen wird, ist offen. Das Binnenmarktprogramm (inkl. der Währungsunion) sowie ein verstärktes Zusammenarbeiten in den Bereichen Außenpolitik, Sicherheit oder Umwelt sind Felder, die eine Integration vernünftig erscheinen lassen. Bereiche wie die Industrie-, Struktur- und Kohäsionspolitik als auch die Sozial- und Beschäftigungspolitik zeigen jedoch die Gefahren der europäischen Integration. Ob in Zukunft eher eine Politik für den Markt und das langfristige Gemeinwohl der Bürger oder vorwiegend dagegen gemacht wird, bestimmt letztlich die institutionelle Ordnung der EU.

Zur Verbesserung des Status quo, genauer: um das Demokratiedefizit zu beheben, wird immer wieder gefordert, dem Europäischen Parlament endlich die komplette Gesetzgebungsbefugnis zu übertragen.

Diese Forderung basiert allerdings auf einer verkürzten Demokratieanschauung. Es wird einseitig auf den demokratischen Partizipationsgedanken abgestellt und ohne viel Phantasie eine Kopie nationalstaatlicher Gewaltenteilung auf der europäischen Ebene angestrebt. In Europa ist die Bevölkerung jedoch noch heterogener zusammengesetzt als in den großen Mitgliedstaaten. Es existiert kein das Parlament kontrollierendes Staatsvolk. Auch existieren keine unabhängigen Institutionen, die ausreichend Reputation besäßen, einen allmächtigen europäischen Gesetzgeber „in Schach" zu halten. Vor diesem Hintergrund erscheint es sinnvoll, eine Art der Gewaltenteilung zu präferieren, die einen europäischen Leviathan verhindert. Das Legitimationskonzept der konstitutionellen Demokratie stellt daher auf Verfassungsregeln ab, die die Macht der Politiker begrenzen. Auf dieser Grundlage lässt sich argumentieren, dass eine starke Kopplung der europäischen Gesetzgebung an nationalstaatliche Gremien bis auf weiteres zwingend notwendig erscheint. Um den Status quo zu verbessern, ist es vielmehr sinnvoll, die Transparenz auf der europäischen Entscheidungsebene weiter zu erhöhen, indem z.B. alle entscheidenden Sitzungen des

Ministerrats öffentlich, d.h. auch für oppositionelle Kräfte, zugänglich gemacht werden. Zugleich sollten die Kontrollrechte des Europäischen Parlaments spezifiziert werden. Eine wirksame Kontrolle wird in Zukunft,
wenn die EU weitere Mitglieder aufnimmt, noch an Wichtigkeit gewinnen;
denn ein weiteres Abrücken von dem Prinzip der Einstimmigkeit im Ministerrat wird aus Entscheidungskostengründen unvermeidbar sein. Dies wiederum lässt die Diskriminierungskosten ceteris paribus unerwünscht stark
ansteigen. Wichtig ist, dass man sich der Tragweite dieses Problems bewusst ist. Letztlich ist es die institutionelle Ordnung, insbesondere die Gewaltenteilung, die über die Güte der Politik in Europa „entscheidet".

Literatur

Als Grundlagen empfehlen wir:

BUCHANAN, J.M. (1984), Die Grenzen der Freiheit, Tübingen.
BUCHANAN, J.M./BRENNAN, G. (1993), Die Begründung von Regeln, Tübingen.
HAYEK, F.A. VON (1971), Die Verfassung der Freiheit, Tübingen.
HAYEK, F.A. VON (1981), Recht, Gesetzgebung und Freiheit 3. Die Verfassung
     einer Gesellschaft freier Menschen, Landsberg a.L.
HAYEK, F.A. VON (2004), Recht, Gesetz und Freiheit, Tübingen.
LESCHKE, M. (1993), Ökonomische Verfassungstheorie und Demokratie, Berlin.
VANBERG, V. (1994), Rules and Choice in Economics, London.

Weitere Literatur

BRETON, A. (1996), Competitive Governments, Cambridge.
BUCHANAN, J.M. (1977), Freedom in Constitutional Contract, London.
BUCHANAN, J.M. (1986), Liberty, Market and State, Brighton.
BUCHANAN, J.M./CONGLETON, R. (1998), Politics by Principle, Not Interest: To-
     wards Nondiscriminatory Democracy, Cambridge.
BUND, D. (1984), Die ökonomische Theorie der Verfassung, Baden-Baden.
BURLAMAQUI, L./CASTRO, A.C./CHANG, H.-J. (2000), Institutions and the Role of
     the State, Cheltenham-Northampton, MA.
ESCHENBURG, R. (1977), Der ökonomische Ansatz zu einer Theorie der Verfas-
     sung, Tübingen.
FREY, B.S./KIRCHGÄSSNER, G. (2002), Demokratische Wirtschaftspolitik, 3. Auf-
     lage, München.
HAYEK, F.A. VON (1991), Der Weg zur Knechtschaft, Neuausgabe, München.
HOBBES, TH. (1990), Leviathan, Düsseldorf.
HOMANN, K. (1988), Rationalität und Demokratie, Tübingen.
MCKENZIE, R. (Hrsg./1984), Constitutional Economics, Lexington.
MUELLER, D.C. (2000), Constitutional Democracy, Oxford.
PERSSON, T./TABELLINI, G. (2005), The Economic Effects of Constitutions, Cam-
     bridge, MA.
PIES, I. (1993), Normative Institutionenökonomik, Tübingen.
PIES, I. (2001), Ordnungspolitik in der Demokratie, Ein ökonomischer Ansatz dis-
     kursiver Politikberatung, Tübingen.

Pies, I. (2001), Eucken und von Hayek im Vergleich. Zur Aktualisierung der ordnungspolitischen Konzeption, Tübingen.

Rawls, J. (1993), Political Liberalism, New York.

Vanberg, V. (1994), Rules and Choice in Economics, London-New York.

Voigt, S. (2002), Institutionenökonomik, München.

Wicksell, K. (1969), Finanztheoretische Untersuchungen, Aalen.

Zintl, R. (1983), Individualistische Theorien und die Ordnung der Gesellschaft, Berlin–München.

Literatur zu Abschnitt 1:

Buchanan, J.M./Tullock, G. (1962), The Calculus of Consent, Ann Arbor.

Frey, B.S./Kirchgässner, G. (2002), Demokratische Wirtschaftspolitik, 3. Auflage, München.

Kirsch, G. (1997), Neue Politische Ökonomie, 4. Auflage, Düsseldorf.

Kirsch, G./Theiiler, J. (1976), „Zur Verallgemeinerung von Buchanan-Tullocks allgemeiner ökonomischer Verfassungstheorie", Finanzarchiv 35, S. 35–65.

Nienhaus, V. (1985), „Konsens als praktische Entscheidungsregel", Jahrbuch für Neue Politische Ökonomie 4, S. 137–159.

Wicksell, K. (1969), Finanztheoretische Untersuchungen, Aalen.

Literatur zu Abschnitt 2.1:

Homann, K. (1988), Rationalität und Demokratie, Tübingen.

Leschke, M. (1993), Ökonomische Verfassungstheorie und Demokratie, Berlin.

Hirschmann, A.O. (1974), Abwanderung und Widerspruch, Tübingen.

Literatur zu Abschnitt 2.2:

Armin, H.H. (1988), Wirtschaftlichkeit als Rechtsprinzip, Berlin.

Barro, R.J. (1995): „Inflation and Economic Growth", Bank of England Quarterly Bulletin 35 (Mai), S. 166–176.

Barro, R.J./Gordon, D.B. (1983): „Rules, Discretion, and Reputation in a Model of Monetary Policy", Journal of Monetary Economics 12, S. 101–120.

Böhm, F. (1933), Wettbewerb und Monopolkampf, Berlin.

Buchanan, J.M. (1984), Die Grenzen der Freiheit, Tübingen.

Buchanan, J.M. (1993), „How can Constitutions be Designed so that Politicians Who Seek to Serve Public Interest can Survive and Prosper?", Constitutional Political Economy 4, S. 1–6.

Buchanan, J.M./Congleton, R. (1998), Politics by Principle, Not Interest: Towards Nondiscriminatory Democracy, Cambridge.

Buchanan, J.M./Wagner, R.E. (1977), Democracy in Deficit. The Politcal Legacy of Lord Keynes, New York.

Dunn, M. (1993), „Wettbewerbsfähigkeit und Technologiepolitik", Jahrbücher für Nationalökonomie und Statistik 212, S. 292–308.

Erlei, M. (1993), „Von der Steuerbarkeit des Fortschritts: Eine Analyse der "Euro-MITI"-Konzeption", ORDO 44, S. 169–183.

Eucken, W. (1948), „Das ordnungspolitische Problem", ORDO 1, S. 56–90.

Eucken, W. (1949), „Die Wettbewerbsordnung und ihre Verwirklichung", ORDO 2, S. 1–99.

Eucken, W. (1952), Grundsätze der Wirtschaftspolitik, Tübingen.

Feldmann, H. (1993), „Konzeption und Praxis der EG-Industriepolitik", ORDO 44, S. 139–168.

FISCHER, ST. / MODIGLIANI, F. (1978): „Towards an Understanding of the Real Effects and Costs of Inflation", Weltwirtschaftliches Archiv 94, S. 810–833.

GROSSEKETTLER, H. (1991), „Die Versorgung mit Kollektivgütern als ordnungspolitisches Problem", ORDO 42, S. 69–89.

GROSSEKETTLER, H. (1991), „Zur theoretischen Integration der Wettbewerbs- und Finanzpolitik in die Konzeption des ökonomischen Liberalismus", Jahrbuch für Neue Politische Ökonomie 10, S. 103–143.

GROSSEKETTLER, H. (2003), „Öffentliche Finanzen", Vahlens Kompendium der Wirtschaftstheorie und Wirtschaftspolitik 1, 6. Auflage, München, S. 561–717.

GROSSEKETTLER, H. (1996), „Franz Böhm as a Pioneering Champion of an Economic Theory of Legislative Science", European Journal of Law and Economics 3, S. 309–329.

GROSSEKETTLER, H. (1997), Die Wirtschaftsordnung als Gestaltungsaufgabe. Entstehungsgeschichte und Entwicklungsperspektiven des Ordoliberalismus nach 50 Jahren Sozialer Marktwirtschaft, Münster–Hamburg.

HANSJÜRGENS, B. (1997), „Äquivalenzprinzip und Finanzpolitik: Ein Besteuerungsprinzip (erneut) auf dem Prüfstand", Zeitschrift für Wirtschaftspolitik 46, S. 275–301.

HANSJÜRGENS, B. (1998), „Allokative Begründung des Äquivalenzprinzips: Mehr Effizienz im politischen Prozeß", List Forum für Wirtschafts- und Finanzpolitik 24, S. 307–325.

HANUSCH, H. (1981), „Äquivalenzprinzip und kollektive Güter", POHMER, D. (Hrsg.), Beiträge zum Äqivalenzprinzip und zur Zweckbindung öffentlicher Einnahmen, Schriften des Vereins für Socialpolitik, N.F. 121, S. 37–91.

HAYEK, F.A. VON (1969a), „Der Wettbewerb als Entdeckungsverfahren", DERS., Freiburger Studien, Tübingen, S. 249–265.

HAYEK, F.A. VON (1969b), „Persönliche Erinnerungen an Keynes und die Keynessche Revolution", DERS., Freiburger Studien, Tübingen, S. 90–96.

HAYEK, F.A. VON (1976), Individualismus und wirtschaftliche Ordnung, Salzburg.

HAYEK, F.A. VON (1980), Recht, Gesetzgebung und Freiheit 1. Regeln und Ordnung, Landsberg a.L.

HAYEK, F.A. VON (2004), Recht, Gesetz und Freiheit, Tübingen.

HOMANN, K. (1988), Rationalität und Demokratie, Tübingen.

HOMANN, K./KIRCHNER, CH. (1995), „Das Subsidiaritätsprinzip in der Katholischen Soziallehre und in der Ökonomik", GERKEN, L. (Hrsg.), Europa zwischen Ordnungspolitik und Harmonisierung: europäische Ordnungspolitik im Zeichen der Subsidiarität, Berlin, S. 45–69.

HOMANN, K./PIES, I. (1996), „Sozialpolitik für den Markt: Theoretische Perspektiven konstitutioneller Ökonomik", PIES, I./LESCHKE, M. (Hrsg.), James Buchanans konstitutionelle Ökonomik, Tübingen, S. 203–239.

KEYNES, J.M. (1974), Allgemeine Theorie der Beschäftigung, des Zinses und des Geldes, 5. Auflage, Berlin.

LESCHKE, M. (1993), Ökonomische Verfassungstheorie und Demokratie, Berlin.

LESCHKE, M. (1995), „Der vertragstheoretische Ansatz zur Gestaltung einer demokratischen Grundordnung", Homo Oeconomicus XII, S. 481–493.

NELL-BREUNING, O. VON (1968), Baugesetze der Gesellschaft, Freiburg–Basel–Wien.

NÖRR, K.W./OPPERMANN, TH. (1997/Hrsg.), Subsidiarität: Idee und Wirklichkeit, Tübingen.

OLSON, M. (1969), „The Principle of Fiscal Equivalence: The Division of Responsibilities Among Different Levels of Government", American Economic Review, Papers and Proceedings 59, S. 479–487.

RAWLS, J. (1975), Eine Theorie der Gerechtigkeit, Frankfurt a.M.

RAWLS, J. (1993), Political Liberalism, New York.

SAUERLAND, D. (1997), Föderalismus zwischen Freiheit und Effizienz, Berlin.

TEUTEMANN, M. (1992), Rationale Kompetenzverteilung im Rahmen der europäischen Integration, Berlin.

ZIMMERMANN, H. (1994), „Die Rolle von Prinzipien in der Theorie der Wirtschaftspolitik", ORDO 45, S. 137–149.

Literatur zu Abschnitt 2.3:

BREDE, H./BUSCHOR, E. (1993), Das neue Rechnungswesen, Baden-Baden.

BRENNAN, G./BUCHANAN, J.M. (1980), The Power to Tax, Cambridge u.a.O.

BUCHANAN, J.M. (1979), „Constitutional Constraints on Governmental Taxing Power", ORDO 30, S. 349–359.

BUCHANAN, J.M. (1984), „Constitutional Restrictions on the Power of Government", BUCHANAN, J.M./TOLLISON, R.D. (Hrsg.), The Theory of Public Choice II, Ann Arbor, S. 439–452.

BUCHANAN, J.M./GOETZ, CH.J. (1972), „Efficiency Limits of Fiscal Mobility. An Assessment of the Tiebout Model", Journal of Public Economics 1, S. 25–43.

BURKE, E. (1964), Reflections on the Revelution in France, London.

COWEN, S.S. (1979), „Zero-Base-Budgeting:Where and How It has Worked", Business 29, S. 44–52.

FOLKERS, C. (1983), Begrenzungen von Steuern und Staatsausgaben in den USA, Baden-Baden.

FREY, B.S. (1994), „Direct Democracy: Politico-Economic Lessions from Swiss Experience", American Economic Review, Papers and Proceedings 84, S. 338–342.

FREY, B.S./KIRCHGÄSSNER, G. (2002), Demokratische Wirtschaftspolitik, 3. Auflage, München.

FUNKE, ST. (1995), Die Verschuldungsordnung, Berlin.

GROSSEKETTLER, H. (1985), „Wettbewerbstheorie", BORCHERT, M,/GROSSEKETTLER, H., Preis- und Wettbewerbstheorie, Stuttgart u.a.O., S. 112 ff.

GROSSEKETTLER, H. (1995), „Öffentliche Finanzen", Vahlens Kompendium der Wirtschaftstheorie und Wirtschaftspolitik 1, 6. Auflage, München, S. 483–628.

HAYEK, F.A. VON (1969a), „Recht, Gesetz und Wirtschaftsfreiheit", DERS., Freiburger Studien, Tübingen, S. 47–55.

HAYEK, F.A. VON (1969b), „Die Anschauungen der Mehrheit und die zeitgenössische Demokratie", DERS., Freiburger Studien, Tübingen, S. 56–74.

HAYEK, F.A. VON (1971), Die Verfassung der Freiheit, Tübingen.

HAYEK, F.A. VON (1981), Recht, Gesetzgebung und Freiheit 3. Die Verfassung einer Gesellschaft freier Menschen, Landsberg a.L.

HAYEK, F.A. VON (2004), Recht, Gesetz und Freiheit, Tübingen.

KIRCHGÄSSNER, G./FREY, B.S. (1990), „Volksabstimmung und direkte Demokratie: Ein Beitrag zur Verfassungsdiskussion", KLINGMANN, H.D./KAASE, M. (Hrsg.), Wahlen und Wähleranalysen aus Anlaß der Bundestagswahl, Opladen, S. 42–69.

KLEINEWEFERS, H. (1985), Reformen für Wirtschaft und Gesellschaft, Frankfurt a.M.

KRUSE, J. (1996), „Demokratiedefizite und Funktionsmängel in der Politik: ein Essay über Strukturprobleme der repräsentativen Demokratie und Vorschläge für konstitutionelle Reformen", KRUSE, J./MAYER, O. (Hrsg.), Aktuelle Probleme der Wettbewerbs- und Wirtschaftspolitik, Baden-Baden, S. 9–41.

KRUSE, J. (1997), „Politikversagen und Legitimationsmonopol: Warum sind unsere demokratischen Strukturen überfordert? Wie können sie reformiert werden?", Diskussionsbeitrag aus dem Institut für Volkswirtschaftslehre, Universität Hohenheim.

LESCHKE M. (1993), Ökonomische Verfassungstheorie und Demokratie, Berlin.

LESCHKE, M. (1995), „Die Beiträge von John Rawls und James M. Buchanan zur liberalen Gestaltung einer demokratischen Grundordnung", PIES, I./LESCHKE, M. (Hrsg.), John Rawls' politischer Liberalismus, Tübingen.

LOCKE, J. (1967), Zwei Abhandlungen über die Regierung, Frankfurt a.M.

MONTESQUIEU, CH. de (1965), Vom Geist der Gesetze, Stuttgart.

MUELLER, D.C. (1996), Constitutional Democracy, New York.

NEUMÄRKER, K.J.B. (1995), Finanzverfassung und Staatsgewalt, Frankfurt a.M. u.a.O.

NIEDER-EICHHOLZ, M. (1995), Die Subventionsordnung, Berlin.

NIENHAUS, V. (1985), Persönliche Freiheit und moderne Demokratie. F.A. von Hayeks Demokratiekritik und sein Reformvorschlag eines Zweikammersystems, Tübingen.

OATES, W.E. (1989), „Searching for Leviathan: A Reply and some further Reflections", in: The American Economic Review 79, S. 578–593

OLSON, M. (1969), „The Principle of Fiscal Equivalence: The Division of Responsibilities Among Different Levels of Government", in: American Economic Review, Papers and Proceedings 59, S. 479–487.

POMMEREHNE, W. (1990), „The Empirical Evidence of Comparative Institutional Analysis", European Economic Review 34, S. 458–468.

POPITZ, J. (1927), „Der Finanzausgleich", in: Handwörterbuch der Finanzwissenschaft 2, Tübingen, S. 338–375.

POSNER, R. (1987), „The Constitution as an Economic Document", George Washington Law Review 56, S. 4–38.

RUPP, H.H. (1979), „Zweikammersystem und Bundesverfassungsgericht. Bemerkungen zu einem verfassungspolitischen Reformvorschlag F.A. von Hayeks", ORDO 30, S. 95–104.

SAUERLAND, D. (1997), Föderalismus zwischen Freiheit und Effizienz, Berlin.

SCHEMMEL, L./BORELL, R. (1992), Verfassungsgrenzen für Steuerstaat und Staatshaushalt, Wiesbaden.

TIEBOUT, CH. M. (1956), „A pure theory of local expenditures", in: The Journal of Political Economy 64, S. 416–424.

VANBERG, V./BUCHANAN, J.M. (1989), „Interests and Theories in Constitutional Choice", Journal of Political Politics 1, S. 49–62.

VANBERG, V./BUCHANAN, J.M. (1991), „Constitutional Choice, Rational Ignorance and the Limits of Reason", Jahrbuch für Neue Politische Ökonomie 10, S. 61–78.

VIHANTO, M. (1992), „Competition between local Governments as a Discovery Procedure", Journal of Institutional and Theoretical Economics 148, S. 411–436.

VOIGT, ST. (1997), „Positive Constitutional Economics – A Survey", Public Choice 90, S. 11–53.

VOLKERT, J. (1998), Existenzsicherung in der marktwirtschaftlichen Demokratie, Heidelberg.

WEHNER, B. (1992), Die Katastrophen der Demokratie, Darmstadt.

WEINGAST, B. (1993), „Constitutions as Governance Structures: The Political Foundations of Secure Markets", Journal of Institutional and Theoretical Economics 149, S. 286–311.

WEINGAST, B. (1995), The Economic Role of political Institutions: Market Preserving Federalism and Economic Developement, Journal of Law, Economics & Organization 11, S. 1–31.

WERNER, G. (1995), Subventionsabbau – gesetzliche Zwänge schaffen, Wiesbaden.

Literatur zu Abschnitt 3:

HOMANN, K. (1985), „Legitimation und Verfassungsstaat. Vertragstheoretische Interpretation der Demokratie", Jahrbuch für Neue Politische Ökonomie 4, S. 49–72.

HOMANN, K. (1988), Rationalität und Demokratie, Tübingen.

PIES, I./ENGEL, G. (1998), „Freiheit, Zwang und gesellschaftliche Dilemmastrukturen: Zur liberalen Theorie des Staates", Aufklärung und Kritik, Sonderheft 2/1998, S. 41–51.

Literatur zu Abschnitt 4:

BMF – BUNDESMINISTERIUM DER FINANZEN (1996), Unsere Steuern von A–Z, Bonn.

FORD, R./PORET, P. (1991), „Infrastructure and Private-Sector Productivity", in: OECD Economic Studies 1991 (17), S.63–89.

FUNKE, ST. (1995), Die Verschuldungsordnung, Berlin.

GROSSEKETTLER, H. (1995), „Öffentliche Finanzen", Vahlens Kompendium der Wirtschaftstheorie und Wirtschaftspolitik. 1, 6. Auflage, München, S. 483–628.

HEITGER, B. (1998), Wachstums- und Beschäftigungseffekte einer Rückführung öffentlicher Ausgaben, Tübingen.

HOMBURG, ST. (1994), „Anreizwirkungen des deutschen Finanzausgleichs", Finanzarchiv 51, S. 312–330.

ISENSEE, J. (1990a), „Der Föderalismus und der Verfassungsstaat der Gegenwart", Archiv des öffentlichen Rechts 115, S. 248–280.

ISENSEE, J. (1990b), „Idee und Gestalt des Föderalismus in Deutschland", Handbuch des Staatsrechts der Bundesrepublik Deutschland IV, Heidelberg, S. 517–691.

ISENSEE, J. (2001), Subsidiaritätsprinzip und Verfassungsrecht, 2. Auflage, Berlin.

LESCHKE, M. (1993), Ökonomische Verfassungstheorie und Demokratie, Berlin.

LESCHKE, M./SAUERLAND, D. (1999), Staatsversagen in Deutschland. Eine theoretische und empirische Analyse institutioneller Fehlanreize", ERLEI, M./ LESCHKE, M./SAUERLAND, D./SCHULZ, E. (Hrsg.), Beiträge zur angewandten Wirtschaftstheorie, Regensburg, S. 305–327.

PEFFEKOVEN, R. (1994), „Reform des Finanzausgleichs – eine vertane Chance", Finanzarchiv N.F. 51, S. 281–311.

SAUERLAND, D. (1997), Föderalismus zwischen Freiheit und Effizienz – Der Beitrag der ökonomischen Theorie zur Gestaltung dezentralisierter politischer Systeme, Berlin.

SCHMIDT-BLEIBTREU, B./KLEIN, F. (1990), Kommentar zum Grundgesetz, 7. Auflage, Bonn u.a.O.

STEIN, E. (1991), Staatsrecht, 13. Auflage, Tübingen.

STEINBERGER, H. (1987), 200 Jahre amerikanische Bundesverfassung, Berlin–New York.

STEWING, C. (1992), Subsidiarität und Föderalismus in der Europäischen Union, Köln u.a.O.

SVR – SACHVERSTÄNDIGENRAT ZUR BEGUTACHTUNG DER GESAMTWIRTSCHAFT-LICHEN ENTWICKLUNG (1995), Im Standortwettbewerb, Stuttgart.

SVR – SACHVERSTÄNDIGENRAT ZUR BEGUTACHTUNG DER GESAMTWIRTSCHAFT-LICHEN ENTWICKLUNG (1997), Wachstum, Beschäftigung, Währungsunion – Orientierungen für die Zukunft, Stuttgart.

Literatur zu Abschnitt 5:

APOLTE, TH. (1996), „Vertikale Kompetenzverteilung in der Union", STREIT, E./VOIGT, ST. (Hrsg.), Europa reformieren, Baden-Baden, S. 13–29.

BECKMANN, K./DIERINGER, J./HUFELD, U. (Hrsg./2005), Eine Verfassung für Europa, 2. Auflage, Tübingen.

BERG, H./SCHMIDT, F. (1996), „Reformnotwendigkeiten und Reformmöglichkeiten der Gemeinschaftsinstitutionen und ihres Zusammenwirkens. Einige Folgerungen aus der ökonomischen Theorie der Verfassung", ZOHLNHÖFER, W. (Hrsg.), Europa auf dem Weg zur Politischen Union?, Schriften des Vereins für Socialpolitik, N.F., Bd. 247, Berlin, S, 113–143.

BOHNET-JOSCHKO, S. (1996), Leviathan Europa, Marburg.

BUCHANAN, J.M. (1991), „Möglichkeiten für eine europäische Verfassung: Eine amerikanische Sicht", ORDO 42, S. 127–137.

BUNDESVERFASSUNGSGERICHT (1993), Bundesverfassungsgerichtsurteil, verkündet am 12. Oktober 1993 in dem Verfahren über die Verfassungsbeschwerden gegen das Gesetz vom 28.12.1992 zum Vertrag vom 07.02.1992 über die Europäische Union (BGBl. II S. 1251) sowie gegen das Gesetz zur Änderung des Grundgesetzes vom 21.12.1992 (BGBl. I S. 2086) und Antrag, andere Abhilfe im Sinne des Art. 20 Abs. 4 GG durch Feststellung der Grundgesetzwidrigkeit des Zustimmungsgesetzes zum Vertrag über die Europäische Union vom 07.02.1992 zu schaffen, um Widerstand gegen staatliche Organe der Bundesrepublik Deutschland zu erübrigen und Anträge auf Erlaß von einstweiligen Anordnungen gegen das Gesetz vom 28.12.1992 zum Vertrag vom 07.02.1992 über die Europäische Union (BGBl. II S. 1251), 2 BvR 2134/92, 2 BvR 2159/92.

DÖRING, TH. (1994), „Die Beurteilung der EG-Regionalpolitik unter Subsidiaritätsaspekten", Konjunkturpolitik 40, S. 1–26.

DÖRING, TH. (1996), „Das Subsidiaritätsprinzip in der Europäischen Union: Konkretisierungsversuche und offene Fragen in ökonomischer Sicht", ORDO 47, S. 293–323.

DONGES, J.B. ET AL. (1992), Einheit und Vielfalt in Europa: Für weniger Harmonisierung und Zentralisierung, Bad Homburg.

ERLEI, M. (1993), „Von der Steuerbarkeit des Fortschritts: Eine Analyse der "Euro-MITI"-Konzeption", ORDO 44, S. 169–183.

EUROPÄISCHES PARLAMENT (1994), Sitzungsdokumente 9. Februar 1994. Zweiter Bericht des Institutionellen Ausschusses über die Verfassung der Europäischen Union.

EUROPEAN CONSTITUTIONAL GROUP (1993), A Proposal for a European Sonstitution, London

FREY, B.S. (1996), „A Directly Democratic and Federal Europe", Constitutional Political Economy 7, S. 267–279.

HANNOWSKI, D./RENNER, A. (1998), Zur präferenzkonformen Ordnung Europas, Frankfurt a.M.

HRBECK, R. (Hrsg./1995), Das Subsidiaritätsprinzip in der Europäischen Union, Baden-Baden.

HUBER, P.M. (1991), „Bundesverfassungsgericht und Europäischer Gerichtshof als Hüter der Gemeinschaftsrechtlichen Kompetenzordnung", Badura, P./Hesse, K./Lerche, P. (Hrsg.), Archiv des öffentlichen Rechts 116, 210–251.

KIRCHNER, CH. (1997), „Competence Catalogues and the Principle of Subsidiarity in a European Constitution", Constitutional Political Economy 8, S. 71–87.

KIRCHNER, CH./SCHWARTZE, A. (1995), „Legitimationsprobleme in einer Europäischen Verfassung", Staatswissenschaft und Staatspraxis 6, S. 183–207.

KISCHEL, U. (2000): Die Kontrolle der Verhältnismäßigkeit durch den Europäischen Gerichtshof, in: EuR 2000, S. 380-402.

KOOP, M.J./SIEBERT, H. (1993), „Institutional Competition. A Concept for Europe?", Außenwirtschaft 48, S. 439–462.

KRUSE, J. (1997), „Verfassungspolitische Postulate für die Europäische Union", ZOHLNHÖFER, W. (Hrsg.), Perspektiven der Osterweiterung und Reformbedarf der Euroäischen Union, Schriften des Vereins für Socialpolitik, N.F., Bd. 255, Berlin, S, 93–120.

LAMBRECHT, M. (1996), „Korreferat zu Martin Leschke", STREIT, E./VOIGT, ST. (Hrsg.), Europa reformieren, Baden-Baden, S. 113–114.

LESCHKE, M. (1995a), „Konstitutionelle Demokratie und die Europäische Union", List Forum für Wirtschafts- und Finanzpolitik 21, 394–412.

LESCHKE, M. (1995b), „Neue Richtlinien für Europa. Das Urteil des Bundesverfassungsgerichts zum Vertrag von Maastricht aus Sicht der konstitutionellen Ökonomik", Zeitschrift für Wirtschaftspolitik 44, 3–28.

LESCHKE, M. (1996), „Zur institutionellen Ausgestaltung der Europäischen Union", STREIT, E./VOIGT, ST. (Hrsg.), Europa reformieren, Baden-Baden, S. 100–112.

LESCHKE, M. (2005), Die Verfassung der Europäischen Union: Eine kritische Betrachtung grundlegender Anreizwirkungen der europäischen Gewaltenteilung, in: BECKMANN, K./DIERINGER, J./HUFELD, U. (Hrsg.), Eine Verfassung für Europa, 2. Auflage, Tübingen, S. 183–205.

LESCHKE, M./MÖSTL, M. (2006), Die Die Grundsätze der Subsidiarität und Verhältnismäßigkeit: Wirksame Kompetenz-schranken der Europäischen Union?, in: KERBER, W./HEINE, K. (Hrsg.), Zentralität und Dezentralität von Regulierung in Europa, Stuttgart.

MÖSCHEL, W. (1995), „Subsidiaritätsprinzip im Zwielicht", Wirtschaftswissenschaftliches Studium 5/1995, S. 232–236.

MÖSTL, M. (2005), Verfassung für Europa, München.

OPPERMANN, T. (2005), Europarecht, München.

PETERSMANN, E.-U. (1995), „How Can the European Union be Constitutionalized? The European Parliament's 1994 Proposal for a Constitution for the European Union", Außenwirtschaft 50; S. 171–220.

PIES, I. (1994), „Normative Institutionenökonomik. Programm, Methode und Anwendungen auf den europäischen Integrationsprozeß", LESCHKE, M. (Hrsg.), Probleme der deutschen und der europäischen Integration, Münster–Hamburg, 1–33.

PIES, I. (1996), „Vertrag oder Verfassung? – Institutionenökonomische Perspektiven für die Europäische Union", STREIT, E./VOIGT, ST. (Hrsg.), Europa reformieren, Baden-Baden, S. 32–47.

SCHWARTZE, A. (1996), „Kompetenzverteilung und Entscheidungsverfahren in einer Europäischen Verfassung – Eine Analyse von Verfassungsentwürfen", STREIT, E./VOIGT, ST. (Hrsg.), Europa reformieren, Baden-Baden, S. 127–143.

SINN, H.-W. (1994), „How much Europe? Subsidiarity, Centralization and Fiscal Competition", Scottish Journal of Political Economy 41, S. 85–107.

SINN, S. (1992), „The Taming of Leviathan: Competition among Governments", Constitutional Political Economy 3, S. 177–196.

STEWING, C. (1992), Subsidiarität und Föderalismus in der Europäischen Union, Köln.

STREIT, M. (1995a), „Systemwettbewerb und Harmonisierung im europäischen Integrationsprozeß", Diskussionsbeitrag 9/95 des Max Planck-Instituts zur Erforschung von Wirtschaftssystemen, Jena.

STREIT, M. (1995b), „Dimensionen des Wettbewerbs – Systemwandel aus ordnungsökonomischer Sicht", Zeitschrift für Wirtschaftspolitik 2, S. 113–134.

STREIT, M./MUSSLER, W. (1994), „The Economic Constitution of the European Community: From Rome to Maastricht", Constitutional Political Economy 5, 319–353.

TEUTEMANN, M. (1992), Rationale Kompetenzverteilung im Rahmen der europäischen Integration, Berlin.

VANBERG, V. (1994), Wettbewerb in Markt und Politik – Anregungen für die Verfassung Europas, Sankt Augustin.

VANBERG, V./KERBER, W. (1994), Institutional Competition among Jurisdictions: An Evolutionary Approach", Constitutional Political Economy 5, S. 193–219.

VANBERG, V./WAGNER,R.E. (1996/Hrsg.), Constitutional Political Economy 7, Special Issue, Europe: A Constitution for the Millenium, S. 251–338.

VAUBEL, R. (1994), „The Political Economy of Centralisation and the European Economy", Public Choice 81, S. 151–190.

VAUBEL, R. (1995), The Centralisation of Western Europe, London.

VILBERT, F. (1995), Europe: A Constitution for a Millenium, Aldershot.

WELCKER, J/NERGE, C. (1992), Die Maastrichter Verträge – zum Scheitern verurteilt?, Landsberg am Lech.

WITTE, K. (1994), Der Vertrag von Maastricht über die Schaffung einer Europäischen Union, LESCHKE, M. (Hrsg.), Probleme der deutschen und der europäischen Integration, Münster-Hamburg, 251-281.

WITTE, K. (1995), Ordnungspolitische Perspektiven der Europäischen Union, Bergisch Gladbach.

WOHLGEMUTH, M. (1995), „Economic and Political Competition in Neoclassical and Evolutionary Perspective", Constitutional Political Economy 6, S. 71–96.

Kapitel 9

Institutionen und wirtschaftliche Entwicklung

„Institutions matter!" Unter diesem Blickwinkel standen sowohl die bisherigen Ausführungen zu den Institutionen im Markt als auch zu denen im politischen Sektor. Im folgenden abschließenden Kapitel wollen wir explizit der Frage nachgehen, wie sich die Institutionen auf die wirtschaftliche Entwicklung einer Gesellschaft auswirken. Diese Frage steht aktuell im Fokus der wissenschaftlichen Diskussion, denn angesichts stark unterschiedlicher wirtschaftlicher Entwicklungen nicht nur in den Industriestaaten stellt sich die nahezu klassische Frage der Wachstumstheorie nach den Determinanten von Wachstum und wirtschaftlicher Entwicklung neu.

Überblick

Wir wollen diese Diskussion in 5 Schritten darstellen und kommentieren. Im Anschluss an einige grundlegende Überlegungen zur Rolle formeller und informeller Institutionen (Punkt 1.) stellen wir im Punkt 2. die Theorie der wirtschaftlichen und institutionellen Entwicklung von Douglass C. North vor, der 1993 mit dem Nobelpreis für Wirtschaftswissenschaften geehrt wurde. Anschließend gehen wir auf die Diskussion um das Sozialkapital als Determinante der wirtschaftlichen Entwicklung ein, welche die Theorie von North um einige neuere Überlegungen erweitert. Im Punkt 4 stellen wir anhand der Analysen des kanadischen Fraser-Instituts dar, wie der Zusammenhang zwischen Institutionen, die wirtschaftliche Freiheiten garantieren, und wirtschaftlichem Wohlstand und Wachstum anhand von Länderanalysen empirisch überprüft werden kann. Am Ende des Kapitels erfolgen eine Ergebniszusammenfassung und ein Ausblick zur künftigen Aufgabe der Ökonomik.

1. Zur Rolle formeller und informeller Institutionen in der Gesellschaft

Entscheidungen werden in der Realität fast nie unter Sicherheit getroffen. Vielmehr besteht typischerweise eine (Rest-)Unsicherheit darüber, ob die jeweilige Entscheidung richtig oder falsch ist. Stellt sich ex post heraus, dass eine Entscheidung richtig war, d.h. dem Entscheidungsträger einen Nettonutzenzuwachs verschaffte, so werden sich rational handelnde Akteure in häufig und ähnlich wiederkehrenden Entscheidungssituationen auf diese „lohnenden Strategien" besinnen und sich – wenn nicht identisch

Verhaltens-
muster

– zumindest ähnlich verhalten. Im Gegensatz dazu werden Entscheidungen, die zu einer Nutzeneinbuße führten, zumindest nicht dauerhaft wiederholt werden. Geht man von rational handelnden, lernfähigen Individuen aus, so werden sich diese in einem Trial-and-error-Prozess ein Set an Verhaltensmustern aneignen, das all diejenigen Strategien enthält, die sich in der Vergangenheit als erfolgreich herausgestellt haben (Heiner, 1983). Diese Verhaltensmuster werden im Wege der Selbstbindung zu internen Regeln. Diese internen Regeln schränken zwar auf der einen Seite den individuellen Handlungsraum ein, senken aber gleichzeitig auch die Wahrscheinlichkeit, Fehlentscheidungen zu treffen. Sind die erwarteten Kosten von Fehlentscheidungen höher als die Kosten, die aus der Beschränkung der Handlungsalternativen resultieren, erscheint eine Selbstbindung aus Sicht des einzelnen Individuums sinnvoll, weil sie nutzensteigernd ist. Zur Herausbildung eines individuellen Repertoires vorteilhafter Verhaltensmuster ist es nicht notwendig, dass ein Individuum in der Vergangenheit eigene Erfahrungen mit solchen Strategien gemacht hat. Vielmehr können solche lohnenden Muster auch durch Imitation von anderen übernommen werden (v. Hayek, 1971, S. 74; Vanberg, 1993, S. 187); ausschlaggebend dafür kann sein, dass diese Strategien bei anderen erkennbar erfolgreich waren.

Informelle
Regeln

Weist das Handeln eines einzelnen Individuums bestimmte Regelmäßigkeiten auf, so werden die Handlungen dieses Individuums für die übrigen Gruppenmitglieder antizipierbar. Für das Gesamtkollektiv bedeutet das, dass die sozialen – und auch die wirtschaftlichen – Interaktionen der Individuen stabiler werden. Es ist möglich, eine gewisse Erwartungssicherheit in Bezug auf mögliche Verhaltensweisen des jeweiligen Gegenübers zu erreichen. Wenn man sich auf den Partner „verlassen" kann, lassen sich Interaktionen kostengünstiger abwickeln, weil die Transaktionskosten sinken. Interne Selbstbindungen entfalten auf diese Weise eine produktive Funktion für die Gesellschaft. Sie stellen eine Kategorie der sogenannten informellen Regeln dar, d.h. Regeln, deren Entstehung nicht kollektiv geplant wird und deren Einhaltung oftmals nicht durch einen bewusst errichteten externen „Sanktionsapparat" erzwungen wird.

Informelle Regeln können auch in Verhaltenskodizes, die sich zur Stabilisierung wünschenswerter Interaktionen innerhalb einer Gruppe als geeignet erwiesen haben, zum Ausdruck kommen. Wenn z.B. Kaufleute sich an ein ‚normales', ehrliches Geschäftsgebaren halten, ist deutlich, dass die Gemeinschaft dieser Kaufleute daran interessiert ist, eine informelle Regel der Art „Übervorteile deinen Handelspartner nicht" zu erhalten. Hierbei handelt es sich um Verbotsregeln, die bestimmte Vorstellungen von Fairness und Moral beinhalten. Aus Sicht eines einzelnen Individuums erscheint eine Regelübertretung – ceteris paribus – vorteilhaft, da es dann die Rolle eines vorteilhaften Außenseiters einnehmen kann. Damit informelle

Regeln eingehalten werden, muss ein geeigneter Sanktionsmechanismus vorhanden sein. Eine Sanktionsmöglichkeit besteht darin, Regelbrecher aus der Gemeinschaft (der Kaufleute) auszuschließen. Diese Sanktion reicht in Face-to-face-Gemeinschaften i.d.R. aus, um eine weitgehende Regeleinhaltung zu gewährleisten. In solchen kleinen Gruppen ist die Wahrscheinlichkeit, den Regelbrecher ohne größeren Kontrollaufwand zu identifizieren, groß. Gleiches gilt für den Schaden, den der Regelbrecher der Gemeinschaft derjenigen zufügt, die sich an die Regeln halten.

Klein- und Großgruppen

Die Situation verändert sich grundlegend, wenn man große Gemeinschaften betrachtet, in denen viele Personen interagieren. Hier sinkt die Entdeckungswahrscheinlichkeit des Regelbrechers ebenso wie die Nutzeneinbuße für die Regeleinhalter. Da es für jedes einzelne Gruppenmitglied individuell lohnend ist, von den Handelnsregeln abzuweichen und die vorteilhafte Außenseiterposition einzunehmen, werden die Leistungsfähigkeit und der Zusammenhalt der Gemeinschaft erodieren. Es herrscht eine typische Gefangenendilemmasituation vor. Die konfligierenden individuellen Interessen der Individuen dominieren. Das gemeinsame Interesse allseitiger Regelbefolgung kann nicht verwirklicht werden. Dieses allgemein unerwünschte Ergebnis kann vermieden werden, indem bestimmte Regeln formell in einer Art Verfassung dargelegt werden und ein Rechtsschutzstaat verankert wird, der für die Regeleinhaltung sorgt (Buchanan, 1984).

Gefangenendilemma

Die Etablierung formeller Regeln und eines Rechtsschutzstaates bedeutet jedoch nicht, dass auf die informellen Regeln verzichtet werden könnte. Auch in modernen Gesellschaften erfüllen die informellen Regeln eine wichtige Funktion. Wird beispielsweise eine formelle (freiheitliche) Rechtsordnung von der überwiegenden Mehrheit der Bevölkerung als gerecht angesehen, so erfolgt die Einhaltung der Regeln bis zu einem gewissen Grad freiwillig. Auch beteiligen sich die Bürger funktionierender Demokratien an Wahlen und/oder Demonstrationen, selbst wenn ihr persönlicher Stimmenanteil verschwindend gering ist. Informelle Regeln stellen daher ebenso ein gesellschaftliches Kapitalgut dar, wie die formellen Regeln. Passen die informellen Regeln und die Verhaltensmuster nicht zu dem formellen Regelrahmen einer Gesellschaft, gibt es Reibungsverluste, wie man sie etwa bei der Transformation der Mittel- und Osteuropäischen Staaten in den 90er Jahren des letzten Jahrhunderts beobachten konnte (Leschke/Sauerland, 1993).

Der Zusammenhang zwischen Verhaltensmustern, informellen und formellen Regeln ist in der folgenden Übersicht nochmals zusammengefasst (ähnlich Sauerland, 2003, S. 13).

Abbildung 9.1

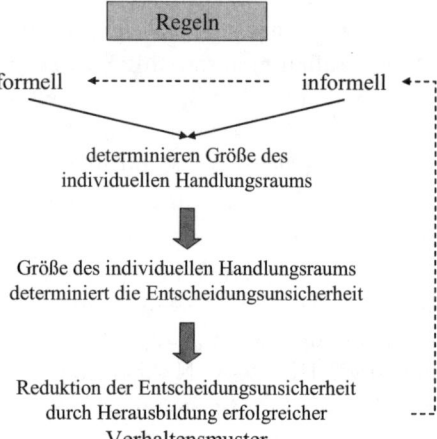

Regeln

formell ←----------------- informell ←---

determinieren Größe des
individuellen Handlungsraums

⬇

Größe des individuellen Handlungsraums
determiniert die Entscheidungsunsicherheit

⬇

Reduktion der Entscheidungsunsicherheit
durch Herausbildung erfolgreicher
Verhaltensmuster

(De)Stabilisierung informeller Regeln

Informelle Regeln „fallen" jedoch nicht einfach „vom Himmel". Sie sind vielmehr das Ergebnis von Investitionen. Sie werden in der Familie, in der Schule und in anderen sozialen Einrichtungen erlernt und durch Anwendungen im täglichen Leben stabilisiert oder ggf. destabilisiert. So ist beispielsweise in Deutschland zu beobachten, dass immer weniger Individuen steuerehrlich handeln – hier scheint eine Norm zu erodieren. Gleichzeitig setzen sich seit einigen Jahren immer mehr Bürger für die Bekämpfung von Umweltproblemen ein – hier scheint sich eine Norm aufgebaut zu haben.

Unvollständigkeit des Regelrahmens

Natürlich ist jedes Set von Regeln unvollständig. Die Handlungen der Individuen führen ständig zu neuen gesellschaftlichen Problemen, die nicht vorhergesehen werden konnten und Veränderungen der Regeln induzieren. Die folgenden Abschnitte widmen sich genau diesem „Zusammenspiel" von Regeln, Wirtschaftsleistung und Regelanpassungen. Es handelt sich um die Theorie wirtschaftlichen und institutionellen Wandels von Douglass C. North.

2. Eine Theorie der wirtschaftlichen und institutionellen Entwicklung

Welches sind die Faktoren, die für wirtschaftliche Prosperität im Laufe unserer Geschichte verantwortlich waren? Die Geschichtsbücher beantworten diese Frage gängigerweise mit dem Erfindungsreichtum einzelner kreativer Menschen: „Der größte Teil der einschlägigen Literatur konzentriert sich auf die großen Erfindungen wie Watts Dampfmaschine, Arkwriths Spinnmaschine oder Cromptons Mule-Maschine ..." (North, 1988, S. 167).

Eine solche Antwort ist jedoch unbefriedigend, denn sie vermag *nicht* zu erklären, warum es im Laufe der Geschichte auf der einen Seite relativ lange Phasen geringen technischen Fortschritts und geringer wirtschaftlicher Entwicklung gab und auf der anderen Seite kurze Phasen hohen technischen Fortschritts und großer ökonomischer Prosperität. Wie erklären sich die Schübe und wie die Zwischenpausen? Für beide Phasen verweist Douglass C. North (1988) auf ein und dieselbe Erklärung: *Die Spezifizierung der Institutionen war und ist ausschlaggebend dafür, ob eine Gesellschaft sich positiv entwickelt, stagniert oder im Vergleich zu anderen Nationen zurückfällt.* An diese Hypothese schließt sich unmittelbar eine weitere Frage an: Welches sind die Faktoren, die für einen Wandel der Institutionen verantwortlich sind? Hier führt North insbesondere die Änderungen relativer Preise, Ideologien, Pfadabhängigkeiten und das Zusammenspiel informeller und formeller Institutionen an. Auf beide Erklärungsansätze wird im Folgenden eingegangen.

2.1. Zur wirtschaftlichen Entwicklung

Douglass C. North unterscheidet – wie die Konstitutionenökonomik – systematisch zwischen Spielregeln (rules of the game) und Spielzügen (choices within the rules). Die Aufgabe von Institutionen ist es, menschliche Interaktionen zu strukturieren bzw. zu kanalisieren. Institutionen stellen somit die Spielregeln dar. North unterscheidet hier formelle Regeln wie Gesetze oder Verfassungen und informelle Regeln wie Normen, Konventionen oder Moral. Die Gesamtheit der Institutionen definiert maßgeblich die Anreizstruktur der Individuen in einer Gesellschaft.

Spielregeln und -züge

Der Grund, warum der institutionelle Rahmen so entscheidend für die wirtschaftliche Entwicklung ist, liegt nach North in den Transaktionskosten begründet. Individuen agieren in einer arbeitsteiligen, komplexen Welt auf der Basis unvollständigen Wissens. Der Erwerb relevanter Informationen ist teuer und zwingend unvollständig. Folglich nehmen Transaktionskosten – verstanden als Kosten der Vertragsanbahnung, des Vertragsabschlusses und der Vertragsüberwachung – einen hohen Stellenwert ein (Wallis/North, 1986). In einer Welt hoher Transaktionskosten kommt den Institutionen die Aufgabe zu, (a) Komplexität zu reduzieren und (b) die Anreize der Individuen so zu gestalten, dass der einzelne seine Talente in den Dienst der Gesellschaft stellt. Damit knüpft North unmittelbar an den berühmten Ausspruch von Adam Smith an, der sinngemäß lautet, dass der Bäcker *nicht* Brot und Brötchen backt, um anderen Leuten eine Freude zu bereiten. Vielmehr bereitet er den Leuten eine Freude, weil er damit ein zufriedenstellendes Einkommen erwerben kann.

Transaktionskosten

Bezogen auf den Prozess der wirtschaftlichen Entwicklung führt North dementsprechend aus, dass die *soziale* Ertragsrate der Entwicklung neuer

Soziale und private Ertragsrate

Techniken (wahrscheinlich) immer hoch war, dass sich jedoch neue, für die Gesellschaft produktive Ideen nicht verbreiten konnten, solange die *private* Ertragsrate der Entwicklung der neuen Techniken gering war. So ist der „Umstand, dass bis in relativ moderne Zeiten herauf die Entwicklung systematischer Eigentumsrechte an Innovationen unterblieb, ... eine der Hauptursachen der geringen Geschwindigkeit technischen Wandels. ... Bloße Neugier oder ‚Lernen durch Tun' wird einen gewissen technischen Fortschritt von der Art, wie wir ihn die ganze menschliche Geschichte hindurch antreffen, hervorbringen. Aber anhaltende Verbesserungen der Technologie – so wie wir sie in der modernen Welt sehen – werden nur durch Erhöhung der privaten Ertragsrate bewirkt" (North, 1988, S. 169 f.). Welche Institutionen führen nun aber zu einer Erhöhung der privaten Ertragsrate?

North (1988, S. 169) nennt z.B. die Herausbildung des Patentrechts in Großbritannien im Jahr 1624. Damit wurden *systematische Anreize* zur Annäherung der privaten Ertragsrate von Innovationen an deren gesellschaftliche Ertragsrate geschaffen. Daneben erscheinen die Gestaltung und Verwirklichung eines Systems allgemeiner Rechtssätze, die Verträge schützen, in denen der Handel mit Eigentumsrechten spezifiziert ist von zentraler Bedeutung. In diesem Zusammenhang kann auf das englische „Common Law" verwiesen werden, das die Möglichkeiten zur Formulierung und Durchsetzung von Verträgen erheblich verbesserte. Solche Rechte sorgten dafür, dass private und gesellschaftliche „gains from trade" erwirtschaftet werden konnten. Sie bewirkten folglich eine Vergrößerung des Marktes und der Arbeitsteilung (Spezialisierung).

Transaktionskostenprobleme

Die Entwicklung hin zu großen anonymen Märkten ließ jedoch wiederum die Transaktionskosten steigen. Dies verursachte eine Dämpfung der wirtschaftlichen Entwicklung, sofern nicht die Emergenz geeigneter Institutionen zu einer Transaktionskostensenkung beitrug. Das Hauptproblem der Vergrößerung der Märkte bestand insbesondere in der Messung und Überwachung der Qualität der Güter, Dienstleistungen und Faktoren. Garantien, Lizenzen, Konsumentenberatungseinrichtungen, Handelskammern und andere Berufsvereinigungen sind alles Institutionen zur Messung der Qualität und Senkung der Transaktionskosten. Darüber hinaus waren und sind vertikale und horizontale Verflechtungen (Unternehmensintegrationen) oft die einzige Möglichkeit, Gefahren opportunistischen Verhaltens zu reduzieren.

Letztlich hängt die wirtschaftliche Entwicklung von Staaten und Regionen also davon ab, ob es den Menschen gelingt, durch den Marktmechanismus ständig neu entstehende Transaktionskosten mittels geeigneter institutioneller Arrangements zu senken. Oder anders ausgedrückt: Es müssen einfache institutionelle Verfahren etabliert werden, die den Individuen

Anreize geben, Interaktionen (Verträge) zum wechselseitigen Vorteil zu tätigen (abzuschließen). Dies sind aus heutiger Sicht institutionelle Arrangements, die Freiheit schaffen und zugleich einen Leistungswettbewerb etablieren. Hierbei spielen sowohl Institutionen im Markt (z.B. organisatorische Innovationen) als auch Institutionen der Marktverfassung (z.B. Wettbewerbsrecht) eine tragende Rolle.

2.2. Zur institutionellen Entwicklung

In der Theorie der institutionellen Entwicklung steht bei North die Frage im Mittelpunkt, wie es zu einem institutionellen Wandel oder auch zu institutionellen Beharrungstendenzen kommt. Zur Analyse dieser Frage sei von drei Ebenen ausgegangen: (1) der Ebene der Marktakteure, (2) der Ebene der Marktverfassung und (3) der Ebene der Spielregeln im politischen Sektor. Beginnen wir mit der Ebene der Marktakteure.

Neben den Haushalten als Nachfragern von Gütern und Leistungen sind die Unternehmen die wichtigsten Akteure im Markt. Existieren freiheitliche Wettbewerbsregeln, so werden sich der Markt und die Arbeitsteilung solange ausdehnen (können), wie institutionelle Arrangements entstehen, die die Transaktionskosten senken. Neben Nachfragerorganisationen zur Überprüfung der Qualität von Preis-Leistungs-Kombinationen sind vor allem organisatorische Neuerungen im Unternehmenssektor von zentraler Bedeutung. Unternehmen, die das Ziel der (langfristigen) Gewinnmaximierung verfolgen, sind jedoch an jeglichen Institutionen interessiert, die ihre Marktstellung verbessern. Darunter fallen sicherlich zum einen Institutionen zur Senkung der Transaktionskosten, die allen oder vielen Unternehmen und damit auch der Gesellschaft von Nutzen sind, zum anderen jedoch auch solche institutionellen Arrangements, die ihnen eine marktbeherrschende Stellung durch Minderung des Wettbewerbsdrucks sichern.

Institutionen im Markt

Horizontale und/oder vertikale Integrationen können nützlich sein, um Ausbeutungsgefahren zu mindern und gesellschaftlich wünschenswerte Investionen überhaupt erst zu ermöglichen. Diese Integrationsformen können jedoch auch schlicht und einfach deshalb von Unternehmen angestrebt werden, um eine marktbeherrschende Stellung zu erhalten. Ähnlich verhält es sich bei Forderungen des Unternehmenssektors, steuerrechtliche oder andere staatliche Begünstigungen zu erhalten. Diese können notwendig sein, um bestimmte Forschungsaktivitäten erst zu ermöglichen. Sie können aber auch volkswirtschaftlich ineffizient sein und nur bestimmten Partikularinteressen dienen.

Zusammenfassend ausgedrückt können die Aktivitäten des Unternehmenssektors bezüglich institutioneller Neuerungen zum einen volkswirtschaftlich effizient, d.h. gemeinwohlförderlich, sein. Zum anderen können es aber auch gemeinwohlschädliche Rent-seeking-Aktivitäten sein.

Institutionen der Markt- verfassung

Auf der zweiten Ebene, der Ebene der Marktverfassung, wird festgelegt, welche institutionellen Neuerungen in die marktliche Rahmenordnung aufgenommen werden und welche nicht. Diese umfasst alle Regelungen des Wettbewerbsrechts, Steuerrechts sowie Verwaltungsvorschriften und deren Auslegung. Akteure, die auf die Marktverfassung Einfluss haben, sind somit nicht nur Verwaltungsbeamte und Politiker, sondern auch die Richter. North (1992, S. 114 ff.) hebt die Bedeutung des Richterrechts insbesondere für die Entwicklung des Common Law hervor. Dieses Recht beruht auf dem Gedanken der rechtlichen Anpassung an neue Erfordernisse durch Präzedenzfälle. „In den richterlichen Entscheidungen drückt sich die subjektive Verarbeitung von Informationen vor dem Hintergrund des historischen Aufbaus der Rechtsordnung aus" (North, 1992, S. 115). Damit sind zwar eine gewisse Kontinuität und Vorhersehbarkeit der Weiterentwicklung des Rechts gewährleistet, ob diese allerdings effizient im volkswirtschaftlichen Sinn erfolgt, hängt von den subjektiven Vorstellungen der Richter ab, die sie auf der Basis der in der Gesellschaft verbreiteten Ideologien bilden. – In jedem Fall scheint das Richterrecht nicht in der Lage zu sein, die Spielregeln des Marktes grundlegend innerhalb kurzer Zeit zu verändern. Einschneidende Änderungen können allerdings notwendig sein, wenn durch den Marktprozess Probleme emergieren, deren Bewältigung auf der Basis des bestehenden Rechts in einem nicht befriedigenden Umfang möglich erscheint. In solchen Fällen erfolgt eine parlamentarische Rechtssetzung. Wir wenden uns deshalb dem heutzutage wichtigsten Regelanbieter, dem parlamentarischen Gesetzgeber, zu.

Gesetzgebung

Der Gesetzgeber in modernen demokratischen Gesellschaften ist das Parlament. Über Gesetzesvorlagen, die in den meisten Fällen von der Regierung eingebracht werden, entscheidet das Parlament zumeist mit einfacher Mehrheit. Die Politiker, die das Parlamentsmandat besitzen, gehören Parteien an, deren Aufgabe es ist, an der politischen Willensbildung maßgeblich mitzuwirken. Parteien nehmen die Präferenzen der Bürger auf, verdichten sie zu Ideologien und transformieren sie schließlich zu Programmen. Der Wettbewerb unter den Parteien, zwischen Regierung und Opposition, soll politische Alternativen hervorbringen, über die der Wähler von Zeit zu Zeit abstimmt. Ausgehend von diesem Mechanismus hebt North (1992, S. 130 ff.) hervor, dass Politiker (a) Maßnahmen einleiten können, von denen sie bei gegebenem Wissensstand erwarten, dass sie die Marktverfassung im Sinne des Gemeinwohls verbessern oder (b) Veränderungen der Spielregeln bewirken, die wohlwissentlich nur Partikularinteressen auf Kosten der Allgemeinheit dienen. Welche der beiden Möglichkeiten Politiker ergreifen werden, hängt von den Restriktionen ab, denen sie unterworfen sind. Dies leitet uns zu der dritten Ebene, den Restriktionen im politischen Sektor, den Verfassungsregeln, über.

Verfassungsregeln sind nach North (1988, S. 211) die wichtigsten Ordnungsbeschränkungen eines polit-ökonomischen Systems. Ihr Zweck ist die Festlegung der Grundstruktur der Eigentumsrechte und die Bindung der Staatsgewalt (North, 1988, S. 209). „Erlauben" Verfassungsregeln Diskriminierungen in der Form, dass organisierte Interessen auf Kosten des Gemeinwohls befriedigt werden können, so werden sich solche Verhaltensweisen umso stärker verbreiten, je weniger die Bürger diese Ineffizienzen erkennen und sanktionieren. Lückenhafte Verfassungsregeln – und von solchen Lücken ist in der Realität auszugehen – können also durch Sanktionen relativ gut informierter Bürger „geschlossen" werden.

Verfassungs-
regeln

Ausgehend von diesen Ebenen ist nun zu fragen, unter welchen Umständen sich Änderungen in der Struktur der Institutionen ergeben. Hierzu ist es notwendig, auf das „Zusammenspiel" zwischen den angesprochenen Ebenen und auf die Rolle der Ideologie einzugehen.

Sind die Verfassungsregeln unvollständig – wovon stets auszugehen ist –, so wird bei (teilweiser) rationaler Ignoranz der Bürger den Politikern die Möglichkeit gegeben, Partikularinteressen auf Kosten der Allgemeinheit zu bedienen. Diese Möglichkeit schafft für die Interessengruppen den Anreiz, in Rent-seeking-Aktivitäten zu investieren: Wenn Organisationen, wie Unternehmen, Gewerkschaften, Agrarverbände etc., ihre Kräfte auf unproduktive Tätigkeiten verwenden, so haben Defizite in der institutionellen Ordnung das Anreizsystem für solche Tätigkeiten geliefert" (North, 1992, S. 131). Als Folge wird es aber nicht nur zu volkswirtschaftlichen Ineffizienzen bezüglich der Ausgestaltung der Marktverfassung, der Institutionen im Markt, der Marktprozesse und -ergebnisse kommen, sondern die informellen Institutionen (Ideologie, Moral, Sitten) werden u.U. auch diesen Rent-seeking-Aktivitäten angepasst. Dies erklärt sich folgendermaßen:

Sowohl die Politiker als auch die erfolgreichen Rent seeker sind an einer stabilen Ordnung interessiert. Und Stabilität bedeutet, dass die bestehenden Institutionen zu möglichst geringen Kosten durchgesetzt werden. Dies wird genau dann der Fall sein, wenn die informellen und die formellen Institutionen miteinander kompatibel sind. Da innerhalb der informellen Institutionen Ideologie und Moral eine große Rolle spielen, werden die Politiker die Bevölkerung zu überzeugen versuchen, dass die von ihnen gewährten Transfers an bestimmte Gruppen legitim sind. Wie F.A. von Hayek (1981) betont, greifen sie hierbei auf im Grunde inhaltsleere Formeln wie die der „sozialen Gerechtigkeit" zurück. Gelingt auf diese Weise – unabhängig von den Ineffizienzen dieser Politik – die Legitimation, so

Regelharmonie

werden die Umverteilungen und institutionellen Fehlentwicklungen akzeptiert. Informelle und formelle Institutionen sind trotz des gemeinwohlschädlichen Rent-seekings kompatibel.

Eine produktive Harmonie zwischen formellen und informellen Institutionen ist dadurch gekennzeichnet, dass sich die Individuen an die formellen Institutionen im Markt, der Marktverfassung und der politischen Verfassung angepasst haben. Damit kommt es zu „Selbstverstärkungsmechanismen" der bestehenden Institutionenstruktur, die North (1992, S. 112 f.) folgendermaßen begründet: Mit zunehmender Dauer, die ein Institutionengefüge besteht, passen Individuen ihre Pläne immer besser an die gegebenen Anreizmechanismen an. Immer mehr Individuen investieren spezifisch basierend auf der Institutionenstruktur des Status quo; denn Unsicherheiten über den Fortbestand der Regeln vermindern sich. Gleichzeitig wird die gegebene Regelstruktur immer mehr verinnerlicht, und unter den formellen Regeln entstehen vielfältige informelle Beschränkungen, die zu immer spezifischeren Anwendungen führen.

Pfadabhängigkeit

Diese Mechanismen bewirken, dass eine Institutionenstruktur im Laufe ihres Bestehens zunehmende Erträge abwirft. So kommt es zu einem sogenannten „Lock in". Die Individuen sind „eingeschlossen" durch die zunehmenden Erträge aus dem Bestand – d.h. der Nicht-Veränderung – der Institutionenstruktur. Institutionelle Entwicklungen sind somit *zeitpfadabhängig*. Je länger eine institutionelle Struktur Bestand hat, desto kostspieliger ist es, sie zu verlassen.

Wie kann es nun aber trotz dieser Beharrungstendenzen zu institutionellen Änderungen kommen?

Ausgangspunkt des institutionellen Wandels sind nach Douglass C. North (1992, S. 98) Änderungen relativer Preise. Solche Änderungen der Preisstruktur können exogen sein: Beispiele sind Kriege, Seuchen oder Naturkatastrophen. Die meisten werden jedoch endogen sein. Endogene Preisstrukturveränderungen kommen zustande, wenn innerhalb der bestehenden institutionellen Struktur das renditegeleitete (nutzen-, gewinn-, prestigeorientierte) Verhalten der Akteure Innovationen hervorbringt (technischer Fortschritt), Ressourcenbestände verändert oder neues Wissen hervorbringt, durch welches vorhandene Möglichkeiten (Verhaltensweisen, Marktergebnisse) neu bewertet werden. Diese Veränderungen relativer Preise können nun bewirken, dass einige der bestehenden Institutionen für einige oder viele Individuen Gewinnmöglichkeiten einschränken. Diese Individuen werden auf Regeländerungen drängen. In Demokratien existieren Verfahren, die solche institutionellen Änderungen friedlich möglich machen. Unproblematisch sind Reformen dann, wenn durch den institutionellen Wandel (a) keine anderen Individuen schlechter gestellt werden und

(b) die Änderungen der formellen Regeln nicht den informellen Institutionen widersprechen.

Stellen bestimmte „Regeländerungswünsche" hingegen einige Individuen schlechter, so werden diese sich gegen die Regeländerungen wehren. Streitereien dieser Art werden mit Argumenten geführt. Jede Gruppe versucht hierbei zu belegen, dass ihr Vorschlag gemeinwohlförderlicher ist als der der Konkurrenten. Der Sinn solcher (öffentlichen) Diskussionen besteht darin, die nichtorganisierten Bürger von der Richtigkeit des eigenen Vorschlags zu überzeugen. Dies ist wichtig, denn die große Gruppe der Unorganisierten muss zumindest (implizit) zustimmen, damit der eigene Vorschlag eine Chance hat, implementiert zu werden. Politiker, die auf Mehrheiten angewiesen sind, werden nur dann institutionelle Änderungen durchführen, wenn die Mehrheit der Bevölkerung dies befürwortet. Gerade in funktionierenden Demokratien kann die Meinung in der Bevölkerung über die Massenmedien sehr leicht ermittelt werden. Damit rücken erneut die informellen Institutionen der Bürger, ihre Denkmodelle (shared mental models), Ideologien und Moral, in das Zentrum der Betrachtung. Diejenigen institutionellen Änderungen, die mit den informellen Institutionen am ehesten kompatibel sind, werden implementiert werden.

Institutioneller Wandel

Die Prozesse der Veränderung informeller und formeller Institutionen beschreiben i.d.R. einen allmählichen kontinuierlichen Wandel. North (1992, S. 120) spricht von fortgesetzten marginalen Anpassungen, die überwiegend die Entwicklung von Gesellschaften bestimmen. Ob solche Veränderungen der Institutionen effizient sind oder nicht, hängt insbesondere davon ab, wie die Machtverteilung der Gruppen im Status quo ist und ob pareto-superiore institutionelle Reformmöglichkeiten auch als solche früh genug erkannt werden. Letzteres hängt maßgeblich von den verbreiteten Ideologien ab.

Kontinuierlicher Wandel

Von dem kontinuierlichen institutionellen Wandel unterscheiden sich diskontinuierliche Änderungen der institutionellen Struktur einer Gesellschaft. Ursachen für solche Diskontinuitäten können nach North (1992, S. 105 f.) Naturkatastrophen, Eroberungen, Kriege, Revolutionen oder ein plötzlicher Abbau von Reformstaus sein. Aus der Sicht moderner demokratischer Gesellschaften erscheint es insbesondere interessant, auf den letzten Punkt einzugehen.

Eine schrittweise Veränderung der Institutionen setzt voraus, dass die gesellschaftlichen Schlüsselspieler über Probleme verhandeln und zu institutionellen Lösungen gelangen. Eine wichtige Vorbedingung für das Funktionieren eines solchen Prozesses sind – wie oben ausgeführt – adäquate institutionelle Gegebenheiten auf der Verfassungsebene, der Ebene der Spielregeln für den politischen Prozess (North, 1992, S. 106). Mit anderen Worten: Die konstitutionelle Ebene muss permanente Verhandlungen und

Diskontinuier-licher Wandel

Kompromisse innerhalb der Politik gestatten. Funktionierende Demokratien verfügen i.d.R. über einen solchen „institutionellen Apparat". Fehlen allerdings diese konstitutionellen Voraussetzungen, so können politische Diskussionen und Verhandlungen, die zumeist (Kompromiss-) Entscheidungen nach sich ziehen, nicht geführt werden. Es kommt zu einem Reformstau: Auf relative Preisänderungen wird *nicht* mit den notwendigen institutionellen Anpassungen reagiert. Als Folge ergibt sich eine wirtschaftliche Stagnation und eine größer werdende Unzufriedenheit der Bevölkerung. Durchgreifende institutionelle Reformen zur Behebung der wirtschaftlichen Probleme können allerdings erst dann durchgeführt werden, wenn eine Mehrheit sich auf bestimmte Anpassungen geeinigt hat. Hierzu müssen sich Gruppen gebildet haben, die das Trittbrettfahrerproblem gelöst haben und miteinander in Verhandlungen treten um einen (Minimal-) Konsens zu erzielen. Führen Verhandlungen, die hier annahmegemäß *nicht* innerhalb geeigneter demokratischer Institutionen stattfinden, zu keinem Ergebnis, so kann es auch zu Gewaltanwendungen – also zu Revolutionen – kommen.

Gelingt schließlich friedlich oder mit Waffengewalt eine institutionelle Umwälzung, so bleibt das Problem bestehen, dass zwar die formellen Regeln grundlegend geändert werden, die informellen Institutionen aber noch nicht mit den neuen formellen Regeln kompatibel sind. Genau diesen Prozess konnte und kann man seit der Transformation der sozialistischen osteuropäischen Staaten in marktwirtschaftliche Demokratien beobachten. Die informellen Institutionen passen sich erst langsam an die neuen Gegebenheiten an. Hierdurch bleiben relativ hohe Transaktionskosten (vorerst noch) bestehen und die Wirtschaftsleistung hinter den Erwartungen zurück. Erst wenn sich die informellen Regeln den formellen anpassen, schöpft die neue Ordnung ihr Potential aus.

2.3. Zusammenfassung der Thesen zur wirtschaftlichen und institutionellen Entwicklung

Die von North aufgestellten Hypothesen bezüglich des wirtschaftlichen und institutionellen Wandels lassen sich folgendermaßen zusammenfassen: (1) „Institutions matter"! Die wirtschaftliche Entwicklung hängt von den Institutionen ab. Immer wenn der institutionelle Rahmen den Menschen Freiheiten zum Handel und Wettbewerb garantiert(e), werden (wurden) erhebliche „gains from trade" realisiert. (2) Institutionen ändern sich, wenn sich relative Preise verändern. (3) Ob institutionelle Anpassungen kontinuierlich verlaufen, hängt von den konstitutionellen Rahmenregeln, die den Wettbewerb im politischen Sektor kanalisieren, ab. Sofern die konstitutionellen Regeln keine Freiräume für politische Verhandlungen gewähren, wird sich ein Reformstau ergeben, und es kommt zu diskontinuierlichen institutionellen Veränderungen. Ebenso können die informellen Institutionen notwendigen Reformen entgegenstehen. (4) Kontinuierlicher institutioneller Wandel ist in demokratischen Ordnungen eher der Regelfall, diskontinuierlicher Wandel die Ausnahme – verglichen mit nicht-demokratischen Regimen. (5) Es ist umso schwerer, ineffiziente institutionelle Pfade zu verlassen, je länger diese bestehen. Denn viele Individuen lassen sich auf die ineffiziente Ordnung ein d.h. sie tätigen in einem immer größeren Umfang spezifische Investitionen, deren Profitabilität von der (ineffizienten) institutionellen Struktur abhängt. Eine grundlegende Änderung der Ordnungsstruktur – ein Pfadwechsel – entwertet somit vergangene Human- und Sachkapitalinvestitionen und ist deshalb mit einem temporären Wohlstandsverlust verbunden (was ja exemplarisch an den 1989 eingeleiteten Transformationsprozessen der mittel- und osteuropäischen Staaten abgelesen werden kann).

Neben das eben erwähnte Human- und Sachkapital ist in den letzten Jahren eine weitere Kapitalgröße in die Diskussion gekommen, die im Rahmen des institutionellen Wandels eine Rolle spielt: das Sozialkapital. Da diese Größe auch zur Erklärung der wirtschaftlichen Entwicklung herangezogen wird, wollen wir sie im nächsten Abschnitt näher betrachten.

3. Sozialkapital und wirtschaftliche Entwicklung

Der Begriff des Sozialkapitals taucht seit Mitte der 90er Jahre des letzten Jahrhunderts in einer Vielzahl von Veröffentlichungen auf, die sich mit den -determinanten der wirtschaftlichen Entwicklung beschäftigen.[1] Die Weltbank unterhält eine Website mit einer ganzen elektronischen Bibliothek zu diesem Thema. So gängig der Begriff inzwischen ist, so offen ist sein Inhalt. Ein Blick in die einschlägige Literatur fördert eine Vielzahl von Definitionen hervor, von denen hier nur einige exemplarisch angeführt werden sollen. So verweist Coleman (1990, S. 302) darauf, dass die Bestandteile des Sozialkapitals aus Aspekten einer Sozialstruktur bestehen und sie bestimmte Handlungen der Individuen innerhalb dieser Struktur begünstigen. Anders definiert Putnam (1993, S. 167), für den sich der Begriff Sozialkapital auf Eigenschaften sozialer Organisationen, wie etwa Vertrauen, Normen und Netzwerke bezieht, welche die Leistungsfähigkeit einer Gesellschaft erhöhen, weil sie koordiniertes Verhalten erleichtern. Paldam und Svendsen (2000, S. 342) stellen nicht das Sozialkapital selbst, sondern ein Ergebnis bzw. eine Wirkung des Sozialkapitalbestands in den Mittelpunkt ihrer Definition, wenn sie das Sozialkapital als das Ausmaß an

Definitionen

---

[1] Grundlegende Artikel zum Sozialkapital findet man bei Ostrom/Ahn (Hrsg./2003).

Vertrauen innerhalb einer Gruppe beschreiben: Besteht eine (eindeutige) Kausalität zwischen der Bestandsgröße „Sozialkapital" und der Stromgröße „Vertrauen", so lässt sich Letzteres als Proxy-Variable für erstere Größe nutzen. Eine sehr umfassende Definition verwendet schließlich Fukuyama (1995), der Sozialkapital als angewandte informelle Regeln definiert. Ähnlich definiert Elinor Ostrom (2000, S. 176): "Social capital is the shared knowledge, understanding, norms rules and expectations about patterns of interactions that groups of individuals bring to a recurrent activity."

Allen Definitionen ist gemeinsam, dass sie dem Sozialkapital eine produktive Wirkung unterstellen. Damit lässt sich die Arbeitshypothese der Sozialkapitalforschung wie folgt beschreiben: Das vorhandene Sozialkapital determiniert die Möglichkeiten der produktiven Kooperation von Individuen innerhalb sozialer Strukturen. Darüber hinaus finden sich in den genannte Definition wiederholt die Begriffe Vertrauen, Werte, Normen, Gruppen, Netzwerke, Verhaltensmuster und (informelle) Regeln.

3.1. Sozialkapital und Institutionenökonomik

Für die Einordnung des Sozialkapitalansatzes ist es hilfreich, den Zusammenhang dieser Begriffe im allgemeinen ökonomischen Ansatz zu beschreiben, um so Unterschiede und Gemeinsamkeiten zu bestehenden ökonomischen Forschungsbreichen erkennen zu können. Eine Möglichkeit, das Zusammenspiel von informellen Regeln, Verhaltensmustern und Vertrauen zu beschreiben, lässt sich wie folgt beschreiben:

Im allgemeinen ökonomischen Ansatz versuchen die Akteure unter den für sie gegebenen (institutionellen) Restriktionen, ihren Nutzen zu maximieren; sie berücksichtigen dabei ihre Präferenzen, zu denen auch die so genannten sozialen Präferenzen gehören.[2] Informelle Regeln sind – wie formelle Regeln – institutionelle Restriktionen, die den Handlungsraum der Akteure beschränken. Ein solcher Regelrahmen gilt typischerweise für eine Gruppe von Individuen, wie etwa Familien, Vereine oder Religionsgemeinschaften. Im wiederholten Umgang mit diesem Regelrahmen entwickeln die Individuen erfolgreiche Strategien (Verhaltensmuster), die ihnen das nutzenmaximierende Verhalten erleichtern. Diese Verhaltensmuster machen das individuelle Verhalten für potentielle Kooperationspartner, die ähnlichen Verhaltensmustern folgen oder die Verhaltensmuster ihrer potentiellen Partner kennen, besser antizipierbar. Gemeinsam angewandte Regeln bzw. die dabei entstehenden Verhaltensmuster schaffen die Grundlage

---

[2] Das Konzept der sozialen Präferenzen unterstellt, dass für nutzenmaximierende Individuen auch Kriterien wie Fairness und Reziprozität, Intentionalität, Neid oder Altruismus eine Bedeutung haben.

einer sicheren Erwartungsbildung und helfen Transaktionskosten (in Form von Informations- und Überwachungskosten) einzusparen (Heiner, 1990). In dem Maße wie die Erwartungsbildung erleichtert wird und die Unsicherheit in Bezug auf das Verhalten potentieller Transaktionspartner sinkt, ersetzt das entstehende Vertrauen (teure) formelle Absicherungsmechanismen. Kooperationsvorteile können (besser) realisiert werden. Damit stiftet die Mitgliedschaft in einer Gruppe – etwa in einem Verein, der einem bestimmten Zweck dient – für die jeweiligen Gruppenmitglieder einen Nutzen, der über den Nutzen des unmittelbaren Zwecks der Gruppe hinausgeht.

Im Sinne dieser breiten Definition untersucht die Sozialkapitalforschung die Wirkung informeller Institutionen, d.h. einen Teilaspekt der allgemeinen Institutionenökonomik. Das Sozialkapital einer Gruppe besteht in dieser Interpretation aus informellen Regeln (Normen und Werten), die von den Mitgliedern einer (unterschiedlich großen) Gruppe von Individuen geteilt werden. Die gemeinsame Anwendung der Regeln ruft – auf der individuellen Ebene – antizipierbare Verhaltensmuster hervor und schafft damit Vertrauen der Gruppenmitglieder untereinander.[3] Die gemeinsamen Verhaltensmuster lassen sich dann als individuelles Sozialkapital der Gruppenmitglieder interpretieren.

Die hier skizzierte Charakterisierung des Sozialkapitals macht es nicht nur anschlussfähig an das Programm der Institutionenökonomik. Sie ermöglicht auch eine Analogiebildung zum Humankapital, die das Verständnis für die Funktionsweise des Sozialkapitals weiter fördert.

Aus der Wachstumstheorie wissen wir, dass zwei Volkswirtschaften mit identischer Sachkapitalausstattung durchaus unterschiedliche Wachstumsraten aufweisen können. Ein möglicher Grund für diese Unterschiede liegt in der unterschiedlichen Ausstattung mit Humankapital. Dabei stehen das Sachkapital und das individuelle (technische) Humankapital in einer komplementären Beziehung: Fehlt das passende Humankapital, kann das produktive Potential des Sachkapitals nicht abgerufen werden. Letztlich lässt sich das Humankapital in einer solchen Betrachtung als individueller Bestand von solchen Verhaltensmustern interpretieren, die sich im Umgang mit technischen Geräten als erfolgreich herausgestellt haben. Diese Logik gilt nicht nur auf der ebene von Volkswirtschaften sondern natürlich auch auf der betrieblichen Ebene.

Der Gedanke der Komplementarität lässt sich auf den Bereich des Sozialkapitals übertragen. Dazu erscheint eine weitere Differenzierung sinnvoll. Die oben eingeführte Arbeitsdefinition des Sozialkapitals als Verhal-

---

[3] Die hier skizzierte Logik entspricht den Basisideen der Sozialkapitalforschung, wie sie in dem Überblicksartikel von Durlauf/Fafchamps (2005) dargestellt werden.

tensmuster bezieht sich auf einen individuellen Kapitalbestand. Auf kollektiver Ebene steht diesen Verhaltensmustern das *Institutionensystem* der jeweiligen Gruppe gegenüber. Dies kann als *kollektiver Kapitalbestand* aufgefasst werden. Die in Abbildung 9.1 dargestellten Zusammenhänge haben bereits deutlich gemacht, dass die Verhaltensmuster zum Institutionensystem kompatibel sein müssen, damit das Individuum innerhalb des Kollektivs erfolgreich agieren kann.

Abbildung 9.2

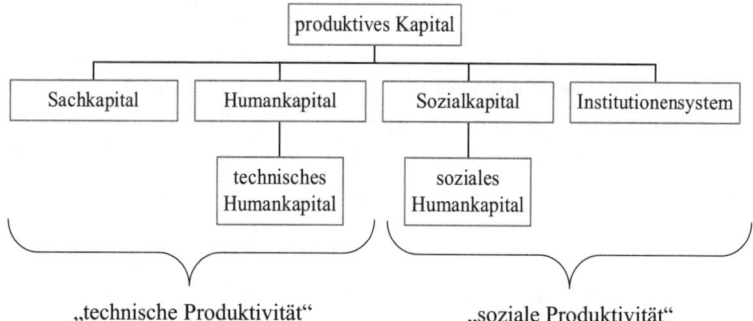

Folgt man dieser Logik, so stellt das individuelle Sozialkapital einen zum (gesellschaftlichen) Institutionensystem komplementären Faktor dar, der die „soziale Produktivität" des Individuums beeinflusst (Abbildung 9.2). Fehlt das passende Sozialkapital, so bleibt das Institutionensystem eine leere Hülle; die potentiellen Vorteile, d.h. mögliche Kooperationsvorteile aus der Anwendung des institutionellen Gefüges, können nicht realisiert werden. Beispiele für das Fehlen eines passenden Sozialkapitals bzw. für eine Nicht-Kompatibilität von Sozialkapital und (insbesondere formellem) Institutionengefüge lassen sich wiederum auf der gesamtwirtschaftlichen aber auch auf den betrieblichen Ebenen finden.

So wurden in vielen postsozialistischen Transformationsländern relativ schnell formelle Institutionen geschaffen, die denen in etablierten Marktwirtschaften ähnelten. Allein der veränderte formelle Institutionenrahmen reicht aber nicht aus, um unmittelbar auch Änderungen in der wirtschaftlichen Leistungsfähigkeit herbeizuführen weil die Verhaltensmuster der Menschen noch immer die waren, die sie im Umgang mit sozialistischen Institutionen erworben hatten. Ähnliches gilt im Bereich von Unternehmenszusammenschlüssen, bei denen oft die erhofften Synergiepotentiale nicht realisiert werden können, weil die Kulturen der beteiligten Unternehmen nicht kompatibel sind. Auch hier führt die fehlende Kompatibilität zu unproduktiven Reibungsverlusten.

Eine weitere Ähnlichkeit zwischen dem „technischen Humankapital" und dem hier beschriebenen „sozialen Humankapital" besteht darin, dass zur Optimierung beider individueller Bestände spezifische Investitionen notwendig sein können. Das produktive Potential dieser Investitionen lässt sich jeweils nur in Verbindung mit einem bestimmten Sachkapital bzw. einem bestimmten Institutionensystem realisieren. Im Kontext des Sozialkapitals begründen spezifische Investitionen in den individuellen Kapitalbestand somit Abhängigkeiten des Individuums von der Gruppe, in der ein bestimmtes Institutionensystem gilt. Diese Abhängigkeiten lassen eine Verwendung des individuellen Kapitals außerhalb einer bestimmten Kombination von Sozialkapital und Institutionensystem (nahezu) nutzlos werden (Kiwit/Voigt, 1995, S. 130 f.). Lerneffekte stabilisieren zudem die Beziehung zwischen dem individuellen Sozialkapital und den vorhandenen formellen und informellen Institutionen (North, 1992). Es kommt zu den von North beschriebenen „Lock in"-Effekten, die eine pfadabhängige Beziehung zwischen dem Sozialkapital und dem Institutionensystem begründen.[4]

3.2. Empirie: Sozialkapital und wirtschaftliche Entwicklung

Basierend auf der obigen Definition lassen sich Messkonzepte zur Erfassung des Sozialkapitals entwickeln: Als *Quelle* des Sozialkapital können nach Funktionen abgegrenzte Kollektive erfasst werden; dazu gehören Vereine und Netzwerke, deren Mitglieder freiwillig beitreten, ebenso wie ethnische oder religiöse Gruppen, die bestimmte Normen und Werte teilen. Auf der Ebene der *Wirkungen* des Sozialkapitals kann versucht werden, das Ausmaß des herrschenden Vertrauens – im Sinne eines Zwischenziels – zu ermitteln oder – als letztendliche Zielgröße – die Häufigkeit von tatsächlichen Kooperationen. Diese, Größen werden empirisch auf ihren Erklärungsgehalt in Bezug auf die wirtschaftliche Entwicklung getestet, um so die Gültigkeit der oben genannten Arbeitshypothese zu überprüfen. Die folgende exemplarische Anführung von empirischen Ergebnissen orientiert sich an den in Abbildung 9.3 genannten messbaren Sozialkapitalausprägungen.

So wird die *Bedeutung von Netzwerken* beispielsweise für das Wachstum von Regionen von Robert Putnam (2001) untersucht, der einen positiven Einfluss der Netzwerke auf das Wachstum konstatiert.[5] Weniger eindeutig ist der Einfluss der *Mitgliedschaft in freiwilligen Organisationen*: Bei Putnam (1993) wirken die freiwilligen (Putnam-) Gruppen positiv auf das Wachstum, bei Knack/Keefer (1997) kann dieses Ergebnis nicht bestä-

---

[4] Die von Putnam (1993) dargestellten, historisch weit zurückgehenden Entwicklungsunterschiede zwischen den Regionen Nord- und Süditaliens lassen sich möglicherweise auf solche Pfadabhängigkeiten zurückführen.

[5] Bei den untersuchten Netzwerken handelt es sich um positiv wirkende Putnam-Netzwerke und nicht um die in Kapitel 6 beschriebenen Olson-Netzwerke.

tigt werden. Hingegen finden letztgenannte Autoren einen positiven Einfluss der Gruppen auf das Investitionsverhalten.

Abbildung 9.3

Auch ein positiver Einfluss des *Vertrauens* auf das Wachstum und die Produktivität kann nicht eindeutig nachgewiesen werden: Während Knack/Keefer (1997) einen positiven Zusammenhang finden, ist das bei Hjerrpe (1998) nicht der Fall. Geradezu gegenteilig wirkt sich in der Untersuchung von Helliwell (1996) das Vertrauen auf die Produktivität aus. Sie sinkt bei zu großer Vertrautheit innerhalb eines Unternehmens; ein Ergebnis, das möglicherweise auf ein zu großes Ausmaß an friedlicher Kooperation und einen zu geringen internen Wettbewerbsdruck zurückgeführt werden kann.

Letztlich zeigt die Literaturauswertung von Durlauf/Fafchamps (2005), dass die Aussagen der empirischen Forschung zur Bedeutung des Sozialkapitals in Form informeller Institutionen und dazugehöriger Verhaltensmuster für die wirtschaftliche Entwicklung – auch aufgrund verschiedener Probleme der Messung und der Schätzungen – nicht eindeutig sind. Wir wollen nun die Bedeutung des formellen Institutionensystems einer Gesellschaft für deren wirtschaftliche Entwicklung näher betrachten.

4. Freiheitliche Marktverfassung und Wohlstand der Nationen

4.1. Grundlagen

Ausgangs-Hypothese

Sowohl aus den Arbeiten von Douglass C. North als auch aus den Werken anderer liberaler Ökonomen wie z.B. Friedrich August von Hayek, James Buchanan oder Walter Eucken lässt sich die folgende Hypothese ableiten: Werden durch die Regeln des Marktes Planungsunsicherheiten reduziert und Freiheitsrechte i.V.m. Wettbewerb garantiert, wird – zumindest langfristig – eine wirtschaftliche Entwicklung zum Wohle der Bürger eintreten. Der Marktmechanismus generiert Anreize, stets nach besseren

Preis-Leistungs-Kombinationen zu suchen. Folglich werden Investitionen in Sach- und Humankapital getätigt, die einen fortlaufenden Wachstumsprozess induzieren. Umgekehrt gilt: Permanente Eingriffe, die nicht an den Regeln, sondern an den Ergebnissen des Marktmechanismus' ansetzen, verzerren die relativen Preise und sorgen für Fehllenkungen der Sach- und Humankapitalinvestitionen. Die Bedürfnisse der Bürger werden *nicht* in einem befriedigenden Umfang erfüllt. Mit anderen Worten: Die Politik muss glaubhaft machen (können), zwei zentrale Aufgaben zu erfüllen, nämlich

(1) nicht willkürlich zu Gunsten einzelner Gruppen in Marktprozesse einzugreifen, d.h. Abwesenheit willkürlicher Interventionen, und

(2) die Regeln des Marktes im langfristigen (konstitutionellen) Interesse der Bürger weiterzuentwickeln (Regelsetzung zur Verbesserung der Wettbewerbsprozesse).

Verstößt die Politik gegen diese zentralen Aufgaben, wird die wirtschaftliche Entwicklung gehemmt. Unter Umständen sinkt sogar der Wohlstand der Bürger. Wenn diese Hypothese wahr ist, muss ein empirischer Zusammenhang zwischen der Spezifikation zentraler Freiheitsrechte und dem Wohlstand bestehen – hierzu im nächsten Abschnitt mehr.

Ökonomisch betrachtet sorgt der Liberalismus also genau deshalb für Wohlstand und Wachstum, weil das Prinzip „Freiheit in Verbindung mit Wettbewerb" auf traditionellen und politischen Märkten durch kluge Gestaltung der Spielregeln zur Geltung gebracht wird. Die Setzung bzw. Verbesserung der Spielregeln ist hierbei als eine permanente Aufgabe anzusehen, denn auf Märkten entstehen nicht nur ständig neue Produkte und Verfahren, sondern auch neue (soziale) Probleme, die institutionell gelöst werden müssen. Ein Staat, der an einer Ordnung, sei sie auch noch so freiheitlich, starr festhält, wird über kurz oder lang im Vergleich zu anderen Staaten, die institutionelle Anpassungen vornehmen, wirtschaftlich zurückfallen. Die Gestaltung eines Ordnungsrahmens zur Etablierung produktiver Wettbewerbsprozesse ist daher eine niemals endende Daueraufgabe von höchster Priorität, weil durch die institutionelle Struktur zum einen Anreize für Investitionen in Real- und Humankapital gegeben werden, die sonst womöglich ganz unterblieben, und weil geeignete Institutionen zum anderen die Produktivität von unausweichlichen Investitionen in Real- und Humankapital erhöhen. Auf diese Art und Weise wirken geeignete Institutionen wachstums- und wohlstandsfördernd.

Der Zusammenhang zwischen institutionell garantierter Freiheit und Wohlstand wird regelmäßig in Studien verschiedener Organisationen untersucht. Wir stellen als Beispiel im nächsten Abschnitten den vom Fraser-

Institut veröffentlichten Freiheitsindex vor und unterziehen die empirischen Zusammenhänge anschließend einer kritischen Würdigung.

4.2. Der Freiheitsindex des kanadischen Fraser-Instituts

Das kanadische Fraser-Institut veröffentlicht seit 1988 den Index of Economic Freedom, an dessen Konstruktion u.a. die Nobelpreisträger Milton Friedman, Gary Becker und Douglass North mitwirkten. Der Index besteht aus 15 Komponenten, die den 4 Bereichen

Index-Bereiche

(1) Ausdehnung des Staatssektors (Size of Government: Expenditure, Taxes, and Enterprises),

(2) Rechtsstaatlichkeit und Durchsetzung von Eigentumsrechten (Legal Structure and Security of Property Rights),

(3) Geldpolitik (Access to Sound Money),

(4) Freihandel (Freedom to International Trade),

(5) Regulierung von Kredit-, Arbeits- und Gütermärkten (Regulation of Credit, Labour, and Business).

zugeordnet sind.

Ad (1): Ausdehnung des Staatssektors

Index-Komponenten

In diesem Bereich werden als Komponenten (A) Staatskonsum im Verhältnis zum Gesamtkonsum, (B) Transfers und Subventionen im Verhältnis zum BIP, (C) Anzahl Öffentlicher Unternehmen und Anteil der Staatsinvestitionen an den gesamten Investitionen sowie (D) die Höhe der Grenzabgabenbelastung aufgeführt.

Ad (2): Rechtsstaatlichkeit und Durchsetzung von Eigentumsrechten

Dieser Bereich teilt sich in fünf Komponenten auf: (A) die Unabhängigkeit der Gerichtsbarkeit, (B) Rechtsstaatlichkeit und Rechtsschutz privater Interessen vor willkürlichen Staatseingriffen, (C) Schutz von Geistigem Eigentum, (D) Abwesenheit von willkürlichen Militärinterventionen gegen die Rechtsstaatlichkeit und in den politischen Prozess und (E) Integrität des Rechtssystems.

Ad (3): Geldpolitik

Der Bereich der Geldpolitik umfasst vier Komponenten: (A) den Umfang der Geldmengenexpansion im Verhältnis zum Wirtschaftswachstum in den letzten 10 Jahren, (B) die Variabilität der Inflationsrate in den letzten fünf Jahren (C) die Inflationsrate der letzten Jahre und (D) Zugang zu Fremdwährungskonten für Inländer im In- und Ausland.

Ad (4): Freihandel

Der Umfang des Freihandels wird mit Hilfe von fünf Komponenten erfasst: (A) Zölle und Steuern auf ausländische Produkte, (B) der Umfang der nicht-tarifären Handelshemmnisse, (C) Tatsächliche Größe des Außenhandelssektors zur erwarteten Größe, (D) Unterschied zwischen dem offiziellen Wechselkurs und dem Schwarzmarktumtauschkurs und (E) Kontrollen des internationalen Kapitalverkehrs.

Ad (5): Regulierung von Kredit-, Arbeits- und Gütermärkten

Dieser Bereich wird mit Hilfe von drei Hauptkomponenten erfasst: (A) Kreditmarktregulierung, (B) Arbeitsmarktregulierung, (C) Gütermarktregulierung.

Ziel des Fraser-Index' ist es, die (institutionellen) Bedingungen für freien Handel mit In- und Ausländern zu erfassen. Das Fraser-Institut bewertet nun jeden Staat, indem den einzelnen Komponenten Werte zwischen 0 (schlechtester Wert) und 10 (bester Wert) zugeordnet werden. Sodann werden die Komponenten zu den fünf Bereichen und die Bereiche schließlich zu dem Indexwert zusammengefasst.

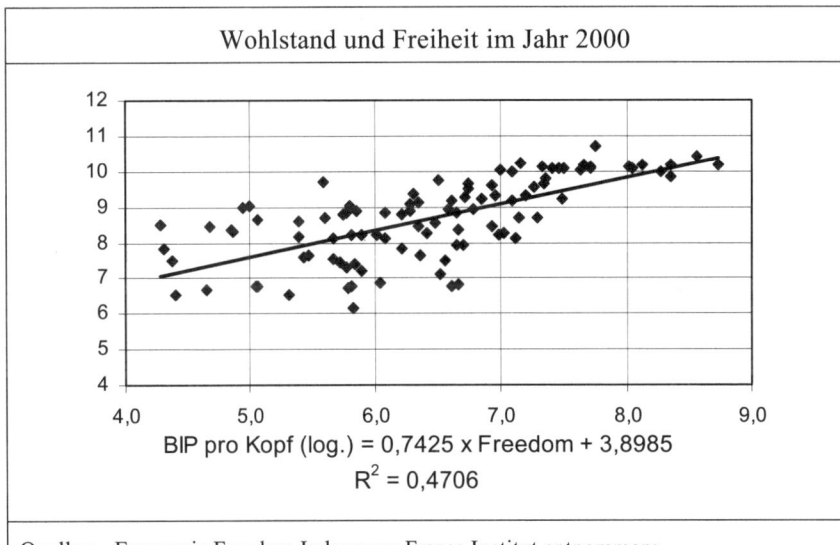

Wohlstand und Freiheit im Jahr 2000

BIP pro Kopf (log.) = 0,7425 x Freedom + 3,8985

$R^2 = 0,4706$

Abbildung 9.4

Quellen: Economic Freedom Index vom Fraser-Institut entnommen:
http://www.freetheworld.org.
Die Daten des BIP pro Kopf wurden den Penn-World-Tables entnommen.
http://pwt.econ.upenn.edu/php_site/pwt_index.php.

Abbildung 9.5

„Economic Freedom" in 123 Ländern

Land	Freedom	Land	Freedom
Hong Kong	8,7	Guatemala	6,4
Singapore	8,6	Namibia	6,4
New Zealand	8,2	Guyana	6,4
United Kingdom	8,2	Poland	6,4
United States	8,2	Nicaragua	6,4
Switzerland	8,2	Belize	6,3
Australia	7,9	Ghana	6,3
Canada	7,9	India	6,3
Ireland	7,8	Tunisia	6,3
Luxembourg	7,8	Bahamas	6,3
Finland	7,7	Tanzania	6,3
Netherlands	7,7	Slovenia	6,2
Estonia	7,7	Paraguay	6,2
Iceland	7,6	Egypt	6,2
Denmark	7,6	Brazil	6,2
Austria	7,5	Fiji	6,0
Unit. Arab Em.	7,5	Bulgaria	6,0
Oman	7,4	Sri Lanka	6,0
Botswana	7,4	Iran	6,0
Belgium	7,4	Haiti	6,0
Kuwait	7,4	Croatia	5,9
Germany	7,3	Morocco	5,9
Sweden	7,3	Bangladesh	5,9
Taiwan	7,3	Argentina	5,8
Chile	7,3	Cote d'Ivoire	5,8
Hungary	7,3	Indonesia	5,8
El Salvador	7,2	Senegal	5,8
Mauritius	7,2	Nigeria	5,7
Portugal	7,2	China	5,7
Panama	7,2	Pakistan	5,7
Costa Rica	7,1	Albania	5,7
Spain	7,1	Nepal	5,6
South Korea	7,1	Pap. New Guinea	5,6
Bahrain	7,1	Barbados	5,6
Trinidad & Tob.	7,1	Ecuador	5,6
Latvia	7,0	Cameroon	5,6
Norway	7,0	Mali	5,6
Jordan	7,0	Malawi	5,5
Italy	7,0	Turkey	5,5
Japan	7,0	Madagascar	5,5
Jamaica	6,9	Benin	5,4
Czech Rep.	6,9	Romania	5,4
Greece	6,9	Syria	5,4
Uruguay	6,8	Chad	5,4
France	6,8	Colombia	5,3
Peru	6,8	Niger	5,3
Malta	6,8	Ukraine	5,3
Lithuania	6,8	Rwanda	5,3
South Africa	6,8	Sierra Leone	5,2
Thailand	6,7	Gabon	5,1
Israel	6,6	Togo	5,1
Philippines	6,6	Russia	5,0
Cyprus	6,6	Congo, Rep. Of	4,9
Dominican Rep.	6,6	Burundi	4,9
Slovak Rep	6,6	Guinea-Bissau	4,8
Uganda	6,6	Venezuela	4,6
Zambia	6,6	Algeria	4,6
Bolivia	6,5	Central Afr. Rep.	4,5
Mexico	6,5	Congo, Dem. R.	4,4
Malaysia	6,5	Zimbabwe	3,4
Honduras	6,4	Myanmar	2,5
Kenya	6,4		

Datenquelle: Economic Freedom of the World: Annual Report 2004, S. 11.

Abbildung 9.4 zeigt, dass ein Zusammenhang zwischen dem Freiheits-index und dem Wohlstand (gemessen als Bruttoinlandsprodukt pro Kopf in US-Dollar umgerechnet zu Kaufkraftparitäten) besteht. Das Bestimmt-heitsmaß (R^2) beträgt 0,47, was bedeutet, dass 47 % der vorhandenen Wohlstandsvariationen mit der ökonomischen Freiheit erklärt werden kön-nen. Das Ergebnis ist im Übrigen relativ robust gegenüber Veränderungen des Bezugsjahrs. Das bedeutet, wenn man das Pro-Kopf-BIP des Jahres 1990 mit dem Index des Jahres 1990 schätzt, ist das Ergebnis ähnlich. Wei-terhin lässt sich aus Abbildung 9.5 entnehmen, dass die entwickelten Staa-ten unter den Top-40 zu finden sind, während viele Entwicklungsländer am Ende der Skala rangieren. Auch dies legt die Vermutung nahe, dass öko-nomische Freiheit einen positiven Einfluss auf den Wohlstand hat.

Darüber hinaus könnte man vermuten, dass der ökonomische Freiheits-index auch einen positiven Einfluss auf das Wachstum hat, und zwar ein-mal

- der Umfang der Freiheit, die in einem betrachteten Status Quo ge-währt wird und zum zweiten
- die zusätzliche Gewährung von Freiheit, also die Veränderung des Freiheitsindex' im Zeitablauf.

Empirische Schätzungen belegen auch einen solchen Einfluss (z.B. Haan/Sturm, 2000). Aber dieser ist erstaunlich gering. Unabhängig davon, ob lange oder kurze Zeiträume gewählt werden, der Freiheitsindex und dessen Veränderung vermögen zusammen nur knapp 30 % der Wachs-tumsvarianz zu erklären (ein Überblick zu empirischen Arbeiten findet sich in Leschke, 2003). Dies wiederum könnte zu der Vermutung Anlass geben, dass Institutionen gegenüber anderen Variablen (Klima, Rohstoffe, geo-graphische Lage) doch nur einen relativ geringen Einfluss auf die wirt-schaftliche Entwicklung haben. Wir versuchen, solche Fragen im Rahmen der Kritik zu klären.

4.3. Kritik aus institutionenökonomischer Sicht

Die Logik des vorgestellten Index' ist die folgende: Wohlstand – nähe-rungsweise gemessen als Bruttoinlandsprodukt pro Kopf – hängt letztlich von den Rahmenbedingungen des Marktes ab. Investitionen in Sach- und Humankapital und andere individuell produktive Tauschhandlungen kön-nen nur dann im erwünschten Umfang getätigt werden, wenn der instituti-onelle Rahmen hinreichend große Freiräume für den Einzelnen generiert. Alle staatlichen Handlungen, die individuelle Freiräume unnötig einengen, werden vom Fraser-Institut folglich negativ beurteilt. Hierbei sollte in je-dem Fall sichergestellt sein, dass die festgestellten Freiheitsbeschränkun-gen oder umgekehrt die staatlich garantierten Freiheiten nicht nur de jure, d.h. auf dem Papier gültig sind, sondern auch de facto. Stefan Voigt macht in Bezug auf die Gerichtsbarkeit auf den wichtigen Unterschied zwischen einer „De-jure-" und einer „De-facto-Unabhängigkeit" der Gerichtsbarkeit hin, wobei nur letztere institutionenökonomisch aussagekräftig ist. Das Fraser-Institut sollte diesbezüglich seine Datenerhebungen überprüfen und verbessern.

Produktive Freiheitsbe- schränkungen

Ein weiteres Problem des Economic Freedom Index' ist, dass Freiheits- beschränkungen jeglicher Art negativ zu Buche schlagen. Bestimmte Frei- heitsbeschränkungen können jedoch durchaus auch produktiv sein. Eine progressive Einkommensteuer oder die Gewährung von Transfers können grundsätzlich akzeptiert werden, da sie (a) eine überproportionale Belas- tung der Individuen mit indirekten Steuern ausgleichen und (b) durch eine gewisse Angleichung der Einkommen die Akzeptanz der marktwirtschaft- lichen Ordnung erhöhen. Regulierungen des Bankenmarktes und anderer Märkte können vernünftig sein, um z.B. Unternehmenszusammenbrüchen zum Schutz der Konsumenten in sensiblen Bereichen wie der Geld- und Kapitalanlage vorzubeugen. Auch können Eingriffe in Märkte mittels Len- kungssteuern, Subventionen oder Regulierungen ökonomisch legitim sein, um unerwünschte externe Effekte zu internalisieren.

Sogenannte Umverteilungen und Markteingriffe müssen also durchaus nicht unproduktiv sein. Der vorgestellte Freiheitsindex scheint daher ein wenig ideologisch „überladen" zu sein. Er enthält Komponenten, deren negativer Einfluss auf den Wohlstand eines Landes zumindest zweifelhaft ist. Ordnet man hingegen verfügbare Daten systematisch den Bereichen

(a)   Qualität der Regeln der traditionellen Märkte,

(b)   Umfang der direkten Marktinterventionen,

(c)   Qualität der politischen Verfassung (rechtsstaatliche Demokratie oder autokratische Willkürherrschaft), die ein Gradmesser für die Glaub- würdigkeit der Politik innerhalb der Bereiche (a) und (b) darstellt,

(d)   informelle Institutionen und Sozialkapital

zu, so zeigt sich ein hoher Einfluss der Institutionen auf Wohlstand und Wachstum der Länder der Welt (siehe hierzu Leschke, 2003). Nur wenn diese institutionellen Ebenen Anreize zur Förderung des Ideenwettbewerbs generieren, werden sich Wachstum und Wohlstand in einer Volkswirt- schaft einstellen. Eine erfolgreiche Politik für den Markt unterscheidet sich von einer ineffizienten Politik dadurch, dass sie glaubhaft machen kann, nicht willkürlich zu Gunsten einzelner Gruppen in Marktprozesse bzw. Marktergebnisse einzugreifen und die Regeln des Marktes im langfristigen Interesse der Bürger weiterzuentwickeln. Die Politiker werden diese Auf- gabe jedoch nur bewältigen können, wenn zum einen die Verfassung ent- sprechende Anreize generiert, d.h. Politiker „belohnt", die für Reformen zur Verbesserung bzw. Etablierung eines institutionell flankierten Leistungswettbewerbs eintreten, und zum anderen die informellen Institutionen, insbesondere die verbreiteten Ideologien Marktlösungen stützen und nicht konterkarieren.

Insofern ist es für eine erfolgreiche wirtschaftliche Transformation nicht unbedingt nötig, dass unmittelbar demokratische Wahlen stattfinden, die ohnehin in vielen Ländern der Welt eher als Alibi dienen. Wichtig ist vielmehr, dass die Regierungen glaubhaft machen können, eine „Politik der Regelsetzung für den Markt" zu vertreten. Letztlich profitieren von einer solchen Politik nicht nur die Wirtschaftsakteure, sondern auch die Machthaber selbst, denn die Steuereinnahmen nehmen zu und immer mehr Möglichkeiten entstehen für die Regierenden, durch eine vernünftige Verwendung auch das eigene Ansehen (und die eigenen Einkünfte) zu steigern. Es stellt sich daher für den letzten Abschnitt die Frage, in welchen Faktoren die entscheidenden Entwicklungshemmnisse zu sehen sind. Warum werden Reformoptionen für Wachstum und Wohlstand nicht ergriffen?

5. Reform- und Entwicklungshemmnisse

Wenn eine „Politik für den Markt" die überlegene Alternative für alle, also für Haushalte, Unternehmen und Machthaber (Regierende) darstellt, muss man sich fragen, warum in vielen Staaten dieser Welt nur sehr selten entschlossene Reformen zu beobachten sind. Als Ausgangspunkt sei in Abbildung 9.6 noch einmal der Kalkül einer Regierung dargestellt.

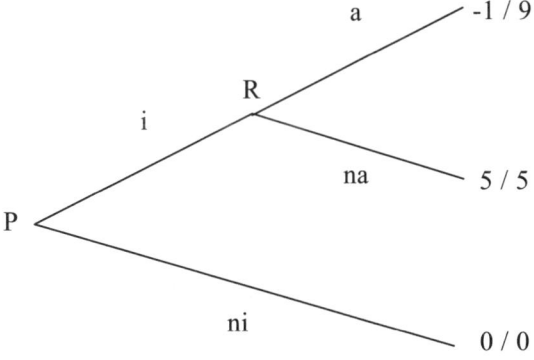

Abbildung 9.6

Abbildung 9.6 veranschaulicht das Problem der Ausbeutung (a) der Investitionen i der privaten Akteure (P) durch die Regierung (R). Es ist für eine unbeschränkte Regierung erst einmal vorteilhaft, getätigte Investitionen der Privaten auszubeuten (höchster Payoff von 9). Da jedoch die Privaten dies antizipieren, werden sie ihre Investitionen auf ein Minimum reduzieren (ni – nicht investieren), so dass es für die Regierenden nichts mehr auszubeuten gibt. Es kommt zu dem pareto-inferioren Nash-Gleichgewicht (0 / 0). Der pareto-superiore Zustand hoher privater Investitionen, die nicht ausgebeutet werden, (5 / 5) kann mithin ohne weiteres nicht erreicht werden.

Vor diesem Hintergrund müsste doch für die Regierenden ein starker Anreiz darin bestehen, sich Bindungen aufzuerlegen, um Anreize für private Investitionen zu generieren, die auch für hohe Steuereinnahmen sorgen. Solche Bindungen können in der Verankerung einer Verfassung bestehen, sie können aber auch mittels internationaler Organisationen (Weltbank, IMF) oder Abkommen (z.B. NEPAD-Initiative) errichtet werden. Was sind nun Gründe, die solche konstitutionellen Reformen für Investitionen oftmals verhindern? Sechs zentrale Gründe lassen sich diesbezüglich nennen:

Sechs Reform-hemmnisse

(1) das Zeitproblem,

(2) das Wahrnehmungs- oder Ideologieproblem,

(3) das Verteilungsproblem,

(4) der Fluch der Ressourcen,

(5) das Korruptionsproblem,

(6) das Entmachtungsproblem des Diktators.

Auf diese Punkte soll nun kurz eingegangen werden.

Zeitproblem

Ad 1: Ein realiter gravierendes Problem, grundlegende Reformen nicht durchzuführen, stellt das Zeitproblem dar. Bis grundlegende Reformen der institutionellen Struktur wirken, d.h. für Wachstum und Wohlstand sorgen, vergeht Zeit. Die Transformationsprozesse der mittel- und osteuropäischen Staaten haben gezeigt, dass es 8 Jahre dauern kann, bis entschlossene Reformen für mehr Wohlstand gegenüber dem Status-quo-ante sorgen. Und der Weg dahin erscheint den Akteuren vielfach unsicher, denn für dauerhafte Wachstumsprozesse, die den Wohlstand nachhaltig fördern, sind nicht nur institutionelle Vorleistungen nötig. Genauso wichtig sind Bildungsinvestitionen und sich an die neuen Gegebenheiten anpassende informelle Institutionen und Organisationen. Dies kann ein Hindernis für diktatorische Regime sein, den Weg marktwirtschaftlicher Reformen zu gehen, weil sie eben als zu langfristig und unsicher in ihren Wirkungen angesehen werden. Der Status Quo erscheint attraktiver.

Wahrneh-mungs- und Ideologieprob-lem

Ad 2: Ein weiteres Problem besteht in der Wahrnehmung der Situation. Nur wer Entwicklungsprobleme auf institutionelle Defizite, die ihrerseits unproduktive Anreize generieren, zurückführt, kann institutionelle Reformen einleiten, die die Weichen für mehr Investitionen stellen. Dies setzt voraus, dass der Leistungswettbewerb als ein zentrales Verfahren zur Generierung neuer Ideen angesehen wird. Leipold (2006) weist diesbezüglich darauf hin, dass religiös und ideologisch gebundene informelle Regeln einer solchen Erkenntnis oft im Wege stehen. Ethnische Konflikte können die Situation noch verschärfen, weil hier Verschwörungstheorien an die Stelle von sachlichen Diagnosen treten. Das Problem kann letztlich nur durch eine Bildungsoffensive entschärft werden, so dass der Status Quo in vielen – vor allem afrikanischen und islamischen Ländern – als ungünstig für marktwirtschaftliche Reformen eingestuft werden muss.

Ad 3: Ein weiteres Problem besteht in einer gravierenden Ungleichverteilung vorhandenem Einkommens und Vermögens. Eine solche Ungleichverteilung kann ein Reform- und Investitionshemmnis sein. Zwar müsste nach der ökonomischen Theorie für die Einkommens- und Vermögensbesitzer ein Anreiz bestehen, Realvermögen (z.B. Grund und Boden) zu verkaufen, wenn andere eine höhere Rendite damit erzielen könnten. Dies setzt aber voraus, dass andere die Liquidität aufbringen können, um ihrerseits Realkapital zu erwerben. Wenn dies aber unter weiten Teilen der Bevölkerung nicht der Fall ist und wenn Banken ohne Sicherheiten keine Kredite gewähren, kann das Realkapital nicht in die beste Verwendung „fließen". Zudem haben die Vermögensinhaber oftmals auch kein Interesse an Reformen, wenn sie ihre Renditen im Ausland erzielen und ihren persönlichen inneren Frieden mit Privatpolizei oder Privatarmee sichern.

Verteilungs-problem

Ad 4: Rohstoffreiche Länder sollten sich eigentlich in der Vergangenheit aufgrund der oft immensen Einnahmen aus dem Rohstoffexport besonders gut entwickelt haben. Das Gegenteil ist jedoch bei vielen Entwicklungsländern der Fall, ein Phänomen, das auch als „Rohstofffluch" oder „Fluch der Ressourcen" bezeichnet wird. In die Theorie Eingang fand der Rohstofffluch als „dutch desease": In den 60er Jahren erzielten die Niederländer durch den Verkauf von Erdgas hohe Einnahmen. Als Folge wertete der Gulden immer stärker auf. Für die übrigen niederländischen Exporteure verteuerten sich dadurch die Produkte auf den Auslandsmärkten. Dies wirkte sich negativ auf deren Absatz aus. Zudem trieben die hohen Einnahmen aus dem Erdgasverkauf Löhne und Preise in die Höhe und damit die Inflation, und es entstand ein starker Anreiz für die Niederländer, die Einnahmen umzuverteilen und konsumtiv – statt investiv – zu nutzen. Schließlich verursachten schwankende Rohstoffpreise sogar über die Jahre auch noch wachsende Haushaltsdefizite. Die Niederländer konnten sich von dem Fluch befreien. Und auch in Norwegen stellt(e) der Rohstoffreichtum kein Problem, sondern einen Segen dar. In vielen Staaten, die keine produktiven institutionellen Strukturen besitzen, verursacht der Ressourcenreichtum jedoch nach wie vor Elend: Einflussreiche Eliten bereichern sich auf Kosten der Bevölkerung, die meist an den Gewinnen nur wenig beteiligt wird und zudem die ökologischen und sozialen Folgen der Rohstoffförderung (die externen Effekte) zu tragen hat. Investitionen in Bil-

Fluch der Ressourcen

dung, Gesundheit und Infrastruktur unterbleiben, weil für die Rohstoffausbeute nur wenige Arbeitskräfte für einfache Arbeiten aus der lokalen Bevölkerung benötigt werden. Die höherwertigen Tätigkeiten können nämlich zumeist durch ausländische Arbeitnehmer der Rohstoffkonzerne erledigt werden. Aufrechterhalten werden diese Verhältnisse in Entwicklungsländern durch Machthaber und Kriegsherren auf allen Ebenen, von der Staatsspitze über Provinzfürsten bis hin zu lokalen Warloards. Die teilweise beträchtlichen Einnahmen aus dem Rohstoffhandel nutzen diese (lokalen) Machthaber zum Kauf von Waffen und Söldnertruppen, um ihren ausbeuterischen Einfluss möglichst dauerhaft zu sichern. An die Stelle marktwirtschaftlicher Vielfalt tritt auf diese Weise Unterdrückung, Waffenhandel, und Korruption mit der Folge der Verelendung weiter Teile der Zivilbevölkerung. – Eine solche Machtkonstellation, die sich auf Basis eines Ressourcenreichtums gebildet hat, stellt eine extrem reformfeindliche Umgebung dar.

Korruptions-
problem

Ad 5: Auch eine um sich greifende Korruption kann zu einer sehr reformunfreundlichen Situation führen. Korruption gilt allgemein als kollektives Übel. Sie zeigt sich als eine besonders schädliche Form des Rentseeking, die darin besteht, dass öffentliche Stellen und private Interessengruppen oder auch einzelne Individuen/Organisationen/Unternehmen (Klienten genannt) Übertretungen von Gesetzen oder/und Moralvorstellungen auf Kosten Dritter (zumeist auch der Allgemeinheit) vornehmen. Abbildung 9.7 zeigt die Interaktionen.

Abbildung 9.7

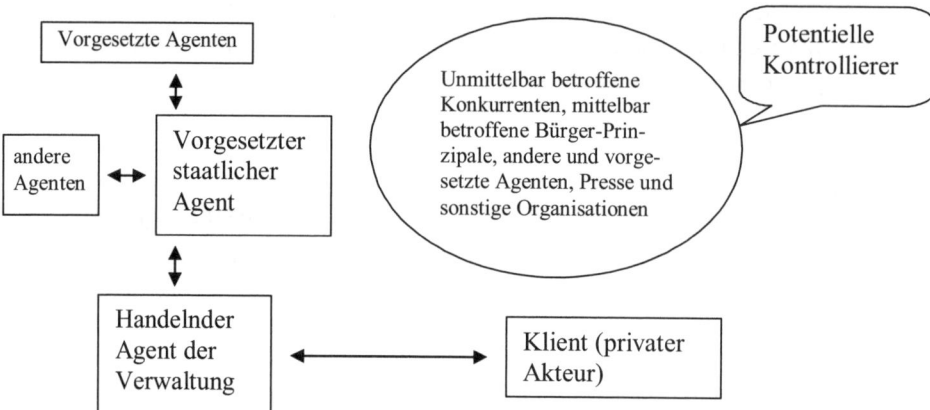

Korruption wie sie aus entwickelten Staaten bekannt ist stellt zumeist eine „Privilegienkorruption" dar. Einzelne Agenten in der Verwaltung und private Akteure(Klienten) setzen Regeln (das Recht) zu ihrem Vorteil außer Kraft. Der Verwaltungsagent erhält Geld oder eine andere Zuwendung, der private erhält einen Wettbewerbsvorteil gegenüber seinen Konkurrenten oder muss bestimmte Auflagen nicht erfüllen. Die Allgemeinheit trägt in diesen Fällen natürlich die Kosten: der Leistungswettbewerb kommt zum Erliegen oder bestimmte Gefahrenkosten entstehen, weil Auflagen nicht erfüllt werden. Von dieser Privilegienkorruption ist die „Staatskorruption" zu unterscheiden. Hier wird die Korruption vom Staatssektor selbst initiiert, sie ist fest eingeplant. Diese Staatskorruption ist immer stark belastend für die Allgemeinheit. Es handelt sich um den illegetimen Pendon zum Bürokratie- oder Staatsversagen, das aus der Public-Choice-Theorie bekannt ist (und in Teil 2 des Buches behandelt wurde). Diese Art der Korruption ist charakteristisch für Entwicklungsländer. Hier „saugen" die Staatsbediensteten den privaten Sektor förmlich aus und hemmen als Beiprodukt produktive Investitionen, Wachstum und Wohlstand. Zwar haben in einem solchen Fall die Privaten ein großes Interesse, die Korruption einzudämmen. Aber sie haben kaum eine Chance, denn die Korruption wird vom Staatssektor aus betrieben, d.h. die Vorgesetzten des handelnden Verwaltungsbeamten decken die Korruption, weil sie ebenfalls partizipieren. Hier hilft im Grunde nur eine grundlegende Reform des Staatsapparates, um diese belastende Staatskorruption zu beseitigen. Diese zu implementieren ist jedoch i.d.R. sehr schwierig, denn die von der Korruption begünstigten Akteure sehen in den denkbaren Reformen nicht unbedingt eine Verbesserung ihrer Situation in einem absehbaren Zeitraum, sie haben spezifische Investitionen in die Stabilisierung von Korruptionsnetzwerken getroffen. Ein „lock in" ist auf diese Weise entstanden.

Ad 6: Diktaturen, die unproduktive Regelsysteme aufweisen, könnten wie oben geschildert institutionelle Reformen im eigenen Interesse einführen, um ein höheres Ansehen bei der Bevölkerung zu erlangen und um die Steuereinnahmen und auch ihre materielle Ausstattung zu erhöhen. Damit einher geht jedoch immer auch ein Stück weit die Abgabe von Kontrolle. Ggf. erlangen private Akteure, die im Sinn haben, den Diktator zu stürzen, wirtschaftliche und auch politische Macht. Mit anderen Worten: Institutionelle Reformen beinhalten auch immer die Gefahr der Entmachtung der totalitären Herrscher. Besonders Diktatoren, die sich durch ihr Handeln viele (Tot-) Feinde geschaffen haben, werden daher bei institutionellen Reformen, die Freiheit und Wettbewerb stärken, sehr zögerlich sein, denn ihnen geht damit Kontrolle verloren.

Entmach-tungsproblem

Diese sechs Punkte sollen keinen Reformpessimismus schüren, sondern sie sollen darauf aufmerksam machen, dass neben technischen Problemen von Reformen (wie z.B. das „sequencing") immer auch die Anreizkonstellationen eines Status Quo betrachtet werden müssen. Nur auf Basis einer solchen Anreizdiagnose lässt sich feststellen, wie erfolgreiche Reformen beschaffen sein müssen, um nachhaltige institutionelle Verbesserungen –

also einen Pfadwechsel im Sinne von Douglass North – einzuleiten. Heute bestehen über internationale Organisationen (Weltbank, IWF, UNO) und bilaterale Verhandlungen viele Möglichkeiten, institutionelle Reformen anzustoßen. Initiativen der Entwicklungsländer selbst (z.B. NEPAD – New Partnership for Africa's Development) belegen zudem, dass in vielen Staaten ein echter Wille zu institutionellen Reformen vorhanden ist. Positive Beispiele selbst finden schnell Nachahmer, so dass einzelne Vorreiter Reformwellen auslösen können – zumindest in den Staaten, die von den oben beschriebenen Problemen nicht ganz so stark betroffen sind. Motivierender als alle Theorie sind schließlich immer noch reale Erfolge von Reformvorreitern.

6. Zusammenfassung und Ausblick: Die gesellschaftliche Bedeutung von Institutionen und die Aufgabe der Ökonomik als Wissenschaft

Die Koordination individueller Handlungen erfolgt in modernen demokratischen Gesellschaften über den Markt. Der Marktmechanismus wird die ihm zugedachten Aufgaben

*Markt-
funktionen*

(a) Koordination von Angebot und Nachfrage durch flexible Preise,

(b) Generierung von technischem Fortschritt durch findige Unternehmer, die durch ihr Handeln Vorsprungsgewinne erzielen,

(c) Abbau der Vorsprungsgewinne der Pionierunternehmer durch vermehrte Markteintritte und Diffusion der neuen Produkte und Verfahren

nur erfüllen können, wenn die Institutionen im Markt und der Marktverfassung den Akteuren Anreize in einer Art und Weise geben, dass das gewinn- und nutzengeleitete Handeln des einzelnen zugleich im gesellschaftlichen Sinn produktiv ist. Bezüglich der Marktverfassung sind nichtdiskriminierende Wettbewerbsregeln (Idee des rule of law) genauso wichtig wie eine stabile Währung, gesicherte Eigentumsrechte, eine Bürokratie, die nicht unnötig hohe Transaktionskosten verursacht, und die Gewährung von Handel mit Gütern, Dienstleistungen und Faktoren über nationalstaatliche Grenzen hinweg. Eigentum, garantierte Freiheitsrechte und der Marktmechanismus allein sind jedoch noch keine hinreichenden Bedingungen für das Wohlbefinden der Bürger einer Gesellschaft. Die zahlreichen Verträge zwischen den Marktakteuren führen zwar für die beteiligten Individuen zu „gains from trade", es können jedoch soziale Kosten in Form unerwünschter Externalitäten auftreten, die (neue) Regulierungen notwendig erscheinen lassen. Solche Probleme werden in Demokratien permanent diskutiert und entschieden. Die Frage ist jedoch in diesem Zusammenhang,

*Marktver-
fassung*

ob diese Entscheidungen zu einer höheren volkswirtschaftlichen Effizienz führen bzw. wovon dies abhängt.

Nach North sind vor allem zwei Größen für eine volkswirtschaftliche Effizienz entscheidend: die Verfassung des politischen Marktes und die informellen Institutionen. Da die Verfassungen politischer Märkte – auch in relativ gut funktionierenden Demokratien – als unvollständig anzusehen sind, nehmen die informellen Institutionen einen äußerst wichtigen Stellenwert ein. Wenn organisierte Interessengruppen ihre Forderungen an die parlamentarische Gesetzgebung stellen, steht hier oftmals weniger das Gemeinwohl als die Erfüllung partikularer Wünsche im Vordergrund. Ob bei den Rent-seeking-Bemühungen der Pressure groups das Gemeinwohl (nachhaltig) geschädigt wird oder nicht, hängt u.a. von den Bewertungen der unorganisierten Bürger ab. Die informellen internen Institutionen, die Wertvorstellungen und moralischen Überzeugungen der Individuen, sind damit eine entscheidende Variable im politischen Prozess.

Informelle Institutionen

Kennzeichen der Kommunikation im politischen Prozess ist die Betonung von Werten bzw. der Appell zu moralischem Handeln. Ohne Zweifel stellen Werte und moralisches Handeln in nicht wenigen Bereichen gesellschaftlichen Zusammenlebens einen wichtigen Stabilisator dar. Werte und Moral können jedoch auch zu gesellschaftlichen Problemen führen, und dies insbesondere, wenn (a) Werte und Moralvorstellungen nicht mit den Erfordernissen einer marktwirtschaftlichen Ordnung in Einklang stehen und (b) Wertekonflikte zu festgefahrenen politischen Blockadesituationen führen. Zur Lösung beider Problembereiche kann die Ökonomik einen Beitrag leisten.

Ad (a): F.A. von Hayek hat darauf hingewiesen, dass viele unserer moralischen Kategorien einer Instinktmoral entspringen wie sie in der Familie, im Freundeskreis oder auch in Haus- und Nachbarschaftsgemeinschaften von Nutzen ist. Diese Moral der Kleingruppe zeigt sich in gegenseitiger Hilfeleistung aufgrund von Nächstenliebe, Freundschaft und/oder Dankbarkeit. Insbesondere totalitäre Regime haben versucht und versuchen noch heute, die Kleingruppenmoral auf die gesellschaftliche Ebene zu übertragen: Alle Mitbürger sollen „Genossen" oder „Brüder" sein und für dieselben kollektiven Ziele eintreten. Erfolgreiche marktwirtschaftliche Demokratien sind hingegen nicht ziel- sondern (primär) regelgesteuert. Sie machen sich die unterschiedlichen Fähigkeiten und Zielvorstellungen der Individuen zunutze, indem durch ein adäquat verankertes Marktsystem gewinn- bzw. nutzengeleitetes Handeln so kanalisiert, d.h. mit Anreizen „versehen" wird, dass es letztlich allen Bürgern dient. Die Moral, die der Funktionsfähigkeit marktwirtschaftlicher Gesellschaften dient, unterscheidet sich daher kategorisch von der Kleingruppenmoral. Eine Politik der Geschenke oder der Unterstützung aus Dankbarkeit führt dazu, dass die

Werte und Moral

gewährten Redistributionsmöglichkeiten die Anreize für die Individuen herabsetzen, in gesellschaftlich produktives Humankapital zu investieren. Eine solche Politik entzieht also letztlich der Gesellschaft Humankapital, indem sie Anreize schafft, in unproduktives Rent-seeking zu investieren. Aus gesellschaftlicher Perspektive ist eine derartige Politik deshalb als unmoralisch einzustufen.

Moralische Regeln, die für die Kleingruppe nützlich sind, müssen auf gesellschaftlicher Ebene außer Kraft gesetzt werden, weil dies letztlich allen nützt. Von Hayek drückt es so aus, dass es auf gesellschaftlicher Ebene produktiv ist, Ungleiche gleich zu behandeln. Ohne negativen Beigeschmack lässt sich die Moral marktwirtschaftlicher Ordnungen auch als „Effizienzmoral" bezeichnen. Sie manifestiert sich in der Anwendung der im vorigen Kapitel erörterten allgemeinen Prinzipien (Gleichheitsgrundsatz, Äquivalenzprinzip, Subsidiaritätsprinzip, Wirtschaftlichkeitsprinzip).

Politiker demokratischer Gesellschaften verstoßen nicht selten gegen die allgemeinen Funktionsprinzipien der marktwirtschaftlichen Ordnung, um versteckt hinter moralischen Argumenten bestimmte Gruppen aufgrund wahltaktischer Überlegungen zu privilegieren. Dies kann – wie erwähnt – jedoch nur gelingen, wenn die unorganisierte Öffentlichkeit solchem Handeln (implizit) zustimmt. Die Mehrheit muss auf das „falsche Spiel mit der Moral" hereinfallen. Dies zu verhindern ist eine der zentralen Aufgaben der Ökonomik. Der ökonomischen Aufklärung kommt in diesem Zusammenhang eine dreifache Aufgabe zu: (1) bekanntzumachen, welche Ziele sich tatsächlich hinter den moralischen Argumenten der Teilnehmer am politischen Prozess verbergen, (2) bekanntzumachen, welche Konsequenzen solch ein politisches Handeln in Zukunft hat, und (3) bekanntzumachen, nach welchen grundlegenden Regeln Politik erfolgen sollte, um eine für alle günstige wirtschaftliche Entwicklung zu ermöglichen.

Wertekonflikte

Ad (b): Ein Wertekonflikt ist dadurch gekennzeichnet, dass sich unterschiedliche Gruppen im politischen Diskurs auf unterschiedliche Werte beziehen, um für die eigene Position eine breite Zustimmung zu erlangen. Dieser Rekurs auf Werte ist jedoch nicht selten unproduktiv, weil er zu politischen „Grabenkriegen" führt. Die Positionen fahren sich auf diese Weise fest und führen zu Denk- und Handlungsblockaden (vgl. hierzu und im Folgenden Pies, 1997 und 2001). Die Beispiele hierfür sind zahlreich. So wird die Debatte des Umbaus des ineffizienten Sozialsystems in doppelter Hinsicht als „Abbau" gewürdigt, und zwar negativ von linken Gruppierungen, die von einer Erosion der Werte „soziale Gerechtigkeit" und „Solidarität" sprechen, und von rechten Gruppierungen, die sich eine Wiedergewinnung von mehr individueller Freiheit ohne Umverteilungseingriffe wünschen.

Der Wertekonflikt, hier Gerechtigkeit versus Freiheit, hilft der Debatte keineswegs, sondern verhindert den Zugang zu vernünftigen Argumenten. Aufgabe der (ökonomischen) Wissenschaft darf es daher *nicht* sein, sich an derartigen Wertekonflikten zu beteiligen. Dies würde nur bedeuten, dass „Öl ins Feuer" der Grabenkriege gegossen wird. Der (ökonomischen) Wissenschaft kommt vielmehr die Aufgabe zu, durch Aufklärung eine Versachlichung der Diskussion herbeizuführen, um schließlich Lösungsmöglichkeiten aufzuzeigen. Auf dem Weg dahin sind zuerst die hinter der Wertedebatte stehenden konfligierenden Interessen ausfindig zu machen. Sodann sind die gesellschaftlichen Konsequenzen aufzuzeigen, die eintreten werden, wenn ausschließlich den Vorstellungen einer der streitenden Parteien gefolgt wird oder der Status quo beibehalten wird. Darauf aufbauend ist nach gemeinsamen Interessen der streitenden Parteien zu suchen, um zu pareto-superioren Lösungen zu kommen. Wichtig ist hierbei auch, die nicht unmittelbar an dem Konflikt beteiligten unorganisierten Bürger aufzuklären und als Schiedsinstanz ernst zu nehmen. Die Unorganisierten können mit ihrer Meinung – sofern ihr Interesse an dem Konflikt geweckt ist – eine entscheidende Rolle spielen.

Beide Punkte, (a) und (b) verdeutlichen die Wichtigkeit ökonomischer Aufklärung. Diese kann allerdings nur dann erfolgreich sein, wenn (1) Organe mit hinreichender Reputation existieren,[1] die über relevante ökonomische Restriktionen informieren und (2) ein ökonomisches Vorverständnis in der Bevölkerung vorhanden ist. Letzteres ist besonders dann zu erwarten, wenn bereits bei der schulischen Ausbildung ökonomische Zusammenhänge erlernt werden. Hierbei kommt es insbesondere darauf an, das „Denken in Ordnungen" zu vermitteln, d.h. einen fundierten Überblick über die Wirkungen gesellschaftlich wichtiger Institutionen zu geben. Auf die Relevanz dieser Thematik hinzuweisen, ist das grundsätzliche Anliegen dieses Buches.

Aufklärung

Literatur

Als grundlegende Literatur empfehlen wir:

LEIPOLD, H. (2006), Kulturvergleichende Institutionenökonomik, Stuttgart.
NORTH, D.C. (1988), Theorie des institutionellen Wandels, Tübingen.
NORTH, D.C. (1992), Institutionen, institutioneller Wandel und Wirtschaftsleistung, Tübingen.
Voigt, S. (2002), Institutionenökonomik, Teil III, München.

---

[1] Dies ist von entscheidender Bedeutung, denn auch ökonomische Stellungnahmen können verzerrt sein. Man denke beispielsweise an bezahlte Gutachten für die Politik.

Weitere Literatur:

AUFDERHEIDE, D. (1995), Unternehmer, Ethos und Ökonomik, Berlin.

ALESINA, A./BAQIR, R./EASTERLY, W. (1999), „Public Goods and Ethnic Divisions", Working Papers – Public Sector Management. Decentralization, Participatory Planning, World Bank, Nr. 10.

AUTY, R.M. (1993), Sustaining Development in Mineral Economies: The Resource Curse Thesis, London.

AXELROD, R. (1987), Die Evolution der Kooperation, München.

BARDHAN, P. (1997), „Corruption and Development: A Review of Issues", Journal of Economic Literature 35, S. 1320–1346.

BECKER, G.S. (1981), Human Capital, 3. Auflage, New York.

BEUGELSDIJK, S./SMULDERS, S. (2003), „Bridging and Bonding Social Capital: Which Type is Good for Economic Growth?" (revised), Working Paper, Faculty of Economics, Tilburg University.

BINMORE , K./ SAMUELSON, L. (1994), „An Economist's Perspective on the Evolution of Norms", Journal of Institutional and Theoretical Economics 150, S. 45–63.

BOURDIEU, P. (1992), „Ökonomisches Kapital – Kulturelles Kapital – Soziales Kapital", DERS., Die verborgenen Mechanismen der Macht, Hamburg, S.49-80.

BOYD, R./RICHERSON, P.J. (1994), „The Evolution of Norms: An Anthropological View", Journal of Institutional and Theoretical Economics 150, S. 72–87.

BRENNAN, G./BUCHANAN, J.M. (1985), The Reason of Rules, Cambridge.

BUCHANAN, J.M. (1984), Die Grenzen der Freiheit, Tübingen.

BUCHANAN, J.M. (1995), „Economic Science and Cultural Diversity", Kyklos 48, S. 193–200.

CHARAP, J. / HARM, C. (1999), „Institutionalized Corruption and the Kleptocratic State", IMF Working Paper 99/91, Washington, D.C.

COLEMAN, J.S. (1988): „Social Capital in the Creation of Human Capital", American Journal of Sociology, Supplement 94, S. 95–120.

COLEMAN, J.S. (1990), Foundations of Social Theory, Cambridge.

DIETL, H. (1993), Institutionen und Zeit, Tübingen.

DIETZ, M. (1998), Korruption – Eine institutionenökonomische Analyse, Berlin.

DURLAUF, S.N./FAFCHAMPS, M. (2005), „Social Capital", AGHION, P./DURLAUF, S. (Hrsg.), Handbook of Economic Growth, edition 1, volume 1, chapter 26, S. 1639–1699.

EUCKEN, W. (1952), Grundsätze der Wirtschaftspolitik, Bern–Tübingen.

FELD, L./VOIGT, S. (2003), „Economic Growth and Judicial Independence: Cross Country Evidence Using a New Set of Indicators", European Journal of Political Economy 19, S. 497–527.

FUKUYAMA, F. (1995), Trust: The Social Virtues and the Creation of Prosperity, New York.

FUKUYAMA, F. (2000), „Social Capital and Civil Society", IMF Working Paper 74, Washington, D.C.

GYLFASON, T. (2000), „Natural resources, education and economic development", CEPR Discussion Paper 2594.

HAAN, J. DE/STURM, J.E. (2000), „On the Relationship between Economic Freedom and Economic Growth", European Journal of Political Economy 16, S. 215–241.

HABISCH, A. (1998), „Extending Capital Theory – gesellschaftspolitische Implikationen eines theoretischen Forschungsprogramms", PIES, I./LESCHKE, M. (Hrsg.), Gary Beckers ökonomischer Imperialismus, Tübingen, S. 31–50.

HABISCH, A. (1999), „Sozialkapital", KORFF, W. (Hrsg.), Handbuch der Wirtschaftethik, Bd. 4, Gütersloh, S. 472–509.

HAYEK, F.A. VON (1971), Die Verfassung der Freiheit, Tübingen.

HAYEK, F.A. VON (1975), „Die Anmaßung von Wissen", ORDO 26, S. 12–21.

HAYEK, F.A. VON (1980), Recht, Gesetzgebung und Freiheit 1. Regeln und Ordnung, Landsberg am Lech.

HAYEK, F.A. VON (1981), Recht, Gesetzgebung und Freiheit 2. Die Illusion der sozialen Gerechtigkeit, Landsberg am Lech.

HAYEK, F.A. VON (1981), Recht, Gesetzgebung und Freiheit 3. Die Verfassung einer Gesellschaft freier Menschen, Landsberg am Lech.

HAYEK, F.A. VON (2004), Recht, Gesetz und Freiheit, Tübingen.

HEINER, R.A. (1983), „The Origin of Predictable Behavior", American Economic Review 73, S. 560-595.

HEINER, R.A. (1989), „Imperfect Choice and Self-Stabilizing Rules", Economics and Philosophy 5, S. 19–32.

HEINER, R.A. (1990), „Imperfect Choice and the Origin of Institutional Rules", Journal of Institutional and Theoretical Economics 146, S. 720–726.

HELLIWELL, J.F. (1996), „Economic Growth and Social Capital in Asia", NBER Working Paper 5470, Cambridge.

HERZ, B./VOGEL, L. (2005), „Bestimmungsgründe marktorientierter Reformen", SCHÄFER, W. (Hrsg.), Institutionelle Grundlagen effizienter Wirtschaftspolitik, Berlin, S. 25–49.

HJERRPE, R. (1998), „Social Capital and Economic Growth", Government Institute for Economic Research (VATT), Discussion Paper No 183.

HOLMES, KIM R./JOHNSON, BRYAN T./KIRKPATRICK, MELANIE (Hrsg./1997), 1997 Index of Economic Freedom, Washington–New York.

KIRCHGÄSSNER, G. (1992), „Towards a Theory of Low-Cost Decisions", European Journal of Political Economy 8, S. 305–320.

KIWIT, D./VOIGT, ST. (1995), „Überlegungen zum institutionellen Wandel unter Berücksichtigung des Verhältnisses interner und externer Institutionen", ORDO 46, S. 117–147.

KNACK, S./KEEFER, P.E. (1997), „Does Social Capital have an Economic Payoff: A Cross-Country Investigation", The Quarterly Journal of Economics 112, S. 1251–1288.

LEIPOLD, H. (1996), „Zur Pfadabhaengigkeit der institutionellen Entwicklung: Erklaerungsansaetze des Wandels von Ordnungen", CASSEL, D. (Hrsg.), Entstehung und Wettbewerb von Systemen, Schriften des Vereins für Socialpolitik, Gesellschaft fuer Wirtschafts- und Sozialwissenschaften; N.F., Bd. 246, Berlin, S. 93–115.

LESCHKE, M. (2003), „Der Einfluss von Institutionen auf den Wohlstand und das Wachstum", EGER, T. (Hrsg.), Institutionen und wirtschaftliche Entwicklung, Berlin, S. 23–54.

LESCHKE, M. (2005), „Systemwettbewerb und Institutionen: Voraussetzungen einer erfolgreichen Politik(-beratung) in Deutschland", Leschke, M./Pies, I. (Hrsg.), Wissenschaftliche Politikberatung. Theorien, Konzepte, Institutionen", Stuttgart, S. 303–325.

LESCHKE, M./PIES, I. (Hrsg./2005), Wissenschaftliche Politikberatung. Theorie, Konzepte, Institutionen, Stuttgart.

LESCHKE, M./SAUERLAND, D. (1993), Der Weg zu Marktwirtschaft und Demokratie, Hamburg–Münster.

NORTH, D.C. (1991), „Institutions", Journal of Economic Perspectives 5, S. 97–112.

NORTH, D.C. (1994), „Economic Performance through Time", American Economic Review 84, S. 359–368.

NORTH, D.C./THOMAS, R.P. (1973), The Rise of the Western World: A New Economic History, Cambridge.

NORTH, D.C./WALLIS, J.H. (1994), „Integrating institutional Change and technical Change in Economic History. A Transaction Cost Approach", Journal of Institutional and Theoretical Economics 150, S. 609–624.

ÖLGART, N. (2006), Sozialkapital, Kultur und ihr Einfluss auf die wirtschaftliche Entwicklung, Hamburg.

OLSON, M. (2003), Macht und Wohlstand, Tübingen.

OSTROM, E. (1986), „An Agenda for the Study of Institution", Public Choice 48, S. 3–25.

OSTROM, E. (2000), „Social Capital: A Fad or a Fundamental Concept", DASGUPTA, P./SERAGELDIN, I. (Hrsg.), Social Capital: A Multifaceted Perspective, World Bank: Washington DC.

OWEN, P.D./WEATHERSTON, C.R. (2005), „What Really Matters for Long-Term Growth and Development? A Re-Examination of the Deep Determants of Per Capita Income", Paper presented (jointly) at the New Zealand Association of Economists Conference, Christchurch, June.

PALDAM, M./SVENDSEN, G.T. (2000), „An Essay on Social Capital: Looking for the Fire behind the Smoke", European Journal of Political Economy 16, S. 339–366.

PIES, I. (1997), „Ökonomischer Ansatz und Normativität: Zum wertfreien Umgang mit Werten", PIES, I./LESCHKE, M. (Hrsg.), Gary Beckers ökonomischer Imperialismus, Tübingen, S. 107–135.

PIES, I. (2001), Ordnungspolitik in der Demokratie. Ein ökonomischer Ansatz diskursiver Politikberatung, Tübingen.

PIES, I. (2001), Eucken und von Hayek im Vergleich. Zur Aktualisierung der ordnungspolitischen Konzeption, Tübingen.

PIES, I. (2002): „Korruption – Eine ökonomische Analyse mit einem Ausblick auf die Wirtschafts- und Unternehmensethik", ARNOLD, V. (Hrsg.), Wirtschaftsethische Perspektiven VI, Korruption, Strafe und Vertrauen, Verteilungs- und Steuergerechtigkeit, Umweltethik, Ordnungsfragen, Berlin, S. 13–46.

PRIDDAT, B.P. (1994), Ökonomische Knappheit und moralischer Überschuß., Hamburg.

PUTNAM, R.D. (1993), Making Democracy Work: Civic Traditions in Modern Italy, Princeton.

PUTNAM, R.D. (1995): „Bowling alone: America's declining social capital", Journal of Democracy 6 (1), S. 65–78.

PUTNAM, R.D. (2001): Bowling alone: The Collapse and Revival of American Community, New York.

PUTNAM, R.D. (Hrsg./2001), Gesellschaft und Gemeinsinn. Sozialkapital im internationalen Vergleich, Gütersloh.

ROSE-ACKERMAN, S. (1999), Corruption and Government: Causes, Consequenses and Reform, Cambridge.

SAUERLAND, D. (1997), Föderalismus zwischen Freiheit und Effizienz, Berlin.

SAUERLAND, D. (1998), „Sozialkapital: Individueller Vermögensbestand oder gesellschaftliches Institutionensystem?", PIES, I./LESCHKE, M. (Hrsg.), Gary S. Beckers Ökonomischer Imperialismus, Tübingen S. 51–56.

SAUERLAND, D. (2003), „Sozialkapital: Stand der Forschung und offene Fragen", BOERNER, S./SAUERLAND, D./SEEBER, G. (Hrsg.), Sozialkapital als Voraussetzung für Lernen und Innovation, Lahrer Hochschulschrift Nr. 4, Lahr.

SCHOFIELD, N. (1985), „Anarchy, Altruism and Corporation", Social Choice and Welfare 2, S. 207–219.

SCHOTTER, A. (1986), „The Evolution of Rules", LANGLOIS, R.N. (Hrsg.), Economic as process, Cambridge u.a.O., S. 117–133.

SCHULTZ, T. (1963), The Economic Value of Education, New York.

SIMON, H.A. (1957), Models of Man – Social and Rational, New York–London.

STIJNS, J.-P. (2006), „Natural resource abundance and human capital accumulation", World Development 34, Issue 6, June, S. 1060-1083.

SUCHANEK, A. (1999), „Ökonomische Theorie des Staates: Darstellung und Kritik des Beitrags Mancur Olsons", Diskussionsbeiträge der Katholischen Universität Eichstätt, Beitrag 117, Ingolstadt.

SUGDEN, R. (1986), The Economics of Rights, Co-operation, and Welfare, Oxford.

TANZI, V. (1998): „Corruption around the World: Causes, Consequenses, Scope, and Cures", IMF Staff Papers 45, S. 559–594.

TREISMANN, D. (2000): „The Causes of Corruption: A Cross-National Study", Journal of Public Economics 76, S. 399–457.

VANBERG, V.J. (1988), Morality and Economics – De Moribus est Disputandum, New Brunswick.

VANBERG, V.J. (1993), „Rational Choice, Rule-Following and Institutions: An Evolutionary Perspective", GUSTAFSSON, B./KNUDSEN, C./MÄKI, U. (Hrsg.), Rationality, Institutions and Economic Methodology, London, S. 171–200.

VANBERG, V. (1999): „Markets and Regulation. On the Contrast between Free-Market Liberalism and Constitutional Liberalism", Constitutional Political Economy 10, S. 219–243.

WALLIS, J.H./NORTH, D.C. (1987), „Measuring the Transaction Sector in the American Economy, 1870–1970", ENGERMAN, S.L./GALLMAN, R.E. (Hrsg.), Long-Term Factors in American Economic Growth, Chicago, S. 95–161.

Sachregister